校企协作新形态立体化教材
高等学校教材

铁道概论

王海星　主编
佟立本　聂　磊　主审

中国铁道出版社有限公司
CHINA RAILWAY PUBLISHING HOUSE CO., LTD.

2022年·北京

图书在版编目（CIP）数据

铁道概论 / 王海星主编 .—北京：中国铁道出版社有限公司，2020.7（2022.3 重印）
校企协作新形态立体化教材　高等学校教材
ISBN 978-7-113-27076-6

Ⅰ.①铁…　Ⅱ.①王…　Ⅲ.①铁路工程 – 概论 – 高等学校 – 教材 ②铁路运输 – 概论 – 高等学校 – 教材　Ⅳ.① U2

中国版本图书馆 CIP 数据核字（2020）第 126269 号

书　　名：铁道概论
作　　者：王海星

策　　划：金　锋
责任编辑：金　锋　　**电话：**（010）51873125　　**电子邮箱：**jinfeng88428@163.com
封面设计：郑春鹏
责任校对：王　杰
责任印制：樊启鹏

出版发行：中国铁道出版社有限公司（100054，北京市西城区右安门西街 8 号）
网　　址：http://www.tdpress.com
印　　刷：北京柏力行彩印有限公司
版　　次：2020 年 7 月第 1 版　2022 年 3 月第 2 次印刷
开　　本：787 mm × 1 092 mm 1/16　**印张：**27.5　**字数：**628 千
书　　号：ISBN 978-7-113-27076-6
定　　价：88.00 元

前言

“交通强国、铁路先行”。近年来，中国铁路秉承“人民铁路为人民”的宗旨，不忘初心，牢记使命，努力奔跑，追梦前行，取得了巨大的成绩。中国建成了现代化的铁路网和发达的高铁网，中国铁路电气化率、客运周转量、货运发送量、换算周转量、运输密度等指标位居世界第一。中国铁路正逐步“领跑”世界，成为展示我国综合实力的靓丽名片。随着中国铁路的迅猛发展，路网规模持续扩大，各种新技术、新设备相继应用，铁路的组织体系也不断优化和完善。为更好地适应中国铁路发展，不断满足铁路行业对基础专业教材的需要，根据最新的铁路规章、标准，我们科学梳理篇章架构，整合客货共线铁路、高速铁路、城际铁路、重载铁路的知识内容，规范开展了本书的编写工作。

“铁道概论”作为铁路高等院校各专业开设的一门共同基础课，在整个课程体系中居于首要地位，它为铁路各专业的学生学习铁路相关专业课提供必要的基础知识。

本书全面介绍了铁路沿革及发展，厘清了铁路发展脉络，结合铁路最新规章规范和研究成果，完整阐述了铁路运输技术、装备及组织的基础知识与原理，充分展示了铁路的最新成就（新技术、新设备、新管理模式等）、铁路管理架构，科学解释了铁路的热点、难点问题。全书包括绪论、铁路运输基本设备、铁路运输组织与安全管理等 3 篇共 14 章，对现代交通运输、铁路的建设与发展、铁路管理、铁路线路、牵引供电系统、机车车辆、车站、信号与通信设备、运输组织及安全管理等内容进行了系统阐释。

本书条理清晰、文字精炼、深入浅出、图文并茂，为满足“互联网 +”及建立立体化教材等需求，以扫描二维码等形式补充了大量的文字、图片、PPT 及视频等教学资源，可作为高等院校铁路相关专业学生及铁路工作人员了解铁路知识的首选教材。本书内容广泛，相关资料众多，涉及铁路各专业的管理和技术层面，参考数十个规章、标准，关联主要名词术语 400 余个。本书可为铁路行业院校教学及铁路企业相关培训提供有力支撑。通过本书的学习，读者可掌握铁路的基本概念、基本构造和基本工作原理，理解各种铁路设备之间的相互关系，熟悉铁路的管理架构和发展脉络，了解中国铁路发展的

主要名词术语

新技术和新趋势，开拓知识面，为今后学习专业课及从事铁路行业相关工作打下一个良好的基础。

本书由北京交通大学编写团队创作完成，王海星任主编，佟立本、聂磊任主审。王海星编写了第 1 篇第 1 章、第 2 章、第 3 章，第 2 篇第 1 章、第 2 章、第 3 章、第 4 章、第 5 章、第 7 章；王海星、李得伟共同编写了第 2 篇第 6 章，第 3 篇第 1 章、第 2 章、第 3 章；王海星、肖贵平共同编写了第 3 篇第 4 章。

国家铁路局对本书的编写提供了资助，并多次针对本书进行专题研讨，为准确把握编写方向做了大量工作。

在稿件审阅过程中，北京交通大学佟立本、聂磊教授分别从不同角度对本书进行了细致、专业的审定，为本书的完善倾注了大量的心血。为确保专业性与权威性，本书采用校企合作的方式，中国铁路北京局集团有限公司科信、安监、运输、工务、电务、货运、客运、供电、机车、车辆、动车等多个专业的 20 余名同志，从实用角度对有关内容提出细致专业的修改意见。

本书参阅了海量的参考资料，在搜集铁路相关规章、标准、统计数据及调研的过程中，国家铁路局规划和标准院魏众，中国国家铁路集团有限公司褚德志，中国铁路北京局集团有限公司陈同喜，中国铁路广州局集团有限公司孔德明，北京交通大学乐逸祥、肖宏，中国铁建股份有限公司贾明涛，辽宁铁道职业技术学院刘建军、张胜平，广州铁路职业技术学院曾险峰提供了无私的帮助。

在本书编制的调研过程中，得到了国家铁路局，中国国家铁路集团有限公司，中国铁路北京、上海、西安、广州等铁路局集团有限公司，辽宁、天津、南京、广州、西安、新疆铁道（铁路）职业技术学院等单位及相关人员的支持。

在本书资料搜集整理过程中，北京交通大学尹红、王翔宇、梁倩倩、安贺路、李超、田园兰朵、刘威东、龙宇轩、黄悦、渠静、杨珂、赵鹏、于婕、钱蕾、李佳欣、杨笑、杨君仪等同学为书稿的基础工作投入了大量的精力。

对于上述所有支持和帮助深致谢意！

此外，本书广泛参考了国内外大量的文献资料，在此，谨向这些文献资料的作者和出版单位表示衷心的感谢！

本书涉及内容广泛，相关资料众多，因水平有限，书中不妥之处，敬请批评指正。

编者

2020 年 5 月 23 日

目录

第一篇　绪　论

第二篇　铁路运输基本设备

第三篇　铁路运输组织及安全管理

第一篇 绪论

“神运鬼输，阡陌交通”，从古至今，交通运输都是经济社会发展的重要载体，是资源、人员流动的先决条件，与百姓生产生活息息相关。只有通过交通运输才可以将社会经济的生产、分配、交换和消费的各个过程联结起来，使其有效运行，不断发展。同时，也只有凭借交通运输，人们才能冲破阻隔，穿山越海，实现不同地区、国家的交流与联系。

在各种运输方式中，铁路以其具有的特点与优势，对经济社会发展意义重大。铁路是国家全局性、先导性、关键性重大基础设施，是国民经济大动脉、重大民生工程和综合运输体系骨干，是国家战略性、基础性、支柱性重要产业，为国脉所系、发展所需、民生所依，在经济社会发展中的地位和作用至关重要。特别是具有世界现代化的铁路网和发达的高铁网的中国铁路，实现了电气化率、客运周转量、货运发送量、换算周转量、运输密度等指标位居世界第一，正逐步“领跑”世界，成为了展示中国综合实力的靓丽名片。

本篇将以对现代交通运输的分析为基础，对世界及中国铁路发展历程、中国铁路的分类与管理等基础关键内容加以说明。

第一章 现代交通运输

第一节 交通运输的分类及作用

本节 PPT

一 交通运输及其分类

交通运输对社会经济发展和人们生活起着不可替代的作用，要研究清楚交通运输运行规律，就需要首先明确交通运输的概念。

交通与运输是两个看似相似而实质上不同的概念，它们从不同层面发挥交通运输的功能，共同构成交通运输的内容。

交通是以个体出行者及其集聚而成的交通现象（如交通流）为基础的，重点研究如何使得交通基础设施能够更好地适应随时间空间而变化的交通供给与需求。因此，交通一般侧重关注交通基础设施及其建设、运行管理与安全，通常不涉及如何利用这些基础设施去提高运送效率。交通的核心指标，一般都和交通规划、运行管理相关，比如交通量、速度及密度等。

运输是以运输对象（人或货物）为基础的，主要研究如何安全高效地满足运输对象位移需求的问题。即，在给定交通基础设施条件下，如何高效地进行运输组织，合理地运用各种交通工具（或运输方式），安全、快速、经济地将人或货物运送到目的地。因此，运输一般侧重关注较为宏观的运输对象及其运输效率与安全。运输的核心指标，一般都与运输数量或效率相关，如客货运输量、周转量、运输能力利用率等。

简单而言，交通研究的重点是交通基础设施及其建设、运行管理与安全，运输研究的重点则是运输对象及其运输效率与安全，由于运输服务往往要依托交通设施才能实现，所以人们将交通与运输统称为“交通运输”，如图 1-1-1 所示。交通运输可定义为：以交通网络及设施和载运工具为依托，以现代联合运输组织管理技术和信息技术为基础，以便捷、安全、高效和经济为目标，通过一种或多种交通运输方式的协调配合，组织实现客货运输过程的经济活动和社会活动。当运输过程通过多种交通运输方式的协调配合组织实现时，称之为综合运输。

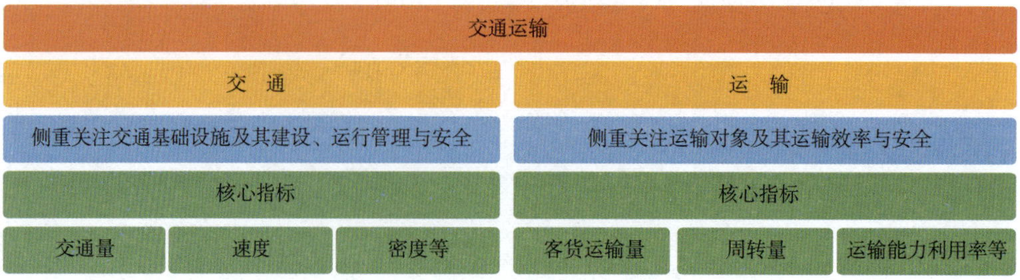

图 1-1-1 交通与运输

交通运输的构成要素包括：载运工具、通路、场站、动力、信号通信、运营机构及人员、旅客及货物，如图 1–1–2 所示。

图 1–1–2 交通运输的构成要素

交通运输的产品是在一定的时间期限内，利用一种或多种交通运输设施及工具，实现顾客所需要的人与物的空间位移。

现代交通运输主要包括铁路、公路、水路、航空、管道五种运输方式。它们各有不同的技术经济特征与应用范围。

二 交通运输业的性质、特点及作用

1. 交通运输业的性质

交通运输是人类社会一种不能缺少的需求，它使人和物发生所在位置的变化。随着社会生产力的发展，交通工具也发生了相应的变革。图 1–1–3 展示了现代交通工具出现之前陆上交通发展的简要历程。人类从利用体力、畜力开始，逐步发展到利用畜力车等简单的交通工具，在火车等现代交通工具出现并逐步完善之前，因交通运输条件的限制，人类的活动空间很难真正获得解放。各种现代化交通运输方式的出现，是人类社会生产力高度发展的结果，同时也促进着人类社会进一步向前发展。

（a）靠人力搬运的交通　（b）靠畜力的交通　（c）靠畜力车的交通

图 1–1–3 现代交通工具出现之前的陆上交通

工业和农业是人类社会两个最基本的物质生产部门，而运输业同样也可以理解为是一个物质生产部门，只是运输生产的产品不是改变劳动对象的性质和形态，而是改变旅客和货物在空间的位置移动（位移）。

运输业作为一个专门担当客货运输任务的物质生产部门，是为企业与企业、企业与供销部门、工业与农业、城市与乡村的相互联系服务的，对于国家社会经济的正常运行和发展有着举足轻重和全局性的作用。因为，要保证社会经济的正常运行，要建立合理的产业结构，必须有交通运输业的保证。

2. 交通运输业的特点

交通运输业的特点主要体现在：产品特殊；生产消费过程同一；产品不能储存调拨；空间广，风险大；需多方式配合；投资大，具有自然垄断特征；网络型特征；外部性特征等方面。具体如表 1–1–1 所示。

表 1–1–1　交通运输业的特点

特　点	概　述
产品特殊	交通运输的产品是旅客和货物所在地点的改变，交通运输不像工农业生产有形的产品，它不改变劳动对象物理、化学或生物属性，只改变对象的空间位置
生产消费过程同一	交通运输的生产过程和消费过程同时进行，对于运输供给者它是生产过程，对于运输需求者它是消费过程
产品不能储存调拨	交通运输业产品不能储存、积累，不能用调拨产品的办法来调节不同时期和不同地区对运输的需要，只能用调动交通运输业的一部分生产能力，如机车车辆等移动设备来进行调剂
空间广，风险大	交通运输空间范围极为广阔，绝大部分是在露天进行的，因此风险性比较大
一般需多方式配合	除公路运输可实现门到门外，其他方式客货运输一般需要由几种运输方式共同完成
投资大，具有自然垄断特征	交通运输业具有投资规模大、设施专用性强、沉淀成本高等特点，基础设施的修建及交通设备的购置固定成本占比巨大，具有自然垄断特征
网络型特征	交通运输业是以交通网络为基础的产业，自身即具有网络型特性。同时，交通运输业具有网络的规模经济型特征，即网络上总产出扩大会引起平均运输成本降低
外部性特征	交通运输业的发展会促进相关地区的经济发展，而且它带来的利益往往会超过其支付费用；交通运输业又会带来环境污染，产生安全问题，改变自然，改变人们生活方式；当交通拥挤超过一定程度，运输服务难以有效提供，可能产生外部成本。交通运输业所产生的效益和成本并没有仅由交通运输经营企业承担，因此具有显著的外部性特征

交通运输建设成就

3. 交通运输业的地位与作用

交通运输业是国民经济的重要组成部分，是人类社会生产、经济、生活中一个重要的行业，影响着社会生产、流通、分配和消费的各个环节，是工业、农业、旅游业等生产能够顺利进行的必要条件，是保证人们在政治、经济、文化、军事等方面联系交往的手段。因此，交通运输业在现代社会的各个方面起着十分重要的作用，具体表现如图 1–1–4 所示。

（1）交通运输是社会经济重要的基础结构之一，是经济发展的基本需要和先决条件

完善的交通运输体系，可以为工农业提供方便而廉价的运力，有利于开发资源、加速货物运送和社会生产的流通过程，对经济发展起着重要作用。

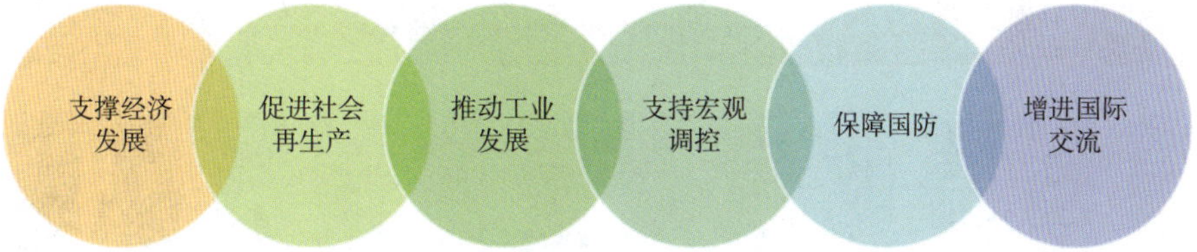

图 1-1-4 交通运输业的地位与作用

（2）交通运输是社会再生产过程中的重要环节

发达的运输业是保证工农业之间、各地区之间的可靠稳固的经济联系的必要条件，通过交通运输，国家才能把中央和地方、沿海和内地、工业和农业、城市和乡村、生产和消费，联结成为一个严密的有机整体，生产、分配、交换和消费必须通过运输的纽带才能得到有机的结合。

（3）交通运输推动现代工业的发展

交通运输业不仅可以通过不断扩大人和物空间位移的规模去刺激流通，而且又刺激其他部门生产的发展，如促进建筑业、石油化工、电力、电子、采矿和冶金业、机械加工业等迅猛地发展，因而交通运输可强有力地推动工业和科技的进步。

（4）交通运输具有支持宏观调控的功能，保证国民经济稳定且正常地发展

交通运输不但可以保证工农业生产和内外贸易渠道的畅通，而且可以保证市场供需的平衡。在当地供过于求的情况下，产品可以运出去，而在供不应求时，外地资源又可以运来满足需要。交通运输业具有宏观调控的功能，从而保证了国民经济稳定、正常发展。

（5）交通运输在国防建设与防务方面有着不可低估的作用

交通运输平时为经济建设服务，战时为军事服务。交通运输的军民两用性质非常鲜明。高速公路可供军用飞机起降，铁路、水运大通道可保证部队的快速集结和居民、工厂的疏散等。交通运输是联系前方和后方、运送武器弹药和粮食等物资的保证。

（6）交通运输也是国际交流的重要桥梁和纽带

交通运输可以促进各国之间物资交换、经济发展和人民之间的友好往来，是经济全球化的重要保证。

第二节 交通运输的技术经济特征及适用范围

本节 PPT

铁路、公路、水运、航空、管道等各种交通运输方式在满足人或物的空间位移的要求上具有同一性，即安全、迅速、经济、便利、舒适。但各种运输方式所采用的技术手段、运输工具和组织形式等各不相同，因此形成的技术性能（速度、运输能力、连续性、保证货物完整性和旅客的安全、舒适性等）、对地理环境的适应程度以及经济指标（如能源消耗、投资、运输费用、运输效率、环境影响等）都不尽相同。交通运输主要技术经济指标，如图 1-1-5 所示。

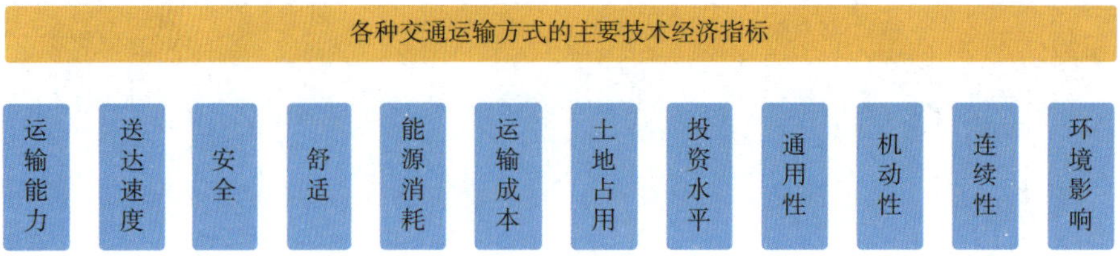

图 1-1-5　交通运输主要技术经济指标

一 各种运输方式的技术经济特征

1. 运输能力

运输能力是指为完成旅客和货物运输所拥有的运输生产力，包括通过能力和输送能力两个方面。输送能力是指不同运输方式或技术设施在一定时间内所能完成的最大客货运输量（如铁路某条线路一年的货运量）。通过能力是指某交通线路（或区段、枢纽），在一定时期内所能通过、输送（或编解）的载运工具数量（如铁路某条线路一昼夜开行的列车对数）。决定运输能力的主要因素有：固定设备（线路、车站、港口、机场、仓库等）的数量与质量；装卸、载运工具的数量和性能；作业人员的数量及其业务技术水平；技术设备的运用方法和工作组织优化方法等。

不同运输方式的运输能力是不同的，具有各自的特点：铁路是大能力的陆上运输方式，适用大宗、长距离运输；公路主要适用于中短途运输，其运输能力相对铁路小。以双线高速铁路与六车道高速公路为例，两者的运输能力基本相当（如图 1-1-6 及分析），而前者的占地面积仅为后者的约 40%（详见土地占用部分分析），可见相似的占地规模，铁路通行能力约为公路的 2.5 倍；水运尤其是海运能力最大；航空运输能力特别是货物运输能力非常有限，适宜承担长途运输。此外，管道运输能力也较大，但能力受管径、流速等因素影响。

（a）双线高速铁路　　（b）六车道高速公路

图 1-1-6　运输能力基本相当的双线高速铁路与六车道高速公路

运输能力基本相当的双线高速铁路与六车道高速公路：

高速铁路的列车追踪间隔时间可达 3 min，每天天窗时间 4 h，假定运输能力利用率为 0.8，则每天可开行的旅客列车对数为（1 440−240）×0.8/3=320（对），假定采用定员约 800 人的 8 节编组列车，年均单向输送能力将达 1.1 亿人。如果采用 16 节编组或改用双层客车，则可高达约 2 亿人。

六车道高速公路一般远景设计年限双向年平均昼夜交通量为 45 000~80 000 辆（折合成小客车）。为方便比较，假定该高速公路为客运专线，大客车占 20%，每车平均乘坐 40 人，小客车占 80%，每车平均乘坐 2 人，大客车和小客车的车辆折算系数为 2，则年均最大单向输送能力为（0.2×40+0.8×2）×40 000/（0.8+0.2×2）×365=117 800 000（人）≈ 1.2 亿人。

载运工具载运量的大小可以在一定程度反映各运输方式的运输能力，各运输方式载运量较大的客货载运工具如图 1–1–7 所示。从中可以看出，综合客货运输能力，铁路、水路运输载运工具运输能力远大于民航、公路。

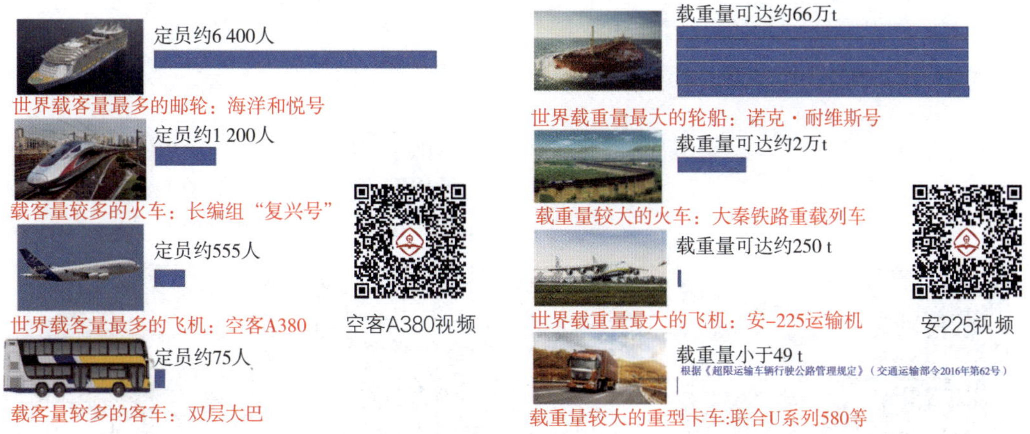

（a）客运　　（b）货运

图 1–1–7　各运输方式载运量较大的载运工具

2. 送达速度

送达速度是指基于载运工具将所运送的对象（旅客或货物）从始发地运送到终到地的全部时间所算得的平均运送速度。各种运输方式的送达速度范围如图 1–1–8 所示。从中可以看出：航空运输送达速度最高，最高可达约 1 000 km/h；其次是铁路运输，送达速度最高可达约 350 km/h；公路的送达速度最高可达约 120 km/h；水运和管道相对而言，送达速度较低。

3. 安全舒适

安全是旅客最为关心的因素，也是衡量客运服务的质量标准。据有关资料统计，铁路、公路、水路、航空运输的旅客事故率（单位旅客周转量的旅客死亡人数）之比大致为 1∶241∶209∶1.3，如图 1–1–9 所示，可见铁路、航空都是非常安全的运输方式，而公路、水路运输相对事故率偏高。

舒适也是旅客最为看重的标准。图 1–1–10 所示为铁路高速列车的座席，从中可见，铁路的高速列车整洁雅致、工作生活设施齐全、车厢宽敞、座席舒适、旅客占有的活动空间较大，舒适性较高。

4. 能源消耗

据统计，中国交通运输行业能源消耗量占能耗总量的约 1/8，其中成品油消耗量占全国成品油消耗总量的约 1/2。铁路与其他运输方式平均能耗对比如图 1-1-11 所示，可见，铁路单位运输周转量能耗 [2018 年单位运输周转量主营综合能耗约 2.93×10^{-2}kW · h/（t · km）] 约为公路的 20%，民航的 8%。同时，铁路电气化率较高（截至 2018 年底已达到 72.3%）并仍在进一步提高，能够充分使用电能这一来源广泛的清洁能源，在能源消耗方面具有较大优势。

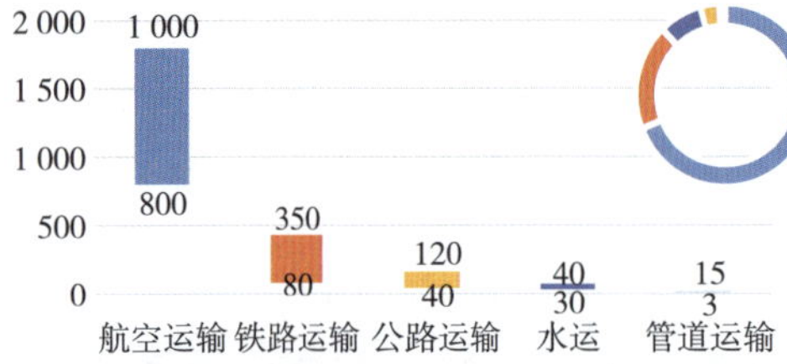

图 1-1-8　各种运输方式的送达速度范围（单位：km/h）

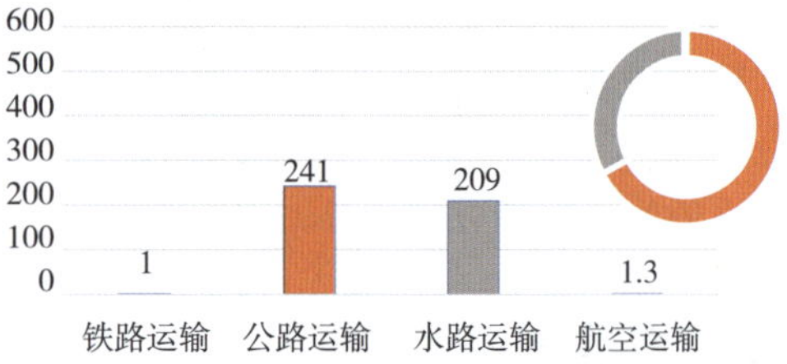

图 1-1-9　不同运输方式的旅客事故率（单位：倍）

注：根据 2018 年旅客死亡人数及旅客周转量数据计算，其中铁路、航空旅客死亡人数取近 10 年平均值计算（2018 年实际为 0）。

（a）商务座　（b）一等座　（c）二等座

图 1-1-10　铁路高速列车不同类别座席

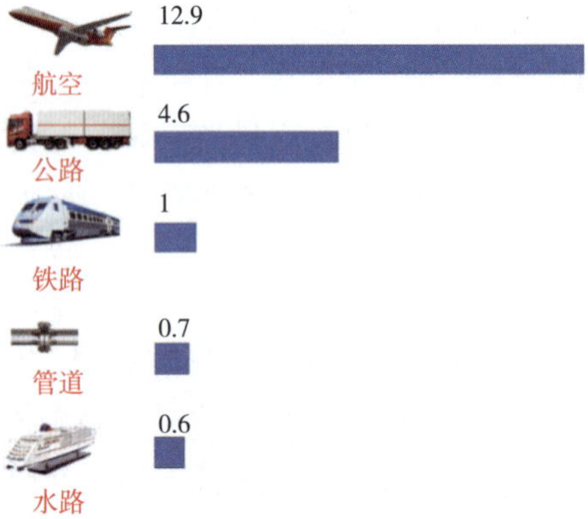

图 1-1-11　各种运输方式平均能耗对比（单位：倍）

注：为 2018 年数据，根据不同运输方式燃油、电力消耗、客货周转量统计数据等资料综合比较计算得出。

5. 运输成本

运输成本是交通运输业的一个综合性指标，受多种因素的影响，需根据具体情况进行分析。在运输成本中，如果与运输无关的支出所占比重较大时，则运输成本受运输密度的影响较大。运输距离对运输成本也有很大影响，一般运输距离越长，单位距离运行费用越低。此外，运载量的大小同样影响运输成本，载重量较大的运输工具一般来说其运输成本较低，水运在这方面居于有利地位。一般来讲，水运及管道运输成本最低，其次是铁路，再次是公路，航空运输成本最高。近年来，我国铁路、公路、水路、航空运输的单位周转量的运输费用之比约为 1∶12.7∶0.5∶21.5，如图 1-1-12 所示，从中可见，铁路运输的成本虽较水运高，但仅约为公路的 8%、航空的 5%，总体而言处于较低水平。同时，运输行业的总成本不仅仅是运营所发生的支出，还包括环境污染、事故损失、交通堵塞等造成的外部成本。铁路运输的外部成本远远低于公路和航空，社会成本较低。

6. 土地占用

交通运输行业是用地大户，而且往往越是人口密度高、土地紧缺的地区，运输线路、站场就越密集。与其他陆上交通方式相比，铁路占用土地少，具有明显的优势。如六车道高速公路与双线高速铁路的运输能力基本相当（详见运输能力部分分析），而前者占用路基宽度约 29.5~34.5 m〔《公路工程技术标准》(JTGB 01—2014)〕，后者占用路基宽度约 13.2~13.8 m〔《高速铁路设计规范》(TB 10621—2014)〕，高速铁路路基宽度和单位长度土地占用量仅为相似运输能力的高速公路的约 40%，如图 1-1-13 所示。此外，新建铁路，特别是高速铁路通过采用“以桥代路”的方式，可以进一步降低土地使用量，节约宝贵的土地资源。

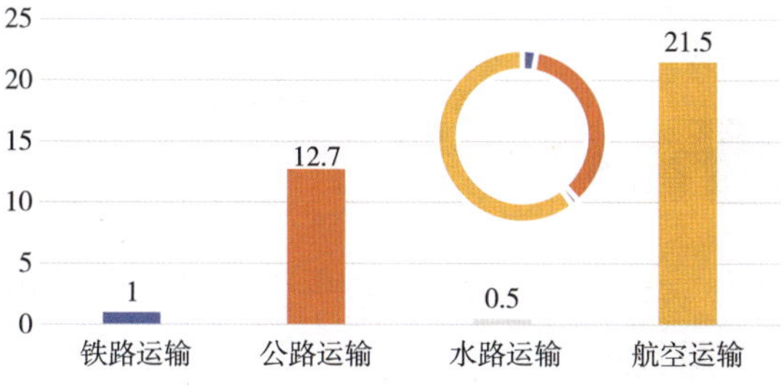

图 1-1-12　不同运输方式的单位运输成本比例对比（单位：倍）

注：数据源于《中国物流年鉴》《中国统计年鉴》的相关统计。

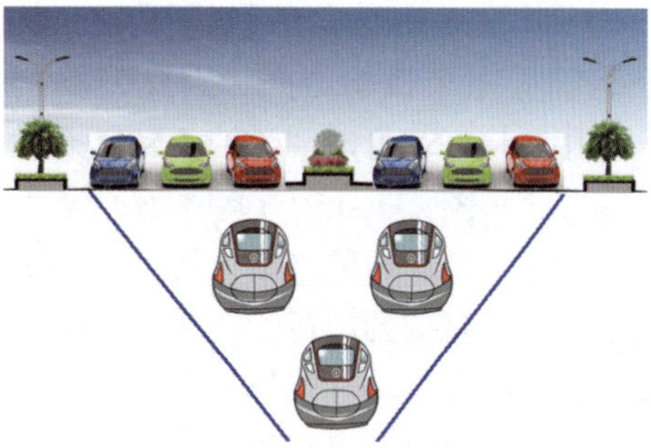

图 1-1-13　铁路、公路占地规模比较

7. 投资水平

各种运输方式均需要投入大量的人力和物力，投资额大而且工期长，因此具有资本密集型特征。各种运输方式由于其技术设备的构成不同，在投资总额、投资期限、初期投资的金额、线路基建投资和载运工具投资方面也各有差异。水路、航空运输是利用天然航道或航路进行的，线路投资远低于铁路、公路（水路投资主要在船舶、码头，航空投资主要在飞机、机场）。对于铁路、公路投资而言，可通过表 1-1-2 所示相近年度不同铁路、公路投资水平进行比较。从中可见，铁路单位里程投资明显高于公路，铁路、公路单位运力平均投资分别为 0.94 元 /（t · km）和 0.79 元 /（t · km），两者基本相当。

如图 1-1-14 所示为不同运输方式部分载运工具价格，从中可见，公路载运工具投资最低，铁路、水运次之，航空最高。

表 1-1-2　不同铁路、公路投资水平的比较

类别	项目名称	可研批复年度	线路等级	里程（km）	总投资（亿元）	单位里程投资（亿元 / km）	换算年客货运量（亿 t）	单位运力投资［元 /（t · km）］
铁路	京哈高铁京沈段	2013	时速 350 km 高铁	692	1245	1.8	1.5	1.2
	杭黄高铁	2014	时速 250 km 高铁	265	366	1.38	1.5	0.92
	银西铁路	2014	Ⅰ级双线铁路	598	617	1.03	1.5	0.69

续上表

类别	项目名称	可研批复年度	线路等级	里程（km）	总投资（亿元）	单位里程投资（亿元/km）	换算年客货运量（亿t）	单位运力投资[元/（t·km）]
公路	经棚至锡林浩特公路	2013	四车道高速公路	138	61	0.44	0.69	0.64
	临洮至渭源公路	2012	四车道高速公路	63	44	0.7	0.69	1.01
	韩家营至呼和浩特公路	2011	六车道高速公路	212	156	0.74	1	0.73

8. 通用性、机动性、连续性

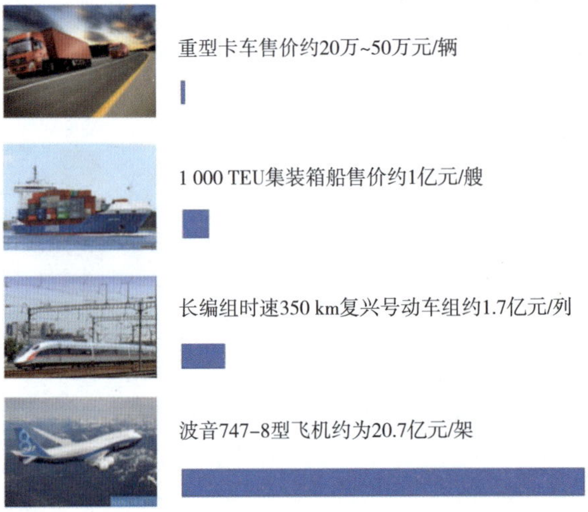

图 1–1–14　不同运输方式部分载运工具价格

在通用性方面，公路运输网一般比铁路网的密度要大很多，分布面也广，而水路运输受自然航道限制，航空运输局限于机场之间，因此公路运输通用性最好，可以“无处不到、无时不有”，如图 1–1–15（a）所示，经由四通八达的道路运输网络，可以深入偏远山区，实现门到门运输。在机动性方面，公路运输机动性较好，汽车（如越野车）可克服复杂道路和障碍。而航空运输具有可以跨越沿途地表自然限制的特点，用直升机运输，更可以跨越山川阻隔，到达几乎各个角落，机动性更强，如图 1–1–15（b）所示。在连续性方面，铁路与管道运输受气候与季节影响最小，公路次之，水路和航空运输最易受气候影响。

（a）四通八达的公路网络

（b）跨越地形障碍的直升机

图 1–1–15　公路的通用性与飞机的机动性

9. 环境影响

对空气和地表的污染最为明显的是公路运输，航空运输的噪声污染也比较严重，相比之下，铁路运输对环境和生态的影响程度较小，特别是电气化铁路影响更小。各运输方式完成单位周转量排放的一氧化碳（CO）、碳氢化合物（HC）、氮氧化合物（NO_x）、颗粒物（PM）等主要污染物情况如表 1-1-3 所示，从中可以看出，铁路、公路、水路、航空完成单位周转量排放的主要污染物之比约为 1∶64∶7∶2。铁路是完成单位周转量排放污染物最少、最清洁的运输方式，而公路完成单位周转量排放的主要污染物平均是铁路的 64 倍，属于对环境影响较大的运输方式，具体如图 1-1-16 所示。此外，铁路电气化率较高（截至 2018 年底已达到 72.3%）并仍在进一步提高，而铁路电力机车基本不排放有害气体。

表 1-1-3 各运输方式完成单位周转量排放的主要污染物情况 [单位：g/（10^2t · km）]

主要污染物	铁路	公路	水路	航空
一氧化碳（CO）	–	142.5	–	–
碳氢化合物（HC）	0.2	19.2	0.9	0.5
氮氧化物（NO_x）	3.2	57.4	15.2	6.7
颗粒物（PM）	0.1	5.2	1.1	0.3
二氧化硫（SO_2）	–	–	5.9	–
合计	3.5	224.2	23.2	7.5

注：为 2018 年数据，主要根据环保部门发布的各运输方式载运工具污染物排放数据及各运输方式周转量数据分析计算。

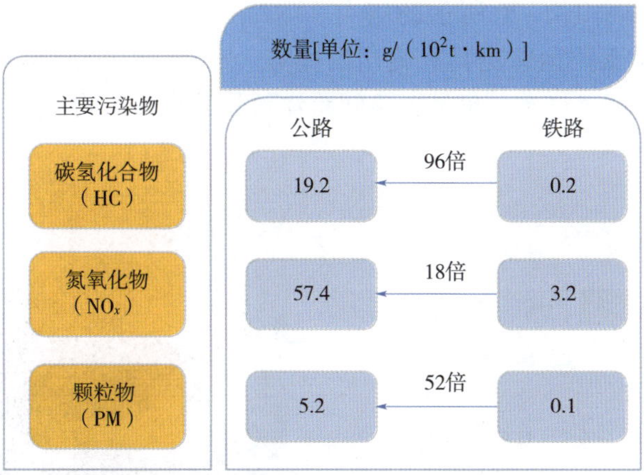

图 1-1-16 铁路与公路污染物排放对比

二 各种运输方式的适用范围

由于各种运输方式都有自己的特征和优缺点，因而它们都有各自最适合的应用范围。

1. 铁路运输

铁路运输是以固定轨道作为运输道路，由各种牵引动力牵引车辆进行经营性客货运输服务的一种运输方式。铁路运输的特点如图 1-1-17 所示。

在国土幅员辽阔的大陆国家铁路运输是陆地交通运输的主力，适合经常、稳定的大宗货物运输，特别是中长途货物运输，也适合中长途、短途城际和现代高速旅客运输的需要。

2. 公路运输

公路运输是在公路上进行经营性客货运输服务的一种运输方式。其优缺点对比如图1–1–18 所示。公路运输可担负铁路、水路运输达不到的区域内的运输及接力运输，它可以作为其他运输方式的补充和衔接。

铁路运输特点

- 能力大
- 速度快
- 安全程度高
- 运输成本低
- 受天气条件影响小
- 占地少
- 能耗低
- 污染小
- 全天候

图 1–1–17　铁路运输的特点

优点	缺点
通达性好	运输成本高
机动灵活性强	能源消耗大
中短途送达速度快	安全性较低
可实现“门到门”	易污染环境
利于保持货物质量	易产生噪声

图 1–1–18　公路运输优缺点对比

3. 水路运输

水路运输是以船舶为交通工具，在水域沿航线进行经营性客货运输服务的一种运输方式。水路运输按航行的区域分为远洋运输、沿海运输和内河运输等类型。水路运输的优缺点对比如图 1–1–19 所示。水路运输能力相当大，在海洋运输中，超巨型油轮的载重量可达约 66 万 t（如图 1–1–20 所示的诺克 · 耐维斯号）。在运输长、大、重件货物时，与铁路、公路相比，水路运输更具有突出的优势。对大宗货物的长距离运输，尤其是远洋运输，水路运输是最经济的，也是国际间跨洋贸易的主要运输方式。

优点	缺点
运输能力大	运输速度慢
占地少	受天然航道限制
投资省	易受气候影响
运输成本低	

图 1–1–19　水路运输优缺点对比

图 1–1–20　诺克 · 耐维斯号

载重吨位最大的运输工具之一：诺克 · 耐维斯号

诺克 · 耐维斯号（Knock Nevis）是一艘新加坡籍超大型原油运输船（Ultra Large Crude Carrier，ULCC），全载重量高达 657 019 t，也曾是世界上最长的船只与最长的人工制造水面漂浮物，船长超过 400 m。曾名海上巨人号（Seawise Giant，1979 年）、快乐巨人号（Happy Giant，1990 年）、亚勒维京号（Jahre Viking，1991 年）。2004 年改装并改名为诺克 · 耐维斯号，2010 年在印度被拆解。

4. 航空运输

航空运输（也称运输航空或商业航空）是以航空器进行经营性客货运输服务的一种运输方式，如图 1-1-21 所示。航空运输在 20 世纪崛起，是运输业中发展较快的行业。航空运输不受地形地貌、山川河流的障碍，只要有机场并有航路设施保证，即可开辟航线。航空运输适用于长途旅客运输、货物运输及邮件运输，包括国际和国内运输。一般航空运输飞机的巡航速度可达约 1 000 km/h，超音速飞机更可达约 2 000 km/h（如图 1-1-22 所示的协和飞机），在当今的时代，其高速性具有无可比拟的特殊价值。与其他运输方式相比，其优缺点对比如图 1-1-23 所示。

图 1-1-21　航空运输

图 1-1-22　协和飞机

优点	缺点
速度快	载运能力小
机动性强	能源消耗大
不受地表自然障碍限制	运输成本较高

图 1-1-23　航空运输优缺点对比

速度最快的运输工具之一：协和飞机

协和飞机在 1969 年首飞，1976 年投入服务，共生产了 20 架，机长 62.10 m，载客 120 人，航程达 5 110 km，最大飞行速度 2.04 马赫（约 2 500 km/h），从巴黎飞到纽约只需约 3 h 20 min，比普通航空客机节省超过一半时间，所以虽然票价昂贵但仍然深受商务旅客的欢迎。因经济性差等原因，2003 年 11 月 26 日，协和飞机退出航空业。

除航空运输以外的民用航空活动称为通用航空，通用航空的机动灵活、迅捷高效的特点更显著，可以应用于遥感测绘、海上作业、森林防火、喷洒农药、气象监测、抗灾救护等领域，有着无法比拟的优势和不可替代的作用，如图 1-1-24 所示。

5. 管道运输

管道运输是以管道作为运输通道，并备有固定式机械动力装置的现代化运输方式。管道运输主要以石油、天然气、成品油等流体能源为运送对象，之后发展到可以输送煤和矿石等固体物质（将其制成浆体，通过管道输往目的地，再经过脱水处理）。管道运输的优缺点对比如图 1-1-25 所示。

图 1-1-24　通用航空

优点

- 输送能力大、效率高
- 成本低、能耗小
- 占用土地少
- 不受地形限制、不受气候影响、受地面干扰少
- 不产生噪声、污染少

缺点

- 不能输送不同品种的货物
- 合理输送量范围较窄

图 1-1-25　管道运输优缺点对比

第三节　中国交通运输的发展

本节 PPT

一　发展历程

新中国成立后，中国交通运输发展大致经历了瓶颈制约期、初步缓解期、基本适应期等三个发展阶段，如图 1–1–26 所示。

图 1–1–26　新中国交通运输发展阶段

新中国成立之初，铁路总里程仅 2.18 万 km（截至 2018 年底达到 13.1 万 km），有一半处于瘫痪状态，能通车的公路仅 8.08 万 km（截至 2018 年底达到 484.65 万 km），民用汽车 5.1 万辆（2.4 亿辆），航空运输航线只有 12 条（截至 2018 年底达到 4945 条），整个交通运输处于十分落后状态。新中国成立到 2018 年底，部分交通运输指标对比情况如图 1–1–27 所示。

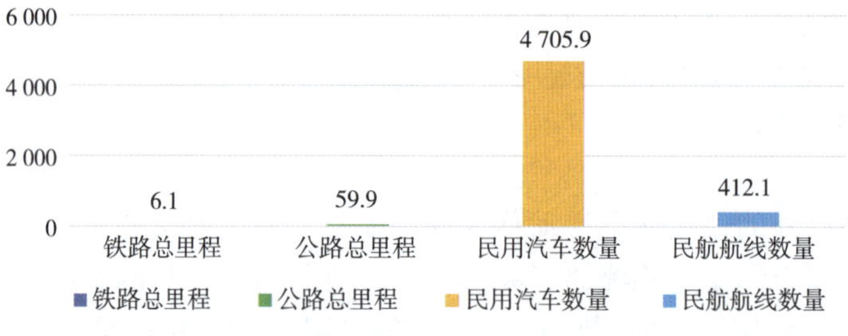

图 1–1–27　新中国成立至 2018 年底主要指标对比情况（单位：倍）

经过多年改革发展，多节点、全覆盖的交通运输基础设施网络初步形成，运输服务水平显著增强，科技创新和应用实现重大突破，交通运输安全水平不断提升，绿色交通建设深入推进，交通运输管理体制和法规体系不断完善。中国交通运输与世界一流水平的差距快速缩小，部分领域已经实现超越，一个走向现代化的综合交通运输体系正展现在世界面前。

二 发展状况

（一）基础设施网络

1. 层次合理的铁路网络

以高速铁路为骨架，以城际铁路为补充，快速客运网络初步建成；大能力通道逐步形成，货物运输实现直达化、快捷化、重载化，全国铁路基本形成了层次合理的铁路网络，图 1–1–28 所示为主要铁路指标。

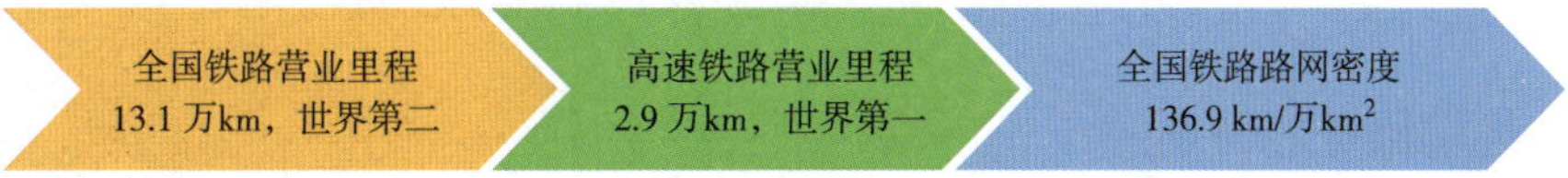

图 1–1–28　铁路运输主要指标（截至 2018 年底）

2. 覆盖广泛的道路网络

全国公路路网结构不断优化，国省干线公路网络不断完善，连接了全国县级及以上行政区，基本实现农村乡镇和建制村全部通公路，主要指标如图 1–1–29 所示。

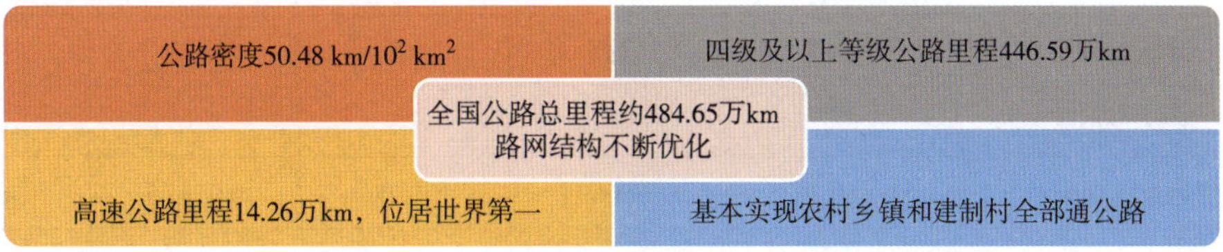

图 1–1–29　公路运输主要指标（截至 2018 年底）

3. 干支衔接的航道网络

全国航道通航条件不断改善，初步建成了干支衔接的内河航道体系，主要指标如图 1–1–30 所示。

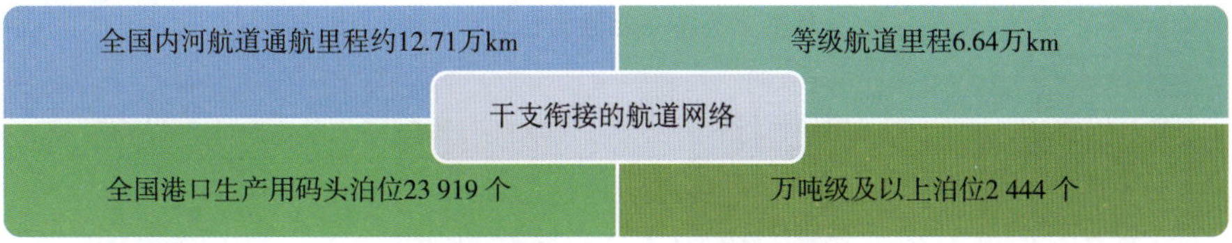

图 1–1–30　水路运输主要指标（截至 2018 年底）

4. 初具规模的航空网络

形成了以北京、上海、广州等国际枢纽机场为中心，省会城市和重点城市区域枢纽机场为骨干，以及其他干、支线机场相互配合的格局，主要指标如图 1–1–31 所示。

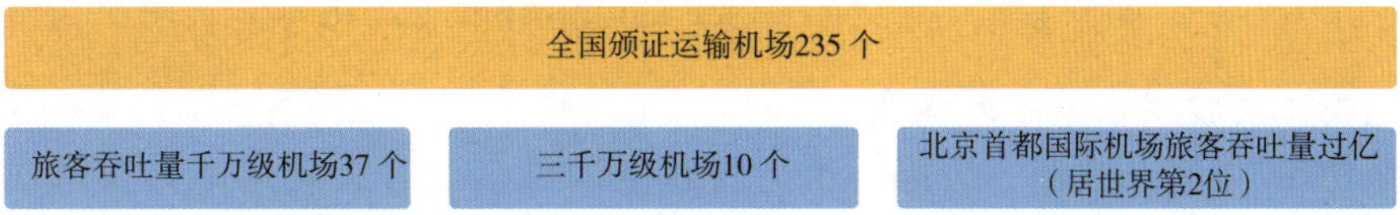

图 1–1–31　航空运输主要指标（截至 2018 年底）

5. 日趋完善的管道网络

初步形成横跨东西、纵贯南北、覆盖全国、连通海外的油气管网，主要指标如图 1–1–32 所示。

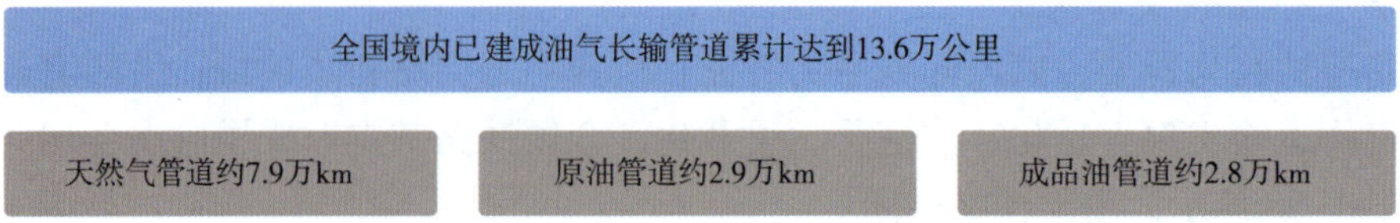

图 1–1–32　管道运输主要指标（截至 2018 年底）

（二）运输服务能力

1. 运输量位居世界前列，运输服务及通达性显著增强

2018 年各运输方式完成运输量情况如表 1–1–4 所示，运输指标占比情况如图 1–1–33 所示，平均运距情况如图 1–1–34 所示。我国铁路、公路的客货运量和周转量均已处于世界前列。

表 1–1–4　各运输方式的主要运输指标（2018 年）

运输指标	铁路	公路	水路	民航	管道
客运量（亿人）	33.75	136.72	2.8	6.12	—
货运量（亿 t）	40.26	395.69	70.27	0.073 85	8.50
旅客周转量（亿人 · km）	14 146.58	9 279.68	79.57	10 711.59	—
货物周转量（亿 t · km）	28 820.55	71 249.21	99 052.82	262.42	5862
旅客平均运距（km）	419.16	67.87	28.42	1 750.26	—
货物平均运距（km）	715.86	180.06	1 409.60	3 553.42	689.65

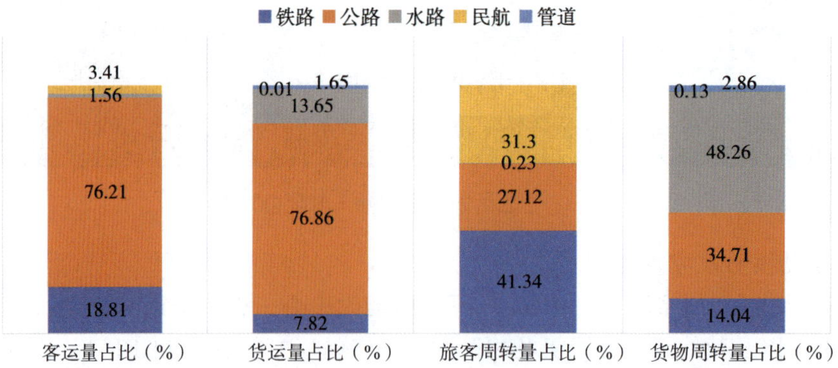

图 1–1–33　各交通方式完成的运输量占比（2018 年）

2. 运输工具技术水平不断提高

截至 2018 年底，铁路、公路、水运与航空四种交通方式载运工具技术成就如表 1–1–5 所示。

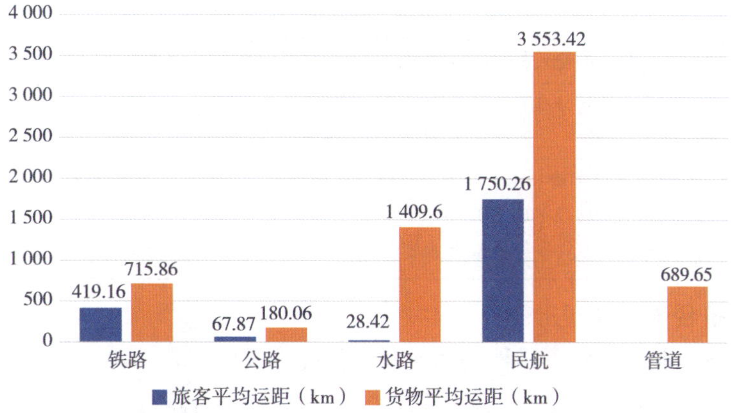

图 1-1-34 各交通方式的平均运距（2018 年）

表 1-1-5 四种交通方式载运工具技术成就

交通方式	载运工具技术成就
铁路	主要干线全部实现内燃、电力机车牵引；客货运输车辆品种和结构均实现升级换代；营运客车高档化、舒适化；货运车辆大型化、专业化程度不断提高
公路	全国拥有公路营运汽车 1 435.48 万辆，其中，拥有载客汽车 79.66 万辆（2 048.11 万客位），拥有载货汽车 1 355.82 万辆（12 872.97 万 t）
水运	全国拥有水上运输船舶 13.70 万艘；船舶逐步向大型化、专业化和标准化发展
航空	航空运输全行业飞机数量超过 6 000 架，其中，运输飞机占约 60%

3. 运输方式现代化程度不断增强

多式联运、甩挂运输等先进运输组织模式及冷链等专业物流快速发展，集装箱、厢式货车等标准化载运单元加快推广，城乡物流配送信息化、集约化程度明显提升，提高了社会物流运行效率。

（三）科技创新水平

1. 基础设施建设技术世界领先

铁路、公路、水运与航空四种交通方式基础设施技术成就及代表工程如表 1-1-6 所示。

表 1-1-6 四种交通方式基础设施技术成就及代表工程

技术种类	基础设施技术成就	代表工程
铁路建设	高寒铁路、高原铁路、重载铁路、高速铁路、智能铁路技术迈入世界先进行列，高速铁路成为“中国制造”和“走出去”的新名片	青藏铁路；浩吉铁路；京沪高铁；京张高铁
	高原冻土、膨胀土、沙漠、复杂路况等特殊地质的铁路建设技术克服世界级难题	青藏铁路；兰新高铁；川藏铁路
	陆续建成一批世界级特大桥隧，建造技术达到世界先进水平	南京大胜关长江大桥；沪昆高铁北盘江特大桥；沪苏通长江公铁大桥（沪通长江大桥）

续上表

技术种类	基础设施技术成就	代表工程
公路建设	复杂多变气候和地质条件下的特大桥梁、隧道建造技术客服世界级难题	港珠澳大桥
水运建设	离岸深水港建设关键技术、巨型河口航道整治技术、长河段航道系统治理技术世界领先	洋山港集装箱码头；长江口深水航道治理
机场建设	大型机场工程建设技术世界领先	大兴国际机场

2. 装备制造技术快速进步。

铁路、公路、水运与航空四种交通方式装备技术成就如表 1–1–7 所示。

表 1–1–7　四种交通方式装备技术成就

交通方式	装备技术成就
铁路	以高速列车、大功率机车为代表的一批具有自主知识产权的高性能铁路装备技术达到世界先进水平，部分达到世界领先水平；铁路运输装备形成了以“复兴号”为代表的覆盖时速 350km 等不同速度等级，涵盖不同编组形式和动力牵引模式，适应各种运行环境需求的系列产品
公路	新能源道路运输装备初步实现产业化
水运	大型专业化码头装卸设备制造、海工机械特种船舶、集装箱成套设备制造技术领先世界
航空	自主研制的支线客机、通用飞机、直升机已交付使用；干线飞机 C919 研制进入最后的阶段，中国成为世界上为数不多的能够自主研制大飞机的国家

3. 信息化智能化技术广泛应用

铁路、公路、水运与航空四种交通方式信息化智能化技术应用如表 1–1–8 所示。

表 1–1–8　四种交通方式信息化智能化技术应用

交通方式	信息化智能化技术应用
铁路	铁路建成了客运联网售票系统，全面推行电子客票，实现了运输生产调度指挥、监测检测等的信息化、智能化；复兴号在京张智能高铁实现世界上首次时速 350km 自动驾驶
公路	高速公路电子不停车收费系统（ETC）实现了全国联网；公路营运车辆大范围应用北斗系统；车联网、自动驾驶技术不断发展完善
水运	形成覆盖我国关键水域的北斗高精度服务网络
航空	航空商务信息系统处于世界先进水平；全球卫星导航系统（GNSS）等现代导航信息技术在航空运输中广泛应用

（四）交通运输安全与绿色交通建设

1. 交通运输安全水平逐步增强

近年来，交通运输安全状况不断改善，各种运输方式交通运输安全水平逐步增强。铁路、公路与航空安全状况如表 1–1–9 所示。

表 1-1-9 铁路、公路、航空安全状况

交通方式	安全状况
铁路	铁路交通事故呈现逐年降低的趋势，近年来未发生特别重大、重大铁路交通事故；铁路交通事故 10 亿 t · km 死亡率约为 0.2
公路	公路运输事故起数、死亡人数整体保持平稳；道路交通事故十万人口死亡率约为 4.5；道路交通事故万车死亡率约为 2
航空	航空运输领域连续近 10 年未发生运输航空亡人事故；航空亿客公里死亡人数、重大事故万时率分别为世界平均指标值 1/12 和 1/11

2. 绿色交通建设得到实施

在规划、设计、建设、运营等环节贯彻生态保护理念，探索创新重点区域交通运输基础设施生态修复技术，部分成果如表 1-1-10 所示。

表 1-1-10 四种交通方式绿色交通建设

交通方式	绿色交通建设
铁路	高速铁路采用“以桥代路”，有效节约了耕地，减少了对沿线城镇的切割
公路	逐步建设了一批示范性绿色公路
水运	部分运输港口开展粉尘污染控制措施
管道	部分地区布设了溢油应急设备库和配置点

（五）交通管理体制

1. 管理机构改革

2008 年、2013 年实施两轮交通运输大部制改革，形成了由交通运输部管理国家铁路局、中国民用航空局及公路、水运的大部门管理体制架构。各地积极推进综合交通运输管理体制改革，加快综合交通运输体系建设。

2. 完善交通法制

适应改革发展需要，交通运输法律法规体系日趋完善，交通运输领域主要法律法规如表 1-1-11 所示。此外，各行政主管部门还根据实际需要制定了大量部门规章。

表 1-1-11 四种交通方式法律法规

交通方式	法 律	行政法规
铁路	《铁路法》	《铁路安全管理条例》《铁路交通事故应急救援和调查处理条例》
公路	《公路法》	《公路安全保护条例》《道路运输条例》
水运	《港口法》《航道法》《海上交通安全法》	《国际海运条例》《内河交通安全管理条例》
航空	《民用航空法》	《民用机场管理条例》《民用航空安全保卫条例》

三 发展趋势

（一）各运输方式的发展趋势

1. 铁路运输发展趋势

铁路大宗货物运输需求增长将缓中趋稳，消费物流运输呈增长态势；未来货物列车将逐步向更大载重（如 3 万 t 级重载列车）、更高速度（如时速 250 km 级货运列车）方向发展；旅客运输将更加专业化、高端化，以满足旅客愈发个性化、定制化的需求；城市群内不同城市之间的联系将进一步加强，商贸活动和人员交流会更加频繁，城际铁路需求旺盛。

2. 公路运输发展趋势

交通运输信息化将逐渐向数字化、网络化、智能化方向发展；清洁能源汽车技术、智能网联汽车（智能汽车、自动驾驶、车路协同）等智慧交通技术等将逐步成熟并越来越广泛应用。

3. 水路运输发展趋势

大中型邮轮、大型液化天然气船、极地航行船舶、智能船舶、新能源船舶等先进船舶自主设计建造能力将进一步增强；联运基础设施将进一步完善，水运港口资源将进一步整合；水运公共信息化将进一步深入发展。

4. 航空运输发展趋势

民用飞机产品谱系将逐步完善，在大型民用飞机、重型直升机、通用航空器等方面将逐步取得进展；信息技术在航空进一步广泛应用和深度融合，“智慧机场、智慧航空”建设将加快推进。

5. 管道运输发展趋势

管道运输基础设施管网进一步联通；油气管网建设和运营逐步向高质量、高效率方向发展；“智能化管道、智慧管网”将逐步形成。

（二）交通运输整体的发展趋势

对整个交通运输体系而言，“交通强国”战略将持续推进，发达的快速网、完善的干线网、广泛的基础网，“全国 123 出行交通圈”“全球 123 快货物流圈”（如图 1-1-35、图 1-1-36 所示）将逐步形成。未来交通运输发展对服务质量和综合交通一体化衔接提出了新的要求，铁水、公铁、公航、铁航等联运将会进一步快速发展，要求进一步完善综合立体交通网络，实现各个换乘、转运环节的无缝衔接，使得旅客联程运输便捷顺畅，货物多式联运高效经济，全面提升服务水平和服务质量。整个交通运输系统一体化运作的体制机制将逐步成熟，在交通运输规划建设、运营管理、信息技术、服务水平、综合效益和政策管理中将更多体现系统整合和效率优化。人工智能、物联网、云计算、移动互联网、大数据等新一代信息技术将在交通运输领域深入发展和广泛应用。

交通运输的一体化、绿色化、智能化、共享化发展已经成为中国乃至世界交通运输发展的主流趋势，这一趋势将进一步激发交通运输领域在基础设施、能源动力、技术装备、运营管理、服务模式等方面的更深刻变革，最终实现构建“安全、便捷、高效、绿色、经济”的现代交通体系的目标。

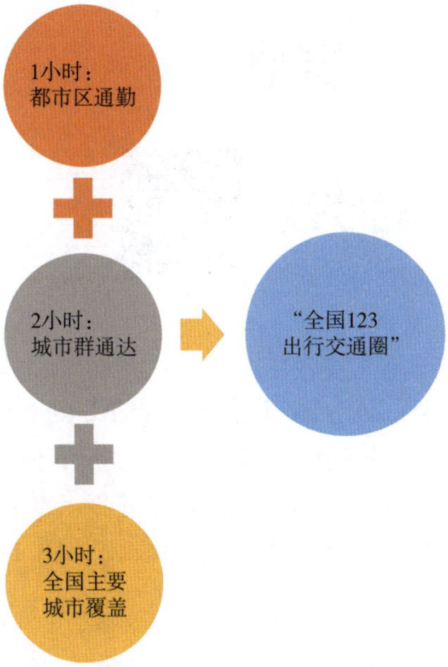

图 1-1-35 全国 123 出行交通圈的建设目标

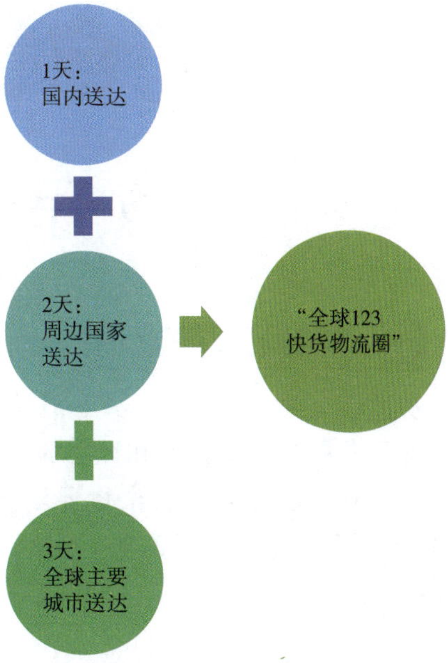

图 1-1-36 全球 123 快货物流圈的建设目标

复习思考题

1. 简述交通运输业的性质及其生产特点。
2. 简述现代化交通运输的形式及其技术经济特征。
3. 简要分析五种运输方式的优点及其适用范围。
4. 简述我国交通运输的发展状况。
5. 我国交通运输发展的趋势是什么？

第二章 铁路的发展

第一节 世界铁路的发展

本节 PPT

一 铁路及火车的产生

从世界上第一条铁路正式运营（1825 年）以来，至今已有近 200 年的历史了，铁路的兴起和发展与科学技术和社会的进步密不可分，与此同时，铁路的技术进步和现代化进程，又在深刻影响着整个世界经济的发展，推动着人类社会的文明进步。早期铁路发展经历了使用木轨到钢轨、使用人力推车到畜力车再到火车等阶段，如图 1-2-1、图 1-2-2 所示。

（a）约公元前600年，雅典的“笛耳各斯”

（b）16-17世纪，欧洲的木制轨道

（c）1789年，铁质轨道和车轮

（d）1825年，世界上第一条现代铁路通车

图 1-2-1　早期铁路轨道发展历程

（a）1804年，特里维西克发明世界首台蒸汽机车

（b）1829年，史蒂芬孙设计的“火箭”号机车

（c）1879年，德国西门子发明电力机车

（d）1912年，德国瑞士合资公司发明内燃机车

图 1-2-2 早期铁路机车发展历程

约公元前 600 年，雅典修建的名为“笛耳各斯”的“轨道式”道路拖运船只跨过科林斯地峡，一般被认为是轨道的最早起源。16–17 世纪，英国开始兴起了采矿业，为了将煤炭和矿石运到港口，便铺了两根平行的木材作为轨道，经过多年的不断改进，形成铁质轨道。直到 1789 年，英国威廉·杰索普首次设计出现代铁路轮轨的标准形式。

早期，使用人力或马匹在轨道上运行，1804 年，英国特里维西克发明了世界上首台实用蒸汽机车，史蒂芬孙经多年改进完善形成了现代蒸汽机车。因为当时使用煤炭或木柴做燃料冒出烟火，所以人们都叫它“火车”，并一直沿用至今。其后，1879 年，德国西门子发明了第一台电力机车，1912 年，德国瑞士合资公司以柴油机为基础制造了第一台内燃机车。

1825 年 9 月 27 日，英国修建了从斯托克顿至达林顿的铁路，列车由史蒂芬孙的“动力”1 号牵引，这是世界上第一条机车牵引并同时办理客货运业务的现代铁路，标志着铁路运输业的开端，使陆上运输迈入凭借机械动力的新纪元。因为钢轨是从铁轨演变而来的，所以世界各国都习惯地把它叫作“铁路”。

二 世界铁路发展概况

世界主要国家铁路相继修通的年份如图 1-2-3 所示。从图中可见，铁路具有的优势使其在世界范围内得到了较快的发展。

铁路自产生开始，主要经历了兴起与发展、步入低谷、再发展、复兴等发展阶段，如图 1-2-4 所示。

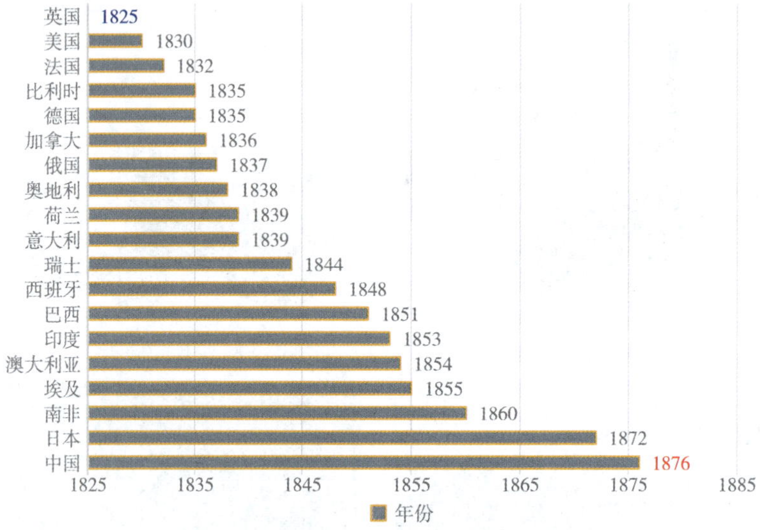

图 1-2-3 世界主要国家铁路通车年份

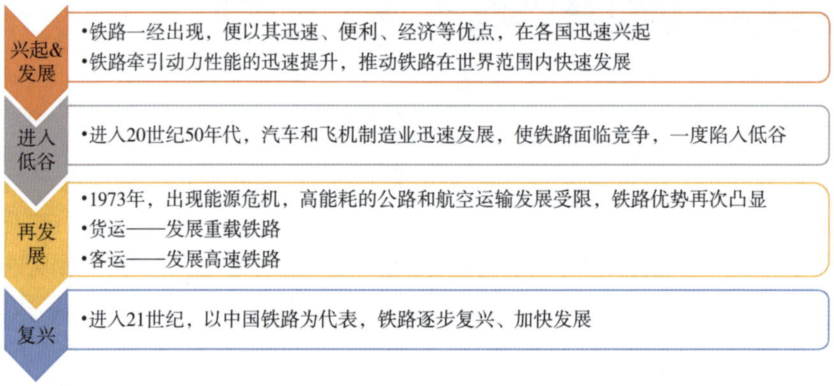

图 1-2-4 世界铁路发展历程

目前，世界铁路营业里程约为 130 万 km，其中排名前 10 位的情况如图 1-2-5 所示。

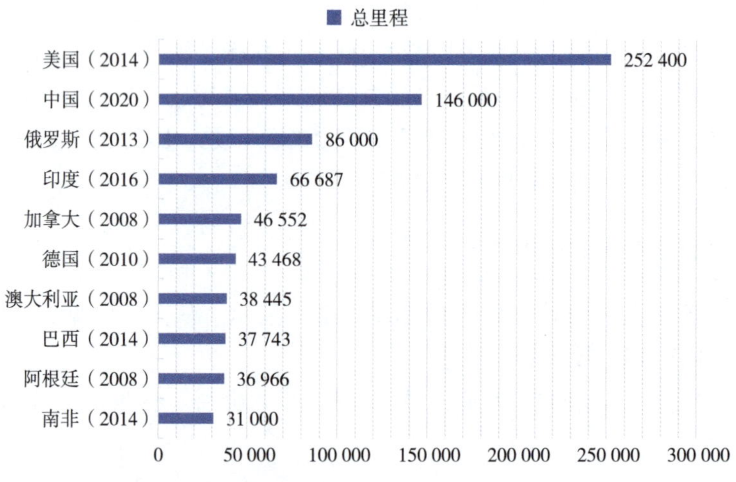

图 1-2-5 世界铁路营业里程排名（前 10 位）（单位：km）

铁路营业里程（运营里程）：

是指在一定时期内办理客货运输业务的铁路正线总长度。全线或部分建成双线及以上的线路，以第一线的实际长度计算，复线、站线、段管线、岔线和特殊用途线以及不计算运费的联络线不计算营业里程，是反映铁路运输业基础设施发展水平的重要指标，是计算客货周转量、运输密度和机车车辆运用效率等的基础指标。

三 世界重载铁路的发展

重载铁路运量大、效率高、运输成本低，一直是货物运输的重要手段，受到世界各国的广泛重视。北美地区幅员辽阔、资源丰富，是最早发展重载运输的地区。1958 年，美国南太平洋铁路公司开行了世界首列由 85 辆矿石车编组的重载列车，总重达到 1.17 万 t。现今，重载运输已有近 60 余年的历史，美国、加拿大、巴西、南非、澳大利亚、俄罗斯、中国等 10 多个国家都发展了重载运输，国外部分重载铁路如表 1-2-1 所示。国内外重载铁路多年实践表明，重载铁路可显著降低燃油消耗、延长钢轨使用寿命、增强机车和车辆的可靠性、提高运行的安全性。

表 1-2-1 国外部分重载铁路

线 名	正线数目	轴重（t）	牵引重量（t）	年均运量（亿 t）
美国柏林顿北方铁路怀俄明煤矿线	双线	30	13 150	0.45~0.91
加拿大太平洋铁路卡尔加里—温哥华线	双线	30	13 340	0.37~0.65
澳大利亚哈默斯利铁矿线	单线	30	26 500	0.64
澳大利亚纽曼山铁矿线	单线	30	17 150	0.5
巴西维多利亚米纳斯线	单线	22.5	14 400	1
瑞典基吕纳—斯瓦帕瓦拉—纳尔维克港线	单线	25	6 170	0.28
南非赛申—赛尔达尼亚线	单线	26	21 860	0.2

世界重载铁路最发达的国家：美国

美国已经确立了重载运输在其货运市场中的牢固地位，其约 70% 的铁路为重载铁路。重载列车采用大容量、低自重的货车，最大允许轴重范围在 29.8~35.7 t 之间。一般采用大功率内燃机车多机牵引，并配合采用机车同步操纵技术。重载线路采用重型钢轨，最大可达约 70 kg/m。为了适应重载运输的需要，一些主要编组站的股道长达数公里。对于煤炭运输，一些公司采用了 5 列一组、整列无隔墙的槽式车组，以减轻自重，增加载重。为进一步开拓重载运输市场，美国还在海铁联运中开行了高效率的双层集装箱重载运输，如图 1-2-6 所示。

世界重载列车试验记录创造者：澳大利亚

2001 年 6 月 21 日，在澳大利亚纽曼山铁矿线，8 台 AC 6 000 型机车牵引 682 辆货车进行了重载列车试验。试验列车全长 7 353 m，总重 99 734 t，净载重 82 000 t，创造了重载列车新的试验记录，如图 1-2-7 所示。

图 1-2-6　美国双层集装箱重载运输

图 1-2-7　澳大利亚重载运输试验

四 世界城际铁路的发展

城际铁路是主要用于城市群间的轨道交通系统，最早产生于欧洲。在经济发达、产业集中、人口众多、生活水平较高的城市群间，人们出行频繁，有大量的公务、商务、旅游客流，要求开行速度高、密度大、舒适度好的城际铁路列车。

城际铁路在世界轨道交通中承担着重要角色，尤其以欧洲、日本和中国最为典型。在欧洲的荷兰、法国、德国等国家，经济发达、城市密度大，城市间轨道交通系统紧密衔接，旅客在不同城市间出行频繁。在日本，以东京等主要城市为中心形成城市群，城市群内各层次的轨道交通形成比较完善的网络系统，其运营模式和市场规模较为成熟。

城际铁路发展的对改善城市群之间的关联度，加速城市圈的形成，引导城市群空间布局合理化，促进区域经济社会快速发展，推动产业调整和集群发展发挥了重要作用。

荷兰城际铁路：

荷兰国土面积约 4 万 km^2（略大于我国台湾省），铁路营业里程约为 2 800 km，路网密度为约 700 km/ 万 km^2（约为我国的 5 倍）。荷兰经济发达，城市密集，城市间有便捷的城际铁路连接。荷兰城际铁路快速列车（InterCity Train，IC）往来于阿姆斯特丹、海牙、鹿特丹、乌特勒支等大城市之间，主要城市间出行时间约 0.5~2 h。荷兰铁路车站密度大（约 350 座）且一般位于市中心，列车多不固定坐席，入站不需安检，乘车较为方便。荷兰城际铁路采用公交化运营模式，开行频率高且规律。如阿姆斯特丹至鹿特丹间，8：00~9：00 以 15 min 为间隔规律开行列车。荷兰铁路的线路能力利用率很高，非高峰时利用率约 60%~70%，高峰时可达 80%~90%，可日均运行列车 5 000 列以上。图 1-2-8 所示为荷兰城际铁路双层列车。

日本东京都市圈轨道交通系统：

东京都市圈已形成包括四个不同圈层，涉及 JR 铁路（原日本国铁）、私铁、地铁和其他铁路，总规模约为 3 500 km 的轨道交通系统，如图 1-2-9 所示。JR 铁路由贯穿南北的 223 km 新干线和“双环＋放射线”为骨架的约 1 500 km 普通线路组成；私铁由以山手线枢纽站点为起点的放射骨干线路及其支线组成，总长约 1 200 km；地铁主要位于东京都区部（东京 23 区），由东南海滨中心向北、向西扇形扩散，规模约为 360 km；其他轨道交通约 200 多 km。

图 1-2-8　荷兰城际铁路双层列车

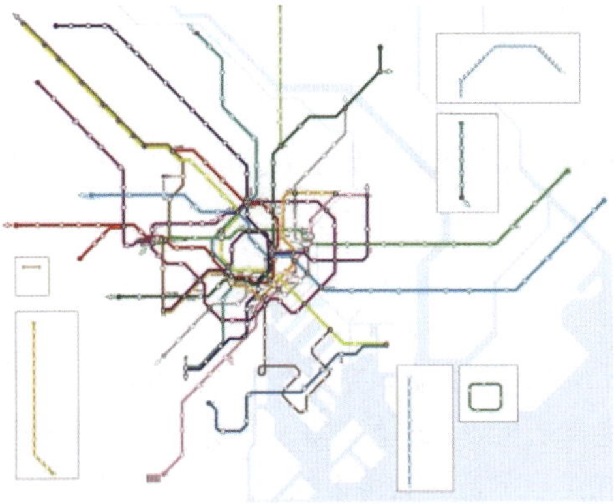

图 1-2-9　东京都市圈轨道交通系统

五　世界高速铁路的发展

（一）高速铁路的路网建设

1964 年 10 月 1 日，世界上第一条高速铁路——东海道新干线在日本诞生，开创了世界铁路的新纪元。高速铁路的诞生和发展，极大地改变了人们的时空观念，提高了铁路在客运市场中的竞争力。它集中反映了一个国家铁路线路基础、列车牵引动力、高速运行控制、运输组织和经营管理等方面的技术进步，也体现了一个国家的科技和工业水平。

建设快捷、绿色、节能、安全、方便的高速铁路已经成为世界性的共识。经过 50 多年的发展，世界上已有约 30 个国家、地区运营、建设了高速铁路，主要情况（主要按照国际铁路联盟划分标准，运营里程前 10 位）如图 1-2-10 所示。

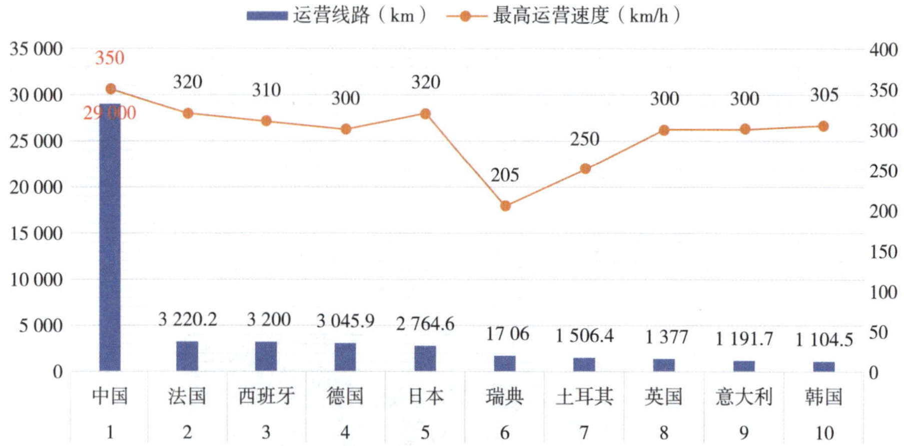

图 1-2-10　世界主要国家地区高速铁路运营里程（截至 2018 年底）

（二）国外典型高速铁路

国外高速铁路发展主要以日本、欧洲为代表，这些国家、地区在高速铁路发展方面曾经走在世界前列。

1. 日本高速铁路

日本是世界上第一个建成高速铁路的国家。1964 年 10 月 1 日，日本东海道新干线正式投入商业运营（如图 1-2-11 所示）。该线路连接了东京、名古屋和大阪等三大都市圈，代表了当时世界第一流的高速铁路技术水平，标志着世界高速铁路由试验阶段跨入了商业运营阶段。

日本新干线：

新干线（Shinkansen）是连接日本全国的高速铁路系统，包括世界第一条高速铁路——东海道新干线。除东海道新干线外，还有山阳、上越、东北等新干线，其主干线和支线已基本覆盖日本国土。新干线是世界高速铁路的先驱，和法国 TGV、德国 ICE、中国高速铁路一起，并列为世界高铁四巨头。图 1-2-12 所示为新干线列车内部空间。

图 1-2-11　世界第一条高速铁路——日本东海道新干线

图 1-2-12　新干线列车内部空间

2. 欧洲高速铁路

在欧洲，法国、德国、意大利、西班牙等多个国家拥有高速铁路，其中以法国、德国较为典型。

（1）法国高速铁路

1983 年 9 月，法国第一条高速铁路 TGV 东南线建成通车（图 1–2–13），该线最高运行时速 270 km，使巴黎至里昂间旅行时间由原来的 3 h 50 min 缩短到 2 h。随后，法国又相继建成多条高铁线路。与日本不同，法国高速铁路为“高速可下线运行”运营模式，虽然高速线上仅限运行高速列车，但高速列车可在与高速铁路相衔接的普速铁路上运行。

法国 TGV：

TGV 是由阿尔斯通公司和法国国家铁路公司设计建造，并由法国国家铁路公司负责运营的高速铁路系统。法国 TGV 现已形成以巴黎为中心、辐射法国各城市及周边国家的铁路网络，主要包括东南线、大西洋线、北方线、东南延伸线、巴黎地区联络线、地中海线和东部线等部分。2007 年 4 月 3 日，法国 TGV 采用“V150”试验列车在一条试验线路上创下了 574.8 km/h 的轮轨铁路速度世界纪录。图 1–2–14 所示为 TGV 列车内部空间。

图 1–2–13　TGV 东南线（巴黎—里昂）

图 1–2–14　TGV 的内部空间

（2）德国高速铁路

德国也是世界上掌握高速铁路核心技术的国家之一。1991 年，德国开始正式运营高速铁路，开通曼海姆至斯图加特线，随后又陆续开通了汉诺威至维尔茨堡线（图 1–2–15）等线路。德国高速铁路运营模式较为特殊，为客货混跑模式，即高速铁路上不仅运行旅客列车（包括高速列车和普通列车），还可以运行货物列车。

德国 ICE：

在德国高速铁路上开行城际特快列车（Inter City Express，ICE），运行在大城市之间，极为便捷舒适。ICE 目前拥有 5 款列车型号，分别为 ICE1、ICE2、ICE3、ICET/TC 和 Sprinter。ICE 时速可达到 320 km，乘坐 ICE 高速列车，只需几个小时就可以到达德国各大城市以及相邻国家。图 1–2–16 所示为 ICE 列车舒适的内部空间。

图 1-2-15　德国高速铁路（汉诺威—维尔茨堡）及 ICE 列车

图 1-2-16　德国 ICE 列车内部空间

第二节　中国铁路的发展

本节 PPT

一　中国客货共线铁路的发展

中国部分铁路发展历程视频

1. 主要线路和通道

中国客货共线铁路主要线路和通道情况如表 1-2-2 所示。历经一个多世纪的发展，已基本建成京津冀至东北通道，京津冀至长三角、珠三角通道，京津冀至西北、西南通道，长三角、珠三角至西南、西北通道，西北至西南通道等多个通道，形成了中国铁路的骨干脉络。

表 1-2-2　中国客货共线铁路主要线路和通道

序号	线路名称	建成时间	起止点	线路长度（km）	所属干线	意义	说明	形成的通道
1	吴淞铁路	1876 年	上海闸北—吴淞口	14.5	/	中国境内第一条铁路	英国修建，1878 年清政府赎回拆毁	/
2	唐胥铁路	1881 年	唐山—胥各庄	9.3	京哈线	中国自己投资建设的第一条铁路	后逐渐扩展至北京—沈阳	京津冀至东北通道
3	中东铁路	1903 年	满洲里—绥芬河，哈尔滨—大连	2 400	滨洲线、滨绥线、哈大线		俄国修建	
4	沪宁铁路	1908 年	南京—上海	307	京沪线		1968 年 9 月，南京长江大桥建成，形成完整的京沪线	京津冀至长三角、珠三角通道
5	津浦铁路	1912 年	天津—南京	1 009	京沪线			
6	京汉铁路	1906 年	北京—汉口	1 214	京广线		1957 年 10 月，武汉长江大桥建成，形成完整的京广线	
7	粤汉铁路	1936 年	广州—武昌	1 059.6	京广线			
8	湘桂铁路	1955 年	衡阳—友谊关	1 043	湘桂线			
9	京九铁路	1996 年	北京—香港九龙	2 407	京九线	中国一次建成里程最长的铁路		

续上表

序号	线路名称	建成时间	起止点	线路长度（km）	所属干线	意义	说明	形成的通道
10	成渝铁路	1952 年	成都—重庆	504	成渝线	新中国成立后修建的第一条铁路		京津冀至西北、西南通道
11	成昆铁路	1970 年	成都—昆明	1 096	成昆线	修建难度最高的铁路之一		
12	川黔铁路	1965 年	重庆—贵阳	423.6	川黔线			
13	贵昆铁路	1966 年	贵阳—昆明	639	沪昆线			
14	西康铁路	2013 年	新丰镇—安康东	267.5	包柳线			
15	内昆铁路	2001 年	内江—昆明	872	内昆线			
16	鹰厦铁路	1958 年	鹰潭—厦门	705	鹰厦线			
17	包兰铁路	1958 年	包头—兰州	990	包兰线	中国第一条沙漠铁路		
18	京张铁路	1909 年	北京丰台—张家口	201.2	京包线	中国自己设计建设的第一条铁路		
19	丰沙铁路	1955 年	北京丰台—沙城	106	丰沙线			
20	临哈铁路	2015 年	临河—哈密	1 390	临哈线			
21	南疆铁路	1998 年	吐鲁番—喀什	1 446.4	南疆线			
22	青藏铁路	2006 年	西宁—拉萨	1 956	青藏线			
23	陇海铁路	1953 年	连云港—兰州	1 759	陇海线			长三角、珠三角至西南、西北通道
24	兰新铁路	1962 年	兰州—阿拉山口	2 423	兰新线			
25	金温铁路	2015 年	金华—温州	188.3	金温线			
26	黎湛铁路	1956 年	黎塘—湛江	318.2	大湛线			
27	广茂铁路	2004 年	广州—茂名	372	广茂线			
28	南昆铁路	1997 年	南宁—昆明	898	南昆线			
29	渝贵铁路	2017 年	重庆—贵阳	345.4	渝黔线			
30	宝成铁路	1958 年	宝鸡—成都	668.2	宝成线	中国第一条电气化铁路		西北至西南通道
31	兰渝铁路	2017 年	兰州—重庆	886	兰渝线			

2. 典型线路

中国领土上出现的第一条铁路：吴淞铁路

早在 19 世纪 50 年代后期，俄、英、美等国多次提出在中国修筑铁路，均遭拒绝，后来美国（后将权益让给英商）以修筑一条“马路”的名义，获得了当时上海地方政府的允许，使得吴淞铁路（上海闸北—吴淞口）得以修建。吴淞铁路 1876 年建成（图 1-2-17），全长 14.5 km，轨距 762 mm。开通后因发生事故等问题，由清朝政府赎回并拆毁。

中国自己投资建设的第一条铁路：唐胥铁路

唐胥铁路（唐山—胥各庄）是为了解决开平矿务局的煤炭运输问题而修建的，1881 年建成，全长约 10 km，是中国自己投资建设的第一条铁路，也是中国第一条采用 1 435 mm 标准轨距的铁路，为中国铁路发展奠定了技术基础。图 1-2-18 为清朝官员视察唐胥铁路的场景。

图 1-2-17　吴淞铁路

图 1-2-18　唐胥铁路

中国自主设计建设的第一条铁路：京张铁路

1909 年建成的京张铁路（北京丰台—张家口）是第一条完全由中国工程技术人员主持、设计、施工的铁路干线。京张铁路全长 201.2 km，采用 1 435 mm 标准轨距，是在詹天佑主持下，全部靠中国自己建成的。铁路建设工程艰巨，在当时的条件下，完全靠人工修筑而成。从南口至青龙桥站 18 km 间的最大坡度已达 33‰，詹天佑将其设计成“人”字形爬坡线路（图 1-2-19），解决了坡度过大的难题。

中国第一条电气化铁路：宝成铁路宝凤段

1958 年修建了跨越秦岭的“蜀道”宝成铁路（宝鸡—成都），全长 668.2 km。1961 年将其宝凤段建成了电气化铁路，由此拉开了中国电气化铁路建设的序幕（图 1-2-20）。

图 1-2-19　京张铁路青龙桥“人”字形线路

图 1-2-20　宝成铁路

中国修建难度最大的铁路之一：成昆铁路

成昆铁路（成都—昆明）（图 1-2-21）建成于 1970 年，全长 1 096 km，是中国在艰险山区建成的第一条超过 1 000 km 的重要干线。它起自川西平原的成都，穿大、小凉山，跨大渡河、金沙江，一路上行，抵达滇中高原的昆明。成昆铁路沿线山高谷深，坡陡流急，地质复杂，人烟稀少，交通困难，工程艰巨，有"地质博物馆"之称。成昆铁路代表了中国人民自强不息、努力拼搏的精神，象牙雕刻的成昆铁路曾经作为国礼赠送给联合国。

一次建成里程最长的铁路干线：京九铁路

1996 年，建成了纵贯中国南北的京九铁路（北起北京，南至深圳，经广九铁路与香港九龙相连）（图 1-2-22），沿线行经京、津、冀、鲁、豫、皖、鄂、赣、粤九省市，正线全长 2 407 km。是京沪、京广之间纵贯南北的长大干线，是中国铁路建设史上一次建成里程最长的铁路干线。

图 1-2-21　建设中的成昆铁路

图 1-2-22　京九铁路

中国第一条跨海铁路通道：粤海铁路

由广东省境内的湛江市，经雷州、徐闻至海安，纵贯雷州半岛，在海安通过火车轮渡跨越琼州海峡至海口市，再沿海南西环线至叉河车站与叉河至三亚铁路接轨，最终到达三亚市。全长 568.3 km。2003 年，第一辆大陆火车经粤海铁路跨过琼州海峡开上了海南岛，如图 1-2-23 所示。

世界海拔最高的铁路：青藏铁路

青藏铁路（西宁—拉萨），全长 1 956 km，分两期修建。一期由西宁至格尔木，长 814 km，于 1984 年建成通车。二期由格尔木至拉萨，全长 1 142 km，2006 年 7 月 1 日全线开通运营。青藏铁路面对多年冻土、高寒缺氧、生态脆弱三大世界难题，取得了重要突破，建成了世界上海拔最高、线路最长的高原铁路，如图 1-2-24 所示。

图 1-2-23　粤海铁路跨海列车

图 1-2-24　列车运行在青藏铁路

修建难度最高的铁路：川藏铁路

川藏铁路雅安至林芝段正在建设。川藏铁路沿线要经过四川盆地、川西高山峡谷区、川西高山原区、藏东南横断山区、藏南谷底区等 5 个地貌单元，地形地质极其复杂，环境十分脆弱敏感，基础配套非常薄弱。特别是该段需穿越的横断山脉地区海拔高耸，峡谷丛生，河谷深切、逼仄，山势陡峭、艰险，大断层、高地应力、岩爆、岩溶、涌水等不良地质密集，列车需在此八上八下，最高处要通过海拔超过 5 km 的东达山垭口，累计爬升约 16 km，如图 1-2-25 所示。

该段新建正线长约 1 011 km，新建桥隧合计长约 958 km，其中，隧道 72 座计约 838 km，桥梁 87 座共计约 120 km，桥隧占比达到了 95% 以上。该段设计时速 120~200 km，估算总投资约 3 198 亿元，建成后从成都到拉萨坐火车将从约 48 h 减少到约 13 h。

论海拔之高，地质之复杂，建设环境之艰险，工程难度之浩大，川藏铁路建设难度冠绝全球，史无前例，代表了中国铁路的新高度。

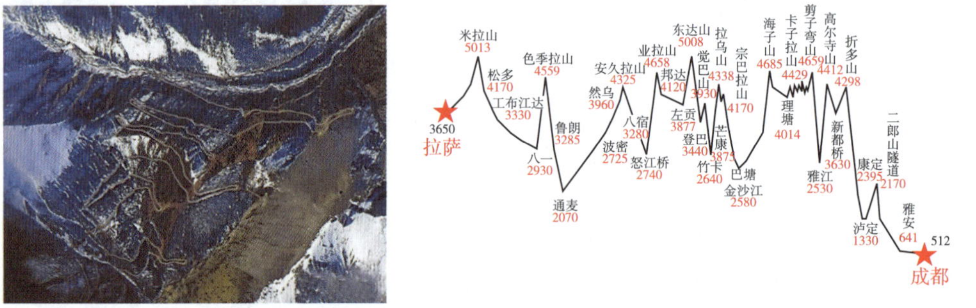

（a）与川藏铁路同样跨越横断山脉的川藏公路　　（b）川藏铁路沿线海拔高度变化情况

图 1-2-25　川藏铁路沿线地貌和海拔

二　中国重载铁路的发展

1. 发展概况

重载铁路运量大、效率高、运输成本低，是中国铁路在货物运输方面发展的主攻方向，中国铁路以开行不同类型的重载列车运输方式作为铁路扩能、提效的重要手段。根据中国铁路货运的特点以及固定装备和移动装备的实际情况，中国重载铁路发展共经历了如图 1–2–26 所示的 4 个阶段。

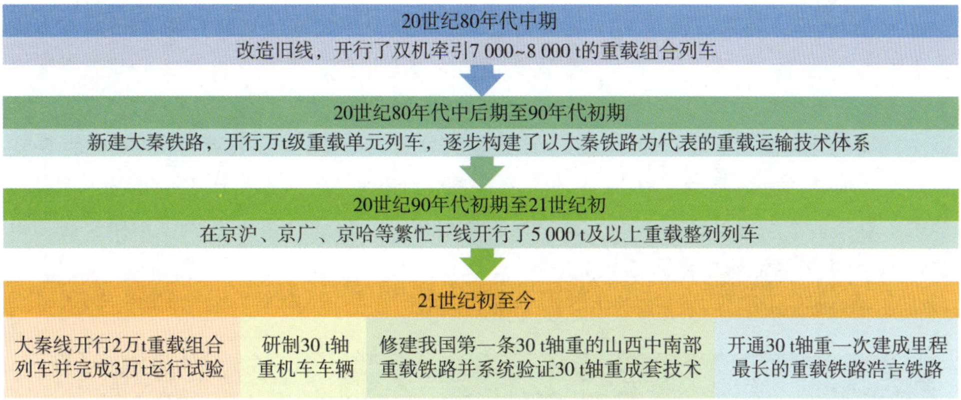

图 1–2–26　中国重载铁路主要发展阶段

2. 典型线路

我国重载铁路主要通过新建重载运输专线和有计划地改造旧线两种途径实现的。为了促进煤炭能源基地的开发和建设，增加外运通道，自 20 世纪 80 年代以来，我国相继建成了大秦铁路、朔黄铁路、山西中南部铁路（瓦日铁路）、浩吉铁路等重载铁路，部分重载铁路如表 1–2–3 所示。除浩吉铁路、山西中南部铁路（在长子南站—平顺站 91.8 km 的 30 t 轴重试验段开展了 30 t 轴重的综合试验研究）轴重为 30 t 外，其他大部分重载铁路的轴重均为 25 t 及以下。

表 1–2–3　我国部分重载铁路

线　名	正线数目	牵引重量（t）	年均运量（万 t）	运营里程（km）	开通年份
大秦铁路	双线	20 000	40 000	653	1992
朔黄铁路	双线	20 000	36 000	598	1999
山西中南部铁路	双线	10 000	17 000	1 260	2014
北同蒲四线	双线	10 000	6 900	153	2014
张唐铁路	双线	10 000	17 000	662	2015
准朔铁路	单线（预留双线）	10 000	5 260	215	2018
浩吉铁路	双线	10 000	20 000（规划）	1 814	2019

世界运量最大的重载铁路：大秦铁路（1992 年）

大秦铁路（北同蒲线的韩家岭—秦皇岛港）全长 653 km，线路设计轴重 25 t，于 1992 年开通，是中国第一条双线电气化开行重载单元列车的运煤专用重载铁路，见图 1–2–27。大秦铁路重载运输采用大功率电力机车、带转动车钩专用敞车、机车同步操控系统等技术，综合技术水平和运输能力达到了国际水平。2014 年，大秦铁路 3 万 t 重载组合列车运行试验取得成功，使我国成为世界上仅有几个掌握该技术的国家之一。大秦铁路大幅度提升了我国铁路重载运输的技术水平及设计、制造能力，推动我国铁路重载运输技术整体迈上了一个新台阶。

大秦铁路 5 000 t 单元重载列车视频

轴重 30t 一次性建成里程最长的重载铁路：浩吉铁路（2019 年）

进入 21 世纪，我国研制了 30 t 轴重的机车、车辆，修建了我国第一条 30 t 轴重重载线路山西中南部铁路，并开展了 30 t 轴重重载运输的综合试验，逐步形成 30 t 轴重条件下的成套重载运输技术体系。

2019 年 9 月 28 日，我国北煤南运的重要通道，一次性建成投用里程最长的重载铁路——浩吉铁路开通运营，见图 1-2-28。该线路设计轴重 30t，全长约 1 814 km，北起内蒙古鄂尔多斯市的浩勒报吉南站，终点到京九铁路吉安站，设计时速 120 km（荆州至岳阳时速为 200 km），规划年运输能力 2 亿 t 以上。

图 1-2-27　大秦铁路重载列车

图 1-2-28　浩吉铁路重载列车

三　中国城际铁路的发展

1. 发展概况

进入 21 世纪，为密切城市群间的联系，我国城际铁路开始出现并逐渐发展，对城市群的形成和发展发挥了重要作用。城际铁路不仅吸引了其他交通工具的客流，而且诱发了通道内城市间日益旺盛的旅客运输需求，方便了沿线城市的交流，提升了对外交流的效率。同时，提升了沿线城市的经济辐射力，缩短了时空距离，加快了共同繁荣和城市群一体化进程，促进了地方经济的发展。

我国城际铁路主要集中在城市群地区，部分城市群地区（如京津冀、环渤海、长三角、珠三角、长株潭、成渝、中原、关中、武汉、山东、江苏、浙江等）先后开展了城际铁路网建设，出现了一些城际铁路，如广珠城际、佛肇城际、莞惠城际、长株潭城际等，部分城际铁路见表 1-2-4。

表 1-2-4　部分城际铁路

线名	连接城市	运营里程（km）	车站个数	平均站间距（km）	设计速度（km/h）	开通年份
广珠城际	广州—珠海	117	13	9.8	200	2012
佛肇城际	佛山—肇庆	84	11	8.4	200	2016
莞惠城际	东莞—惠州	98	13	8.2	200	2017
长株潭城际	长沙—株洲—湘潭	105	24	4.57	200	2017

此外，还有部分同时具有高速铁路、城际铁路特征的铁路，对于这一部分铁路将在高速铁路部分介绍。

2. 典型线路

首条采用 CTCS2+ATO 列控系统的城际铁路：佛肇城际

佛肇城际是连接佛山市和肇庆市的城际铁路，为珠三角城际快速轨道交通的放射线路之一。该线路全长 111 km，设计速度 200 km/h，2016 年 3 月 30 日正式开通，如图 1-2-29 所示。该线路兼顾城市轨道交通和城际铁路的运行需求，首次采用了 CTCS2+ATO 的列控系统，实现了列车自动驾驶、精确停车、车门 / 站台门联动等功能，提高了自动化程度和运输效率。

加强经济核心区联系的关键铁路：长株潭城际

长株潭城际铁路是连接湖南省经济核心区长沙市、株洲市和湘潭市的城际铁路。该铁路全长 105 km，设计速度 200 km/h，列车初期运营速度 160 km/h，于 2017 年 12 月 26 日全线建成通车，如图 1-2-30 所示。该铁路的开通运营，加快了长株潭一体化步伐，提高了长株潭综合交通枢纽地位，推动了沿线周边区域产业发展升级。

图 1-2-29 佛肇城际

图 1-2-30 长株潭城际

四 中国高速铁路的发展

在高速铁路建设方面，中国虽起步稍晚，但发展速度快、建设规模大、运输能力强，许多领域均已步入世界高速铁路先进行列。

中国部分高速铁路发展视频

1. 中国高速铁路的主要线路

中国高速铁路在短时间内实现了从无到有，再到世界第一的跨越式发展，成为闪耀世界的亮丽名片。截至 2018 年底，全国铁路营业里程达到 13.1 万 km 以上，其中高速铁路 2.9 万 km 以上，超过世界高速铁路的三分之二，高速铁路覆盖 65% 以上的百万人口城市。

截至 2018 年底，已开通主要高速铁路线路如表 1-2-5 所示。目前，中国拥有世界上最现代化的铁路网和最发达的高速铁路网，是世界上高速铁路运营里程最长、在建规模最大的国家。

表 1-2-5　我国已开通的主要高速铁路线路（截至 2018 年底，按通车日期排序，不含我国台湾地区）

序号	线路名称	长度（km）	设计速度（km/h）	最高运营速度（km/h）	通车日期
1	秦沈客运专线	405	250	200	2003/10/12
2	京津城际铁路	120	350	350	2008/8/1
3	胶济客运专线	363	250	200	2008/12/20
4	石太客运专线	225	250	200	2009/1/1
5	京广高速铁路武广段（武广客运专线）	968	350	300	2009/12/26
6	郑西客运专线	455	350	300	2010/2/6
7	沪宁高速铁路	296	350	300	2010/7/1
8	昌九城际铁路	131	250	200	2010/9/20
9	沪杭客运专线	158	350	300	2010/10/26
10	长珲城际铁路（长春站至吉林站段）	111	250	200	2010/12/30
11	海南东环铁路	308	250	250	2010/12/30
12	京沪高速铁路	1 318	380	350	2011/6/30
13	广深港高速铁路（广州南站至深圳北站段）	102	350	300	2011/12/26
14	京广高速铁路郑武段（郑州东站至武汉站段）	483	350	300	2012/9/28
15	合蚌客运专线	131	350	300	2012/10/16
16	哈大高速铁路	921	350	300	2012/12/1
17	京广高速铁路京石段（京石客运专线）	281	350	300	2012/12/26
18	京广高速铁路石郑段（石家庄站至郑州东站段）	358	350	300	2012/12/26
19	宁杭客运专线	249	350	300	2013/7/1
20	杭甬客运专线	150	350	300	2013/7/1
21	盘营客运专线	90	350	300	2013/7/1
22	津秦客运专线	257	350	300	2013/12/1
23	柳南城际铁路	226	250	200	2013/12/28
24	西宝客运专线	148	350	250	2013/12/28
25	钦北高速铁路	99	250	200	2013/12/30
26	南广铁路（南宁站至梧州南站段）	328	250	200	2014/4/18
27	武黄城际铁路（武汉城市圈城际铁路）	133	250	250	2014/6/18
28	大西客运专线（太原南站至西安北站段）	579	250	250	2014/7/1
29	杭长客运专线（南昌西站至长沙南站段）	342	350	300	2014/9/16
30	兰新铁路第二双线（乌鲁木齐南站至哈密站段）	530	250	200	2014/11/16
31	杭长客运专线（杭州东站至南昌西站段）	591	350	300	2014/12/10
32	长昆客运专线（长沙南站至新晃西站段）	420	300	300	2014/12/16
33	成绵乐客运专线	319	250	200	2014/12/20

续上表

序号	线路名称	长度（km）	设计速度（km/h）	最高运营速度（km/h）	通车日期
34	兰新铁路第二双线（哈密站至兰州西站段）	1 246	250	200	2014/12/26
35	贵广客运专线	861	300	250	2014/12/26
36	青荣城际铁路（即墨北站至荣成站段）	299	250	200	2014/12/28
37	长昆客运专线（新晃西站至贵阳北站段）	286	300	300	2015/6/18
38	合福客运专线	808	300	300	2015/6/28
39	哈齐客运专线	286	300	250	2015/8/17
40	沈丹客运专线	208	250	250	2015/9/1
41	长珲城际铁路（吉珲段）	378	250	200	2015/9/20
42	津滨城际铁路	45	350	300	2015/9/20
43	兰中城际铁路	63	250	200	2015/9/30
44	宁安客运专线	257	250	200	2015/12/6
45	南昆客运专线（南宁站至百色站段）	223	250	200	2015/12/11
46	丹大城际铁路	291	250	200	2015/12/17
47	金温铁路扩能改造工程	188	250	200	2015/12/26
48	成渝客运专线	305	350	300	2015/12/26
49	广深港客运专线（深圳北站至福田站段）	8	350	300	2015/12/30
50	郑徐客运专线	357	350	300	2016/9/10
51	青荣城际铁路（青岛北站至即墨北站段）	32	250	200	2016/11/16
52	郑渝高速铁路（重庆北站至万州北站段）	247	250	200	2016/11/28
53	武孝城际铁路（武汉城市圈城际铁路）	62	250	200	2016/12/1
54	南昆客运专线（百色站至昆明南站段）	487	250	200	2016/12/28
55	长昆客运专线（贵阳北站至昆明南站段）	461	300	300	2016/12/28
56	武九客运专线（大冶北站至阳新站段）	36	250	200	2017/6/12
57	宝兰客运专线	403	250	250	2017/7/9
58	呼张客运专线（呼和浩特东站至乌兰察布站段）	126	250	250	2017/8/3
59	武九客运专线（阳新站至九江站段）	79	250	250	2017/9/21
60	西成客运专线（江油站至西安北站段）	509	250	250	2017/12/6
61	石济客运专线	319	250	250	2017/12/28
62	淮北至萧县北客车联络线	27	250	250	2017/12/28
63	大西客运专线（太原南站至原平西站段）	280	250	250	2018/9/28
64	哈牡客运专线	293.2	250	250	2018/12/25
65	济青高速铁路	308	350	350	2018/12/26
66	通新客运专线	197	250	250	2018/12/29
67	京哈高铁承沈段（承德南站至沈阳站段）	506	350	350	2018/12/29

2. 中国高速铁路的典型线路

中国早期高速铁路：秦沈客专

秦沈客专（秦皇岛—沈阳客运专线）2003 年 10 月 12 日投入运营，由我国自己研究、设计、施工，设计速度 200 km/h（预留 250 km/h）。“中华之星”电动车组在该线创造了当时“中国铁路第一速”——321.5 km/h。该线开创了中国铁路客货分流的新模式，为中国高速铁路发展积累了运营经验和技术基础。开通初期，按最高速度 160 km/h 运行，2007 年 4 月 18 日，开始采用 CRH 动车组，按最高速度 250 km/h（现 200 km/h）运行，如图 1-2-31 所示。

（a）按普速运行阶段

（b）按高速运行阶段

图 1-2-31　秦沈客专

世界第一条设计时速 350km 的高速铁路：京津城际

2008 年 8 月，世界第一条设计时速 350 km 的高速铁路——京津城际铁路投入运营，如图 1-2-32 所示。该线全长 120 km，使北京、天津两市间由原来运行约 2 h 缩短至约 30 min 左右，形成同城效应，产生了巨大影响。

中国最重要的高速铁路之一：京沪高铁

京沪高速铁路全长 1 318 km，设计时速 350 km，总投资额 2 209 亿元，2011 年 6 月建成通车，单程最快约 4 h。京沪高速铁路连接京沪两地，贯通中国东部最发达地区，沿线区域占全国国土面积的 6.5%，人口占全国人口比例超过 25%，GDP 占比超过 40%，如图 1-2-33 所示。

图 1-2-32　京津城际铁路

图 1-2-33　京沪高速铁路

世界第一条高寒地区高速铁路：哈大高铁

2012 年 12 月，世界上第一条穿越高寒季节性冻土地区的高速铁路——哈尔滨至大连高速铁路建成运营，如图 1-2-34 所示。哈大高速铁路连接哈尔滨和大连，全长 921 km，设计时速 350 km。

世界上运营里程最长的高速铁路：京广高铁

2012 年 12 月，全长 2298 km，世界上运营里程最长，跨越温带、亚热带、多种地形地质区域和众多水系的北京至广州高速铁路全线通车，如图 1-2-35 所示。该铁路设计时速 350 km。

图 1-2-34　哈大高速铁路

图 1-2-35　京广高速铁路

世界上第一条设计时速为 350 km 的智能化高速铁路：京张高铁

2016 年 4 月 29 日开工建设，2019 年 12 月 30 日开通运营。该铁路主线由北京北站至张家口站，正线全长 174 km。该铁路是“八纵八横”高速铁路主通道中“京兰通道”“京昆通道”的重要组成部分，是 2022 年北京冬奥会的重要设施，是第一条采用北斗卫星导航系统及 CTCS3+ATO 列控技术的设计时速为 350 km 的智能高铁，如图 1-2-36 所示。

图 1-2-36　京张高速铁路

3. 中国高速铁路的发展规划

中国高铁的“四纵四横”规划：

2008年，铁道部发布了《中长期铁路网规划（2008年调整）》，提出“四纵四横”铁路规划（四纵为京沪高速铁路、京港高速铁路、京哈高速铁路、杭福深高速铁路；四横为沪汉蓉高速铁路、徐兰高速铁路、沪昆高速铁路、青太高速铁路）。现今，“四纵四横”高速铁路主通道除京哈高铁北京至承德段外均已开通运营，“四纵四横”规划已基本完成。

中国高铁的“八纵八横”规划：

2016年7月，国家发改委、交通运输部和中国铁路总公司（国铁集团）联合发布《中长期铁路网规划》，高铁网络从“四纵四横”升级为“八纵八横”。“八纵”通道为沿海通道、京沪通道、京港（台）通道、京哈—京港澳通道、呼南通道、京昆通道、包（银）海通道、兰（西）广通道，“八横”通道为绥满通道、京兰通道、青银通道、陆桥通道、沿江通道、沪昆通道、厦渝通道、广昆通道。到2030年，铁路网规模将达到约20万km，其中高速铁路4.5万km左右，高速铁路网基本连接省会及其他50万人口以上城市。

4. 中国高速铁路建设成本

由于人工成本低，大批量生产制造成本摊薄，产业链集中等原因，中国高速铁路具有显著的成本优势，如图1–2–37所示。

图1–2–37　中国高速铁路建设成本优势

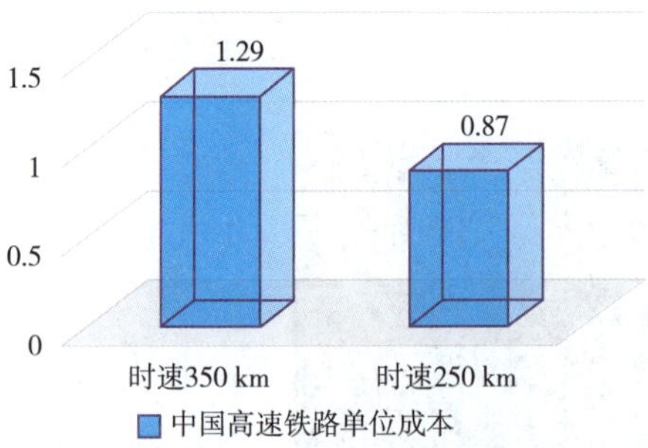

图1–2–38　中国高速铁路单位成本（单位：亿元/km）

在线路建设方面，中国高速铁路建设工期合理，建设成本较低，建造技术达到国际领先水平。在装备制造方面，中国高速铁路装备制造掌握核心技术，装备价格相对较低，达到国际先进水平。根据相关资料，时速350 km的中国高速铁路单位成本约1亿~2亿元/km（平均约1.29亿元/km），时速250 km的中国高速铁路单位成本约0.5亿~1.5亿元/km（平均约0.87亿元/km），如图1–2–38所示。

各国主要高速（快速）铁路建设成本见图1–2–39、表1–2–6，从中可见，世界其他国家高速铁路的建设成本普遍高于我国。

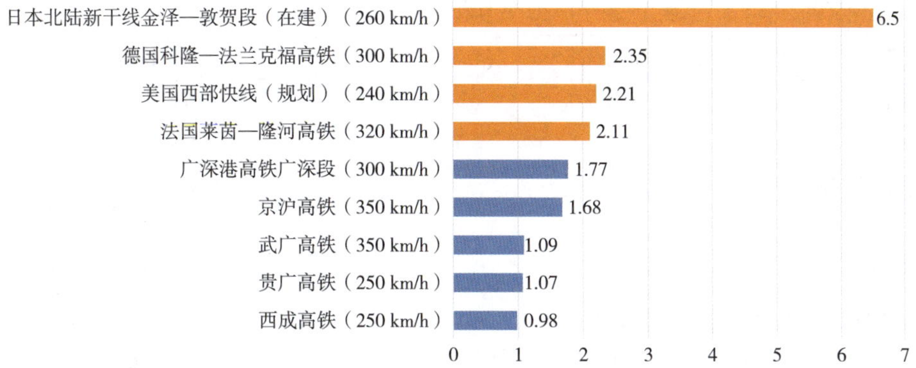

图 1-2-39 部分高速 / 快速铁路单位成本（单位：亿元 /km）

表 1-2-6 部分高速（快速）铁路里程和造价

高速 / 快速铁路线路	设计速度（km/h）	长度（km）	开通时间	总成本［亿元（人民币）］	单位成本（亿元 /km）
日本北陆新干线金泽—敦贺段（在建）	260	125		813（125 亿美元）	6.5
德国科隆—法兰克福高铁	300	180	2002 年	423（65 亿美元）	2.35
美国西部快线（规划）	240	370		819（126 亿美元）	2.21
法国莱茵—隆河高铁	320	108	2011 年	228（35 亿美元）	2.11
广深港高铁广深段	300	116	2011 年	205	1.77
京沪高铁	350	1318	2011 年	2 209	1.68
武广高铁	350	1069	2009 年	1 166	1.09
贵广高铁	250	857	2014 年	918	1.07
西成高铁	250	658	2017 年	647	0.98

注：美元兑人民币汇率取近 5 年的中位数约 6.5。

五 中国铁路的主要成就

中国铁路是世界上规模最大的铁路系统之一，不同速度的列车在线路上交错运行。经过多年的发展，中国铁路掌握了在复杂运输条件下高效、安全运营的技术和经验，取得了巨大的成就。

以 2018 年为例，该年度铁路客货运量、周转量及机车车辆情况如表 1-2-7 所示。铁路旅客发送量达 33.75 亿人（如图 1-2-40 所示），其中动车组旅客发送量 20.05 亿人，动车组旅客发送量及占比逐年提高（2013~2018 年国家铁路动车组旅客发送量量及占比情况见图 1-2-41）。货物发送量达 40.26 亿 t（如图 1-2-42 所示）。2018 年，全国铁路旅客周转量完成 14 146.58 亿人 · km（如图 1-2-43 所示），全国铁路货物周转量完成 28 820.99 亿 t · km（如图 1-2-44 所示）。

表 1-2-7 2018 年铁路客货运量及周转量

类目	全国铁路	国家铁路
旅客发送量	33.75 亿人	33.17 亿人
旅客周转量	14 146.58 亿人 · km	14 063.99 亿人 · km
货物发送量	40.26 亿 t	31.91 亿 t
货物周转量	28 820.99 亿 t · km	25 800.96 亿 t · km
机车拥有量	2.1 万台（内燃 0.81，电力 1.29）	2.1 万台（内燃 0.80，电力 1.29）
客车拥有量	7.2 万辆（其中，动车组 3 256 组、26 048 辆）	7.1 万辆（其中，动车组 3 222 组、25 776 辆）
货车拥有量	83.0 万辆	78.0 万辆

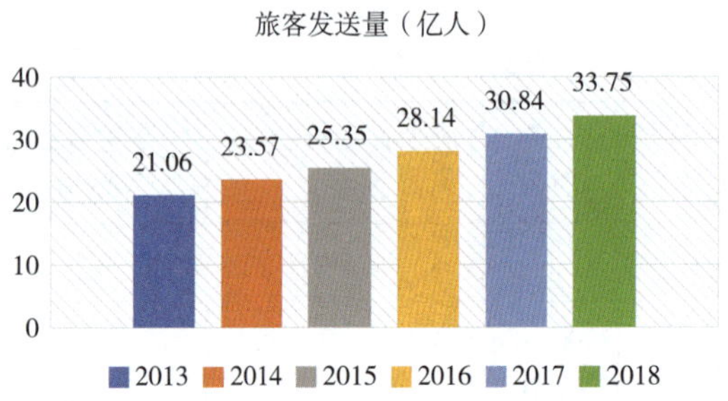

图 1-2-40 2013~2018 年全国铁路旅客发送量

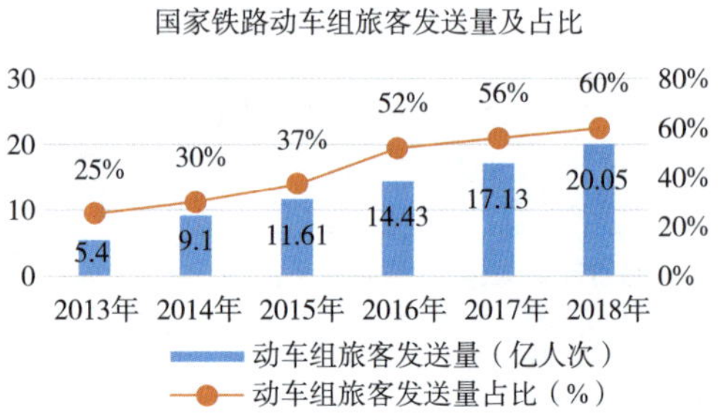

图 1-2-41 2013~2018 年国家铁路动车组旅客发送量

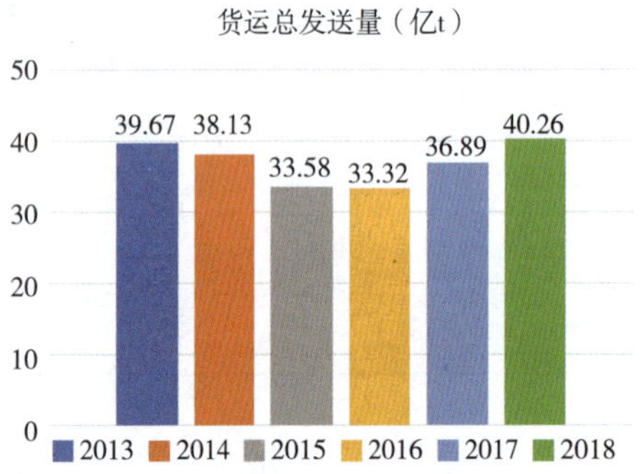

图 1-2-42 2013~2018 年全国铁路货运总发送量

图 1-2-43 2013~2018 年全国铁路旅客周转量

图 1-2-44 2013~2018 年全国铁路货运总周转量（单位：亿 t · km）

中国铁路在总体技术水平、高速铁路发展、运输能力效率、运营安全水平等方面均取得了举世瞩目的成就，如图 1-2-45 所示。

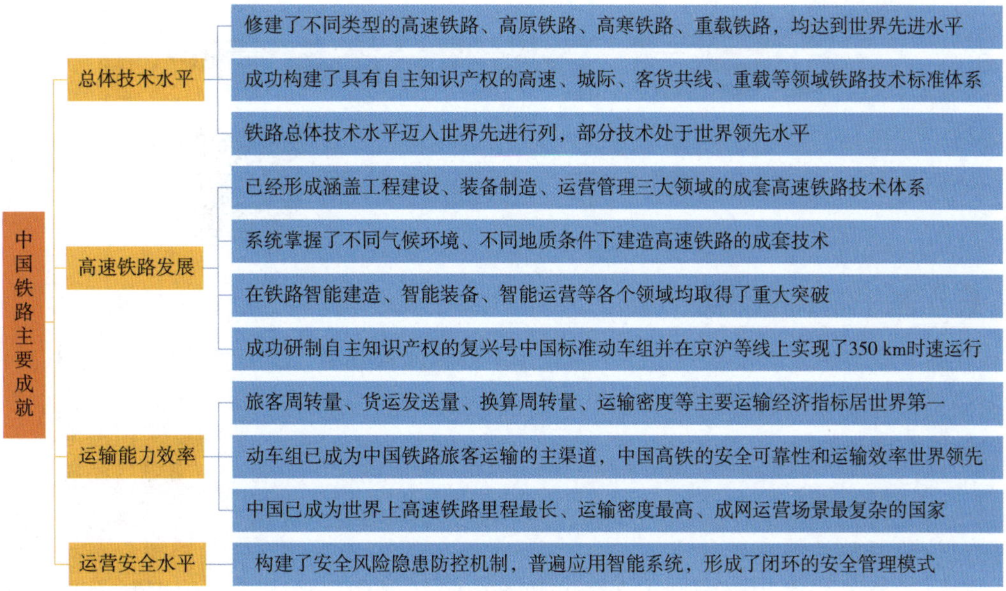

图 1-2-45　中国铁路主要成就

复习思考题

1. 简述世界铁路的发展。
2. 简述中国高速铁路的发展和规划。
3. 中国高速铁路的优势主要表现在哪些方面？
4. 中国高速铁路的经济社会影响主要体现在哪些方面？
5. 简述中国铁路的主要成就。

第三章 铁路的分类与管理

第一节 铁路的分类

本节 PPT

一 基于制式的分类

铁路主要分为轮轨铁路和磁浮（磁悬浮）铁路两种制式。轮轨铁路较磁浮铁路而言，具有较强的普遍性、通用性和广泛性，是当今铁路的主流制式，本书的内容也是主要围绕轮轨铁路展开的。

（一）轮轨铁路

1. 轮轨铁路的概念及特点

轮轨铁路是指采用钢制列车车轮与钢制轨道接触的传统方式，用钢制轨道承接列车重量并控制列车运动轨迹的铁路系统。如图 1–3–1 展示了轮轨铁路钢轨与车轮作用关系。

图 1–3–1　轮轨铁路钢轨与车轮作用

轮轨铁路的轮轨关系具有基础坚实、阻力小能耗低、利于成列运行等主要特点，便于高效率、大强度、重载荷、长编组运输，如图 1–3–2 所示。

此外，轮轨铁路还具有技术成熟，造价相对较低，方便与既有线兼容等优点。世界各国已建成的和规划中的长距离的铁路基本上都是采用轮轨铁路制式设计的。

2. 轮轨铁路的速度

轮轨铁路也可以实现较高的运行速度，轮轨高速铁路的最高速度情况如表 1–3–1、图 1–3–3 所示，从中可见，轮轨铁路的最高试验速度已达到 574.8 km/h（法国），实际运营最高速度已达到 350 km/h（中国）。

基础坚实，支承重载

坚实的钢制轮轨结构配以稳固的轨下基础，可支承重载荷机车车辆高强度运行

阻力较小，能耗较低

钢制轮轨间几乎不产生弹性形变阻力，总体阻力较小，保障在较低能耗下即可获得较大功率

固定导轨，利于成列

固定导轨系统限制了横向运动，运行更安全，易于实现组成长车列、大运量运输

图 1-3-2 轮轨制式的主要特点

表 1-3-1 轮轨高速铁路的最高速度

类 型	速 度	时 间	创造纪录的线路及列车
试验线路最高试验速度	574.8 km/h	2007 年 4 月 3 日	法国：巴黎东南试验线，TGV3-V150 列车
运营线路最高试验速度	487.3 km/h	2011 年 1 月 9 日	中国：京沪高铁，CRH380BL 动车组
最高运营速度	350 km/h	2008 年 8 月 1 日	中国：京津城际等高铁，复兴号动车组等
运营线路交会试验最高速度	420 km/h	2016 年 7 月 15 日	中国：郑徐高铁，复兴号动车组

（a）法国AGV3-V150型试验列车

（b）中国CRH380BL型高速动车组

（c）中国标准动车组——复兴号CR400AF型动车组

（d）复兴号在郑徐高铁以420 km/h交会

图 1-3-3 创造纪录的轮轨铁路高速列车

（二）磁浮铁路

1. 概念及特点

在人类出行的整个速度范围内，存在着不同的运输方式。现今，轮轨铁路送达速度

范围约 80~350 km/h，航空运输送达速度范围约 800~1 000 km/h。因轮轨铁路无法摆脱地面摩擦阻力对运动速度的约束，在铁路与航空之间存在着一个空白段，如图 1-3-4 所示。长期以来人们一直在思索如何弥补铁路和飞机之间的差距，而磁浮铁路则是可能填补这一空白并很有发展前途的陆上运输系统。

磁浮铁路（Maglev Railway）是利用磁力将车辆悬浮于导轨上，利用直线电机驱动列车前进的铁路系统〔《磁浮铁路技术标准（试行）》（TB 10630—2019）〕。磁浮铁路利用电磁场所特有的"同性相斥、异性相吸"的相互作用来实现机车和导轨间的悬浮、约束和驱动，即利用电磁系统产生的排斥力将车辆托起，利用电磁力进行导向，利用直线电机将电能直接转换成推动列车前进的动能，从而保证列车紧贴路面但又无接触的高速飞行的铁路制式。其悬浮原理如图 1-3-5 所示。

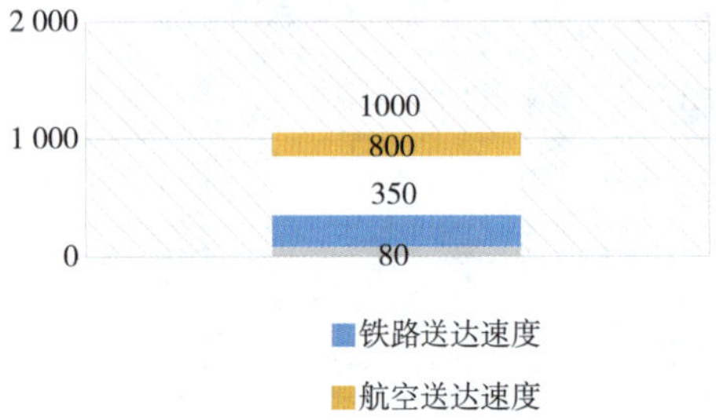

图 1-3-4　铁路与航空送达速度比较（单位：km/h）

图 1-3-5　磁浮铁路悬浮原理

由于磁浮铁路完全避免了列车和导轨间的直接接触所引起的摩擦力，因而大幅度降低了能耗、磨损、振动和噪声，比轮轨铁路更容易实现高速运行。

2. *磁浮铁路的速度*

磁浮高速铁路的最高速度情况如表 1-3-2、图 1-3-6、图 1-3-7 所示。从中可见，磁浮铁路的最高试验速度已达到 603 km/h（日本），实际运营最高速度已达到 430 km/h（中国）。

表 1-3-2　磁浮高速铁路的最高速度

类　型	速　度	时　间	创造纪录的线路及列车
试验线路最高试验速度	603 km/h	2015 年 4 月 21 日	日本：山梨磁浮试验线，L0 型列车
运营线路最高试验速度	501 km/h	2003 年 11 月 12 日	中国：上海磁浮示范运营线，TR08 型列车等
最高运营速度	430 km/h	2006 年 4 月 27 日	同上

2013 年，日本全长 42.8 km 的中央新干线山梨磁浮试验线（山梨县站和神奈川县站间）全线贯通，并开始试验运行 L0 型磁浮列车。2015 年 4 月 21 日，L0 型磁悬浮列车以 603 km/h 的速度刷新了高速磁浮列车运行速度世界纪录，如图 1-3-6 所示。

图 1-3-6 日本山梨磁浮试验线及 L0 型列车

图 1-3-7 上海磁浮示范运营线及 TR08 型列车

3. 磁浮铁路的应用

上海磁浮示范运营线（上海轨道交通 2 号线龙阳路站—上海浦东国际机场站）是迄今世界上唯一商业化运营的高速磁浮铁路，如图 1-3-7 所示，该线路采用德国 Transrapid 技术，2002 年底建成，2006 年 4 月正式运营，线路正线全长约 30 km，最高运营速度、试验速度分别为 430 km/h 和 501 km/h。

由于该线单线独立运营，既不由国家铁路部门管理，也没有接入国家铁路网，所以一般没有计入常规高速铁路的范畴。

2016 年 5 月和 2017 年 12 月，最高运营速度 100 km/h 的长沙磁浮快线[如图 1-3-8（a）]和北京 S1 线[如图 1-3-8（b）]投入商业运营。2021 年 7 月 20 日，由中国中车承担研制、具有完全自主知识产权的世界首套时速 600 km 高速磁浮交通系统在青岛成功下线，如图 1-3-8（c）所示。该系统成功攻克关键核心技术，解决了速度提升、复杂环境适应性、核心系统国产化等难题，实现了系统集成、车辆、牵引供电、运控通信、线路轨道等成套工程化技术的重大突破。

（a）长沙磁浮快线　（b）北京S1线　（c）时速600 km高速磁浮铁路系统

图 1-3-8 典型磁浮线路、列车

4. 磁浮铁路的工作原理

轮轨铁路列车的导向是靠车轮轮缘与钢轨之间的相互作用实现的（如图 1-3-1 所示）。而磁浮列车是利用电磁力进行导向的，其原理如图 1-3-9 所示。

磁浮列车由于浮起一定的高度，使车轮与导轨脱离，故不能依靠它们之间的摩擦力产生牵引力使车辆前进，而是采用直线电机的推进装置作为列车的牵引动力，其原理如图 1-3-10 所示。

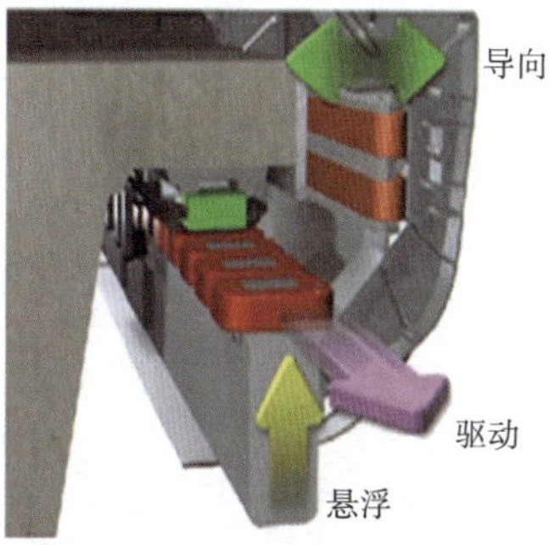

图 1-3-9 悬浮铁路原理

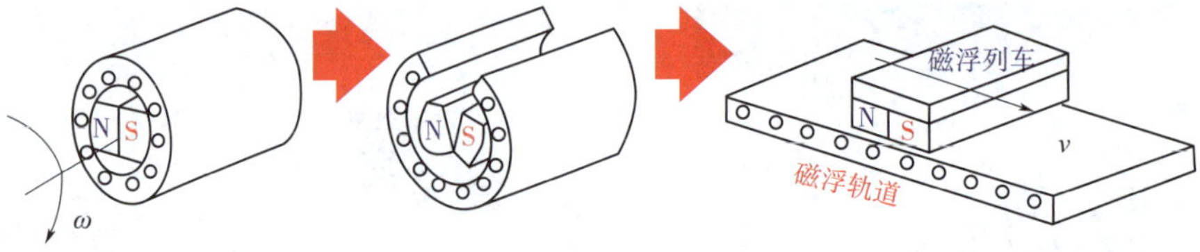

图 1-3-10　磁浮列车驱动原理

磁浮列车以被磁场一“拉”一“推”的方式前进。列车前端的电磁体（N 极）被轨道上靠前一点的电磁体（S 极）所吸引，同时被轨道上稍后一点的电磁体（N 极）所排斥；列车前进时，线圈的电流方向就反过来，原来 S 极变成 N 极，N 极变成 S 极，如此循环交替，列车就向前奔驰，如图 1-3-11 所示。

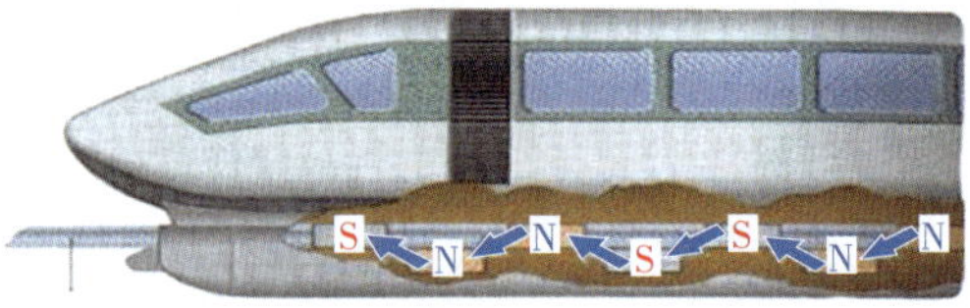

图 1-3-11　磁浮列车磁场作用示意图

5. 磁浮铁路的分类

磁浮铁路主要有常导磁吸式 [EMS（Electro Magnetic Suspension）型，德国技术] 和超导磁斥式 [EDS（Electro Dynamic suspension）型，日本技术] 两种悬浮形式，其各自特点如图 1-3-12 所示，基本原理如图 1-3-13 所示。

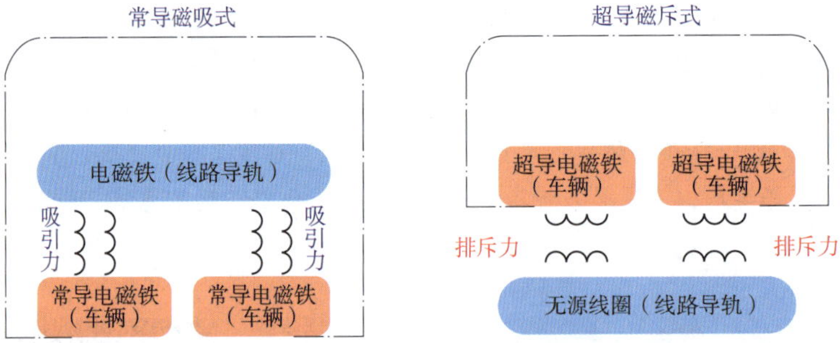

图 1-3-12　磁浮铁路的分类及特点

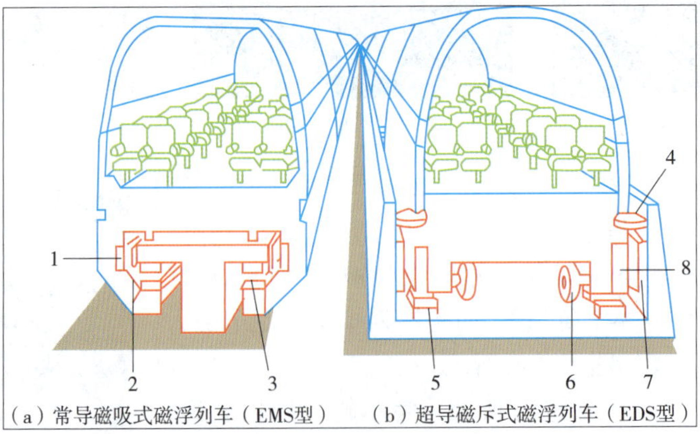

图 1-3-13　磁浮原理比较图

1—前导磁铁；2—导向与制动机；3—磁浮与推进电磁铁；4—前导轮；5—磁浮磁铁；6—支撑轮；7—推进磁铁；8—超导磁铁

根据国家铁路局发布的〔《磁浮铁路技术标准（试行）》（TB 10630—2019）〕，常导磁吸式磁浮铁路可分为常导短定子和常导长定子两种，两者均采用电磁浮技术实现车辆的悬浮和导向，并分别通过直线异步或同步电机实现牵引和电制动，其特点如图 1-3-14 所示。

常导短定子磁悬浮	常导长定子磁悬浮
•适用于设计速度120 km/h（预留160 km/h）及以下 •定子位于车辆上，转子位于轨道上 •采用直线异步电机	•适用于设计速度600 km/h及以下 •定子线圈位于轨道梁上，转子位于车辆上 •采用直线同步电机

图 1-3-14　常导磁吸式分类与特点

6. 磁浮铁路的优越性与不足

磁浮铁路具有速度高、运行平稳、安全、较环保、故障少及维修费用低等优点，具体见表 1-3-3。

表 1-3-3　磁浮铁路的优越性

优　点	概　述
速度高	磁浮铁路消除了轮轨接触产生的摩擦阻力，更易于实现高速
运行平稳	不用机械力来实现轮轨铁路中的支承、导向、牵引和制动功能，运行平稳
安全	采用列车抱住轨道结构，避免脱轨；列车经过才可供电，杜绝了追尾事故
较环保	磁浮列车悬浮运行，低振动、无废气排出，对环境污染小
故障少及维修费用低	虽一次投资较多，但其基本上属于无磨损运行，故障少，维修费用低

磁浮铁路也有造价高、不兼容、有噪声等污染、需专用道岔等不足之处，具体见表 1-3-4。

表 1-3-4　磁浮铁路的不足

不　足	概　述
造价高	磁浮铁路整体投资（车辆、超导设备和线性电机等）一般比轮轨铁路高
不兼容	磁浮铁路属于不同制式，无法与既有轮轨铁路联网
有噪声等污染	磁浮列车在运行时可产生较大噪声，在电磁辐射方面也存在争议
需专用道岔	磁浮铁路变轨时需要专用的道岔，变轨较轮轨铁路复杂
承载能力受限	磁浮铁路车辆很难达到轮轨铁路车辆的承载能力

磁浮铁路技术视频

二　基于运输性质的分类

轨道交通根据服务对象和功能定位不同，大体上可以分为城市轨道交通（采用专用轨道导向运行的城市公共客运交通系统）、市域（郊）铁路（连接都市圈中心城市城区和周边城镇组团，为通勤客流提供快速度、大运量、公交化运输服务的轨道交通系统）、城际铁路、干线铁路四个层次。

（1）城市轨道交通。中心城区内部主要构建以地铁、轻轨为主的城市轨道交通系统，由于人口密度高，因而轨道交通设置的站点多、密度高、站间距短。

（2）市域（郊）铁路。城市郊区多修建快速、覆盖面广的市郊铁路，以减轻中心城区的交通压力，保障大城市的运转效率，相对中心城区来说，其轨道交通设置呈现站点密度低、站间距大的布局特点。

（3）城际铁路。城市群的城市间则以城际铁路为骨干，满足城市群的城市间的旅客交流需求，其轨道交通设置呈运行密度高、间隔短等特点。

（4）干线铁路（如客货共线铁路、高速铁路、重载铁路）。干线铁路承担着主要城市（地区）之间中远途输送任务，具有速度快、运量大的特点。

其中，市域（郊）铁路、城际铁路、干线铁路属于通常所指的铁路的范畴。考虑到市域（郊）铁路在我国尚处于起步阶段，本书主要对可以基于运输性质划分的客货共线铁路、高速铁路、城际铁路、重载铁路等主要类型（等级）铁路作介绍。

（一）客货共线铁路

客货共线铁路（mixed passenger and freight railway），一般是指旅客列车与货物列车共线运营、旅客列车设计速度 200 km/h 及以下的铁路〔《铁路线路设计规范》（TB 10098—2017）〕，如图 1-3-15 所示。

图 1-3-15　客货共线铁路

客货共线铁路的特点如图 1-3-16 所示。客货共线铁路中，客车往往要快跑、货车常常要慢行，前者注重速度、后者侧重运量。客货列车混行带来了调度困难，增大了安全隐患，因此，中国加强了高速铁路建设，实现更多客货分离以提高运输效率。

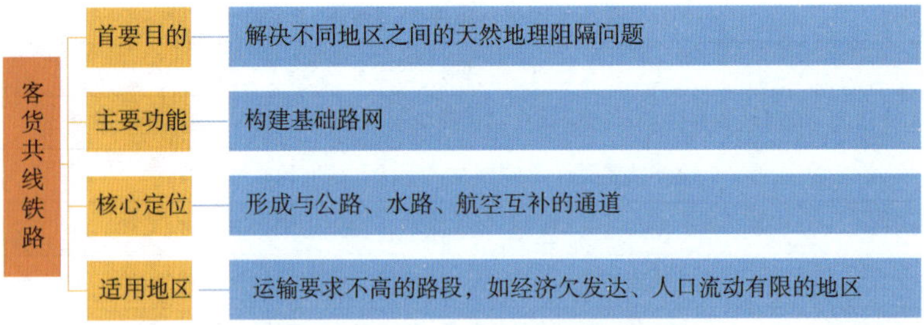

图 1-3-16　客货共线铁路的特点

（二）高速铁路

1. 高速铁路的概念

高速铁路（high speed railway）简称高铁（图 1-3-17），是指设计速度 250 km/h（含预留）及以上、运行动车组列车、初期运营速度不小于 200 km/h 的客运专线铁路〔《铁路线路设计规范》（TB 10098—2017）〕。

图 1-3-17　高速铁路

国际铁路联盟（International Union of Railways，UIC）对于高速铁路定义为：高速铁路是指通过既有线改造的最高运营速度不小于 200 km/h，或者新建的最高运营速度不小于 250 km/h 的铁路。

通常所指的高速铁路泛指能供列车以 200 km/h 以上最高速度行驶的铁路系统，新建快速铁路或达到准高速级别的城际间的铁路等都经常被通称为高速铁路。

三种定义比较如图 1-3-18 所示。

高速铁路除了列车运营达到一定速度标准外，机车车辆、线路基础、信号通信、运输组织等都需要配合提升。高速铁路是一个集众多高新技术于一身、异常复杂的超大型系统。与高速铁路相对应，普速铁路一般指设计速度为 200 km/h 以下的铁路（仅运行动车组列车的铁路除外），通常包括设计速度 200 km/h 以下的客货共线、重载铁路以及仅运行普通旅客列车的铁路等。部分场景下，也用普速铁路表示客货共线铁路。

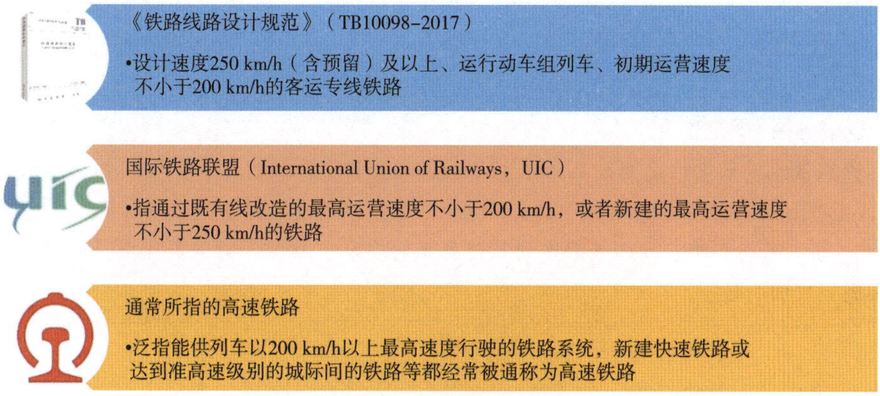

图 1-3-18　高速铁路的定义

在我国，由于历史原因，部分高速铁路为突出其客运专用属性等原因曾被称为“客运专线”。一般而言，我国的“客运专线”主要包括高速铁路、城际铁路。

现今，世界各国高速铁路主要基于轮轨制式，但高速铁路应包含使用磁浮制式等一系列现代技术的高速轨道运输系统。

2. 高速铁路的特点

高速铁路相比传统铁路具有一定的优势，其主要特点如图 1-3-19 所示。

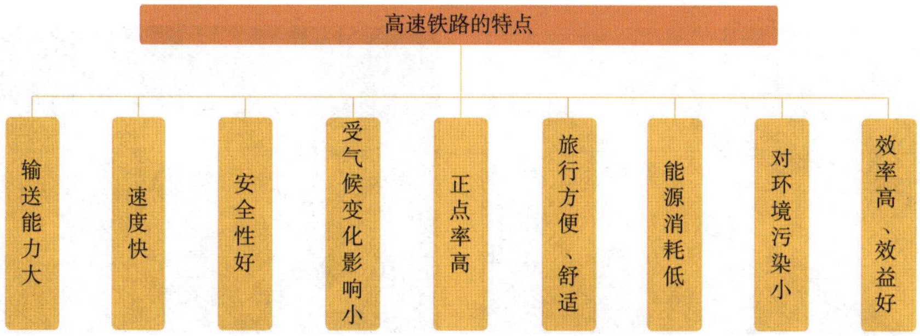

图 1-3-19　高速铁路的特点

（1）输送能力大

高速铁路输送能力较大，双线高速铁路占地规模约为与之运输能力基本相当的六车道高速公路的40%，据此可推算高速铁路的输送能力约为高速公路的2.5倍，如图1-3-20所示。特别需要指出的是，在实际情况中，我国铁路实际运输量总是很快能达到或接近设计运量，而公路通行能力利用率则远非如此。

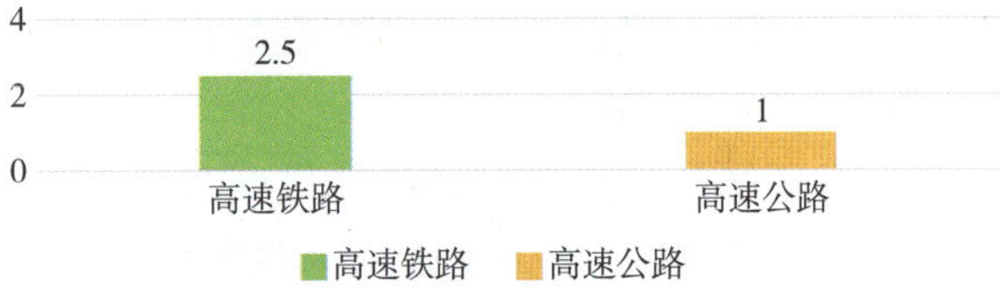

图1-3-20　相似占地规模铁路、公路的输送能力对比（单位：倍）

（2）速度快

速度是高速铁路技术水平的最主要标志，高速铁路的最高营运速度已达350 km/h，是陆上运输最快捷的运输方式，是同为陆上运输方式的高速公路（限速120 km/h）的约三倍，可以大大缩短旅行时间。由于速度快、安全方便舒适，高速铁路在超过1 000 km的距离范围仍具有优势。

高铁的速度带来的优势：

京沪高铁北京至上海之间距离约1 318 km，在正常天气情况下，乘飞机的全程旅行时间（含市区至机场、候检等全部时间）约为4~6 h，如果乘高速铁路直达列车，全程旅行时间约4.5~6 h，与飞机基本相当，如果考虑到高速列车的安全、方便、舒适等优点及航班易晚点因素，其优势更加明显。

（3）安全性好

中国高速铁路建立有科学、规范的安全规章制度标准，具备涉及全生命周期的健全的安全保障体系，具有安全可靠的特性。在运营前期，自源头即严格设计审批、强化监管确保工程和设备质量，投入前采用联调联试、运行试验、安全评估等手段消除隐患。在运营阶段，采用全封闭、全立交等安全防护手段，建立健全的设备养护维修机制，配备覆盖行车安全、载运工具、基础设施、自然环境等各方面的数十种检测、监测系统，实施严格、全面的安全管理，持续提升应急处置及救援能力，全方位确保安全。高速铁路的部分安全保障措施如图1-3-21所示。在上述措施的保障下，我国高速铁路自开通以来一直保持了较高的安全水平。

（a）投入前联调联试及运行试验

（b）天窗期维修养护

图　1-3-21

（c）综合检测车

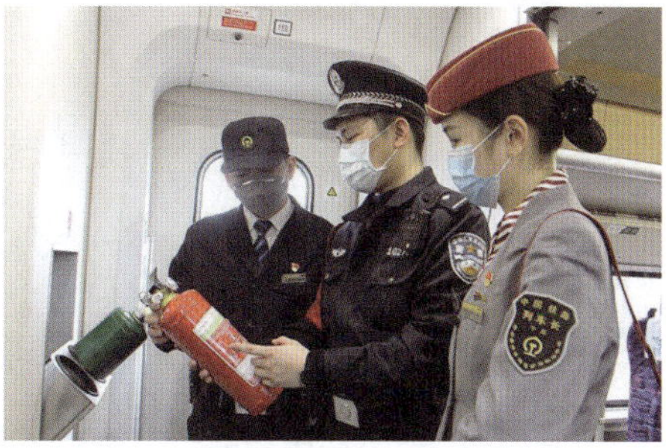

（d）严格的安全管理

图 1-3-21 高速铁路的部分安全保障措施

（4）受气候变化影响小，正点率高

高速铁路一般情况下不受天气变化的影响，可以全天候运营，而机场和高速公路在浓雾、暴雨和冰雪等恶劣天气情况下，则可能关闭停运，如图 1-3-22 所示。

（a）恶劣天气下正常运行的高铁动车组列车

（b）受恶劣天气影响的航空运输

（c）受恶劣天气影响的公路运输

图 1-3-22 高速铁路与其他交通方式受天气影响情况比较

由于高速铁路的高可靠性和较高的运输组织水平，可以做到约 99% 的正点率，与之对应，航空运输因多种原因正点率偏低。

（5）旅行方便、舒适

高速铁路运行规律化、工作及生活设施齐全、车厢宽敞、座席舒适、运行平稳，在方便、舒适性方面也超过其他运输方式，如图 1-3-23 所示。

（a）运行规律化

（b）运行平稳

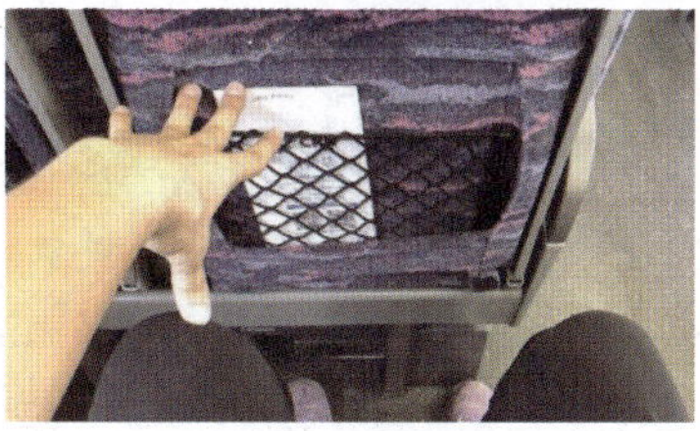

（c）宽敞舒适

（d）设施齐全

图 1-3-23 高速铁路方便舒适的部分表现

（6）能源消耗低、对环境污染小

据统计，京沪高速铁路平均电力消耗数量约 3.64×10^{-2} kW·h/(t·km)，仅为航空运输的约十分之一，公路运输的约四分之一，如图 1-3-24 所示。此外，高速铁路电气化后，基本上消除了粉尘、油烟和其他废气污染，而且极大地降低了噪声污染。

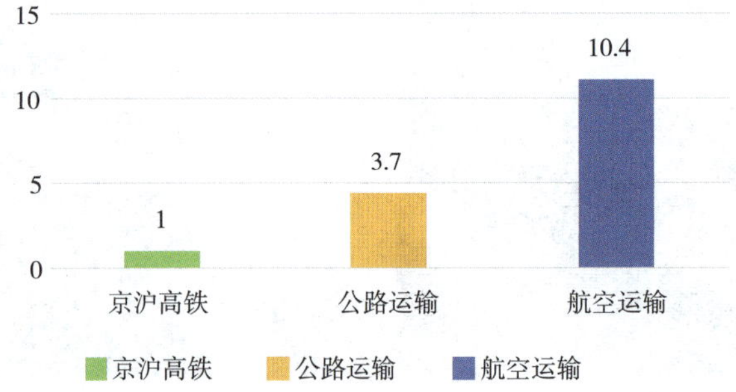

图 1-3-24　典型高铁与公路、民航能耗比较（单位：倍）

注：公路能耗根据统计公报数据计算，民航能耗根据燃油和周转量数据计算，均为 2018 年数据。

（7）效率高、效益好

中国高速铁路发展带来了巨大的经济社会效益，如图 1-3-25 所示，主要表现在：带动了客运量持续递增，实现了良好的财务效益；缩短了时空距离，带来了显著的“同城效应”；营造了方便、快捷、舒适的乘车环境；带动了钢铁、建筑、制造等相关产业的迅猛发展；创造了大量就业，实现产业结构调整和升级；促进区域经济协同发展等方面。

高铁的社会经济效益

在取得客运收益方面，京沪高铁自投入运营以来，客运量持续增长，收益不断增加，表现最为突出，在社会经济效益方面，粤桂黔高铁也较为典型。

（a）带动了客运量持续递增　　（b）缩短时空距离

图 1-3-25　高铁的经济社会效益的具体表现

京沪高铁产生的效益：

京沪高铁沿线的京、津、冀、鲁、皖、苏、沪等地区面积占国土面积的 6.5%，人口占全国的 26.7%，沿线百万以上城市 11 个，是中国社会经济发展最活跃的地区之一。京沪高铁开通运营使京沪间的旅行之间由约 12h 缩短为约 5h，同时，也为“环渤海”与“长三角”经济圈之间架起了一条快速通道，极大地增强了两大经济圈之间各城市及其周边区域的交流与合作，广阔的辐射能力使运送旅客量逐年攀升，带来了巨大的效益，如图 1-3-26、图 1-3-27 所示。

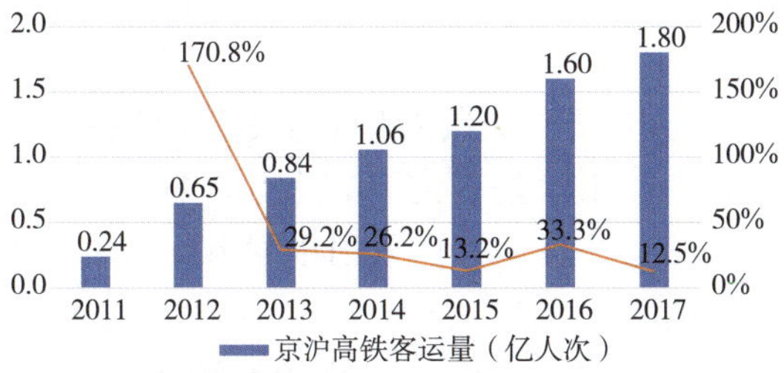

图 1-3-26　京沪高铁客运量变化

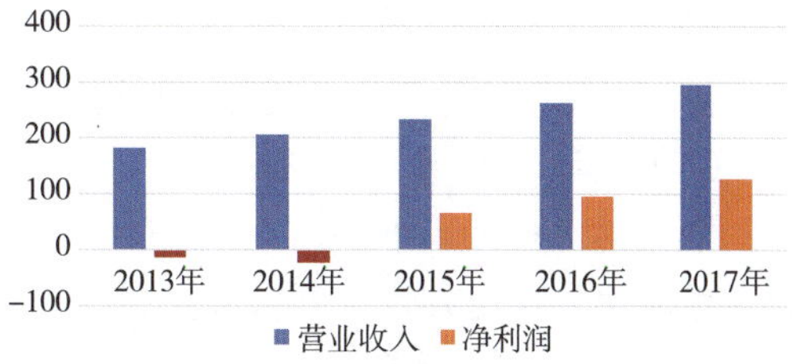

图 1-3-27　京沪高铁近五年业绩（单位：亿元）

粤桂黔高铁产生的效益：

2014 年底，贵广、南广高铁正式开通，粤桂黔高铁经济带正式形成。高铁开通后的三年，沿线 13 市（州）达成合作项目 160 多个，投资总额达到 2 500 多亿元，GDP 从 40 043.52 亿元增长至 51 653.19 亿元，增长率达 29%，沿线居民人均收入同步大幅增长。

（三）城际铁路

1. 城际铁路的概念

城际铁路（intercity railway）是指专门服务于相邻城市间或城市群，设计速度 200 km/h 及以下的快速、便捷、高密度客运专线铁路〔铁路线路设计规范（TB 10098-2017）〕（对于城际铁路定义有不同理解，也有观点认为不应限定速度）。城际铁路是主要建设于各都市圈内部，尤其是人口稠密的城市群地区（如京津冀、珠三角、长三角等）的中短途客运铁路，线路长度一般在 500 km 以下，如图 1-3-28 所示为广珠城际铁路。

图 1-3-28　广珠城际铁路

城际铁路既是干线铁路服务的补充和完善，又是城市轨道交通服务的延伸和提高。城际铁路一般应该具有以下内涵：一是城际铁路是为了增强城市群相邻城市之间交通联系而修建的，与服务于城市内部与市郊客流的城市轨道交通不同，与主要承担跨区域客货运输的其他铁路也不同；二是城际铁路连接的城市相互之间经济联系紧密、客流强度高，其客流具备公交化出行的水平；三是城际铁路一般是主要服务于旅客运输，客流中公务、商务比重大，运营一般要求高密度、小编组，一般不承担货物运输。

城际铁路在不同国家、不同时代以及不同的学术领域中有不同的认识。部分铁路兼有高速铁路和城际铁路的特征，由于它们的主要功能是城际捷运，见名知意，从广义上也称之为“城际铁路”，如京津城际铁路等。

2. 城际铁路的特点

城际铁路一般具有下述几个方面的特点：

（1）从服务对象看，城际铁路以承担城市群相邻城市之间的日常通勤、购物、休闲等需求的中短途旅客为主。

（2）从客流特点看，中短途城际旅客相当部分以一日往返为主，客流具有明显的早晚高峰。

（3）从服务水平看，单程旅行时间通常 2 h 左右或以下，更强调出行的快速性和便捷性。

（4）从运输组织看，具有典型的“高密度、小编组、公交化”的特点。如，列车追踪间隔可达 3min，中间站停站时间约 2 min；编组形式灵活，可采用小编组；运输组织模式可采用公交化方式；可自成体系，相对独立运营。

（5）从车站设置看，重要节点车站应考虑与干线铁路网及城市轨道交通顺畅衔接、便捷换乘；车站间距一般 5~20 km 为宜。

（四）重载铁路

1. 重载铁路的概念及特点

根据《铁路线路设计规范》（TB 10098—2017）及国际重载运输协会（International Heavy Haul Association，IHHA）的规定，重载铁路（heavy haul railway）是指满足列车牵引重量 8 000 t 及以上、轴重为 27 t 及以上、在长度不小于 150 km 线路区段上年运量不低于 40 Mt 三项条件中两项的铁路。重载铁路对运输组织方式及铁路技术设备（如机务、车辆、供电、列车制动系统等）均有一定特殊要求。

我国重载铁路的发展路径主要有两种：部分为重载货运专线，列车轴重最大可达 30 t，列车牵引重量最大可达万 t 级，货运量最大可达至亿吨级，如图 1-3-29 所示的大秦铁路；也有部分客货共线铁路线路上，发展高牵引重量或高轴重货车，区段年货运量超过 40 Mt，达到了重载铁路的标准，如图 1-3-30 所示。

图 1-3-29　大秦重载铁路

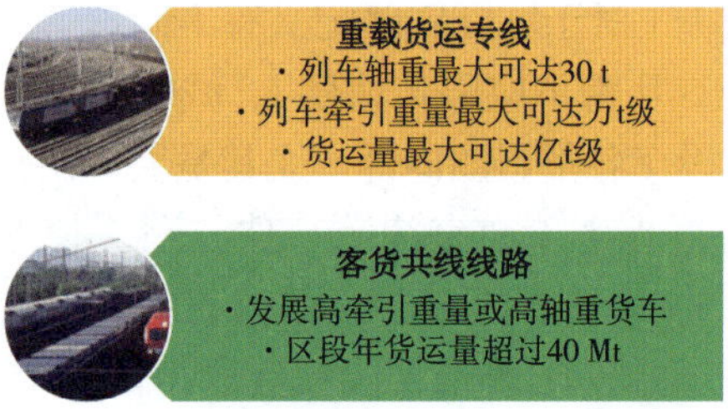

图 1-3-30　我国重载铁路的两种发展路径

重载铁路具有运能大、效率高、运输成本低等特点，重载列车（我国铁路规定牵引总重达到 5 000 t 及其以上的列车）与一般列车相比具有的优势如图 1-3-31 所示。

图 1-3-31　一般列车与重载列车区别

2. 重载铁路列车的分类

重载铁路列车的组织形式主要有三种，分别是重载单元列车（也称单元式重载列车或单元重载列车）、重载整列列车（也称整列式重载列车或整列重载列车）和重载组合列车（也称组合式重载列车或组合重载列车），其各自特点如图 1-3-32 所示。

（1）重载单元列车

重载单元列车是由装车地到卸车地固定机车车辆，固定发站和到站，固定运行线，运输单一品种货物，在装、卸站间往返循环运行，中途列车不拆散，不进行改编作业的列车。重载单元列车在运行过程中除利用铁路的正线和到发线外，不占用铁路的调车设备。在运输过程中，除列车接、发车作业外，不进行任何其他作业。单元列车不仅机车车辆固定编挂、固定回空，而且两端车站装卸设备必须配套，形成矿区至港口（或电厂）的装、运、卸一条龙重载运输组织形式。这种重载运输方式目前运用范围广，经济效益显著，如我国大秦铁路日常运输采用 5 000 t 或 1 万 t 重载单元列车的运输模式。

图 1-3-32 重载列车的组织形式

（2）重载整列列车

重载整列列车是由挂于头部的一台机车或者多台机车联合牵引多类货车，中间需要解体和重新编组的重载列车。这种货物列车采用普通列车的作业组织方法，其到、解、编、发、取、送、装、卸和机车换挂作业与普通货物列车完全一样，只不过牵引重量有显著提高。如在客货共线铁路繁忙干线上，提升牵引定数形成的重载货物列车。

（3）重载组合列车

重载组合列车是由不同装车地组织单元列车、最终集结成的重载列车。通常采用的方式是把两或多列符合运行图规定的质量和长度、开往同一方向的列车集结成一个列车，在运行图上占用一条运行线，运行到前方某一技术站或终到站再分解。重载组合列车除要进行普通货物列车所要进行的作业外，还要进行列车或车底的组合与分解。此外，接发车作业，机车换挂，途中运行及调度指挥等作业也与普通货物列车有一些不同之处。我国大秦铁路日常运输大部分采用两列 5 000 t 或 1 万 t 重载单元列车组合成一列重载组合列车的运输模式。

牵引重量为 8 000 t 的组合式重载列车（立陶宛）视频

第二节　中国铁路的建设运营与管理

本节 PPT

一 概述

对铁路运输进行行政管理的主要政府部门为国家铁路局，此外还包括国家发展和改革委员会、交通运输部及各个省市设置的铁路管理部门。对国家铁路进行运营管理的主要为中国国家铁路集团有限公司（简称“国铁集团”），此外，中央或各地区的企业对各自所有的地方铁路进行相应管理。在铁路施工和设备制造方面，中国铁路工程集团有限公司（简称“中铁工”）和中国铁道建筑集团有限公司（简称“中铁建”）等是以铁路建筑施工为主的建筑集团，中国中车集团有限公司（简称“中国中车”）是铁路载运工具（包括机车车辆、动车组）的主要设计制造企业，中国铁路通信信号集团有限公司（简称“中国通号”）是铁路通信信号设备的主要设计制造企业，如图 1–3–33 所示。

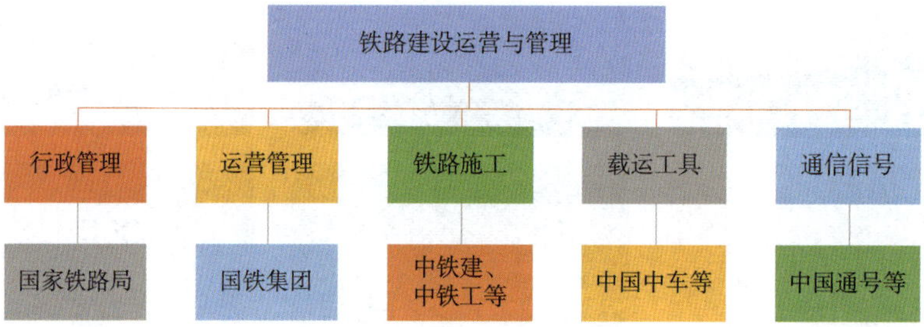

图 1–3–33　中国铁路管理单位

2013 年之前，中国铁路实施“政企合一”的组织管理模式，中华人民共和国铁道部是中华人民共和国铁路事务的最高主管机关，是中华人民共和国国务院的组成部门之一。根据 2013 年 3 月 10 日国务院颁布的《国务院机构改革和职能转变方案》，中国实行铁路政企分开，不再保留铁道部，组建国家铁路局（由交通运输部管理）和中国铁路总公司。2019 年，中国铁路总公司改制成立国铁集团，如图 1–3–34 所示。国铁集团以铁路客货运输为主业，实行多元化经营，主要负责铁路运输统一调度指挥，统筹安排路网性运力资源配置，承担国家规定的公益性运输任务，负责铁路行业运输收入清算和收入进款管理，负责国家铁路新线投产运营的安全评估等。

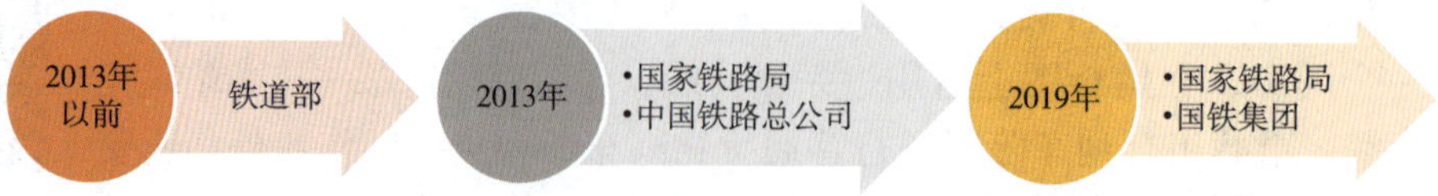

图 1–3–34　中国铁路管理模式的发展

按照产权性质划分，现有中国铁路系统可以分为国家铁路、地方铁路、专用铁路和铁路专用线，如图 1–3–35 所示。

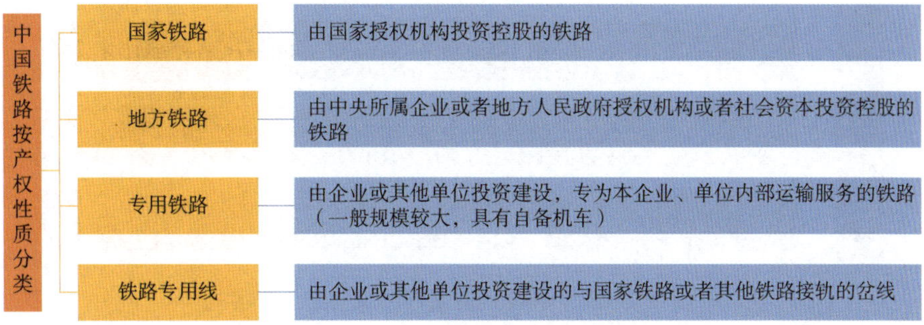

图 1-3-35　中国铁路按产权性质分类

二 铁路的行政管理

国家铁路局由交通运输部管理，是国家对铁路运输进行行政管理的最主要部门。

国家铁路局的内设机构主要包括综合司（外事司）、科技与法制司、安全监察司、运输监督管理司、工程监督管理司、设备监督管理司等。

国家铁路局的主要职责如图 1-3-36 所示。

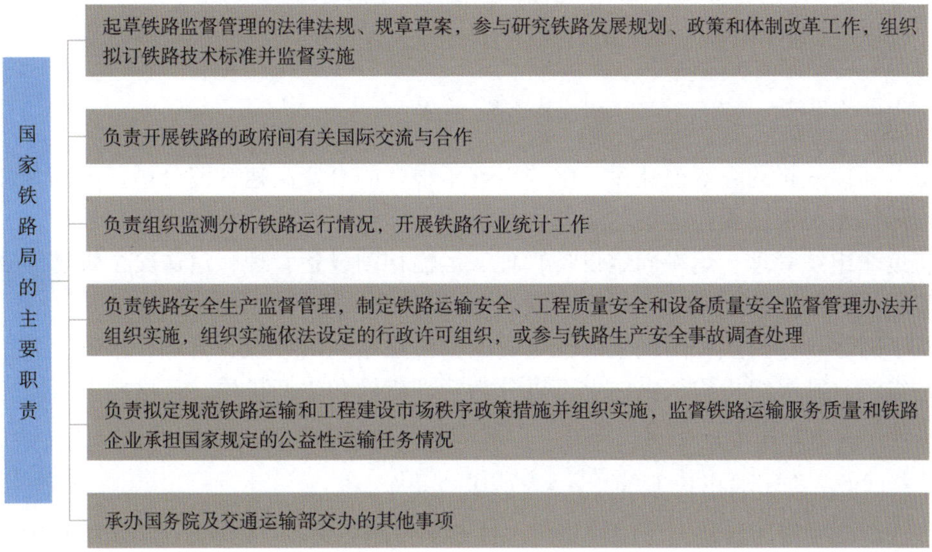

图 1-3-36　国家铁路局的主要职责

三 铁路的运营管理

（一）运营模式

铁路运输生产是以列车装载旅客和货物，沿着铁路线路运行，从而实现旅客和货物的位移。因此，有关旅客和货物的位移以及机车、车辆和列车的移动，都属于铁路运营活动。为安排、组织铁路运营活动所进行的各种工作，统称为铁路运输组织与管理工作，也称铁路运营工作。铁路运营工作的主要内容如图 1-3-37 所示。

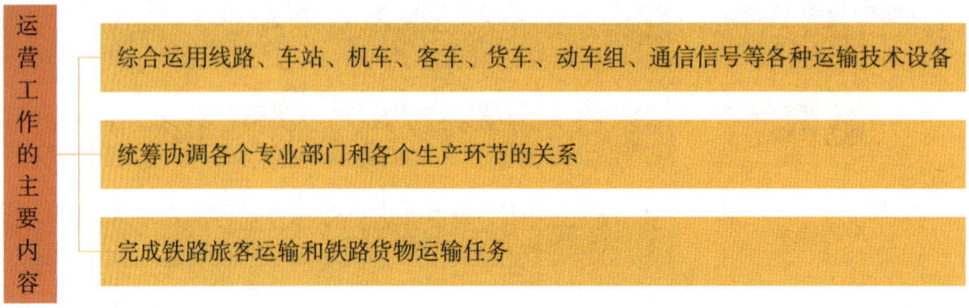

图 1-3-37　铁路运营工作涉及的主要内容

不同国家的铁路可以采用不同的运营模式，世界上根据基础设施管理与客货运输是否分离主要分为网运合一模式（网运一体模式）、网运分离模式两种运营模式，如图 1-3-38 所示。网运合一模式是指既负责铁路基础设施的管理维护，又负责客货运输组织的铁路运营组织模式。网运分离模式是指把具有自然垄断性的铁路基础设施与具有市场竞争性的铁路客货运输分离开，实行分别管理的运营组织模式。中国国家铁路现采用网运合一运营组织模式。

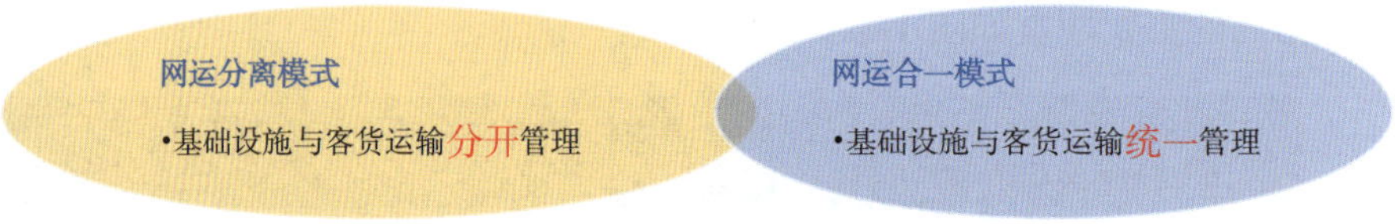

图 1-3-38　两种运营模式

随着高速铁路的大规模建设，中国出现了很多的合资高速铁路公司，大部分高速铁路（城际铁路）采用委托运输的运营管理模式，即合资铁路公司负责铁路建设，并通过协议将运输组织管理、运输固定设备管理、运输移动设备管理、运输安全管理等委托给国铁集团及下属相应的铁路局集团有限公司（简称“铁路局集团公司”）。

基于网运合一模式，国铁集团既负责国家铁路路网的建设、管理、维护，又负责客货运输组织。其组织机构从纵向上可以分为管理机构和生产机构，从横向上可以分为车务、机务、工务、电务、车辆、供电、房建等业务部门。

（二）国铁集团的机构职能

国铁集团实行两级法人（国铁集团、铁路局集团公司）、三级管理（国铁集团、铁路局集团公司、站段）的管理方式。

1. 主要专业部门

国铁集团设置与运输组织紧密相关的运输部（总调度长室）、客运部、货运部、调度指挥中心、机辆部、工电部、安全监督管理局、安全监督管理特派员办事处等多个部、局。这些部门共同负责铁路运输统一调度指挥、经营铁路客货运输业务、承担专运特运任务、承担铁路安全生产主体责任等，其主要职责如图 1-3-39 所示。

2. 所属运输企业

国铁集团所属运输企业包括铁路局集团公司（18 个）、铁路建设运营公司（川藏铁路有限公司）、专业运输公司（3 个），如图 1-3-40 所示。

各铁路局集团有限公司一般设置与国铁集团部、局职能对应的运输管理部门，对铁路局管辖范围内的铁路日常运输生产实施统一指挥和组织，主要工作是列车运行指挥、货物装卸和列车开行的计划与组织以及车流调整等。

3. 基层站段

铁路局集团有限公司下属若干个站段，各个站段是生产机构，设置机关科室对基层运输组织工作进行组织管理，是铁路运输生产过程的具体实施者。

为了完成铁路运输各环节不同的任务，一般设有车务段（直属车站）、机务段、工务段、电务段、车辆段、动车段、供电段、房建段、客运段、货运中心等，其各自职能如图 1-3-41 所示。

图 1-3-39　国铁集团各主要专业及安全机构及职能

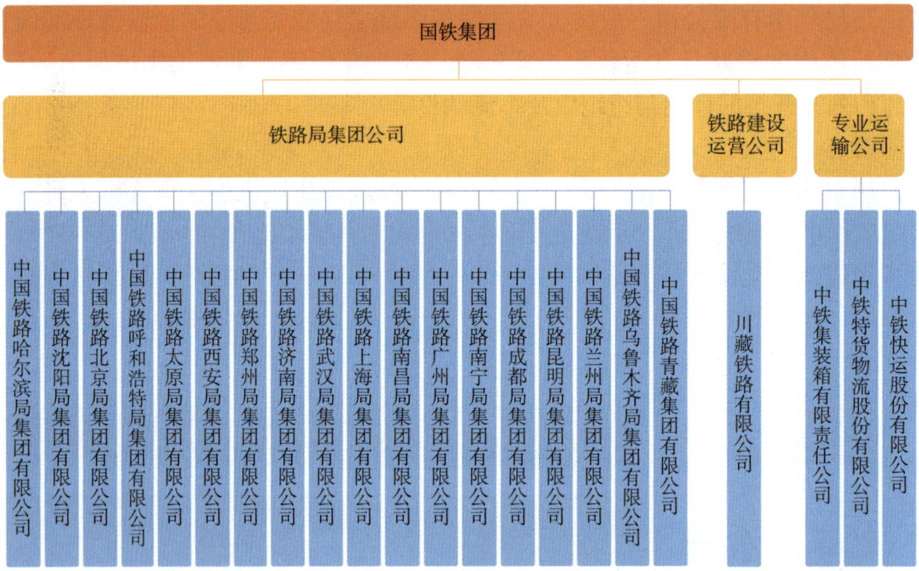

图 1-3-40　国铁集团所属运输企业

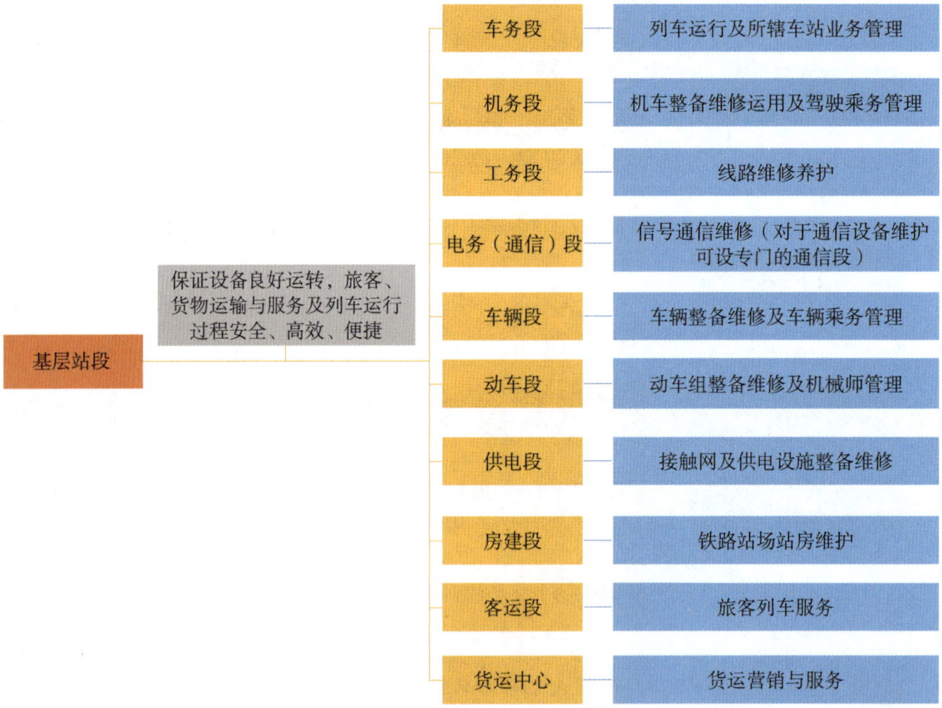

图 1-3-41　主要基层站段及职能

铁路运营系统内部岗位（工种）众多，按专业分类，可以分为基础固定设备管理维护（工务、电务、供电、房建）、移动设备管理维护（机车、车辆、动车组）、运输组织与管理（车务、客运、货运），其核心岗位（工种）如图 1-3-42、图 1-3-43、图 1-3-44 所示，其岗位职责如表 1-3-5 所示。

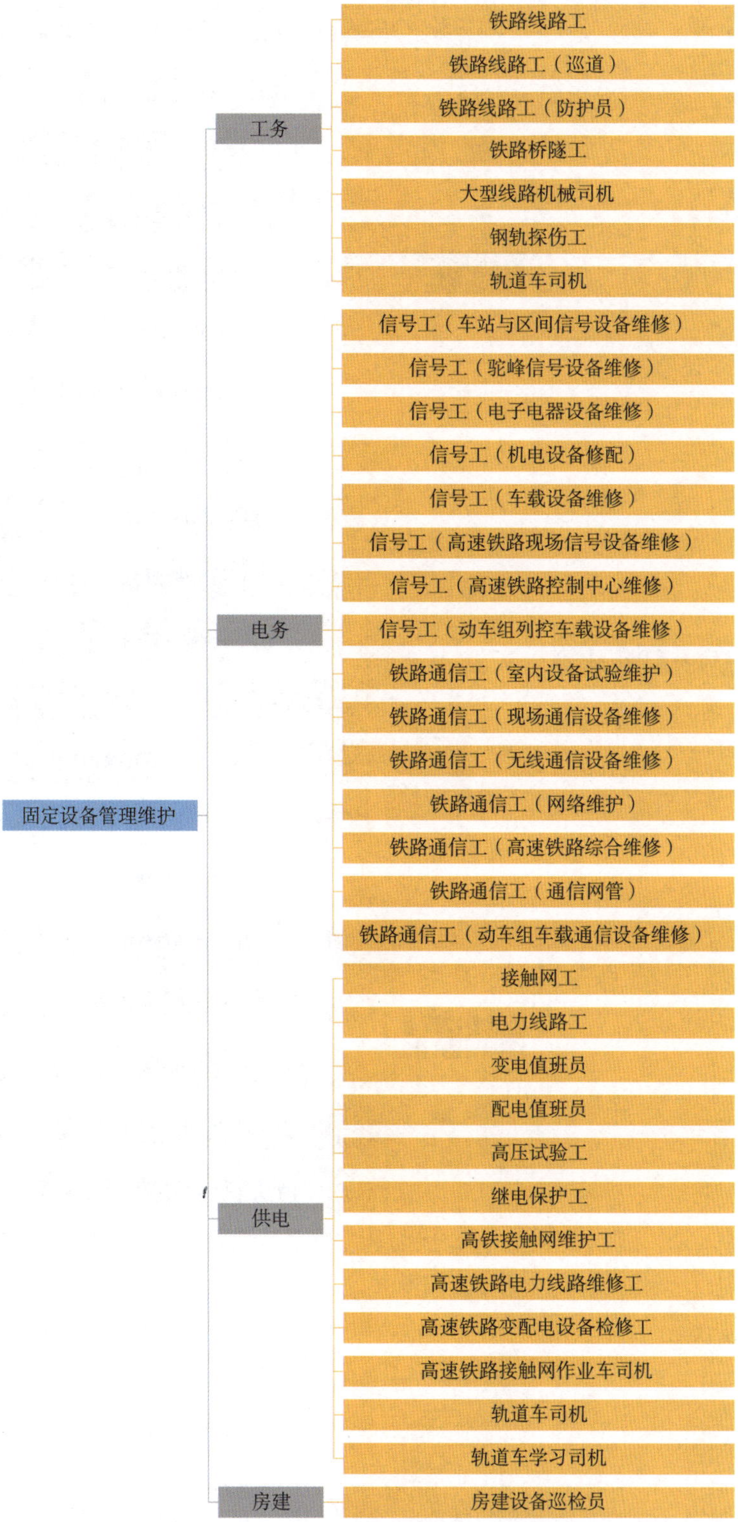

图 1-3-42　基础固定设备管理维护主要岗位（工种）

图 1-3-43　移动设备管理维护主要岗位（工种）

图 1-3-44　运输组织与管理主要岗位（工种）

表1-3-5 铁路主要岗位（工种）及主要职责

专业	岗位名称	主要岗位职责
工务	铁路线路工	铁路线路设备的检查、维修、大修和施工
工务	铁路线路工（巡道）	按规定时间、路线巡视检查线路设备，应急处理设备故障
工务	铁路线路工（防护员）	完成作业班组的防护任务，确保上线作业安全
工务	铁路桥隧工	铁路桥梁、隧道、涵洞、路基及其他桥隧建筑物的维修、施工
工务	大型线路机械司机	驾驶、操纵大型线路机械对铁路线路设备进行检测修理
工务	钢轨探伤工	使用探伤仪检测钢轨和焊缝缺陷
工务	轨道车司机	操纵轨道车及相关设备
电务	信号工（车站与区间信号设备维修）	负责车站与区间室内、外信号设备维修养护工作
电务	信号工（驼峰信号设备维修）	负责驼峰室内外信号设备维修养护工作
电务	信号工（电子电器设备维修）	负责车站与区间继电器等电子设备维修、测试及养护工作
电务	信号工（机电设备修配）	负责信号机电设备维修养护工作
电务	信号工（车载设备维修）	负责普速车载设备检测、检修、器材测试及数据分析工作
电务	信号工（高速铁路现场信号设备维修）	负责高速铁路机械室内、室外信号设备维修养护工作
电务	信号工（高速铁路控制中心维修）	负责高速铁路控制中心调度集中系统（CTC）、无线闭塞中心（RBC）等设备的维修养护、数据分析、故障处理等工作
电务	信号工（动车组列控车载设备维修）	负责动车组列车载设备的检测、检修、器材测试及数据分析工作
电务	铁路通信工（室内设备试验维护）	负责通信机房（含网管室、网监室）内设备维护、数据分析、工单制作以及指挥现场故障处理
电务	铁路通信工（现场通信设备维修）	负责通信机械室、站场设备及光电缆线路的维护
电务	铁路通信工（无线通信设备维修）	负责铁路无线通信设备的运用管理、设备拆装、设备维修和故障处理
电务	铁路通信工（网络维护）	负责调度指挥中心通信设备维修养护工作，以及音视频会议网络维护和故障处理，配合完成通信网络的优化和调整
电务	铁路通信工（高速铁路综合维修）	负责高速铁路通信设备及光电缆线路的维护
电务	铁路通信工（通信网管）	负责全路通信核心网设备的管理与维护
电务	铁路通信工（动车组车载通信设备维修）	负责动车组车载通信设备（CIR）的日常维护、测试、检修以及故障处理
供电	接触网工	负责接触网设备正常运行、维修、施工管理，包括设备巡视检查、维修、施工安装及调整、应急处置、供电安全检测监测系统（6C）等工作
供电	电力线路工	铁路电力设备的运行、检修、设备安装、施工管理、应急处置等工作
供电	变电值班员	巡视、监视变电设备运行，签发、办理工作票（准许在电气设备及系统软件上工作的书面命令）和倒闸操作（改变电气设备运行状态），进行设备的修理、维护、验收、应急抢修及故障处理，填写各种记录和设备台账（履历）
供电	配电值班员	巡视、监视变电设备运行，配合调度和现场作业人员进行倒闸操作，进行配电设备的检修、故障处理、施工配合作业，填写各种记录和设备台账（履历）

续上表

专业	岗位名称	主要岗位职责
供电	高压试验工	负责高压电气设备、绝缘工具的试验工作
供电	继电保护工	负责继电保护设备的巡视、检修、验收、故障处理等工作
供电	高铁接触网维护工	负责高速铁路接触网设备运行、维修、施工，包括设备巡视检查、维修、施工安装及调整、应急处置、供电安全检测监测系统（6C）等工作
供电	高速铁路电力线路维修工	负责铁路电力设备的运行、检修、设备安装、施工管理、应急处置、施工管理工作
供电	高速铁路变配电设备检修工	负责高速铁路变（配）电所、AT 所、分区所设备的日常巡视检查、检修、维护、试验、测量工作
供电	高速铁路接触网作业车司机	操纵高速铁路接触网作业车及相关设备
供电	轨道车司机	操纵接触网作业车（轨道车）及相关设备
供电	轨道车学习司机	协助司机操纵接触网作业车（轨道车）及相关设备
建筑	房建设备巡检员	负责站场站房设备检修工作，发现设备病害并及时报告，即时处理零小病害，对作业过程中自身及互控人员人身安全负责
机务	机车司机	驾驶机车安全、准时、平稳地完成牵引任务，确保行车、人身安全
机务	副司机	协助机车司机完成机车检查、技能实验、运行瞭望、故障应急处理以及特殊情况下的区间防护和事故处理等工作，确保列车运行、人身安全
机务	指导司机	监督检查机车乘务员（司机、副司机）作业，对机车乘务员进行业务培训、技术指导和管理，指导组内机班人员，确保行车安全、人身安全
机务	机车调度员	根据列车运行图、机车周转图和日（班）计划调度机车和人员，组织完成运输生产任务，确保机务段运输调度指挥通畅、安全、有序
机务	LKJ 运行记录分析员	对列车运行监控记录装置（LKJ）数据文件进行检索、分析，记录数据文件，进行软件维护及参数设置管理，负责监控分析信息的处理、传递
机务	机车检查保养员	机车出、入段和机车检修后的检查、修理、给油、保养及管理，确保机车质量状态保持良好，作业人身安全
机务	铁路探伤工（机车车辆检修）	使用探伤设备检测机车、车辆零部件缺陷
机务	动车组司机	驾驶各型动车组安全、准时、平稳地完成动车组列车运输任务，确保运输秩序正常
机务	动车组地勤司机	驾驶各型动车组进行调车、重联、解编作业，在动车段（所）配合完成检测、检修、整备作业，确保调车作业安全
车辆	随车机械师	负责运行动车组随车乘务工作，维护正常的车内硬件环境，掌握和传递动车组设备的动态运行信息，应急处理和维修运行中的设备故障，对动车组上部设施进行巡视检查和质量交接
车辆	地勤机械师（一级修）	负责动车组的一级检修作业、故障处理、联检整备作业等，确保动车组行车关键设备、上部服务设施功能状态良好；对检修过程中发现的故障按流程上报并做好故障处理工作；对一级检修作业中委外作业进行过程控制及结果复核
车辆	地勤机械师（二级修）	负责动车组的二级检修作业、故障处理等，确保动车组机械部件动作良好，紧固到位，配电柜，设备舱、滤网格栅清洁良好；对检修过程中发现的故障按流程上报，并做好故障处理工作；对检修作业中委外作业进行过程控制及结果复核

续上表

专业	岗位名称	主要岗位职责
车辆	铁路探伤工（动车探伤）	负责动车组探伤作业；负责探伤设备的日常使用、保养、校验工作；负责动车组探伤作业中的配件拆装、制动切除及恢复等辅助作业项目；探伤过程中发现故障和缺陷按流程上报，并配合处理
车辆	TEDS 分析员	负责动车组运行故障动态图像检测系统（TEDS）的动态监测作业，对动车组走行部、裙板、底板、各类盖板进行动态检测，若发现重大行车安全隐患，立即上报调度，拦停列车
车辆	动车组电气件修理工	负责各型动车组高级修中电气类设备的检修工作，负责动车组的检修调试相关工作；对检修过程中发现的故障按流程上报并做好故障处理工作；对检修作业中委外作业进行过程控制及结果复核
车辆	动车组机械件修理工	负责各型动车组高级修中机械类设备的检修工作；负责动车组走行部各部件的检修及测试相关工作；对检修过程中发现的故障按流程上报并做好故障处理工作；对检修作业中委外作业进行过程控制及结果复核
车辆	客车检测员（库检）	负责本、外属入库列车的日常检修，本属客车的专项检修、临客整修、辅修工作，新造及厂、段修的接送和技术状态，备品的交接，回送、借用客车整修、交接工作
车辆	客车检车员（站检）	负责始发、通过、站前折返、终到旅客列车技术作业以及对站前折返、通过旅客列车进行重点技术检查，排除危及行车安全故障等工作
车辆	TVDS 动态检车员	负责列车客车故障轨旁图像检测系统（TVDS）安装维护及设备维修检测工作，负责本岗位动态检测作业的列车安全运行
车辆	客车检车员（旅客列车乘务）	负责客车运行状态的动态监控、设备故障的应急处置和职责范围内的技术作业
车辆	铁路探伤工（客车检修）	负责段修客车车辆电器检修工作，维修车辆电器各类故障，将各类电器设备恢复到正常状态，掌握和传递车辆电气故障信息，与运用部门进行车辆电气方面的质量交接，协助处理电气故障
车辆	货车检车员	负责对货物列车的检查和维修，处理车辆故障，扣留定检到期车、过期车以及需要摘车施修的技术状态不良车，维护运用货车质量
车辆	TFDS 动态检车员	负责货车运行故障动态图像检测系统（TFDS）本地探测站通过列车技术作业，负责货车的技术检查和故障提报处置
车辆	值班员（列检）	负责组织对始发、通过、到达列车的技检作业，传达执行调度命令，组织实施维修或回送扣留的车辆，上报检修数据和车辆运用情况
车辆	铁路探伤工（货车检修）	负责货车车辆轮轴的磁粉探伤、超声波探伤工作，负责轮轴二、三、四级修程及新组装轮轴超声波探伤检查，负责车辆配件探伤
车务	连结员	在调车长的指挥下，按照调车作业计划和有关规定，完成解编、摘挂、取送作业
车务	调车长	根据调车作业计划和调车指令及有关规定，组织调车人员完成解编、摘挂、取送作业
车务	调车指导	检查、监督，指导调车作业，组织、指导调车组技术业务学习，提高技术业务水平
车务	驼峰作业员	在驼峰值班员的指挥下，准备调车作业进路，操纵减速器，控制溜放车辆的速度和车组间隔

续上表

专业	岗位名称	主要岗位职责
车务	驼峰值班员	在调车区长领导下，根调车作业计划，组织办理驼峰解体、编组作业及越区、转场作业的联系
车务	车号员（长）	编制编组顺序表，与机车乘务员办理站车交接，负责有关统计工作
车务	调车区长	掌握车辆分布及调车作业情况，根据阶段计划编制、下达调车作业计划，并组织实施，及时向车站调度员提供相关资料
车务	站调助理	掌握车站（场）线路及行车设备情况，根据日班计划和调度命令，协助车站调度员工作
车务	车站调度员	掌握车站（场）线路及行车设备，根据日班计划和调度命令，编制下达和组织实施阶段（调车作业）计划
车务	列尾作业员	在车站值班员的领导下，负责列尾装置的安装、摘解，列尾主机的检测及数据上传，电池的充放电及保养
车务	扳道员（长）	按照车站值班员的接发列车命令、调车作业计划扳动道岔、准备进路、显示信号、监视机车车辆运行，按规定保养道岔
车务	助理值班员	协助车站值班员办理接发列车和有关调车作业
车务	高速铁路车务应急值守人员	根据列车调度员的指示，协助做好设备故障、施工维修、非正常情况下等有关行车工作；车站转为非常站控模式时，担任车站值班员，指挥车站有关行车工作，根据铁路列车运行图、阶段计划、调度命令和有关规定，组织办理接发列车及调车作业
车务	车站值班员	掌握车站线路及行车设备，根据铁路列车运行图、列车编组计划、日班计划、阶段计划调度命令和有关规定，组织办理接发列车及调车作业
车务	值班站长	在铁路局集团公司调度的指挥下，领导车站本班的运输组织工作，组织、协调各工种以及有关部门完成班工作任务
车务	驼峰调车长	在驼峰值班员的领导下，指挥本驼峰调车区的调车作业，准备并开通调车作业进路，监控机车车辆动态，组织办理解体和编组作业
客运	值班站长（客运）	负责旅客运输组织安全管理，本班组文电命令传达，信息传递，班组培训及设备设施运行状态盯控检查工作，落实检查监督制度
客运	客运值班员	负责旅客运输组织安全管理、文电命令传达、信息传递、设备设施运行状态盯控检查及人员培训工作
客运	铁路客运员	负责旅客乘降组织安全及本区域内设备设施状态盯控检查工作
客运	客运计划员	依据文电命令准确传达旅客运输计划
客运	售票值班员	监督管理本班组售票相关业务、票据票款安全、人员培训工作
客运	铁路售票员	依法合规正确办理售票相关业务及本岗位票据票款安全工作
客运	票据管理员	依法合规管理票据工作
客运	行李值班员	负责行包运输组织安全管理、本班组文电命令传达、信息传递、设备设施运行状态盯控、班组人员管理及培训工作
客运	行李计划员	依据行包作业运输方案，负责编制列车装车计划
客运	铁路行李员（车站）	办理铁路行李包裹的承运、中转、交接、保管、支付，调查处理行李包裹运输事故和无主货物

续上表

专业	岗位名称	主要岗位职责
客运	列车长（动车组旅客列车）	负责在动车组旅客列车上组织、检查、指导列车工作人员为旅客旅行、安全服务；参与行车组织工作，确保列车运行安全正点；做好班组织管理和人员培训
客运	列车长（国内非动车组旅客列车）	负责办理补票，请领票据；摘录文电及汇总报表，并协助查验车票，处理旅客旅行中相关事务
客运	列车员（动车组旅客列车）	负责在动车组旅客列车上为旅客旅行、安全服务；做好值乘区域的实名制验证验票工作
客运	列车员（国内非动车组旅客列车）	负责在列车上为旅客旅行、安全、卫生服务，并协助查验车票
客运	列车值班员	负责办理补票，请领票据；摘录文电及汇总报表，并协助查验车票，处理旅客旅行中相关事务
客运	铁路行李员（列车）	负责在列车上保管行李、包裹，编制卸车计划
客运	客运乘务派班	负责接收、处理、传达有关命令、文电、指示；根据派班计划安排乘务人员值乘；办理出退勤
客运	指导列车长	负责指导本务列车长在旅客列车做好安全运输工作；协助本务列车长组织、检查、指导列车工作人员做好旅客出行、安全服务；协助查验车票
货运	货运值班员	组织完成生产任务，落实规章管理、安全卡控、巡视检查等安全管理制度，及时、正确处置管辖范围内各类突发事件；协调各岗位人员、单位（部门）做好配合，确保安全
货运	货运计划员	负责货物运输需求受理、制定落实货物运输组织方案、客户管理等工作，及时、正确处置各类突发事件；与其他岗位人员、单位（部门）做好协调配合，确保安全
货运	货运员	负责货物安检查危、装卸车组织与检查、巡视检查等工作，及时、正确处置各类突发事件；与其他岗位人员、单位（部门）做好协调配合，确保安全
货运	货运安全员	负责货物保价损失处理、施封锁管理等工作，及时、正确处置各类突发事件；与其他岗位人员、单位（部门）做好协调配合，确保安全
货运	货运核算员	负责运杂费计算核收、运输进款及票据管理等工作，及时、正确处置各类突发事件；与其他岗位人员、单位（部门）做好协调配合，确保安全
货运	货运调度员	负责运力配置、装卸车组织等工作，及时、正确处置各类突发事件；与其他岗位人员、单位（部门）做好协调配合，确保安全
货运	货运车长	组织落实规章管理、安全卡控、装卸车质量、车门管理等安全管理制度，及时、正确处置各类突发事件，协调各工种工作，确保安全
货运	装卸值班员	合理安排机械劳力，协调各工组、工种之间的配合，落实安全风险过程控制，及时、正确处置管辖范围内各类突发事件，安全高效地完成装卸工作，确保人身、机械、货物和行车安全
货运	计量检测员（称重）	负责轨道衡、汽车衡的运用、维护保养工作，有序开展货运计量安全检测工作，确保人员及设备安全
货运	货运值班员（货运检查）	负责本班货检作业的安全生产、检查督导等工作，根据作业需要，合理调配班中人员；组织落实货检作业、人身等安全管理制度；协调各岗位人员、单位（部门）做好配合，确保安全

续上表

专业	岗位名称	主要岗位职责
货运	货运检查员	负责按规定的检查范围、技术要求和作业标准做好货物（车）交接检查工作，落实货检区段负责制，与其他岗位人员、单位（部门）做好协调配合，确保安全

注：操作、使用设备的作业人员一般需同时负责设备运行、检查及维护保养，并对设备维护质量和运用质量全面负责。

四 铁路的建设管理

1. 铁路建设程序

国家铁路建设须按照立项决策、勘察设计、工程实施和竣工验收的基本程序组织建设，各阶段的主要内容及流程如图 1-3-45 所示。

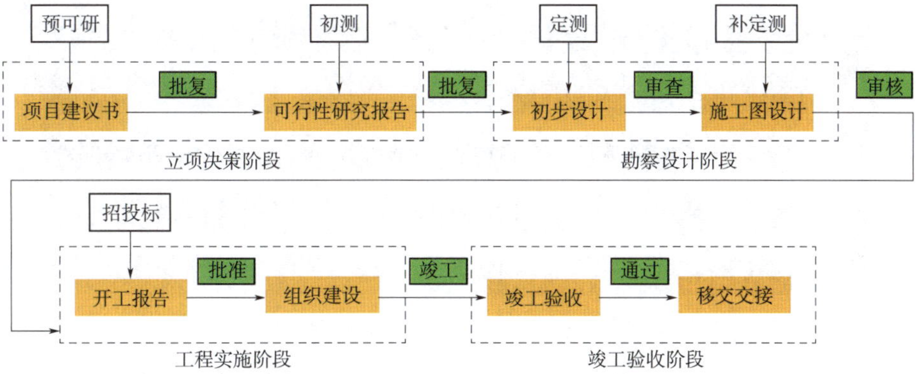

图 1-3-45　铁路建设各阶段的主要内容

（1）立项决策阶段。依据中长期铁路网和铁路建设规划，对拟建项目进行预可行性研究，编制项目建议书；根据批准的项目建议书，在初测基础上进行可行性研究，编制可行性研究报告。项目建议书和可行性研究报告按规定报批。

（2）勘察设计阶段。根据批准的可行性研究报告，在定测基础上开展初步设计。初步设计经审查批准后，开展施工图设计和审核工作。

（3）工程实施阶段。按规定组织工程招标投标、编制开工报告。开工报告批准后，依据批准的建设规模、技术标准、建设工期和投资，按照施工图和施工组织设计文件组织建设。

（4）竣工验收阶段。铁路建设项目按批准的设计文件全部竣工或分期、分段完成后，按规定组织竣工验收，办理资产移交或维管交接。

2. 铁路建设的组织

铁路建设的组织主要涉及国铁集团、建设单位、勘察设计单位、施工单位等，其中，国铁集团统一组织各项工作。

（1）国铁集团负责组织铁路建设，统一管理铁路建设前期工作，统一安排、推进铁路建设项目实施。国铁集团相关部门和单位按照职责分工对建设项目实施管理。

（2）铁路建设项目的建设单位包括国铁集团管理的合资铁路公司和铁路局集团公司，

是铁路建设项目管理的实施主体，按照专业化、职业化、区域化管理要求，履行建设单位职责，对项目实施过程及结果负责。

（3）铁路建设项目勘察设计单位进行铁路建设项目勘察和设计工作。铁路勘察设计是指新建和改建铁路施工前，需要进行的调查研究、技术勘测、总体规划和个体工程设计等工作。勘察工作包括查明、分析、评价建设项目的地质地理环境特征和岩土工程条件，编制建设项目勘察文件等。设计工作包括对建设项目所需的技术、经济、资源、环境等条件进行综合分析、论证，编制建设项目设计文件等。

由于新建或改建铁路的工程量、投资量都很大，且技术复杂、牵涉面广，因此在修建一条铁路之前，必须进行深入细致的调查研究和勘测工作，并从若干个可供比较的方案中选出一个最优方案来进行设计。因此，铁路勘察设计是一个由全局到个体并逐步深化的调查研究及设计的过程，是一项涉及面广、工种繁多的连续性工作。

铁路设计应遵循的基本原则如图 1-3-46 所示。

铁路设计的基本原则

- 坚持以人为本的设计理念，将安全设计、风险管理贯穿于设计全过程
- 将保护自然生态和环境、节约土地、节约能源贯穿始终
- 系统、经济、合理地确定站段布局及规模，节约投资，降低运营成本，使综合效益最优
- 注重系统优化，综合考虑相关专业技术接口，协调匹配固定设施与移动设备
- 符合环境、能源、土地及文物等法律、法规的相关规定

图 1-3-46　铁路设计的基本原则

铁路设计年度一般分为近期和远期，近期一般指交付运营后第 10 年，远期一般指交付运营后第 20 年。

（4）铁路建设项目的施工单位是具体施工组织主体，主要工作内容包括施工顺序组织、施工资源组织、施工阶段组织、重要的实施工作规划等。涉及施工组织设计、质量、安全、工期、合同、劳务、设备材料（部分）、文明施工等方面。

复习思考题

1. 铁路的分类方法有哪些？各种分类方式各包含哪些内容？
2. 铁路的固定设备和移动设备都包括哪些？
3. 铁路的行政管理模式是怎样的？
4. 简述铁路运营管理的管理模式和主要组成。
5. 简述铁路主要基层站段及其职能。
6. 简述铁路建设管理的程序和组织。

第二篇 铁路运输基本设备

铁路运输设备是铁路完成运输任务的物质基础，为了确保运输工作的顺利进行，保证列车安全、正点和不间断地运行，运输设备必须要有一定的数量，并应保持优良的状态。

铁路运输系统是由铁路运输设备、运输组织与运输人员组成的混合系统，其中，铁路运输设备是铁路运输系统的核心内容。铁路运输设备主要包括铁路线路、车站、牵引供电系统、机车车辆（包括动车组、自轮运转特种设备）、信号通信设备等，可以分为固定设备和移动设备两大类。

铁路固定设备包括线路、车站（场）、供电、信号通信设备等，铁路线路是机车车辆和列车运行的基础；铁路车站（场）则是客货运输业务和列车技术作业的场所；电力是现在中国铁路的主要动力来源，牵引供电系统是供给电力机车（动车组）牵引用电的基础设备；铁路信号及通信设备如同铁路运输的耳目，是保证列车运行安全和提高运输效率的重要手段。

铁路移动设备是指铁路机车、车辆、动车组、自轮运转特种设备。客货共线铁路、重载铁路一般采用机车牵引车辆的列车作为载运工具。高速铁路、城际铁路一般采用动车组列车作为载运工具。

第一章 铁路线路

第一节 概 述

本节 PPT

一 铁路线路的组成

铁路线路是机车车辆和列车运行的基础，是由路基、轨道及桥隧建筑物组成的一个整体工程结构。为了保证列车能按规定的最高速度安全、平稳和不间断地运行，使铁路运输部门能够质量良好地完成客货运输任务，铁路线路必须保持优良状态。

二 铁路等级和技术标准

1. 铁路等级

铁路等级是铁路的基本标准。设计铁路时，首先要确定铁路等级。铁路的技术标准和装备类型都要根据铁路等级去选定。

铁路等级应根据其在路网中的作用、性质、设计速度和客货运量确定，分为高速铁路、城际铁路、客货共线铁路、重载铁路〔铁路线路设计规范（TB 10098—2017）〕，高速、城际铁路为客运专线铁路。高速铁路设计速度分为 250 km/h、300 km/h、350 km/h 三级，城际铁路设计速度分为 200 km/h、160 km/h、120 km/h 三级，客货共线铁路可分为Ⅰ、Ⅱ、Ⅲ、Ⅳ四级，如图 2–1–1 所示。客货共线铁路分级具体规定见表 2–1–1。

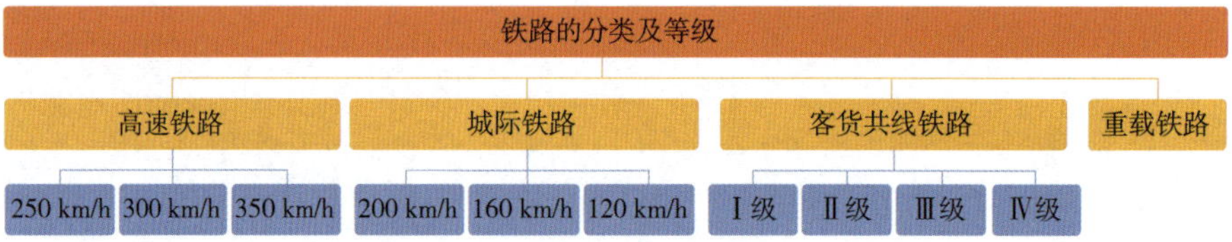

图 2–1–1　客货共线铁路分类及分级

表 2–1–1　客货共线铁路等级

等级	铁路在路网中的意义	近期年客货运量 Q（Mt）
Ⅰ级铁路	在路网中起骨干作用的铁路，或	$Q \geqslant 20$
Ⅱ级铁路	铁路网中起联络、辅助作用的铁路，或	$10 \leqslant Q < 20$
Ⅲ级铁路	为某一地区或企业服务的铁路，	$5 \leqslant Q < 10$
Ⅳ级铁路	为某一地区或企业服务的铁路，	$Q < 5$

注：年客货运量为重车方向的货运量与由客车对数折算的货运量之和，1 对 /d 旅客列车按 1.0 Mt 年货运量折算。

2. 铁路主要技术标准

铁路主要技术标准是铁路建筑物和设备的类型、能力和规模的基本标准，对铁路能力、运营安全、运输效率、投资规模、经济效益和社会效益有重要影响，而且主要技术指标之间联系密切，相互影响。铁路主要技术标准应根据其在铁路网中的作用、运输需求和输送能力、地形和地质条件等因素按系统优化的原则综合比选确定。

各类型铁路主要技术标准如图 2–1–2、图 2–1–3 所示。

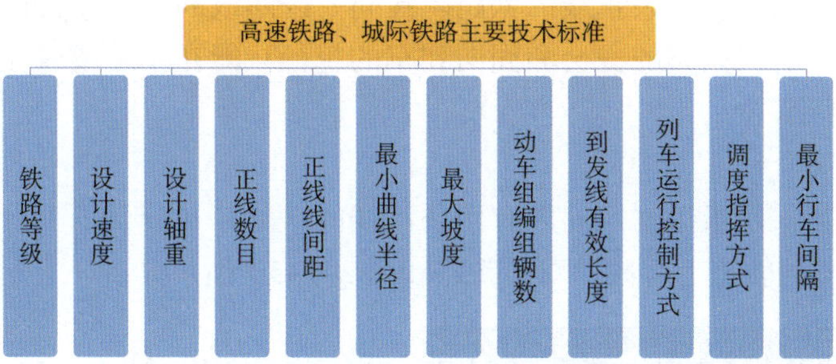

图 2–1–2　高速铁路、城际铁路主要技术标准

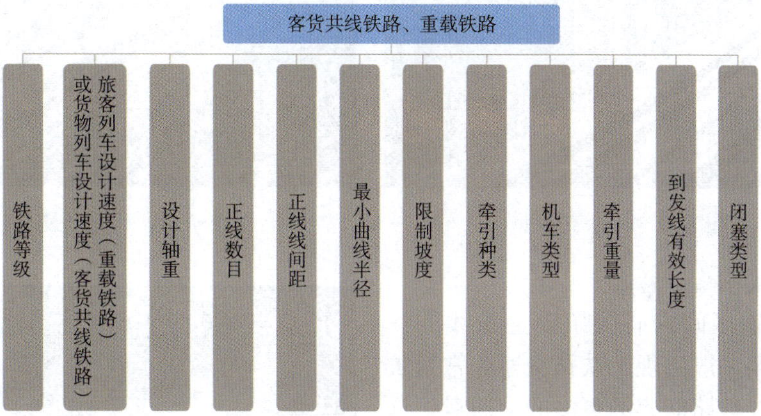

图 2–1–3　客货共线铁路、重载铁路主要技术标准

3. 铁路的设计速度

高速铁路、城际铁路、客货共线Ⅰ级和Ⅱ级铁路、重载铁路的设计速度应根据运输需求、工程条件等因素综合经济技术比选确定，宜按表 2–1–2 规定的数值选用。

表 2–1–2　设计速度（km/h）

铁路等级	高速铁路	城际铁路	客货共线Ⅰ级	客货共线Ⅱ级	重载铁路
设计速度	350、300、250	200、160、120	200、160、120	120、100、80	100、80

4. 铁路线路的设计轴重

线路设计轴重是线路强度所规定的吨数，我国规定的不同类型铁路线路设计轴重如表 2–1–3 所示。

表 2–1–3　不同类型铁路线路设计轴重

高速铁路	城际铁路	客货共线铁路	重载铁路
17 t	17 t	21 t、23 t 或 25 t（新建）	25 t、27 t 或 30 t

5. 铁路正线数目

铁路按照区间正线数目多少可以分为单线铁路、双线铁路和多线铁路。我国铁路主要为单线和双线铁路。

（1）单线铁路

是指运输区间内只有一条正线的铁路。在同一区间或同一闭塞分区内，同一时间只允许一列车运行，对向列车的交会和同向列车的越行只能在车站或避让线内进行。单线铁路如图 2-1-4 所示。

（2）双线铁路

又称复线铁路，是指运输区间内有两条正线的铁路，并分设了上行线和下行线，方向相反的列车在不同轨道上行驶。双线铁路如图 2-1-5 所示。

图 2-1-4　单线铁路

图 2-1-5　双线铁路

（3）多线铁路

是指运输区间内有两条以上正线的铁路。多线铁路一般出现于铁路交通非常繁忙的路段。多线铁路能容纳更多的交通量，部分多线铁路可实现车速较快的列车超越车速较慢的列车，减少速度冲突，故不同速铁路线路能在同一路段共存。多线铁路轨道数量多，进行维修工作时只需封闭其中一对轨道，对列车服务影响较少，且安排比较容易。但多线铁路需要占地较广，所需建筑物料较多，因此建筑成本较高。我国典型多线铁路如图 2-1-6 所示的广深铁路。

图 2-1-6　广深铁路（四线铁路）

广深铁路（四线铁路）：

是连接我国广州市及深圳市的铁路，全长 147 km，为四线铁路。其中一、二线为快速线路，目前运行动车组列车，即广深城际铁路。三、四线为普速铁路，供广九直通车和其他跨线普速列车行驶，即为广九铁路。广深铁路是中国第一条全程封闭、四线并行的铁路，实现快速旅客列车与普速客车、货物列车的分线运行，大大提升了综合运输能力。

（4）铁路正线数目的规定

一般而言，较高等级、较快速度、较大运量的铁路应选用双线，具体规定如图 2-1-7 所示。

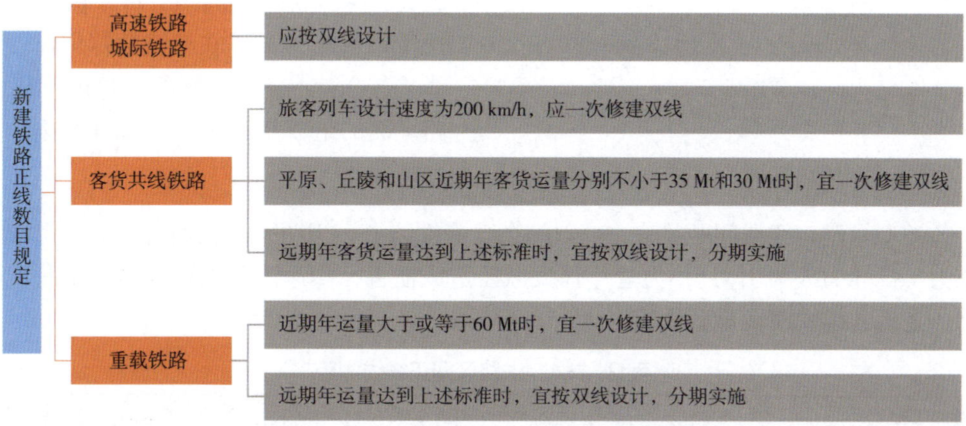

图 2-1-7　新建铁路正线数目规定

第二节　铁路线路的平面和纵断面

本节 PPT

一　铁路线路的平面

铁路线路在空间的位置是用它的线路中心线表示的。线路中心线是指距外轨二分之一轨距的铅垂线 *AB* 与路肩水平线 *CD* 交点的纵向连线，如图 2-1-8 所示。

线路中心线在水平面上的投影，叫线路平面，它表明线路的直、曲变化状态。线路中心线纵向展直后在铅垂面上的投影，叫线路纵断面，它表明线路的坡度变化。线路的平面和纵断面不但确定了线路在空间的位置，同时也为路基、桥隧建筑物及车站等其他设备的设置提供了依据，对铁路通过能力及输送能力的大小都有直接影响。

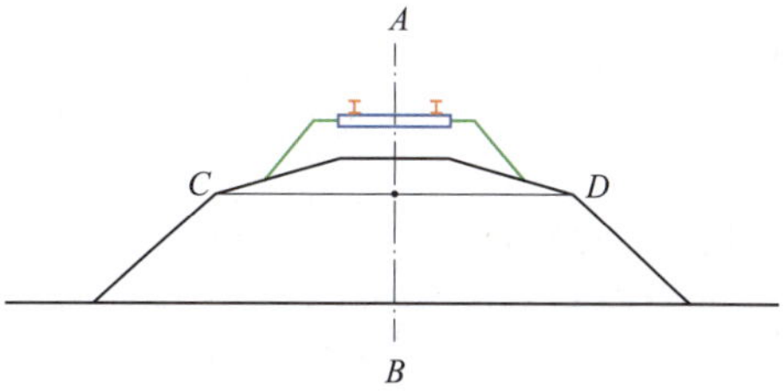

图 2-1-8　铁路线路中心线点的位置

（一）线路的平面的组成要素

从运营的观点来看，最理想的线路是既直又平的线路。但是天然地面情况复杂多变（有山、水、沙漠、森林、矿区、城镇等障碍物和建筑物），有些情况下，如果把铁路修得过于平直，就会造成工程数量和工程费用大且工期长，这样既不经济又不合理，有时也不现实。因此，选定铁路线路的空间位置，应该综合考虑工程和运营的要求，通过方案比较，在满足运营基本要求的前提下，适度减少工程量，降低造价。

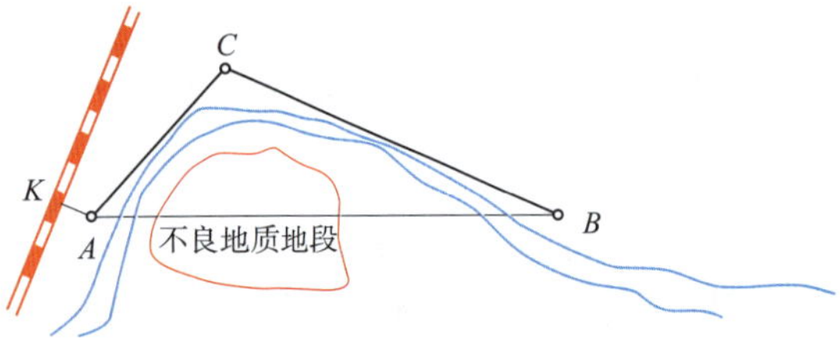

图 2-1-9　绕避地形示意图

以图 2-1-9 为例，若将 *AB* 直接连接，则线路必须两次跨越大河和穿过不良地质地段，不仅投资多，而且线路质量差、隐患大，为规避这些问题，可根据自然条件选择用折线 *ACB*（在折线的转角处，用曲线连接）来代替 *AB* 直线，这就形成了线路平面的组成要素——直线和曲线。

（二）正线线间距

各类型铁路正线线间距见表 2-1-4。在高速铁路上，当两列车相遇时，会产生较大的风压力（排斥力或吸引力），为避免强大风压造成损害，高速铁路正线线间距略高于城际铁路、客货共线铁路及重载铁路。

表 2-1-4　铁路区间正线线间距

铁路类型	路　段	设计速度 v（km/h）	最小线间距（m）
高速铁路、城际铁路（客运专线）	区间双线	$300 < v \leqslant 350$	5
		$250 < v \leqslant 300$	4.8
		$200 < v \leqslant 250$	4.6
		$160 < v \leqslant 200$	4.2
		$v \leqslant 160$	4
	三线及四线区间的第二线与第三线间	—	5.3
	站内正线间	$300 < v \leqslant 350$	5
		$250 < v \leqslant 300$	4.8
		$v \leqslant 250$	4.6
客货共线铁路、重载铁路	区间双线	$160 < v \leqslant 200$	4.4
		$120 < v \leqslant 160$	4.2
		$v \leqslant 120$	4
	三线及四线区间的第二线与第三线间	—	5.3
	站内正线间	—	5

（三）圆曲线和缓和曲线

在平面图上，铁路曲线包括圆曲线和缓和曲线。圆曲线（如图 2-1-10 所示）的要素主要是曲线半径 R 和转向角 α，这两者确定了之后，包括切线长度 T 和圆曲线长度 L 的其他要素即可计算得出。

为保证列车运行安全、平顺舒适地由直线过渡到圆曲线，在铁路线路上，直线和圆曲线不是直接相连的，它们之间需要插入一段缓和曲线，以保证行车平顺，缓和曲线设置位置如图 2-1-11 所示。缓和曲线是一段曲率连续变化的曲线，其作用主要包括以下几个方面：

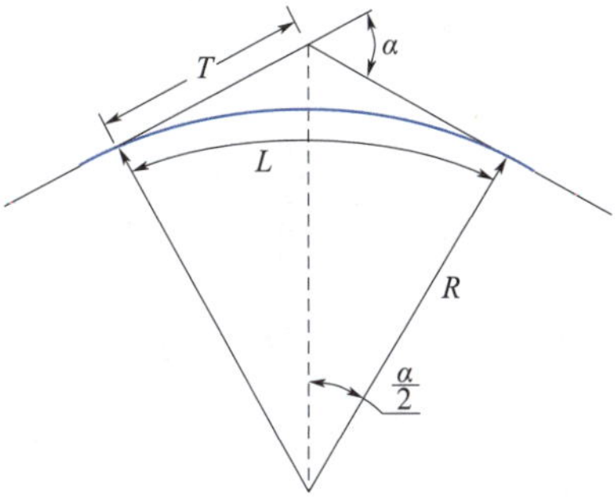

图 2-1-10　圆曲线要素图

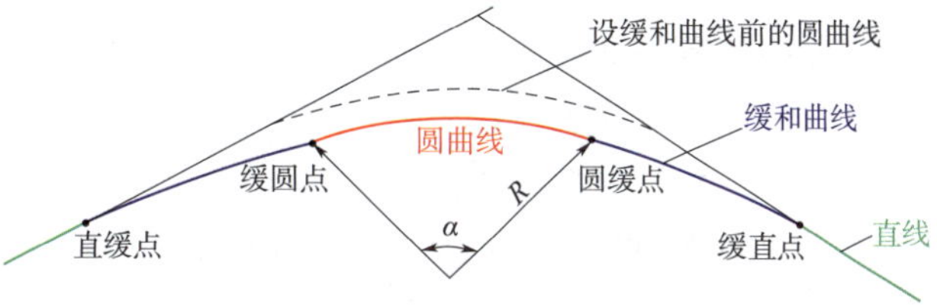

图 2-1-11　缓和曲线示意图

（1）保证列车平顺地在直线和圆曲线之间过渡。在缓和曲线范围内，曲线半径由无限大渐变到等于它所衔接的圆曲线半径（或相反），从而使车辆产生的离心力逐渐增加（或减小），保证列车平顺地从直线进入圆曲线（或相反），有利于行车平稳。

（2）使向心力和离心力相互配合。在缓和曲线范围内，外轨超高由零递增到需要的超高量（或相反），通过缓和曲线可实现向心力和离心力相互配合。

（3）便于轨距逐步加宽。当曲线半径较小，轨距需要加宽时，在缓和曲线范围内，可由标准轨距逐步加宽到圆曲线需要的加宽量（或相反）。

（四）线路阻力

1. 线路阻力的分类

列车在线路上运行，总会受到各种阻力，主要分为基本阻力和附加阻力两大类，如图 2-1-12 所示。

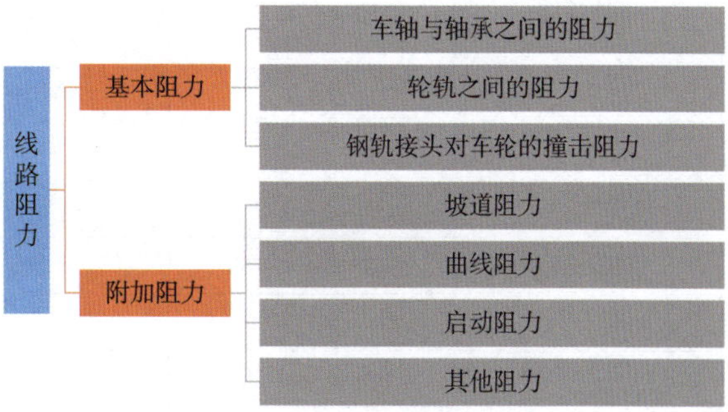

图 2-1-12　线路阻力的分类

（1）基本阻力

基本阻力是指列车在空旷地段沿平、直轨道运行时所受到的阻力。基本阻力在列车运行时总是存在的。

（2）附加阻力

附加阻力是指列车在线路上运行时，受到的额外阻力。附加阻力随列车运行条件或线路平、纵断面情况而定。

2. 曲线阻力

线路平面上有了曲线（弯道）后，给列车运行造成阻力增大和限制行车速度等不良影响。如图 2-1-13 所示，列车通过曲线时，由于离心力的作用，使得外侧车轮轮缘挤压外轨内侧，摩擦增大；同时，由于外轨长于内轨，外侧车轮在轨面上滚动时产生相对滑动，从而给运行中的列车带来一种附加阻力，称为曲线阻力。

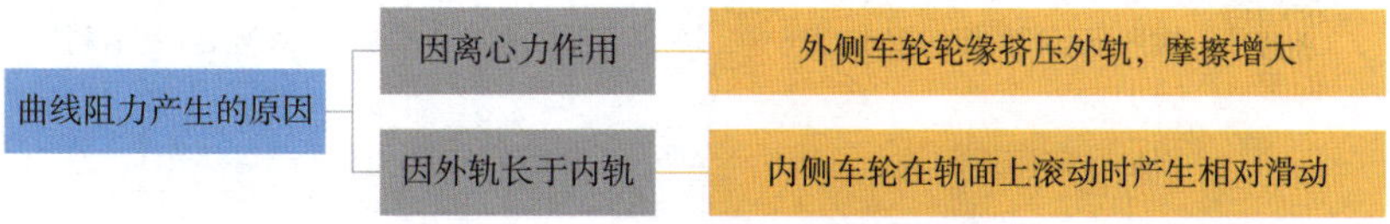

图 2-1-13　曲线阻力的产生原因

曲线阻力的大小，我国通常用下面的试验公式来计算，即：

$$w_{\mathrm{r}}=\frac{600}{R}\quad(\mathrm{N/kN})$$

式中 w_{r}——单位曲线阻力，即列车单位重量曲线附加阻力值，N/kN；

R——曲线半径，m；

600——根据试验得出的常数。

单位曲线附加阻力可以用曲线折算坡度千分数表示，即：

$$w_{\mathrm{r}}=i_{\mathrm{r}}$$

（五）曲线半径

曲线阻力与曲线半径成反比，不同类型、不同速度、不同工程条件的铁路应根据需要设计不同的曲线半径，高速铁路、城际铁路、客货共线铁路、重载铁路的曲线半径如表 2-1-5 所示。

表 2-1-5　铁路曲线半径（m）

铁路类型	设计速度 v（km/h）	轨道类型	一般	困难
高速铁路	$300 < v \leq 350$	有砟轨道	7000	6000
		无砟轨道	7000	5500
	$250 < v \leq 300$	有砟轨道	5000	4500
		无砟轨道	5000	4000
	$200 < v \leq 250$	有砟轨道	3500	3000
		无砟轨道	3200	2800
城际铁路	$160 < v \leq 200$	—	2200	2000
	$120 < v \leq 160$	—	1500	1300
	$v \leq 120$	—	900	800
客货共线铁路	$160 < v \leq 200$	—	3500	2800
	$120 < v \leq 160$	—	2000	1600
	$100 < v \leq 120$	—	1200	800
	$80 < v \leq 100$	—	800	600
	$v \leq 80$	—	600	500
重载铁路	—	—	800	600

注：困难最小值应进行技术经济比选后采用；车站两端减、加速地段的最小曲线半径应结合具体情况合理选用。

大小曲线半径具有不同的优缺点，如图 2-1-14 所示。

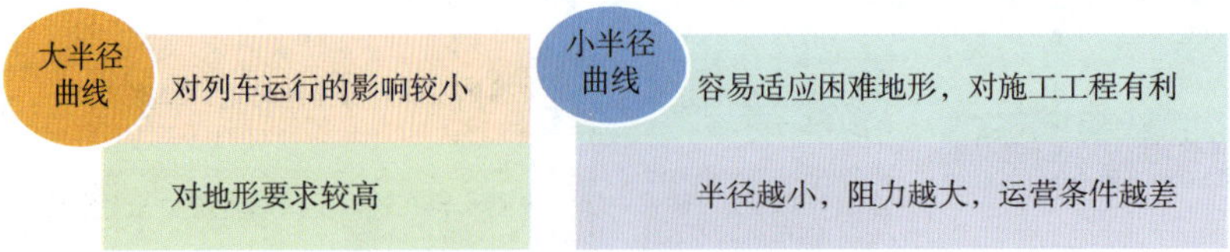

图 2-1-14　大小半径曲线比较

（六）线路平面图

用一定比例尺和规定的符号，把线路中心线及其两侧的地形地貌投影到水平面上绘出的图，叫作线路平面图，如图 2-1-15 所示。

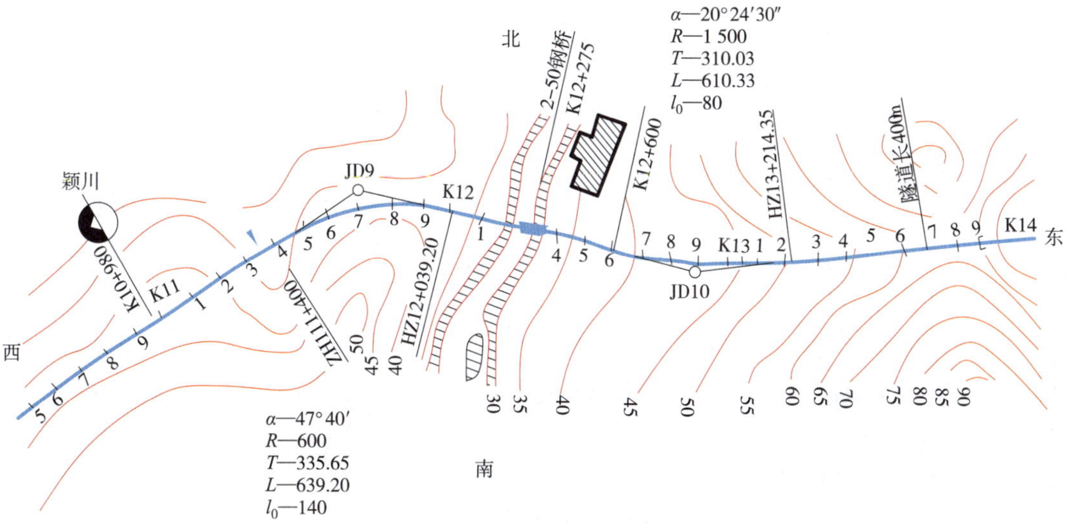

图 2-1-15　线路平面图

线路平、纵断面图是铁路设计的基本文件，在各个设计阶段都要编制要求不同、用途不同的各种平面图，平面图的主要要素如图 2-1-16 所示。

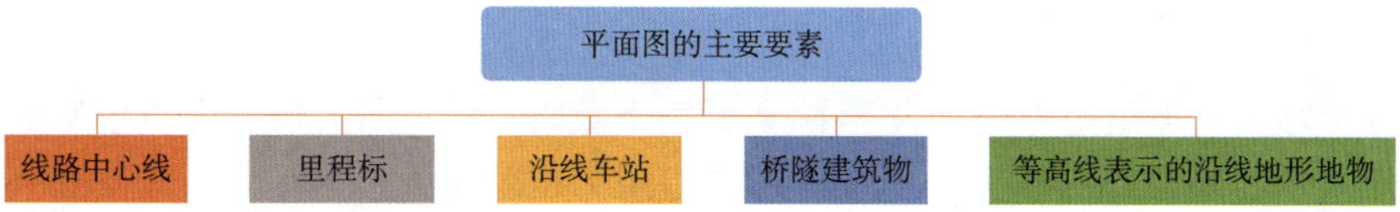

图 2-1-16　平面图的主要要素

二　铁路线路的纵断面

（一）铁路线路纵断面的组成要素

为了适应地面的起伏，线路上除了平道以外，还需要修成不同的坡道。平道与坡道构成了线路纵断面的组成要素。

1. 最小坡段长度

高速铁路、城际铁路的正线宜设计为较长的坡段，最小坡段长度应满足表 2-1-6 示的规定且不应连续使用。

表 2-1-6　高速铁路、城际铁路的最小坡段长度（m）

铁路类型	一般条件	困难条件
高速铁路	⩾ 900	⩾ 600
城际铁路	⩾ 400	⩾ 200

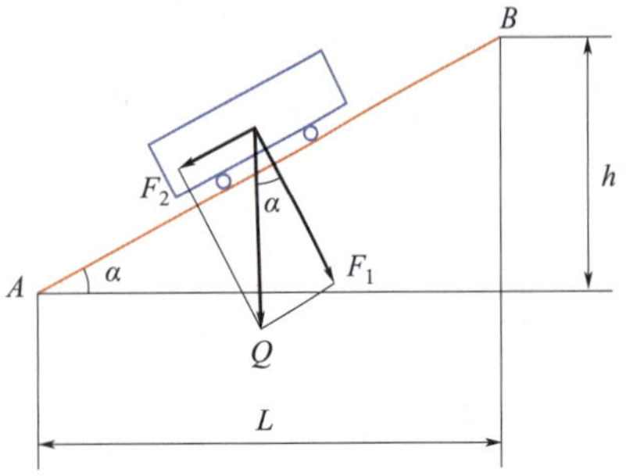

图 2-1-17　坡度与坡道阻力示意图

2. 坡度

坡道的陡与缓常用坡度来表示。坡度是一段坡道两端点的高差 h 和水平距离 L 之比，如图 2-1-17 所示。坡道坡度的大小通常是用 i 来表示。

$$i=\frac{h}{L}=\tan\alpha$$

式中　i——坡度值，‰；

α——坡道段线路中心线与水平线夹角。

若 L 为 1 500 m，h 为 9 m，则 AB 坡道的坡度为 6‰。

（二）单位坡道阻力、单位隧道阻力与单位加算附加阻力

1. 单位坡道阻力

坡道给列车运行带来了不良的影响。列车在坡道上运行时，会受到一种由坡道引起的阻力，这一阻力称之为坡道附加阻力。从图 2-1-18 中可以看出，机车车辆所受的重力 Q（N）可以分解为垂直于坡道的分力 F_1 和平行于坡道的分力 F_2。前一个分力由轨道的反作用力所抵消，后一个分力 F_2 就成为坡道附加阻力。

$$F_2=Q\cdot\sin\alpha\approx Q\cdot i‰\quad（N）$$

列车平均每单位质量所受到的坡道阻力，叫作单位坡道阻力（w_i）。因此，有：

$$w_i=\frac{F_2}{Q}\times 1\,000=\frac{Q\cdot i‰}{Q}\times 1\,000=i\quad（N/kN）$$

这就是说，机车车辆每单位质量上坡时所受的坡道阻力（N），等于用千分率表示的这一坡道坡度数。

列车上坡时，坡道阻力规定为“+”，而当下坡时；坡道阻力规定为“−”。

由上可见，坡度越大，列车上坡时的坡道阻力也就越大，同一台机车（在列车运行速度相同的条件下）所能牵引的列车重量也就越小。

2. 单位隧道阻力

列车在隧道内运行时，空气因受列车挤压，不易向四周扩散，列车前面空气压力增大，尾部空气稀薄，形成压力差，此外，空气还与列车侧面和隧道表面产生摩擦，因此较之空旷路段空气阻力大为增加。列车在隧道内运行时产生的阻力称为隧道附加阻力，而空气阻力是隧道附加阻力的最主要组成部分。列车平均每单位质量所受到的隧道阻力，叫作单位隧道阻力（w_s），其可以用隧道折算坡度千分数表示，即：

$$w_s=i_s$$

3. 单位加算附加阻力

机车车辆的单位坡道附加阻力、单位曲线附加阻力和单位隧道附加阻力合并在一起成为单位加算附加阻力，即：

$$w_j=w_i+w_r+w_s$$

机车车辆单位的单位加算附加阻力可以用加算坡度千分数表示，即：

$$i_j=i+i_r+i_s$$

（三）最大坡度与限制坡度

每一铁路区段都是由许多平道和不同坡度的坡道组成的。坡道的坡度不同，它们对列车牵引重量的影响也就不同。

1. 最大坡度

一个区段范围内坡度的最大值，叫作最大坡度。高速铁路、城际铁路的区间正线最大坡度应根据地形条件、设计速度、运输需求和工程投资比选确定，最大坡度不宜大于20‰，困难条件下不应大于30‰。客货共线铁路客货分线段落的最大坡度可根据牵引种类、机车类型、牵引重量等因素分别计算确定。

2. 限制坡度

在一个区段上，决定一台某一类型机车所能牵引的货物列车重量（最大值）的坡度，叫作限制坡度。在一般情况下，限制坡度值往往和区段内陡长上坡道的最大坡度值相当。

限制机车车辆牵引重量的上坡道的加算坡度千分数，称为限制坡度千分数 i_x（‰）。

如果在坡道上又有隧道、曲线，那么这一坡道的坡道阻力、隧道阻力和曲线阻力综合起来的加算坡度千分数，其值不能大于该区段限制坡度千分数 i_x（‰），即：

$$i_j \leqslant i_x$$

限制坡度的大小，影响一个区段甚至全线的运输能力，具体如图 2–1–18 所示。因此，限制坡度的选定是一个很重要的问题，要经过仔细的综合研究，才能得出合理的结论。

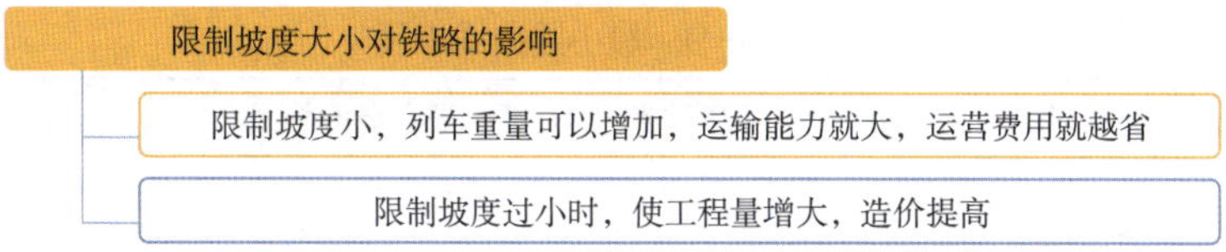

图 2–1–18　限制坡度大小的影响

限制坡度应根据多种因素设置，如图 2–1–19 所示。通常情况下，一条线路上下行方向以采用相同的限制坡度为宜。但在上下行方向货流量相差悬殊的铁路上，也可分方向采用不同限制坡度，这样既可满足运营需要又可节省大量工程投入。

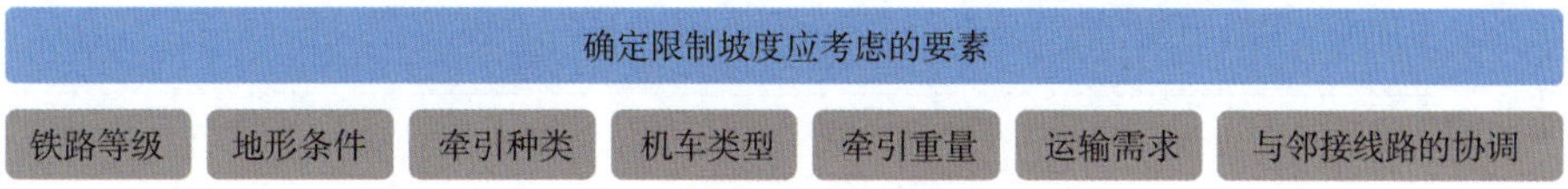

图 2–1–19　确定限制坡度应考虑的要素

客货共线铁路限制坡度不应大于表 2–1–7 规定的数值。重载铁路的限制坡度应根据线路等级、地形条件、牵引种类、机车类型等比选确定。

表 2–1–7　客货共线铁路限制坡度最大值（‰）

线路类型	Ⅰ级客货共线铁路			Ⅱ级客货共线铁路		
地　形	平原地形	丘陵地形	山区地形	平原地形	丘陵地形	山区地形
电力牵引	6.0	12.0	15.0	6.0	15.0	20.0
内燃牵引	6.0	9.0	12.0	6.0	9.0	15.0

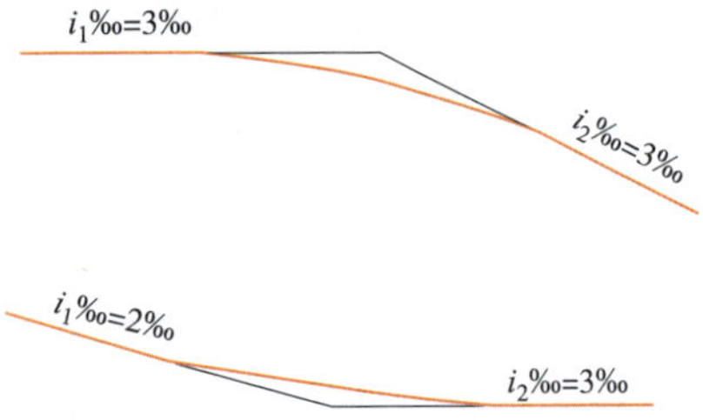

图 2-1-20　竖曲线示意图

（四）变坡点及坡度差

平道与坡道、坡道与坡道的交点，叫作变坡点。列车经过变坡点时，由于坡度的突然变化，车钩内产生附加应力，坡度变化越大，附加应力越大，容易造成断钩事故。为了保证列车的运行平稳和安全，满足一定要求时，应以竖曲线连接，如图 2-1-20 所示。

客货共线铁路、重载铁路相邻坡段的连接宜设计为较小的坡度差。相邻坡段的坡度差不宜大于表 2-1-8 规定的数值。

表 2-1-8　客货共线铁路、重载铁路相邻坡段最大坡度差（‰）

远期到发线有效长度（m）		1 050 m 及以上	850	750	650
工程条件	一般	8	10	12	15
	困难	10	12	15	18

注：改建既有线如有充分技术经济依据时，其相邻坡段的坡度差可保留原数值。

（五）最小竖曲线半径

各类型铁路坡度差大于一定值时应以圆曲线型竖曲线连接，最小竖曲线半径应根据设计速度等情况按表 2-1-9 选用。

表 2-1-9　最小竖曲线半径

铁路类型	设计速度 v（km/h）	工程条件	相邻坡段坡度差（‰）	最小竖曲线半径（m）
高速铁路	$300 < v \leqslant 350$	—	⩾ 1	25 000
	$250 < v \leqslant 300$	—	⩾ 1	25 000
	$200 < v \leqslant 250$	—	⩾ 1	20 000
城际铁路	$160 < v \leqslant 200$	一般	⩾ 1	15 000
		困难	⩾ 1	10 000
	$120 < v \leqslant 160$	一般	⩾ 1	15 000
		困难	⩾ 1	8 000
	$v=120$	一般	⩾ 3	10 000
		困难	⩾ 3	5 000
	$v < 120$	一般	⩾ 3	5 000
		困难	⩾ 3	3 000
客货共线铁路、重载铁路	$v \geqslant 160$	—	> 1	15 000
	$v < 160$	—	> 3	10 000

（六）铁路线路纵断面图

用一定的比例尺，把线路中心线（展直后）投影到垂直面上，并标明平面、纵断面的各项有关资料的图纸，叫作线路纵断面图，如图 2-1-21 所示。

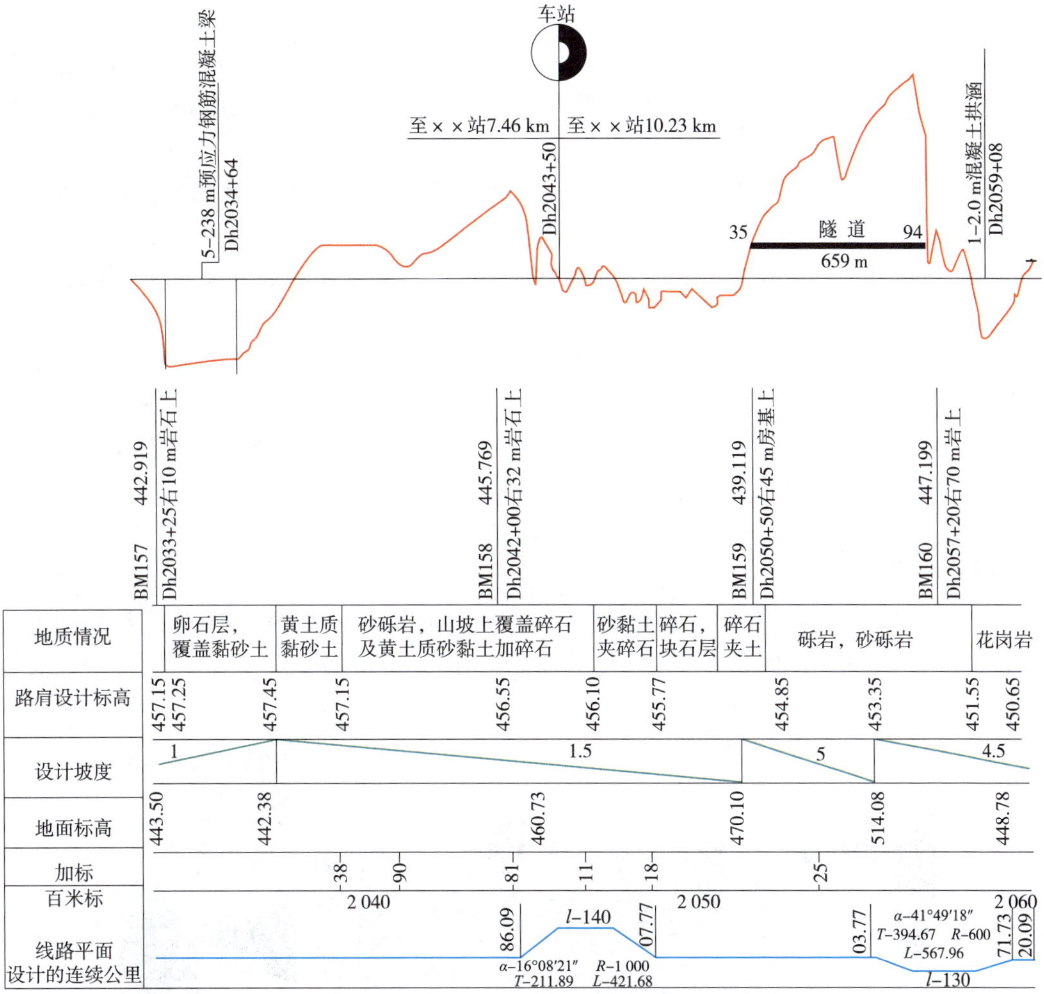

图 2-1-21 线路纵断面图

铁路线路纵断面图的要素涉及图的部分、表格部分及线路平面情况等，如图 2-1-22 所示。

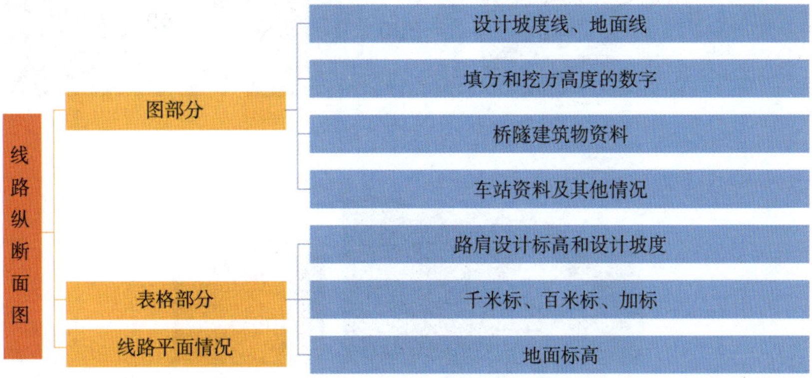

图 2-1-22 线路纵断面图的主要要素

纵断面图的上半部是图的部分，其中主要是设计坡度线，即设计的路肩标高的连线。此外，还有地面线、填方和挖方高度的数字、桥隧建筑物资料（包括桥梁、涵洞的孔径、类型、中心里程和隧道长度等）、车站资料（包括站名、车站中心里程和相邻车站间的距离）及其他有关情况。

纵断面图的下部是表格部分，其中主要是路肩设计标高（在变坡点处和百米标、加标处都标出路肩设计标高）和设计坡度（每个坡段分别标出）。同时，用公里标、百米标和加标（在桥涵中心位置等必要地点都设置加标，并标明加标和前后百米标之间的距离）标明线路上各个坡段和设备的位置。此外，还有地面标高等。

在线路纵断面图上，还附有线路平面情况，以便和线路纵断面情况相对照，看清线路平、纵断面的全貌。

铁路线路平面图和纵断面图是全面、正确反映线路主要技术条件的重要文件，也是指导线路施工工作和在线路交付运营后仍需使用的技术资料。

三 线路标志

为了满足行车和线路养护维修的需要，在线路沿线设有各种线路标志。线路标志应埋设在计算里程方向的线路左侧。常见线路标志有公里标、半公里标、曲线标、桥涵标、坡度标等，类型及范例如图 2-1-23 所示。

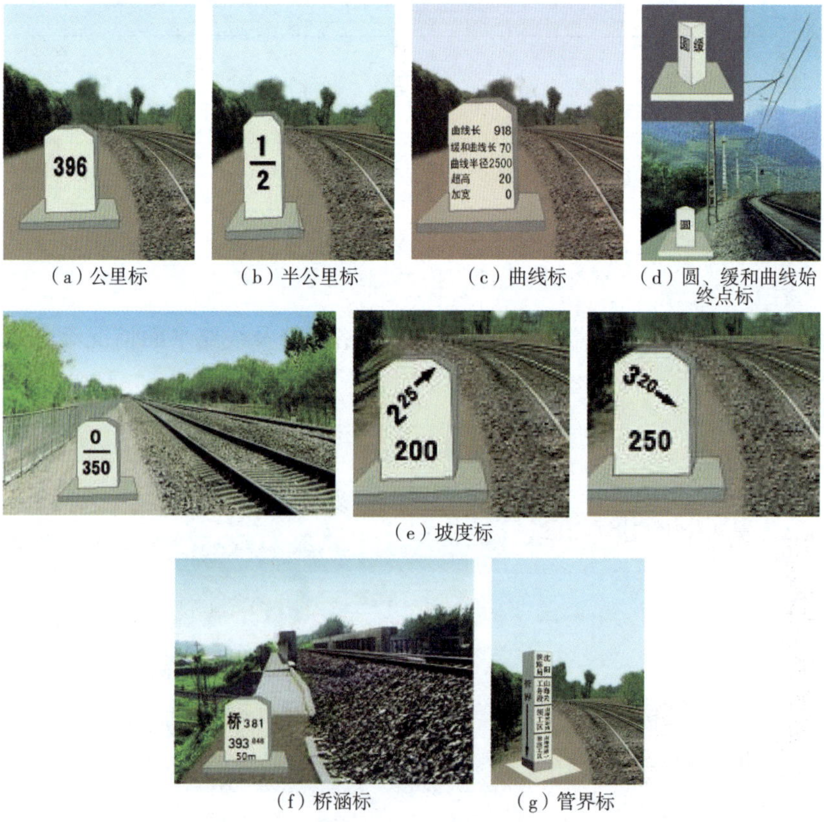

（a）公里标 （b）半公里标 （c）曲线标 （d）圆、缓和曲线始终点标

（e）坡度标

（f）桥涵标 （g）管界标

图 2-1-23 线路标志

（1）公里标、半公里标：设在一条线路自起点计算每一整公里、半公里处。

（2）曲线标：设于曲线的中部，其上标明了曲线的长度、缓和曲线长度、曲线半径、超高、加宽，侧面标有曲线中部里程。

（3）圆曲线和缓和曲线始终点标：设于直线与缓和曲线、圆曲线与缓和曲线的连接处，表明曲线的起点与终点。在该标上分别写有缓直、圆缓、缓圆、直缓字样。

（4）坡度标：设于变坡点处，它的正面和背面分别表示两边的坡度和坡段长度，并用箭头表示上坡或下坡，侧面则标明它所在的里程。

（5）桥涵标：设在桥梁中心里程（或桥头）处，标明桥梁编号和中心里程。

（6）管界标：设在铁路局、工务段、领工区、养路工区、供电段、电务段所管辖地段的分界点处，两侧标明相关单位名称。

第三节　路基和桥隧建筑物

本节 PPT

铁路线路是由轨道和线下结构物组成的一个整体工程结构，轨道包括钢轨和轨下基础，线下结构物主要包括路基、桥梁、隧道等，此外还有涵洞，如图 2-1-24 所示。

路基是轨道的基础，它直接承受轨道的重量以及机车车辆及其荷载的压力。桥梁、隧道和涵洞统称桥隧建筑物，在修建铁路时，桥隧建筑物的工程量一般占相当大的比重，而大桥和长隧道的施工期限，有时还成为新建铁路能否按时通车的关键。

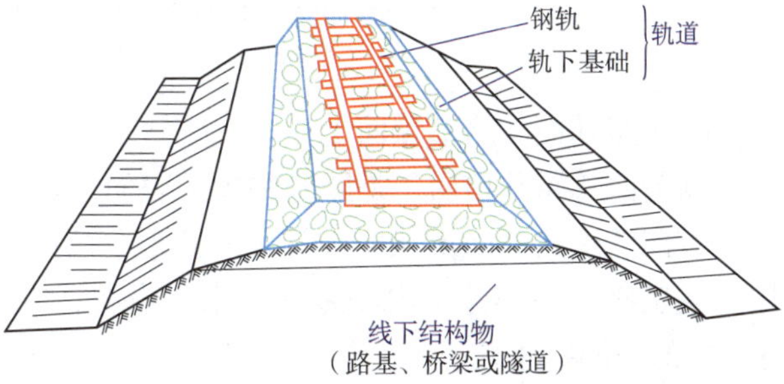

图 2-1-24　铁路线路主要结构

一　铁路路基

路基是经开挖或填筑而形成的直接支承轨道结构的土工结构物。

（一）路基的基本形式

在铁路线路工程中，路基常见的两种基本形式是路堤式路基和路堑式路基。

1. 路堤式路基

当铺设轨道的路基面高于天然地面时，在地面上用土石填筑的路基，称为路堤式路基，如图 2-1-25（a）所示。

2. 路堑式路基

当铺设轨道的路基面低于天然地面时，自地面向下开挖的路基，称为路堑式路基，如图 2-1-25（b）所示。

3. 其他形式路基

此外，还有其他形式路基，如半堤式路基、半堑式路基、半堤半堑式路基和不填不挖路基等。

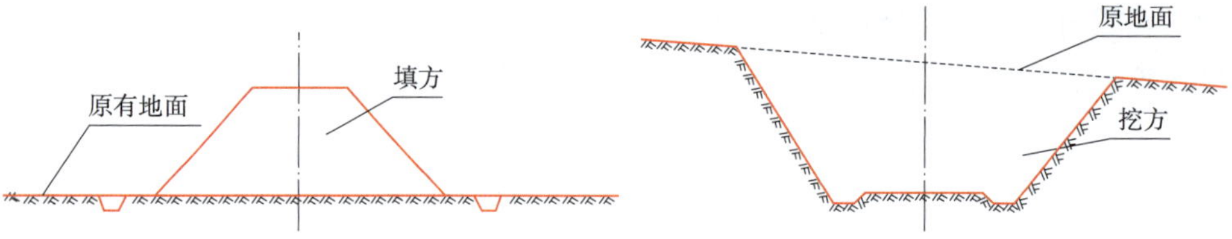

（a）路堤式路基　　（b）路堑式路基

图 2-1-25　路基的形式

（二）路基的组成

路基工程主要由路基本体和路基附属设施两部分组成。

1. 路基本体

路基本体由路基顶面、路肩、路基边坡和天然地面线构成，如图 2-1-26 所示。

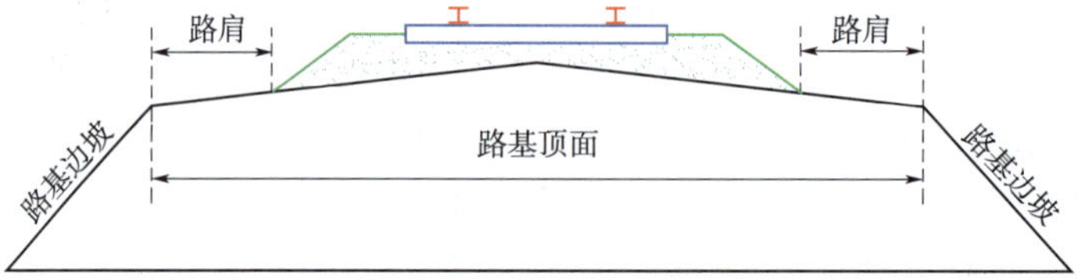

图 2-1-26　路基本体的组成

（1）路基面（路基顶面）

路基面（路基顶面）是路基的顶部表面，是铺设轨道并满足运营条件的工作面。

有砟轨道路基面形状应设计为三角形，两侧横向排水坡不宜小于 4%，无砟轨道支承层（或底座）底部范围内路基面可水平设置，支承层（或底座）外侧路基面应设置不小于 4% 的横向排水坡。

区间路基面宽度应根据设计速度、轨道类型、正线数目、线间距、曲线加宽、路肩宽度、养路形式、电缆槽、接触网支柱类型和基础类型等因素计算确定，必要时还应考虑声屏障基础的设置。

（2）路肩

路肩是指路基顶面两侧无道砟覆盖的部分。路肩的作用如图 2-1-27 所示。有砟轨道两侧路肩宽度应根据设计速度、边坡稳定、养护维修、路肩上设备设置要求等条件综合确定，并应符合表 2-1-10 所示要求。

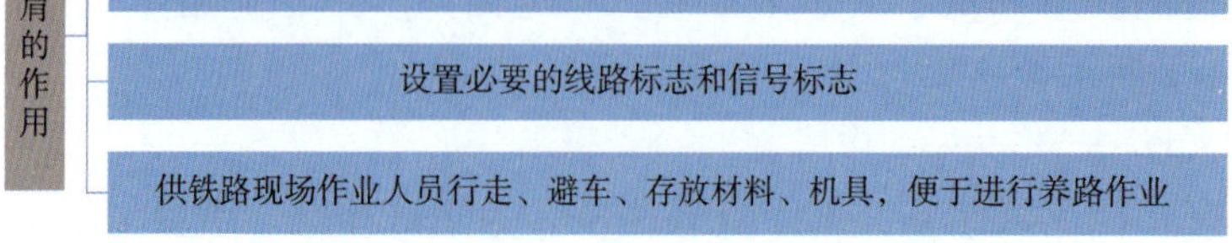

图 2-1-27　路肩的作用

表 2-1-10　有砟轨道路肩宽度要求

铁路类型	设计速度 v（km/h）	正线数量	路基形式	路肩宽度（m）
客货共线铁路	v=200	—	—	1
	v < 200	—	—	0.8
高速铁路	—	双线	—	1.4
	—	单线	—	1.5
城际铁路	—	—	—	0.8
重载铁路	—	—	路堤	1
	—	—	路堑	0.8

（3）边坡

边坡是指路肩边缘以外两侧的斜坡，它起到增强路基稳定性的作用。

2. 路基的排水

路基大多数为土质，因而水的侵害是路基难以保持坚固、稳定的主要原因。所以在修筑路基时，必须考虑排水问题。

（1）地面排水

排水沟、侧沟和截水沟是为了排除地面水而设置的，如图 2-1-28 所示。

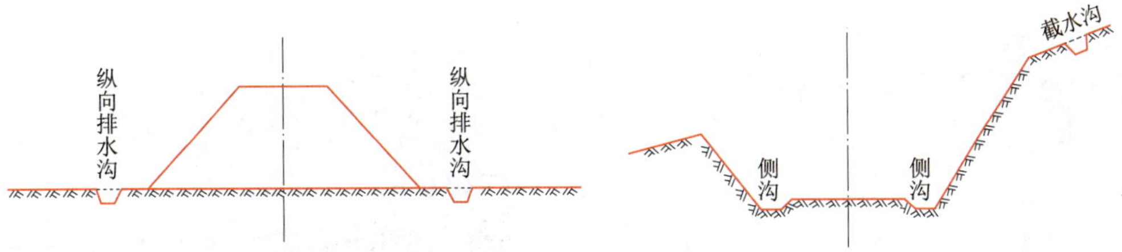

图 2-1-28　排除地面水设施

排水沟是设于路堤坡脚外，排除地面水、山坡水的明沟。

侧沟是紧靠路堑路肩外侧，用以排除路基面及堑坡水的明沟。

截水沟是设于路堑边坡平台上，截排上部边坡水的明沟。

它们的主要作用是排除路基面和山坡上或边坡上的地面水，避免水浸路基面，保持路基面的干燥和线路轨道的稳定。

（2）地下排水

除了地面水以外，地下水也是破坏路基良好状态的一个重要因素。为了拦截地下水，降低地下水位，常采用渗沟等地下排水设备。

渗沟是用以降低、截引地下水的渗水暗沟，如图 2-1-29 所示。在地下水流量较小并且排水流程短的地方，一般只设无管渗沟来排泄地下水。若水流量较大且流程较长时，则采用有管渗沟，有管渗沟的渗水管是管壁带有渗水孔的陶管或混凝土管。

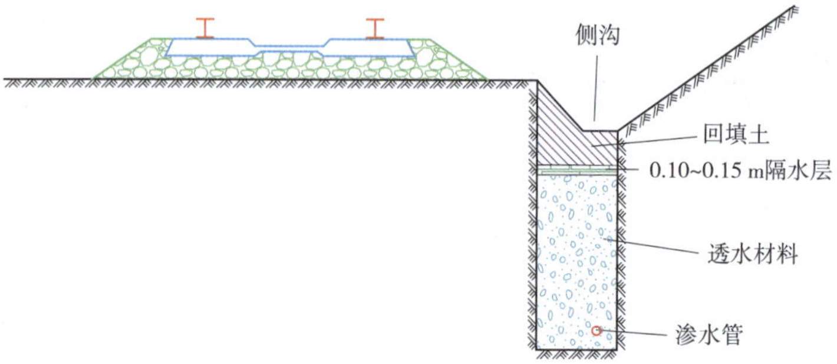

图 2-1-29 渗沟

图 2-1-30 扶壁式挡墙

3. 路基防护与加固

为防止路基边坡坡面风化、剥落、溜坍、冲刷而设的坡面防护工程即为护坡。常用的坡面防护措施有植物防护（利用灌木、乔木或草等植物的叶、茎和根系与被保护土共同作用，达到稳固土体、保持水土和改善环境的作用）、抹面、灌浆和砌石护坡等。此外，还可以设置挡墙或其他拦挡建筑物，图 2-1-30 为扶壁式挡墙。对于风沙地区和严寒地区，还要用各种栅栏、防护林或挡风墙来阻止大雪或风沙掩埋铁路，图 2-1-31、图 2-1-32 分别为挡风墙及防风明洞。

图 2-1-31 路基挡风墙

图 2-1-32 防风明洞

二 铁路桥梁

我国河网密布、山峦起伏、沟壑纵横、海湾广阔，太多的天堑阻挡着人们的交通、交流。当铁路线路要通过江河、湖泊、海峡、溪沟、谷地以及山岭等天然障碍，或要跨越公路、铁路时，就需要修建桥梁或隧道等建筑物，以使铁路线路得以继续向前延伸。

（一）桥梁的基本组成

铁路桥梁是铁路跨越天然障碍物或人工设施的架空建筑物。桥梁主要由桥面、桥跨结构、墩台及基础三部分组成，如图 2-1-33 所示。

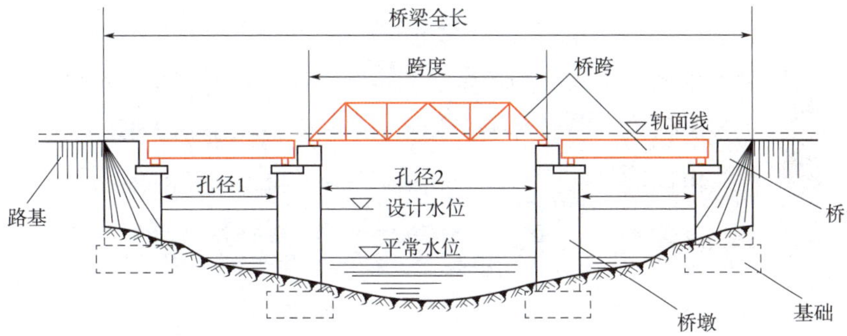

图 2-1-33　桥梁的组成

桥面是桥梁上铺设的轨道部分；桥跨结构是桥梁承受荷载、跨越障碍的部分；墩台是支承桥跨结构的部分，包括桥墩和桥台。支承相邻桥跨结构并将其荷载传给基础的建筑物称为桥墩，连接桥跨结构和路基的支挡建筑物叫作桥台，桥墩与桥台的底部为墩台的基础。

两个相邻墩台之间的空间叫桥孔。每个桥孔在设计水位处的距离叫作孔径。从桥跨结构底部到设计水位的高度以及相邻两墩台之间的界限空间，叫作桥下净空。桥梁的孔径和桥下净空应能满足排泄洪水、泥石流、流水或船舶通航的要求。桥梁顺桥方向两支承中心之间的距离，叫作跨度。整个桥梁包括墩台在内的总长度，是桥梁的全长（梁桥系指桥台挡砟前墙之间的长度，拱桥系指拱上侧墙与桥台侧墙间两伸缩缝外端之间的长度，刚架桥系指刚架顺跨度方向外侧间的长度）。

（二）桥梁的分类

桥梁的种类很多、形式多样，一般可按桥梁的建造材料、桥梁长度、桥梁结构特点等加以区分。

1. 按建造材料的分类

按建造材料的不同，铁路桥梁主要可以分为钢桥、钢筋混凝土桥。钢桥的特点是强度大、跨越能力大；钢筋混凝土桥的特点是造价低、节省钢材、坚固耐用、养护工作量小。

2. 按桥梁长度的分类

按桥梁长度的不同，铁路桥梁可以分为小桥、中桥、大桥和特大桥等，具体划分标准见表 2-1-11。

表 2-1-11　铁路桥梁的分类

铁路桥梁分类	特大桥	大桥	中桥	小桥
桥长 L（m）	$L. > 500$	$100 < L \leqslant 500$	$20 < L \leqslant 100$	$L \leqslant 20$

3. 按桥梁结构特点的分类

按桥梁结构特点的不同，铁路桥梁可以分为梁桥、刚构桥、拱桥、斜拉桥、悬索桥等形式，如图 2-1-34 所示。

桥梁	类型	说明
桥梁	梁桥	以受弯为主的主梁作为承重构件的桥梁
	刚构桥	桥墩和梁为一个整体，可以共同抵抗梁体的弯曲的桥梁
	拱桥	在竖直平面内以拱作为结构主要承重构件的桥梁
	斜拉桥	将主梁用许多拉索直接拉在桥塔上的一种桥梁
	悬索桥	以通过索塔悬挂并锚固于两岸（或桥两端）的缆索（或钢链）作为上部结构主要承重构件的桥梁

图 2-1-34　按结构特点的桥梁分类

（三）铁路桥梁的结构特点

1. 梁桥

最早出现的桥为独木桥。独木桥两墩架一梁，成为了人类桥梁史上最简洁、最经典的造型——“梁桥”的雏形。梁桥是以受弯为主的主梁作为承重构件的桥梁。主梁可以是实腹梁或桁架梁。实腹梁构造简单，制造、架设和维修均较方便，广泛用于中、小跨度桥梁，但在材料利用上不够经济。桁架梁的杆件能承受轴向力，材料可充分利用，自重较轻，跨越能力大，多用于建造大跨度桥梁。

按照主梁的静力体系，梁桥可分为简支梁、连续梁、悬臂梁桥。简支梁桥特点为相邻两墩上各架一横梁，连续梁桥特点为多墩架一桥，将简支梁的梁体加长并越过支点就成为悬臂梁桥。同样的载重和跨度，连续梁桥的弯曲比简支梁桥要小，如图 2-1-35 所示。

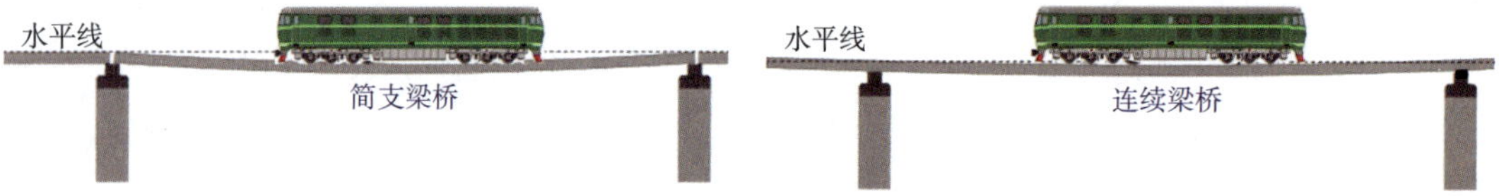

图 2-1-35　梁桥

钱塘江大桥（1937 年开通，中国自行设计建造的第一座公铁两用简支梁桥）：

图 2-1-36 为钱塘江大桥，是浙江省杭州市境内一座跨钱塘江的双层桁架梁桥，由中国桥梁专家茅以升主持设计，是中国自行设计建造的第一座公铁两用简支梁桥。钱塘江大桥始建于 1934 年，1937 年 9 月和 11 月铁路、公路桥分别建成通车，12 月为阻断侵华日军南下而炸毁，1948 年 5 月成功修复。

南京长江大桥（1968 开通，当时国内最大的铁路公路两用桥）：

图 2-1-37 为南京长江大桥，为双层式公铁两用简支梁桥，1968 年 9 月和 12 月铁路、公路桥分别建成通车。该桥是中国自行设计、自行建造的当时国内最大的铁路、公路两用桥，它的建成通车，使京沪线完整贯通，成为沟通南北的交通大动脉，也标志着我国桥梁建设达到世界先进水平。

图 2-1-36　钱塘江大桥

图 2-1-37　南京长江大桥

2. 刚构桥

梁桥为单独梁体结构，抗弯能力有限，为了提高抗弯能力，出现了刚构桥。刚构桥的特点是桥墩和梁为一个整体，可以共同抵抗梁体的弯曲。

刚构桥是主要承重结构采用刚构的桥梁，梁和腿或墩（台）构成刚性连接。按结构形式可分为门式刚构桥、斜腿刚构桥、T 形刚构桥和连续刚构桥，如图 2-1-38 所示为门式刚构桥、斜腿刚构桥。

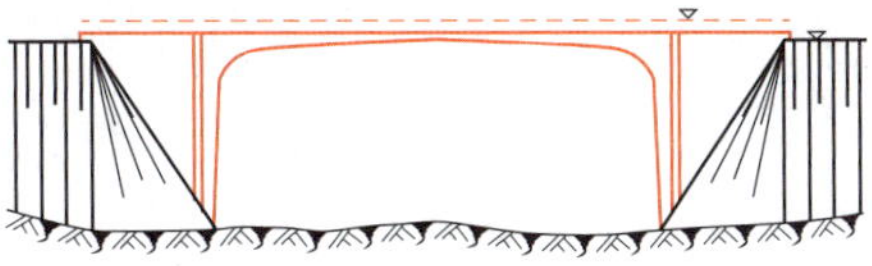
（a）门式刚构桥

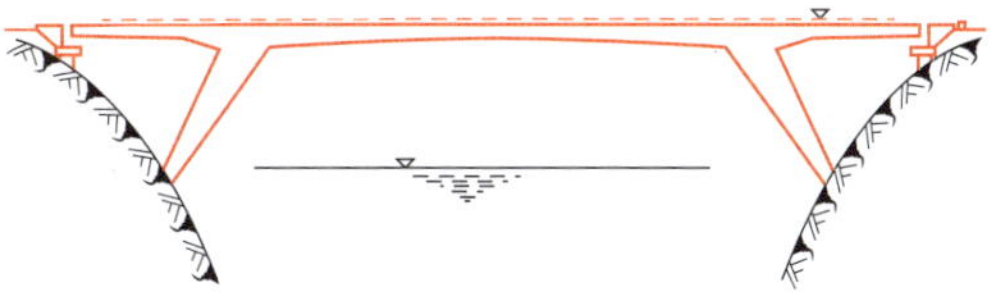
（b）斜腿刚构桥

图 2-1-38　刚构桥

南龙铁路闽江特大桥（2018 年开通，世界最大跨度铁路连续刚构桥）：

图 2-1-39 所示为南（平）龙（岩）铁路闽江特大桥，该桥为连续刚构梁桥，全长 1 066.41 m，主跨最大跨度达 216 m，为目前世界最大跨度铁路连续刚构桥。该桥于 2017 年 8 月成功合龙，于 2018 年 12 月随南龙铁路通车投入使用。

图 2-1-39　南龙铁路闽江特大桥

3. 拱桥

面对陡峭的崖壁、湍急的水流或考虑桥下交通的需要，有时不宜采用竖直桥墩的形式，这时可以采用一跨而过的桥型——“拱桥”，如图 2-1-40、图 2-1-41 所示。

图 2-1-40　沪昆高速铁路北盘江特大桥

图 2-1-41　南京大胜关长江大桥

拱桥是指在竖直平面内以拱作为结构主要承重构件的桥梁。拱桥的“拱”结构要求两端底座不仅要向上托起桥身，还必须提供横向的推力，从而牢牢抵抗住“拱”的变形，提高跨越能力。

沪昆高速铁路北盘江特大桥（2016 年开通，世界最大跨度钢筋混凝土拱桥）：

图 2-1-40 所示为沪昆高铁北盘江特大桥（位于贵州），该桥为上承式劲性骨架钢筋混凝土拱桥，以一跨的形式跨北盘江而过，距江面高约 300m，全长 721.25 m，其中主桥跨度 445 m，为世界最大跨度钢筋混凝土拱桥、中国高速铁路最大跨度桥梁。该桥于 2015 年 11 月顺利合龙，于 2016 年 12 月随沪昆高铁贵昆段通车投入使用。

南京大胜关长江大桥（2011 年通车，世界上设计荷载最大的高速铁路桥）：

图 2-1-41 所示为南京大胜关长江大桥，该桥全长 9 273 m，主桥长 1 615 m（主跨为 2×336 m），于 2009 年 9 月合龙贯通，于 2011 年 1 月正式投入使用。该桥是世界首座六线铁路大桥，也是世界上设计荷载最大的高速铁路桥，在第 29 届国际桥梁大会上被授予“乔治·理查德森大奖”。

4. 斜拉桥

现有技术水平下，单跨跨度约 500 m 已接近拱桥跨度的临界值。为了修建跨度更大的桥梁，可以采用斜拉桥的形式。斜拉桥利用多根拉索向上提拉，阻止了梁体的向下弯曲，极大地提高了桥梁的跨度。

斜拉桥又称斜张桥，是将主梁用许多拉索直接拉在桥塔上的一种桥梁，如图 2-1-42、图 2-1-43 所示。斜拉桥主要由索塔、主梁、斜拉索组成，是由承压的塔、受拉的索和承弯的梁体组合起来的一种结构体系，可看作是拉索代替支墩的多跨弹性支承连续梁。斜拉桥可减小梁体内弯矩，降低建筑高度，减轻结构重量并节省材料。

图 2-1-42 渝贵铁路新白沙沱长江特大桥

图 2-1-43 沪苏通长江公铁大桥

新白沙沱长江特大桥（2018 年通车，世界首座双层六线钢桁梁铁路斜拉桥）：

图 2-1-42 所示为渝贵铁路新白沙沱长江特大桥（位于重庆江津），全线长约 5.32 km，其中主桥全长 920 m，上层为四线客车线（设计时速 200 km），下层为两线货车线（设计时速 120 km），为世界首座双层六线钢桁梁铁路斜拉桥。该桥于 2015 年 12 月成功合龙，于 2018 年 1 月随渝贵铁路开通投入使用。

沪苏通长江公铁大桥（2020 年通车，世界上首座跨度超千米的公铁两用斜拉桥）：

图 2-1-43 所示为沪苏通长江公铁大桥（连通江苏南通和张家港市），是沪苏通铁路（沪通铁路）控制性工程，全长 11 072 m，采用主跨 1 092 m 的钢桁梁斜拉桥结构，是世界上首座跨度超千米的公铁两用斜拉桥。该桥上层为双向六车道高速公路（设计速度 100 km/h），下层为双向四线铁路（设计速度 200 km/h 的沪苏通铁路、设计速度 250 km/h 的通苏嘉甬城际铁路）。该桥于 2019 年 9 月成功合龙，2020 年随沪苏通铁路开通投入使用。

常泰过江通道（建成后将成为世界最大跨度斜拉桥）：

图 2-1-44 所示为正在建设中的常泰过江通道（效果图），总长 5.3 km，主航道桥采用主跨 1 176m 斜拉桥，建成后将成为世界最大跨度斜拉桥。该桥上层桥面布置为六车道高速公路（设计速度 100 km/h），下层桥面上游侧布置两线城际铁路（设计速度 200 km/h），下层桥面下游侧布置四车道一级公路（设计速度 80 km/h）。

图 2-1-44 常泰过江通道（效果图）

5. 悬索桥

斜拉桥的拉锁角度倾斜，会导致沿着横梁方向产生水平方向的作用力——“轴力”。随着跨度延伸，拉索增加，“轴力”逐渐累积，可能导致梁体不堪重负，在现有技术水平下，斜拉桥的跨度达到 1 000 m 已接近跨度的临界值。为了克服这一问题，出现了悬索桥。悬索桥是特大跨径桥梁的主要形式。

悬索桥又名吊桥，是以通过索塔悬挂并锚固于两岸（或桥两端）的缆索（或钢链）作为上部结构主要承重构件的桥梁，如图 2–1–45 所示。悬索桥的缆索几何形状由力的平衡条件决定，一般接近抛物线，从缆索垂下许多吊杆，把桥面吊住，在桥面和吊杆之间常设置加劲梁，同缆索形成组合体系，以减小荷载所引起的挠度（在受力或非均匀温度变化时，杆件轴线在垂直于轴线方向的线位移或板壳中面在垂直于中面方向的线位移）变形。悬索桥的坚固性不强，在大风情况下可能需要暂时中断交通，一般不宜作为重型铁路桥梁。

图 2–1–45　五峰山长江特大桥

五峰山长江特大桥（2020 年铁路桥通车，中国第一座、世界最大跨度公铁两用悬索桥）：

图 2–1–46 所示为五峰山长江特大桥，全长 6 409 m，主跨 1 092 m，为中国第一座、世界最大跨度公铁两用悬索桥、世界首座高速铁路悬索桥。该桥上层是 8 车道高速公路，下层为设计时速 250 km 的四线铁路，航道不设桥墩，一跨过江。拉索可以承受 17 万 t 的拉力，之前的悬索桥，从未超越过 10 万 t 级。2020 年 12 月该桥的铁路桥投用运营，2021 年 6 月该桥的公路桥投用运营。该桥将超过之前世界上最大跨度公铁两用悬索桥——日本濑户大桥中的南备赞桥，是世界上荷载、速度、跨度均为第一的公铁两用悬索桥。

（四）以桥代路

高速铁路以桥代路视频

据统计，一般情况下，在平坦地区修建铁路所占用的土地几乎全部为耕地，丘陵地区约为 70% 耕地、30% 可垦地，山岳地区约为 30% 可垦地，修建 1 km 铁路平均需占用 30~65 亩土地。主要考虑避免修建铁路大量占用耕地等问题，现在中国铁路的修建过程中常常会采用“以桥代路”的方式。“以桥代路”的优点如图 2–1–46 所示。

以桥代路的优点：

- 减少对土地和城市的分割，尽可能少占用良田和土地
- 更有利于铁路在平顺度等方面实现高标准，提高线路基础稳固程度
- 保证全封闭，优化线路平面，方便其他交通，确保安全性
- 降低了路堤、路堑填挖高度，避免路基高填深挖
- 能够在途经地区减少震动和噪声，维持安静
- 能够减少对环境改变，降低对沿线动物、居民生活的影响

图 2-1-46 以桥代路的优点

青藏铁路的“以桥代路”：

青藏铁路采用“以桥代路”的做法，有效地解决了高原冻土等地质问题、山地地形问题，保护了高原生态，减少了对环境的改变，保护了藏羚羊等野生动物的迁徙路线不被截断，保证了它们更大的活动空间，如图 2-1-47 所示。

京沪高铁的“以桥代路”（其中，丹昆特大铁路桥为世界第一长桥）：

京沪高铁建设避良田、让沃土，以最大限度节约、集约用地为原则，优化全线桥梁设置，将桥梁长度从最初的约 400 km 大幅增加到最终的 1 024 km，占全线长度的 80% 以上。现有高铁“以桥代路”的线路里程占到了总线路里程的将近一半。图 2-1-48 所示为京沪高铁丹昆（丹阳至昆山）特大铁路桥，全长 164.85 km，是世界第一长桥。

图 2-1-47 青藏铁路的“以桥代路”

图 2-1-48 丹昆特大桥（京沪高速铁路）

（五）铁路桥梁的发展

中国桥梁建设技术已处于世界领先地位，且在不断创新发展中。正在建设的川藏铁路桥梁同样将蔚为壮观，根据设计方案，其中大渡河特大悬索桥（设计主跨 1 060 m）、怒江特大悬索桥（设计主跨 1 040 m）等桥梁将有望进一步刷新中国乃至世界桥梁建设的新纪录。在国际桥梁建设大舞台上，中国

典型中国铁路桥梁建设视频

建造的桥梁已接近全球市场一半左右，一系列世界级的桥梁的修建，标志着中国已经从桥梁大国走向桥梁强国。

三 涵洞

铁路涵洞是指横穿铁路路基，用以排洪、灌溉或作为通道的建筑物。涵洞主要由洞身（由若干管节所组成）、基础、端墙和翼墙所组成，如图 2-1-49 所示。洞身的管节埋在路基之中，它具有一定的纵向坡度（从进口向出口），以便排水。端墙和翼墙的作用是便于水流进出涵洞，同时还可以保护路堤边坡，使其免受水流的冲刷。

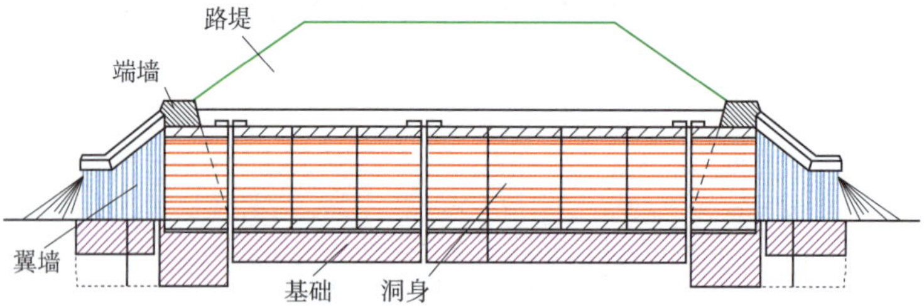

图 2-1-49 涵洞

按照建筑材料的不同，涵洞有石涵、混凝土涵、钢筋混凝土涵等多种。按照建筑形式，涵洞可以分为圆管涵（圆涵）、拱涵、盖板涵、箱涵（框架涵）等，如图 2-1-50 所示。涵洞的标准孔径有 1.0 m、1.25 m、1.5~6 m（每间隔 0.5 m 一个规格），泄水涵洞的孔径一般不小于 2.0 m。

（a）圆管涵

（b）拱涵

（c）盖板涵

（d）箱涵

图 2-1-50 涵洞的形式

四 隧道

隧道是修筑在地层内的建筑物。根据其所在位置可分为山岭隧道、水下隧道、地铁隧道，如图 2–1–51 所示。铁路隧道是修建在地下或水下并铺设铁路供机车车辆通行的建筑物，以山岭隧道为主。

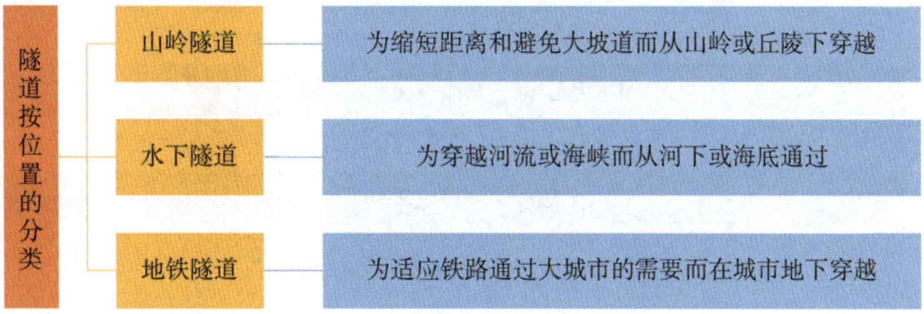

图 2–1–51　隧道按位置的分类

（一）铁路隧道的分类

1. 隧道按长度的分类

隧道长度是指进出口洞门之间的距离，隧道按其长度可以分为短隧道、中长隧道、长隧道、特长隧道，具体划分标准见表 2–1–12。隧道长度以端墙面或斜切式洞门的斜切面与设计内轨顶面的交线同线路中线的交点计算，双线隧道按左线长度计算，位于车站上的以正线长度计算，设有缓冲结构的从缓冲结构的起点计算。

表 2–1–12　按长度的隧道分类

隧道类型	短隧道	中长隧道	长隧道	特长隧道
长度 L（m）	$L \leq 500$	$500 < L \leq 3000$	$3000 < L \leq 10000$	$L > 10000$

2. 隧道按开挖跨度的分类

隧道开挖跨度是指隧道开挖横断面的水平最大宽度，隧道按开挖跨度可以分为小跨度、中等跨度、大跨度、特大跨度隧道，具体划分标准见表 2–1–13。

表 2–1–13　按开挖跨度的隧道分类

隧道类型	小跨度	中等跨度	大跨度	特大跨度
跨度 S（m）	$5 < S \leq 8.5$	$8.5 < S \leq 12$	$12 < S \leq 14$	$S > 14$

3. 隧道的其他分类

此外，还可以按隧道的断面分为超小、小、中、大、超大断面隧道等；按隧道内线路数目分为单线、双线和多线隧道等；按隧道内线路坡度分单坡、双坡隧道等；按隧道埋置的深度分为浅埋、深埋、特深埋隧道等；按隧道的施工方法分为明挖法、暗挖法隧道等。

（二）铁路隧道施工的特点

铁路隧道位于地下，施工条件复杂、恶劣且施工位置多位于偏远山区，因此其施工具有一些与其他建筑物施工不同的特点，具体特点如图 2–1–52 所示。

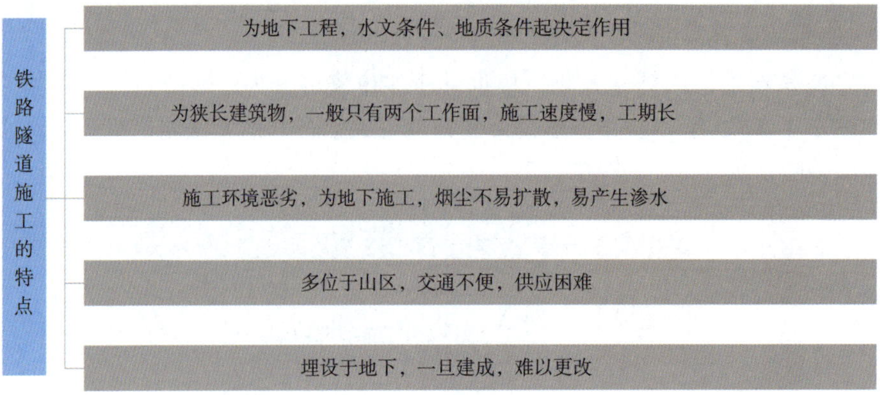

图 2-1-52　铁路隧道施工的特点

（三）铁路隧道的施工方法

铁路隧道的施工方法主要有钻爆法（矿山法）、掘进机法、盾构法、明挖法等，各方法及其主要特点如图 2-1-53 所示。

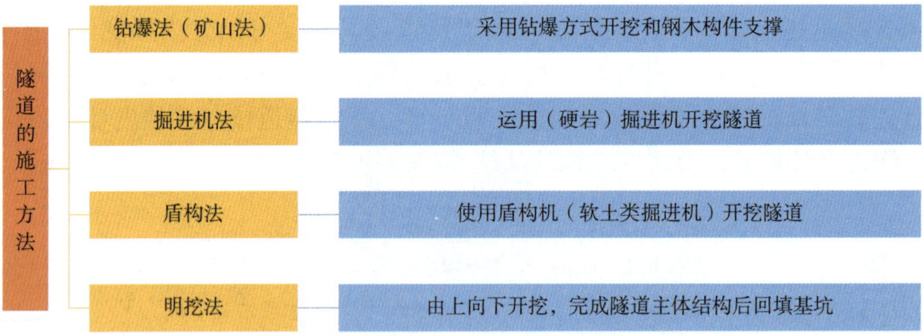

图 2-1-53　铁路隧道施工方法及其特点

1. 钻爆法（矿山法）

钻爆法（矿山法）是采用钻爆方式开挖和钢木构件支撑的隧道施工方法，如图 2-1-54 所示。采用该法施工时，应根据地址条件、断面尺寸等情况选择全断面法（隧道断面一次开挖成形，然后再支护衬砌的施工方法）、台阶法（将隧道断面分成上下两个断面（上、下台阶）开挖的施工方法）、分部开挖法（将隧道断面分成多个工作面分步开挖的施工方法）等。

2. 掘进机法（TBM 法）

掘进机法是运用（硬岩）掘进机（Tunnel Boring Machine，简称 TBM）实现连续掘进开挖隧道的施工方法，如图 2-1-55 所示。（硬岩）掘进机是一种装置破碎岩石刀具，采用机械破碎岩石的方法开挖隧道，并将破碎的石渣传送出机外的一种开挖与出渣联合作业的掘进机械。

采用掘进机法施工时，应根据地质条件、施工环境、工期要求、经济性等因素确定掘进机的类型，同时，根据隧道设计参数及围岩物理力学指标确定其主要技术参数。对不适用掘进机法施工的不良地质地段，应结合辅助坑道进行钻爆法施工。

图 2-1-54　采用钻爆法的隧道施工

图 2-1-55　采用掘进机法的隧道施工

3. 盾构法

盾构法是使用盾构机（软土类掘进机），在掘进的同时构建隧道之“盾”（指支撑性管片）的施工方法，如图 2-1-56 所示。盾构机（软土类掘进机）是主要用于软弱含水层以及城市中心区修建隧道的一种隧道掘进机械。盾构是钢制防护支撑结构，在它的掩护下，盾构机头部可以安全地开挖地层，一次掘进相当于装配式衬砌一环的宽度，尾部可以装配预制管片或砌块，迅速地拼装成隧道永久衬砌，并将衬砌与土层之间的空隙用水泥压浆填实，防止周围地层的继续变形和围岩压力的增长。

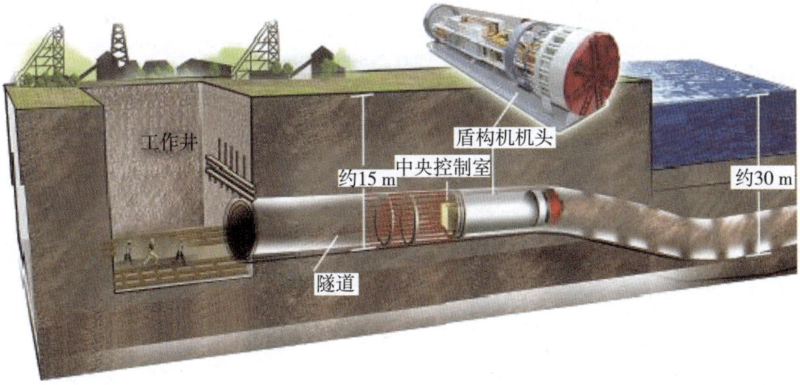

图 2-1-56　采用盾构法的隧道施工

在采用盾构施工过程中，应根据地质条件、施工环境以及对地层变形的控制要求确定盾构机的类型，此外，根据隧道设计参数及地层稳定性、地层渗透系数、颗粒级配、地下水位、周边环境等条件确定盾构机的主要技术参数。

图 2-1-57　采用明挖法的隧道施工

4. 明挖法

明挖法是指挖开地面，由上向下开挖土石方至设计标高后，自基底由下向上顺作施工，完成隧道主体结构，最后回填基坑或恢复地面的施工方法，如图 2-1-57 所示。

明挖法可分为有支护结构的基坑开挖（在基础设计位置按基底标高和基础平面尺寸

开挖土坑的方法）和放坡开挖（为防止土壁塌方，分层放出足够边坡的开挖方法）。场地开阔且周边环境对沉降位移要求不高时，可采用放坡开挖或局部放坡开挖，放坡开挖受限时，应采用有支护结构的基坑开挖。

（五）中国铁路隧道建设的发展

中国是世界上铁路隧道较多的国家。目前，中国是世界上铁路隧道总长度最长的国家。部分已建成的 20 km 以上铁路特长隧道见表 2-1-14，此外，还有多坐 20 km 以上铁路特长隧道正在建设中。

表 2-1-14　部分已建成的 20 km 以上特长隧道

序　号	隧道名称	长　度
1	西格二线关角隧道	32 690 m
2	兰渝线西秦岭隧道	28 236 m
3	石太客专太行山隧道	27 839 m
4	瓦日铁路南吕梁山隧道	23 443 m
5	南疆线中天山隧道	22 449 m
6	向莆铁路青云山隧道	22 175 m
7	张唐铁路燕山隧道	21 153 m
8	太中银铁路吕梁山隧道	20 785 m
9	兰武二线乌鞘岭隧道	20 050 m

西格二线关角隧道（中国铁路第一长隧）：

图 2-1-58 所示为中国铁路第一长隧西格二线关角隧道，该隧道位于青藏铁路西格段（西宁—格尔木）铁路二线，是世界高海拔最长隧道。隧道结构为两条分离式单线隧道组成，全长约 32.7 km，2014 年 4 月全线贯通。

石太客专太行山隧道（世界最长的高速铁路隧道）：

图 2-1-59 所示为石太客专太行山隧道，是世界最长的高速铁路隧道，为双洞单线，穿过海拔为 1 311 m 的太行山山脉主峰越宵山，最大埋深 445 m，两线间距 35 m，下行线全长 27 839 m，上行线全长 27 848 m，2007 年底全线贯通。

图 2-1-58　西格二线关角隧道

图 2-1-59　太行山隧道

风火山隧道（世界海拔最高的铁路隧道）：

图 2-1-60 为风火山隧道，位于昆仑山与唐古拉山之间，全长 1 338 m，进口轨面海拔 4 905 m，是目前世界海拔最高的铁路隧道。隧道于 2003 年 7 月完成主体工程，于 2006 年 7 月投入使用。

图 2-1-60 风火山隧道

中国隧道建设技术已处于世界领先地位，且在不断创新发展中。根据设计方案，正在建设的川藏铁路雅安至林芝段将同时诞生超过 20 km 的隧道 16 座，超过 30 km 的隧道 6 座，其中易贡隧道设计长度约 42.5 km，有望成为我国第一、世界第五长隧（排名世界前四的长隧如图 2-1-61 所示）。

（a）瑞士圣哥达基线隧道

（b）日本青函隧道

（c）英吉利海底隧道

（d）韩国栗岘隧道

图 2-1-61 世界长度超过 50 km 的四条隧道

世界长度超过 50 km 的四条隧道：

世界现有四座长度超过 50 km 的隧道，分别是瑞士阿尔卑斯山的圣哥达隧道（57.1 km）、日本青函隧道（53.9 km）、英吉利海峡隧道（50.5 km）、韩国栗岘隧道（50.3 km），如图 2-1-62 所示。

第四节　轨　　道

本节 PPT

一　概述

在路基、桥隧建筑物修成之后，就可以在上面铺设轨道了。轨道起着为机车车辆运行引导方向的作用，直接承受由车轮传来的巨大压力，并把它向下传递给线下结构物（路基或桥梁、隧道）。

1. 轨道的组成

轨道是路基、桥梁、隧道等线下结构物以上的线路部分，主要包括钢轨及配件（接头联结零件）、轨枕及扣件（中间联结零件）、道床（有砟或无砟），如图 2-1-62 所示，此外还包括道岔（图 2-1-63）及钢轨伸缩调节器（图 2-1-64）（由可以相对滑动的基本轨和尖轨组成，用以调节钢轨伸缩的装置，常用在大跨度钢梁和无缝线路等需调节钢轨伸缩量地段）。轨道是一个整体性工程结构，经常处于列车运行的动力作用下，所以它的各组成部分均应具有足够的强度和稳定性，以保证列车按照规定的速度安全、平稳和不间断地运行。

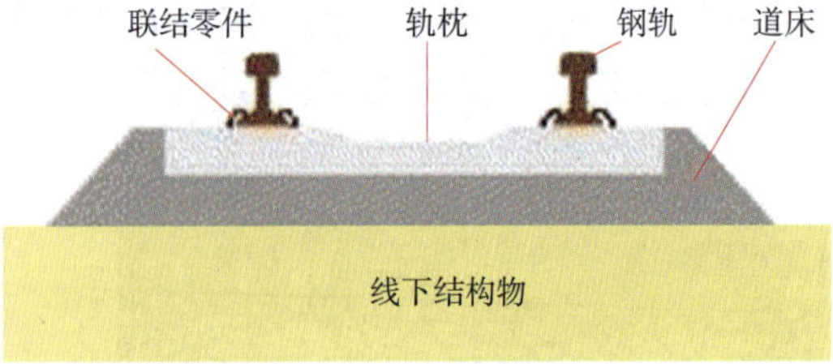

图 2-1-62　轨道的基本组成

图 2-1-63　道岔

图 2-1-64　钢轨伸缩调节器

2. 轨道的结构类型

根据轨下基础的不同，铁路的轨道结构可以分为有砟轨道和无砟轨道两类。有砟轨道是传统轨道结构，是指采用碎石等散粒体及轨枕为轨下基础的轨道结构。无砟轨道是新型轨道结构，是指采用混凝土等整体结构为轨下基础的轨道结构。有砟轨道和无砟轨道如图 2–1–65 所示。

图 2–1–65　有砟轨道和无砟轨道

3. 轨道的联结

在铁路线路上，钢轨、轨枕要连成一体铺在道床上，这就涉及到钢轨间的联结和钢轨与轨枕间的联结。钢轨间联结方式主要有两种，分别为钢轨配件（接头联结零件）联结（如图 2–1–66 所示）与焊接（或胶接）（如图 2–1–67 所示）。钢轨与轨枕间的联结主要依靠轨枕扣件（中间联结零件）（如图 2–1–66 所示）。

图 2–1–66　钢轨配件及轨枕扣件

图 2–1–67　焊接钢轨

4. 有缝线路与无缝线路

根据钢轨间联结方式的不同，可以分为有缝线路和无缝线路。有缝线路是指钢轨接头处保持一定的缝隙的轨道（这一设置在钢轨接头处两相邻钢轨间的缝隙叫作轨缝，其作用是防止因轨温变化引起钢轨热胀冷缩产生的巨大内部应力）（如图 2–1–66 所示）。而无缝线路是指用连续焊接（或胶接）的钢轨铺设并达到一定长度的轨道，因没有轨缝而得名（如图 2–1–67 所示）。

二　钢轨及配件

（一）钢轨

1. 钢轨的作用

钢轨是铁路轨道的主要组成部件。它的作用包括引导机车车辆的车轮前进、承受车轮的巨大压力并传递到轨枕，在电气化铁路或自动闭塞区段，钢轨还可兼做轨道电路的导线之用。钢轨必须为车轮提供连续、平顺和阻力最小的滚动表面，因而它应当具备足够的强度、稳定性和耐磨性。

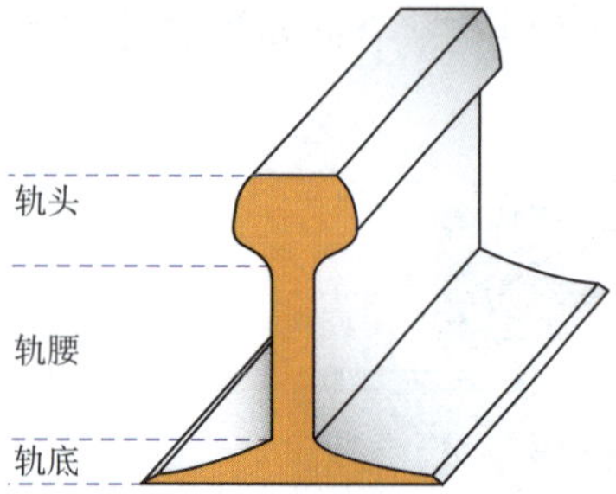

图 2-1-68　钢轨断面及组成

2. 钢轨的组成

为了使钢轨具有最佳的抗弯性能，钢轨的断面形状采用“工”字形，“工”字形的钢轨由轨头、轨腰和轨底组成，如图 2-1-68 所示。

3. 钢轨类型

钢轨的类型或强度以每米长度的大致质量（kg/m）表示，现行的标准钢轨类型主要有 75 kg/m、60 kg/m、50 kg/m，不同类型铁路正线钢轨使用要求见表 2-1-15。

表 2-1-15　不同类型铁路正线钢轨使用要求

铁路类型	钢轨类型（kg/m）
高速、城际和客货共线铁路Ⅰ级	60
客货共线铁路Ⅱ级	60 或 50
重载铁路	60 或 75

4. 钢轨定尺长（标准长度钢轨）

钢轨的长度长一些可以减少接头的数量，使列车运行平稳并可节省接头零件和线路的维修费用，但是由于加工条件和运输条件的限制，普通钢轨的轧制长度是有限的。我国钢轨定尺长可为 12.5 m（新建线路已不采用）、25 m、75 m 和 100 m 等四种。一般根据线路是否为无缝线路及钢轨类型确定宜选用的定尺长，选用要求见表 2-1-16。

表 2-1-16　有缝及无缝线路钢轨定尺长选用要求

线路类型	钢轨类型（kg/m）	定尺长（m）
无缝线路	60	100
	75	75 或 100
有缝线路	—	25

5. 钢轨廓形

钢轨廓形是指钢轨与车轮接触部分的轮廓形状。车轮及钢轨的接触廓形直接决定着轮轨接触点的位置及接触应力的大小，合理的轮轨型面匹配对改善列车运行平稳性，降低轮轨接触应力和磨耗，保证行车安全与延长钢轨使用寿命具有重要意义。不合理的廓形可导致车轮接触钢轨产生光带（车轮与钢轨接触部分在钢轨上的压出的光亮长条，如图 2-1-69 所示）不居中，曲线地段可能出现钢轨轨头的内侧面剥离掉块及钢轨核伤（在列车荷载的反复作用下，在轨头内部出现极为复杂的应力分布和应力状态，使细小裂纹横向扩展形成的轨道伤损，如图 2-1-70 所示），甚至发生钢轨突然脆断，严重威胁行车安全。

铁路轨道需选用合理钢轨廓形，我国铁路规定正线钢轨及道岔基本轨为 60 kg/m 及以上钢轨时，铁路正线线路宜采用 60 N、75 N 廓形钢轨。60 钢轨（普通 60 kg/m 钢轨）与 60 N 钢轨外廓比较如图 2-1-71 所示。

图 2-1-69　钢轨光带及廓形

图 2-1-70　钢轨核伤解剖图

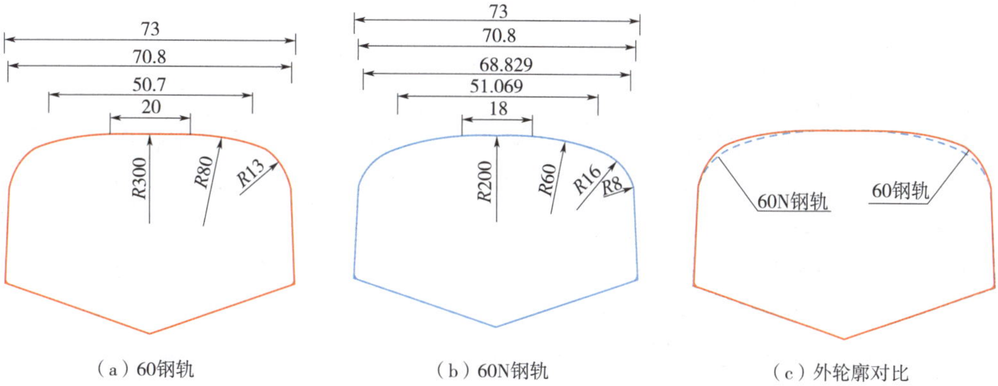

图 2-1-71　60 钢轨与 60 N 钢轨外廓比较图（单位：mm）

6. 钢轨的轨底坡

为实现与车轮踏面斜度的匹配，钢轨应向轨道中心倾斜，从而在轨底与轨道平面之间形成横向坡度叫作轨底坡，如图 2-1-72 所示垫板垫起钢轨的形成的坡度即为轨底坡。我国新制车轮踏面呈 1∶20 的圆锥形，经过磨耗后则接近于 1∶40 的锥度，为使车轮载荷尽量集中于钢轨垂直轴线，从而增强钢轨头部抵抗接触疲劳应力的能力，降低轨腰应力，我国规定直线路段轨底坡的标准为 1∶40，曲线路段内股钢轨垂直轴线不应因设置外轨超高而越过铅垂线向轨道外方倾斜。

图 2-1-72　轨底坡

（二）钢轨配件（接头联结零件）

钢轨配件（接头联结零件）主要是有缝线路轨道用于联结钢轨与钢轨间接头的，如图 2-1-64 所示，通过它把一节节钢轨联结成一个整体。钢轨配件包括双头夹板、螺栓、

图 2-1-73 维护钢轨接头的作业

螺帽和弹性垫圈等。根据规定，正线钢轨接头螺栓应采用 10.9 级高强度接头螺栓，螺母应采用 10 级高强度螺母，垫圈应采用高强度平垫圈。

有缝线路轨道钢轨接头宜留取 8mm 的接头轨缝，当气温发生变化时，轨缝可满足钢轨的自由伸缩。钢轨接头是线路上最薄弱的环节，它使行车阻力和线路维修费用显著增加，因此它是线路维修工作的重点对象。图 2-1-73 所示为维护钢轨接头的作业。

三 有砟轨道的轨下基础

（一）轨枕

1. 轨枕的作用

轨枕的作用是支承钢轨，并将钢轨传来的压力传递给道床，同时保持钢轨位置和轨距。轨枕应具有必要的坚固性、弹性和耐久性，要求其制造简单、铺设及养护方便。

2. 轨枕的分类及特点

轨枕按照制作材料分，主要有钢筋混凝土枕和木枕两种，如图 2-1-74 所示。其中，混凝土轨枕因其具有使用寿命长、稳定性能高、养护工作量小、材料来源广等优点成为轨枕的主要类型，而木枕因消耗大量木材且使用寿命较短等原因已较少采用。

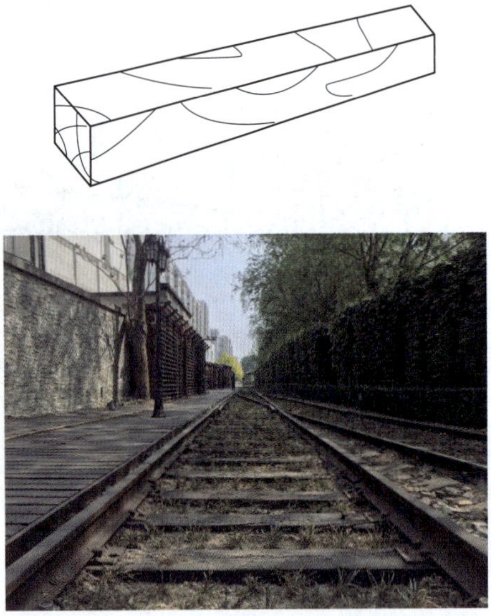

（a）木枕

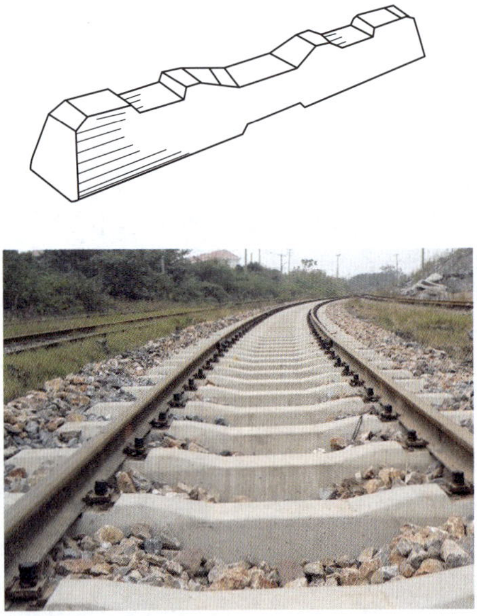

（b）钢筋混凝土枕

图 2-1-74 木枕与钢筋混凝土枕

钢筋混凝土轨枕按照用途，可以分为普通（线路）轨枕、道岔用的岔枕和桥梁上用的桥枕三种形式，普通（线路）轨枕又可以按照承载能力分为Ⅰ型轨枕、Ⅱ型轨枕（分新Ⅱ型轨枕、原Ⅱ型轨枕两种，两者外观基本相同，新Ⅱ型枕在原Ⅱ型枕基础上在预应力钢筋品种、数量及截面作了改进和加强）、Ⅲ型轨枕，如图 2–1–75 所示。

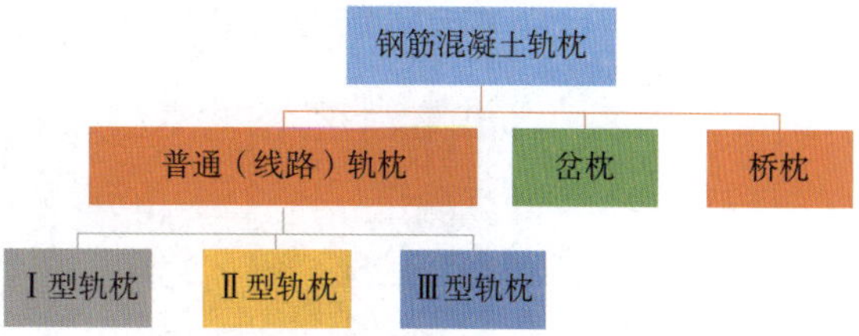

图 2–1–75　钢筋混凝土轨枕的分类

目前，Ⅰ型轨枕、原Ⅱ型轨枕正在被逐步取代，而Ⅲ型轨枕，重量、内配钢筋数以及底面积等都高于Ⅰ型和Ⅱ型轨枕，大大提高了轨道的强度和稳定性，在新建铁路上普遍使用。不同类型铁路宜选用的轨枕类型见表 2–1–17。

表 2–1–17　不同类型铁路轨枕使用要求

铁路类型	轨枕类型
高速、城际铁路	Ⅲ
客货共线铁路	Ⅲ（设计速度不大于 120km/h 的也可选用新Ⅱ型）
重载铁路	与设计轴重匹配的钢筋混凝土轨枕

不同型式钢筋混凝土轨枕的外观差异及尺寸如图 2–1–76 所示，我国Ⅰ、Ⅱ型普通轨枕长度为 2.5 m，Ⅲ型轨枕长度一般为 2.6 m。此外，岔枕和桥枕长度有 2.6~4.85 m 多种。Ⅲ型轨枕的铺设间距一般为 600 mm（新Ⅱ型轨枕间距为 570 mm）。每 km 线路上铺设轨枕的数量，应根据运量及行车速度等运营条件确定，轨枕根数越多，轨道强度越大。

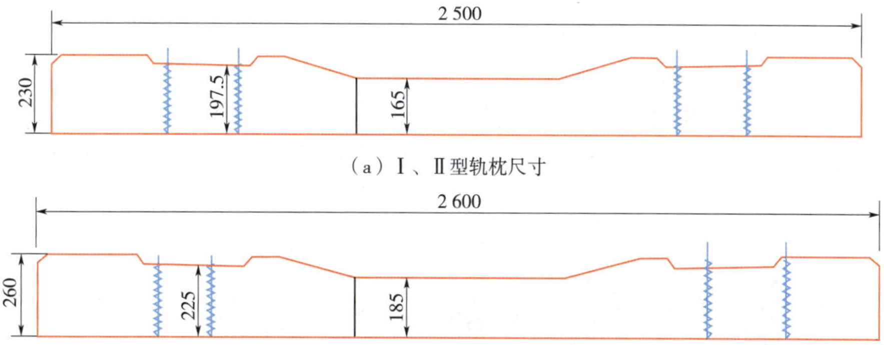

（a）Ⅰ、Ⅱ型轨枕尺寸

（b）Ⅲ型轨枕的尺寸

图 2–1–76　钢筋混凝土轨枕的尺寸（单位：mm）

（二）轨枕扣件（中间联结零件）

轨枕扣件（中间联结零件）的作用是将钢轨紧扣在轨枕上，以固定钢轨的正确位置，防止钢轨的纵向爬行和横向位移，防止钢轨倾翻，同时还能提供必要的弹性、绝缘性等。

轨枕扣件（中间联结零件）因轨枕的不同，有钢筋混凝土枕用和木枕用两类，木枕扣件包括普通道钉和垫板，如图 2–1–77 所示。因木枕逐渐不再使用，下面主要介绍钢筋混凝土枕用扣件。

图 2-1-77　木枕垫板及扣件

钢筋混凝土轨枕扣件主要有扣板式、弹片式和弹条式三种。前两种已较少采用，而弹条式扣件（弹条扣件）（图 2-1-78）不仅结构简单，而且弹性好、扣压力大，因此大量采用。

（a）Ⅰ、Ⅱ型

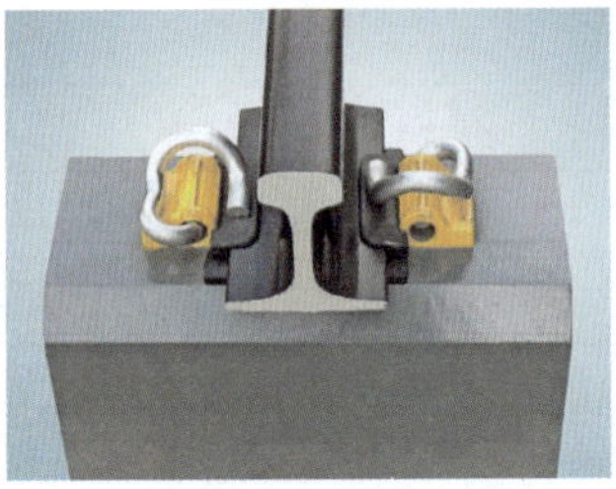

（b）Ⅲ型、Ⅳ型

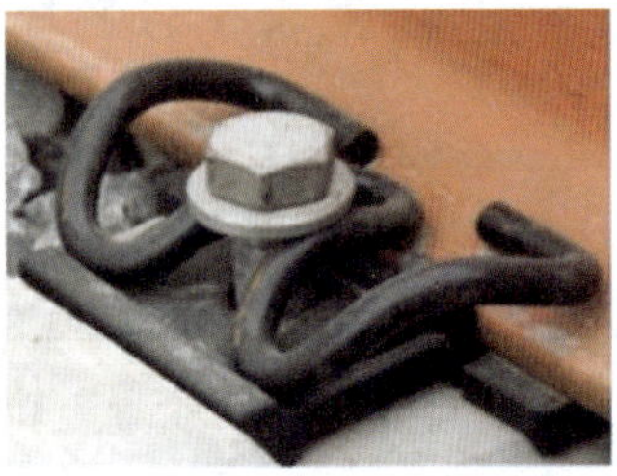

（c）Ⅴ型

图 2-1-78　Ⅰ、Ⅱ、Ⅲ、Ⅳ、Ⅴ型弹条扣件系统

弹条扣件可以分为Ⅰ、Ⅱ、Ⅲ、Ⅳ、Ⅴ等型号，其外观如图 2-1-78 所示，Ⅰ、Ⅱ型外观基本相同（Ⅱ型材质有改进），Ⅲ、Ⅳ型外观基本相同（Ⅲ型适用于客货共线铁路，Ⅳ型是基于Ⅲ型改进的，适用于高速铁路），Ⅴ型是基于Ⅱ型改进的。不同类型铁路宜选用扣件要求见表 2-1-18。此外，严寒地区可采用调高量较大的弹性扣件，大跨度桥梁可根据无缝线路设计要求采用小阻力扣件，沿海或酸雨腐蚀严重的地区、隧道内应采用相应防腐措施的扣件。

表 2-1-18　不同类型铁路扣件使用要求

铁路类型	扣件型号
高速铁路	弹条Ⅳ或Ⅴ型
城际铁路、客货共线铁路Ⅰ级	弹条Ⅱ、Ⅲ（设计速度不小于 200 km/h 的也可选用Ⅳ或Ⅴ型）
客货共线铁路Ⅱ级	弹条Ⅰ或Ⅱ型
重载铁路	与设计轴重匹配的轨枕配套的专用弹条扣件

钢轨下与钢筋混凝土轨枕间需衬垫橡胶垫板，橡胶垫板的主要作用是缓冲车辆通过轨道时产生的高速振动和冲击，保护路基和轨枕，同时使信号系统电绝缘。橡胶垫板的型号及静刚度应与扣件类型相匹配。

（三）道床

道床是铺设在路基面上的垫层。主要作用是支承轨枕，把轨枕上部的压力均匀地传递给线下结构物，同时，固定轨枕的位置，阻止轨枕纵向或横向移动，缓和机车车辆轮对对钢轨的冲击，此外，道床还起到排水的作用。

道床的材料应当具有坚硬、不易风化、富有弹性、有利于排水的特点。常用的材料有碎石、卵石、粗砂等，其中以碎石为最优。

道床的断面呈梯形，其厚度根据具体情况可采用 25、30 或 35 cm 等（双层道床的底砟厚度一般为 20 cm），材质一般需为特级或一级，其顶面宽度应符合表 2–1–19 的规定。

表 2–1–19　碎石道床顶面宽度

设计速度 v（km/h）	铁路类型	无缝线路道床顶面宽度（m）	有缝线路道床顶面宽度（m）
$200 < v \leqslant 350$	—	3.6	—
$160 < v \leqslant 200$	—	3.5	—
$120 < v \leqslant 160$	—	3.4	—
$100 < v \leqslant 120$	—	3.4	3.1
$v \leqslant 100$	客货共线铁路	3.4	3
	重载铁路	3.5	—

注：较小曲线半径地段（无缝线路小于 800m、有缝线路小于 600m）曲线外侧道床顶面宽度应增加 0.1m。

（四）防爬设备

因列车运行时纵向力、轨温变化、车轮在接头处撞击钢轨、列车制动等因素的作用，钢轨产生纵向移动，有时甚至带动轨枕一起移动，这种现象叫轨道爬行。轨道爬行经常出现在单线铁路的重车方向（运量大的方向）、复线铁路的行车方向以及长大下坡道上和进站前的制动距离内。

轨道爬行往往引起轨缝不匀、轨枕歪斜等线路病害，对轨道的破坏性极大，严重时还会危及行车安全。因此，必须采用有效措施加以防止。通常的做法是，一方面加强钢轨与轨枕间的扣压力和道床阻力，另一方面是设置防爬设备（防爬器和防爬撑），如图 2–1–79 所示。防爬器设在钢轨底部，用于扣紧钢轨，常用的防爬器为穿销式防爬器。防爬撑安装在轨枕之间，用来顶住轨枕，和防爬器共同作用，防止钢轨的爬行。防爬撑可采用废旧枕木，在山区可采用石条代替。

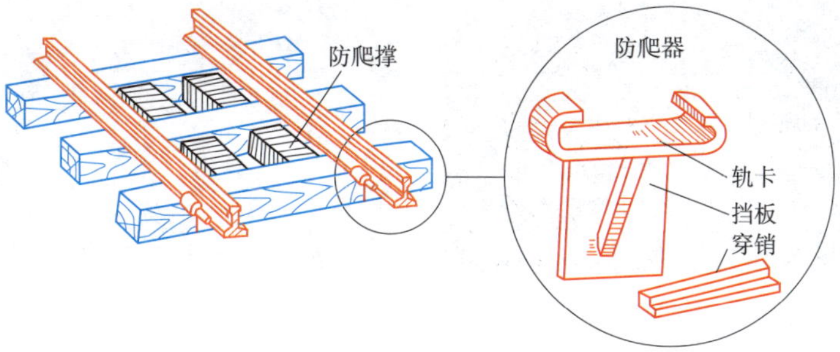

图 2–1–79　防爬器和防爬撑

四　无砟轨道的轨下基础

无砟轨道的轨下基础采用的铺筑方式是直接在路基面上浇筑混凝土等材料，形成坚固的钢筋混凝土结构用以代替有砟轨道的轨下基础，具有强度高、维修工作量少，适合于高速列车行车等特点，目前在我国高速线路应用较多。

（一）无砟轨道的类型及适用条件

1. 无砟轨道的类型

无砟轨道类型包括板式、双块式、弹性支承块式、轨枕埋入式（长轨埋入式）等结构形式。板式无砟轨道（如图 2-1-80 所示）是在现场摊铺的混凝土支承层或现场浇筑的钢筋混凝土底座上铺装预制轨道板，经相应调整，适应轨道电路要求的无砟轨道结构形式。双块式无砟轨道（如图 2-1-81 所示）是以现场浇筑混凝土方式将预制的双块式轨枕浇筑到钢筋混凝土道床内，并适应轨道电路的无砟轨道结构形式。弹性支承块式无砟轨道（如图 2-1-82 所示）是以现场浇筑混凝土方式将弹性支承块（含预制的混凝土支承块、橡胶套靴（套在轨枕两端）、块下垫板）浇筑到钢筋混凝土道床内，并适应轨道电路要求的无砟轨道结构形式。轨枕埋入式无砟轨道（如图 2-1-83 所示）是以现场浇筑混凝土方式将长轨枕浇筑到钢筋混凝土道床内，并适应轨道电路要求的无砟轨道结构形式。

图 2-1-80　板式轨道

图 2-1-81　双块式轨道

图 2-1-82　弹性支承块式轨道

图 2-1-83　轨枕埋入式轨道

板式无砟轨道又可以分为 CRTS Ⅰ型、CRTS Ⅱ型、CRTS Ⅲ型三种，双块式无砟轨道主要有 CRTS 双块式无砟轨道（CRTS，China Railway Track System）。

2. 各类型无砟轨道的适用条件

各类型铁路应根据运营条件进行结构设计，不同类型铁路或地段宜采用的无砟轨道结构形式见表 2–1–20。

表 2–1–20　不同类型铁路或地段宜采用的无砟轨道结构形式

铁路或地段类型	扣件型号
高速铁路	板式、双块式
城际铁路	板式、双块式（隧道内可采用弹性支承块式）
客货共线铁路、重载铁路（隧道内）	弹性支承块式、双块式、轨枕埋入式
道岔区	轨枕埋入式，也可采用板式

3. 无砟轨道的扣件

无砟轨道应采用与设计速度、轴重匹配的配套弹性扣件，扣件应与无砟轨道结构接口协调。不同类型铁路无砟轨道及扣件类型可根据运营条件按表 2–1–21 选用。在诸多扣件类型中，WJ–7 型（A、B 型的差别主要在于垫板等，WJ–8 同）和 WJ–8 型较为常用，如图 2–1–84、图 2–1–85 所示。

表 2–1–21　不同类型铁路无砟轨道及扣件选用类型

铁路类型	无砟轨道结构类型	采用扣件类型
高速铁路	CRTS 双块式	WJ–7B、WJ–8B
	CRTS Ⅰ型板式	WJ–7B
	CRTS Ⅱ型板式	WJ–8
	CRTS Ⅲ型板式	WJ–8B
城际铁路	CRTS 双块式	WJ–7B
	CRTS Ⅲ型板式	WJ–8B
	弹性支承块式	弹性扣件
客货共线铁路、重载铁路	CRTS 双块式	WJ–7A、WJ–8A
	弹性支承块式	弹条Ⅶ型扣件、预埋铁座式扣件
	轨枕埋入式	WJ–12（重载）、WJ–13（客货共线）

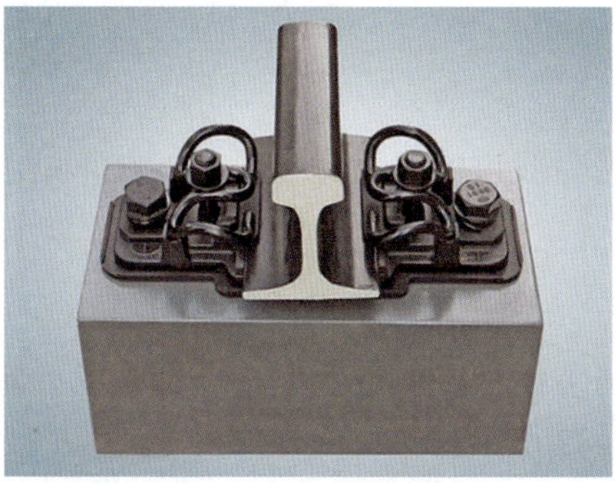

图 2–1–84　WJ–7 型扣件系统

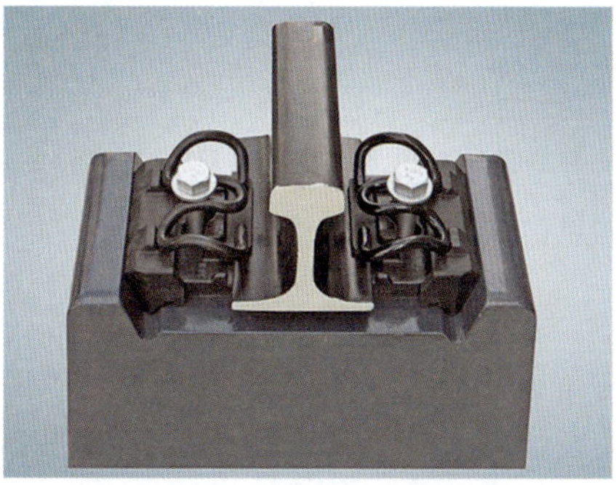

图 2–1–85　WJ–8 型扣件系统

（二）无砟轨道与有砟轨道的比较

1. 优缺点

无砟轨道与有砟轨道相比较，其优缺点如图 2-1-86 所示。

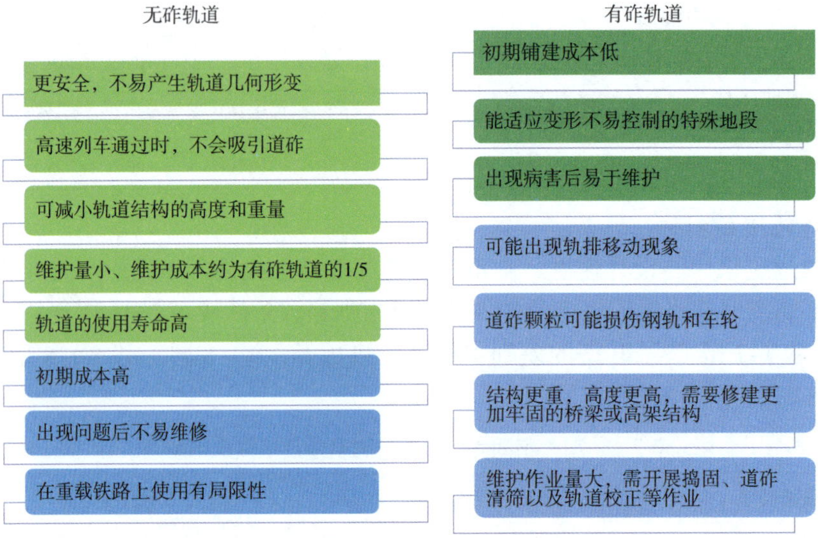

图 2-1-86　无砟轨道和有砟轨道的优缺点

注：绿色标示优点；蓝色标示缺点。

2. 适用条件

铁路正线应根据铁路等级、设计速度、轴重、年通过总质量、线下工程条件、环境条件及养护维修要求等，经技术经济论证选择轨道结构类型。不同轨道结构类型具有不同的适用条件，宜选用的条件见表 2-1-22。同类型轨道结构应集中成段铺设，无砟轨道和有砟轨道之间应设置轨道结构过渡段。

表 2-1-22　不同轨道结构类型的选用条件

宜选用有砟轨道	宜选用无砟轨道
客货共线铁路、重载铁路	设计时速 300 km 及以上高速铁路
变形不易控制的特殊地质条件地段	长度超过 1 km 的隧道及隧道群地段

五 道岔

道岔是一种使机车车辆能从一股道转入另一股道的线路连接设备，在车站上大量铺设。最常见的是普通单开道岔。

（一）普通单开道岔

普通单开道岔是一种主线为直线，侧线向主线的左侧或右侧分支的道岔。它由转辙器、辙叉及护轨、连接部分所组成，如图 2-1-87 所示。

1. 转辙器

转辙器是引导机车车辆沿直线方向或侧线方向行驶的线路设备。它包括两根尖轨、两根基本轨和转辙机械。尖轨是转辙器的主要部件，通过连接杆与转辙机械相连，所以操纵转辙机械可以改变尖轨的位置，确定道岔的开通方向。

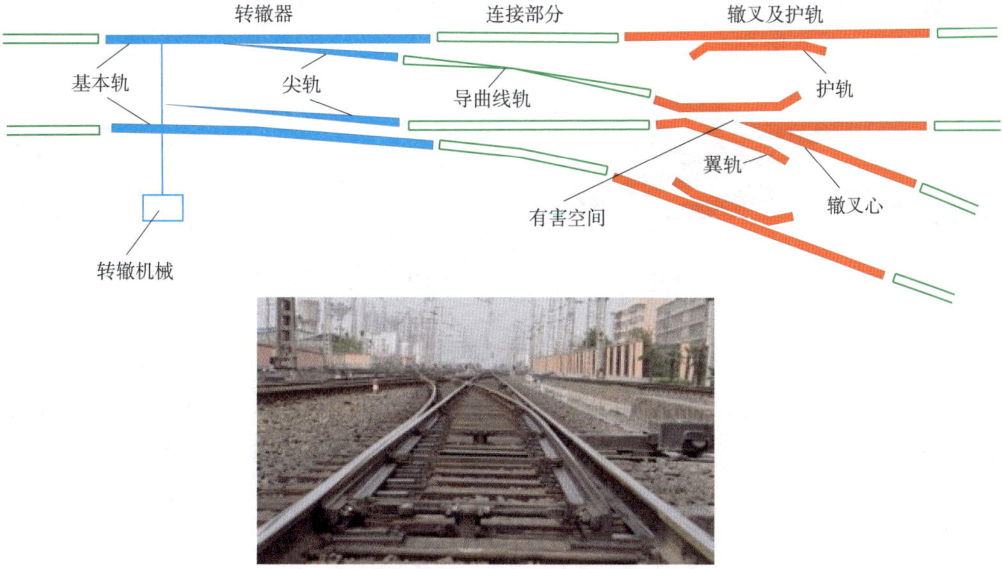

图 2-1-87　普通单开道岔

2. 辙叉及护轨

辙叉及护轨包括辙叉心、翼轨及护轨。它的作用是保证车轮安全通过两股轨线的相互交叉处。

从两翼轨最窄处到辙叉心实际尖端之间，存在着一段轨线中断的空隙，叫作辙叉的有害空间（如图 2-1-87 所示）。当机车车辆通过辙叉有害空间时，轮缘有走错辙叉槽而引起脱轨的可能，因此，必须设置护轨，对车轮的运行方向实行强制性的引导，保证行车安全。

道岔上的有害空间是限制列车过岔速度的一个重要因素。为了消灭有害空间，适应列车高速运行的要求，可以使用可动心轨道岔。可动心轨道岔的辙叉心轨和尖轨是同时被扳动的，当尖轨开通某一方向时，辙叉心轨就与开通方向一致的翼轨密贴，与另一翼轨分开，从而消灭了有害空间，提高了列车运行的平稳性与运行速度，如图 2-1-88 所示。

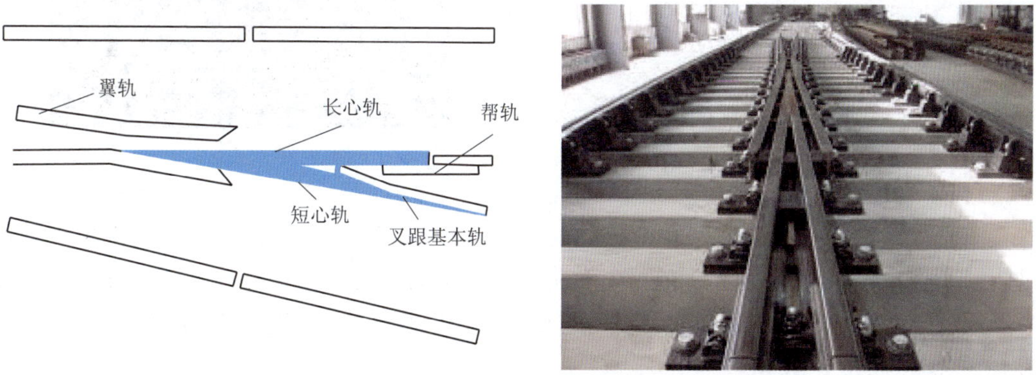

图 2-1-88　可动心轨辙叉

3. 连接部分

连接部分是连接转辙器和辙叉及护轨的部分，使之成为一组完整的道岔。连接部分包括两根直轨和两根导曲线轨。在导曲线上一般不设缓和曲线和超高，所以列车在侧向过岔时，速度要受到限制。

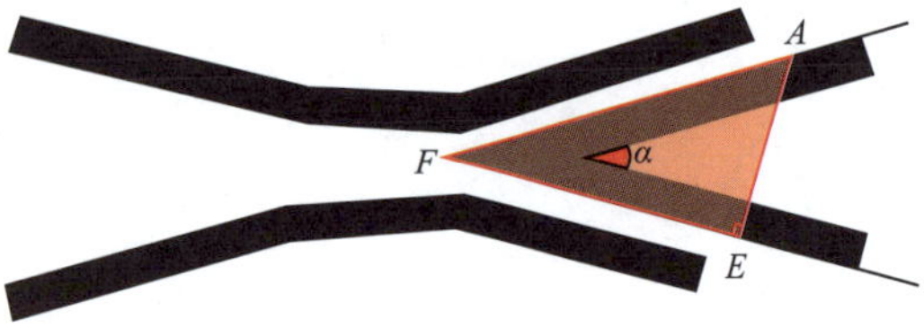

图 2-1-89　道岔号数计算

（二）道岔号数

道岔因其辙叉角的大小不同，有不同的道岔号（N），道岔号数表明了道岔各部分的主要尺寸。习惯上用辙叉角 α（如图 2-1-89 所示）的余切值来表示道岔号，即：

$$N=\cot\alpha=\frac{FE}{AE}$$

可见，辙叉角 α 越少，N 值就越大，导曲线半径也越大，机车车辆侧线通过道岔时就越平稳，允许的侧线过岔速度也就越高。所以采用大号码道岔对于列车运行是有利的，然而道岔号数越大，道岔全长就越长，铺设时占地就越多。因此，采用几号道岔来连接线路，要根据线路的用途来决定。

目前，我国主要线路上大多使用 9、12、18、42、62 号道岔，所允许的侧向通过速度分别为 30、40、80、160、220 km/h。我国高速铁路主要采用 18、42、62 号道岔。

（三）其他类型道岔与交叉设备

1. 双开道岔、三开道岔和交分道岔

除了普通单开道岔以外，按照构造上的特点及所连接的线路数目，还有双开道岔（如图 2-1-90 所示）、三开道岔（如图 2-1-91 所示）和交分道岔（如图 2-1-92 所示）等。为了简明起见，在作图时，要用道岔所衔接的中心线来表示道岔。

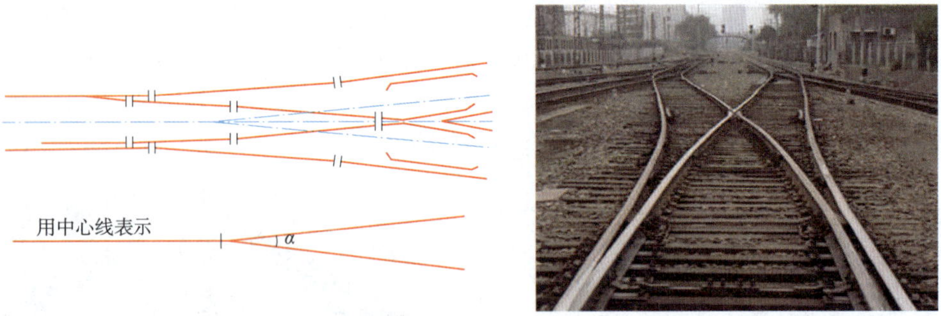

图 2-1-90　双开道岔

双开道岔的特点是与道岔相衔接的两条线路各自向两侧分岔。三开道岔的特点是可以同时衔接三条线路，所以具有两套尖轨，分别用两组转辙机械操纵。复式交分道岔相当于四组单开道岔和一副菱形交叉设备的结合体，但它需要占用的土地却小得多。

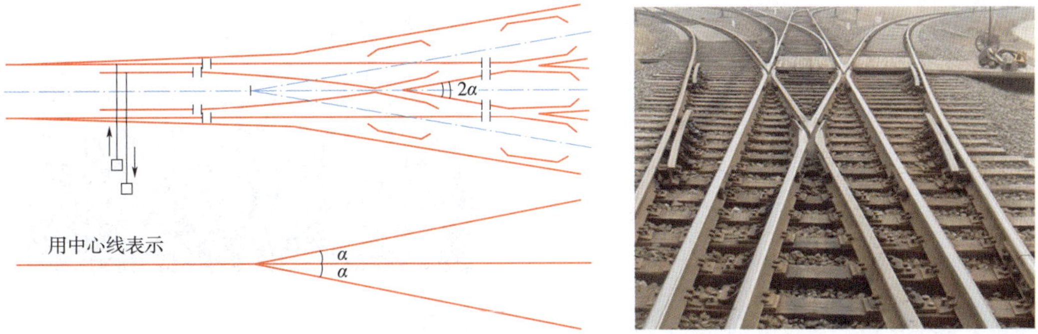

图 2-1-91 三开道岔

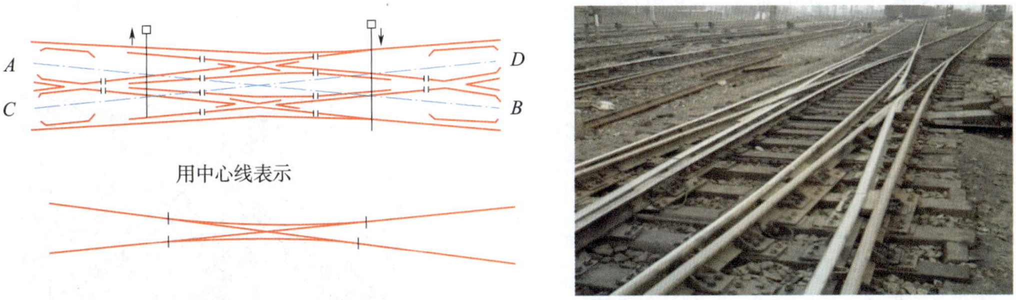

图 2-1-92 复式交分道岔

2. 菱形交叉

除了各种道岔以外，还有一种线路交叉设备，叫作菱形交叉，如图 2-1-93 所示，它由两组锐角辙叉和两组钝角辙叉组成。菱形交叉没有转辙器部分，机车车辆通过交叉设备时，只能沿着原来线路继续运行而不能转线。

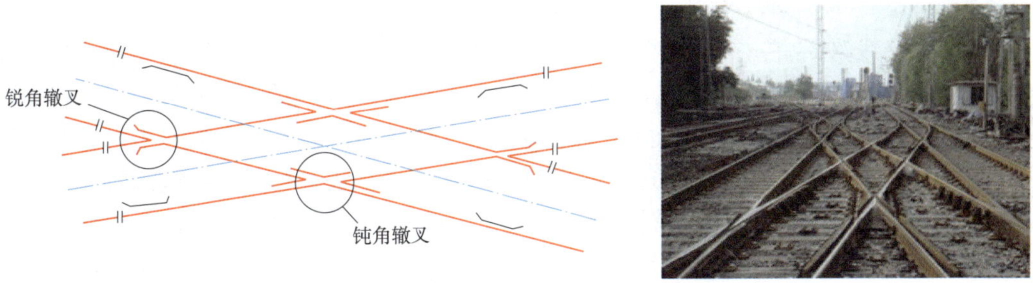

图 2-1-93 菱形交叉

3. 渡线

为了使机车车辆能够从一条线路进入另一条线路，应设置渡线。渡线分为普通渡线和交叉渡线。

普通渡线设在两平行线路之间，由两副辙叉号数相同的单开道岔及两道岔间的直线段所组成，如图 2-1-94 所示。

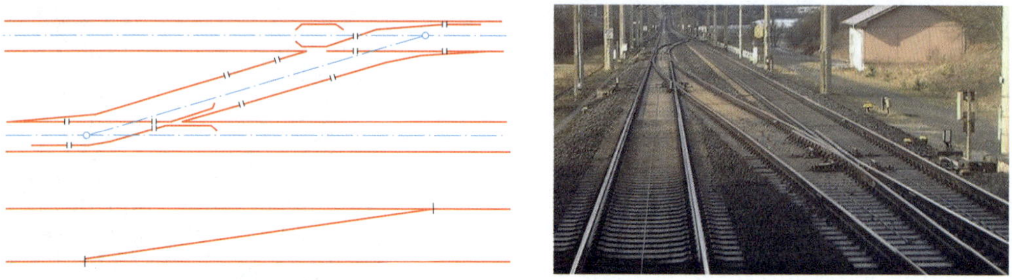

图 2-1-94　普通渡线

交叉渡线设在两平行线路之间，由四副单开道岔和一副菱形交叉设备组成，如图 2-1-95 所示。交叉渡线不仅可以开通较多的方向，而且节省用地，也是车站内使用较多的一种连接设备。

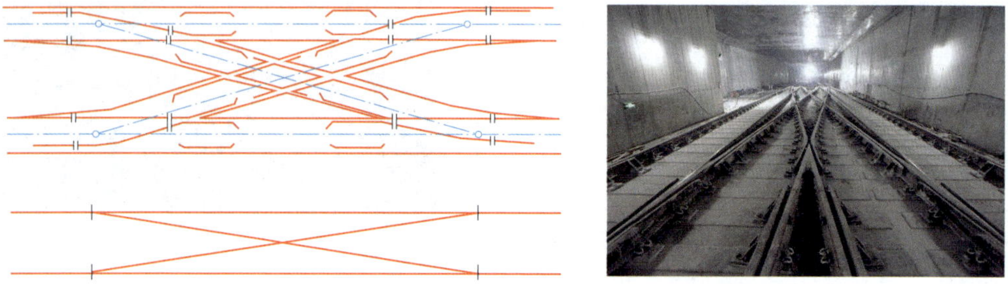

图 2-1-95　交叉渡线

六 无缝线路

（一）无缝线路的特点

对于有缝线路而言，钢轨的接头往往是轨道的薄弱环节，由于轨缝的存在，列车在通过轨道时就会发生冲击和振动，并产生“咔哒咔哒”声的噪声。不但如此，钢轨受到的冲击力也会提升三倍以上。接头冲击力不但影响列车行驶的平稳度和旅客的舒适感，还会促使道床破坏、线路状态恶化、缩短钢轨及其配件的使用寿命、增加额外的维修费用。随着铁路高速化、舒适化和环保化的要求，列车行驶速度、轴重和密度不断增长，有缝线路已无法适应现代化运输的要求。而无缝线路消灭了大量的钢轨接头，具备众多优点（如图 2-1-96 所示），成为铁路发展主流。基于此，我国铁路规定新建、改建重载铁路和 120 km/h 及以上线路应按跨区间无缝线路设计。

高速铁路无缝线路视频

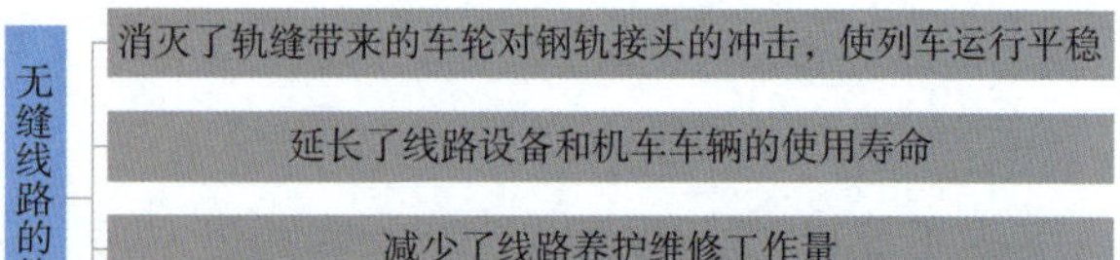

图 2-1-96　无缝线路的特点

（二）无缝线路的分类

按长度，无缝线路可以分为普通无缝线路、区间无缝线路、跨区间无缝线路等三类，如图 2–1–97 所示。

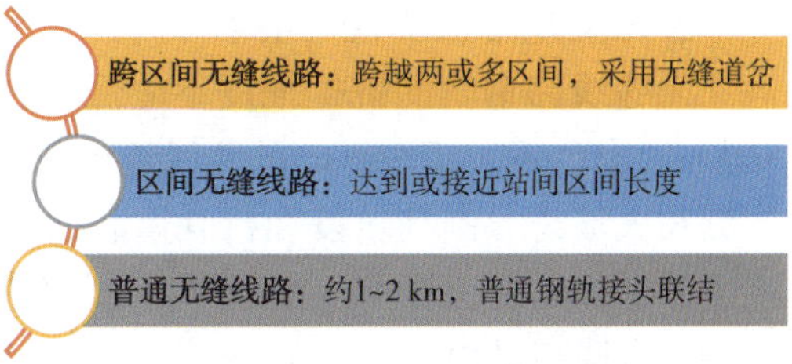

图 2–1–97　无缝线路分类图

1. 普通无缝线路

普通无缝线路的焊接钢轨长度一般约为 1~2 km，在两长轨条之间设置 2~4 根标准轨，用普通钢轨接头形式与长轨条连起来，形成缓冲区，它虽然减少了钢轨接头，但缓冲区内仍然存在钢轨接头。

2. 区间无缝线路

随着技术的完善，把原来 1~2 km 的长轨条焊接延长，使长轨条长度达到或接近两个车站之间的区间长度，这种形式的无缝线路叫区间无缝线路。

3. 跨区间无缝线路

跨区间无缝线路是指长轨条长度跨越两个或更多区间，且车站正线上采用无缝道岔的无缝线路。跨区间无缝线路的焊接长轨条贯穿整个区段，并与车站道岔焊接，自动闭塞地段采用强度高的绝缘接头，取消了介于长轨条之间缓冲区，消灭了钢轨接头，彻底实现了线路的无缝化。

（三）无缝线路的技术要求

1. 无缝线路形成过程及相关要求

无缝线路是钢轨连续焊接（或胶接）而成的，其形成过程如图 2–1–98 所示。

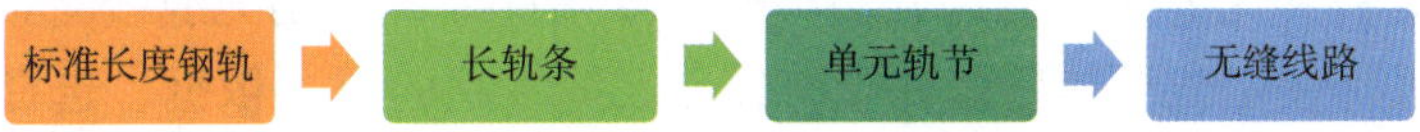

图 2–1–98　无缝线路的形成过程

图 2–1–99　无缝线路的长轨条

长轨条（长钢轨）是铺设无缝线路的基本单元，长轨条是指超过标准长度的钢轨（包括厂焊钢轨），长度不应小于 200 m，如图 2–1–99 所示。长轨条通常是由标准长度钢轨（由钢厂轧制，定尺长为 100 m、75 m 或 25 m 的钢轨）采用工厂化焊接得到的。无缝线路轨道采用的标准长度钢轨越长，焊接接头越少，不仅可以减少焊接接头的不平顺处数，还可以减少钢轨焊接的强度薄弱点，因此，无缝线路一般采用定尺长为 100 m、75 m 的标准长度钢轨，工厂化焊接长轨条长度一般不小于 500 m，焊接一般采用闪光焊接（通过加热、加压，或两者并用，用或不用填充材料，使钢轨间产生原子间结合的加工工艺和联接方式）。长轨条经再次焊接为单元轨节（一次铺设锁定的连续轨条）后铺设形成无缝线路，区间单元轨节长度一般为 1~2 km。

一般而言，无缝线路需满足一定的长度要求，其钢轨长度需超过两个伸缩区（在焊接或胶接线路端部，当轨温变化时，钢轨产生伸缩并放散部分温度力的区段）长度。

2. 无缝线路主要设计要求

无缝线路钢轨的抗拉强度不应低于 880 MPa，允许铺设无缝线路的最小曲线半径为 300 m，半径不大于 800 m 的曲线地段及大坡道地段宜采用热处理钢轨或高强度钢轨。在连续长大坡道、制动坡段和行驶重载列车坡段上的无缝线路，应采取轨道加强措施，最大轨温变化幅度超过 100 ℃的严寒地区铺设无缝线路时应单独设计，加强轨道结构强度，可采取大调高量扣件。

（四）温度力与锁定轨温

1. 温度力（温度应力）

有缝线路在钢轨接头留有轨缝，在轨温（钢轨断面的平均温度）变化时钢轨可以自由伸缩，而无缝线路的长钢轨不能随轨温变化热胀冷缩，因而在其内部会产生应力。因为这个应力是由轨温变化引起的，所以称为温度力（温度应力）。夏季轨温升高，钢轨势必伸长，但因不能实现而转化为压应变，在钢轨内部产生压应力。冬季轨温降低，钢轨势必缩短，但因不能实现而转化为拉应变，在钢轨内部产生拉应力。

钢轨温度力大小和分布是影响无缝线路的强度和稳定性的重要因素，在钢轨截面积一样的情况下，其与轨温变化幅度有直接的关系，而与钢轨长度无关。轨温与气温不同，影响轨温的因素很多，包括气候变化、风力大小、日照强度、钢轨所处地段和测量部位等。

2. 锁定轨温及其确定方法

根据气象资料和无缝线路允许升温、允许降温计算确定的无缝线路锁定轨温称为设计锁定轨温。设计锁定轨温是管理和维修保养无缝线路的重要依据，选择适当的设计锁定轨温，对无缝线路的强度和稳定性具有很大影响。无缝线路设计锁定轨温，应根据当地最高轨温、最低轨温及无缝线路的允许温升、允许温降计算确定，并考虑一定的修正量。

有砟轨道铁路设计锁定轨温，宜按下式计算：

$$T_e=(T_{max}+T_{min})/2+([\Delta T_d]-[\Delta T_u])/2\pm\Delta T_k$$

无砟轨道铁路设计锁定轨温，宜按下式计算：

$$T_e=(T_{max}+T_{min})/2\pm\Delta T_k$$

式中　T_e——设计锁定轨温；

T_{max}——最高轨温（当地有历史记录以来的最高气温加 20 ℃）；

T_{min}——最低轨温（当地有历史记录以来的最低气温）；

$[\Delta T_d]$——允许温降（无缝线路允许承受的最大降温幅值）；

$[\Delta T_u]$——允许温升（无缝线路允许承受的最大升温幅值）；

ΔT_k——设计锁定轨温的修正值，可取 0~5 ℃。

设计锁定轨温锁定范围宜为 ±5 ℃，困难条件下可取 ±3 ℃。相邻单元轨节之间的锁定轨温之差不应大于 5 ℃，同区间内单元轨节的最高与最低锁定轨温之差不应大于 10 ℃。左右股钢轨锁定轨温之差，设计速度 160 km/h 及以下铁路不应大 5℃，设计速度 160 km/h 以上铁路不应大于 3 ℃。

在设计锁定轨温范围内，拧紧钢轨接头扣件和中间扣件，把钢轨完全锁定，此时的轨温称为实际锁定轨温。实际锁定轨温下，钢轨温度力为零。这样可以保证焊接长钢轨在最低轨温时各种应力共同作用下不破坏，在最高轨温时线路不胀轨，使线路正常运行。

3. 克服温度力的方法

铺设无缝线路的关键是设法克服长钢轨因轨温变化热胀冷缩而产生的温度力问题。为此主要采取加强轨道结构的措施，如采用高强度的轨枕、螺栓、扣件等，把钢轨紧扣于轨枕上，用以阻止钢轨随温度产生长度变化。这样虽然在钢轨内部产生温度力，但只要能将温度力控制在允许的范围内，并采取各种措施提高轨道框架的刚性，就能阻止钢轨的变形。如图 2-1-100 所示，线路采用弹簧扣件将钢轨扣死在轨枕上，当温度变化时，钢轨不能自由伸缩。

4. 应力放散

应力放散是指使用自然或强制方法，释放钢轨内温度应力，使单元轨节锁定轨温满足设计锁定轨温要求的作业。无缝线路放散温度应力的方法主要有三种，分别是：

（1）在线路上隔一定的长度留出一段缓冲区，缓冲区内保留有缝钢轨接头。

（2）设置钢轨伸缩器。

（3）按季节放松全部扣件让钢轨自由伸缩后再扣紧全部扣件，如图 2-1-101 所示。

图 2-1-100　扣件将钢轨紧扣于轨枕上

图 2-1-101　应力放散施工

七　钢轨间的相互位置

轨道除了应具有合理的组成外，还应有良好的轨道几何形位。轨道几何形位是指轨道各部分的几何形状、相对位置和基本尺寸。为确保行车安全，轨道的两股钢轨之间应保持一定的距离，曲线轨距在小曲线地段应考虑适当加宽，两股钢轨顶面应保持一定的相对水平和平顺度。

（一）直线部分的轨距和水平

1. 轨距

轨距（轨道距离）是两股钢轨头部内侧与轨道中线相垂直的距离，在钢轨头部内侧下面 16 mm 处量取，如图 2-1-102 所示。国际铁路协会在 1937 年确定 1 435 mm 为标准轨距（等于英制的 4 英尺 8.5 英寸），该轨距又称国际轨距，我国铁路主要采用标准轨距。

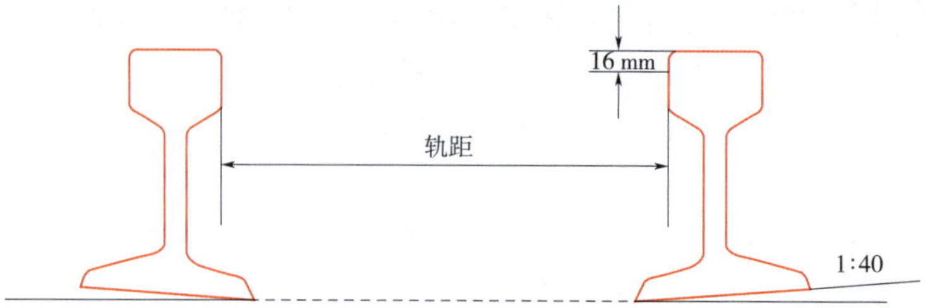

图 2-1-102 轨距示意图

通常，轨距为 1 435 mm（即标准轨距）的铁路称为准轨铁路；比标准轨距宽的轨距称为宽轨（如 1 676 mm，1 520 mm），对应的铁路称为宽轨铁路；比标准轨距窄的称为窄轨（如 1 067 mm，1 000 mm），对应的铁路称为窄轨铁路。一般窄轨铁路适用于山路，而宽轨铁路则有更好的稳定性。

世界范围内的铁路轨距：

全世界有约三十种轨距，主要有 600、750、762、900、1 000、1 067、1 435、1 520、1 600 和 1 676 mm 等。约有 60%~70% 国家（中国、英国、美国、加拿大等）的铁路主要采用 1 435 mm 标准轨距。部分国家主要采用宽轨，如俄罗斯、哈萨克斯坦、蒙古国等采用 1 520 mm 轨距，芬兰采用 1 524 mm 轨距，而印度、阿根廷、西班牙、葡萄牙、智利、斯里兰卡等则主要采用 1 676 mm 轨距。部分国家主要采用窄轨，如日本（高铁为准轨）、菲律宾、印度尼西亚、南非、坦桑尼亚、赞比亚等。我国铁路轨距以 1 435 mm 为主，此外，云南省尚存在 1 000 mm 轨距，台湾省主要采用 1 067 mm 轨距（高铁为准轨），少数地方铁路、企业铁路采用窄轨，满洲里等口岸站至国境线的铁路采用与邻国相同的轨距。

2. 轨距及水平的容许偏差

在机车车辆运行动力作用下，轨距可能存在一定的偏差，同时，轮缘和钢轨之间也存在一定的容许偏差，使轮缘能在两股钢轨之间自由滚动，而不会卡住。此外，两股钢轨的轨顶面可能产生一定的水平的容许偏差（高差）。

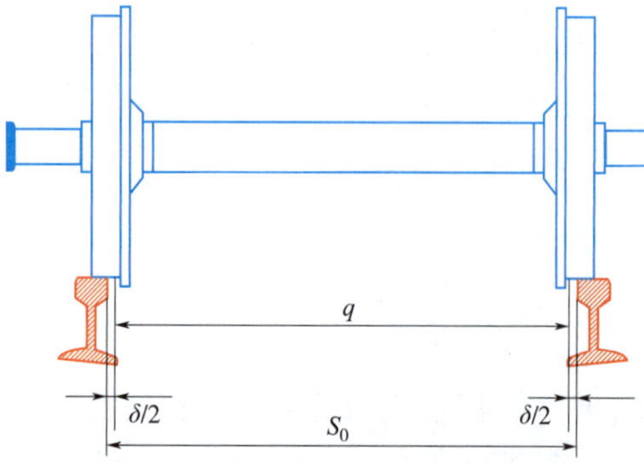

图 2-1-103 轮对与钢轨的相对位置

图 2-1-103 所示为机车车辆轮对和直线地段钢轨的相互位置，从中可以看出：

轨距（S_0）= 轮对宽度（q）+ 容许偏差（δ）

不同轨道类型、不同设计速度的轨距及水平的容许偏差不同。为保持铁路轨道线路的静态平顺度，各类型铁路正线轨距、水平容许偏差应符合表 2-1-23 的规定。

表 2-1-23　轨距及水平的允许偏差

轨道类型	设计速度 v（km/h）	轨距容许偏差（mm）	水平容许偏差（mm）
有砟轨道	$200 < v \leqslant 350$	±2	2
	$160 < v \leqslant 200$	±2	3
	$120 < v \leqslant 160$	+4~-2	4
	$v \leqslant 120$	+6~-2	4
无砟轨道	$200 < v \leqslant 350$	±1	2
	$160 < v \leqslant 200$	±2	2
	$120 < v \leqslant 160$	±2	2
	$v \leqslant 120$	+3~-2	4

（二）曲线部分的轨距加宽和超高

1. 轨距加宽

机车车辆走行部中只能保持平行而不能作相对运动的车轴中心线间的最大距离，叫作固定轴距。由于机车车辆具有固定轴距，在曲线上运行时转向架的纵向中心线与曲线轨道中心线并不一致，因而引起转向架前一轮对外侧车轮轮缘和后一轮对的内侧车轮轮缘压挤钢轨的情况，如图 2-1-104 所示。在小半径曲线地段，为使机车车辆能顺利通过曲线，减少轮轨磨耗，将曲线内轨向曲线中心方向移动，曲线外轨的位置保持不变称为轨距加宽。曲线轨距应按表 2-1-24 规定较标准轨距（1 435 mm）加宽。

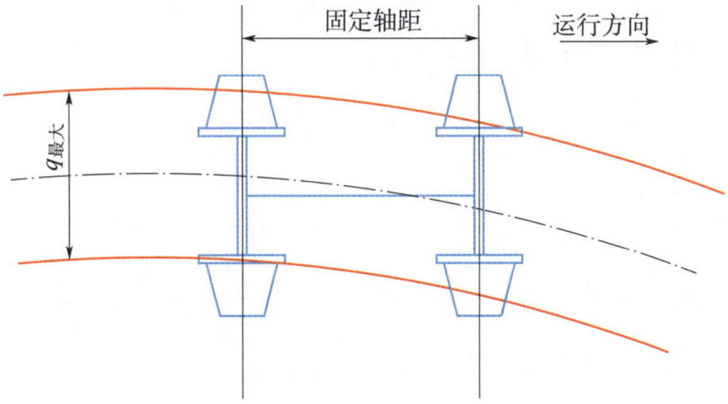

图 2-1-104　轨距加宽原因示意图

表 2-1-24　曲线轨距加宽

曲线半径 R（m）	加宽值（mm）
$R \geqslant 295$	0
$295 > R \geqslant 245$	5
$245 > R \geqslant 195$	10
$R < 195$	15

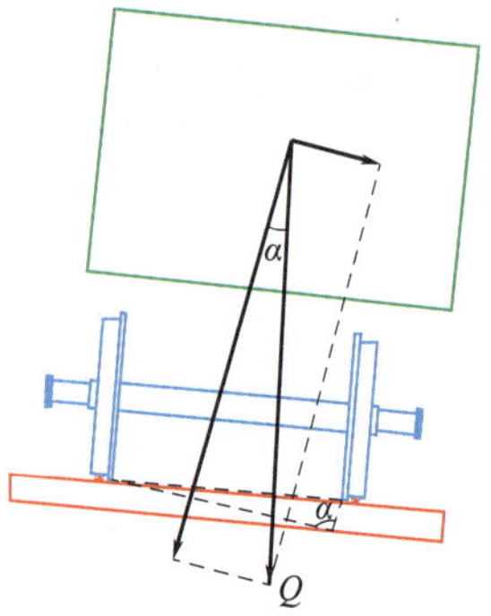

图 2-1-105　外轨超高原理图

2. 曲线超高

（1）最大、最小设计超高

机车车辆在曲线上运行时，由于离心力的作用使曲线外轨承受了较大的压力，因而造成两股钢轨磨耗不均匀现象，并使旅客感到不舒适，严重时还可能造成翻车事故。为平衡列车行驶在平面曲线上所产生的离心力，使曲线地段外股高于内股钢轨称为曲线超高，如图 2-1-105 所示。曲线地段最大、最小设计超高值应符合表 2-1-25 的规定。

表 2-1-25　最大、最小设计超高值（mm）

轨道类型	地段	最大值	最小值
无砟轨道	—	175	15
有砟轨道	一般情况	150	
	客货共线铁路单线地段	125	

（2）过超高和欠超高

由于各次列车通过曲线时的速度不可能完全相同，且与计算超高时的平均速度也不相同。因此外轨超高不可能与列车速度完全适应，必定会产生未被平衡的离心力或向心力。为了保证旅客舒适，要限制这些力的大小，一般是把这些力换算成未被平衡的超高加以限制。超高不足部分称为欠超高，超高剩余部分称为过超高。各类型铁路曲线欠超高、过超高允许值应符合表 2-1-26 的规定。

表 2-1-26　曲线欠超高、过超高允许值（mm）

铁路类型	高速铁路			城际铁路			客货共线、重载铁路	
线路状况	优秀	良好	一般	优秀	良好	一般	一般	困难
欠超高	40	60	90	40	80	110	70	90
过超高	40	60	90	40	80	110	30	50

第五节　限　　界

本节 PPT

为了确保机车车辆在铁路线路上运行的安全，防止机车车辆撞击邻近线路的建筑物和设备，而对机车车辆和接近线路的建筑物、设备所规定的不允许超越的轮廓尺寸线，称为铁路限界。

铁路限界是一个与线路中心线垂直的极限横断面轮廓，其横向尺寸系指水平宽度，由线路中心线起算，其高度尺寸为垂直高度，自钢轨面起算，单位均为 mm。

铁路限界可分为建筑限界、机车车辆限界、超限限界三种，如图 2-1-106 所示。

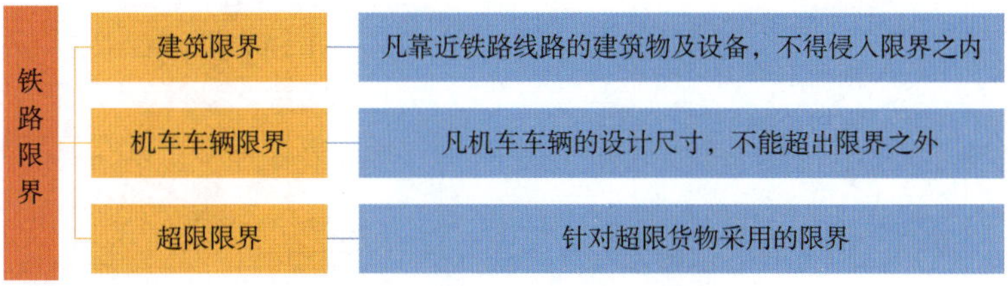

图 2-1-106　铁路限界的类别

铁路限界是铁路基本技术标准，不但铁路系统各部门必须严格执行，而且凡是与铁路相关的企业也必须遵守。

一　建筑限界

建筑限界是确保机车车辆和装载货物在运行时不与线路上的设备和建（构）筑物发生剐蹭、碰撞，能够安全通过的空间。它规定了保证机车车辆安全通行所必需的横断面的最小尺寸。凡靠近铁路线路的建筑物及设备，其任何部分（和机车车辆有相互作用的设备除外）都不得侵入限界之内。

根据列车运行速度的不同，有不同的建筑限界，包括高速、城际、客货共线、重载铁路建筑限界及双层集装箱运输限界，如图 2-1-107~ 图 2-1-110 所示。

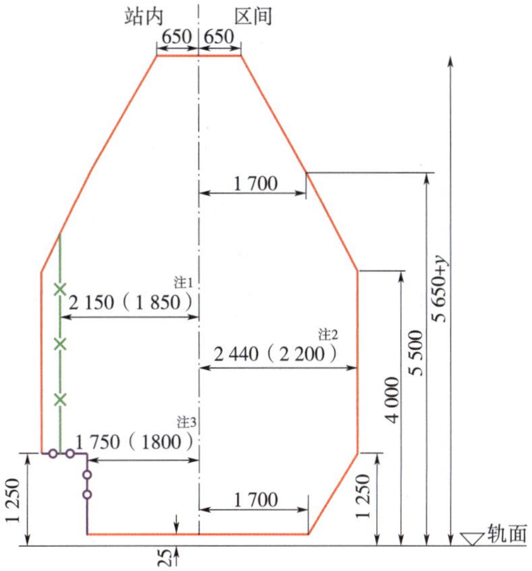

图 2-1-107　高速、城际铁路建筑限界（单位：mm）

注 1，注 2 见图 2-1-109。

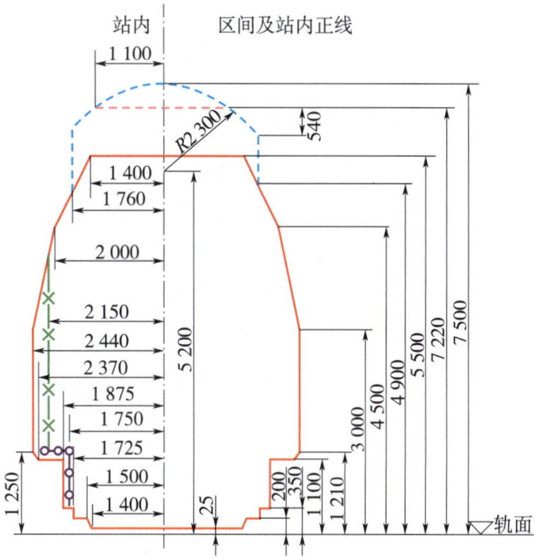

图 2-1-108　v > 160 km/h 客货共线铁路建筑限界（单位：mm）

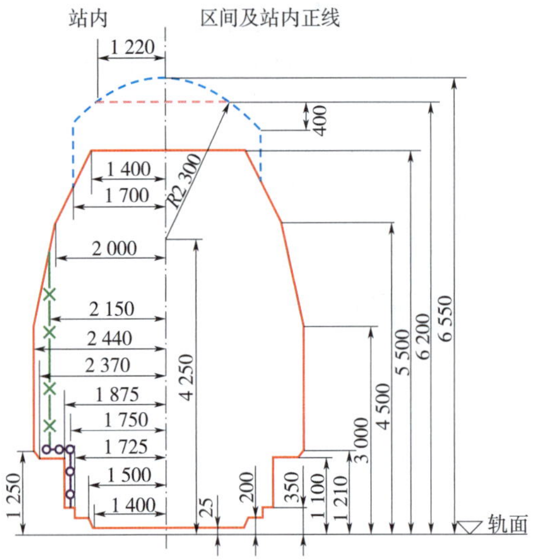

图 2-1-109　v ≤ 160 km/h 客货共线、重载铁路建筑限界（单位：mm）

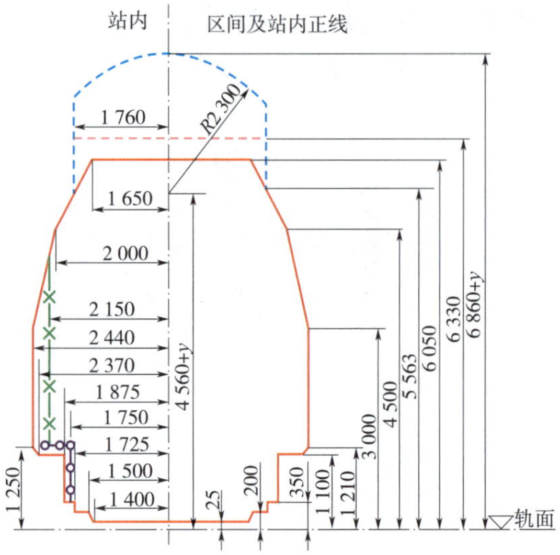

图 2-1-110　双层集装箱运输基本建筑限界（单位：mm）

—×—×—　信号机、高架候车室结构柱和接触网、跨线桥、天桥、电力照明、雨棚等杆柱的建筑限界（正线不适用）

—o—o—　站台建筑限界（正线不适用）

———　各种建（构）筑物的基本限界（图 2-1-110 中表示适用于内燃牵引基本建筑限界）

- - - - -　适用于电力牵引区段的跨线桥、天桥及雨棚等建（构）筑物（图 2-1-110 中表示适用于电力牵引基本建筑限界）

- - - - -　电力牵引区段的跨线桥在困难条件下的最小高度（图 2-1-110 中表示接触线导线的最低高度为 6 330 mm）

y　接触网结构高度

注 1　表示城际铁路站台门的建筑限界不应小于 1 850 mm

注 2　高速铁路采用 2 440 mm，城际铁路采用 2 200 mm

注 3　站台建筑限界（侧线站台为 1 750 mm；正线站台，无列车通过或列车通过速度不大于 80 km/h 时为 1 750 mm，列车通过速度大于 80 km/h 时为 1 800 mm）；站内反方向运行矮型出站信号机的限界为 1 800 mm

二　机车车辆限界

机车车辆限界为静态限界轮廓，规定了机车车辆不同部位的宽度、高度的最大尺寸和其零部件至轨面的最小距离。凡机车车辆的设计尺寸（电力机车升起的受电弓除外），不能超出机车车辆限界之外。机车车辆限界是和桥梁、隧道等的建筑限界起相互制约作用的，确保当机车车辆在满载状态下运行时，也不会因产生摇晃、偏移等现象而与桥梁、隧道及线路上其他设备相接触，以保证行车安全。

根据行车速度的不同，有不同的机车车辆限界。客货共线及重载铁路、高速及城际铁路的机车车辆限界如图 2-1-111、图 2-1-112 所示。

三　超限限界

随着经济的发展，经由铁路运输的超限货物（超限货物定义参见铁路特殊条件货物运输部分）不断增加。针对超限货物采用的限界称为超限限界。

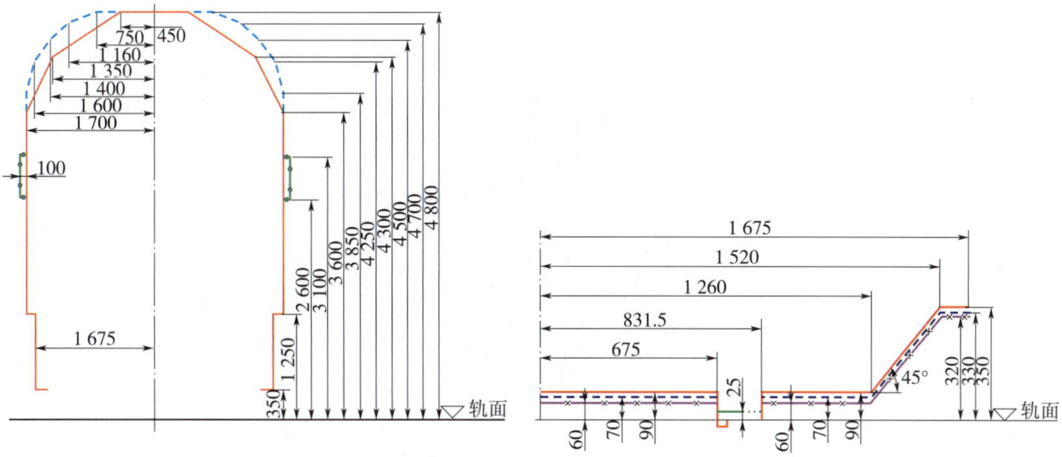

（a）客货共线、重载铁路机车车辆上部限界　　（b）客货共线、重载铁路机车车辆下部限界

图 2-1-111　客货共线、重载铁路机车车辆限界（单位：mm）

电力机车限界轮廓
列车信号、后视镜装置限界轮廓
机车车辆限界基本轮廓
车体的弹簧承载部分
转向架上的弹簧承载部分
非弹簧承载部分
机车闸瓦、撒砂管、喷油嘴最低轮廓

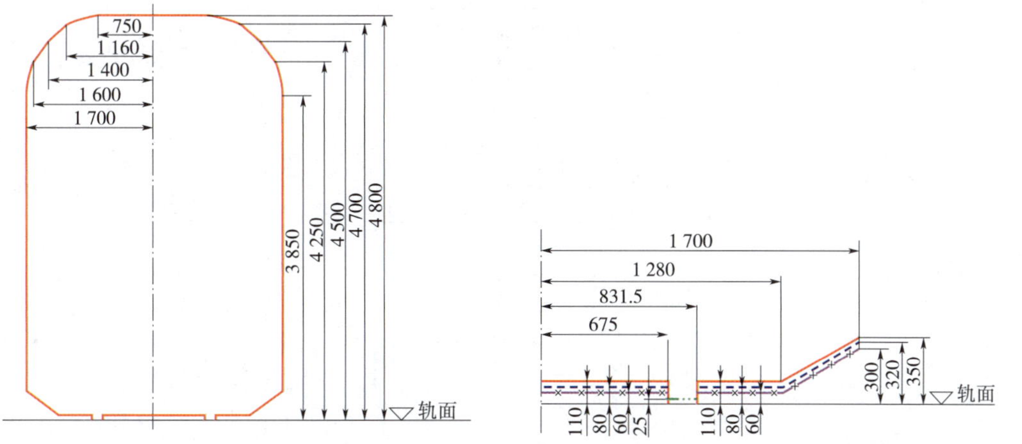

（a）高速、城际铁路机车车辆上部限界　　（b）高速、城际铁路机车车辆下部限界

图 2-1-112　高速、城际铁路机车车辆限界（单位：mm）

图注同图 2-1-111。

超限货物主要在客货共线铁路运输，客货共线铁路一级、二级超限限界如图 2-1-113、图 2-1-114 所示。

铁路部门为超限货物运输而制定的限界图以及站场设计与限界有关的规定，都以铁路限界为依据。此外，对超限货物的运输，需要采取特殊的组织方法来进行。

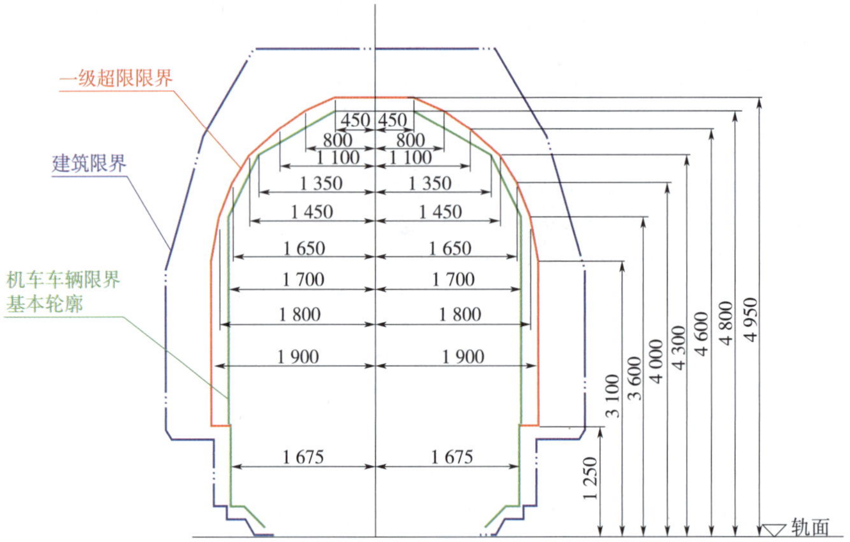

图 2-1-113　客货共线铁路一级超限限界（单位：mm）

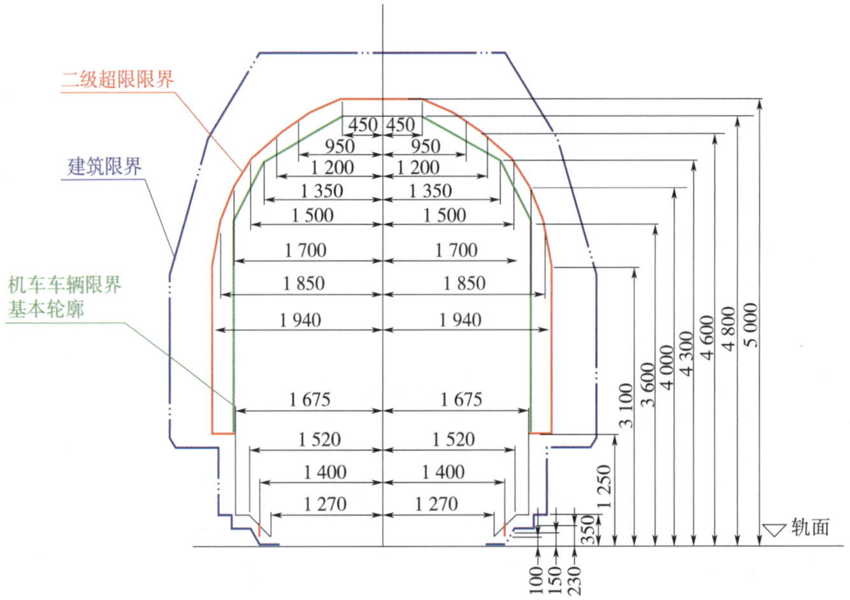

图 2-1-114　客货共线铁路二级超限限界（单位：mm）

第六节　线路的检查维修及其现代化

本节 PPT

一　线路的检查维修工作组织

在列车不间断地运行和自然条件作用下，铁路线路会发生各式各样的变形或损坏。为了确保列车能按规定的速度安全、平稳和不间断地运行，延长线路的使用寿命，必须加强线路的养护和维修工作，使线路设备经常保持完好状态。

工务段是负责组织线路养护和维修工作的基层业务部门，下设车间，每个车间再设若干工区，分别负责管辖范围内的线路养护和维修工作。

线路的养护和维修工作主要包括线路设备检查、线路设备维修和线路设备大修，如图 2-1-115 所示。此外，高速铁路越来越普遍地采用综合维修的方式。

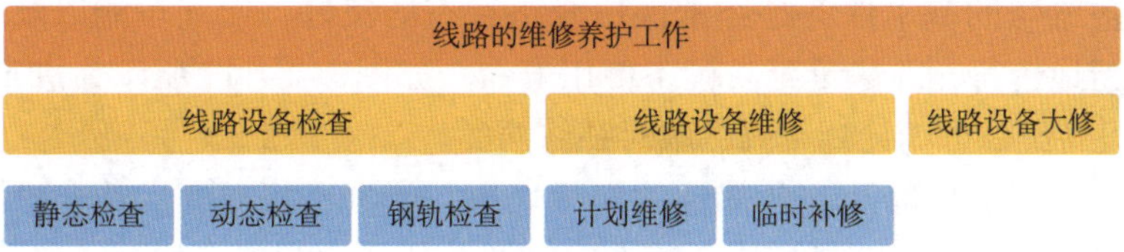

图 2-1-115　线路的维修养护工作分类

二 线路设备检查

为尽早发现铁路线路上的问题，并及时运用科学合理的方法对线路进行养护和维修，确保线路的良好状态，保障运输的安全，需要对线路状态进行检查检测。线路设备检查即巡道工作，是保证线路状态完好，维护行车安全所必须的重要措施。线路设备检查可以分为线路静态检查、线路动态检查和钢轨检查等。线路设备检查的任务主要包括检查检测钢轨、道岔、联结零件等的状态，检查路基是否有沉陷、塌方、水害、雪害等情况，检查信号及线路标志是否完好等。

（一）线路静态检查

线路静态检查有人工检查和设备检查两种方式。人工检查主要检查轨道结构，如图 2-1-116 所示。设备检查主要检查轨道几何尺寸，检查内容包括正线线路检查、正线道岔及调节器检查、站线线路和道岔检查、曲线正矢检查、无缝线路位移观测等。

图 2-1-116　线路静态检测

（二）线路动态检查

线路动态检查主要采用轨道检查车、综合检测列车、巡检设备、车载式线路检查仪等移动装备进行，目的是了解和掌握线路的动态质量，指导线路养护维修工作。线路动态检查一般定期进行，检测周期应根据运量和线路状态确定，此外，检测完成后应根据检测情况形成轨道检查车检查分析报告。

（三）钢轨检查

钢轨探伤检查实行定期检查制度，一般依据年通过总质量、轨型、季节及钢轨的实际状态等条件合理确定钢轨探伤周期，通常冬季探伤间隔时间应短于夏季。钢轨检查一般采用巡检设备与人工巡查相结合的方式进行，人工巡查可与线路设备静态检查和巡检相结合。通过钢轨检查发现擦伤、剥离裂纹、波磨（钢轨固定周期的不平顺）、锈蚀及其他伤损时，应及时进行复核并处理。

三 线路设备维修

线路设备维修的基本任务是经常保持线路状态的完好，使列车能以规定速度安全、平稳和不间断地运行，并尽量延长设备使用寿命，如图 2-1-117 所示为进行线路维修的场景。线路设备维修分为计划维修、临时补修两类。

计划维修指根据线路及其各部件的变化规律，依据维修周期、结合设备状态评价，以大型养路机械为主要作业手段，全面调整和改善轨道空间线形线位，消除轨道结构病害，恢复道床弹性，更换失效轨枕和联结零件，调整轨道几何尺寸，消除钢轨轨头病害，达到钢轨目标廓形，以及其他各结构部件的修理等为主要内容的单项或多项修理，以恢复线路完好技术状态。

临时补修指以小型养路机械为主要作业手段，对轨道几何不平顺超过临时补修容许偏差管理值及其他不良处所进行的临时性整修，以保证行车安全和平稳。

四 线路设备大修

线路经常维修的特点在于预防线路病害的发生，保持线路的完好状态，但是经过较长时间后，线路的各个部分还会发生磨损或变形，当磨损或变形达到相当程度时，单靠经常维修就难以整治了，因此有必要进行线路大修。线路设备大修是恢复或提高轨道结构强度的修理作业，如图 2-1-118 为进行线路大修的场景。根据线路设备各部件状态变化规律的不同，线路设备大修可分为钢轨大修、道岔大修、轨枕大修、道床大修、线路中修、扣件大修、道口大修、其他大修。

图 2-1-117　线路维修

图 2-1-118　线路大修

五 高速铁路的综合维修模式

我国高速铁路具有线路里程长、每公里线路营运里程运量密度高等特点，同时，高速铁路多采用无缝线路、无砟轨道等新技术、新设备，行车速度高，对轨道平顺性要求高，相应的线路养护维修标准也高。我国高速铁路早期采取分专业维修，但是分专业维修存在关联性差、组织协调困难、天

高速铁路天窗维护视频

窗（如图 2-1-119 及说明）利用率低等问题。在吸取国外经验，总结我国客货共线铁路维修管理模式及存在问题的基础上，结合我国高速铁路养护维修特点，我国高速铁路的基础设施养护维修管理越来越多地采用“三位一体”的综合养修集成管理模式（综合维修模式），即工务、电务、供电三个专业在同一天窗时间、同一区间进行维修养护。

图 2-1-119　天窗维修

综合维修模式以维修成本最低、维修质量最高和占用天窗时间最短为目标，实现工务、电务、供电三方管理和技术人员在同一地点办公，相互协调完成对基础设施的年度、月度、日维修计划，施工方案、施工组织设计、现场维修工作及完成后维修小结和总结等各方面的整合，通过对各专业业务的明晰化、具体化，合理制定各方维修配合的管理办法，全面提高高速铁路技术设施维修效率。

天窗：

天窗是在运行图中不铺画列车运行线，或者调整、抽减列车运行线用于维修施工的行车“空隙”。天窗给行车设备维修预留了时间，便于对线路、信号及供电设备等进行维修及更新改造，保证了运输的安全与质量，是解决列车运行与设备维修施工之间矛盾的有效措施。天窗按用途分为施工天窗和维修天窗。高速铁路天窗原则上不应少于 240 min。普速铁路施工天窗：技改工程、线桥大中修及大型养路机械作业、接触网大修及改造时，不应少于 180 min。普速铁路维修天窗：双线不应少于 120 min，单线不应少于 90 min。

六　线路作业的机械化及现代化

1. 线路作业的机械化

随着中国铁路的创新、发展，线路作业机械化程度大为提高。在工务段普遍配备了以单项、小型为主的养路机械，如捣固机、扒砟机、边坡回填机、液压起道机等，从而减轻了劳动强度，提高了作业效率。在大型养路机械方面，三枕捣固车、道砟清筛车、配砟整形车、线路大修列车等也在铁路现场得到了应用，如图 2-1-120 所示。由于实现了维修作业机械化，线路质量和作业效率大为提高，维修费用和人力也得到大量节省。

2. 线路检测技术的现代化

为及时发现线路设备故障、环境影响和施工作业隐患，保障行车安全，铁路工务作业越来越重视早期故障诊断。近些年来，随着微电子、传感器等技术的提高，检测与监测设备的功能也得到了很大提升。铁路工务方面，以动态检测、静态检测为基础的工务信息化管理已逐步取代传统的管理方法和手段。铁路工务部门可以运用多种基础设施设备状态检测的检测车（如高速综合检测列车、钢轨探伤车、工务巡检车、隧道检查车等，如图 2–1–121 所示），对轨道几何、轮轨力、钢轨伤损、扣件状态、隧道衬砌状态、限界等进行检测。此外，地面也安装了断轨监测设备、桥梁健康监控系统、沉降自动化监测系统。综合运用多种技术，铁路工务部门实现了对线路不间断地检查、监控，并应用计算机进行科学分析，指导养护维修作业，以最快捷的方法消除病害、灾害对行车安全的影响，保证了列车运行的安全。

（a）三枕捣固车

（b）道砟清筛车

（c）配砟整形车

（d）线路大修列车

图 2–1–120　大型养路机械

（a）高速综合检测列车

（b）钢轨探伤车

（c）工务巡检车

（d）隧道检查车

图 2–1–121　基础设施设备状态检测车

七 铁路工务管理信息系统（PWMIS）

PWMIS（Applications of MIS in Railway Permanent Ways）是铁路工务部门用于工务管理的系统，涵盖了铁路工务部门的主要业务，涉及铁路沿线的工务设备及其秋检、水害防洪、采石和调度等内容，具体包括 17 个子系统，如图 2–1–122 所示。PWMIS 为铁路工务部门提高工作效率、更好地为铁路运输生产服务起到了重要作用。

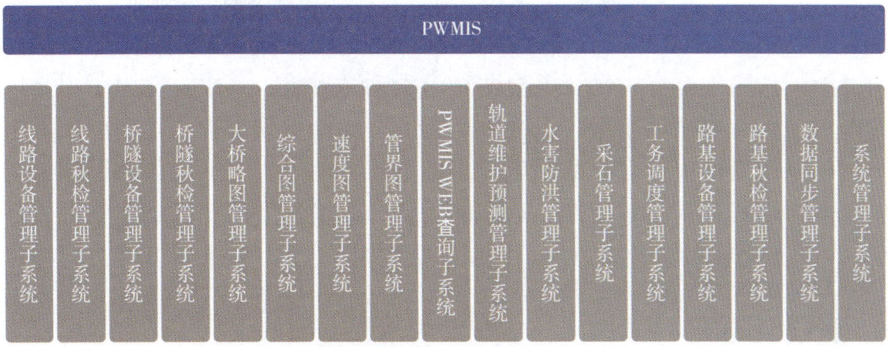

图 2–1–122　PWMIS 及其子系统

复习思考题

1. 列车在曲线上运行时，产生曲线附加阻力的原因是什么？曲线半径大小，对列车运行有什么影响？

2. 铁路上坡道的坡度如何表示？列车在坡道上运行时，产生坡道附加阻力的原因是什么？它对列车运行有什么影响？

3. 什么是限制坡度？它的大小对运营条件和工程条件有哪些影响？ $i_j \leqslant i_x$ 的含义是什么？

4. 路基的基本形式有哪些？路基的排水设备有哪些？

5. 轨道的组成及作用是什么？

6. 我国铁路正线轨道有几种类型？不同的轨道类型其构造有何区别？

7. 什么是无缝线路？

8. 简述温度力与锁定轨温。

9. 道岔号数如何表示？道岔号数大小对行车有什么影响？

10. 线路标志有哪些？各标志的含义是什么？

11. 简述限界的种类及意义。

12. 线路的经常维护及大修的内容有哪些？

13. 什么是天窗？不同类型的天窗时间是怎么规定的？

14. 常用铁路线路检测技术有哪些？

第二章 牵引供电系统

第一节 概　述

本节 PPT

目前，中国铁路主要有内燃、电力两种牵引动力形式，其中，电力牵引是以电能为动力驱动电力机车（或电动车组，下同）运行的一种牵引动力形式。牵引所需电能经专门的牵引供电系统变换成符合铁路用电要求的电流、电压，并通过接触网系统向电力机车等供电。电力牵引具有高效节能、运载能力强、运输速度高、运输成本低、环境污染小等特点，经济效益和社会效益巨大，已获广泛应用。

一 电气化铁路

以电能作为牵引动力的轨道交通称为电气化铁路（electric railway）。电气化铁路由牵引供电系统（包括牵引变电所和接触网系统）、电力机车、机务系统三部分组成，如图 2-2-1 所示。在电气化铁路上运行的电力机车，通过电力机车顶部升起的受电弓从接触网上获取牵引供电系统输送的电能并经由电动机转换成机械能牵引列车运行。

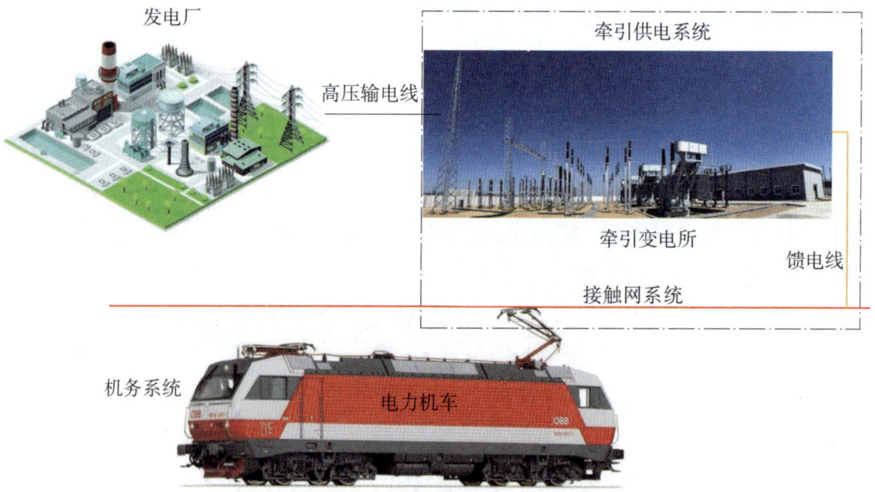

图 2-2-1　电气化铁路组成示意图

发电厂发出的电能经升压变压器升压后，由高压输电线输送到铁路沿线的牵引变电所。牵引变电所里的牵引变压器将电能转换成电力机车工作所需要的电流、电压后，通过接触网向电力机车供电。

电气化铁路按接触网供给机车的电流不同，分为直流制和交流制两种。我国采用的是 25 kV 单相工频交流供电制式。这种供电制式电压较高，输送距离远，可减少系统电压电能损失，且不需要在铁路用电与国家电网的工业用电之间增加变频设备。

二　牵引供电系统

牵引供电系统是指牵引变电所从电力系统或一次供电系统接受电能，向电力机车负载提供所需电能，并完成牵引电能传输、配电等全部功能的完整系统。牵引供电系统包括牵引变电所和接触网系统两部分，其结构如图 2-2-2 所示。

高速铁路牵引供电视频

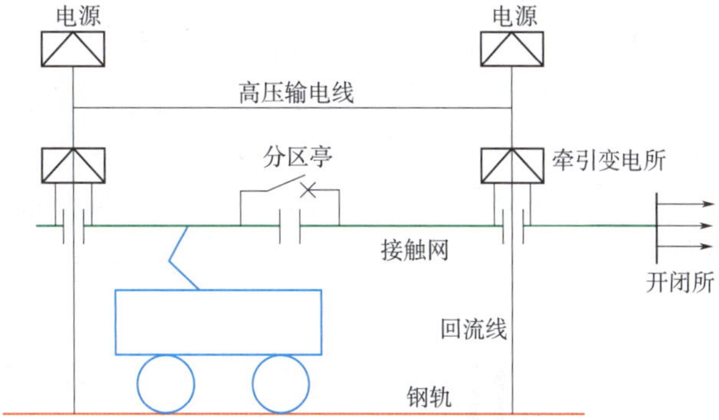

图2-2-2　牵引供电系统结构示意图

牵引变电所是指将从电力系统获取电能变换成适合机车车辆所需的电压，然后经馈电线将电能输送至接触网上，并供给电力机车使用的变配电系统。

接触网系统是由馈线（接触网与牵引变电所之间的电连接线）、接触网（轨道上方，向机车供电的输电线路）和回流线（与钢轨并联、起回流作用的导线）等附加导线构成的输电回路。接触网系统主要完成对电力机车的送电任务，接触网是其重要部分。

第二节　牵引供电系统的供电方式

本节 PPT

我国电气化铁路采用单相工频 25 kV 交流制，由于单相大电流在线路周围空间产生较强电磁场，使临近通信广播设备等产生杂音干扰和感应电压。为减少电气化铁路对沿线通信设备的干扰，保障其设备、人身安全及正常工作，在牵引供电系统中采取了许多抗干扰措施，形成了不同的供电方式。

电气化铁路牵引供电系统供电方式大体上可分为四种：直接供电方式（包括带回流线、不带回流线两种）、BT（Boost Transformer，吸流变压器）供电方式、AT（Auto-Transformer，自耦变压器）供电方式和 CC（Coaxial Cable，同轴电缆）供电方式，如图 2-2-3 所示。其中带回流线的直接供电方式和 AT 供电方式是我国铁路牵引供电系统现今采用的主要供电方式，不带回流线的供电方式、BT 供电方式和 CC 供电方式较少采用。

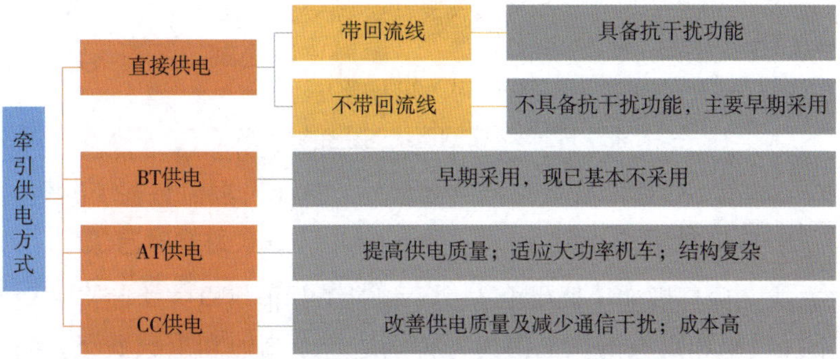

图 2-2-3　牵引供电系统供电方式及特点

一 直接供电方式

直接供电方式是指牵引变电所与接触网间不设置任何防干扰设备。这种供电方式的馈电回路结构简单、造价低。直接供电方式又可分为不带回流线直接供电方式和带回流线的直接供电方式两种。

1. 不带回流线的直接供电方式

不带回流线的直接供电方式对通信线路干扰较大，仅适用于通信线路较少的电气化铁路区段，或将通信线路改迁至远离电气化铁路的地区。不带回流线的直接供电方式在我国早期的电气化铁路中采用，其工作原理如图 2–2–4 所示。该方式中机车电流完全通过钢轨和大地流回牵引变电所，牵引网本身不具备防干扰功能。在接地方面，每根支柱需单独接地，或者通过架空地线实现集中接地。

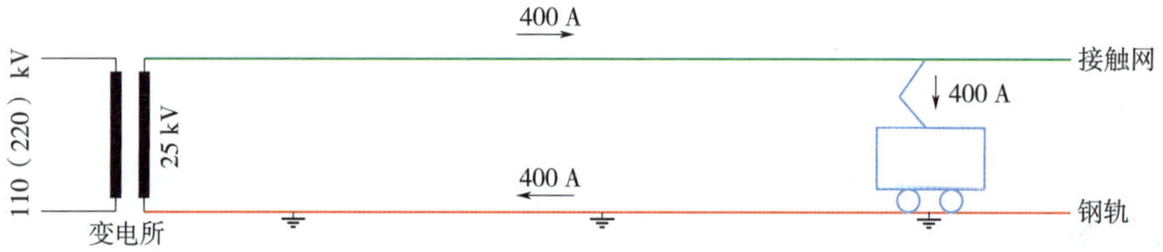

图 2–2–4　不带回流线的直接供电方式

2. 带回流线的直接供电方式

带回流线的直接供电方式，其工作原理如图 2–2–5 所示。该方式中机车电流一部分通过钢轨和大地流回牵引变电所（约 70%），其余通过回流线流回牵引变电所（约 30%），回流线每隔一个闭塞分区通过吸上线（铝芯或铜芯电缆）与信号扼流变压器中性点连接。由于流经接触网的电流和流经回流线的电流虽然大小不等，但方向相反，且安装高度比较接近，两者对铁路沿线通信设施的电磁干扰影响趋于抵消，因此牵引网本身具备防干扰功能。

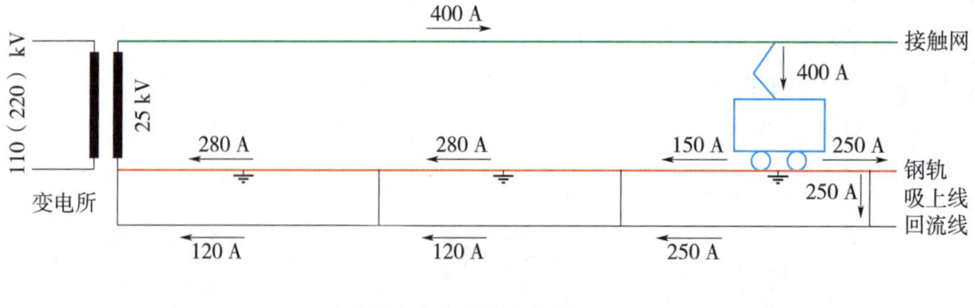

直接供电方式（带回流线）

图 2–2–5　带回流线的直接供电方式

二 AT 供电方式

AT 供电方式又称自耦变压器供电方式。相对于其他供电方式而言，AT 供电方式具有更好的防干扰效果和更大的供电潜力，特别适合于高速和重载铁路。AT 供电方式工作原理如图 2-2-6 所示，牵引变电所中，牵引变压器将 110 kV 三相电降压至单相 55 kV，然后经自耦变压器两端分别接于接触网和正馈线，自耦变压器中点接于钢轨。

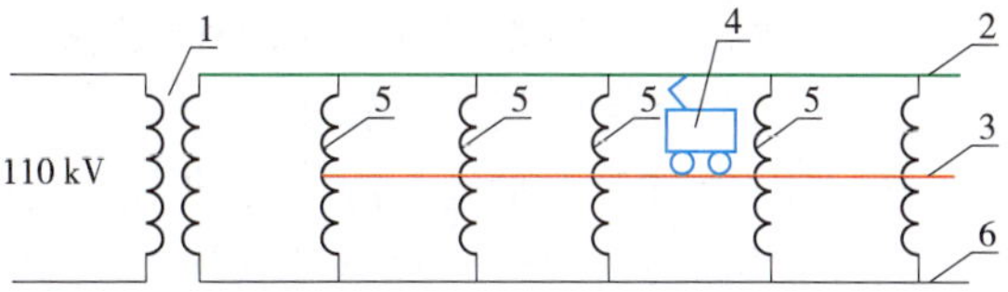

图 2-2-6　AT 供电方式示意图

1—主变压器；2—接触网；3—钢轨；4—电力机车；5—自耦变压器；6—正馈线

采用 AT 供电方式使接触网电压增高、电流减小，牵引变电所间距增大，提高了供电质量。自耦变压器并联于接触网上，不需增设电分段，能适应高速、大功率电力机车运行。但 AT 供电方式也有使牵引变电所主接线和接触网结构复杂，增设了 AT 所等不利因素。

三 BT 供电方式

BT 供电方式又称吸流变压器供电方式，其工作原理如图 2-2-7 所示。BT 供电方式适用于电气化铁路穿越大中城市及铁路两侧分布通信线路较多的地区，能有效地减轻电磁场对附近通信设备的干扰影响。但随着通信线路电缆化和光缆化，防干扰需求逐渐弱化，此外，其吸流变压器线圈串入接触网和回流线内，使牵引网阻抗增大，降低了供电臂末端电压，造成牵引变电所间距减小、吸流变压器串接导致接触线断口多、馈电回线结构复杂、造价较高等问题。BT 供电方式在我国早期电气化铁路中有采用，目前已经基本不采用。

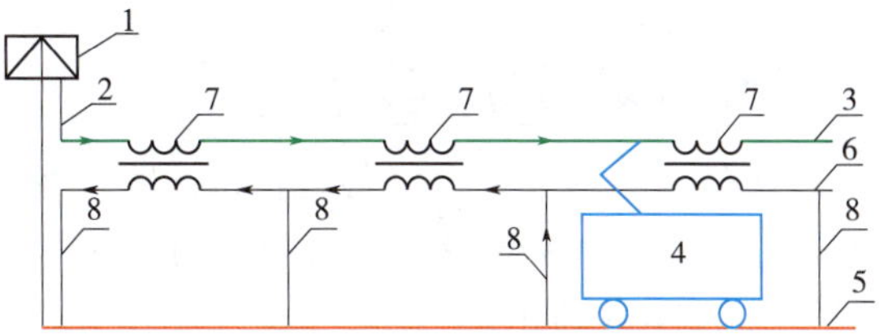

图 2-2-7　BT 供电方式工作原理

1—牵引变电所；2—馈电线；3—接触网；4—电力机车；5—钢轨；6—回流线；7—吸流变压器；8—吸上线

四 CC 供电方式

CC 供电方式又称同轴电缆供电方式，是一种新型的防干扰供电方式，适用于电气化铁路穿越大城市或净空受限的多隧道特殊地段。

同轴电缆是沿着电气化线路埋设的特殊专用电缆。电缆分为内导体和外导体。电缆的内导体作为馈电线，与接触网连接，电缆的外导体作为回流线，与钢轨连接。同轴电缆每隔一定距离（10~15 km）分成一个电缆分段，其接入方式如图 2-2-8 所示。

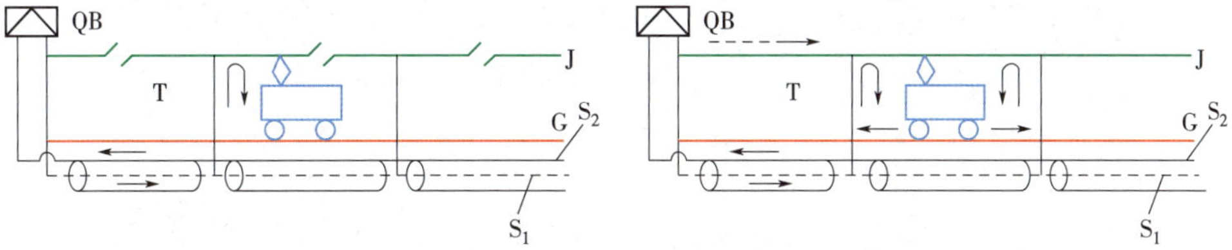

图 2-2-8　CC 供电方式

QB—牵引变电所；J—接触线；G—钢轨；S1—电缆内导体；S2—电缆外导体；T—连接线

CC 供电方式把电流方向相反的馈电线和回流线之间的距离缩短到最小限度，并且又是同轴分布，使导体间的互感系数增大，回路阻抗变得很小，加之吸附作用增强，使对外电磁场的影响趋于平衡，因而在改善供电电压质量和减少通信干扰方面的效果均明显优于 AT 供电方式，是一种很有发展前景的供电方式。但由于制作同轴电缆的绝缘材料聚乙烯价格较高，使这种供电方式的投资较大，现在一般主要用于大城市市区架设架空线有困难或架空线对通信干扰严重的特殊地段。

第三节　接触网及其供电方式

本节 PPT

接触网是架设在电气化铁路的上空，向电力机车供电的一种特殊形式的输电线路，是电气化轨道交通牵引供电系统的重要组成部分。接触网的质量和工作状态直接影响着电气化铁路的运输能力。

一　接触网的组成

铁路接触网主要由接触悬挂部分、支持装置、定位装置、支柱与基础、附加导线几大部分组成，其实景及具体组成如图 2-2-9 所示、图 2-2-10 所示。接触网各组成部分作用如图 2-2-11 所示。

图 2-2-9　铁路接触网

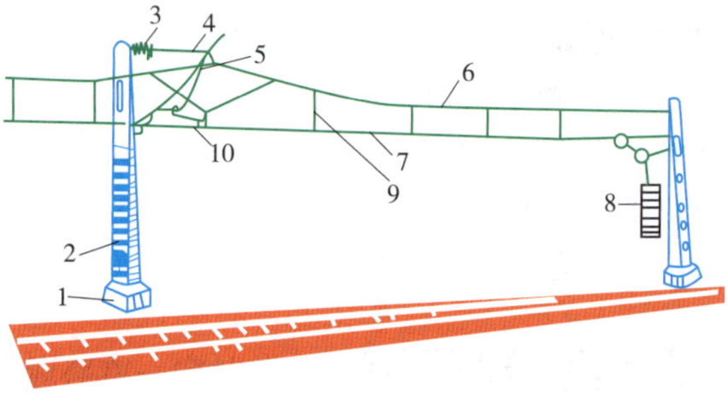

图 2-2-10　链形悬挂接触网

1- 基础；2- 支柱；3- 绝缘子；4- 拉杆；5- 腕臂；6- 承力索；7- 接触导线；8- 坠砣；9- 吊弦；10- 定位器

组成部分	作用	构成
接触悬挂部分	将牵引变电所的电能输送给电力机车	接触线、吊弦、承力索、补偿器、连接零件
支持装置	支持接触悬挂部分；将负荷传给支柱	腕臂、平腕臂、棒式绝缘子、接触悬挂的悬吊零件
定位装置	使接触线水平定位在受电弓滑板运行轨迹范围内；传递负荷给支柱	定位管、定位器、定位线夹、连接零件
支柱与基础	承受全部负荷；固定接触悬挂部分	支柱、基础
附加导线	牵引网中接触悬挂以外的架空导线	供电线、加强线、正馈线、回流线、保护线、架空地线

图 2-2-11　接触网组成及作用

二 接触网的技术要求

接触网应满足设计速度目标值、系统载流量、安全性、可靠性等技术要求，具体如图 2–2–12 所示。

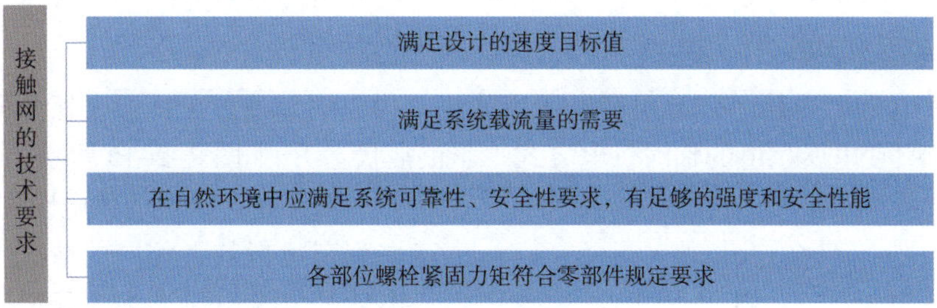

图 2–2–12　接触网的技术要求

三 牵引变电所向接触网的供电方式

电能由地方电力网输送到牵引变电所后，经主变压器降压达到电力机车正常使用所需电压等级，再由供电线将电能送至接触网。电力机车靠从接触网上获取电能以提供牵引动力，保证列车运行。电流从牵引变电所经馈电线送至接触网，流过电力机车，再经轨道回路和回流线，流回牵引变电所。牵引变电所向接触网正常供电方式主要有单边供电、双边供电两种，在非正常情况下也可以采用越区供电，如图 2–2–13 所示。

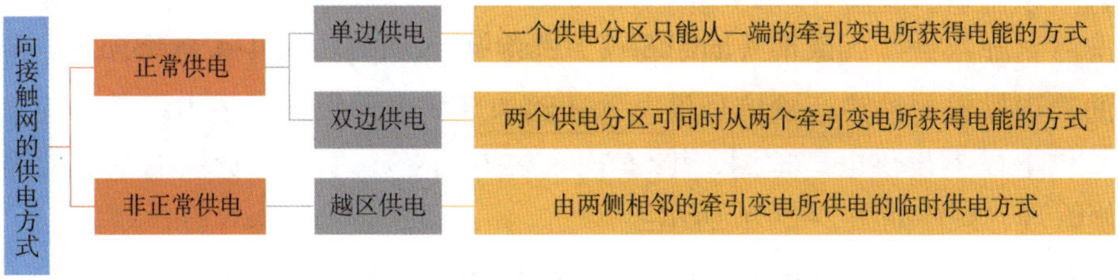

图 2–2–13　牵引变电所向接触网供电方式

（一）单边供电

接触网在相邻两个牵引变电所的中间断开，中间设有分区亭，将两个牵引变电所之间的接触网分成两个供电分区，正常情况两相邻供电臂之间的接触网在电气上是绝缘的，每一个供电分区只能从一端的牵引变电所获得电能的方式，称之为单边供电，如图 2–2–14 所示。单边供电时当某一供电分区接触网发生故障时，只影响本供电分区，而不影响其他供电分区的正常供电，从而缩小故障范围，而且，单边供电方式的牵引变电所馈电线保护装置也较简单，目前各国采用较多。

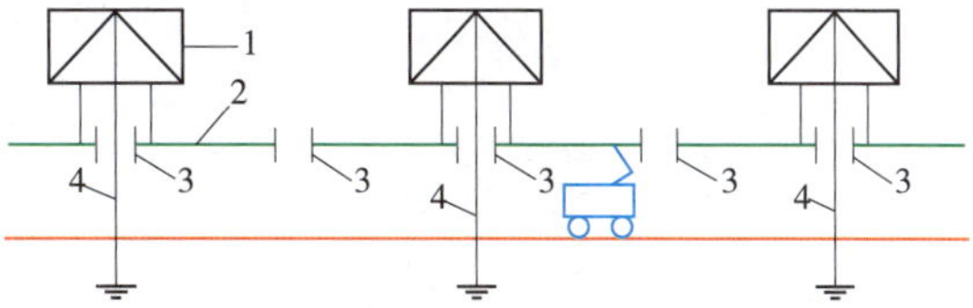

图 2–2–14　单边供电

1—牵引变电所；2—供电臂；3—电分相区（电气化铁路的无电区间）；4—回流线

（二）双边供电

若两个供电分区通过开关设备，在电路上连通，两个供电分区可同时从两个牵引变电所获得电能，这种供电方式称为双边供电。双边供电可提高接触网电压水平，减少电能损耗，但馈线及分区亭的保护及开关设备都比较复杂，因此目前采用较少。

（三）越区供电

越区供电是指当某一个牵引变电所不能正常供电时，通过分区亭（所）开关，由两侧相邻的牵引变电所供电的临时供电方式（非正常状态），如图 2-2-15 所示。

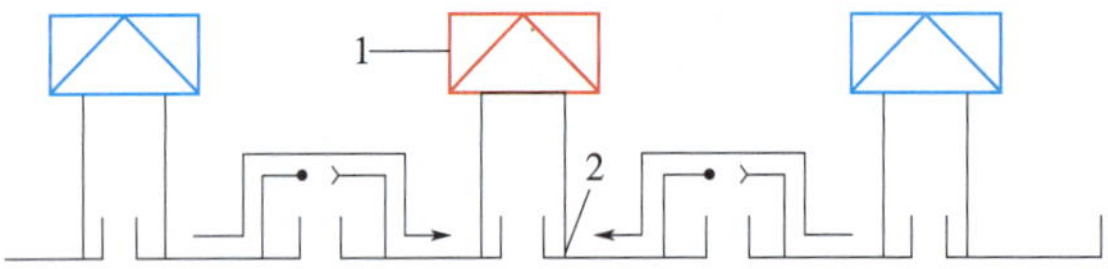

图 2-2-15　越区供电示意

1—故障牵引变电所；2—越区供电分区

由于越区供电的供电距离大大伸长，在列车运行数量相同的情况下，延伸供电臂的末端电压会大大降低，若低至不满足电力机车允许最低工作电压时，将造成电力机车不能运行。因此，越区供电通常只能保证部分列车通过，一般作为避免运输中断的临时性措施。

第四节　供电工作及供电安全检测监测系统（6C）

本节 PPT

一　供电工作组织

供电段是铁路系统具体负责牵引供电系统管理维护的基层业务部门，具体负责电气化铁路的牵引供电、铁路运输信号供电、铁路地区的电力供应、电力设备的检修与保养等工作。供电段下设供电、检测、维修车间（或工区），主要负责供电系统的运行、检测、维修管理，具体如图 2-2-16 所示。

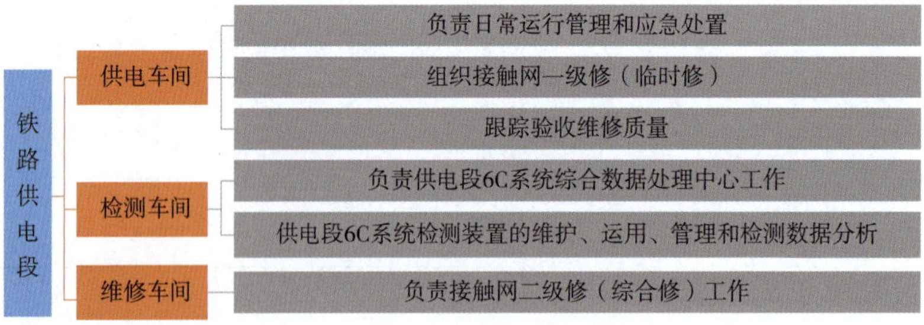

图 2-2-16　铁路供电段组成及主要工作内容

二　牵引供电系统的运行维修管理

（一）检测与分析诊断

检测是指利用仪器、设备或人工等方式，对接触网进行检查测量，掌握设备质量及运行状态的过程，包含监测、静态与动态检测、检查、零部件检验四部分，如图 2-2-17

所示。检测后必须进行分析诊断，并以此作为编制维修计划的依据。

1. 监测

监测是指对接触网外观、零部件状态、主导电回路、绝缘状况、外部环境和弓网配合等运行状态进行监视测量的过程，分为移动视频监测和定点监测两种方式。

2. 静态与动态检测

静态检测是指利用运行检测车辆在接触网静止状态下进行非接触式测量，或人工使用仪器、工具测量接触网技术状态。

动态检测是指利用弓网综合检测装置（1C）、车载接触网运行状态检测装置（3C）等手段，测量接触网技术状态及弓网接触取流状态。

3. 检查

检查分为巡视检查、全面检查、单项设备检查和非常规检查。

巡视检查是对接触网外观、绝缘部件状态、外部环境及电力机车取流情况进行目视检查，分为步行巡视检查和登乘巡视检查。

全面检查、单项设备检查具有检查、测量和试验等多重职能。针对无法或不易通过静态和动态检测、监测手段掌握设备及零部件运行状态的所有项目，利用天窗在接触网作业车作业平台、车梯或支柱上进行近距离检查，并进行必要的测量和试验等，如图2-2-18所示。全面检查是对所有设备进行检查，单项设备检查是对个别设备进行专项检查，并兼有维护保养职能。

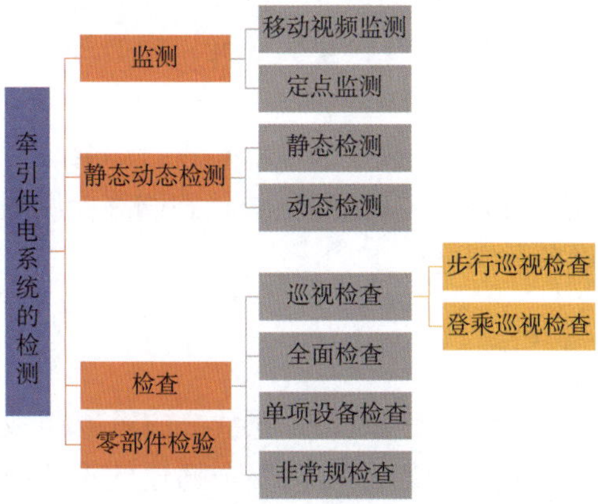

图2-2-17　牵引供电系统的检测

图2-2-18　铁路接触网作业车

非常规检查通常在特殊情况下或根据需要进行。

4. 零部件检验

零部件检验是指对拆卸送检的接触网零部件进行外观检查、补充特殊试验等，确认其质量状态的过程。零部件性能下降、状态劣化，判定即将或基本达到寿命时，应进行更换。 当接触网零部件接近预期寿命，或日常检查发现存在质量隐患、无法确认其能否在预期寿命周期内安全运行时，应对该类批零部件进行抽样质量检验。

5. 分析诊断

分析诊断是根据接触网检测结果，判断设备运行状态、判定缺陷等级，为维修提供依据。分析诊断包括即时分析诊断、定期分析诊断。检测监测设备报警或发生危及行车信息时，应立即进行即时分析诊断。

（二）修程修制

牵引供电系统的修程修制主要包括一级修（临时修）、二级修（综合修）两种，如图 2-2-19 所示。

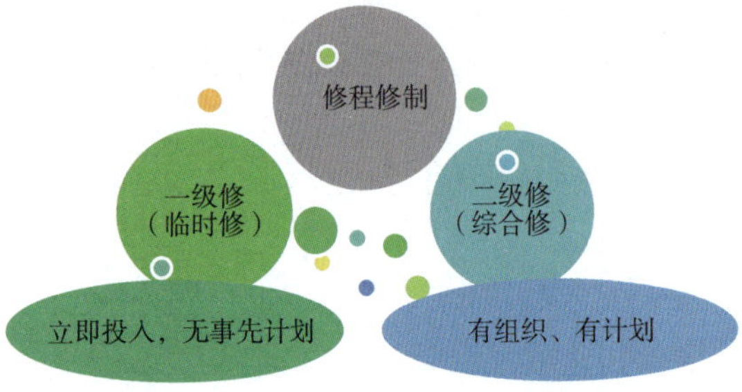

图 2-2-19　牵引供电系统的修程修制

一级修（临时修）是为了使设备状态保持在限界值以内，对导致接触网功能障碍的缺陷、故障立即投入、无事先计划的临时性维修。主要包括一级缺陷的临时性修理、危及接触网供电周边环境因素处理、导致接触网功能障碍的故障修复（必要时采取降弓、限速、封锁等处置措施）。

二级修（综合修）是为了使设备状态保持在警示值以内，对定期检测发现缺陷有组织、有计划的维修以及设备全面维护保养，主要包括二级缺陷集中修理和设备全面维护保养（必要的防腐和注油等）。二级修（综合修）可结合全面检查进行，或根据缺陷情况有计划地安排。

（三）质量评价与质量鉴定

质量评价是通过对接触网动态几何参数、接触线平顺性参数、弓网受流性能参数等进行综合分析，掌握设备动态运行功能。质量评价一般以正线公里为单元，根据每公里接触网扣分数进行评价。质量评价等级分为优良、合格、不合格三种。

质量鉴定主要是通过静态方式对接触网几何参数、设备及零部件状态进行综合统计分析，掌握设备整体技术状态。质量鉴定可采用静态检测、接触网悬挂状态监测检测图像分析、人工检查的方式，可按单项设备和整体设备分别进行。

三　铁路供电安全检测监测系统（6C）

铁路供电安全检测监测 6C 系统（以下简称 6C 系统）是铁路供电系统的重要组成部分，是保障供电设备安全可靠运行的必要手段，是保证铁路运输安全畅通的重要技术装备。

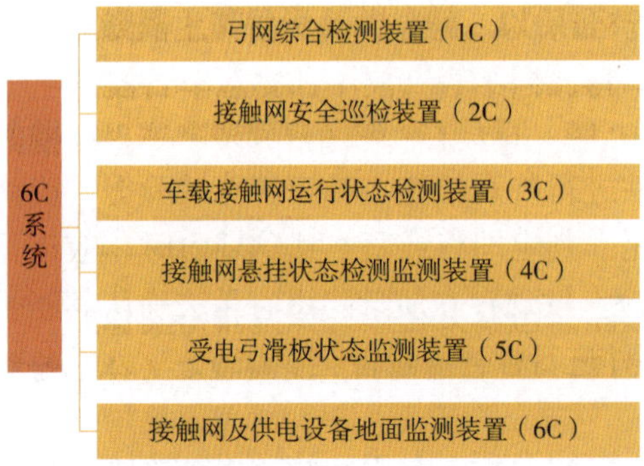

图 2-2-20　铁路供电安全检测系统（6C）组成

如图 2-2-20 所示，6C 系统主要由弓网综合检测装置（1C）、接触网安全巡检装置（2C）、车载接触网运行状态检测装置（3C）、接触网悬挂状态检测监测装置（4C）、受电弓滑板状态监测装置（5C）、接触网及供电设备地面监测装置（6C）组成，此外还包括 6C 系统综合数据处理中心（完成对 6C 各子系统数据的采集、处理、融合、分析挖掘，指导设备维修管理）。

6C 各子系统的主要组成和功能如表 2-2-1 所示。

表 2-2-1 铁路供电安全检测系统（6C）组成及主要功能

系统名称	系统功能
1C	采用动车组、客车车体搭载，对接触网平顺性、受流性、几何参数、网压进行动态检测（1C 检测的数据曲线如图 2-2-21 所示）
2C	采用便携式视频采集设备，对接触网的状态进行视频采集，分析接触悬挂部件技术状态（2C 监测的外部环境状态如图 2-2-22 所示）
3C	在运营的动车组上加装接触网检测设备，以实现高速铁路接触网状态的动态检测（3C 检测的红外及可见光试图如图 2-2-23 所示）
4C	对接触网悬挂系统的零部件实施高精度成像检测，指导接触网故障隐患的排查（4C 检测的图像、数据如图 2-2-24 所示）
5C	在车站和动车库出入线采用视频图像监测受电弓滑技术状态（5C 监测的图像数据如图 2-2-25 所示）
6C	在接触网的特殊断面及供电设备处设置地面监测装置，监测接触网的张力、振动、抬升量、线索温度、补偿位移及供电设备绝缘状态和温度等

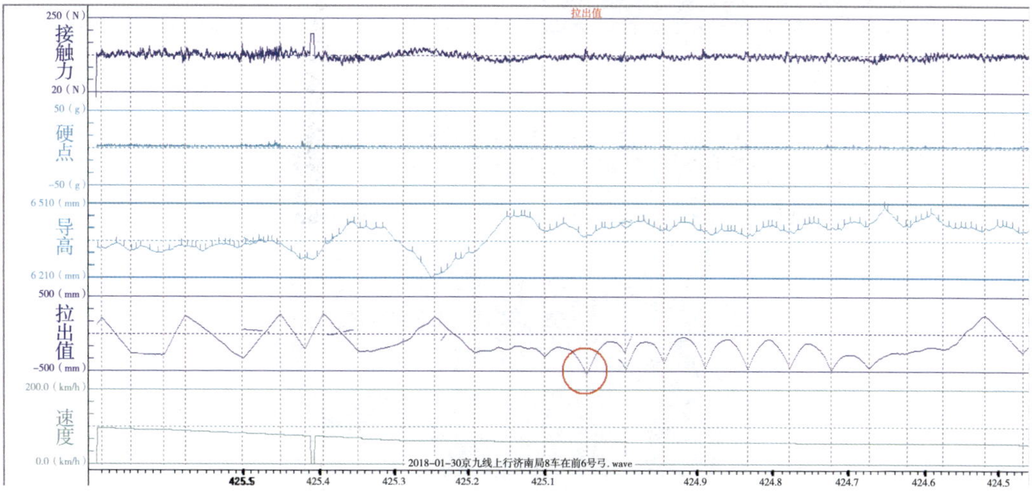

图 2-2-21 1C 检测的数据曲线图

图 2-2-22 2C 监测的外部环境状态

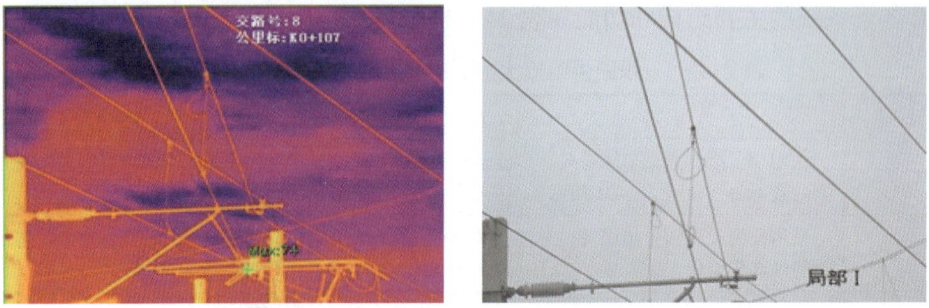

图 2-2-23　3C 检测的红外及可见光试图

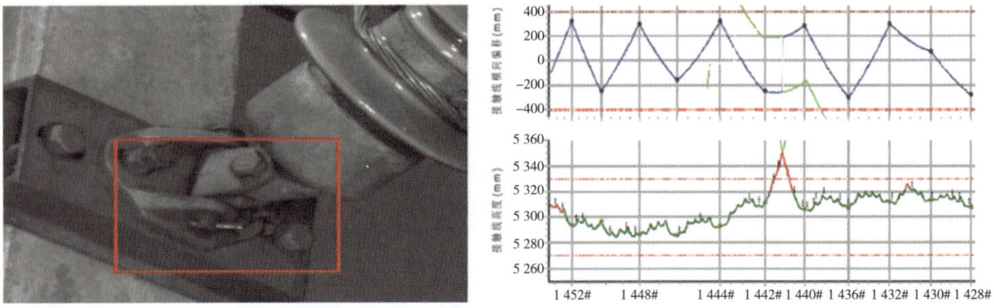

图 2-2-24　4C 检测的图像、数据

图 2-2-25　5C 监测的图像数据

复习思考题

1. 简述牵引供电系统的组成。
2. 牵引变电所的作用是什么?
3. 牵引供电系统的供电方式有哪些?各有哪些特点?
4. 简述接触网的组成。
5. 牵引变电所向接触网的供电方式有哪些?各有哪些特点?
6. 发电厂发出的电是通过哪些设备送到电力机车上去的?
7. 简述供电工作的主要内容。
8. 简述铁路供电安全检测监测系统(6C)及其主要组成及主要功能。

第三章　铁路车辆与自轮运转特种设备

铁路车辆是运送旅客、货物或具有其他特殊用途的载运工具，一般没有动力装置，必须连挂成列，由机车牵引才能在线路上运行。自轮运转特种设备不属于一般意义上的铁路车辆，考虑其具有与铁路车辆类似的特性，为方便描述，故将其在此部分进行简要介绍。

第一节　车辆分类与用途

本节PPT

一　车辆的分类

铁路车辆主要按用途分为客车、货车及特种用途车。

此外，按轴数可分为有四轴车（每两条轮轴分别组成两个相同的转向架，我国铁路大部分车辆均采用这种形式）、六轴车和多轴车（对于载重量较大的车辆，为使每条轮轴加在线路上的重量不超过线路设计轴重，可以做成六轴车或多轴车）；铁路货车还可按载重量分为 50 t、60t、70 t、80 t 和 100 t 等多种级别。铁路车辆分类如图 2-3-1 所示。

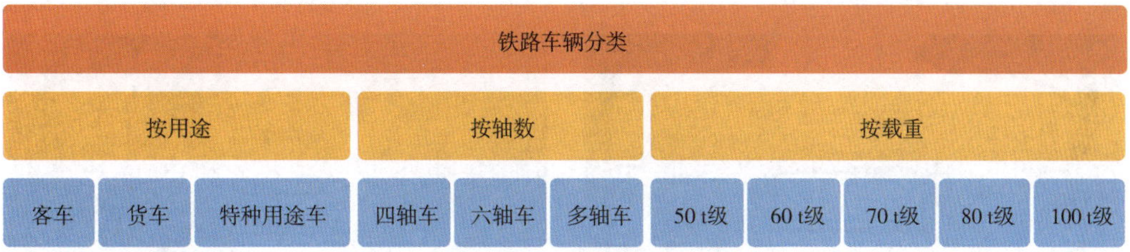

图 2-3-1　铁路车辆分类

二　客车

客车是供旅客乘坐或为旅客提供服务的车辆，其分类如图 2-3-2 所示。

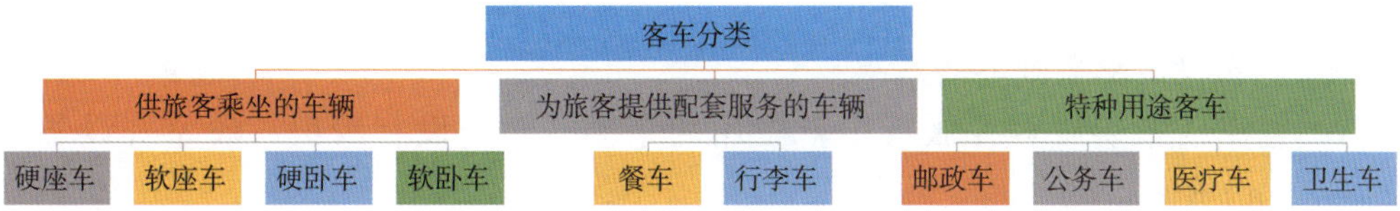

图 2-3-2　客车分类

1. 供旅客乘坐的车辆

供旅客乘坐的车辆，按车辆层数可分为单层车、双层车，其外观如图 2-3-3 所示；

按席位类别可以分为硬座车（YZ）、软座车（RZ）、硬卧车（YW）、软卧车（RW）等，其内部空间如图 2-3-4 所示。

（a）22B型硬座车（YZ）　　（b）25B型双层软座车（SRZ）

图 2-3-3　单层客车与双层客车

（a）硬座车（YZ）　　（b）软座车（RZ）

（c）硬卧车（YW）　　（d）软卧车（RW）

图 2-3-4 各席位类别车辆内部

2. 为旅客提供配套服务的车辆

（1）餐车，指供旅客在旅行中就餐用的车辆，车内设有厨房、餐室等设备，如图 2-3-5（a）所示。

（2）行李车，指供运送旅客行李及物品的车辆，车内设有行李间及行李员办公室等设备，其内部如图 2-3-5（b）所示。

（a）餐车　　（b）行李车

图 2-3-5　为旅客提供配套服务的车辆

3. 特种用途客车

特种用途客车主要包括邮政车、公务车、医疗车、卫生车等。

三 货车

货车是供运送货物的车辆。货车类型很多，按用途可分为通用货车、专用货车和特种用途的货车（特种货车）三种，具体如图 2-3-6 所示。

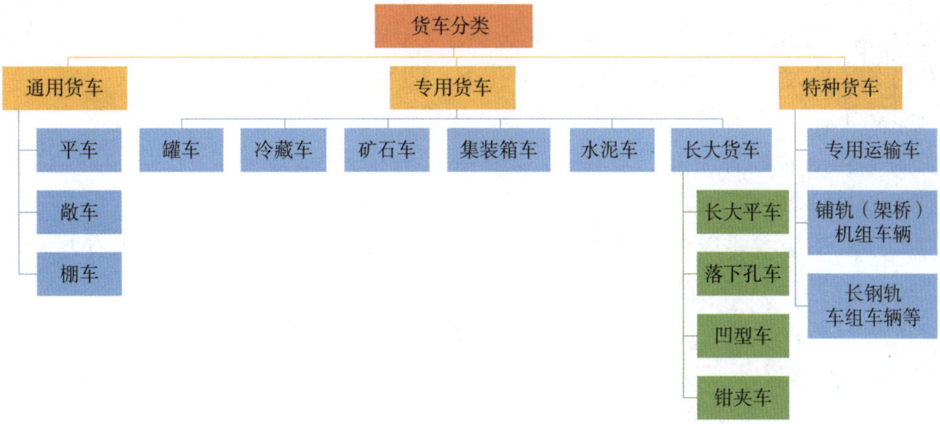

图 2-3-6　货车分类

1. 通用货车

通用货车是装运普通货物的车辆。其装运货物类型多不固定，也无特殊要求，所占比例较大，一般分敞车、棚车、平车。

（1）敞车，主要用来运送煤炭、矿石、钢材等不怕湿的货物，如图 2-3-7 所示。必要时，在所装运的货物上面加盖防水篷布，也可代替棚车装运货物。因此，敞车具有很大的通用性，是货车中数量最多的一种。

（2）棚车，主要用来运送日用品、粮食、仪器等比较贵重的和怕晒、怕湿的货物。大多数棚车是通用型的，如图 2-3-8 所示。

图 2-3-7　C70E 型敞车

图 2-3-8　P70 型棚车

图 2-3-9　N17 型平车

（3）平车，主要用来运送钢材、木材、汽车、机器等体积或重量较大的货物，也可借助集装箱装运其他货物，如图 2–3–9 所示。有的平车装有活动墙板可用来装运矿石等散粒货物。

2. 专用货车

专用货车一般指只运送一种或很少几种货物的车辆。其用途比较单一，同一种车辆要求装载的货物重量或外形尺寸比较统一，有时在铁路上的运营方式也比较特别，如固定编组、专列运行等。专用货车一般有罐车、冷藏车、矿石车、水泥车、集装箱车、双层小汽车运输专用车、长大货车（长大平车、落下孔车、凹型车、钳夹车）等。

（1）罐车，主要用来运送油类、苯类、醇类、酸、碱等各种液体，液化石油气等气体及黄磷等粉末状固体货物，如图 2–3–10 所示为 GQ70 型轻油罐车，图 2–3–11 所示为 GY95K 型液化石油气压力罐车。

（2）冷藏车，主要用来运送鱼、肉、水果、蔬菜等鲜活易腐货物，内有制冷设备和加温设备，如图 2–3–12 所示。

（3）矿石车，车体有固定的侧、端墙和卸货用的特殊车门，主要用以运送矿石、煤炭等货物。有的车体下部呈漏斗形，并设底门卸货（又称漏斗车），有的车体能向一侧倾斜，由侧门卸货（又称自翻车），如图 2–3–13 所示。

图 2-3-10　GQ70 型轻油罐车

图 2-3-11　GY_{95K} 型液化石油气压力罐车

图 2-3-12　B_{22} 型冷藏车

图 2-3-13　KF_{60} 自翻车

图 2-3-14　KM_{98} 型 30t 轴重煤炭漏斗车

KM_{98} 型 30t 轴重煤炭漏斗车：

载重 98 t，自重小于 22.4 t，轴重 30 t，容积 110 m^3，最高速度 100 km/h。该车每 5 辆为一组，满足正反向行驶均能自动卸货功能，车体为铝合金铆接结构，主要承载结构采用高强度耐候钢，车组两端采用 E+ 级钢 17 型车钩，如图 2-3-14 所示。

（4）水泥车，为密封式罐型车体，车顶有装水泥的舱孔，设气卸式卸货装置，用压力空气卸货，供运送散装水泥之用，如图 2-3-15 所示。

（5）集装箱平车，无车底板和车墙板。车底架上设固定式、翻转式锁闭装置，以便锁闭集装箱，供运送各种系列集装箱之用，如图 2-3-16 所示。

图 2-3-15　U_{60} 型立式散装水泥专用车

图 2-3-16　X_{6B} 型集装箱专用平车

（6）双层小汽车运输专用车，一种专用运输小汽车的铁路车辆，每列车按上、下两层装载，如图 2-3-17 所示。

（7）长大货物车，车体长度在 19 m 以上、无墙板、载重 70 t 以上，用以装运各种长大重型货物，如大型机床、发电机、化工合成塔等。长大货物车按其结构形式可分为凹底平车、钳夹车、落下孔车等。由于这些车的载重及自重都较大，为适应线路允许的轴重要求，车轴数较多。

（a）外观　　（b）装载方式

图 2-3-17　SQ_6 型双层小汽车运输专用车

凹底平车：

结构特点是转向架或转向架群分布于车辆的两端，中部为装载货物的凹底架，是长大货物车中适运货物最广的车型。图 2-3-18 所示的 D_{32A} 型凹底平车载重 320 t，是目前载重最大的长大货车之一。

图 2-3-18　D_{32A} 型凹底平车

钳夹车：

由两个对称的半节车构成，运输货物时，货物被悬挂在两个钳形梁之间，使货物与钳形梁成为一个整体，货物成为整个车辆的一部分。空车运行时，两个对称的半节车由辅助装置将它们连在一起，称为短连接。图 2-3-19 所示的 DQ_{45} 型钳夹车载重 450 t，是目前载重最大的长大货车之一。

图 2-3-19　DQ_{45} 型钳夹车

落下孔车：

底架中部开一个有一定长度和宽度的落孔，装货时货物落入孔内，适于运输宽度较窄而高度很大的货物。图 2-3-20 所示的 D_{45} 型落下孔车载重 450 t，是目前载重最大的长大货车之一。

图 2-3-20 D_{45} 型落下孔车

3. 特种货车

特种货车是具有某种专门用途或者是特（种）殊用途的货车，如专用运输车、铺轨（架桥）机组车辆、长钢轨车组车辆等。图 2-3-21 所示为 NJ_7 型铺轨机主机配用平车。

图 2-3-21 NJ_7 型平车（PJ_{32} 型铺轨机主机配用）

四 特种用途车

特种用途车是指客车、货车之外按特种用途使用的铁路车辆，主要包括试验车、发电车、轨道检查车、检衡车等。

试验车：

铁路试验车是用于铁路轨道相关试验的专用检测车辆，用于检验铁路轨道振动特性以及采集静动态加载和移动加载时的性能参数等。图 2-3-22 所示为进行联调联试的试验车。所谓联调联试是指采用检测列车等测试设备，在铁路开通运营前对沿线轨道、接触网、通信、信号等各项设备逐步进行测试，并对发现的缺陷进行调整，直至各个系统以及整体系统满足符合列车运行及动态验收要求。

发电车：

铁路发电车是为满足列车大容量用电设备（如空调机组）的需要，主要在非电气化区段使用，装有柴油发电机组供电装置进行大功率发电的铁路车辆。图 2-3-23 所示为 KD_{25k} 型空调发电车。

轨道检查车：

又称轨道检测车或轨道检查仪，简称轨检车。利用轨检车检查轨道几何状态是确保铁路行车安全的一个重要环节，检查内容包括轨距、高低、轨向、水平、三角坑、振动加速度等。图 2-3-24 所示为 GJ4 型轨道检查车。

图 2-3-22　进行联调联试的试验车

图 2-3-23　KD_{25K} 型空调发电车

检衡车：

检衡车是用于检定轨道衡（供铁路车辆称重用的衡器）计量性能的车辆，具有固定的标准质量，可理解为一种可在轨道上移动的大砝码。图 2-3-25 所示为 T_7 型检衡车，最高速度 120 km/h，用于对轨道衡进行计量性能检测和周期检定。

图 2-3-24　GJ4 型轨道检查车

图 2-3-25　T_7 型检衡车

第二节　铁路车辆的基本组成及列尾装置

本节 PPT

铁路车辆种类繁多，但其结构大致相似，一般由车体、走行部、车钩缓冲装置、制动装置、车辆内部设备（部分车有）等基本部分组成。以棚车为例，车辆基本组成如图 2–3–26 所示，各主要部分的作用如图 2–3–27 所示。

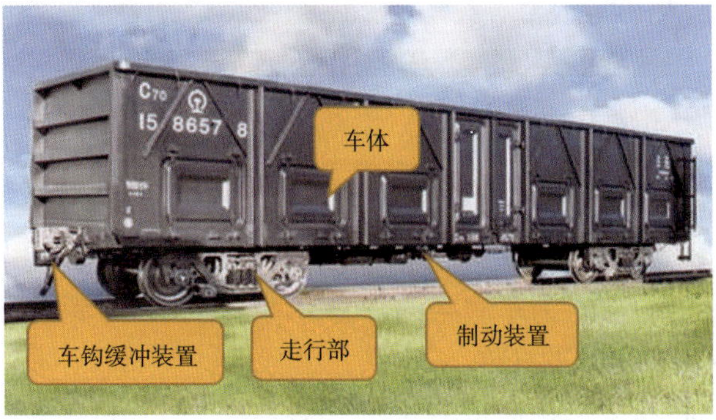

图 2–3–26　车辆基本组成

车辆基本组成	作用
车体	旅客乘坐或装载货物的部分
走行部	引导车辆沿轨道运行，并把车辆的重量和货物载重传给钢轨
车钩缓冲装置	使机车车辆连挂，传递牵引力和制动力，缓和冲击力
制动装置	用外力迫使运行中的机车车辆减速或停车
车辆内部设备（部分车有）	客车内为旅客提供舒适条件的设备；根据货车用途安装的有关设备，如冷藏车内降温、加温等设备

图 2–3–27　车辆基本组成的作用

此外，列尾装置（列车尾部安全防护装置）是列车取消守车和运转车长后，在尾部无人值守的情况下，为了保证列车安全运行而研制的铁路行车设备。因其一般安装在列车尾部车辆上，故而在此一并加以介绍。

一　车体

车体是旅客乘坐或装载货物的部分，车体一般和车底架构成一个整体，其结构与车辆的用途有关。

车底架是车体的基础。它承受车体和所装货物的重量，并通过上下心盘将重量传给走行部。在列车运行时，它还承受机车牵引力和列车运行中所引起的各种冲击力，所以必须具有足够的强度和刚度。

货车车底架由中梁、侧梁、枕梁、横梁、端梁、纵向梁及地板等组成，如图 2-3-28 所示。

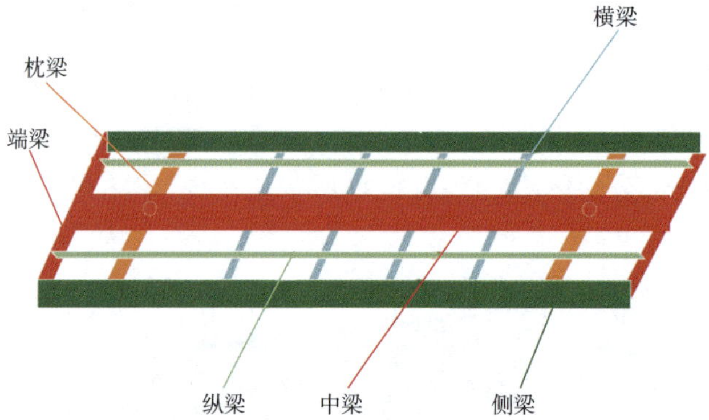

图 2-3-28　货车车底架

中梁位于车底架的中央，为车底架的骨干，两端是安装车钩缓冲装置的地方，是主要承受垂直载荷和纵向作用力的杆件。

枕梁是车底架和转向架摇枕衔接的地方。在枕梁下部安装的上旁承和上心盘，分别与转向架摇枕上的下旁承和下心盘相对，并将重量传给走行部。

客车车底架构造和货车车底架相似。客车两端必须设置通过台，所以它的两端各有一个通过台架。

不同车辆的车体具有不同的特点。

敞车（图 2-3-7）车体无车顶，由地板、侧墙、端墙组成。

棚车（图 2-3-8）车体由地板、侧墙、端墙、车顶、门和窗组成。

平车（图 2-3-9）车体只有地板，没有固定的侧墙和端墙。

罐车（图 2-3-10、图 2-3-11）车体外形为一个卧放的圆筒，采用钢、玻璃钢、铝、铝合金等不同材质制造，具有较大的强度和刚度，罐体上设有装卸口（人孔）。部分罐体上还设有安全阀，当罐体内的压力超过一定数值，安全阀能自行打开，将罐内气体放出；罐内压力低于一定数值时，通过安全阀向罐内补气，以保证运行安全。

冷藏车（图 2-3-12）车体与棚车车体外形相似，为了减少太阳辐射热，车体外表涂成银灰色，墙板夹层装有隔热材料，车里装有加温、制冷、测温和通风装置。

客车车体采用薄壁筒形结构，由底架、侧墙、车顶、内外端墙、门窗等组成。为了满足旅客在旅行生活中的需要，车体内部设有坐卧设备、车电设备、通风设施和空调取暖设备等。新型客车的结构不断改善和提高，全车结构采用铝合金型材、玻璃钢、不锈钢等新材料。空调双层客车载客定员大幅度提高，适用于繁忙的城际、旅游区段等的旅客运输。

二　走行部

走行部可以引导车辆沿轨道运行，并把车辆的重量和货物载重传给钢轨，它应保证车辆以最小的阻力在轨道上运行，并顺利通过曲线。走行部能否保持良好的状态，对于车辆的安全、平稳、高速运行有很大影响。我国铁路的货车大部分是四轴货车，其走行部由两台相同的并独立的二轴转向架组成。

（一）转向架的作用

采用转向架的形式，可以缩短车辆的固定轴距，车体与转向架之间可以相对自由转动，便于通过曲线。同时，转向架结构也可使车辆的载重量、长度和容积有所增加，运行品质得以改善。

（二）转向架的组成

每一个转向架由两组轮轴、轴箱油润装置、侧架、摇枕、弹簧减振装置等组成一个整体结构，并通过摇枕上的下心盘、中心销和车体底架枕梁上的上心盘对接后与车体连接为一体。铸钢侧架式货车转向架是我国铁路上广泛使用的一种货车转向架，如图 2-3-29 所示。下面以它为例来说明转向架的一般构造。

图2-3-29　铸钢侧架式货车转向架

1. 轮轴

两个车轮紧密地压装在一根车轴上组成轮轴。轮轴承受车辆的全部重量，并在负重的情况下以较高的速度引导车辆在钢轨上行驶。

如图 2-3-30 所示，车轮与钢轨头部直接接触的表面，称为踏面。踏面做成一定的斜度，可使车辆的重心落在线路中心线上，以减少或避免车辆的蛇行运动，使车轮较顺利地通过曲线，减少车轮在钢轨上的滑行。车轮内侧外缘凸起的部分叫轮缘。它的作用是引导车辆沿钢轨运行，防止车轮脱轨，保证车辆在线路上安全运行。

车轮两端伸进轴箱的部分叫轴颈，用以安装轴承。轮座是压装、固定车轮的部分，也是车轴受力最大、直径最大的部分。车轴的中部为轴身。

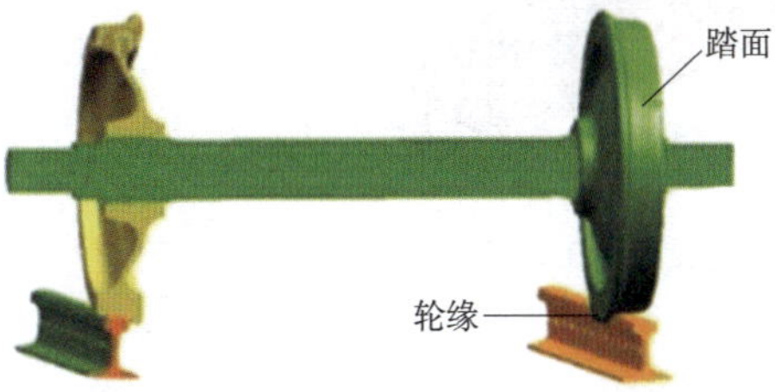

图 2-3-30　轮轴及其与钢轨的接触

图 2-3-31　滚动轴承轴箱

2. 轴箱油润装置

轴箱油润装置是将轮轴和侧架联结在一起，并将车辆的重量传给轮轴。主要作用是保护轴颈，使轴承与轴颈间得到润滑，减少摩擦，防止在高速运行条件下发生热轴，保证车辆安全运行。

铁路车辆上有两种类型的轴箱装置，即滚动轴承轴箱和滑动轴承轴箱装置。滑动轴承的主要缺点是运行阻力大，使用和保养不慎时容易发生燃轴（轴箱燃烧）事故，故逐步被淘汰。现在主要采用的是滚动轴承轴箱，如图 2-3-31 所示。

滚动轴承轴箱由轴箱体、轴箱盖、滚动轴承等组成。在轴箱内加入适量的软干油，当车轴和轴承转动时，就能将油脂带入摩擦表面。滚动轴承能减少运动阻力，适合高速运行，减少燃轴事故，延长检修周期，缩短检修时间，加速车辆周转，节省油脂，降低运营成本。

3. 侧架、摇枕及弹簧减振装置

货车转向架的构架是由左右两个独立的侧架与摇枕组成的。侧架和摇枕（图 2-3-32、图 2-3-33 所示）是货车转向架的主要部件，它们不仅承受、传递各种作用力，而且把转向架各零部件组成一个整体。

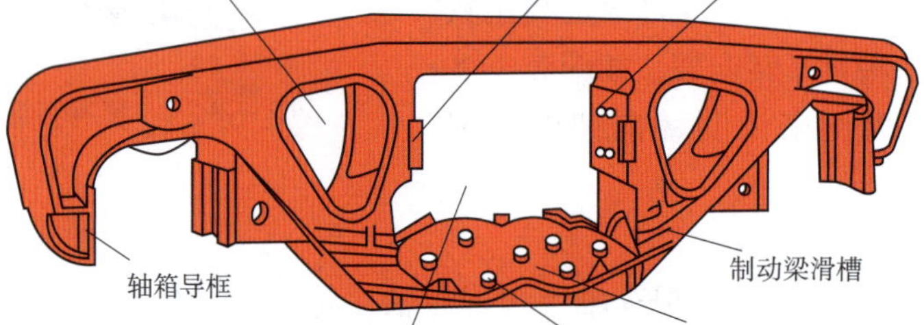

图 2-3-32　侧架

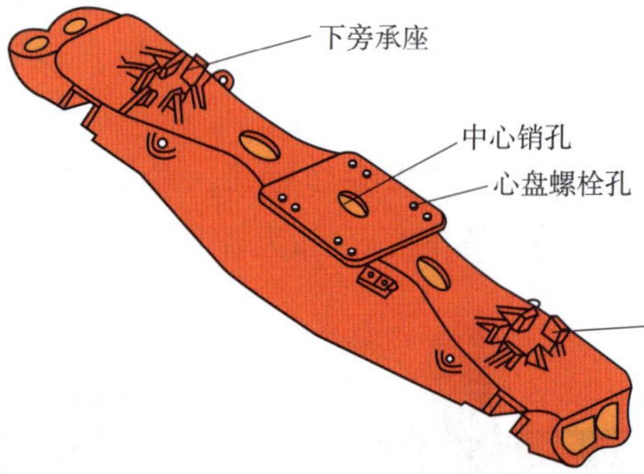

图 2-3-33　摇枕

三 车钩缓冲装置

车钩缓冲装置的作用是使机车和车辆或车辆之间连挂一起，并且传递牵引力和制动力，缓和列车运行或调车作业时产生的冲击力。

车钩缓冲装置包括车钩、缓冲器两部分，安装在车底架中梁的两端。图 2-3-34、图 2-3-35 所示为货车车钩缓冲装置及其组成。

图 2-3-34　车钩缓冲装置

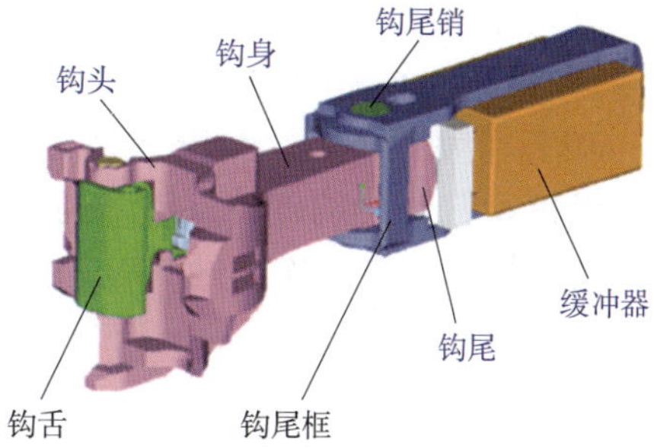

图 2-3-35　车钩缓冲装置组成

（一）车钩

1. 车钩的组成及位置

车钩由钩头、钩身和钩尾三个部分组成（如图 2-3-34、图 2-3-35 所示）。钩头里装有钩舌、钩舌销、钩锁销、钩舌推铁和钩锁铁等零部件（如图 2-3-36 所示）。

为了实现挂钩或摘钩，使车辆连接或分离，车钩具有闭锁、开锁和全开三种位置，如图 2-3-36 所示，各位置的作用见表 2-3-1。

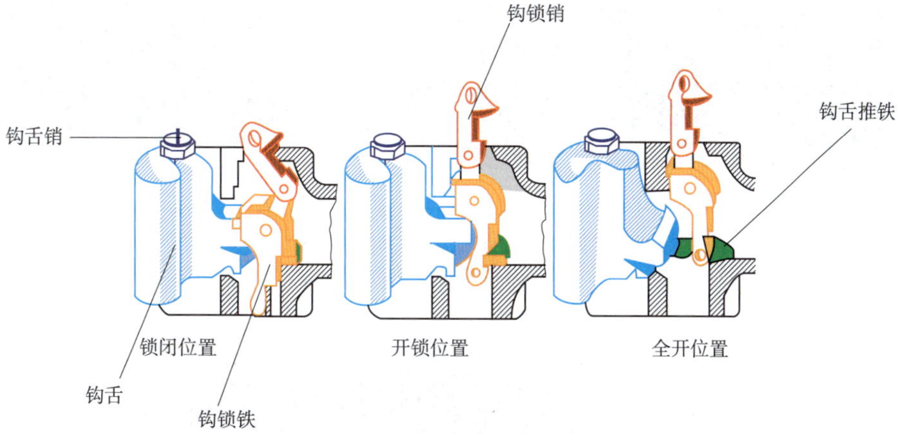

图 2-3-36　车钩三态作用位置图

表 2-3-1　车钩三态及其作用

作用位置	描　　述	钩锁铁位置	钩舌状态	作　　用
锁闭位置	车钩的钩舌被钩锁铁挡住不能向外转开的位置，称之为锁闭位置	最低	不能转开	连接（相邻车钩均锁闭）
开锁位置	钩锁铁被提起，钩舌只要受到拉力就可以向外转开的位置	中间	可以向外转开	摘钩（其中一个开锁）
全开位置	提动钩锁铁，带动钩舌推铁，推动钩舌，使钩舌安全向外转开的位置	最高	完全向外转开	连挂（其中一个全开）

2. 重载列车旋转式车钩

我国铁路在开行的重载单元列车中装设有旋转式车钩，如图 2-3-37 所示。一般在车辆的一端装设旋转车钩，车辆的另一端装设普通的固定车钩，当车辆进入翻车机位时，翻车机带动待翻车辆旋转，沿车钩纵向中心线旋转 180°，未进翻车机位的车辆静止不动，被翻转车辆与其连挂的旋转车钩一起翻转，实现不摘车作业，缩短了卸货作业时间。

（二）缓冲器

为了缓和并减小车辆在连挂、起动、制动时产生的冲击力，提高列车运行的平稳性，延长车辆使用寿命，在车钩的后面装有缓冲器，如图 2-3-38 所示。缓冲器内部结构如图 2-3-39 所示，缓冲器不仅可以起到缓和冲击的作用，还可以吸收一部分冲击时产生的动能。缓冲器有多种类型，如 2 号、3 号、ST、MT-2、MT-3、G2 型、弹性胶泥缓冲器等。

图 2-3-37　重载列车旋转式车钩

图 2-3-38　车钩缓冲器

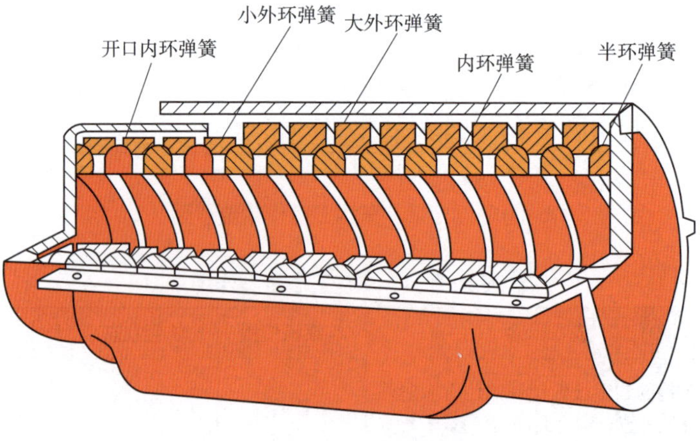

图 2-3-39　车钩缓冲器剖面图

（三）解钩装置

摘挂车辆时，为了保证工作人员的人身安全以及工作上的方便，在车辆两端车钩的一侧，设有开启车钩的装置，称为解钩装置（又称提钩装置）。

四 制动方式及制动装置

（一）制动方式及其分类

列车制动方式主要有三种分类方法，分别是按列车动能消耗方式的分类、按制动力是否依赖轮轨黏着关系的分类、按制动源动力来源的分类，如图 2-3-40 所示。

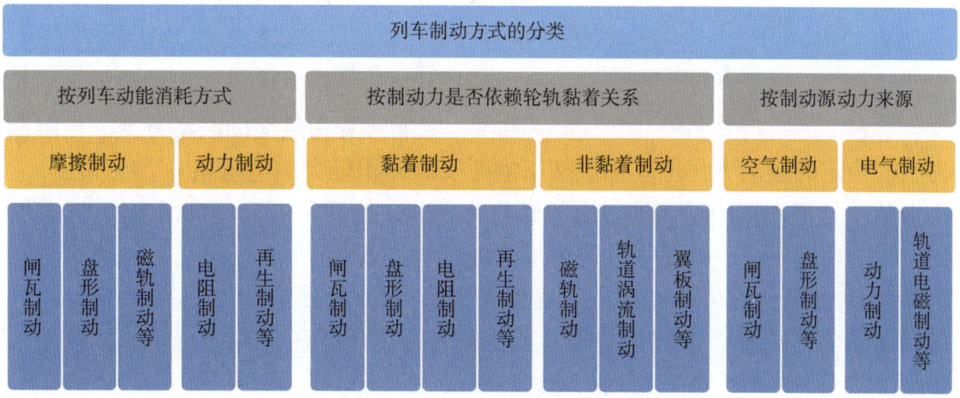

图 2-3-40　列车制动方式的分类

1. 按列车动能消耗方式的分类

根据列车动能消耗的方式不同，制动方式主要可分为摩擦制动和动力制动。

（1）摩擦制动是通过机械摩擦来消耗列车动能的制动方式，包括闸瓦制动、盘形制动和磁轨制动等。

盘形制动是在制动时，制动缸通过制动夹钳使闸片夹紧制动盘，闸片与制动盘产生摩擦，把列车的动能转变为热能，热能通过制动盘与闸片散于大气的制动方式，有轴盘式和轮盘式两种，如图 2-3-41 所示。盘形制动具有动能转变成热能后散发快，闸片和制动圆盘相互间摩擦性能好，制动时减速均匀、平稳、无噪声，车轮的磨耗减轻，减轻维修工作量等优点。

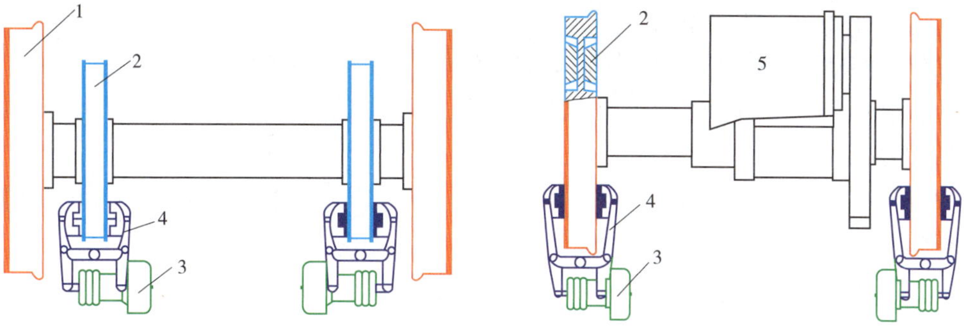

（a）轴盘式　　（b）轮盘式

图 2-3-41　盘形制动装置

1—轮对；2—制动盘；3—制动缸；4—制动夹钳；5—牵引电机

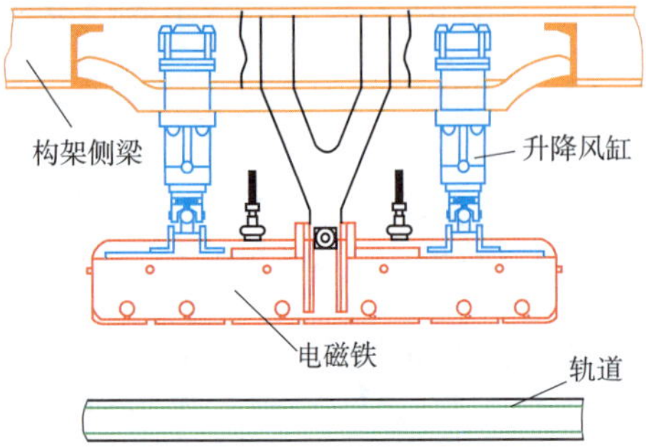

图 2-3-42　磁轨制动

磁轨制动（如图 2-3-42 所示）是通过电磁作用，使该设备上的磨耗板与钢轨摩擦产生制动力的制动方式，磁轨制动多用作紧急制动。

（2）动力制动是利用某种能量转换装置，将运行中列车的动能转换为其他形式的能量，并予以消耗的制动方式，包括电阻制动、再生制动等。

电阻制动是将发电机发出的电能加于车辆电阻器，电能转变为热能的制动方式。电阻制动一般能提供较稳定的制动力，但车辆底架下需要安装体积较大的电阻箱。

再生制动是把列车的动能通过电机转化为电能，然后将电能反馈回电网的制动方式。从节约能源的角度考虑，这是一种较为理想的制动方式。

2. 按制动力制动力的形成方式（是否依赖轮轨黏着关系）的分类

按照制动力形成是否依赖于轮轨之间的黏着（由于正压力而保持轮轨接触处相对静止的现象）关系，可分为黏着制动与非黏着制动。

（1）黏着制动是通过轮轨间的黏着来形成制动力的制动方式，如闸瓦制动、盘形制动、电阻制动、再生制动等都是靠黏着关系来形成制动力的。

（2）非黏着制动是不通过轮轨间的黏着来形成制动力的制动方式，如磁轨制动、轨道涡流制动、翼板制动等都不是通过轮轨间的黏着来形成制动力的。

轨道涡流制动是在转向架两侧的两车轮之间装设条形电磁铁，电磁铁的磁极端面与钢轨表面保持 6~7 mm 间隙，靠电磁铁与钢轨间的相对速度引起电涡流作用形成制动力的制动方式。目前，其作为一种辅助制动方式，用在某些黏着制动力不够的高速列车上。

翼板制动（风阻制动）是依靠在车体上设置的空气阻力板来增加列车车体迎风阻力的制动方式，具有无磨耗、结构简单、使用可靠等特点。若空气阻力板的位置适当，列车运行时的空气阻力会增加 3 ~ 4 倍，可以有效的补充高速制动时的制动力。

3. 按制动源动力来源的分类

按制动源动力来源分，目前列车所采用的制动方式主要有空气制动和电气制动。

空气制动是以压缩空气为源动力的制动方式，如闸瓦制动、盘形制动等均以压缩空气为源动力。

电气制动（简称电制动）是以电为源动力的制动方式，如动力制动、轨道电磁制动等均以电为源动力。

（二）客货共线铁路制动装置：空气制动机

制动装置是用外力迫使运行中的机车车辆减速或停车的一种设备。它不仅是列车安全、正点运行的重要保证，而且也是提高列车重量和运行速度的前提条件。因此，制动装置的性能好坏，对铁路的运输能力和行车安全都有重要作用。

我国客货共线铁路机车车辆上安装的制动机主要有空气制动机和人力制动机（手制

动机）。空气制动机是利用压缩空气产生制动力的，一般作为列车制动用。人力制动机是用人力进行制动，一般只在调车时对个别车辆或车组实行制动用。

本节主要介绍客货共线铁路主要采用的空气制动机和人力制动机，其他新型制动相关内容将在动车组部分介绍。

1. 空气制动机的组成

空气制动机又叫作自动制动机，是以压缩空气为源动力的制动装置，车辆空气制动机所需压缩空气是由机车总风缸供给的。

空气制动机的部件，一部分装在机车上，另一部分装在车辆上。装在机车上的部分包括空气压缩机、总风缸、制动阀等。由空气压缩机产生的压缩空气储存在总风缸内，是制动所用的动力来源。列车中每个车辆的制动、缓解作用，都是由机车司机操纵制动阀来实现。

每个车辆的空气制动机部件主要包括制动风管、折角塞门、三通阀（或分配阀）、副风缸、截断塞门、制动缸等。

现以 GK 型制动机为例（如图 2-3-43 所示），介绍安装在车辆上的空气制动机部件。

（1）制动主管：安装在车底架下面，它贯通全车，是传送压缩空气的管路。它的两端装有折角塞门和制动软管，并用软管连接器与邻车的软管相连。

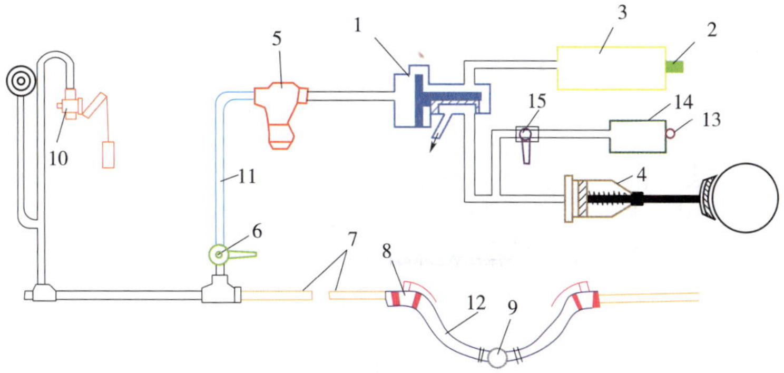

图 2-3-43　GK 型空气制动机

1—三通阀；2—缓解阀；3—副风缸；4—制动缸；5—远心集尘器；6—截断塞门；7—制动主管；8—折角塞门；9—连接器；10—车长阀；11—制动支管；12—软管；13—安全阀；14—降压风缸；15—空重车转换手把

（2）截断塞门：安装在制动支管上，用以开通或截断制动支管的空气通路。它平时总在开放位置，只有当车辆按规定应停止制动机的作用，或当制动机发生故障时，才将它关闭。通常把关闭了截断塞门、停止制动机作用的车辆叫作“关门车”。

（3）远心集尘器：利用离心力的作用，将压缩空气中的灰尘、水分、铁锈等杂质，沉淀于集尘器的下部，以免进入三通阀等机件。

（4）三通阀：连接制动支管、副风缸和制动缸，用来控制压缩空气的通路，使制动机起制动或缓解作用。

（5）副风缸：储存压缩空气的地方。制动时，利用三通阀的作用将压缩空气送入制动缸起制动作用。

（6）制动缸：当压缩空气进入制动缸后，推动制动缸活塞，将空气的压力转变为机械推力，然后通过制动杠杆使闸瓦紧抱车轮而起制动作用。

（7）降压风缸：与制动缸相连，两者之间设有空重车调整装置，可满足空重车不同制动压力的要求。

（8）空重车调整装置：用来控制降压风缸与制动缸的通路，可以达到调整制动力的目的。它包括空重车转换手把和空重车转换塞门。

2. 空气制动机的工作原理

空气制动机的工作原理如图 2-3-44 所示。

（1）缓解作用

如图 2-3-44（a）所示，当司机将制动阀放在缓解位置时，总风缸内的压缩空气进入制动主管，经制动支管进入三通阀，推动主活塞向右移动，打开充气沟，使压缩空气经充气沟进入副风缸，直到副风缸内的空气压力和制动主管内的压力相等时为止。在三通阀主活塞移动的同时，和它连在一起的滑阀也跟着向右移动，使得制动缸内的压缩空气经过滑阀下的排气口排出到大气，于是制动缸活塞被弹簧的弹力推回原位，使闸瓦离开车轮而缓解。

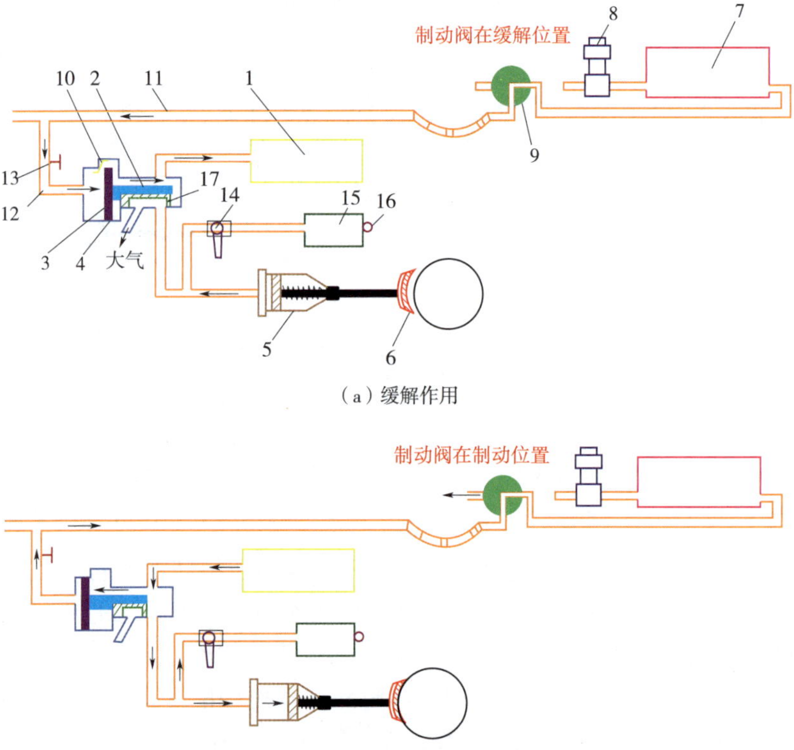

（a）缓解作用

（b）制动作用

图 2-3-44　空气制动机及其作用原理

1—副风缸；2—滑阀；3—主活塞；4—三通阀；5—制动缸；6—闸瓦；7—总风缸；8—空气压缩机；9—制动阀；10—充气沟；11—制动主管；12—制动支管；13—截断塞门；14—空重车转换手把；15—降压风缸；16—安全阀；17—滑阀

制动阀放在缓解位，向制动主管充气（增压）。其空气通路为：

①总风缸→制动软管→折角塞门→制动主管→制动支管→截断塞门→三通阀→副风缸。

②制动缸→三通阀→大气。

（2）制动作用

如图 2–3–44（b）所示，当司机将制动阀移到制动位时，制动主管内的压缩空气向大气排出一部分，这时副风缸内的空气压力相对大于制动主管内的压力，因而推动三通阀的主活塞向左移动，截断充气沟的通路，使副风缸内的压缩空气不能回流。在三通阀主活塞移动的同时，带动滑阀也向左移动，截断了通向大气的出口，使副风缸内的压缩空气进入制动缸，推动制动活塞向右移动，通过制动杆的传动，使闸瓦紧抱车轮而制动。

制动阀放在制动位，由制动主管向外排气（减压）。其空气通路为：

①制动主管→大气。

②副风缸→三通阀→制动缸→闸瓦抱车轮。

（3）空气制动机的特点

由上可知，空气制动机的特点可总结为“减压制动”和“间接制动”。

①减压制动

向制动主管充气（增压）时缓解；将制动主管内的压缩空气排出（减压）时制动，所以称为“减压制动”。当列车分离或拉动紧急制动阀（车长阀）时，由于制动主管内的压缩空气向大气排出，压力突然降低，就可以自动地产生紧急制动作用，使列车立即停车。

②间接制动

这种制动装置在制动过程中不是直接将总风缸的压缩空气送入制动缸，而是将预先贮存在副风缸内的空气送入制动缸起制动作用的，因此称为“间接制动”。它能使列车前后车辆的制动作用不致差别过大。

3. 降压风缸和空重车转换装置

在大型车辆的制动机上可装有空重车转换装置。将空重车转换手把放在空车位置时，空重车转换塞门被打开，使制动缸与降压风缸连通，如图 2–3–45（a）所示。一部分压缩空气进入降压风缸，使制动缸中产生较小的制动力；当转换手把放在重车位时，如图 2–3–45（b）所示，降压风缸与制动缸间的通路被阻，降压风缸不起作用，压缩空气全部进入制动缸中而产生较大的制动力。

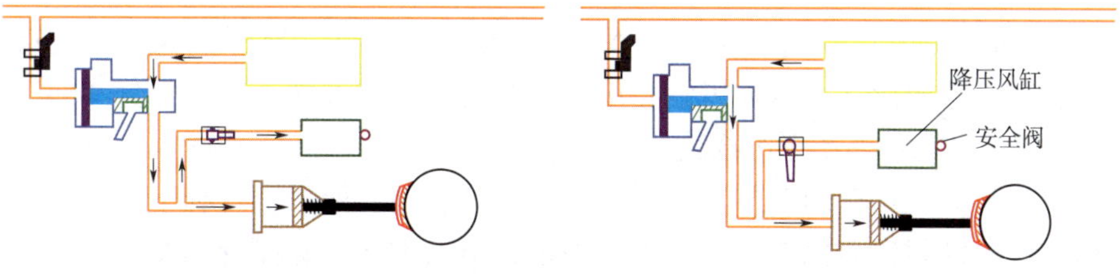

（a）空车位　　（b）重车位

图 2–3–45　空重车位转换装置作用原理

4. 缓解阀和紧急制动阀

为使制动中的列车缓解，可以拉动副风缸上的缓解阀，使副风缸的压缩空气经缓解阀排出，副风缸内的空气压力低于列车主管的空气压力，三通阀主活塞就动作，滑阀随其移动，使制动缸内的空气排出大气，闸瓦离开车轮而缓解。

在每节客车上都装有紧急制动阀，即车长阀，如图 2–3–46 所示。它的一端连通列车制动主管，另一端和大气相通，在列车运行中，当发现有危及行车和人身安全的紧急情况时，列车乘务人员可以按要求拉动紧急制动阀，使列车紧急制动停车。

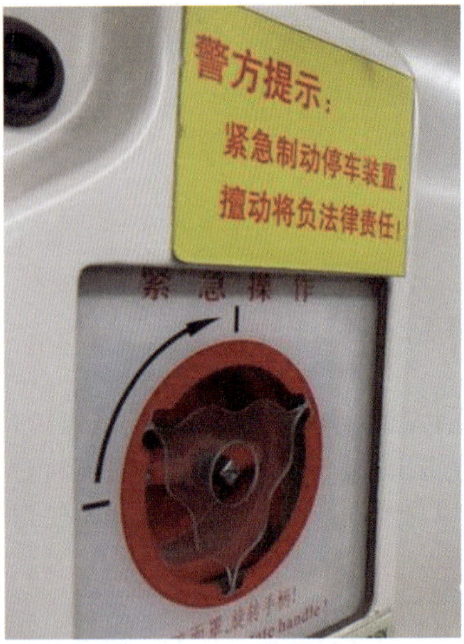

图 2–3–46　紧急制动阀

图 2–3–47　人力制动机制动手轮

紧急制动阀使用的情形：

《铁路技术管理规程》规定，车辆乘务员、客运乘务组等列车乘务人员发现下列危及行车和人身安全情形时，应使用紧急制动阀（紧急制动装置）停车：1. 车辆燃轴或重要部件损坏；2. 列车发生火灾；3. 有人从列车上坠落或线路内有人死伤；4. 其他危及行车和人身安全必须紧急停车时。

5. 新型空气制动机

随着车辆向大吨位、高速度方向发展，我国铁路已大量生产、装用新型空气制动机。新型空气制动机除增设一个压力风缸，用分配阀代替三通阀外，其余部分和上述空气制动机基本相同（详见本书动车组部分）。

新型空气制动机具有制动作用迅速、灵敏度高、制动力强，有利于提高列车运行速度，列车前后车辆制动力比较一致，制动平稳，操纵方便，确保行车安全，便于检修等优点。装有新型制动机的车辆能与装有普通制动机的车辆混合编组使用。

（三）客货共线铁路制动装置：人力制动机

在每节车辆的一端，都装有一套人力制动机（手制动机），可以用人力来使单节车辆或车组减速或停车，如图 2-3-47 所示为人力制动机制动手轮。

制动机的工作原理讲解

我国铁路货车上多用链式人力制动机（又叫链子闸），其组成如图 2-3-48 所示，它结构简单、操纵灵活、制动力强。

当进行人力制动时，可将制动手轮按顺时针方向转动，使制动链绕在轴上，拉动制动杠杆，就如同空气制动机中制动缸活塞杆向外推动一样，使闸瓦紧压车轮而产生制动作用。

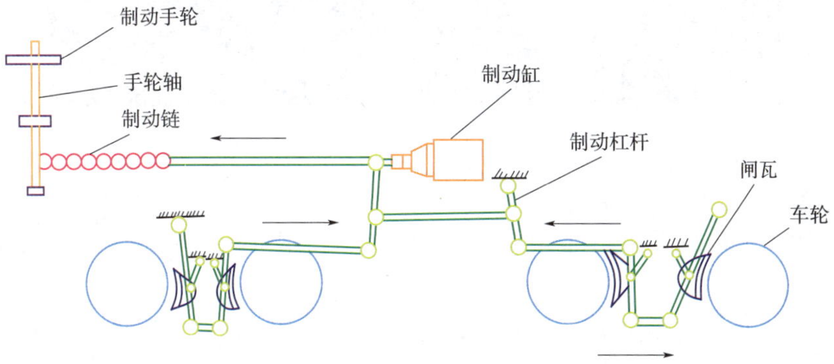

图 2-3-48　人力制动机组成

（四）客货共线铁路制动装置：基础制动装置

基础制动装置设在转向架上，是利用杠杆原理，将空气制动机或人力制动机产生的力量扩大适当倍数，再均衡地向各个闸瓦传力的装置。客车多为双瓦式，货车多为单瓦式。

车辆在运行中，闸瓦会因制动时与车辆踏面摩擦而变薄，致使制动力减弱而降低制动效率，为此必须经常调整制动缸活塞的行程（制动缸活塞杆向外移动的距离）。目前，在新造车上安装了闸瓦间隙自动调整器，使车辆在运行过程中可以自动调整制动缸活塞行程的大小，进而保证应有的制动力。

五　车辆内部设备

在客车内，为了给旅客提供舒适的生活条件，除了座席、卧铺、行李架等装置以外，还安装有给水、取暖、通风、照明以及空调等设备。

在货车内，根据货车用途安装的有关设备，如冷藏车内安装的降温、加温等设备。

六　列尾装置

需要说明的是，列尾装置是列车的装置，不属于车辆的组成，但其尾部主机一般安装在列车尾部车辆上。

1. 列尾装置的分类

根据使用范围，列尾装置可以分为客车列尾装置和货车列尾装置，如图 2-3-49 所示。

图 2-3-49　列尾装置

2. 列尾装置的组成及功能

列尾装置主要由列车机车部分（司机控制盒、列尾机车台）和列车尾部部分（尾部主机）组成。

列尾装置的功能主要包括：列车尾部风压查询；列车尾部风压异常告警；列车尾部排风制动；列尾主机电池电量不足告警；列车尾部标识；黑匣子记录等。

3. 列尾装置的作用

列尾装置综合应用计算机编码、无线遥控、语音合成、计算机处理等技术，体积小巧、功能完备，取代了守车和运转车长的位置，同时也方便了车站进行列尾编组、摘挂作业，减少了调车作业量，提高了列车牵引重量。

第三节　车辆的标记、参数和尺寸

本节 PPT

一 车辆标记

为了表示车辆的类型和特征，满足运用、检修和统计上的需要，每一铁路车辆上均应具有规定的各种标记。车辆标记主要分为：车种车型车号标记、产权制造标记、运用标记、检修标记。

（一）车种车型车号标记

为了对车辆识别与管理，适应全国铁路联网管理的需要，对运用中的每一辆车都需进行编码，且每一辆车的编码是唯一的，编码的主要内容为车种、车型、车号。

1. 车种车型编码

车种车型编码用大写汉语拼音字母和数字混合表示，依次由车种编码、重量（容积）或顺序系列、材质或结构系列等三部分组成，如表 2-3-2 所示。

表 2-3-2 车种车型编码方法

组成部分	第一部分	第二部分	第三部分
表示内容	车种编码	重量（容积）或顺序系列	材质或结构系列
表示方法	原则上用该车种汉语拼音名称中关键的一位（一般为货车）或两至三位（客车）大写字母表示	用一位或两位数字或大写字母表示	用一位或两位大写字母表示

我国铁路部分车辆车种型号见表 2-3-3。

表 2-3-3 部分车辆车种型号表

序号	货车车种	基本型号	序号	客车车种	基本型号
1	棚车	P	1	软座车	RZ
2	敞车	C	2	硬座车	YZ
3	平车	N	3	软卧车	RW
4	罐车	G	4	硬卧车	YW
5	冷藏车	B	5	行李车	XL
6	特种车	T	6	邮政车	UZ
7	长大货物车	D	7	餐车	CA
8	集装箱车	X	8	公务车	GW
9	家畜车	J	9	试验车	SY
10	水泥车	U	10	代用座车	ZP
			11	硬座双层客车	YZS

2. 车号编码

车号编码采用 7 位数字代码，因车种、车型不同。为了便于从车号编码上反映车辆的车种、车型，同种车辆一般集中在划定的码域内。车辆编码是该车的重要标识，必须涂刷在车辆侧墙上明显的位置。

3. 典型车种车型车号分析

典型车种车型车号分析见表 2-3-4。

表 2-3-4 车种车型车号分析

车种车型车号	车种编码	重量（容积）或顺序系列	材质或结构系列	车号
C_{70E} 1686846（图 2-3-7）	C，表示敞车	70，表示重量系列	E，表示结构系列（在 C_{70} 基础上车体加高 100 mm）	1686846
GY_{95K} 0127498（图 2-3-11）	GY，表示压力罐车	95，表示容积序列	K，表示结构系列（采用了转 K2 型转向架）	0127498

（二）产权制造标记

1. 国徽

凡参加国际联运的客车须在侧墙外中部悬挂国徽，如图 2-3-50 所示。

2. 路徽

凡产权归国家铁路的车辆均应在侧墙或端墙的适当部位涂刷路徽。对于货车还应在侧梁适当部位安装产权牌。铁路路徽如图 2-3-51 所示。

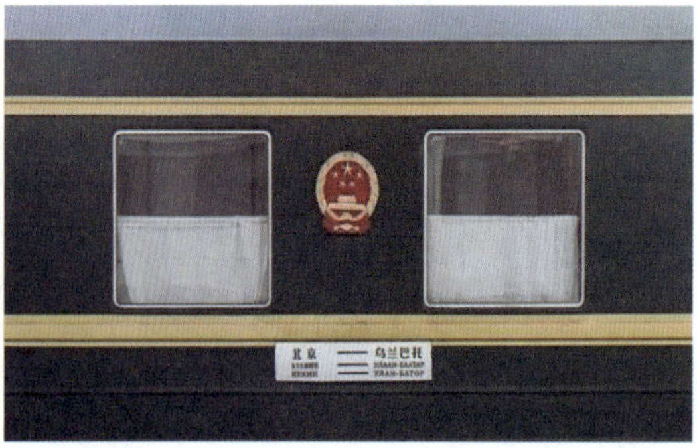

图 2-3-50　国际联运客车的国徽标记

图 2-3-51　路徽

3. 路外厂矿企业自备车辆的产权标志

路外厂矿企业的自备车因运送货物或委托路内单位检修而需要在正线上行驶时，一般在侧墙上或其他相应部位用汉字涂打上“××企业自备车”字样。

4. 配属标记

国铁集团统一调配铁路车辆，车辆按承担运输需要配属。所有客车以及个别有固定配属的货车，必须涂刷上所属铁路局集团、段的简称，如图 2-3-52 所示为北京铁路局集团北京车辆段配属的车辆。

5. 制造标记

表示车辆的制造工厂名称和制造年月的标记，又称工厂铭牌，一般安装在车辆指定位置上。

图 2-3-52　车辆配属、运用标记

图 2-3-53　车辆的自重、载重、容积标记

（三）运用标记

1. 自重、载重及容积（定员）

自重为空车时车辆本身的重量，以 t 为单位。载重即车辆允许的最大装载重量，以 t 为单位。容积是货车内部可容纳货物的体积，以 m^3 为单位，并在括号内注明“内长 × 内宽 × 内高”的尺寸，如图 2–3–53 所示。定员指客车额定的载客量，如图 2–3–52 所示。

2. 车辆全长及换长

车辆全长为该车辆两端的车钩均处在锁闭位置时钩舌内侧面之间的距离，以 m 为单位。换长是为了编组列车时统计工作的方便，将车辆全长换算成标准车辆数来表示的长度，换算时一般以长度 11 m 为计算标准，即：

$$换长 = 车辆全长（m）/11\ m$$

计算中保留一位小数，尾数四舍五入，如图 2–3–52、图 2–3–53 所示。

3. 车辆定位

车辆的定位一般以制动缸活塞杆推出的方向为一位端，相反的方向为二位端，并在车上规定的部位涂刷方位标志，如图 2–3–54 所示。车辆的车轴、车轮、车钩、转向架、轴箱等部位的编号，均由第一位车端开始，左右对称时从左到右数（左为单数，右为双数），并依次数到第二位车端。

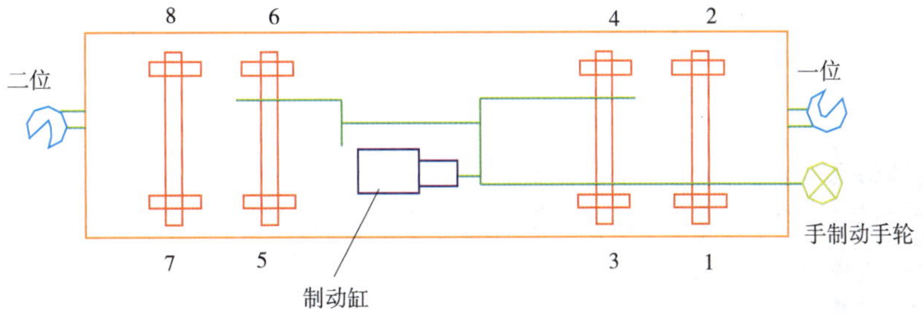

图 2–3–54　车辆定位示意图

4. 表示车辆设备、用途标记（主要指货车）

例如，Ⓜⓒ表示可以参加国际联运的客货车；㊣超表示某部分结构超出车辆限界的货车；Ⓐ人表示具有车窗、床托等的棚车，可以运送人员；⊕表示具有拴马环或其他拴马装置的货车。

5. 危险货物标记

如图 2–3–10、图 2–3–11 所示，危险货物罐车应喷涂颜色及色带标记、货物及危险性标记、包装标志等标记。

（1）颜色及色带标记

危险货物罐车罐体应喷涂银灰色、黑色、黄色等颜色标记，罐体两侧纵向中部应涂装不同颜色宽 300 mm 水平环形色带标记，具体见表 2–3–5。

表 2-3-5　危险货物罐车颜色及色带标记

装运的危险货物	罐体颜色	色　带
煤焦油、焦油	全黑色	红色
酸、碱类	全黄色	黑色
黄磷	银灰色	—
易燃液体	银灰色	红色
氧化性物质	银灰色	绿色
毒性物质	银灰色	黄色
其他腐蚀性物质	银灰色	黑色
非易燃无毒气体	银灰色	蓝色
易燃气体	银灰色	上层 200 mm 宽涂蓝色， 下层 100 mm 宽涂红色
毒性气体	银灰色	上层 200 mm 宽涂蓝色， 下层 100 mm 宽涂黄色

（2）货物及危险性标记

危险货物罐车罐体两侧环形色带中部（有扶梯时在扶梯右侧）应以分子、分母形式涂装货物名称及其危险性。对遇水会剧烈反应，事故处理严禁用水的货物，还应在分母内涂装“禁水”二字。

如苯：$\frac{\text{苯}}{\text{易燃、有毒}}$；硫酸：$\frac{\text{硫酸}}{\text{腐蚀、禁水}}$。

（3）包装标志

危险货物罐车罐体两端头两侧环形色带下方还应涂装包装标志，部分危险货物罐车使用的包装标志见表 2-3-6。

表 2-3-6　危险货物罐车使用的包装标志

标签名称、	易燃气体	非易燃无毒气体	毒性气体	易燃液体	腐蚀性物质
标签图形					
对应危险货物类项号	2.1	2.2	2.3	3	8

（四）检修标记

1. 段修、厂修标记

车辆经段修、厂修后，需要喷涂相应标记说明其本次及下次检修时间，如图 2-3-55 所示，对其的解释说明如表 2-3-7、表 2-3-8 所示。

表 2-3-7　段修标记的说明

标　记	14.11	13.11	武汉
说　明	下次段修年月 2014 年 11 月	本次段修年月 2013 年 11 月	段修单位简称 武汉车辆段

表 2-3-8　厂修标记的说明

标　记	15.11	10.11	济厂
说　明	下次厂修年月 2015 年 11 月	本次厂修年月 2010 年 11 月	厂修单位简称 原济南机车车辆厂（现中车山东机车车辆有限公司）

2. 辅修及轴检标记

与段修、厂修类似，车辆经辅修及轴检后也需要喷涂相应标记，如图 2-3-56 所示，对其的解释说明如表 2-3-9、表 2-3-10 所示。

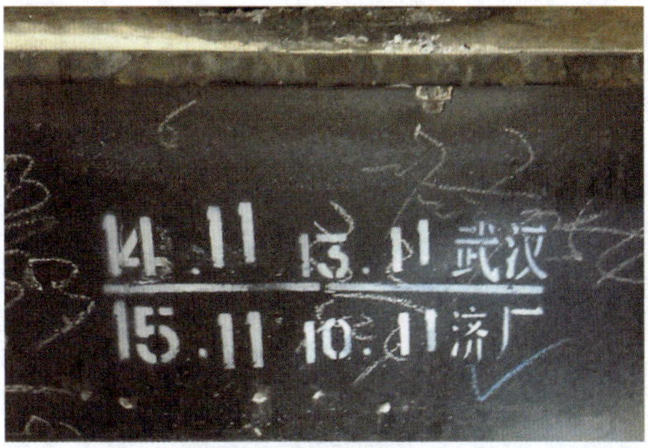

图 2-3-55　段修、厂修标记

图 2-3-56　辅修、轴检标记

表 2-3-9　辅修标记的解释说明

标　记	5.25	11.25	绥
说　明	下次辅修日期 2009 年 5 月 25 日	辅修日期 2008 年 11 月 25 日	辅修单位简称 哈尔滨车辆段绥芬河车间

表 2-3-10　轴检标记的解释说明

标　记	2.25	11.25	绥
说　明	下次轴检日期 2009 年 2 月 25 日	轴检日期 2008 年 11 月 25 日	轴检单位简称 哈尔滨车辆段绥芬河车间

二 车辆技术经济参数

车辆技术经济参数是表明车辆结构上和运用上某些特征的一些指标，除了自重、载重、容积等已在“车辆标记”部分做了说明外，还有自重系数、轴重、单位容积、每延米轨道载重、构造速度等项。

1. 自重系数

自重系数是车辆自重与标记载重的比值。自重系数小，说明机车对运送每一吨货物所做的功少，比较经济，所以自重系数越小越好。

2. 车辆轴重

车辆轴重是车辆总重与轴数之比，即车辆每一条轮轴加于轨道上的重力。车辆轴重受轨道和桥梁结构强度（允许的载荷）的限制，一般不允许超过线路设计轴重。

3. 单位容积

单位容积是车辆设计容积和标记载重之比。这是说明车辆载重力与容积能否达到充分利用的指标。

4. 每延米轨道载重

每延米轨道载重是车辆总重量与车辆全长之比（单位为 t/m）。该参数同车辆轴重一样受线路的允许载荷限制，我国规定在客货共线铁路运行的车辆一般不得超过 6.6 t/m，在重载铁路运行的车辆一般不超过 7 t/m。

5. 构造速度

构造速度指车辆设计时，按安全及结构强度等条件所允许的车辆最高行驶速度，又称结构速度。车辆实际运行速度一般不允许超过构造速度。我国铁路机车车辆的构造速度范围如表 2–3–11 所示。

表 2–3–11　我国铁路主型机车车辆构造速度范围

机车车辆类型	主型动车组	主型机车	主型客车	主型货车
构造速度（km/h）	160~380	100~177	120~160	100~120

最大试验速度是与构造速度类似的概念，一般情况下构造速度要高于最大试验速度，但少数特殊情况下，最大试验速度也可以超过构造速度，但此时存在安全风险。

6. 我国部分主型货车主要技术经济参数

我国部分主型货车的主要技术经济参数如表 2–3–12 所示。

表 2–3–12　我国部分主型货车主要技术经济参数

货车型号	标重（t）	自重（t）	车辆全长（m）	每延米自重（t）
C_{62}	60	20.6	13.442	1.53
C_{63}	61	22.3	11.986	1.86
C_{64}	61	22.5	11.938	1.88
C_{70}	70	23.8	13.976	1.70
C_{80}	80	20	12.000	1.67

三 车辆的主要尺寸

1. 车辆全长

车辆全长指车辆两端的车钩均处在锁闭位置时，钩舌内侧面之间的距离，如图 2–3–57 中之 *A*。

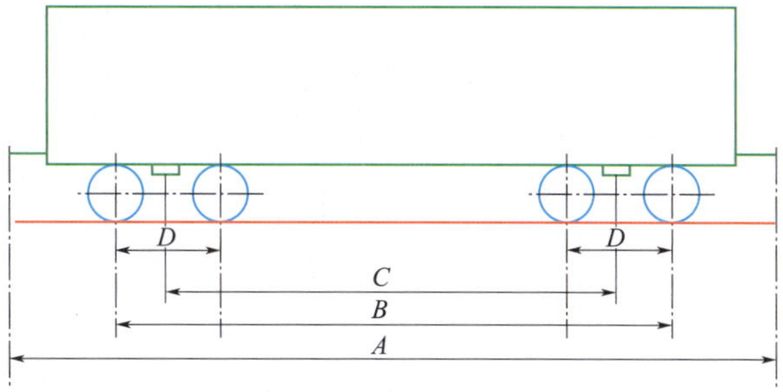

图 2–3–57　车辆主要尺寸

2. 车辆全轴距

车辆全轴距指任何车辆最前位车轴和最后位车轴中心线间的距离，如图 2–3–57 中之 *B*。

3. 车辆定距

车辆定距又称车辆销距，是车辆底架两心盘中心线之间的水平距离，如图 2–3–57 中之 *C*。

4. 车辆固定轴距

车辆固定轴距指同一转向架最前位车轴和最后位车轴中心线间的距离，如图 2–3–57 中之 *D*。

第四节　车辆的检测维修与运行安全监控技术

本节 PPT

为了完成运输任务，铁路必须拥有相应数量的、性能良好的车辆。因此，一方面铁路车辆制造企业要不断地新造足够数量的车辆；另一方面车辆部门还要做好车辆在日常运用中的维修保养和运行安全监控工作，使已有车辆经常处于质量良好的状态，确保安全、高速、平稳地运送旅客和货物，并延长车辆的使用寿命。

一 车辆的检修与维修组织

车辆段是设在铁路沿线负责车辆检修工作的基层单位，一般设在编组站、国境站、铁路枢纽以及货车大量集散和始发、终到列车较多的地点。它主要承担车辆的定期检修和日常保养工作，因此在段内设有修车库、修车线及辅助车间等。在它所负责范围内的每一编组站和区段站上均设有列车检修所，并根据需要设立站修所等日常检修单位。

车辆段分为客车车辆段、货车车辆段、客货车混合段、罐车车辆段和机械保温车车辆段等数种。

我国铁路车辆的计划预防检修分为定期检修和运用维修两大类。客车定期检修实行以走行公里为主、时间周期为辅的计划预防修制度；客车运用维修实行以计划预防修和状态预防修并重的检修制度。货车修程设置主要分为厂修、段修、辅修三级定期检修和列车技术作业及临修；提速铁路货车修程设置分为厂修、段修两级定期检修和列车技术作业及临修；按运行里程检修的铁路货车修程设置分为大修（A级）、全面检查修（B级）两级定期检修和列车技术作业及临修。

二 定期检修

（一）检修周期

车辆定期检修就是按照规定的期限，对整个车辆或某些部分进行全部或部分的检修。它是根据车辆各部分在正常使用条件下的磨耗规律，对不同部件制定不同的检修周期和技术标准，到期进行检查、修理或更换。车辆经过定期检修后应使它的运用性能在整个检修周期内保持良好状态。

定期检修包括厂修、段修、辅修和轴检。我国客、货车定期检修的种类和周期见表2–3–13、表2–3–14。

表2–3–13　客车定期检修周期表

A5修周期（大厂修）	A4修周期（小厂修）	A3修周期（大段修）	A2修周期（小段修）	A1修周期（辅修）
运行（480±24）万km或距上次A4修：常用客车8年，不常用客车可延长到10年	运行（240±24）万km或距新造或大厂修：常用客车8年，不常用客车可延长到10年	运行（120±12）万km或距上次A2修2年，不常用客车为2.5年	运行（60±6）万km或距上次A2修以上修程2年，不常用客车为2.5年。新造后首次A2修走行周期允许为（60±10）万km	运行（30±3）万km或距上次A1修以上修程1年

注：1. 走行公里和时间周期以先到者为准，A1修时间周期计算到日，其余计算到月；2. 不常用客车是指年均走行不足10万km的客车；3. 国际联运客车及局管路用车、封存客车的检修周期按有关规定执行。

表2–3–14　货车定期检修周期表

车　种	车　型	厂修（大修）	段修（全面检查修）	辅修（月）	备注
敞车	C70、C70H、C70A、C70AH、C70C、C70E、C70EH、C100A、C100AH	8年	2年		
	C70B、C70BH	12年	2年		
	C80、C80H、C80A、C80AH、C80B、C80BH、C80BF、C80C、C80CA	8年或160万km	2年或40万km		

续上表

车　种	车　型	厂修（大修）	段修（全面检查修）	辅修（月）	备注
敞车	C80E、C80EH、C80EF	第一次 10 年 第二次 8 年	2 年		
	C76、C76H、C76A、C76B、C76C	8 年或 160 万 km	2 年或 40 万 km		
	C64K、C64H、C64T、C64AT、C62BK、C62BT、C2	9 年	1.5 年		
	C63、C63A	6 年	1 年	6	
	C62B	9 年	1.5 年	6	
	C62AK、C62AT（车号为 45 字头开始）	6 年	1.5 年		
	C62AK、C62AT（车号为 14、44 字头），C16K、C16AK	5 年	1 年		
	CFK	6 年	1 年		
	CF	6 年	1 年	6	
棚车	P70、P70H、P70B	8 年	2 年		
	P80	第一次 10 年 第二次 8 年	2 年		
	P65	6 年	1 年		
	P62NK、P62NT、P63K、P64AK、P64AT、P64GH、P64GK、P64GT、P64K、P64T、PT	9 年	1.5 年		
	P62N、P64	9 年	1.5 年	6	
	P62K、P62T、P66K、P66H	6 年	1.5 年		
	P62	6 年	1.5 年	6	
	P61	5 年	1 年	6	
	PB	5 年或 80 万 km	1 年		
平车、平车－集装箱共用车	N30	8 年	2 年		
	NP70	8 年	2 年		
	其他型平车、平车－集装箱共用车	5 年	1 年		提
		5 年	1 年	6	非
集装箱平车	X70、X2H、X2K、X4K、X6K	8 年	2 年		
	X3K	9 年	1.5 年		
	BX1K、X6BK、X6BT、X6CK、X6CT	6 年	1.5 年		
	GH65K	5 年	1 年		

续上表

车种	车型	厂修（大修）	段修（全面检查修）	辅修（月）	备注
罐车	GF70、GF70H	8年	2年		
	酸碱类罐车、液化气体类罐车、黄磷罐车等	4年	1年		提
		4年	1年	6	非
	其他型罐车	5年	1年		提
		5年	1年	6	非
矿石车	KM70、KM70A、KZ70、KF60H、KF60NH、KF60AK、KF60QK（车体材质为耐候钢）	8年	2年		
	KM70B	12年	2年		
	K13AK、K13AT、K13NAK、K13NT、K13NK、K13BK、K14T、K18AK、K18AT、K18BK、K18DFK、K18DK、K18DT等型车体材质为耐候钢的提速矿石车	8年	1年		
	K13N、K13NA、K13B、K13D、K14E、K16、K16A、K18D、K18DA、K18DF、K18DG、K18DJ、KF60N、KF5、KG-2、KG2、KH等型车体材质为耐候钢的非提速矿石车	8年	1年	6	
	K13K、K13T、K18DK、KF60QK等型车体材质为普碳钢的提速矿石车	5年	1年		
	K13、K18、K18F、KF60等型车体材质为普碳钢的非提速矿石车	5年	1年	6	
水泥车	U70	8年	2年		
	U61WK、U61WT、U61WZK	9年	1.5年		
	U61W、U61WE、U61WZ	9年	1.5年	6	
	U60WK	5年	1年		
	U60、U60W、U15	5年	1年	6	
双层小汽车运输专用车	JSQ5、JSQ6	6年	1.5年		
	JSQ7	8年	2年		
粮食车	L70、L18	8年	2年		
	L17K	5年	1年		
	L17	5年	1年	6	
毒品车	W5SK、W6S、W5AK	5年	1年		
	W5	5年	1年	6	

续上表

车　种	车　型		厂修（大修）	段修（全面检查修）	辅修（月）	备注
长大货物车	D12		9年或90万km	3年或30万km	6	
	D15B、D28		9年或90万km	3年或30万km		
	D23G、D25		8年或80万km	2年或20万km	6	
	D10A、D26、D26B、D15A、D32、DK29、DK36、DL1、DNX17K、D15、D17A、D26A、D26AK、D30G、D38、D11、D5A		8年或80万km	2年或20万km		
	D9A、D22A、D22B、D32A、D45、DA21、DA25、DA26、DA37、DK17A、DK23、DK36A、DQ35、DQ45		10年或100万km	2年或20万km		
	D2、D2G、D18A、D25A		8年或80万km	2年或20万km	取	
	D70、D12K		9年或90万km	3年或30万km	18	
	D10		9年或90万km	3年或30万km	6或18（取）	
特种货车及特种用途车	检衡车	T6、T6D	6年	1.5年	6	
		T6DK	6年	1.5年		
		T6FK、T7、T8、T8P、T8D	8年	2年		
	专用运输车	TC62B、TC64	9年	1.5年		
		TP11、TP64、TP64G、TP64Y	9年	1.5年		
		TP70B	8年	2年		
		TN53、TN8、TN30、TN32	8年	2年		
		TG1、TG38、TG64、TG64K、TG64A、TG5A	4年	1年		
		TD11、TD5A、TD33	8年	2年		
		TX32	8年	2年		
		TNX70A	5年	1年		
		TW5A	5年	1年		
	铺轨（架桥）机组车辆	NJ1、NJ2、NJ3、NJ4、NJ5、NJ6、NJ7、NJ8、NJ9、NJ10	8年	2年		
		其他铺轨（架桥）机组车辆	5年	1年		

续上表

车　种	车　型	厂修（大修）	段修（全面检查修）	辅修（月）	备注
特种货车及特种用途车	长钢轨车组、60 t 的凹型车	5 年	1 年		提
		5 年	1 年	6	非
	其他特种车、专用车	8 年	2 年		提
		8 年	2 年	6	非

注：辅修栏中“取”表示经取消辅修技术改造后取消辅修；备注栏中“提”表示提速货车，“非”表示非提速货车。

（二）检修类别

1. 厂修和段修

厂修由车辆制造工厂（企业）负责，对车辆进行全面而彻底的修理，根据车辆种类不同周期一般为 4~12 年。车辆经过厂修后，该车辆的性能要求达到或接近新车的水平。

段修由车辆段承担，段修要求对车辆各部分作全面的检查，修换其损坏和磨耗过限部分，根据车辆种类不同周期一般为 1~3 年。图 2–3–58 所示为车辆段大修车间。

图 2–3–58　车辆段大修车间

2. 辅修和轴检

辅修主要是对制动装置和轴箱油润部分进行检修，周期一般为 6 个月，少部分为 1.5 年。

轴检是对车轴的检测，也是定期检修的重要内容。车轴是铁路车辆最关键的部位之一，铁路车辆的载荷是通过轴箱传递给车轴，再通过压装在车轴上的车轮传递给钢轨。高速运行的机车车辆，其轴箱承受重载，同时，车轴轴颈在其内高速转动，二者还存在一定摩擦。若发生故障，其正常的油润摩擦就被破坏，若不及时采取措施排除故障，轴承的温度就会超过正常值而急剧上升，导致轴箱燃烧，甚至使车轴切断，造成铁路行车事故。

铁路货车轴检周期一般为 3 个月。轴检最基本的方法是用目视直接检查，但用目视法不能确认微细的裂纹，这时可采用听诊探伤、超声波探伤、磁粉探伤等无损检验方法，如图 2–3–59 所示。

（a）听诊探伤　　（b）超声波探伤　　（b）磁粉探伤

图 2-3-59　轴检

三 运用维修

车辆运用维修的任务是保证车辆在运用中有良好的技术状态，防止事故发生，确保行车安全。为使车辆经常保持良好的技术状态，在定期检修之间的运用期内，还必须对车辆进行日常检查和维修工作。只有日常检查和定期检修配合起来，才能保证车辆的完好和正常运用。

（一）货车运用维修

1. 运用维修单位

货车的运用维修由站修所和列检所等单位承担。车辆站修所负责在车站上进行车辆的辅修、摘车轴箱检查和摘车临修。列检所负责对到达、始发和中转列车中的车辆进行技术检查和修理，同时还负责扣修定检到期的车辆，一般设在编组站、区段站或距离编组站较远且作业量大的车站上。

2. 运用维修内容

货车运用维修的内容包括技术检查和故障修理两个方面。技术检查是对货车的技术状态进行检查，发现故障应及时进行故障修理。故障修理分为摘车修理和不摘车修理。不摘车修理是利用车辆停站时间，在不影响解体作业或正点发车的情况下，在列车到发线，调车线或货物线上进行修复作业。对一些较大的一时难以修复的故障，必须把故障车辆从列车中摘下，送到专用临修线或站修所修理，称为摘车修理。如图 2-3-60 所示为正在进行货车运用维修。

图 2-3-60　货车运用维修

图 2-3-61　客车运用维修

（二）客车运用维修

客车运用维修任务由客车技术整备所、旅客列车检修所和车辆检车包乘组共同承担。

1. 客车技术整备所的工作包括：车底在到达终点站或在始发站出发前，在整备库内进行的技术检查、修理和试验；本属客车的日常管理和防寒、防暑等整备作业；本属客车辅修工作；本、外属客车的摘车临修等。如图 2-3-61 所示为正在进行客车运用维修。

2. 旅客列车检修所负责列车技术检查和不摘车修理，并协助车辆乘务员应急处理车辆故障，保证由该车站发出的列车技术状态良好。

3. 车辆检车包乘组负责对值乘的列车进行途中技术检查维修和管理工作。

四 车辆运行安全监控技术（“5T”系统）

为从技术手段保证机车车辆运行的安全，我国铁路普遍采用了“地对车安全监控体系”（称为“5T”系统）。它是采用不同检测手段的五大监控系统，全方位地对运行中列车的车辆进行动态监控，由于这 5 个系统的英文名称首字母都是 T，所以被称为“5T”系统。“5T”系统构成及其主要功能如图 2-3-62 所示。

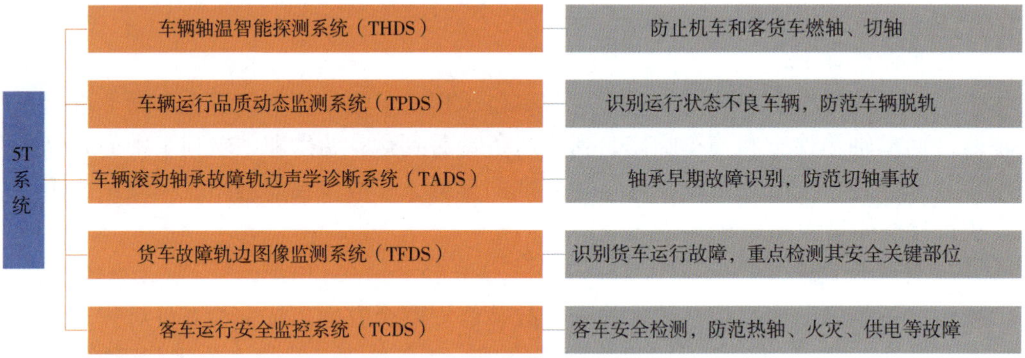

图 2-3-62 “5T”系统构成及其主要功能

1. 车辆轴温智能探测系统（THDS）

轴温是铁路机车车辆轴箱温度的简称。车辆轴温智能探测系统（THDS）是铁路用来防止机车和客货车燃轴、切轴，保证行车安全的设施。

红外线轴温探测器由轴箱扫描器、控制部分、记录部分、信号传输部分及电源部分组成。当列车通过时，用安装在线路两侧的轴箱扫描器来采集轴承所产生的红外线，并将红外线能转变成电信号。然后传输到记录器，值班员可根据记录的脉冲波形进行分析、比较来监测运行的机车车辆的轴承状况。图 2-3-63 所示为安装在轨道两侧的轴箱扫描器。

目前，我国铁路线上建成了红外线轴温探测网，由地区轴温探测点和红外调度中心组成，并用微型计算机进行控制和监测。

2. 车辆运行品质动态监测系统（TPDS）

TPDS 系统能对车轮滚动周期内车轮不同方向着地时轮轨动态进行有效监测，可识别出运行状态不良的车辆，有效地防范货车脱轨特别是空载货车在直线段脱轨，并监测因车轮踏面擦伤、剥离以及货物超偏载等引起的危及行车安全的情况，保证车辆运行的安全。图 2-3-64 所示为 TPDS 监测系统设备。

（a）轴箱扫描器外观

（b）轴箱扫描器内部

图 2-3-63 THDS 的轴箱扫描器

图 2-3-64 TPDS 监测系统设备

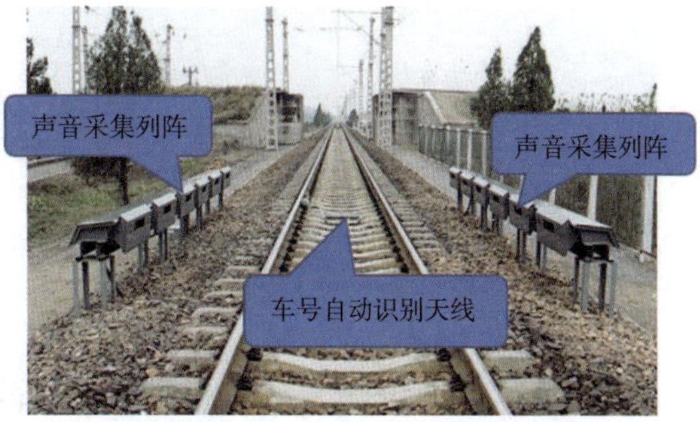

图 2-3-65 TADS 探测站室外设备

3. 车辆滚动轴承故障轨边声学诊断系统（TADS）

TADS 系统可以实时采集运动货车滚动轴承噪声，通过室内对资料进行分析，及时发现货车轴承早期故障，进行在线诊断预报，能够比红外线轴温探测系统更早地防范切轴事故。图 2-3-65 所示为 TADS 探测站室外设备。

4. 货车故障轨边图像监测系统（TFDS）

TFDS 系统利用轨边高速摄像头，对运行货车进行动态检测，及时发现货车运行故障，重点检测货车走行部、制动梁、悬吊件、枕簧车钩缓冲装置等安全关键部位，重点防范制动梁脱落事故，防范摇枕、侧架、车钩缓冲器大部件裂损、折断，防范枕簧丢失和窜出等危机行车安全的隐患。图 2-3-66 所示为 TFDS 设备中的轨心沉箱、轨边侧箱。

5. 客车运行安全监控系统（TCDS）

TCDS 系统随车对速度 160 km/h 及以上客车的轴温、制动系统、转向架安全指标、火灾报警、客车供电、电器及空调系统运行安全状况进行检测，重点防范相关事故、故障，如图 2-3-67 所示。

（a）轨心沉箱

（b）轨边侧箱

图 2-3-66　TFDS 设备中的轨心沉箱、轨边侧箱

图 2-3-67　TCDS 系统重点防范的故障、事故

第五节　自轮运转特种设备

本节 PPT

自轮运转特种设备是在铁路营业线上运行的铁路轨道车、救援起重机及铁路施工、维修专用设备（包括架桥机、铺轨机、接触网作业车、大型养路机械等）。图 2-3-68 所示

（a）轨道车

（b）救援起重机

（c）架桥机

（d）铺轨机

图 2-3-68　部分自轮运转特种设备

为铁路轨道车、救援起重机、架桥机、铺轨机等自轮运转特种设备。轨道车等自轮运转特种设备运行过程中应使用轨道车运行控制设备（GYK），GYK 具有轨道电路信息接收、运行监控、警醒、数据记录、语音记录及人机交互等功能，具有正常监控模式、目视行车模式、调车模式、区间作业模式和非正常行车模式等控制模式。轨道车等自轮运转特种设备按列车运行时，GYK、列车无线调度通信设备应作用良好，运行状态下应满足机车车辆限界的规定。

复习思考题

1. 铁路车辆如何分类？
2. 铁路车辆的基本构造分为哪几部分？
3. 货车走行部由哪几个部分组成？简述各部分的作用。
4. 车辆走行部采用转向架形式有什么优点？
5. 车辆车钩缓冲装置由哪几部分组成？其作用是什么？
6. 车钩有几种作用位置？分别在什么情况下使用？
7. 空气制动机和人力制动机应用上有什么不同？
8. 简述空气制动装置的缓解作用和制动作用。
9. 扼要说明货物重量是经过车辆中哪些具体部件传到地面的？
10. 5T 指的是哪几个系统？简述每个系统的作用。
11. 什么是自轮运转特种设备？对其运行有哪些要求？

第四章 铁路机车

第一节 概　　述

本节 PPT

铁路机车，俗称火车头，是牵引或推送铁路车辆运行，而本身不装载营业载荷的自推进车辆，是铁路上用来牵引车列的动力设备。

由于铁路车辆不具备动力装置，故而需要将其连挂成列，由机车牵引沿钢轨运行。此外，在车站内，车辆的转线及车辆的取送等各项调车作业，都要由机车完成。因此，铁路为了完成客货列车的牵引和车站的调车工作，必须保证提供足够数量、牵引性能良好的机车，同时，还必须加强对机车的保养与检修工作，组织机车的合理运用。

一 铁路牵引动力的类型

铁路机车的分类方式主要有按牵引动力分类和按运用分类两种，如图 2–4–1 所示。

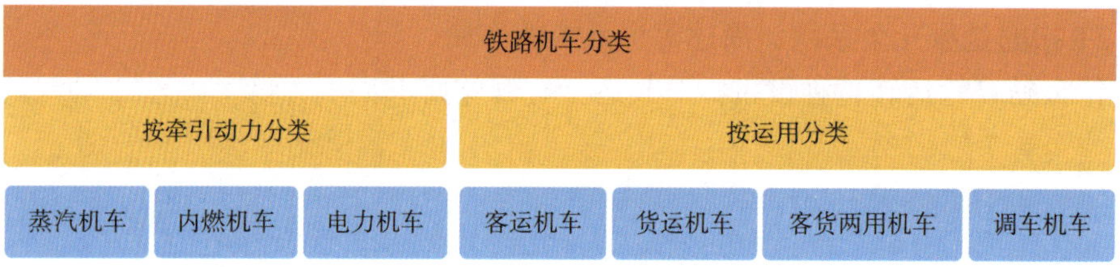

图 2–4–1　铁路机车分类

1. 按牵引动力分类

机车按牵引动力来分有蒸汽机车、内燃机车及电力机车等，其特点如图 2–4–2 所示。

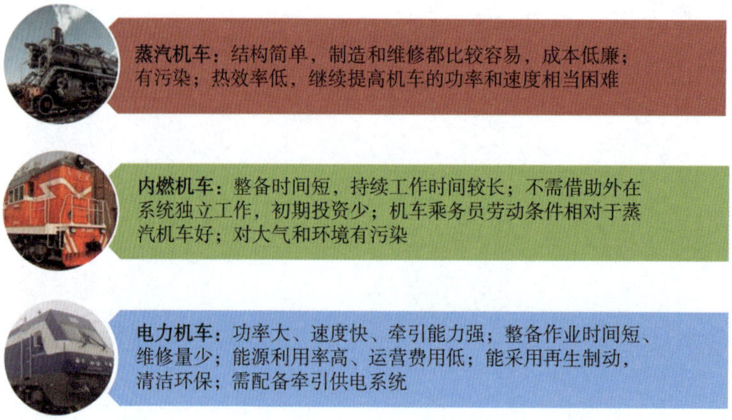

图 2–4–2　蒸汽机车、内燃机车及电力机车的特点

蒸汽机车是利用蒸汽机，把燃料（一般用煤）的化学能变成热能，再变成机械能的机车。蒸汽机车曾在铁路发展史上起过重要的作用，迄今已有200余年的历史，从蒸汽机车被发明开始，人类加快了进入工业时代的脚步，蒸汽机车也成为当时文化和社会进步的重要标志和关键工具。蒸汽机车最早被世界各国铁路所采用，但是，由于蒸汽机车存在热效率低（约10%）等缺点，其逐渐被内燃和电力机车所取代。

内燃机车是以内燃机（通常为柴油机）作为源动力，通过传动装置驱动车轮的机车。内燃机车的热效率相对较高（约30%），现在仍被许多国家广泛应用。

电力机车是指从供电网（接触网）或供电轨中获取电能，再通过电动机驱动车轮行驶的机车。电力机车的牵引动力是电能，但机车本身没有源动力，而是依靠外部牵引供电系统提供电能，并通过机车上的牵引电动机驱动前行。电力机车平均热效率（采用火力发电热效率约30%，采用水力发电热效率可达60% ~ 70%）比内燃机车高，它在提高铁路运输能力，合理利用资源，保护生态环境方面具有明显优势，是铁路理想的牵引动力。

此外，采用新型牵引动力方式的机车，也在不断发展中。如2021年10月29日，中国首台氢燃料电池混合动力机车在内蒙古锦白铁路正式上线运行，标志着我国轨道交通装备在新能源领域实现了由产品开发到实践应用的重大跨越，开创了国内氢能机车上线试运行的先例，如图2-4-3所示。

图2-4-3 氢燃料电池混合动力机车

2. 按运用分类

机车按运用分有客运机车、货运机车、客货两用机车、调车机车，其特点如图2-4-4所示。

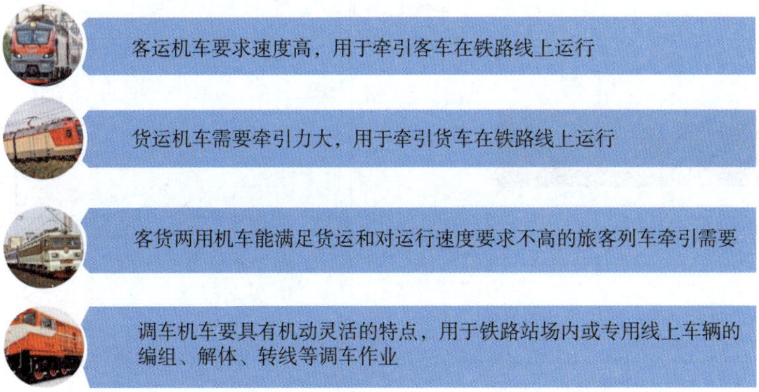

图2-4-4 客运、货运、客货两用和调车机车的特点

内燃机车
牵引列车视频

二 机车牵引性能

（一）机车理想牵引性能

机车牵引列车运行是由于它具有相当大的牵引力，机车牵引列车运行的过程，就是

机车牵引力克服列车起动时和运行中所受的阻力过程。在列车运行中的任意瞬间，机车牵引力（F）和运行速度（v）的乘积，就是机车的功率（N），即 $F \cdot v=N$，常用“kW”做单位，任何一种机车，它的最大功率是一定的，叫作标称功率。

机车牵引列车时，由于线路纵断面及其他因素的影响，所受的阻力是经常变化的。当阻力增大时，机车就要发挥出更大的牵引力来克服；反之，当阻力减小时牵引力就可以小一点。为了充分利用机车的功率，要求机车在各种不同运行阻力的情况下，都能具有恒功率输出性能。这就要使 N 为常数。因此，牵引力和速度之间应当成反比关系，当速度低时，牵引力大，速度高时，牵引力小。

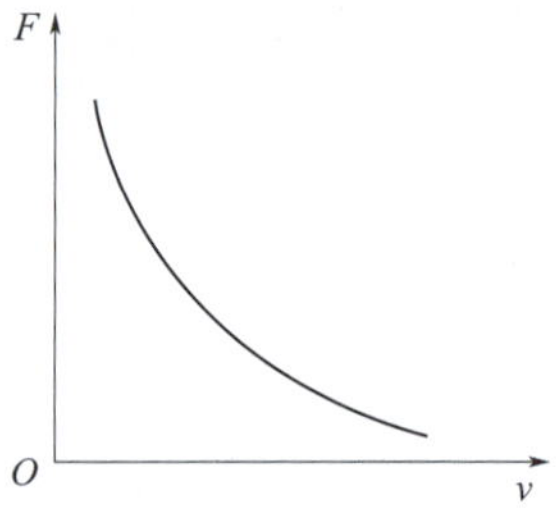

图 2-4-5　机车理想牵引性能曲线

把对 F 和 v 的这种要求表示在坐标上，是一条曲线，如图 2-4-5 所示。这条曲线叫作机车理想牵引性能曲线，无论任何一种机车牵引特性，都应与它相符合。当然，曲线的两端不能无限延长。左端，牵引力不能超过轮轨之间的黏着力，否则车轮会空转；右端，速度也不能超过机车构造所允许的范围。

（二）柴油机的牵引性能及传动装置的作用

1. 柴油机的牵引性能

铁路机车上采用的内燃机绝大多数是柴油机。在内燃机车上，柴油机与机车动轮之间都装有传动装置，柴油机的功率是通过传动装置传到动轮上，而不是由柴油机直接驱动动轮的，主要原因如图 2-4-6 所示。

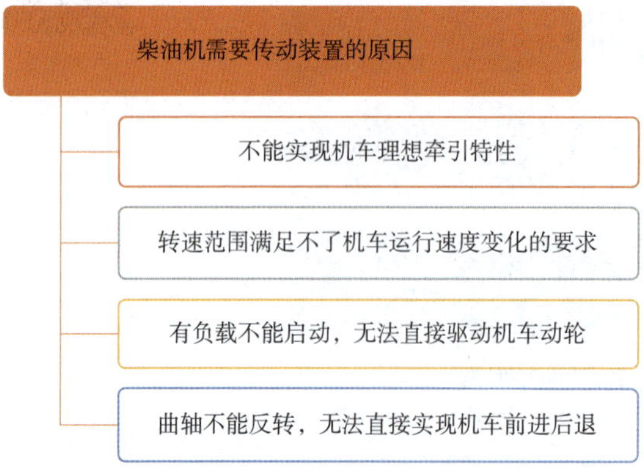

图 2-4-6　柴油机不能直接驱动动轮的原因

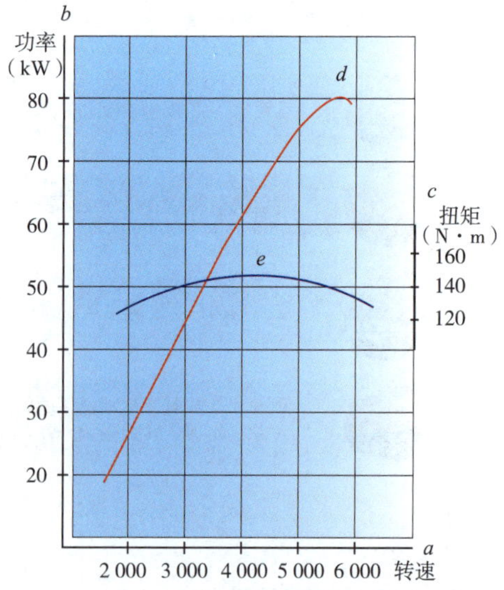

图 2-4-7　柴油机扭矩、功率特性

（1）柴油机直接驱动机车动轮不能实现机车的理想牵引特性。如图 2-4-7 所示，柴油机特性曲线一般有两条，一条为功率 N 曲线（曲线 d），另一条为扭矩（从曲轴端输出的力矩）M 的曲线（曲线 e）。柴油机的扭矩 M 几乎不随转速（横坐标 a）的变化而改变，而柴油机的功率 N 基本上与转速成正比。柴油机扭矩特性和功率特性使得只有柴油机达到额定功率转速，即机车在最高速度时，柴油机功率才能得到充分利用，这显然不符合机车的理想牵引性能曲线的要求。

（2）柴油机的转速范围满足不了机车运行速度范围变化的要求。当柴油机转速低于最低转速时会熄火，高于最高转速时又会引起飞车（柴油机转速失去控制的故障）而损坏柴油机。而机车运行时速范围为零至几百千米。

（3）柴油机应在无负载情况下启动，而机车起动负载都是很大的，所以柴油机无法直接驱动机车动轮。

（4）柴油机曲轴不能反转，无法直接实现机车前进后退。

2. 内燃机车传动装置的作用

为保证机车理想牵引性能曲线的要求，内燃机车通常设置传动装置。传动装置可使机车在运行过程中，当运行阻力发生变化时可以不改变柴油机的输出功率，而通过传动装置自动地调节列车的运行速度和机车的牵引力，维持 $F \cdot v=N$ 为常数，使柴油机始终工作在最佳状态。同时，还保证了机车可负载起动、换向运行以及有较大的调速范围。

（三）电力传动内燃机车与电力机车的牵引性能

电力传动内燃机车与电力机车是由牵引电动机通过齿轮驱动机车动轮的，所以机车牵引力和机车运行速度取决于牵引电动机的转矩和转速，从而也就决定了机车的牵引特性。若采用串励牵引电动机，它的速率（n）与转矩（M）关系如图 2-4-8 所示，可见，它所具有的工作特性最适合于机车牵引的要求，即机车上坡或负载增加时，牵引电动机转矩较大，而转速较低；反之，则转矩减小转速上升。因此能满足机车牵引特性的需要。

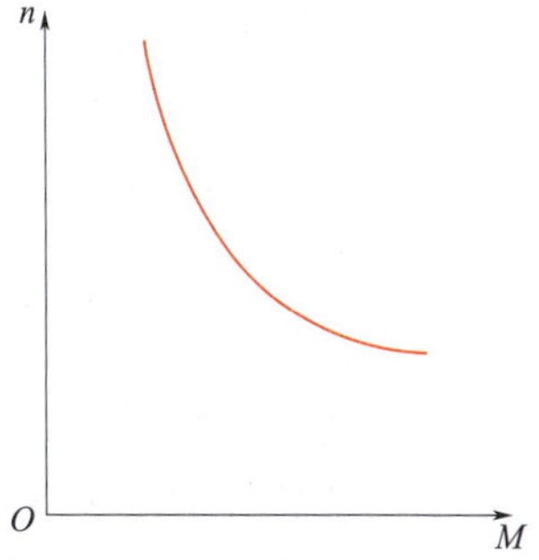

图 2-4-8　串励电动机转速与转矩关系图

第二节　内燃机车

本节 PPT

内燃机车按传动方式的不同主要分为电力传动内燃机车、液力传动内燃机车、机械传动内燃机车等。

电力传动内燃机车是通过内燃机运转带动发电机，发电机产生的电能输送至电动机将电能转化为机械能，最终将动力传递车轮的机车。

机械传动内燃机车是通过齿轮转轴连杆等装置将内燃机的动力传输到车轮的机车，是最原始的传动方式，要求原动机跟从动机不能太远，因其具有技术上的局限性，现已很少采用。

液力传动内燃机车是使用液力传动装置把内燃机的动力传到车轮上，缺点是传动效率较低，油耗大，而且液体在流动过程中自身也损失一部分动能，所以比电力传动内燃机车效率低很多，经济性较差。由于经济及技术原因，我国液力传动内燃机车现保有量较少。

综上，电力传动内燃机车在我国应用最为普遍。因此，下面主要以电力传动内燃机车为例对内燃机车加以说明。

一 电力传动内燃机车的分类

电力传动内燃机车的能量传输过程是由柴油机驱动主发电机发电，然后向牵引电动机供电，并通过牵引齿轮驱动机车轮对旋转。根据电机型式不同，有直—直流、交—直流、交—直—交流、交—交流等几种类型。

（1）直—直流电传动：主发电机与牵引电动机均为直流（电流方向或电流大小不变的电流）电机。该类机车功率一般不大于 2 200 kW。

（2）交—直流电传动：采用交流（电流方向随时间作周期性变化的电流）主发电机、直流牵引电动机。如 DF_{4B} 型内燃机车，为干线客货两用内燃机车。

（3）交—直—交流电传动：采用交流主发电机，先经过整流器把柴油机发电机组发出的三相交流电（由三个频率相同、电势振幅相等、相位差互差 120° 角组成的交流电）变为直流电，再经过可控硅逆变器（将直流电变换成固定频率或可变频的交流电的可控硅装置），将直流电转变成可变频的交流电，供给交流牵引电动机。该类机车起动力大、不易产生空转、运行平稳且牵引力大，目前我国电动车组主要采用此种传动方式。

（4）交—交流电传动：是一种中间没有直流环节直接变频的传动方式。

二 电力传动内燃机车的组成

电力传动内燃机车主要由柴油机、传动装置、走行部、车体、车底架、车钩缓冲装置、制动装置和辅助装置等部分组成。下面以交—直流电力传动内燃机车 DF_{4B} 的主要组成为例，介绍它的组成和基本工作原理。

（一）柴油机

图 2-4-9　16V240ZJB 型柴油机

柴油机是利用柴油燃烧后产生的热能作动力的一种机械。DF_{4B} 型内燃机车上采用的“16V240ZJB”型柴油机，16 表示柴油机有 16 个气缸；V 表示分成两排，呈 V 字形排列；240 表示气缸内径为 240 mm；Z 表示装有废气涡轮增压器和增压空气中间冷却器；J 表示铁路牵引用；B 表示产品改进型符号。它是一种四冲程机车用柴油机，如图 2-4-9 所示。

1. 柴油机的工作原理

四冲程柴油机的工作原理如图 2-4-10 所示。活塞通过连杆与曲轴相连。在气缸盖上设有进、排气门和喷油器，进、排气门由配气机构驱动，喷油器由供油装置控制，燃油通过喷油嘴喷入气缸并与高温高压空气相遇，燃烧膨胀做功。活塞需要经过往复四个行程，柴油机才能完成进气、压缩、做功、排气一个工作循环。四冲程柴油机就是这样不断地工作，把柴油燃烧产生的热能转变成机械能。

2. 柴油机的组成

柴油机由固定机件、运动机件、配气机构以及进排气、燃油、冷却、润滑等系统所组成，其主要部分功能如图 2-4-11 所示。

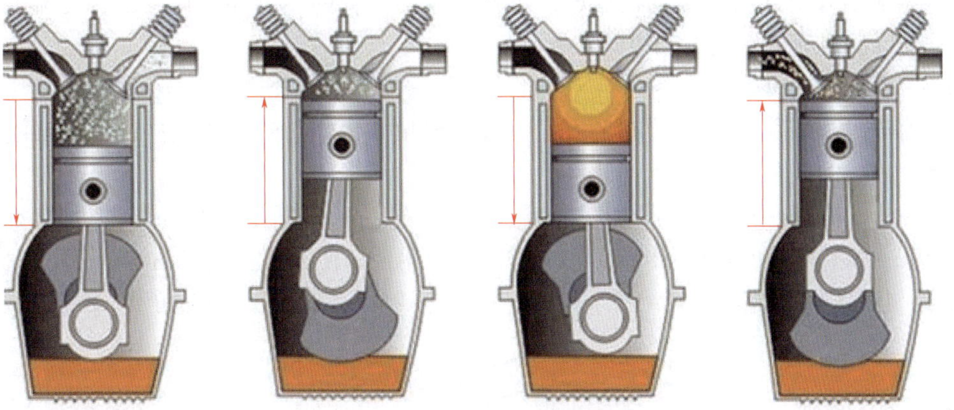

（a）进气　（b）压缩　（c）做功　（d）排气

图 2-4-10　四冲程柴油机的工作原理示意图

柴油机的组成		
	固定机件	包括机座、机架、气缸等，主要用来支撑柴油机的运动机构和辅助设备，并形成柴油机的工作和运行空间
	运动机件	主要包括活塞组、连杆组、曲轴组等部件，将热能转变成机械能，并把活塞的直线运动转变为曲轴的旋转运动
	配气机构	柴油机进气、排气过程的控制机构
	进、排气系统	向气缸内供给空气，同时排出燃烧膨胀后的废气
	燃油系统	向气缸内喷射适当的燃油，使之与空气混合燃烧
	冷却、润滑系统	适当的冷却，保证主要零部件在适宜的温度状态下高效能地持久工作

图 2-4-11　柴油机主要组成及功能

（二）传动装置

1. 传动装置的组成和功能

传动装置是设置在柴油机曲轴与机车动轮之间传递动力的装置，作用是使柴油机的功率传到动轮并符合机车牵引要求。传动装置能量转换过程如图 2-4-12 所示。

图 2-4-12　传动装置能量转换过程

传动装置主要由主发电机、整流装置和牵引电动机等组成。

（1）主发电机

主要由转子和定子两部分构成。转子由柴油机曲轴带动，形成旋转磁场，定子线圈在旋转磁场的作用下，产生感应电势，发出三相交流电，经整流后供给直流牵引电动机使用。

（2）整流装置

由于在交—直流电力传动装置中采用的是直流电动机，因此电机产生的交流电还必须经过整流后才能向直流电动机供电，可利用硅二极管的单向导电特性，将交流电变成直流电，以满足直流牵引电动机的需要。

（3）牵引电动机

牵引电动机安装在机车转向架上，一般每根轴一台。它的一侧悬挂在转向架端梁或横梁上，另一侧抱在车轴上。

电动机的构造主要包括定子和转子两部分，如图 2-4-13 所示。电动机的功能是在定子（由机座、励磁绕组和电刷等组成）形成的磁场作用下，使通有直流电的转子（电枢）（由电枢轴、电枢绕组和整流子等组成）转动，将电能转变成机械能，向外输出，使机车运行。

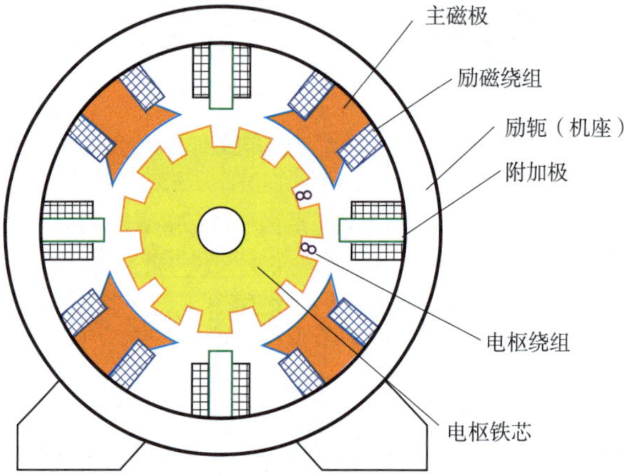

图 2-4-13　直流串励电动机

2. 传动工作原理

下面以 DF4B 型内燃机车的交—直流电力传动装置为例说明传动工作原理。

（1）基本原理

交—直流电力传动基本原理，如图 2-4-14 所示。

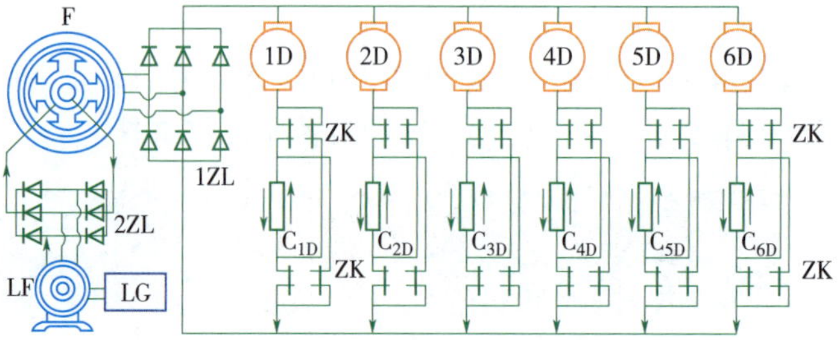

图 2-4-14　交—直流电力传动工作原理示意图

柴油机的曲轴输出端与发电机的转子连接在一起，组成柴油机发电机组。当柴油机工作时，便带动转子旋转，如果给励磁绕组输入电流产生磁场，发电机便可发出三相交流电，把机械能变成电能，经整流装置 1ZL 整流后变成直流电，再供 6 台并联的牵引电动机 1D~6D 使用，此时又把电能变成了机械能，再通过传动齿轮驱动动轮旋转，使机车运行。

此外，为了控制和保护柴油机及电机等部件的正常工作，调节电路中的各种转换等，在机车上还设有各种电器，如控制电器、保护电器、测量电器以及机车辅助传动装置等。

（2）机车的换向

机车的运行方向是由牵引电动机的旋转方向决定的。只要改变牵引电动机中励磁绕组的电流方向就能改变牵引电动机的旋转方向，从而改变机车的运行方向。

（3）交流传动装置

交流传动系统是将发电机发出的交流电先经过整流器变换成直流电，再通过逆变器将直流电变换成电压、频率可调的三相交流电，供给三相交流异步牵引电动机驱动机车动轮旋转。其特点如图 2-4-15 所示。现今绝大部分电力机车采用交流传动方式。

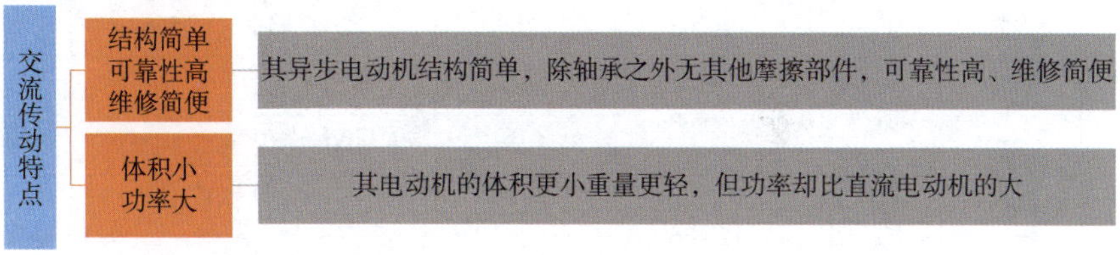

图 2-4-15　交流传动的特点

（三）走行部

内燃机车走行部通常采用构架式转向架的形式。机车转向架的作用是承受机车上部重量，并将它们均匀地传递给轮对，传递牵引力和制动力，缓和、吸收来自线路的各种冲击和振动，保证机车沿轨道运行并顺利通过曲线。DF4B 型内燃机车走行部的轴式为 C_0–C_0，如图 2-4-16 所示。

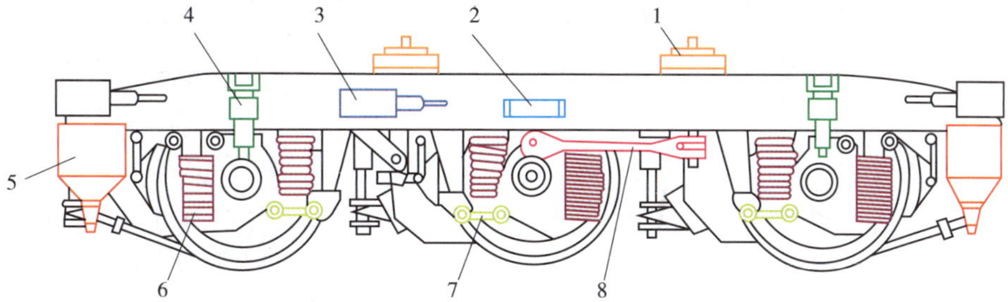

图 2-4-16　内燃机车转向架（轴式为 C_0–C_0）

1—旁承；2—侧挡；3—制动缸；4—油压减振器；5—砂箱；6—圆弹簧；7—轴箱连杆；8—牵引杆装置

机车轴式：

又称“轴列式”，指用数字或字母表示机车走行部结构特点的方法。通常数字表示机车节数；A、B、C、D 表示每台转向架的车轴数目（相应车轴数目为 1、2、3、4）；下脚“0”表示带有牵引电机；- 一字线表示转向架间无活节联结；+ 表示转向架间有活节联结。如 C_0-C_0 表示有两台三轴转向架，共六轴，每根车轴都带有牵引电机；2（B_0-B_0）表示为两节机车，每节有两台、两轴转向架，每根车轴都带有牵引电机。

三 我国主型内燃机车

我国主型内燃机车及其参数见表 2-4-1。

表 2-4-1 我国主型内燃机车及其参数

机车类型	用途	轴式	功率（kW）	持续速度(km/h)	最高速度(km/h)	持续牵引力(kN)	起动牵引力(kN)
HXN3	货	C_0-C_0	4 400	20	120	598	620
HXN5	客货	C_0-C_0	4 003	25	120	565	620
DF4	客	C_0-C_0	2 426	26.3	120	302	362.4
	货			21.9	100		434.9
DF4B	客	C_0-C_0	2 426	28.5	120	243	327.5
	货			21.6	100	324	435
DF4C	客	C_0-C_0	2 650	31.5	120	234	331
	货			24.5	100	301.5	442.2
DF4D	客	C_0-C_0	2 425	39	145	214.8	302.6
	货			24.5	100	341.1	442.2
DF6	货	C_0-C_0	2 425	23.9	118	349	435
DF8	货	C_0-C_0	2 720	31.2	100	307.3	442.2
DF8B	货	C_0-C_0	3 100	31.1	100	340	480
DF11	客	C_0-C_0	3 040	65.5	170	160	253

DF4D 型内燃机车：

DF4D 型内燃机车是客、货运用交—直流电力传动内燃机车，在 DF4B 型、DF4C 型内燃机车基础上设计制造，如图 2-4-17 所示。DF4D 型机车系列包括 DF4D 提速型、准高速型、机车供电型、货运型、调车型、径向转向架型及 DF4DJ 交流电传动型等亚型。

图 2-4-17　DF_{4D} 型内燃机车

图 2-4-18　DF_{11G} 型内燃机车

DF_{11G} 型内燃机车：

为中国铁路第五次大提速而专门研制，其设计借鉴了 DF11 型、DF11Z 型机车的技术，能够满足单司机值乘、长交路连续运行的应用条件，并具有向客车供电功能，同时也是中国第一种采用全微机控制技术的内燃机车，如图 2-4-18 所示。

HXN_3 型机车及 HXN_3 型高原适应性机车：

HXN_3 是干线货运用大功率交流电力传动内燃机车，如图 2-4-19 所示。由中国与美国 EMD（Electro-Motive Diesel, Inc.）共同研制。该机车采用交流电传动系统，装有一台 6 000 马力（4 410 kW）电喷柴油机、6 台交流电牵引电动机、车载微机网络控制系统、电空制动系统等，具有三台机车重联运用的功能。

在 HXN_3 型机车主结构和主参数不变的基础上，针对高原地区的特点进行适应性调整，开发了 HXN_3 型高原适应性机车，如图 2-4-20 所示。该机车针对高原特点在多个方面进行了改进，包括：采用大流量机油泵和燃油泵；装用最新结构的动力组，优化增压器，提高柴油机可靠性；强化柴油机控制保护；对主发电机、牵引电机等电机部件等进行绝缘加强；提高机车冷却能力、增加制氧设备等。

图 2-4-19　HXN_3 型内燃机车

图 2-4-20　HXN_3 型高原适应性机车

第三节　电力机车

本节 PPT

一　电力机车组成及控制

一般而言，各型电力机车可以主要分为机械、电气和空气管路三大系统。不同型号的电力机车在技术参数、速度特性、牵引（力）特性、制动特性、供电特性等方面各有不同，采用的上述三大系统内部结构可有所不同。

（一）电力机车的机械系统

从外部看，电力机车的车体是一个厢形的壳体，其机械系统主要由上部的车体和下部的走行部组成。它的大部分机械、电气设备、电器和电力电子装置都是安装在车体内的。走行部位于车体之下，主要是引导机车沿轨道运行，并把车体和载荷的重量传给钢轨。

1. 车体

电力机车的车体通常为长方体，它由底架、侧墙、端墙和车顶组成。车体是通过中心销支承在转向架上，或者通过牵引杆装置、支承装置与转向架相连用来传递牵引力或制动力的。车体下部装有制动装置，顶部装有受电弓和其他电器。底架位于车体下部，是主要的承载构架。在底架的两端还分别装有车钩及其缓冲装置，用以实现相互连接。司机室一般设在车体的两端，有走廊相连。司机室内安装有控制设备，如司机控制器、制动阀、按钮开关、监测仪器和各种信号指示灯等。

2. 转向架

转向架起支承车体、转向和制动的作用。目前中国电力机车主要采用的转向架有两种：一种是二轴转向架，另一种是三轴转向架。每台机车可以有两个或三个转向架。

（二）电力机车的电气系统

电力机车上设有各种复杂的电气设备，而所有电气设备，则分别装设在主电路、辅助电路和控制电路这三条电气回路中，它们共同构成电力机车的电气系统。

1. 主电路

主电路将产生机车牵引力和制动力的各种电气设备连成一个系统，实现机车的功率传输。主电路中包括的电气设备主要有受电弓、主断路器、主变压器（牵引变压器）、整流调压装置、平波电抗器、牵引电动机等，如图 2-4-21 所示，其组成部分的主要功能如图 2-4-22 所示。

牵引电机采用抱轴式半悬挂或空心轴传动全悬挂结构，安装在转向架上，当牵引电机受电旋转时，通过电枢轴轴端的齿轮带动轮轴上的大齿轮使轮轴转动。牵引电机转速不同，机车运行速度就不同。电枢的转向改变，机车运行的方向也改变。

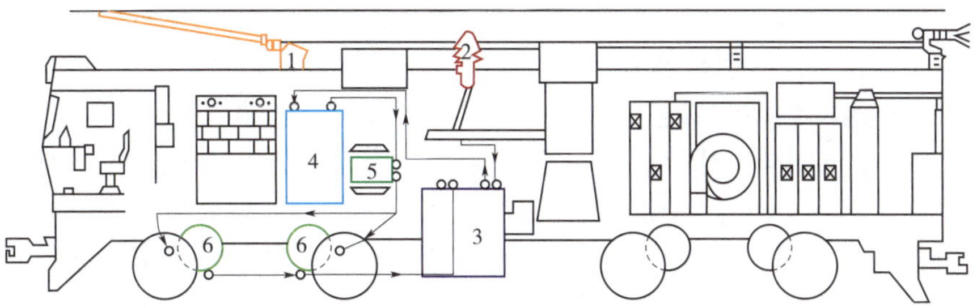

图 2-4-21　电力机车主电路设备示意图

1—受电弓；2—主断路器；3—主变压器；4—整流调压装置；5—平波电抗器；6—牵引电动机

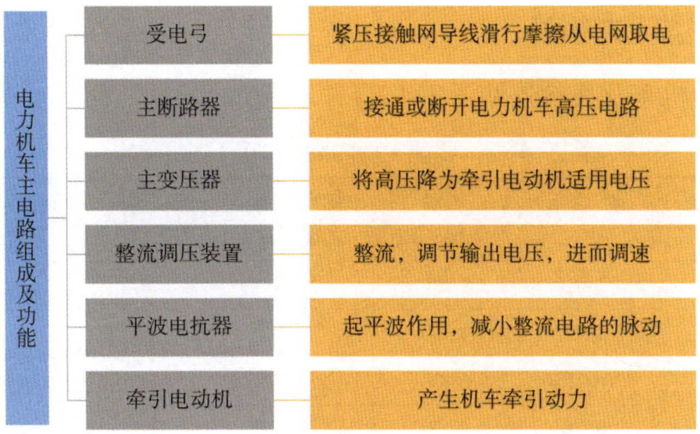

图 2-4-22　电力机车主电路组成及功能

2. 辅助电路

辅助电路是将辅助电机（如劈相机、压缩机电机、通风机、油泵等）、辅助设备（如取暖设备、电热玻璃等）及其相关的电气设备连接而成的一个系统。它的电源来自主变压器的辅助绕组，通过劈相机将单相交流电转变成三相交流电后，供给牵引通风机、油泵机组和空气压缩机等辅助电机使用。其工作电压一般为交流 380 V、220 V。

3. 控制电路

控制电路将主电路和辅助电路中各电气设备的控制电器（包括各种控制开关、接触器、电空阀等）同电源、照明、信号等的控制装置连成一个电系统。一般采用低压直流电源，电压值为 50~110 V，所以又叫低压线路。

以上三个电路系统在电气方面一般是相互隔离的，但三者通过电磁、电空或机械传动等方式相互联系，配合动作，用低压电控制高压电，以保证操作的安全和实现机车的运行。

（三）电力机车的空气管路系统

空气管路系统直接影响机车的工作可靠性和运行的安全性，是机车的重要系统，其一般由风源、制动机、控制管路和辅助管路组成。与其他类型机车相比，电力机车空气管路系统更为重要，这是因为电力机车除了起动和制动都离不开空气管路系统外，受电弓的升降、主断路器的分闸和合闸等都要用压缩空气。

当机车需要制动时，除使用空气制动装置外，还可辅以电阻制动或再生制动。司机扳动转换开关，使它从牵引位转到制动位，即可把牵引电动机从串励电动机改成他励发电机，把电枢绕组同制动电阻连接起来。这样，车轴带动电动机的电枢旋转，发出的电流就会被制动电阻变成热能散逸，从而消耗了机车惰行时的机械能，即为电阻制动。如果将电能重新反馈回电网中去加以利用，就成为再生制动。电力机车进行再生制动时，牵引电动机作为发电机工作，将列车在运行中所具有的机械能转换成电能送回接触网。从能量的利用上看，电阻制动虽然不如再生制动，但电阻制动的主电路工作可靠、稳定，技术比较简单，故目前在电力机车上得到广泛使用。而采用再生制动的电力机车必须采用全控整流线路，控制电路复杂，对主电路的保护系统要求也较高。

二 我国主型电力机车

我国主型电力机车及其参数见表 2-4-2。

表 2-4-2　我国主型内燃机车及其主要参数

机车类型	用　途	轴　式	功率（kW）	持续速度(km/h)	最高速度(km/h)	持续牵引力(kN)	起动牵引力(kN)
SS1	客货	C_0–C_0	3 780	43	90	301.1	487.4
SS3	客货	C_0–C_0	4 350	48	100	317.5	490
SS4	货	2(B_0–B_0)	6 400	51.5	100	436.5	628
SS4B	货	2(B_0–B_0)	6 400	50	100	449.3	628
SS6B	客货	C_0–C_0	4 800	50	100	337.5	485
SS7	客货	B_0–B_0–B_0	4 800	48	100	351	485
SS7C（140）	客	B_0–B_0–B_0	4 800	76	125	220	310
SS7E（160）	客	C_0–C_0	4 800	96	160	171	245
SS8	客	B_0–B_0	3 600	99	177	124.4	190
HXD1	货	2(B_0–B_0)	9 600	70/65	120	494/532	700/760
HXD2	货	2(B_0–B_0)	10 000	70.6/65	120	510/554	700/760
HXD3	货	C_0–C_0	7 200	70/65	120	370/400	520/570
HXD1B	货	C_0–C_0	9 600	81.9	120	422	570
HXD2B	货	C_0–C_0	9 600	76	120	454.7	584
HXD3B	货	C_0–C_0	9 600	70	120	493.7	570
HXD3C	客货	C_0–C_0	7 200/6 400	70/62/65	120	370/400	520/570

韶山 9 型电力机车（SS9）

是中国铁路使用的电力机车车型之一，亦是最后一款研制的“韶山”系列电力机车，属于准高速干线客运用机车，由株洲电力机车有限公司制造，如图 2-4-23 所示。

图 2-4-23　SS_9 型电力机车

适应 30 t 轴重重载铁路的机车：FXD_{1B}、FXD_{2B} 型机车

原型号 HXD_{1F}、HXD_{2F}，是为适应 30 t 轴重重载铁路而设计的八轴交流传动机车。机车采用高强度车体、大轴重转向架、重载驱动、大功率水冷变流器、大扭矩异步牵引电机、卧式牵引变压器、单轴控制、微机网络控制、电子控制制动、独立通风冷却、轮盘制动等技术。机车功率 9 600 kW，最高速度 100 km/h，持续速度 50 km/h，最大牵引力大于 910 kN，持续牵引力大于 691 kN。两机车在运用操作、部件互换、检修及整备接口、控制逻辑、安全及生活设施等实施了统一化，首次实现了不同厂家、不同型号机车的互联互通、重联运行，如图 2-4-24、图 2-4-25 所示。

图 2-4-24　FXD_{1B} 型货运电力机车

图 2-4-25　FXD_{2B} 型货运电力机车

第四节　机车的管理检修及安全防护、同步操纵技术

本节 PPT

一　机车的管理检修

（一）机车管理检修工作组织

机车的管理与检修是铁路运输工作的重要组成部分，也是机务部门的基本任务。质

量良好地检修机车，确保机车的完好状态，经济、合理地运用机车，对完成铁路运输任务具有十分重要的意义。

机务段是设在铁路沿线负责机车检修和运用工作的基层生产单位，一般设在编组站或区段站上。在机车交路的折返点，还应设有机务折返段。机务段和机务折返段设置的基本原则是满足牵引列车的最大需要，并能充分发挥各项设备的能力和机车运用效率。段间距离的长短，应考虑乘务员的连续工作时间，并结合编组站、区段站的位置合理确定。

全路所有机车都分别配属于各个机务段，并由他们来组织和计划所属机车的管理与检修工作，同时也负责组织相关人员的工作。

机务段的任务主要包括以下方面：机车管理方面，负责计划和组织本段机车和乘务组完成邻接区段的列车牵引或固定在某个车站上担任调车工作，并对日常运用机车进行整备和日常保养；机车检修方面，进行段修范围内的机车定期检修和日常维修工作，保证运用机车的良好状态。

机务段设有管理部门和生产车间。生产车间是其核心业务部门，一般包括运用车间、检修车间、整备车间和设备车间。各车间及其主要职责如图 2-4-26 所示。

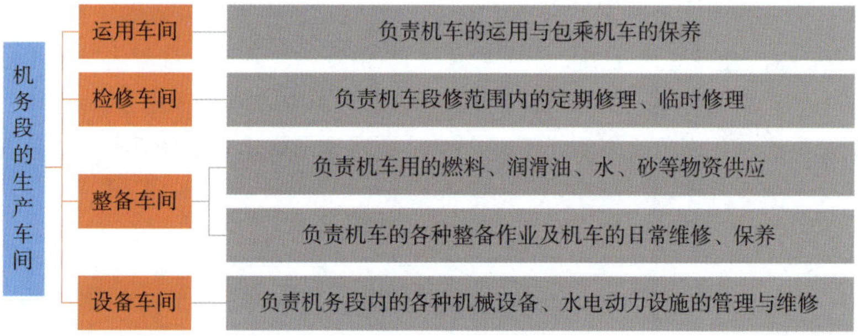

图 2-4-26　机务段的生产车间及主要职责

（二）机车整备

机车在出段牵引列车或担任调车工作以前，需要供应机车必需的物资和做好各项准备工作，这种物资供应准备工作及日常检查保养工作总称为机车整备作业。机车类型不同，整备作业的内容也不一样。内燃、电力机车主要整备作业项目见表 2-4-3。

表 2-4-3　内燃、电力机车的整备作业

需要供应的物资			需要做的准备工作		
项目	内燃机车	电力机车	项目	内燃机车	电力机车
燃料	√	—	机车转向	一般单向√	—
水	√	—	机车保养	√	√
砂	√	√	机车检查	√	√
润滑油	√	√	给油	√	√
擦拭材料	√	√	机车乘务组交接班	√	√

为了完成以上整备作业，机务段内必须修建相应的整备设备，如机车整备线、加油站上水管、上砂管以及储存和发放油脂、化验、排水、照明设备等。

整备设备的布置，应保证各项整备作业能平行或流水式地进行，并应具备足够的能力，以压缩整备作业时间，提高机车的运用效率。

（三）机车的检修

机车经过一定时期的运用后，各部件都会发生磨耗、变形或损坏。为了保证机车的正常运用，延长使用期限，除了日常检查和保养外，还必须进行定期修理和临时修理，如图 2–4–27 所示。

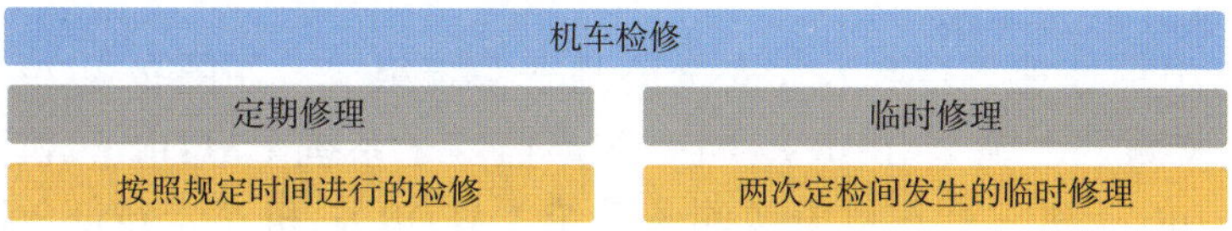

图 2–4–27　机车检修类型

1. 机车的定期检修

机车的定期检修修程主要分为大修、中修、小修、辅修等。除大修一般在机车制造工厂（企业）进行以外，其余的检修一般都在机务段内进行。因此，机务段除了机车整备设备以外，还必须有机车的检修设备，如各种检修库及辅助车间等。

（1）检修周期

机车类型不同，它们的检修周期和检修内容也不一样。

内燃机车的检修周期见表 2–4–4。

表 2–4–4　内燃机车检修周期

修　程	辅　修	小　修	中　修	大　修
运行里程（km）	≥ 2 万	4 万 ~6 万	23 万 ~30 万	80 万 ~90 万

电力机车的检修周期见表 2–4–5。

表 2–4–5　电力机车检修周期

修　程	辅　修	小　修	中　修	大　修
运行里程（km）	1 万 ~3 万	8 万 ~10 万	40 万 ~50 万	160 万 ~200 万

（2）修程内容

各种修程所包括的内容，在有关的规程中都有具体规定。一般来说，机车的大修是一种全面恢复性修理，大修后的机车基本上需达到新车的水平；中修的主要目的是修理走行部；小修主要是为了对有关设备进行测试和维修等；辅修是属于临时性的维修和养护。认真做好检修工作，对保证机车的正常运用和延长使用寿命，具有十分重要的意义。

2. 机车临时修理

机车临时修理（简称临修）是指机车在两次定检间发生的临时修理。机车发生临时修理按发生次数计算。

二 机车车载安全防护系统（6A）

1. 应对的主要问题

机车运行过程中关系到机车安全的最常见的问题集中在以下方面：机车设备（空气制动系统、车内电器设备、为客车供电的设备、内部设备间、车顶高压设备、机车走行部轴承齿轮车轮等）故障、机车火灾、机车运行前方存在障碍物等，如图 2–4–28 所示。为了满足机车上述的监测需求，我国铁路采用了机车车载安全防护系统，即 6A 系统。

2. 主要组成

6A 系统由中央处理平台和 6 大安全监测子系统组成，如图 2–4–29 所示，即机车空气制动安全监测子系统（ABDR）、机车防火监控子系统（AFDR）、机车高压绝缘检测子系统（AGDR）、机车列车供电监测子系统（APDR）、机车走行部故障监测子系统（ATDR）、机车自动视频监控及记录子系统（AVDR）。

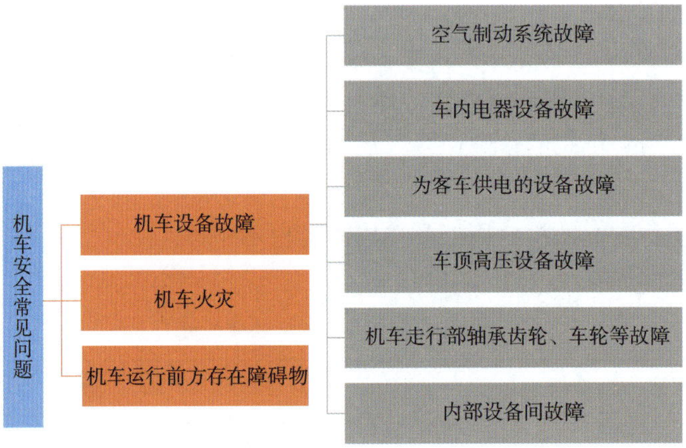

图 2-4-28　机车安全常见问题

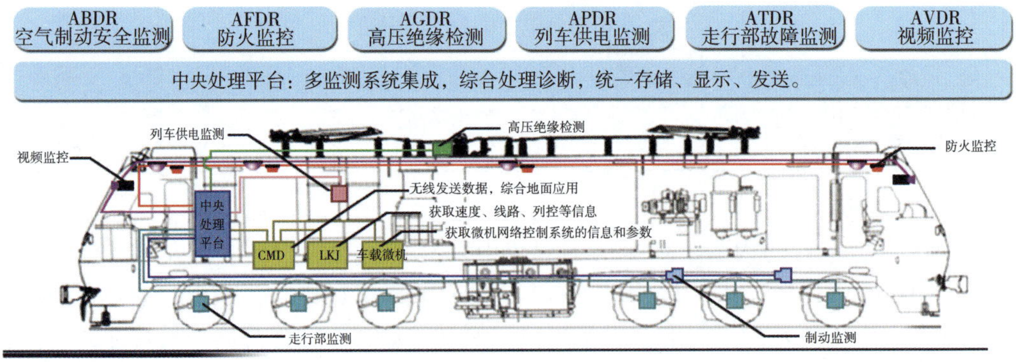

图 2-4-29　机车车载安全防护系统架构图

3. 主要功能

6A 系统主要实现综合诊断、统一存储、集中显示和车－地通信等功能，如图 2–4–30 所示。

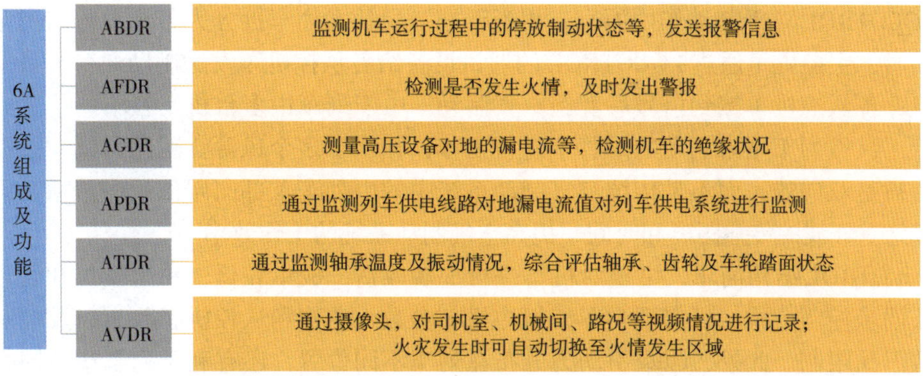

图 2-4-30　机车车载安全防护系统组成及功能

三　同步操纵技术

解决同步操纵问题，国际上主要采用机车无线同步操纵（LOCOTROL）和电控空气制动（ECP）两种技术。

1. 机车无线同步操纵（LOCOTROL）技术

LOCOTROL 是 GE 公司推出的主要用于重载铁路的一种机车无线同步操纵系统，已成功应用于北美、南非、澳大利亚、中国等国家和地区。该系统具有降低充风时间、加速长大列车的制动和缓解作用、缩短制动距离等功能。我国的大秦铁路在世界上首次实现了 LOCOTROL 与 GSM-R 技术的结合，并成功应用于万吨级重载组合列车的开行。

LOCOTROL 由安装在头部本务机车上的主控设备和安装在从控机车的受控设备及无线通信系统组成。LOCOTROL 利用无线网络传输控制信号，可以实现多台机车的同步遥控，基于 GSM-R 的 LOCOTROL 工作原理如图 2-4-31 所示。

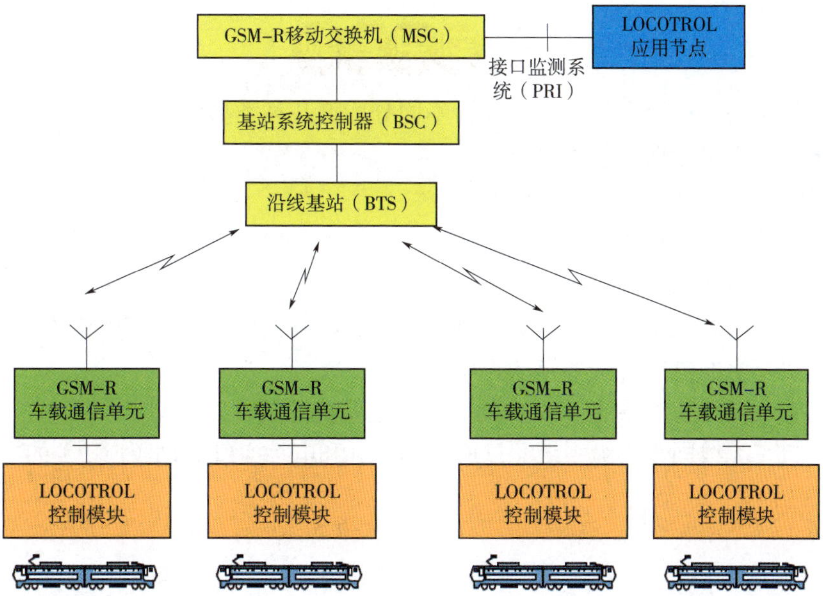

图 2-4-31　LOCOTROL 工作原理

LOCOTROL 对于制动作用而言，相当于把一列长大列车拆分为若干短编组列车。列车制动时，主控机车通过 LOCOTROL 的通讯设备给各从控机车发送制动命令及目标压力等信息，各从控机车接到信号后实施空气制动。由于列车中多台机车在不同位置同时向列车管（纵贯列车用来制动的风管）进行工作，相当于多个风源。因此，制动波在列车中的传播是双向的，而不是传统空气制动系统中的由列车首部向尾部顺序传播，可以缩短列车管空气波的传播距离和时间，提高空气制动系统的工作效率。

LOCOTROL 结构简单，主要对机车进行加装改造，成本较低，易于维护和管理。采用无线同步控制方式，可实现列车编组内机车台数、主控和从控机车距离以及控制的列车对数不受限制。此外，因牵引动力分布在列车不同位置，还有利于列车按不同目的地解编。

2. 电控空气制动（ECP）技术

重载列车编组长，一般都超过 100 辆车，由于空气信号传递理论上不能超过声速，前后车辆制动和缓解的时间间隔长，列车纵向冲动大，容易造成断钩、脱轨等安全事故。相比自动式空气制动系统，ECP 制动控制系统可进一步实现全列车同步制动、缓解，形成贯穿全列车均匀的制动力分配，有效缩短列车的空走时间（从制动开始到假定全列车闸瓦同时以最大压力压紧车轮的瞬间所经过的时间），减小制动距离及列车纵向冲动。

ECP 通过采用电子方法对各辆列车进行制动控制，不再以空气作为制动指令传递的介质，仅通过压缩空气产生制动力，其制动指令一般通过一条贯穿全列车的双芯输电电缆或无线电信号进行传递。

当前，ECP 制动控制系统分为有线和无线两种，无线 ECP 制动控制系统在国际上尚处于研究及小批量试验阶段，有线 ECP 制动控制系统已在美国、加拿大、澳大利亚、南非等国的 1 万 t 以上重载列车上批量运用。目前，我国正在积极进行有线 ECP 制动系统的研究试验和应用工作。

复习思考题

1. 铁路机车是如何分类的？按源动力不同分为哪几种类型？
2. 简述机车牵引特性的基本概念。
3. 内燃机车按传动方式分为哪些？
4. 简述四冲程柴油机的基本工作原理。
5. 内燃机车为什么要设置传动装置？
6. 电力传动内燃机车的传动装置有哪几个主要设备？功率是如何传输的？
7. 电力机车上的电气设备各自的作用是什么？
8. 机车车载安全防护系统（6A）的组成及主要功能是什么？
9. 简述机车无线同步操纵系统（LOCOTROL）和电控空气制动（ECP）的主要原理。

第五章　动车组

第一节　概　　述

本节 PPT

动车组是由动车和拖车或全部由动车所组成的自带动力、固定编组的列车。动车组中带有动力的车辆称为动车（Motor Car，用“M”表示），不带动力的车辆称为拖车（Trailer Car，用“T”表示）。

一　动车组的主要特点

动车组两端都带有司机室，可在线路上往复运行，不需调头。同时，动车组具有固定编组、运行快捷、安全可靠、乘坐舒适等优势，是高效率、大密度的旅客运载工具。其主要特点如图 2-5-1 所示。

动车组的主要特点

- 在运行中固定编组，不能解编，无需摘挂机车，往返不需调头，运行效率高
- 采用轻量化设计，轴重小，加速快，运行质量和效益好
- 一般采用密接式车钩形式，缓解了纵向冲动，降低了噪声和震动，舒适度好
- 多采用电空复合制动，制动方式灵活，制动、缓解切换快速，制动性能好

图 2-5-1　动车组的主要特点

二　动车组的分类

动车组一般按动力配置方式分为动力集中型动车组和动力分散型动车组，此外，还可按牵引动力方式主要分为内燃动车组和电力动车组（电动车组）两类，如图 2-5-2 所示。

按动力配置方式

- 动力集中式动车组
  - 将动力设备集中设置在一端或两端的动车上；
  - 同时，设置若干拖车
- 动力分散式动车组
  - 动力轮对分散布置在全部车辆或大部分车辆上；
  - 由若干动车和拖车组成一个单元，若干单元组成列车

按牵引动力方式

- 内燃动车组
  - 采用内燃机为源动力
- 电力动车组
  - 采用电能作为源动力

图 2-5-2　动车组的分类及特点

动力分散式动车组具有动力及制动性能好、编组灵活及利用效率高等诸多特点，在世界高速铁路尤其是我国得到大量采用，如日本新干线、德国的 ICE3、我国 CRH 系列及大部分复兴号系列动车组等；而动力集中式具有动力装置集中，发生故障时便于检修等特点，但在高速动车组中采用相对偏少，主要有德国 ICE1 和 ICE2、法国的 TGV-A 等，我国复兴号系列中 CR200J 动车组也属于动力集中式。

第二节　我国主型动车组及其命名标记

本节 PPT

一　我国主型动车组的平台及其形成过程

1. 我国主型动车组形成过程

在我国铁路的发展过程中，随着社会经济建设的需要，1998 年 6 月，我国设计制造了第一列动车组“庐山号”（双层内燃动车组，设计时速 160 km），之后又设计制造了“先锋号”（设计时速 200 km，试验最高时速 292.8 km）、“中华之星”（设计时速 270 km，试验最高时速 321.5 km）等动车组，如图 2-5-3 所示。

（a）“庐山号”动车组　　（b）“先锋号”动车组　　（c）“中华之星”动车组

图 2-5-3　我国早期部分主要动车组

进入 21 世纪，经“引进，吸收，再创新”并不断发展完善，我国形成了 CRH 系列和复兴号系列等主型动车组，如图 2-5-4 所示。

图 2-5-4　我国主型动车组

2. 我国主型动车组的平台

根据动车组速度等级、主要系统构成、检修维护特点等方面，现有动车组主要划分为16个平台，具体包括CRH1A、CRH2A、CRH3A、CRH5A、CRH3C、CRH2C、CRH380A、CRH380B、CRH380C、CRH380D、CRH6A、CR400AF、CR400BF、CR300AF、CR300BF、CR200J，如表2-5-1所示。现今，全路18个铁路局全部配属有动车组列车，配属总量超过3 000组，其中中国铁路上海局集团有限公司共配属动车组约700组，是全路配属动车组数量最多的路局，有动局之称。

表2-5-1　我国主型动车组平台

CRH系列	复兴号系列
CRH3C、CRH2C、CRH380A、CRH380B、CRH380C、CRH380D、CRH1A、CRH2A、CRH3A、CRH5A、CRH6A	CR400AF、CR400BF、CR300AF、CR300BF、CR200J

二 CRH系列动车组

CRH系列动车组均被命名为“和谐号”，目前主要分为CRH1A、CRH2A、CRH3A、CRH5A、CRH3C、CRH2C、CRH380A、CRH380B、CRH380C、CRH380D、CRH6A等11个平台，均为采用动力分散式的电力动车组。CRH系列动车组主要是原铁道部向庞巴迪、川崎重工、阿尔斯通、西门子公司等购买技术（CRH6A为自主研发的城际动车组），加以引进吸收再创新，由中国中车旗下的车辆制造企业制造形成的。各平台的技术来源如图2-5-5所示，各平台动车组如图2-5-6~14所示。

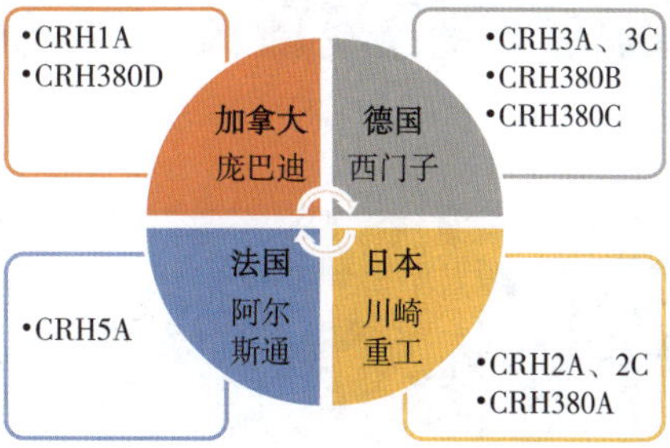

图2-5-5　我国“和谐号”系列动车组各平台的技术来源

图2-5-6　CRH1A平台动车组

图2-5-7　CRH2A平台动车组

图 2-5-8　CRH3A 平台动车组

图 2-5-9　CRH5A 平台动车组

图 2-5-10　CRH3C 平台动车组

图 2-5-11　CRH2C 平台动车组

图 2-5-12　CRH380A 平台动车组

图 2-5-13　CRH380B 平台动车组

图 2-5-14　CRH380C 平台动车组

图 2-5-15　CRH380D 平台动车组

图 2-5-16　CRH6A 平台动车组

CRH 系列动车组：

CRH 是 China Railway High-speed 简写，即中国铁路高速列车，CRH 是其品牌标志，具体型号见表 2-5-1。其中，CRH3C 为京津城际首发列车，最高运营速度 350 km/h；CRH5A 为秦沈客专按最高运营速度 250 km/h 运行首发列车；CRH380 平台动车组是中国标准动车组（复兴号）问世以前世界上商业运营速度最快、科技含量最高、系统匹配最优的动车组，最高运营时速 350 km（按设计可达 380 km）。2011 年 1 月 9 日，采用特殊编组（8M4T）的 CRH380BL 动车组，在京沪高铁徐州至蚌埠段创造了 487.3 km/h 的世界铁路运营线路最高试验速度。

三 复兴号系列动车组（中国标准动车组）

复兴号系列动车组又名中国标准动车组，英文代号为 CR，目前主要划分为 CR400AF、CR400BF、CR300AF、CR300BF、CR200J 等五个平台，如图 2-5-17~21 所示。复兴号系列动车组是由国铁集团牵头组织形成的，具有完全自主知识产权，达到世界先进水平，主要解决了 CRH 系列动车组不同型号不能互联互通的问题，图 2-5-22 所示为其与 CRH 系列的比较。

图 2-5-17　CR400AF

图 2-5-18　CR400BF

图 2-5-19　CR300AF

图 2-5-20　CR300BF

图 2-5-21　CR200J

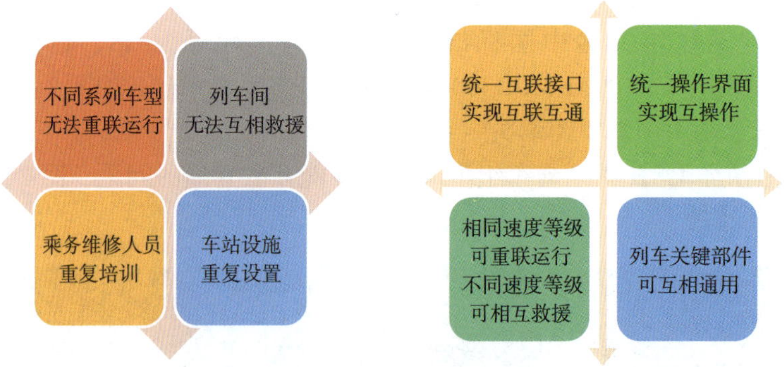

（a）CRH系列动车组存在的问题　　（b）复兴号系列的优势

图 2-5-22　复兴号与 CRH 系列动车组的比较

复兴号动车组（中国标准动车组）：

主要分为三个级别，分别为 CR400/300/200，数字表示目标速度，运营速度分别对应 350、250 和 160 km，适应于高速铁路、快速铁路、城际铁路，具体型号见表 2-5-1。2017 年 6 月 26 日，复兴号动车组在京沪高铁首末站首发，使中国铁路最高运营速度重新达到 350 km/h。

四 我国主型动车组的命名标记

动车组型号的命名标记方式可以分为技术序列代码命名方式和速度目标值命名方式两种，CRH1/2/3/5/6 平台采用的是技术序列命名方式，CRH380 平台和复兴号序列采用的是速度目标值的命名方式。此外，动车组命名还涉及其车辆的命名。图 2-5-23 所示为各平台动车组及车辆的命名标记。

（a）CRH1/2/3/5/6平台的命名（CRH1A-A-1200）

（b）CRH380平台的命名（CRH380BG-5729）

（c）CR系列的命名（CR400BF-B-5098）

（d）动车组车辆的命名（ZYS 206600）

图 2-5-23　动车组的命名标记

1. 技术序列代码命名方式

CRH1/2/3/5/6 的命名采用技术序列命名方式，命名标记包括：动车组系列代码 + 技术序列代码 + 子型号 + 附栏（仅少部分有）+ 车组号，具体如表 2-5-2~5 所示。

表 2-5-2　技术序列代码命名方式的命名规则

动车组系列代码	技术序列代码	子型号	附　栏	车组号
CRH，表示和谐号动车组	以一位阿拉伯数字表示，代表不同的技术平台来源以及它们的制造工厂，详见表 2-5-3	以一位大写英文字母表示，代表动车组的最高速度、编组配置，详见表 2-5-4	通常是为了区分同一个型号但不同配置的车型	以四位阿拉伯数字表示，按不同的技术序列编排

表 2-5-3　技术序列代码命名方式的技术序列代码代表的含义

技术序列代码	制造工厂	技术来源
1	青岛四方庞巴迪铁路运输设备公司（青岛庞巴迪，BST）	加拿大庞巴迪
2	中车青岛四方机车车辆股份有限公司(中车青岛四方)	日本川崎重工
3	中车唐山机车车辆有限公司（中车唐车）	德国西门子
5	中车长春轨道客车股份有限公司（中车长客）	法国阿尔斯通
6	中车青岛四方机车车辆股份有限公司 / 中车南京浦镇车辆公司	自主研发

表 2-5-4　技术序列代码命名方式的子型号代码代表的含义

型号代码	运营速度	编　组	席位类别
A	200~250 km/h	8 编组	座车
B	200~250 km/h	16 编组	座车
C	300~350 km/h	8 编组	座车
D	300~350 km/h	16 编组	座车
E	200~250 km/h	16 编组	卧铺车（俗称“动卧”）
F	160~200 km/h	8 编组	城际动车组座车
G	200~250 km/h	8 编组	耐高寒座车
J	综合检测动车组（黄医生）		

表 2-5-5　技术序列代码命名方式的范例［以图 2-5-23（a）为例］

CRH	1	A	A	1200
动车组系列代码，表示和谐号动车组系列	技术序列代码，表示 BST 制造	子型号代码，表示最高时速 250 km 的 8 节动车组	附栏，表示基于庞巴迪一个名为 ZEFIRO 高速动车组平台制造	表示车组号为 1200

2. 速度目标值命名方式

CRH380 平台和复兴号系列的命名采用速度目标值命名方式，命名标记包括：动车组系列代码 + 速度目标值 + 技术平台代码（多家联合研制车型可无此项）+ 动力配置方式代码（限 CR 系列）+ 子型号 + 车组号，具体见表 2-5-6~10。

表 2-5-6　速度目标值命名方式的命名规则

动车组系列代码	速度目标值	技术平台代码	动力配置方式代码（限 CR 系列）	子型号	车组号
CRH 或 CR，分别表示和谐号或复兴号动车组	以三位阿拉伯数字表示，如：400- 代表设计最高运行速度目标值为 400 km/h	以一位大写英文字母表示，表示不同的技术开发者与生产商，详见表 2-5-7	以一位大写英文字母表示，详见表 2-5-8	以一位大写英文字母表示，表示基于标准编组的派生车型等，详见表 2-5-9	以四位阿拉伯数字表示，按制造工厂分配

表 2-5-7　速度目标值命名方式的技术平台代码

技术平台代码	生产企业	编　组	席　别	备　注
A	中车青岛四方	8	座车	基于 CRH2 平台
B	中车长客 / 中车唐车	8	座车	基于 CRH3 平台
C	中车长客	8	座车	与 B 牵引及控制系统不同
D	青岛庞巴迪	8	座车	基于 CRH1 平台

表 2-5-8　速度目标值命名方式的动力配置方式代码

动力配置方式代码	类　型
F	动力分散式电动车组
J	动力集中式电动车组
N	动力集中内燃动车组

表 2-5-9　速度目标值命名方式的子型号代码

系列	子型号代码	类　型
CRH	G	耐高寒
CRH	H	耐风沙及高寒
CRH	J	综合检测动车组（俗称黄医生）
CRH	L	16 节编组
CRH	M	更高速度等级试验列车改为综合检测车
CR	A	16 节编组
CR	B	17 节编组

表 2-5-10　速度目标值命名方式的范例［以图 2-5-23（b）、（c）为例］

动车组系列代码	速度目标值	技术平台代码	动力配置方式代码（限 CR 系列）	子型号	车组号
CRH	380	B		G	5729
表示和谐号动车组系列	表示设计最高运行速度目标值为 380 km/h	表示中车长客制造		表示为耐高寒型	表示车组号为 5729
CR	400	B	F	B	5098
表示复兴号动车组系列	表示设计最高运行速度目标值为 400 km/h	表示中车唐车制造	表示动力分散式动车组	表示 17 节编组	表示车组号为 5098

3. 动车组车辆的命名

动车组车辆的命名标记包括：车种代码 + 车组号 + 编组顺位代码，具体见表 2-5-11 至表 2-5-13。

表 2-5-11　动车组车辆的命名规则

车种代码	车组号	编组顺位代码
以两位或三位大写英文字母表示，详见表 2-5-12	以四位阿拉伯数字表示	以两位阿拉伯数字表示，由头车至车尾的代码为 01、02、03……00

表 2-5-12　动车组车辆的车种代码

车种代号	车种名称	车种代号	车种名称	车种代号	车种名称
ZY	一等座车	WE	二等卧车	ZYS	一等 / 商务座车
ZE	二等座车	CA	餐车（含酒吧车）	ZES	二等 / 商务座车
WR	软卧车	SW	商务车	ZYT	一等 / 特等座车
WY	硬卧车	ZEC	二等座车 / 餐车	ZET	二等 / 特等座车

表 2-5-13　动车组车辆的命名规则范例［以图 2-5-23（d）为例］

车种代码	车组号	编组顺位代码
ZYS	2066	00
表示一等 / 商务座车	表示车组号为 2066	表示该车为尾车

第三节　动车组的主要构成

本节 PPT

动车组主要由车体、车端连接、转向架及其辅助、主供电、牵引、辅助电气、供风制动、网络及辅助监控、旅客信息、空调、给排水卫生、车门及车内设施、驾驶设施、其他（车内应急备品等）等装置构成，如图 2-5-24 所示。将以上部分集成在一起的技术，又称为动车组的系统集成技术。

高铁动车组核心技术

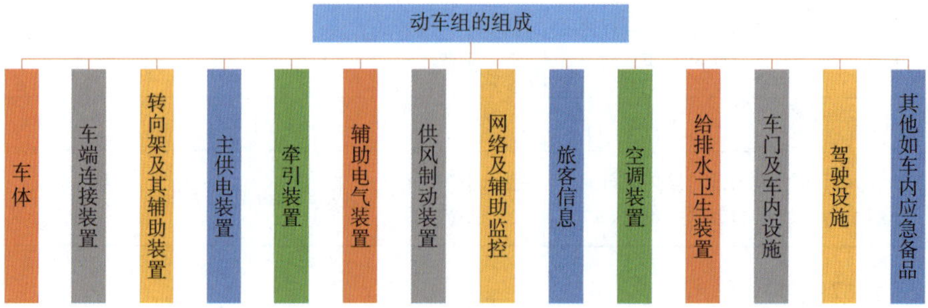

图 2-5-24　动车组的组成

一 车体

动车组的车体既为司机和乘客提供乘坐空间，又为牵引、制动、受流等系统提供安装基础，是人员、设备的重要载体。车体一般采用筒形整体承载结构，即将底架、侧墙、端墙和车顶组成一个整体，使车体各部分都能承受载荷，既增强车体承载能力，又减轻车体自重和保证乘坐舒适性等。车体分为带司机室车体和不带司机室车体两种。动车组车体组成如图 2–5–25 所示。

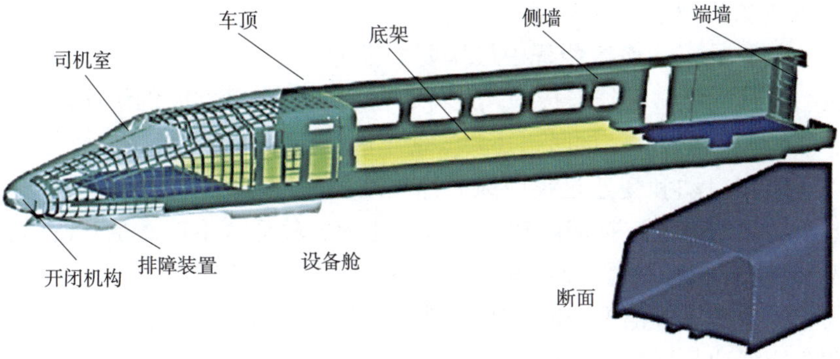

图 2–5–25　动车组车体组成示意图

为了适应动车组在运行速度、舒适程度、对线路作用及维修等方面的需求，车体的设计对强度、防噪声性能、防火性能等方面要求很高，具体如图 2–5–26 所示。为满足这些性能要求，动车组车体需采用大量新技术、新材料和新工艺。

动车组车体设计要求

- 尽可能减小运行阻力，解决高速列车运行中的空气动力学问题
- 车体采用气密结构，提高乘客乘坐的舒适度
- 车体轻量化，降低运行能耗

图 2–5–26　动车组车体的设计要求

二 车端连接装置

车端连接装置的存在才将列车中各个车厢（车辆）连接组成了真正意义上的列车。车端连接装置的设计是动车组设计中一个非常重要的环节，其性能直接影响动车组的运行品质及运行安全。因为它不仅要实现车辆间的机械联接，还要实现电气联接，这不仅涉及车辆之间作用力的传递，还要考虑车辆的限界、空气动力学、车辆动力学的影响。除此以外，还要考虑为旅客提供安全、舒适的通道等。

动车组的车端连接装置包括车钩缓冲装置、风挡、电气和风管连接等装置，如图 2–5–27 所示。

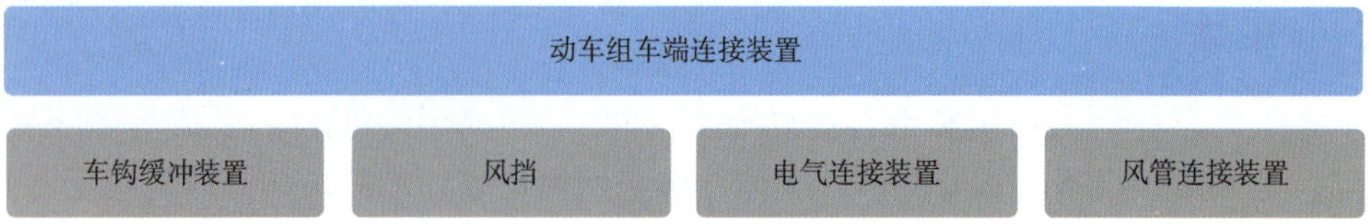

图 2-5-27　动车组车端连接装置

（一）车钩缓冲装置

1. 动车组车钩缓冲装置的类型

车钩缓冲装置是车端连接装置中最重要的部分。它主要实现车辆之间的各种连接，如机械连接、风管连接、电气连接等。此外，还要实现车辆之间的缓冲作用，防止在连挂或运行中对车体造成破坏。同时，还要实现车辆运行的平稳性，提高舒适度。

由于动车组在启动和变速过程中纵向加（减）速度较大，对车辆舒适度要求较高，传统结构的车钩缓冲装置连挂间隙较大、自动化程度较低，不能满足其使用要求，所以动车组一般采用密接式车钩缓冲装置。

密接式车钩缓冲装置根据功能的需要分为（全）自动、半自动和半永久车钩缓冲装置。全自动车钩缓冲装置可以实现电、气、机械的自动连挂和分解；半自动车钩缓冲装置可实现气、机械的自动连接，但需要手动解钩，电的连接和分解也需人工操作；半永久车钩缓冲装置的电、气、机械的联接和分解都需要人工操作，如图 2-5-28 所示。

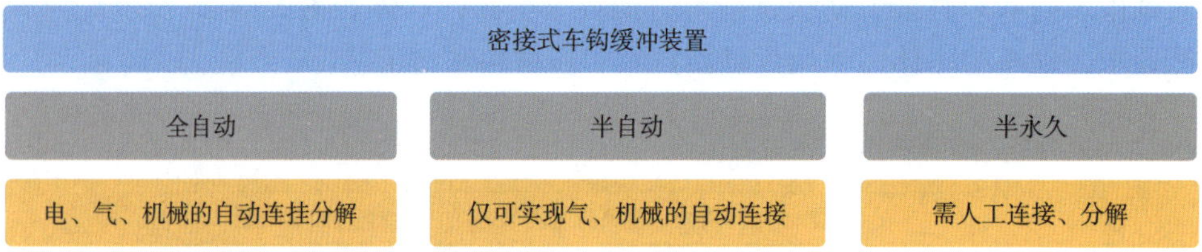

图 2-5-28　密接式车钩的分类

图2-5-29　过渡车钩

动车组车钩缓冲装置一般包括中间车钩缓冲装置、车端车钩缓冲装置和过渡车钩缓冲装置。中间车钩缓冲装置一般采用半自动或半永久形式；车端车钩一般采用全自动或半自动形式；过渡车钩是备用紧急救援车钩，用以让其他机车牵引 / 拖拽，如图 2-5-29 所示。

2. 动车组车钩的制式

密接式车钩根据制式的不同，主要分为日本模式和欧洲模式两种形式。欧洲模式的代表有夏芬伯格（Scharfenberg）式车钩，其采用的是锁型密接式车钩，工作原理如图 2-5-30 所示，车钩实物如图 2-5-31 所示。日本模式的代表为柴田式车钩，其采用的是半圆形钩舌密接式车钩，工作原理如图 2-5-32 所示，车钩实物如图 2-5-33 所示。

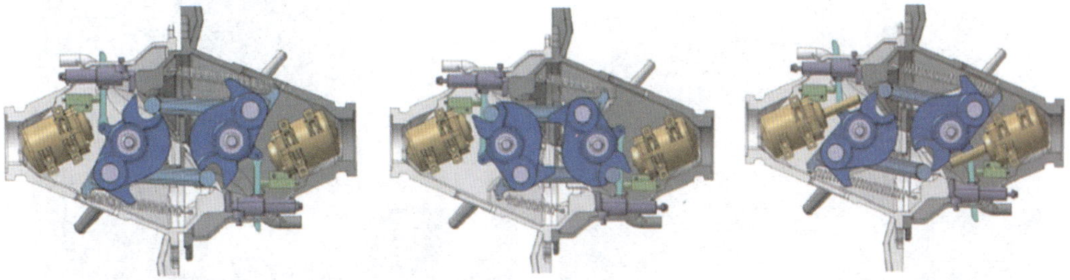

（a）全开（待挂）　（b）锁闭　（c）开锁

图 2-5-30　CRH1 动车组密接式全自动车端车钩的原理（Scharfenberg 式）

（a）车端的全自动车钩　（b）中间的半永久车钩

图 2-5-31　CRH1 动车组车端车钩及中间车钩（Scharfenberg 式）

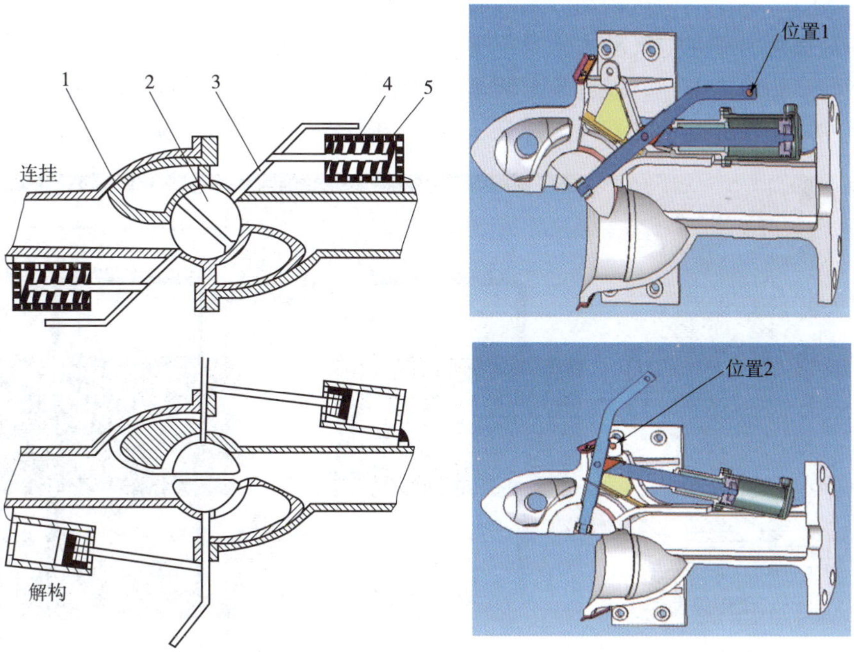

图 2-5-32　CRH2 动车组车钩原理（柴田式）

1—钩头；2—钩舌；3—解钩杆；4—弹簧；5—解沟风缸

（a）全开（待挂）

（b）锁闭

图 2-5-33　CRH2 动车组车钩（柴田式）

3. 缓冲器

动车组的车钩缓冲装置除了车钩之外还包括缓冲器，其主要用来缓和列车在运行过程中，由于启动、制动、调车作业时车辆相互碰撞引起的纵向冲击和振动，从而减轻对车体结构的破坏作用，提高列车运行的平稳性。缓冲器可以分为橡胶缓冲器、气液缓冲器、弹性胶泥缓冲器和环簧缓冲器等。

（二）风挡、电气和风管连接

1. 风挡

风挡是列车之间的柔性部分，是旅客来往于各车辆间的必经之路，如图 2-5-34 所示。风挡可以吸收车辆之间相对运动产生的能量并使旅客能安全容易的通过，同时为了保证车内环境的舒适度需满足空气动力学及声学要求。风挡必须保证安全，并具有良好的纵向伸缩性和横向、垂向的柔性，以适应车辆运行中振动，满足安全通过曲线和道岔的需要。高速动车组的风挡在强度、气密性、隔音、抗弯、阻燃方面的要求均高于普通列车。

（a）内部

（b）外部

图 2-5-34　动车组车端连接风挡

2. 电气和风管连接

端部电气连接器是实现两组动车间通讯、控制信号互联互通的装置，主要包括通信控制连接、制动控制连接、供电连接、主电路连接等。车辆之间的空气连接主要是用于空气制动的风管连接。动车组车端电气和风管连接如图 2-5-35 所示。

（a）供电连接　（b）电气连接　（c）风管连接

图 2-5-35　动车组车端电气和风管连接

三　转向架及其辅助装置

转向架及其辅助装置是动车组车辆系统中最重要的组成部件之一，其结构设计是否合理直接影响车辆运行品质、动力性能和行车安全。转向架及其辅助装置必须具有承载、导向、缓冲、牵引和制动等功能。

1. 主要构成

动车组转向架一般主要由轮对轴箱、构架、一系及二系弹簧装置悬挂、驱动装置、基础制动装置、安全监测系统等部分构成，如图 2-5-36 所示。

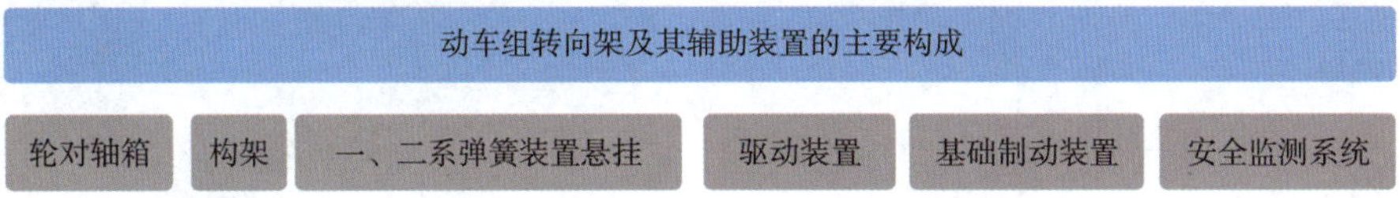

图 2-5-36　动车组转向架的构成

（1）轮对轴箱

轮对轴箱直接向钢轨传递车辆重量，通过轮轨间的黏着产生牵引力或制动力，并通过轮对的回转实现车辆在钢轨上的运行。

（2）构架

构架是转向架的骨架，安装各零部件并承受和传递垂向力及水平力。构架一般为钢板焊接结构，主体框架一般呈 H 形。

（3）一、二系弹簧悬挂装置

一系弹簧悬挂装置（轴箱悬挂装置）安装在转向架轴箱或均衡梁和构架之间。二系弹簧悬挂装置（摇枕或中央弹簧装置）安装在转向架构架（或侧架）和摇枕（或构架和车体）之间。一、二系弹簧悬挂装置用来保证一定的轴重分配，缓和线路不平顺对车辆的冲击并保证车辆的运行平稳性。

（4）驱动装置

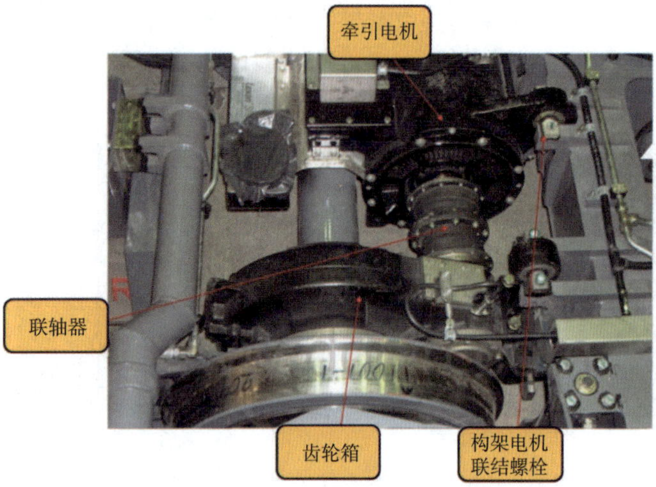

图2-5-37　动车组转向架的驱动装置

驱动装置主要包括牵引电机、联轴器、齿轮箱等，如图2-5-37所示，主要功能是将牵引动力装置的功率传递给轮对。

（5）基础制动装置

基础制动装置的作用是将制动缸传来的力增大若干倍后传给制动终端机构进行制动。

（6）安全监测系统

转向架安全监测系统一般包括温度传感器（检测轴箱轴承温度）、转向架失稳检测装置（进行运行稳定性监测）等。

2. 动车转向架和拖车转向架

动车组转向架分为动车转向架（动力转向架）和拖车转向架（非动力转向架），除动车转向架需带有牵引电机等驱动装置外，其他主要部分采用的结构型式基本一致。以CRH380B型动车组为例，其动车转向架构成如图2-5-38所示，CRH380B型动车组是有枕梁（摇枕）的转向架，还有部分动车组转向架为无枕梁结构。

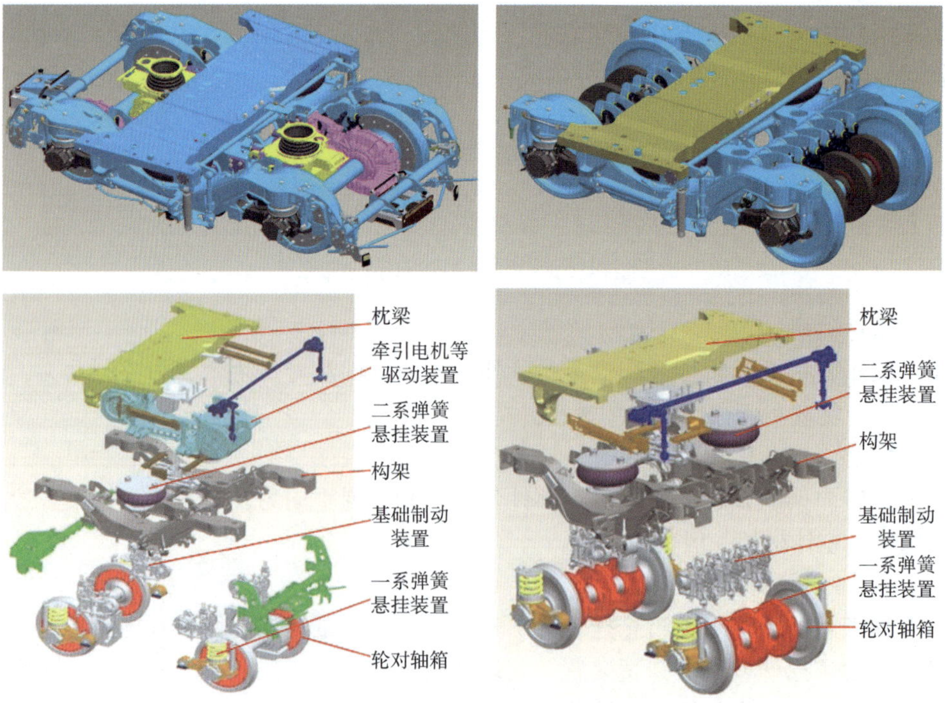

（a）动车转向架主要构成　　（b）拖车转向架主要构成

图2-5-38　CRH380B动车组动车、拖车转向架主要构成

四 主、辅供电及牵引装置

1. 主供电及牵引装置

动车组主供电及牵引装置的功能就是将电能转换成机械能牵引列车运行，同时在列车制动时将机械能转变成电能回馈电网。

主供电及牵引装置组成如图 2-5-39 所示，其核心是牵引变压器、牵引变流器和牵引电机三个部分。

主供电及牵引装置的运行过程如下：受电弓将接触网的 25 kV 单相工频交流电输送给牵引变压器，经变压器降压后供给牵引变流器（由脉冲整流器、中间直流环节和牵引逆变器组成），牵引变流器输出电压、电流，频率可控的三相交流电供给牵引电机，牵引电机输出的转矩与转速通过齿轮传动传递给轮对，将电能转换成机械能，最终达到驱动车轮运动的效果，其能量变换与传递的途径如图 2-5-39 左至右箭头所示，部分装置部件如图 2-5-40 所示。此外，动车组制动时的再生制动过程是将机械能转换成电能，其能量变换与传递的途径如图 2-5-39 右至左箭头所示。

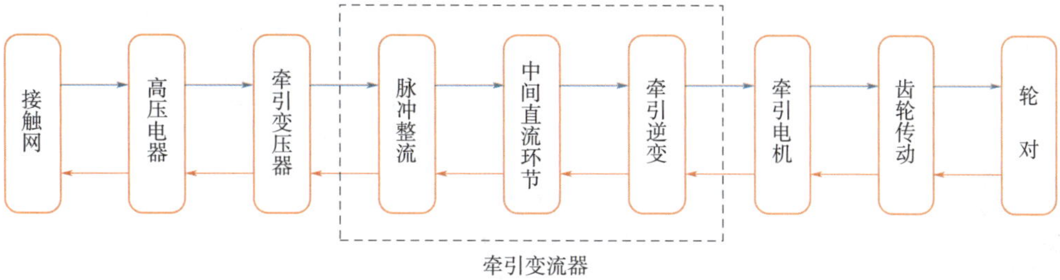

图 2-5-39 主供电及牵引装置组成图

（a）受电弓等设备

（b）牵引变压器

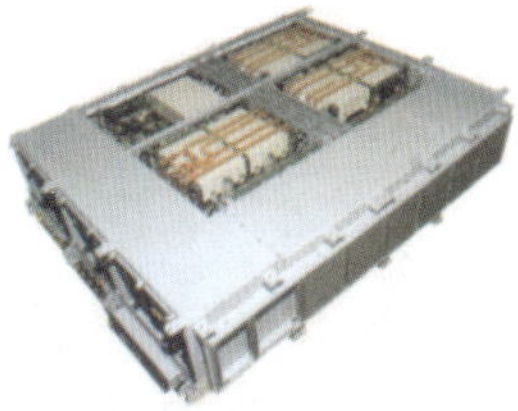

（c）牵引变流器

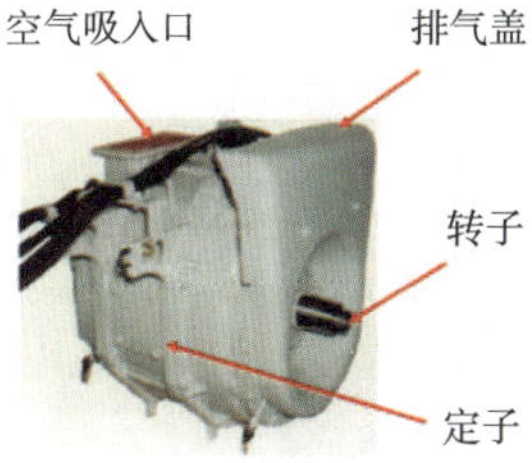

（d）牵引电机

（e）齿轮箱

（f）轮对

图 2-5-40 主供电及牵引装置部分设备部件（主要为 CRH2 用）

IGBT 模块芯片：

IGBT 即 Insulated Gate Bipolar Transistor，绝缘栅双极型晶体管，如图 2-5-41 所示。是动车组中最核心的部件之一，有动车组的“心脏”之称，主要用于牵引变流器等设备，直接控制直、交流电的转换，决定驱动系统的扭矩以及最大输出功率，实现电能更高效、更节能、更环保地使用，可大幅度降低能耗。过去，我国动车组用 IGBT 需从海外进口，现经过科研攻关，已实现国产化。

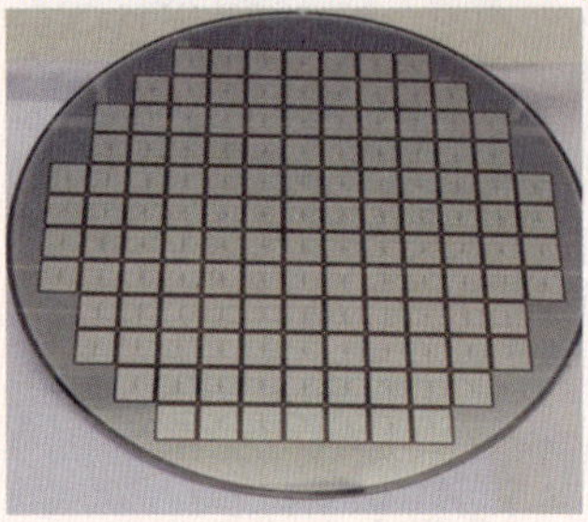

图 2-5-41　IGBT 模块芯片

2. 辅助电气装置

动车组辅助电气装置指除了主供电及牵引装置之外，为所有需用电设备提供电能的系统。以 CRH2 动车组为例，其辅助供电装置工作原理如图 2-5-42 所示，需辅助供电装置供电的主要设备如图 2-5-43 所示。

高速动车组核心部件 IGBT 芯片视频

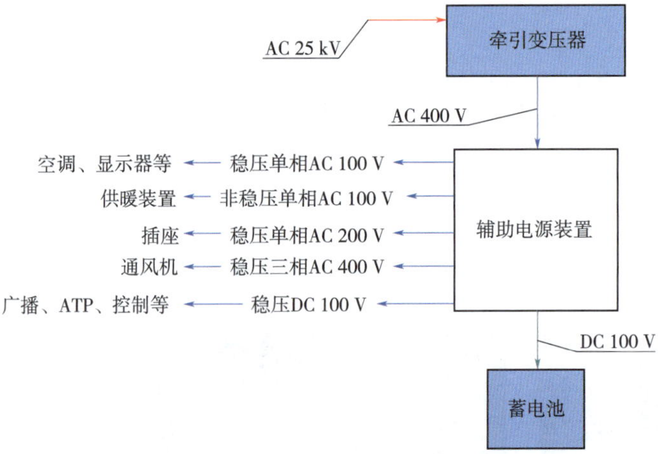

图 2-5-42　辅助电气装置工作原理（CRH2）

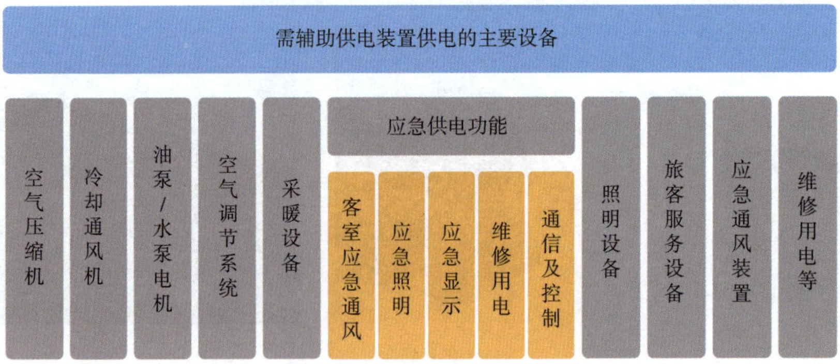

图 2-5-43　需辅助供电装置供电的主要设备

五 供风制动装置

（一）制动装置

1. 动车组的制动方式

动能与速度的平方成正比，在一定的制动距离条件下，制动功率是速度的三次函数。动车组速度较高，因此，传统的空气制动能力远远不能满足需求，因此，动车组一般采用电空复合制动方式，具有电制动（电气制动）、空气制动两套制动系统。电制动是将牵引电机转换成发电机形式工作，一般采用反馈回电网的方式，即再生制动。空气制动是通过指令控制空气送入制动缸起制动作用。

动车组一般会划分成若干个制动单元（如一动车一拖车），动车使用电制动+空气制动，拖车使用空气制动。为减少闸片和制动盘的磨损采用延迟控制方式，在制动过程中，优先使用再生制动，当不能满足制动力需求时，空气制动力自动补偿，制动力能根据理论黏着力要求和车辆载荷变化自动调整，如图 2-5-44 所示。

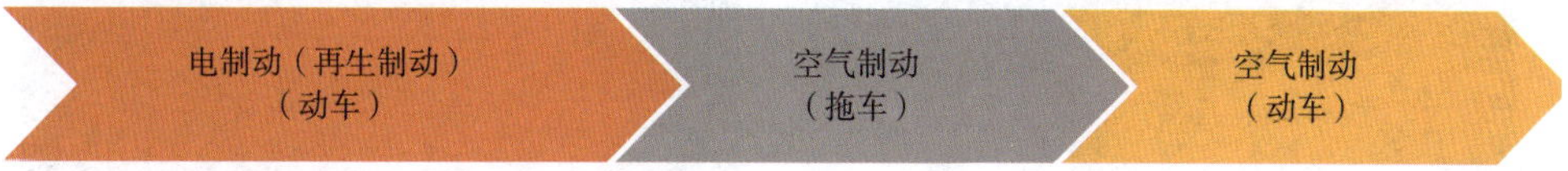

图 2-5-44　动车组的制动过程

2. 制动装置的组成

从功能上划分，制动装置主要由电制动系统（也称动力制动系统）、空气制动系统、防滑控制装置（用于防止闸片夹紧导致车轮滑行，使轮轨之间的黏着充分利用，保证列车的制动距离尽可能缩短）和制动控制系统（在司机或自动控制装置的控制下，产生、传递制动信号，并对各种制动方式进行制动力计算、分配的部分）等组成。电制动系统的组成与牵引系统一致，其再生制动过程如图 2-5-39 右至左箭头所示。空气制动系统一般由制动控制器（用于司机控制制动）、制动控制装置（用于控制空气制动所需的各种阀门以及风缸）、制动缸（用于产生制动力）及相关的电气管路（用于传输信号），此外还涉及供风系统的空气压缩机、干燥器、空气管路等。制动装置主要组成如图 2-5-45 所示，部分部件如图 2-5-46 所示。

3. 主要功能

动车组制动装置通常具有常用制动、紧急制动、快速制动、耐雪制动等功能。

（1）常用及紧急制动

常用制动时，制动指令通过列车信息监控系统传到各车辆的制动控制单元（BCU）。空气弹簧压力通过传感器转化为与车重相应的电信号，BCU 根据制动指令、列车速度及车重信号计算出所需的制动力，并遵照优先使用电制动的原则向电制动控制装置发出制动信号，电制动控制装置产生制动力。同时，电制动控制装置将实际制动力的等值信号反馈至 BCU，BCU 进行计算，并把计算结果以相应的电信号送往电空转换阀（EP 阀）。EP 阀将此电信号转换成相应的空气压力信号送至中继阀，中继阀进行流量放大后使制动缸获得相应的压力，最后经制动卡钳将制动力作用到制动盘上，完成制动作用，如图 2-5-47 所示。

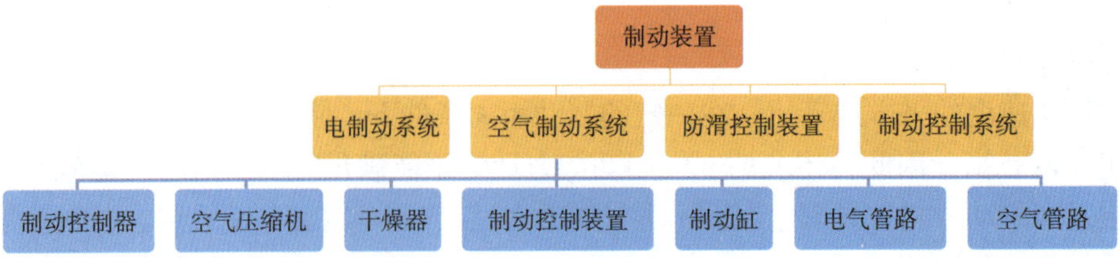

图 2-5-45　制动装置主要组成

（a）制动控制器　　（b）制动控制装置

图 2-5-46　空气制动系统的制动控制器和制动控制装置（CRH2 用）

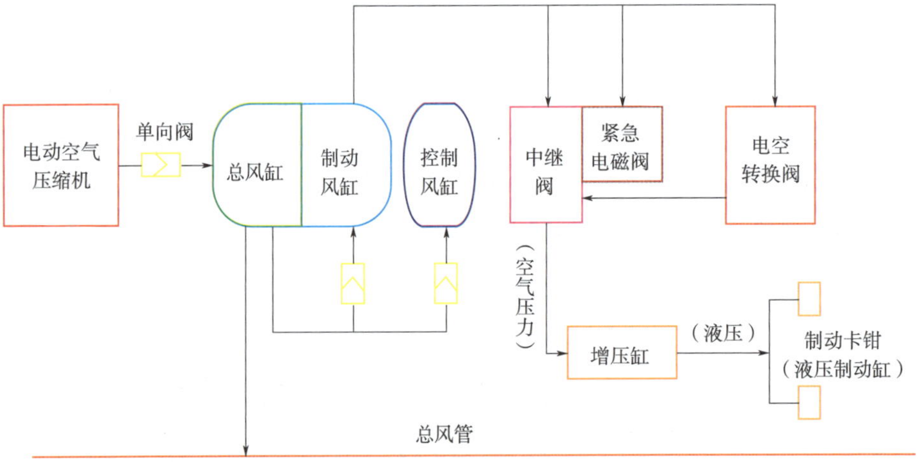

图 2-5-47　空气制动示意图

动车组的制动盘装于轮对车轴或车轮上，制动时使制动卡钳压紧制动盘，列车动能通过制动卡钳与制动盘的摩擦转化为热能，如图 2-5-48 所示。

紧急制动时，紧急制动指令线失电，紧急制动电磁阀消磁，来自总风缸管的压缩空气通过紧急制动电磁阀后，其压力作为向中继阀提供的指令，中继阀根据该压力指令，将制动风缸的压力送往增压缸产生制动。

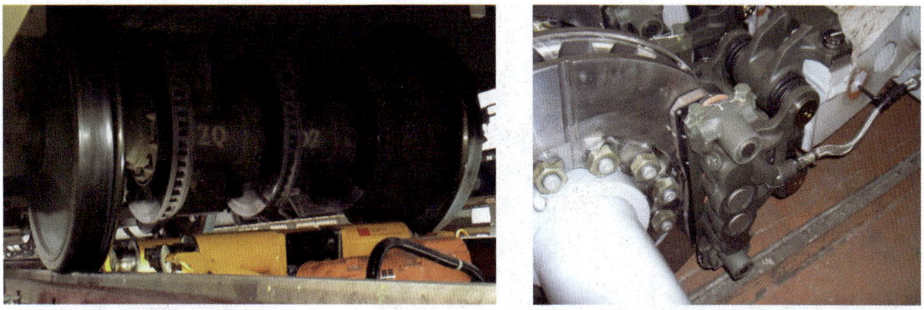

（a）轮轴及制动盘　　　（b）制动卡钳夹紧制动盘实施制动

图 2-5-48　动车组的制动盘及制动卡钳

（2）快速及耐雪制动

快速制动具备常用制动 1.5 倍的制动力，在手动制动操作时及在闭塞区间无法减速至设定的速度时，根据列车自动保护系统（ATP）指令实施快速制动。耐雪制动是指在降雪时，为了防止冰雪进入制动盘和闸瓦之间，使得闸瓦无间隙轻轻接触制动盘，在一定速度下，接通耐雪制动开关，操作制动手柄实施耐雪制动。

（二）供风装置

空气制动需要供风装置提供风源，才能产生制动力，实现列车制动减速的目的。因此供风装置的性能直接影响动车组的运行性能。此外，列车运行过程中受电弓的升降，车门的开闭、便器的使用、空气弹簧的充排气等都需要稳定的风源供给。这些都直接关系着动车组运行使用过程中的方方面面，稳定的压缩空气供给，是保证这些设备的良好运行及工作的基础。因此，供风装置在列车中的重要程度不言而喻。动车组的供风装置主要分为风源（主供风单元）、管路组成以及用风设备三部分组成。

1. 风源（主供风单元）

所有用风设备的风源均来源于主供风单元，主供风单元包括空气压缩机组（通过电机带动压缩机旋转产生压缩空气的装置）、空气干燥器（用于干燥净化空气）等，其主要功能是为动车组车辆制动系统及其他用风设备提供干燥洁净的压缩空气，如图 2-5-49 所示。

2. 管路组件

主供风单元中产生的风源通过管路组件运送到用风设备，从而使用风设备能正常工作。管道组件主要包括截断塞门、三通阀、风缸等。管路按功能主要分为总风管路、制动管路及其他功能模块的管路等。

管道组件包括风缸（主要用于存储气体以及减少管路中气压的波动）、截断塞门（用于管路中风路的通断），各种弯头（便于在复杂的车下设备中布置管路），三通阀（用于将主管路中的风往分支管路流动），测试点（便于测量此处管路中的风压）以及各种阀（高度阀，差压阀等）。

3. 用风设备

用风设备遍布整列车，实现动车组的各种功能。用风设备种类较多，主要包括制动控制装置、受电弓、车门、空调、便器、空气弹簧等。

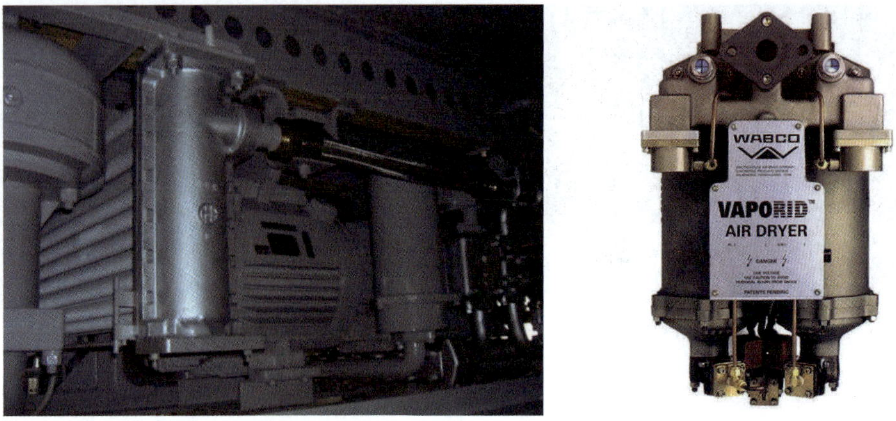

（a）空气压缩机　　（b）空气干燥器（双塔式）

图 2-5-49　供风系统的空气压缩机和干燥器（CRH2 用）

六 网络及辅助监控装置

1. 概述

动车组网络及辅助监控装置是一套建立在总线通信网络上的分布式控制系统。系统在每节车辆（动车或拖车）内通过车厢总线将分布在同一车厢内的各计算机控制装置联网，再通过列车总线把分布在不同车厢中的主控单元（节点）联网。列车上安装有列车控制、诊断中心，通过动车司机、乘务操纵台上的显示屏可显示列车中各受控设备的工作状态，从而实现对列车的综合监控。系统具有高实时性、高可靠性和高安全性，可以提高运营安全性和车辆运用率，优化运行管理，便于运用和维修作业。

2. 主要功能

动车组网络及辅助监控装置一般具有的主要功能如图 2-5-50 所示。

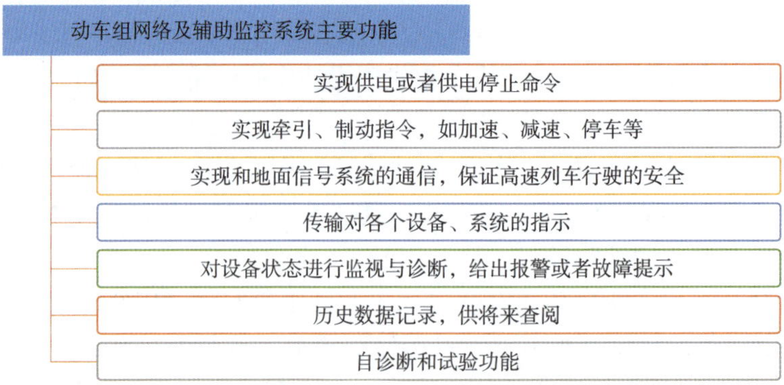

图 2-5-50　动车组网络及辅助监控系统一般具有的主要功能

3. 典型平台动车组的网络及辅助监控

以 CRH380B 平台的 CRH380BL 动车组为例，其编组形式为八动八拖，分为四个牵引单元，每个单元由四辆车（两动两拖）组成。每个牵引单元都有自己的车辆总线 MVB（多功能车辆总线），因此可以组成一个 MVB 单元。列车的 MVB 单元通过列车总线 WTB

（绞接式列车总线）与其他单元相连，其网络架构如图 2-5-51 所示。该装置可以对车门、空调、高压、转向架、牵引传动与辅助供电、制动等装置实施监控，其监控的主要信息如图 2-5-52 所示。当系统出现故障，该装置可以及时采集故障信息并报警，其故障信息处理流程如图 2-5-53 所示。

图 2-5-51　CRH380BL 动车组网络及辅助监控装置的架构

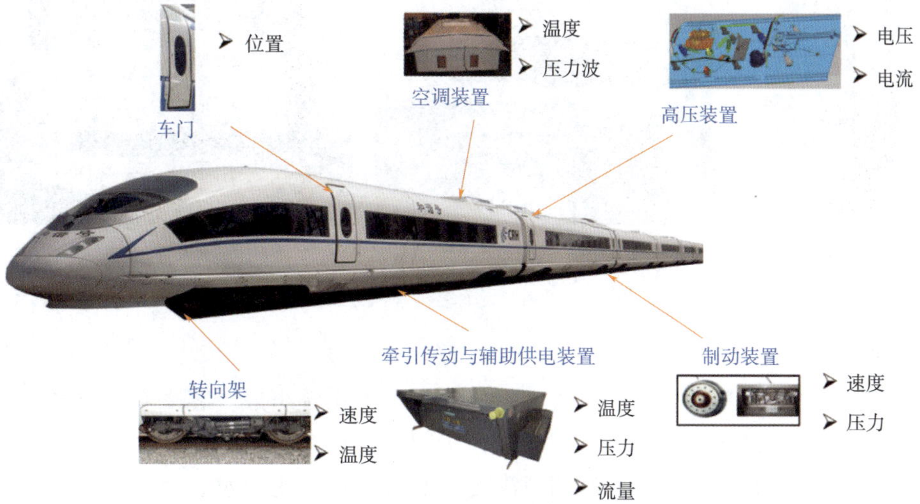

图 2-5-52　CRH380BL 动车组网络及辅助监控装置监控的主要信息

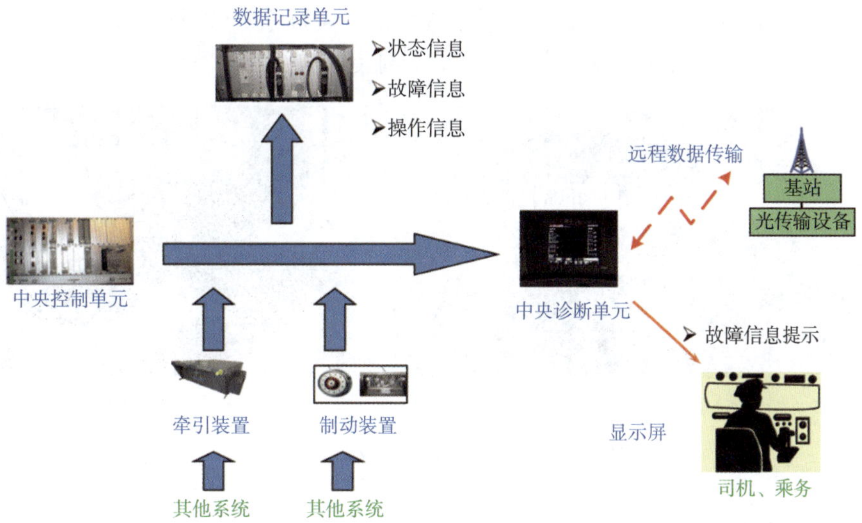

图 2-5-53　CRH380BL 动车组网络及辅助监控装置故障信息处理流程

七 旅客信息、空调及给排水卫生

1. 旅客信息

旅客信息系统是一个能够随时给旅客提供一些重要信息的系统。旅客信息的内容包括信息显示、车内标识、列车运行信息与自动报站、列车广播、电视、列车通话等。旅客信息系统的主要功能包含广播、显示、娱乐等，如图 2-5-54 所示。广播实现列车人工广播、工作人员对讲、全列语音服务信息播放等功能；显示通过车内、外信息显示实现车次、站点、车厢号和其他服务信息提示等功能；娱乐实现音视频娱乐功能。

（a）广播设备　（b）显示设备　（c）娱乐设备

图 2-5-54　动车组旅客信息系统

2. 空调

空调系统主要由客室空调子系统、司机室空调子系统组成。客室空调子系统主要包括客室空调、换气装置、风道等。每节载客车厢内安装有客室空调和换气装置，通过连接风道与车内的风道相连。可通过调节满足车厢各部位对送风量、回风量和新风量的需求，保证车内的温度、湿度、气流速度、压力波动等参数指标符合要求，为旅客提供舒适的车内环境。同时，通风设备还可以保证车厢内具有适当的气压，即当车外气压发生明显变化时，维持车厢内的气压在让旅客舒适的水平。司机室一般设单独的司机室空调和司机室暖风机，以保证司机室的舒适性。动车组空调装置的部分设备如图 2-5-55 所示。

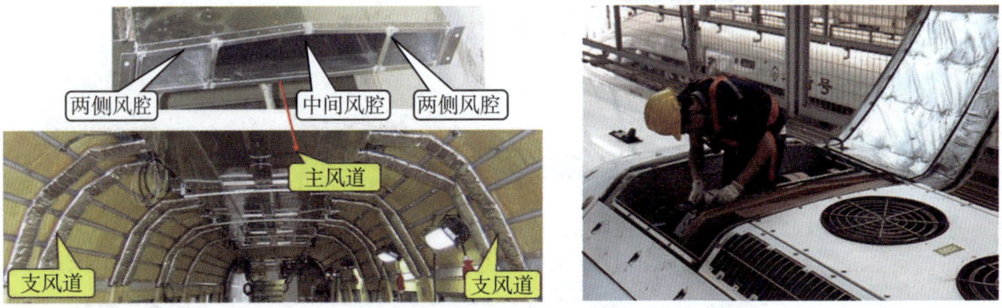

（a）客室送风道结构　（b）车顶空调机组

图 2-5-55　动车组空调装置部分设备

3. 给排水卫生

给排水卫生系统为旅客和司乘人员提供饮水、洗漱、卫生等服务功能，也是列车不可或缺的重要组成部分，如图 2–5–56 所示。

（a）饮水设施　（b）卫生设施　（c）供水吸污作业

图 2–5–56　动车组给排水卫生设备

（1）给排水系统

动车组给水系统关系到旅客的饮水安全问题，给水装置为动车组的用水设备（卫生间、饮水装置等）提供水源和供水通路，主要由水箱、注水管路、供水管路、排气溢水管路、排水管路、防冻装置、液位显示装置组成。给水系统主要供水方式有重力供水（储水箱设置在顶板上方）、压力供水（储水箱设置在车下）或组合方式进行供水（储水箱设置在车下，在车内的顶板上方设置一个中间水箱），一般应具有供水控制、水箱液位指示、缺水保护、泄漏报警、给水系统故障报警、防冻排空等功能。

（2）卫生设施

卫生设施能保证旅客旅途的舒适和方便，是乘客旅行过程中不可缺少的重要装置。主要有卫生间、洗漱间等卫生设施，卫生间主要有洗手系统、集便系统及辅助卫生设施，洗漱间主要提供洗漱等卫生设施。为提高卫生设施的方便性和舒适性，卫生设施布置设计需充分考虑人机工程学方面的要求，如卫生间的布置应充分考虑人体的生理空间（包括卫生间的空间大小、便器位置、扶手尺寸与位置、洗盆高度等），便于旅客使用。

八 车门及车内设施、驾驶设施

1. 车门及车内设施

（1）车门

车门技术也是动车组一项重要的关键技术。动车组对车门的要求非常严格，要求在关门状态下，作为内外环境的分界面要具有良好的密封性，在开门状态下，应方便旅客安全的出入，此外，还需保证开关门动作具有良好的操作性和安全性。动车组外门一般是塞拉门，密封方法一般采用膨胀式和压紧式，同时具有防夹、防误操作等功能。动车组的门一般由门控器控制开关，每车均有主门控器负责收集信息并将车门状态和故障信息反馈给动车组网络系统。动车组车门及其控制装置如图 2–5–57 所示。

（2）车内设施

车内设施是指服务于乘客的车内固定附属装置，如车内座席、行李架、吧台等，如图 2–5–58 所示。此外，还可以根据服务水平要求设置其他辅助设施。动车组内部设备与车体一样有轻量化、阻燃、强度的要求。

（a）动车组车门外观　　（b）动车组车门控制装置

图 2-5-57　动车组车门及其控制装置

（a）座席　　（b）行李架　　（c）吧台

图 2-5-58　动车组车内设施

2. 驾驶设施

动车组驾驶设施是对动车组的运行等进行控制的设施，设置在动车组车端（01 车和 00 车）的驾驶室内。驾驶设施的操作主要包括对列车的牵引、制动、空调、车门和广播的控制，同时监控列车运行状态。

驾驶设施的整体结构应具有较大的抗压、抗弯强度，此外，色彩、照明、换气、空调、噪声等应符合人机工程学设计原则。驾驶设施设计上应有利于减轻司机疲劳和提高舒适度，操作上应方便、简单，同时，还应保证具有良好视野范围。图 2-5-59 所示为动车组的驾驶设施。

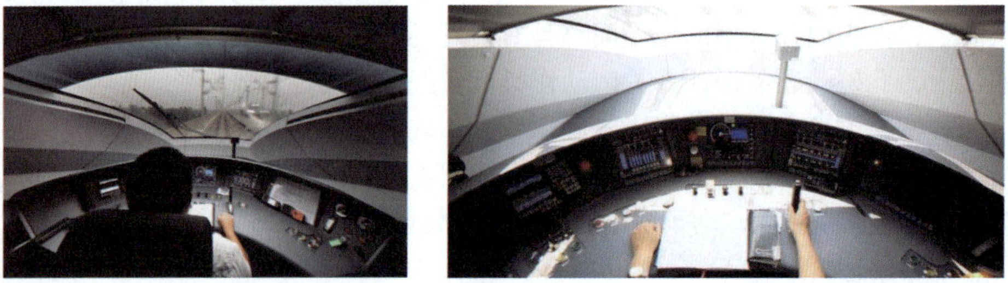

（a）动车组驾驶室　　（b）驾驶室内的操作台

图 2-5-59　动车组的驾驶设施（复兴号）

操作台是驾驶设施中重要控制组件，驱动列车和获取运行状态信息的所有设备都集中于此。操作台主要分为仪表盘、操作台面和下部电气柜体等三个部分。仪表盘包括智能显示单元（IDU）、列车超速防护（ATP）、旅客信息系统（PIS）、列车运行监控记录装置（LKJ2000）、列车无线通信（CIR）等仪表；操作台面包括开关门按钮、雨刮器开关、司机控制器等设备；电气柜体里面设置有列车控制所需的电子、电气、空气和机械设备。

第四节　动车组的检修及运行安全监控系统

本节 PPT

一　动车组的检修

1. 动车组的修程

动车组修程分为一、二、三、四、五级修等五级。一、二级检修为运用检修，在动车组运用所（动车所）内进行；三、四、五级检修为高级检修，一般在具备相应车型检修资质的检修单位进行。

各级修程的主要特点如图 2-5-60 所示。下面主要介绍动车组的运用检修（一、二级修）。

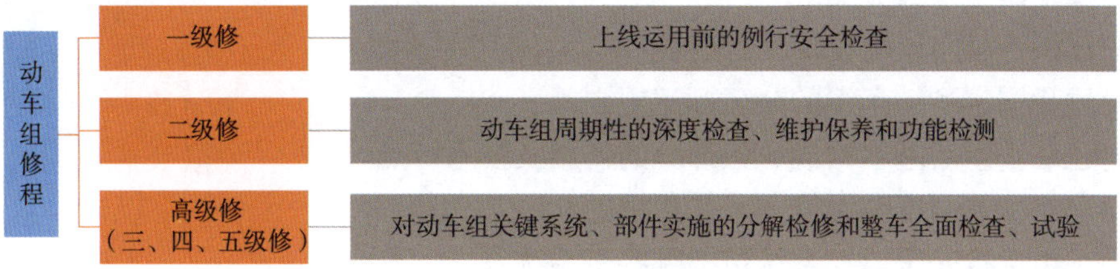

图 2-5-60　动车组各级检修及特点

2. 动车组的运用检修

动车组运用所（动车所）属于动车段的下属车间，是动车组进行日常运用维修的主要场所，承担动车组运用检修、整备等工作。

一级检修是对动车组的车顶、车下、车体两侧、车内和司机室等部位实施快速例行检查、试验和故障处理的检修作业，须在动车所检查库内实施。重点是检查防范走行部、群底板、受电弓的异常损坏，进行制动系统功能试验，处理运用中发生的故障。

二级检修是对动车组各系统、零部件实施的周期性维护保养、检测、试验。重点是轮轴探伤、车轮镟修（对轮对擦伤、剥离等踏面损伤，车轮失圆，同一转向架车轮出现较径差等问题进行的维修）、冷却装置清洁、机械传动装置润滑、车轮运用状态技术标准和检测。

为满足动车组相应级别检修需求，动车所应设置的主要设施包括：检修库线、材料运输线、试验线、牵出线、解编线等线路；整车检修库、转向架及其辅助装置检修库、车体检修库、油漆库、调试整备库、电机电器间、制动空压机间、空调检修间、备件立体存储库等设施；整列架车机、移动式接触网、大部件起重运输设备、电务车载设备，以及各类部件解体、清洁、测试、检修、组装、调试等设备。

二 动车组运行安全监控系统

为确保动车组运行安全，在铁路机车车辆运行安全保障的基础上，利用红外测温、高速摄像、力学检测、声学诊断及计算机联网和信息共享等技术，我国铁路建设并不断完善动车组运行安全检测监控系统，实现对动车组的实时监测。

动车组运行安全监控系统组成如图 2-5-61 所示，其中，TPDS、TEDS、TADS 的技术条件已公布。

动车组运行安全监控系统
- 动车组运行状态地面安全监测系统（TPDS）
- 动车组运行故障动态图像检测系统（TEDS）
- 动车组红外线轴温探测系统（THDS）
- 动车组滚动轴承故障轨边声学诊断系统（TADS）

图 2-5-61　动车组运行安全监控系统

复习思考题

1. 简述动车组及其分类。
2. 简述国产动车组的主要平台。
3. 简述我国主型动车组的命名标记规则。
4. 简述动车组的基本构成、各部分的作用及技术特点。
5. 动车组检修制度和维修方式是怎样的？
6. 动车组运行安全监控系统包括哪些子系统？

第六章　铁路车站

第一节　概　　述

本节 PPT

铁路车站，也称火车站，是办理列车通过、到发、技术作业及客货运业务的场所。铁路车站是铁路运输生产的基地，是设有配线的分界点。

一　车站的作用与分类

（一）车站的作用

铁路运输的目的是安全、迅速、经济、便利地运送旅客和货物，为国家的经济建设和人民的需要服务，在完成运输任务的过程中，铁路车站起着重要的作用。

（1）车站是铁路办理旅客运输与货物运输的基础。旅客购票、候车、乘降和货物的承运、保管、装卸、交付以及相关的作业都是在车站进行的，可以说车站是铁路与旅客、货主联系的纽带。

（2）车站是铁路运输的基本生产单位，是铁路内部各项作业的汇合点。在车站，除了办理客货运输各项作业外，还办理和列车运行有关的各项作业，如列车的接发、会让与越行，车列的解体与编组，机车的换挂与整备，车辆的检查与修理等。所以，车站是铁路提高运输效率和实现运输安全的保证。合理地布置和有效地运用车站的各项设备，是保证列车快速、安全、正点、加速车辆周转、降低运输成本的关键。

（3）车站是铁路对外的窗口，体现着铁路的服务水平和工作效率。

（二）车站的分类

我国铁路上有大小不同用途的车站，这些车站所担负的任务量、业务性质不同，其办理的作业、服务的对象及重点也有所不同。因此，车站有不同的分类，如图 2–6–1 所示。

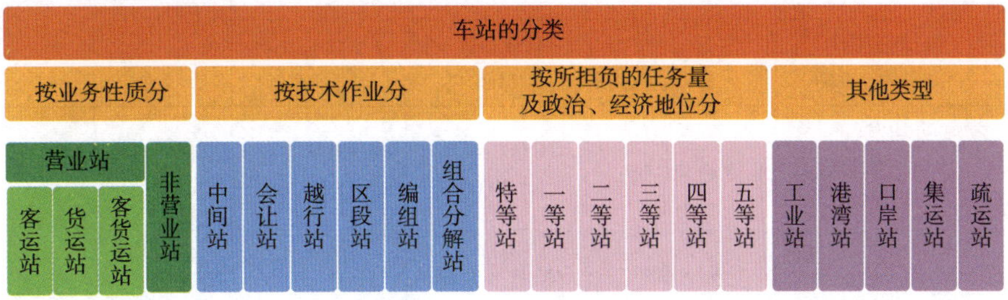

图 2–6–1　铁路车站分类

1. 按业务性质的分类

车站按业务性质不同，可以分为营业站、非营业站，营业站分为客运站、货运站、客货运站。高铁车站按业务性质可分为办理客运业务的客运站和主要办理越行业务的越行站。

其中，客运站可根据规模分为特大型、大型、中型和小型四类，客货共线铁路客运站一般以旅客最高聚集人数（P）作为划分标准，高速、城际铁路一般以高峰小时发送量（P_H）作为划分标准，具体如表 2-6-1 所示。

表 2-6-1 按规模的客运站分类

按规模的客运站类型	最高聚集人数 P（人） （客货共线铁路）	高峰小时发送量 P_H（人） （高速、城际铁路）
特大型	$P \geqslant 10\,000$	$P_H \geqslant 10\,000$
大型	$3\,000 \leqslant P < 10\,000$	$5\,000 \leqslant P_H < 10\,000$
中型	$600 < P < 3\,000$	$1\,000 \leqslant P_H < 5\,000$
小型	$P \leqslant 600$	$P_H < 1\,000$

2. 按技术作业不同的分类

车站按技术作业不同，可以分为中间站、会让站、越行站、区段站、编组站、组合分解站（也有将会让站、越行站划入中间站的划分方式）。一般将有技术作业的区段站和编组站总称为技术站。对于重载铁路而言，其技术站还应包括组合分解站。高铁车站按技术性质可分为办理列车始发终到业务的始发站和中间站。

3. 按所担负的任务量及地位的分类

车站按所担负的任务量及在国家政治、经济上的地位不同，可以分为特等站和一、二、三、四、五等站。具体分类标准如表 2-6-2 所示。

表 2-6-2 铁路车站等级的划分标准

<table>
<tr><th>车站类型</th><th>分类标准</th><th>特等</th><th>一等</th><th>二等</th><th>三等</th><th>四等</th><th>五等</th></tr>
<tr><td rowspan="3">单项业务车站（具备三项中一项）</td><td>日均发、到及中转旅客数 k（人）</td><td>$k \geqslant 60\,000$ 且运输进款≥300 万元</td><td>$k \geqslant 60\,000$（运输进款＜300 万元）或 $15\,000 \leqslant k < 60\,000$</td><td>$5\,000 \leqslant k < 15\,000$</td><td rowspan="3">—</td><td rowspan="3">—</td><td rowspan="6">会让站与越行站</td></tr>
<tr><td>日均装卸车数 h（辆）</td><td>$h \geqslant 750$</td><td>$350 \leqslant h < 750$</td><td>$200 \leqslant h < 350$</td></tr>
<tr><td>日均有调作业车数 d（辆）</td><td>$d \geqslant 7\,000$</td><td>$3\,000 \leqslant d < 7\,000$</td><td>$1\,500 \leqslant d < 3\,000$</td></tr>
<tr><td rowspan="3">综合性车站（具备三项中两项）</td><td>日均发、到及中转旅客数 k（人）</td><td>$k \geqslant 20\,000$</td><td>$8\,000 \leqslant k < 20\,000$</td><td>$4\,000 \leqslant k < 8\,000$</td><td>$2\,000 \leqslant k < 4\,000$</td><td rowspan="3">不具备三等站条件者</td></tr>
<tr><td>日均装卸车数 h（辆）</td><td>$h \geqslant 400$</td><td>$200 \leqslant h < 400$</td><td>$100 \leqslant h < 200$</td><td>$50 \leqslant h < 100$</td></tr>
<tr><td>日均有调作业车数 d（辆）</td><td>$d \geqslant 4\,500$</td><td>$2\,000 \leqslant d < 4\,500$</td><td>$1\,000 \leqslant d < 2\,000$</td><td>$500 \leqslant d < 1\,000$</td></tr>
</table>

注：经综合平衡，考虑车站所在地的政治、经济、文化、外事和运输布局等情况的需要，可适当酌情调整车站等级；特、一、二等综合业务站不达标，但具备单项业务站条件时，可按单项业务站核定等级。

二 区间与分界点

为了保证行车安全和必要的通过能力，在铁路正线上分成若干区间或闭塞分区，相邻区间或闭塞分区的分界处称为分界点。区间和分界点是组成铁路线路的两个基本环节。

（一）分界点

车站上除了正线以外，还配有其他线路，称为站线（包括到发线、调车线、牵出线、货物线及站内指定用途的其他线路等），所以把各种车站称为有配线的分界点。此外，还有一种无配线的分界点，它包括线路所和自动闭塞区段两车站间划分为若干个闭塞分区处所设置的通过色灯信号机。

（二）区间

列车运行是以车站、线路所所划分的区间及自动闭塞区间的通过信号机所划分的闭塞分区作间隔。依据分界点的不同，区间可以分为站间区间、所间区间和闭塞分区，如图 2–6–2 所示。

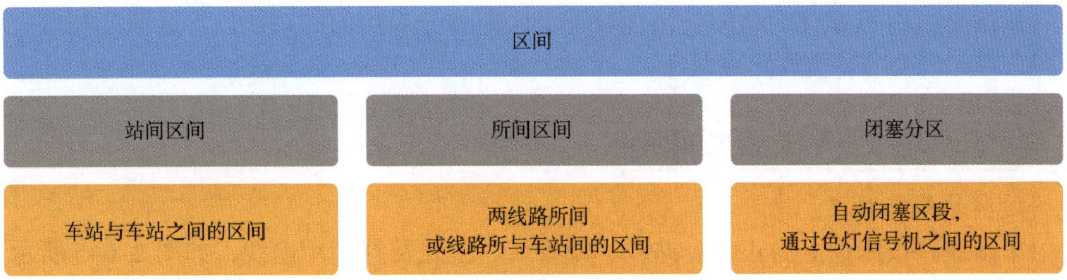

图 2–6–2　区间分类

1. 站间区间

车站与车站之间的区间称为站间区间（如图 2–6–3 所示）。站间区间界限的确定方法详见站界部分。

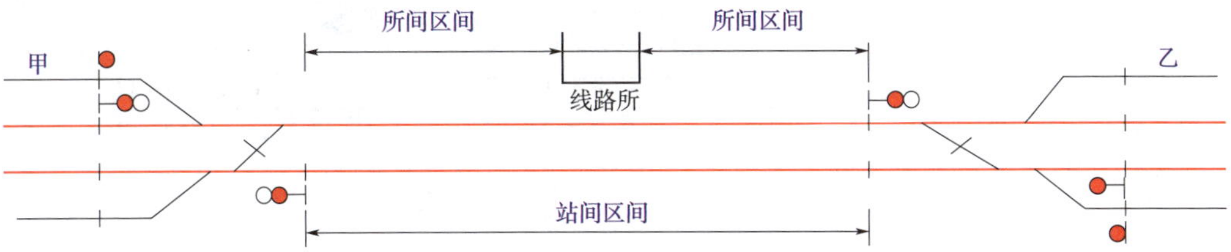

图 2–6–3　站间区间和所间区间

2. 所间区间

两线路所间或线路所与车站间的区间称为所间区间（如图 2–6–3 所示），所间区间以该线上的通过信号机柱的中心线为所间区间的分界线。设有进站信号机的线路所，所间区间的分界方法与站间区间相同。

3. 闭塞分区

自动闭塞区段上通过色灯信号机之间的区间称为闭塞分区（如图 2-6-4 所示）。自动闭塞区间同方向相邻的两架色灯信号机间，以该线上的通过信号机柱的中心线为闭塞分区的分界线。

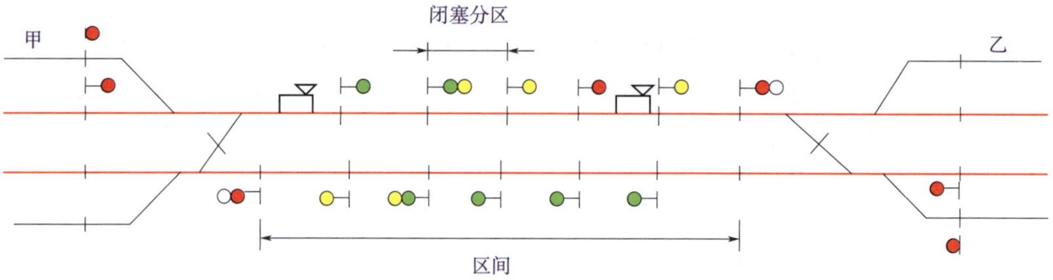

图 2-6-4　闭塞分区

（三）区段

区段是指两相邻技术站间，包含若干个区间和分界点的铁路线段。区段的长度一般取决于牵引动力的种类或路网状况。

三 车站线路种类及线间距

1. 车站线路种类

车站线路按用途分为正线、站线、段管线、岔线及特别用途线，如图 2-6-5 所示为车站线路布置图。车站线路的分类和定义如图 2-6-6 所示。

2. 站内线路线间距

车站内两相邻线路中心线的线间距应满足线间作业及设备布置需要，一般情况下站内线路直线地段线间的最小距离应符合表 2-6-3 的规定。

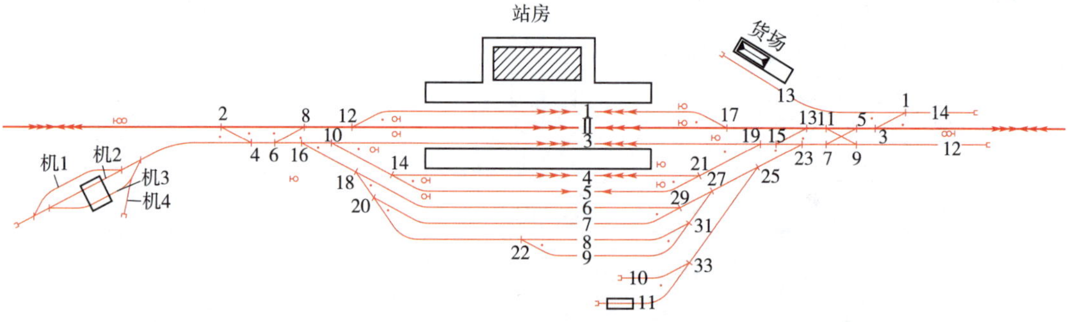

图 2-6-5　车站线路布置图

Ⅱ—正线；1、3、4、5—到发线；6、7、8、9—调车线；10、11—站修线；12、14—牵出线；13—货物线；机 1—机车走行线；机 2、机 3—整备线；机 4—卸油线

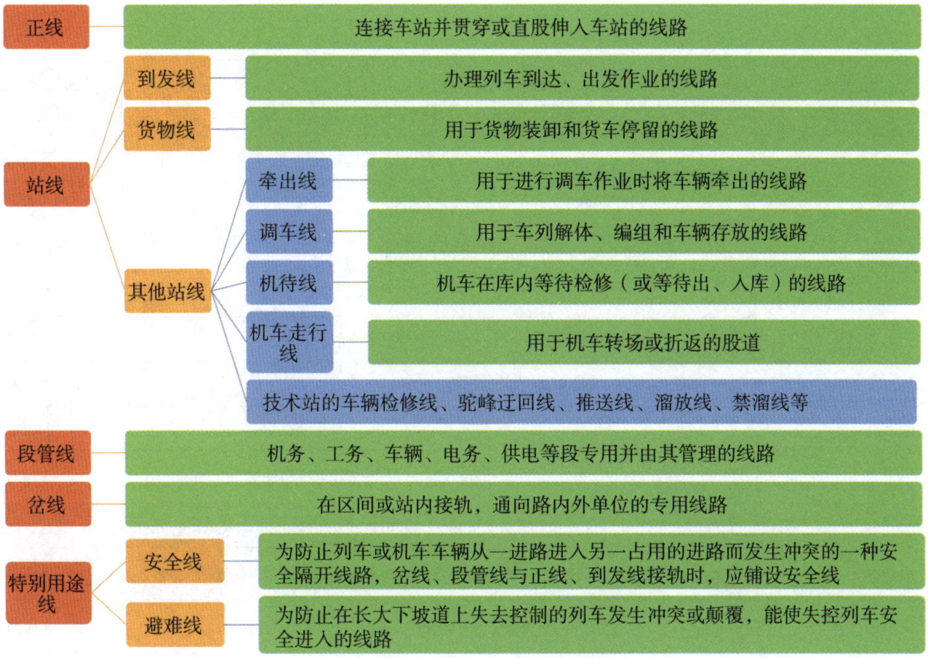

图 2-6-6　线路分类及概念

表 2-6-3　车站线间距（mm）

<table>
<tr><th>序号</th><th colspan="4">名　　称
（v 表示设计速度，km/h）</th><th>线间最小距离
（mm）</th></tr>
<tr><td rowspan="6">1</td><td rowspan="6">站内正线间</td><td rowspan="4">高速铁路和城际铁路站内正线间有渡线时</td><td colspan="2">站内正线间无渡线时</td><td>与区间正线相同</td></tr>
<tr><td>$v \leq 250$</td><td>4 600</td><td></td></tr>
<tr><td>$250 < v \leq 300$</td><td>4 800</td><td></td></tr>
<tr><td>$300 < v \leq 350$</td><td>5 000</td><td></td></tr>
<tr><td colspan="3">客货共线铁路</td><td>5 000</td></tr>
<tr><td colspan="3">双线与第三线间，或相同行车方向的正线间</td><td>5 300</td></tr>
<tr><td rowspan="7">2</td><td rowspan="7">站内正线与相邻到发线间</td><td colspan="3">无列检、上水及卸污作业</td><td>5 000</td></tr>
<tr><td rowspan="6">有列检、上水或卸污作业</td><td rowspan="2">$v \leq 120$</td><td>一般</td><td>5 500</td></tr>
<tr><td>改建特别困难</td><td>5 000（保留）</td></tr>
<tr><td rowspan="2">$120 < v \leq 160$</td><td>一般</td><td>6 000</td></tr>
<tr><td>改建特别困难</td><td>5 500（保留）</td></tr>
<tr><td rowspan="2">$v > 160$</td><td>一般</td><td>6 500（设栅栏）</td></tr>
<tr><td>改建特别困难</td><td>5 500（保留）</td></tr>
</table>

续上表

序号	名称 （v 表示设计速度，km/h）		线间最小距离 （mm）
3	到发线间、调车线间	一般	5 000
		铺设列检小车通道或有客车上水、卸污作业	5 500
		改建特别困难	4 600（保留）
4	装有高柱信号机的线间	相邻两线均通行超限货物列车	5 300
		相邻两线只一线通行超限货物列车	5 000
5	动车组存车线间		4 600
6	客车车底停留线间	一般	5 000
		改建特别困难	4 600
7	动车组及客车整备线间	线间无照明和通信等电杆	6 000
		线间有照明和通信等电杆	7 000
8	货物直接换装的线路间		3 600
9	牵出线与其相邻线间	区段站、编组站及其他调车作业频繁	6 500
		中间站及其他仅办理摘挂取送作业	5 000
10	调车场各线束间		6 500
11	调车场设有制动员室的线束间		7 000
12	梯线（将几条平行线连接在一起的公共线）与其相邻线间		5 000

四 站界、警冲标及车挡

1. 站界

为了保证行车安全和分清工作责任，车站和它两端所衔接的区间应有明确的界限，通常称为“站界”。站界范围的划定要求，如图 2-6-7 所示。

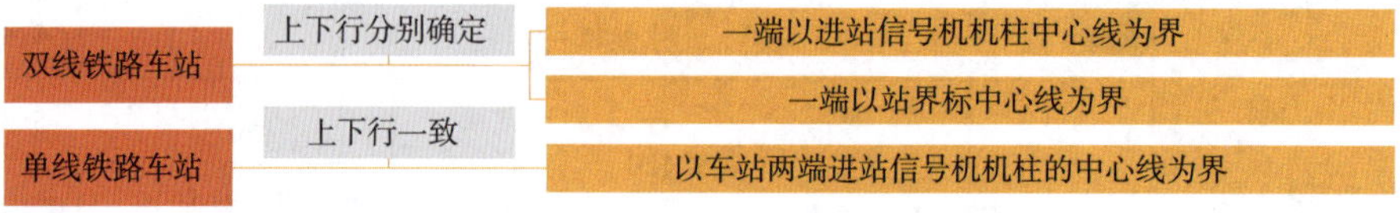

图 2-6-7 站界范围的划定要求

在单线铁路车站，站界的范围以车站两端进站信号机机柱的中心线为界，外方是区间，内方则属于车站范围，如图 2-6-8 所示。在双线铁路车站，站界则按上、下行正线分别确定，即一端以进站信号机机柱中心线，另一端以站界标中心线为界，如图 2-6-9 所示。

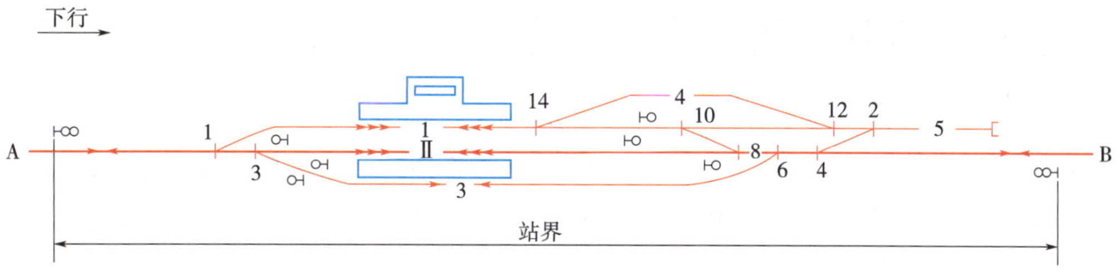

图 2-6-8 单线横列式中间站

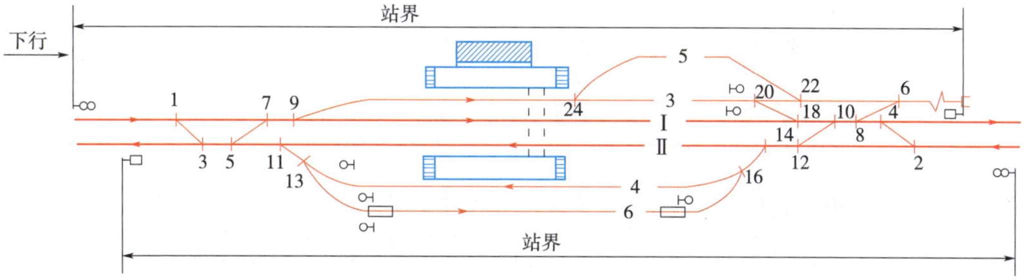

图 2-6-9 双线横列式中间站

2. 警冲标

警冲标是信号标志的一种，设在两会合线路线间距离为 4 m 的中间（不足 4 m 时，设在两线路中心线最大间距的起点处），用来指示机车车辆的停留位置，防止机车车辆的侧面冲撞，如图 2-6-10、图 2-6-11 所示。

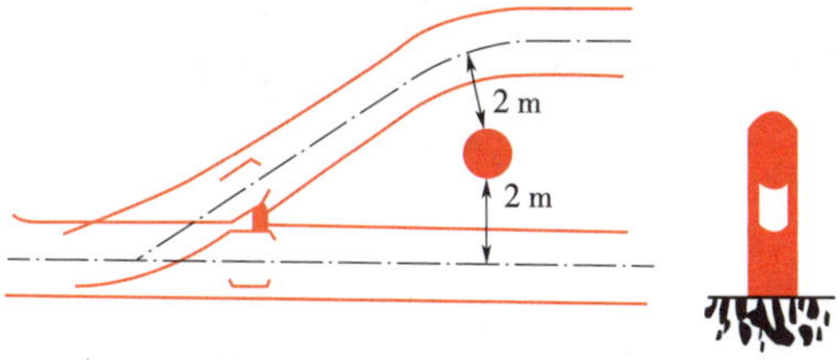

图 2-6-10 警冲标设置位置示意图

图 2-6-11 警冲标

3. 车挡

车挡是以片石浆砌或钢筋混凝土制成（也有土堆而成的简易车挡）的设置在线路尽头防止车辆冲出的阻挡物，尽头线的终端均设置车挡。除安全线和避难线外，车挡处设置带有红色方牌和红灯的表示器，这些统称为终端设备。为了防止作业中发生冲撞车挡事故，可使用挡车器，挡车器一般设在距车挡 5 ~ 10 m 处，通过弹簧扣件卡在钢轨上，当车辆在顶送时或自行溜逸撞上挡车器后，可以吸收冲击动能，避免撞上车挡造成损失。车挡及挡车器如图 2-6-12 所示。

图 2-6-12 车挡及挡车器

五 股道、道岔的编号和股道有效长

（一）股道和道岔编号

为了便于车站生产指挥作业联系和对设备维修管理，应对站内线路和道岔进行统一编号。同一车站或车场内的线路和道岔不得有相同的编号。

1. 股道编号方法

站内正线规定用罗马数字编号（Ⅰ、Ⅱ、Ⅲ、……），站线用阿拉伯数字编号（1、2、3……），具体规则如图 2-6-13 所示。

单线铁路

•从站舍一侧开始顺序编号（如图2-6-8所示）

双线铁路

•下行正线一侧用单数，上行正线一侧用双数，从正线向外顺序编号（如图2-6-9所示）

尽端式车站

•站舍位于线路一侧时，从靠近站房的线路起顺序编号 [如图2-6-14（a）所示]
•站舍位于线路终端时，应面向终点方向由左侧线路起顺序编号 [如图2-6-14（b）所示]

股道较多的大站

•按车场分别编号

图 2-6-13　股道编号的规则

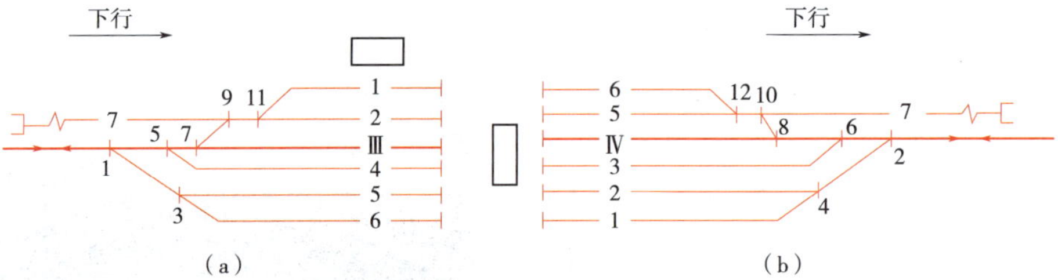

图 2-6-14　尽端式铁路车站股道、道岔编号

2. 道岔的编号

道岔编号的规则如图 2-6-15 所示。

道岔编号规则

- 用阿拉伯数字从车站两端由外向里、先主（接发车等）后辅（调车等）依次编号
- 上行列车到达一端用双数，下行列车到达一端用单数
- 站内道岔，一般以车站站舍中心线作为划分单数号和双数号的分界线
- 对于渡线、交分道岔等处的联动道岔，则应编为连续的单数或双数
- 当车站有几个车场时，每一车场的道岔必须单独编号

图 2-6-15　道岔编号的规则

（1）用阿拉伯数字从车站两端由外向里、先主（接发车等）后辅（调车等）依次编号，上行列车到达一端用双数，下行列车到达一端用单数，如图 2-6-8 和图 2-6-9 所示。

（2）站内道岔，一般以车站站舍中心线作为划分单数号和双数号的分界线，若站舍远离车站中心，则以车站或车场中心线划分，并应先编正线、到发线，后编货物线等。

（3）每一道岔均应编为单独的号码，对于渡线、交分道岔等处的联动道岔，则应编为连续的单数或双数。

（4）当车站有几个车场时，每一车场的道岔必须单独编号，此时道岔号码应使用不少于 3 位阿拉伯数字，第 1 位或 1、2 位数字表示车场号码，其后数字表示道岔号码，从而避免在同一车站内有相同的道岔号码。

（二）股道有效长度

1. 股道有效长度的起止范围

股道有效长度系指在线路的全长中，可以停放机车车辆而不影响信号显示、道岔转换（压中间道岔除外）或邻线行车的可利用线路全长中的部分长度。

线路有效长度应根据线路的布置形式及采用的信号设备等情况确定，其起止范围涉及的设备有警冲标、道岔的尖轨始端（无轨道电路时）或道岔基本轨接头处的钢轨绝缘（有轨道电路时）、出站信号机（或调车信号机）、车挡（或挡车器）（为尽头式线路时）等，如图 2-6-16 所示。其计算范围有信号机至信号机、信号机至警冲标、警冲标至警冲标、信号机至车挡、警冲标至车挡等，对高速铁路和城际铁路的到发线，还应考虑应答器的设置及安全防护距离，如图 2-6-17 所示。

2. 铁路有效长度的确定要求

采用何种有效长度，应根据线路类型、运输能力、机车类型及所牵引列车长度等，结合地形条件，并考虑与相邻各铁路到发线有效长度相配合等因素确定。铁路的有效长度一般需满足下述要求：

（1）旅客列车到发线有效长度应按列车编组长度和列控系统要求计算确定。贯通式车站的到发线有效长度，高速铁路应采用 650 m，采用 CTCS-2 级列控系统且停靠 8 辆编组动车组的城际铁路不应小于 400 m，仅供旅客列车停靠的客货共线铁路应采用 650 m；尽端式车站和单方向接发列车的到发线有效长度应按列车编组长度和列控系统要求计算确定。

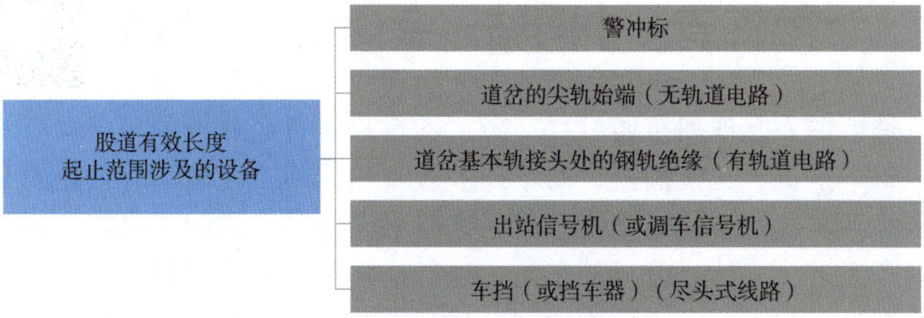

图 2-6-16　股道有效长度的起止范围涉及的设备

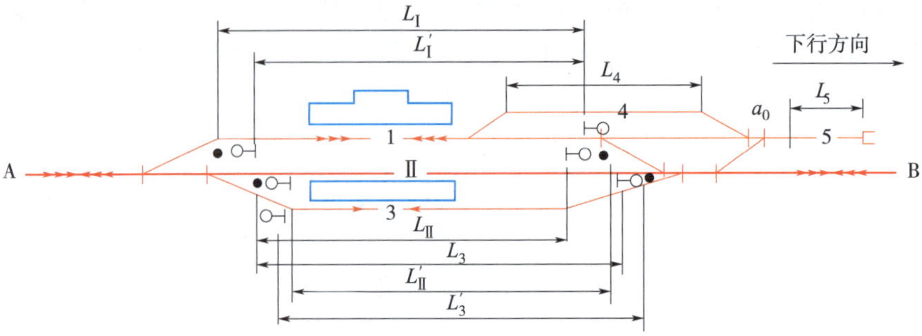

（a）无轨道电路

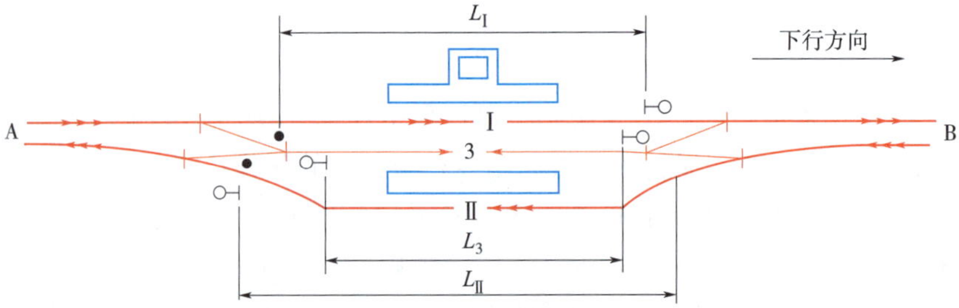

（b）有轨道电路

图 2-6-17　股道有效长度的确定

（2）货物列车到发线的有效长度应根据输送能力的要求、机车类型及所牵引车列的长度等因素确定，并与相邻铁路到发线有效长度相协调。

（3）客货共线铁路到发线有效长度应按 1 050 m、850 m、750 m 或 650 m 系列选用。

（4）新建重载铁路到发线有效长度当牵引重量为 10 000 t 时，宜采用 1 700 m；当牵引重量为 20 000 t 时，宜采用 2 800 m。改建重载铁路可根据采用的机车车辆参数计算确定。

（5）补机地段或加力牵引区段的车站到发线有效长度，应较规定的有效长度另增加加力机车的长度。

第二节　中间站、会让站、越行站

本节 PPT

中间站是指主要办理列车通过、交会、越行和客货运业务的车站，有些中间站还进行调车、机车整备、补机摘挂、列车技术检查和凉闸（使制动后过热的闸瓦降温）、列车始发和终到作业。会让站是指在单线铁路上，为满足区间通过能力需要而设置的主要办理列车通过、会让、越行的车站。越行站是指在双线铁路上，为满足区间通过能力的需要而设置的主要办理同方向列车越行的车站。中间站、会让站和越行站的特点如图 2-6-18 所示。

图 2-6-18　中间站、会让站和越行站的特点

一 主要作业

1. 中间站的作业

中间站是铁路上数量最多的车站，一般位于中小城镇，在联系工业和农业、加强城乡居民的往来和物资交流中起着重要的作用。此外，中间站还可以提高铁路区段通过能力，保证行车安全。中间站的主要作业如图 2–6–19 所示。

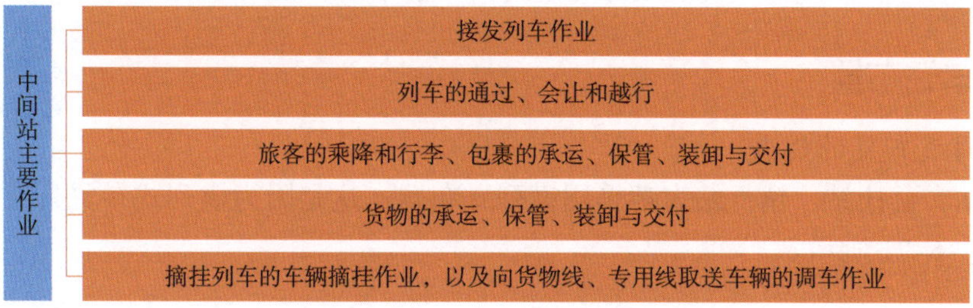

图 2-6-19　中间站主要作业

（1）接发列车作业（包括接车、发车和放行通过列车），这是中间站的主要行车工作。

（2）列车的通过、会让和越行，在双线铁路上还办理调整反方向运行列车的转线作业。

（3）旅客的乘降和行李、包裹的承运、保管、装卸与交付。

（4）货物的承运、保管、装卸与交付。

（5）摘挂列车的车辆摘挂作业，以及向货物线、专用线取送车辆的调车作业。

（6）中间站如有工业企业线接轨或者是加力牵引起终点以及机车折返站时，还需办理工业企业线的取送车、补机的摘挂、待班和机车整备、转向等作业。在客货运量较大的个别中间站，还有始发、终到旅客列车及编组始发货物列车的作业。

2. 会让站、越行站的作业

会让站、越行站主要办理接发列车作业（包括接车、发车和放行通过列车）及列车的通过、会让（越行站为双线，无须会让）和越行作业。

二 主要设备

1. 中间站的设备

中间站的设备应根据作业性质和工作量大小而定，一般应具有客运设备、货运设备、线路、信号及通信设备、机车整备设备、列车检查设备等，如图 2–6–20 所示。

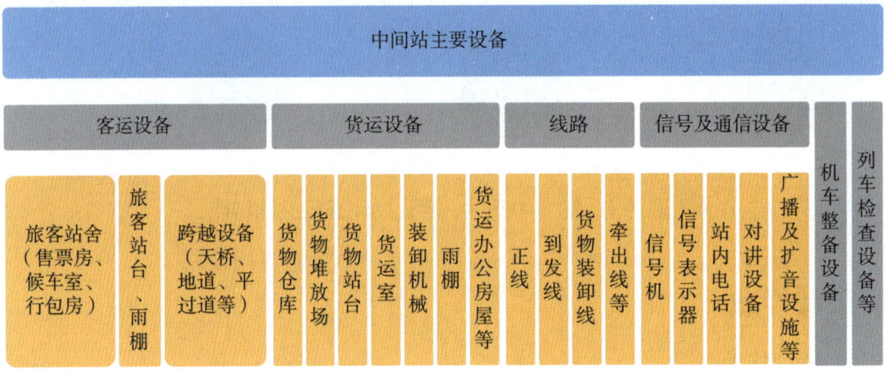

图 2-6-20　中间站主要设备

2. 会让站、越行站的设备

会让站、越行站应铺设到发线并设置通信、信号设备及旅客乘降、办公用房等设备。

三 车站布置

1. 横列式布置的优点

中间站、会让站、越行站大都采用横列式布置，这是因为横列式布置具有诸多优点，具体如图 2-6-21 所示。

图 2-6-21　横列式布置的优点

2. 中间站的布置

对于不同类型的铁路适用不同的布置形式，高速铁路中间站可按图 2-6-22 布置，城际铁路大多采用无配线车站，仅每 3 个 ~ 5 个车站或 20 ~ 30 km 范围内有一个车站设置到发线，可按图 2-6-23 布置，客货共线铁路中间站除办理列车的通过、会让和越行外，还办理日常客、货运输和调车及列车技术检查等作业，可按图 2-6-24 或图 2-6-25 布置。

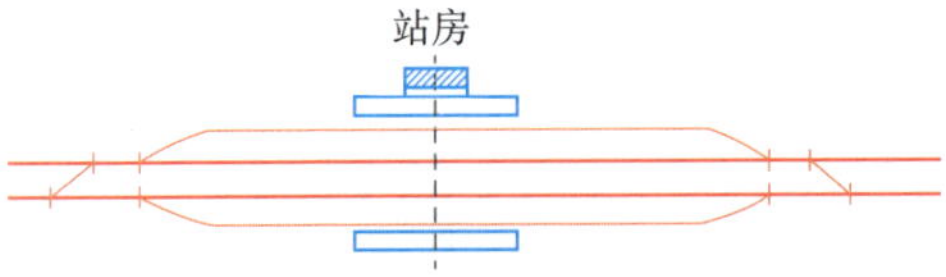

图 2-6-22　高速铁路双线横列式中间站

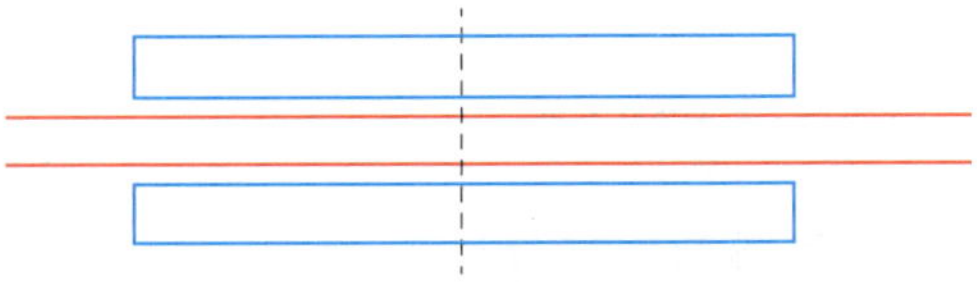

图 2-6-23　城际铁路双线横列式中间站

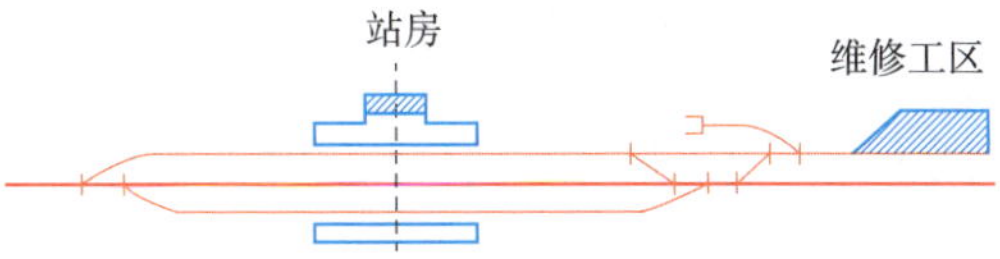

图 2-6-24　客货共线铁路单线横列式中间站

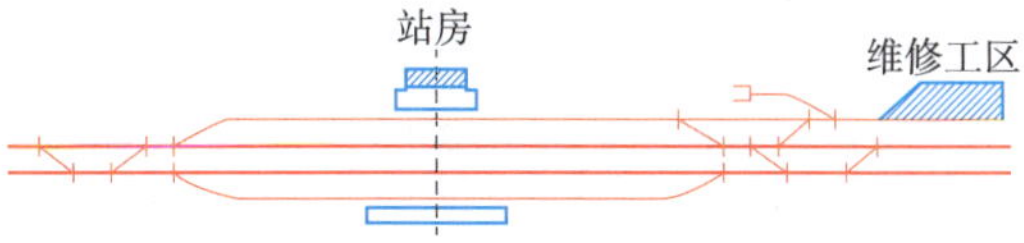

图 2-6-25　客货共线铁路双线横列式中间站

3. 会让站和越行站的布置

会让站可按图 2-6-26 布置，越行站可按图 2-6-27 布置。

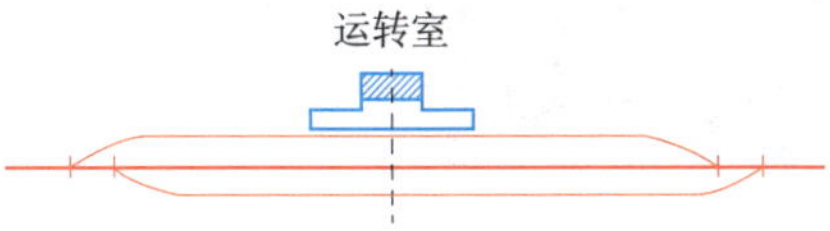

图 2-6-26　横列式会让站

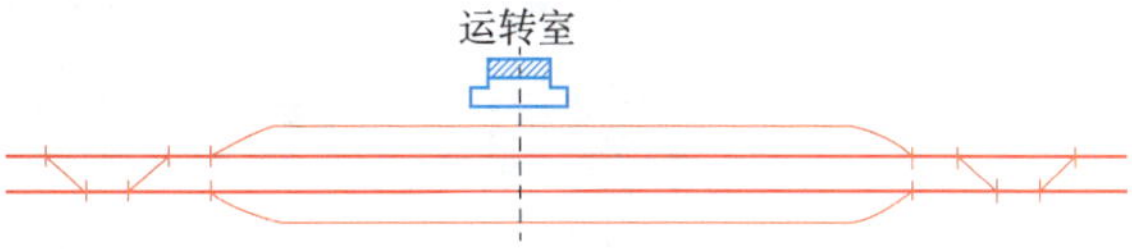

图 2-6-27　横列式越行站

第三节　区段站

本节 PPT

区段站是设于铁路网上牵引区段（机车交路）的起点或终点（分界处），或区段车流的集散地点，一般只改编区段到发的车流，解体与编组（如图 2-6-28 所示）区段、摘挂列车的车站，其担负的主要任务如图 2-6-29 所示。

图 2-6-28　列车的解体与编组

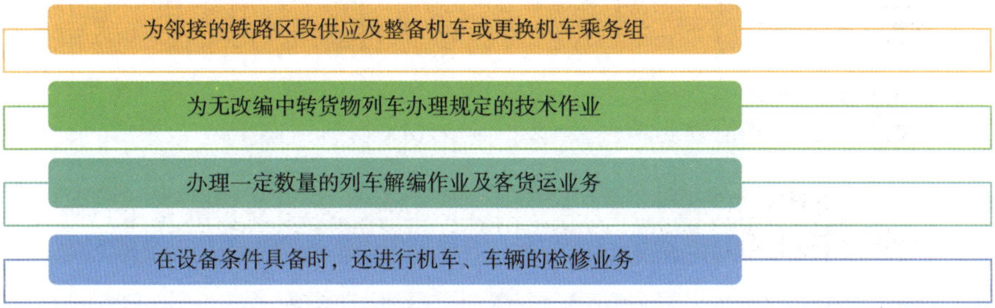

图 2-6-29　区段站的主要任务

一 区段站的作业与设备

区段站的作业和设备尽管在数量和规模上都不是最大的，但其作业和设备的种类却是比较齐全的。

（一）区段站的作业

根据区段站所担负的任务，主要办理的作业如图 2-6-30 所示。

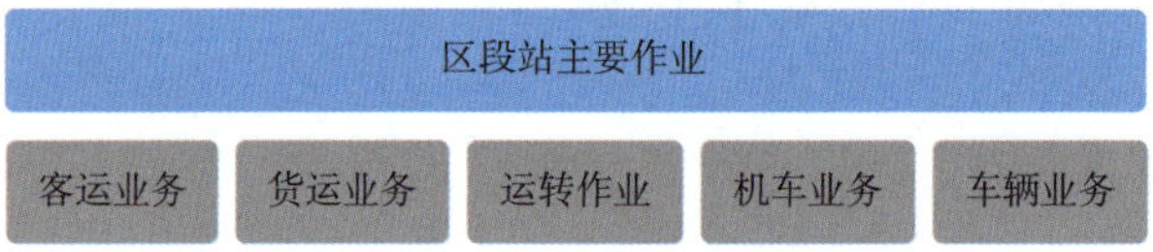

图 2-6-30　区段站的主要作业

1. 客运业务

与中间站所办理的客运业务基本相同，只是规模较大。

2. 货运业务

与中间站所办理的货运业务大致一样，但作业量较大。在某些区段站上还进行机械冷藏车的整备及牲畜车的供水作业。

3. 运转作业

（1）与旅客列车有关的运转作业：主要办理通过旅客列车的接发作业，有的车站还办理铁路局管内或市郊旅客列车的始发、终到作业以及个别车辆的甩挂作业。

（2）与货物列车有关的运转作业：主要办理无改编中转列车的接发和有关作业。对区段列车和摘挂列车，要进行解体和编组作业。同时还办理向货场、工业企业专用线取送作业车等。有些区段站对部分改编中转列车，还要办理变更运行方向、变更列车重量或换挂车组等作业。某些区段站还担当少量始发直达列车的编解任务。对上述相关各类列车的说明如图 2-6-31 所示。

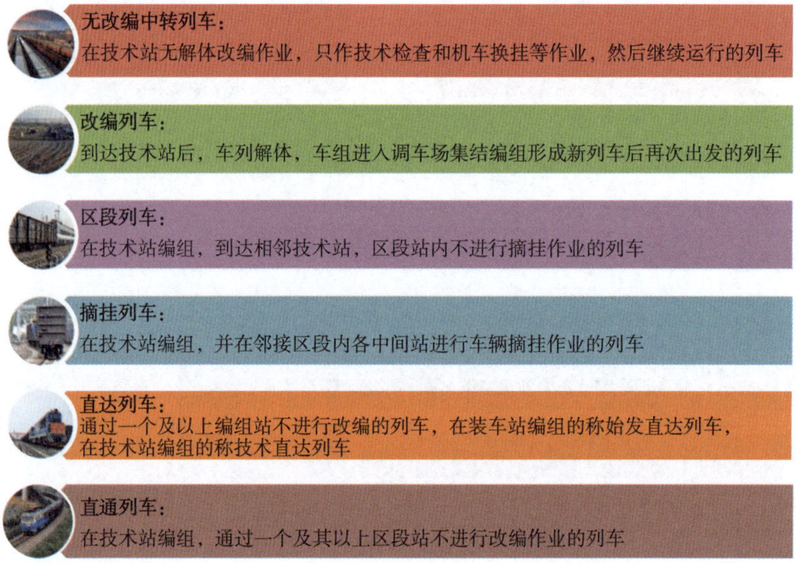

图 2-6-31　各类列车的说明

按是否有改编作业分，区段站可以分为无改编作业区段站、有改编作业区段站两种方式，具体如图 2–6–32 所示。

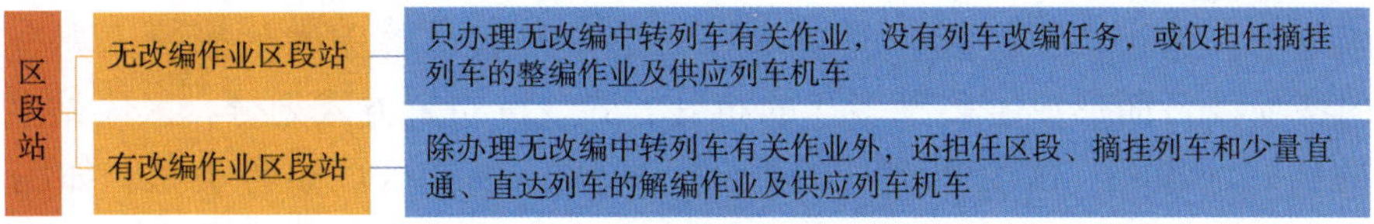

图 2–6–32　区段站按作业性质分类

4. 机车业务

以更换货物列车机车和乘务组为主，对机车进行整备、修理和检查等。

5. 车辆业务

主要是办理列车的技术检查和车辆的检修任务。在少数设有车辆段的区段站上，还办理车辆的段修业务。

由上述内容可知，区段站所办理的作业，无论从数量上或种类上，都远较中间站复杂得多。而在所办理的解体、编组及中转列车中，又以无改编中转列车所占比重为最大，这成为区段站作业组织工作的重要部分。

（二）区段站的设备

为了保证上述作业的完成，在区段站上应设有以下各项设备。

1. 客运业务设备

客运业务设备主要有旅客站房、旅客站台、雨棚及跨越线路设备等。

2. 货运业务设备

货运业务设备主要指货场及其有关设备，如装卸线、存车线、货物站台、仓库、雨棚、堆放场及装卸机械等，此外，在适当位置（如调车场同侧）还可能设置有铁路物流中心。

3. 运转设备

（1）供旅客列车使用的运转设备，主要有旅客列车到发线，必要时设客车车底停留线：

（2）供货物列车使用的运转设备，主要有货物列车到发线、调车线、牵出线（有时设小能力驼峰）、机车走行线及机待线等。

4. 机务设备

机务设备是指用以对机车进行各项整备和修理作业的线路和设备。主要包括机务段和折返段。在机务段所在的区段站上，如采用循环运转制时，在到发场应设有机车整备设备，当采用长交路轮乘制时，可设置机车运用段或机务换乘点。

5. 车辆设备

车辆设备是指供到发的车辆进行检查和修理的设备。包括车辆段、列车检修所和站修所等。

6. 信号、通信设备

信号、通信设备主要包括进站信号机、出站信号机等。

7. 其他设备

除上述各项设备外，还有给水、排水、电力、照明、技术办公房屋以及城镇道路的平（立）交设备、站内平过道等。

二 区段站的布置

1. 区段站主要布置方式的分类

由于地形、城市规划、运量及运输性质、正线数目等因素的影响，为合理布置区段站的各项设备而形成了多种多样的布置方式。按布置方式划分，区段站主要可以分为有横列式区段站、客货纵列式区段站、一级三场式区段站等类型，如图 2-6-33 所示。

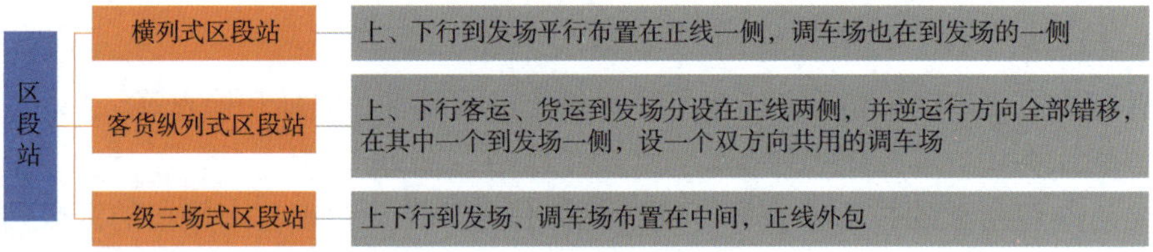

图 2-6-33　区段站按布置方式分类

2. 横列式区段站的布置

区段站一般采用横列式图型，客货纵列式或一级三场图型一般较少采用，因此下面以横列式区段站为例说明区段站的布置。

单线、双线横列式区段站的布置图如图 2-6-34、图 2-6-35 所示。

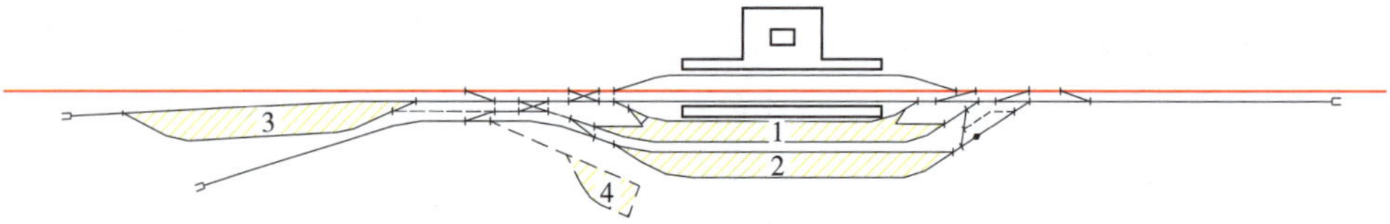

图 2-6-34　单线铁路横列式区段站布置图

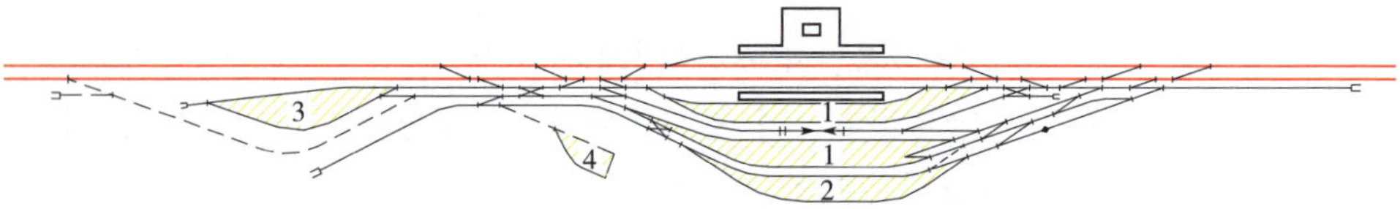

图 2-6-35　双线铁路横列式区段站布置图

1—到发场；2—调车场；3—机务段；4—物流中心

横列式区段站的优缺点如图 2-6-36 所示（绿色标示优点，蓝色标示缺点）。

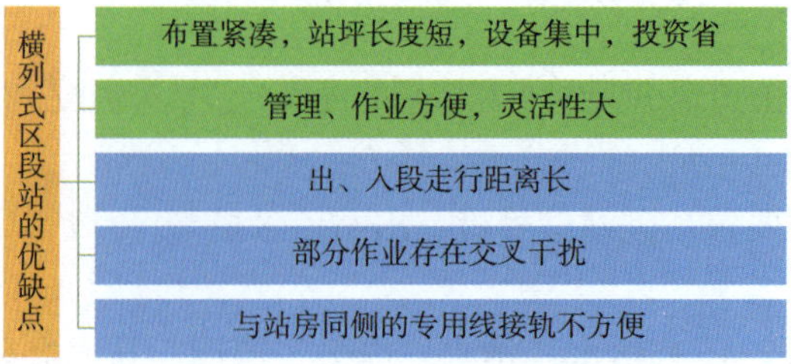

图 2-6-36　横列式区段站的优缺点

第四节　编组站

本节 PPT

编组站是为办理大量货物列车解体、编组作业而设置的车站，可分为路网性、区域性和地方性编组站。编组站的作业数量和设备规模均较大，通常设在几条主要干线的汇合处，也可以设在有大量装卸作业地点的大城市、港口或大工矿企业附近。其担负的主要任务如图 2–6–37 所示。

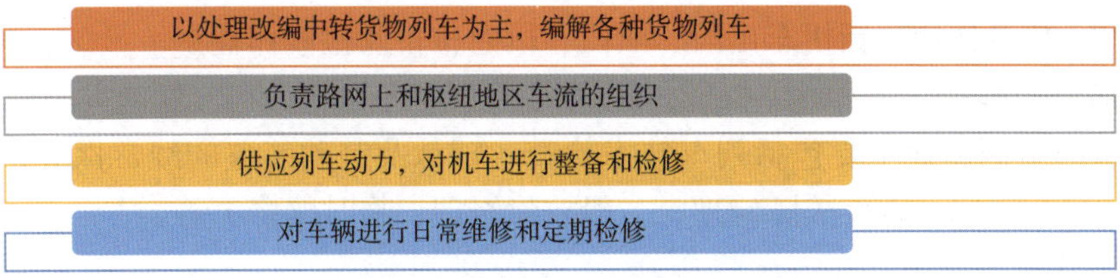

图 2–6–37　编组站的主要任务

一　编组站的主要作业及设备

（一）编组站主要作业

编组站主要办理的作业如图 2–6–38 所示。

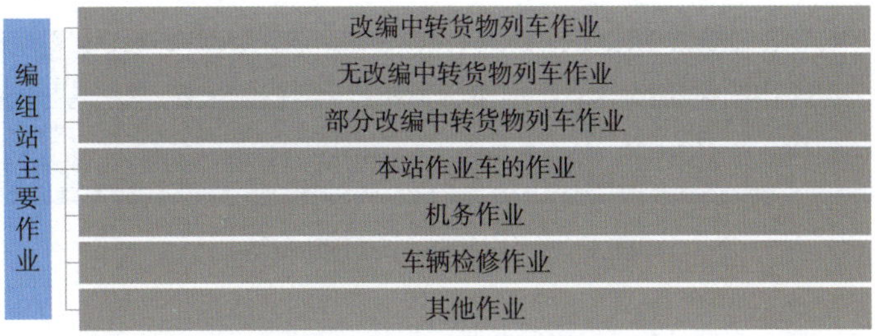

图 2–6–38　编组站主要作业

1. 改编中转货物列车作业

改编中转货物列车作业包括解体列车的到达作业和解体作业，始发列车的集结、编组作业和出发作业。这些作业是在不同的地点、利用不同的设备办理的。改编中转货物列车作业是编组站最主要的作业，作业时间比较长，要占用编组站的大部分设备。

2. 无改编中转货物列车作业

无改编中转货物列车作业比较简单，内容少而且时间短，地点仅限于到发场或通过车场，主要是进行换挂机车和列车技术检查作业。

3. 部分改编中转货物列车作业

部分改编中转货物列车作业除进行无改编中转货物列车的作业外，有时还要变更列车重量、变更列车运行方向或进行成组甩挂等少量调车作业。一般在到发场或通过车场进行。

4. 本站作业车的作业

本站作业车（地方作业车）是指到达本枢纽或本站货场及岔线进行货物装卸或倒装的车辆，其作业过程较有调中转车增加了送车、装卸和取车等内容，其中重点是取送车作业。本站作业车的取送有编开枢纽小运转列车（在管内各站间开行的列车）和调车取送（固定配属专用调机担当取送作业）两种方式。一般而言，当编组站设有货场并有岔线联接且货运量较大时，主要采取调车取送方式。当本站货运量很小，枢纽内货运站运量较大且装卸车作业点多而分散时，主要采取枢纽小运转列车进行取送。

5. 机务作业

编组站的机务作业包括机车出段、入段、段内整备及检修作业。

6. 车辆检修作业

编组站的车辆作业主要包括列车技术检查、轴承及制动装置的经常保养、铁路货车故障处理（摘车临修、较大故障修理、一般故障修理、临时整修）等。

7. 其他作业

编组站有时还需办理以下作业：

（1）客运作业，包括旅客乘降及换乘；

（2）货运作业，包括货物装卸、换装等；

（3）军运列车供应作业。

（二）编组站主要设备

为完成各项作业，编组站应设置以下设备，如图 2-6-39 所示。

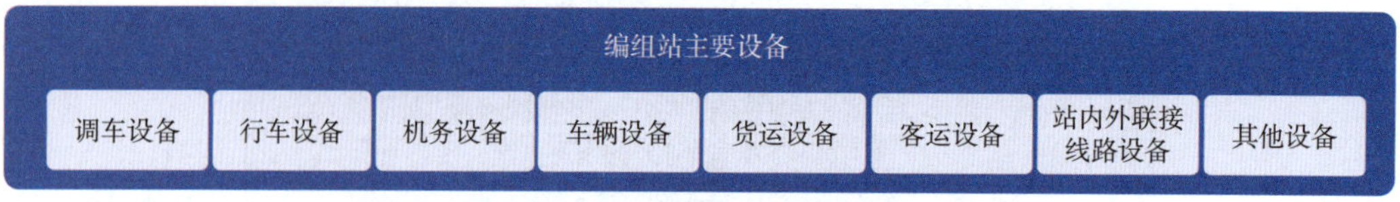

图 2-6-39　编组站主要设备

1. 调车设备

调车设备是编组站的核心设备，包括调车驼峰、调车场（线）、牵出线、调车机车等几部分。当区段车流较大时，可设置专门的辅助调车场。

2. 行车设备

行车设备主要指线路、道岔、信号、联锁、闭塞、通信、减速顶、停车器、道口等设备，如图 2-6-40 所示。为了保证各衔接方向列车同时到发及避免与其他作业进路的交叉，一般应将上行与下行、无改编通过列车与改编列车的到发线分别设置。

图 2-6-40　行车设备的主要类型

3. 机务设备

编组站一般均设机务段，而且规模较大。机务段位置应根据编组站主要车场的配置形式，结合地形、地质和风向等条件确定。路网性的双向编组站，可考虑增设第二套整备设备。

4. 车辆设备

编组站一般均设车辆段、站修所和用于日常检修的列检所。

5. 货运设备

（1）整理倒装设备。每昼夜办理的整理倒装作业量较大时，为加速车辆周转，在调车场内车辆检修设备的一侧，设置相应的整理倒装设备，配线连通驼峰和站修线。作业量较小时，此项作业送往附近货场办理。

（2）轨道衡称重设备、超偏载检测设备等货运安全设备。

（3）货场。兼办货运业务的编组站需设置货场。

6. 客运设备

编组站的客运业务很少，一般利用正线办理客车到发（通过）。

7. 站内外联接线路设备

主要包括进出站线路、站内联络线和机车走行线等。

8. 其他设备

站场照明、作业通道、给排水等设备。

二　编组站的布置

编组站的各项作业是在各个车场上完成的，根据调车设备的数量与规模及各车场的相互位置的差异，形成了编组站布置的不同形式。

1. 单向与双向编组站

编组站的布置按照调车设备的套数可以分为单向编组站布置、双向编组站布置两种，如图 2-6-41 所示。

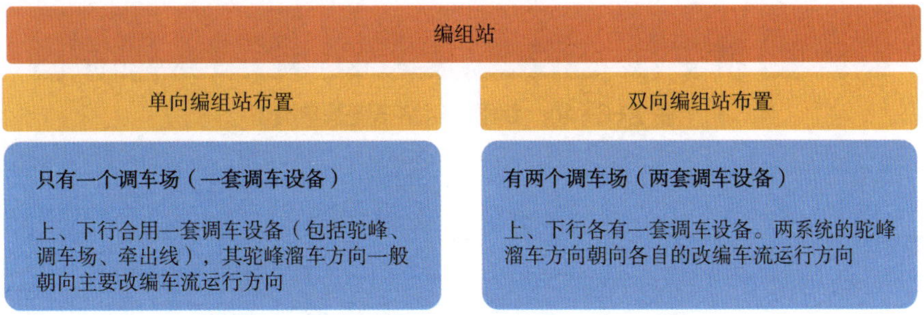

图 2-6-41　编组站按调车设备的套数分类

2. 横列式、纵列式与混合式编组站

“式”指车场互相排列的形式。编组站的布置按照车场的配列方式可以分为横列式编组站、纵列式编组站和混合式编组站三种，如图 2-6-42 所示。

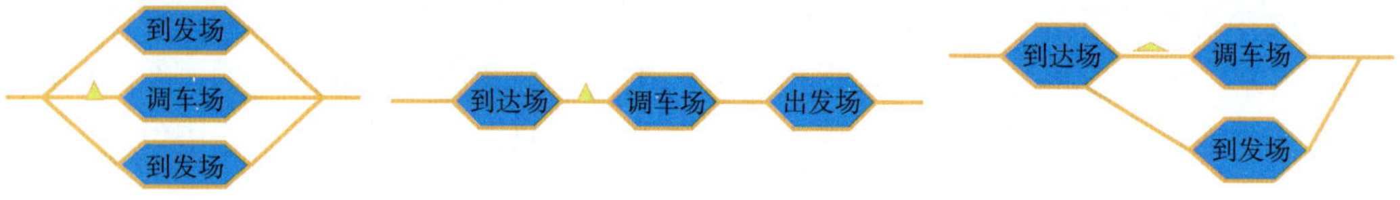

上、下行到发场与调车场并列配置　　到达、调车、出发场纵向布置　　到达、调车场纵列布置，出发、调车场横列布置

（a）横列式　　（b）纵列式　　（c）混合式

图 2-6-42　编组站按车场的配列分类

3. 编组站的“级”与“场”

我国铁路习惯上对编组站有“几级几场”的称呼。“级”是指同一调车系统中纵向排列数。如，一级式就是车场横列，二级式就是到达、调车场纵列，而三级式即到达、调车、出发场依次纵向排列，如图 2-6-43 所示。“场”是指车场，站内有几个车场，就叫作几场。

（a）一级　　（b）二级　　（c）三级

图 2-6-43　编组站的“级”

4. 编组站布置基本类型

综上，我国编组站布置基本类型归纳起来主要有六种：单向横列式、单向纵列式、单向混合式、双向横列式、双向纵列式、双向混合式，如图 2-6-44 所示，其他类型都是在这个基础上派生的且数量很少。除较少采用的双向横列式外，其他类型编组站的布置如图 2-6-45~ 图 2-6-49 所示。

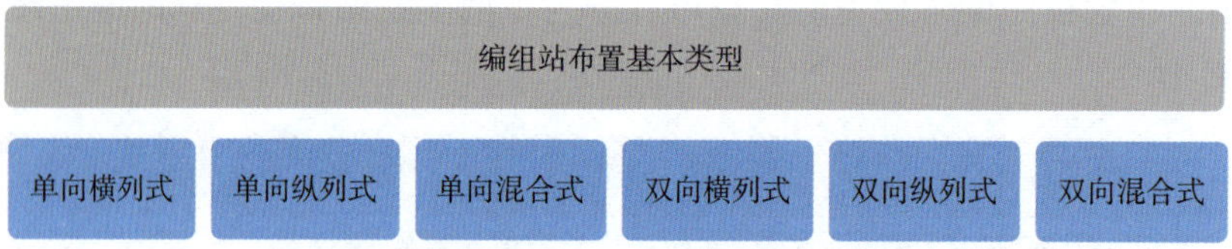

图 2-6-44　我国编组站布置基本类型

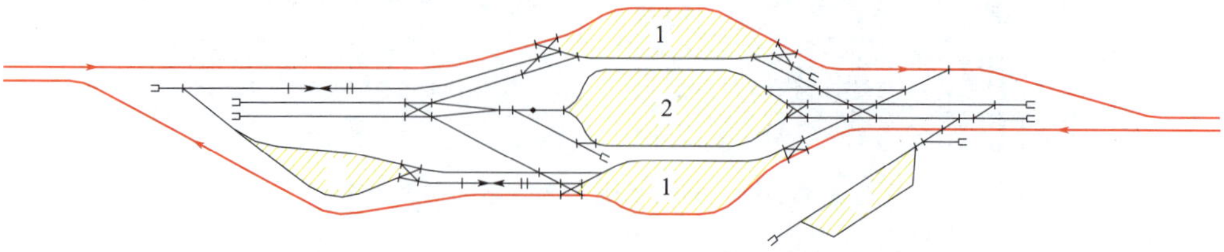

图 2-6-45　单向横列式（一级三场式）编组站图型

1—到发及通过车场；2—调车场；3—机务段；4—车辆段

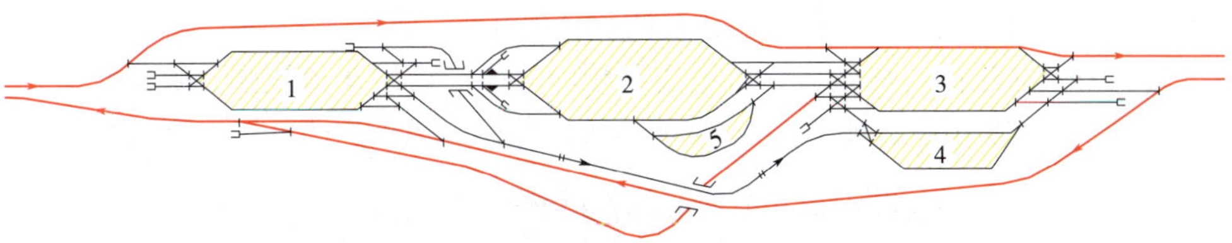

图 2-6-46 单向纵列式（三级三场式）编组站图型

1—到达场；2—调车场；3—出发及通过车场；4—机务段；5—车辆段

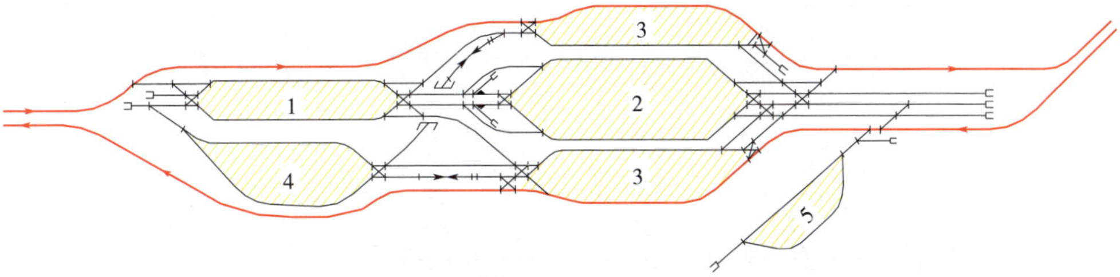

图 2-6-47 单向混合式（二级四场式）编组站图型

1—到达场；2—调车场；3—出发及通过车场；4—机务段；5—车辆段

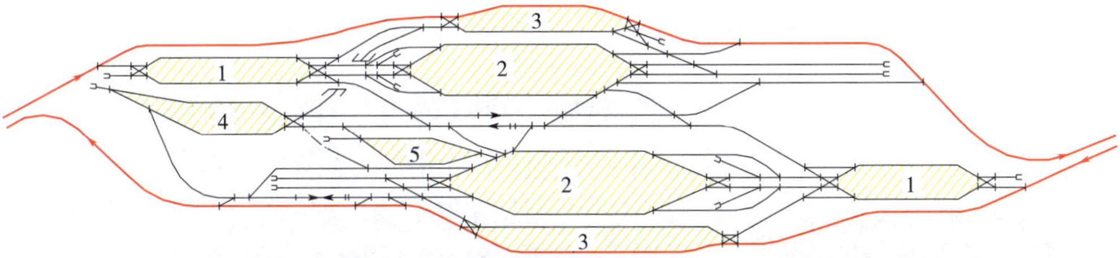

图 2-6-48 双向混合式（二级六场式）编组站图型

1—到达场；2—调车（编发）场；3—出发及通过车场；4—机务段；5—车辆段

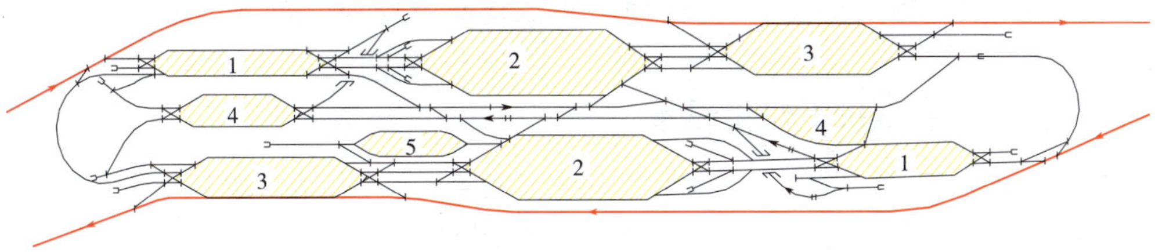

图 2-6-49 双向纵列式（三级六场式）编组站图型

1—到达场；2—调车场；3—出发及通过车场；4—机务段；5—车辆段

5. 单向纵列式（三级三场式）的布置

不同类型的编组站具有不同的特点和适用情况，下面以应用较为普遍的图 2-6-46 所示的单向纵列式（三级三场式）编组站为例对编组站的作业过程进行说明。

单向纵列式（三级三场式）编组站在设备布置方面具有的特点如图 2-6-50 所示。

单向纵列式（三级三场式）编组站的作业流程如图 2-6-51 所示，从中可见，各方向改编列车在站内的到、解、集、编、发作业过程都是“流水式”的，改编列车行程短，车站改编能力及通过能力均较大，可适用于顺驼峰方向改编车流较强、解编作业量大的大型编组站。其主要优缺点如图 2-6-52 所示（绿色标示优点，蓝色标示缺点）。

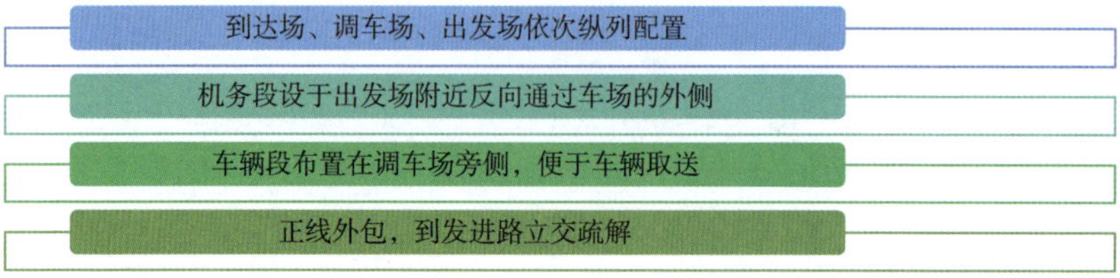

图 2-6-50　单向纵列式（三级三场式）编组站设备布置的特点

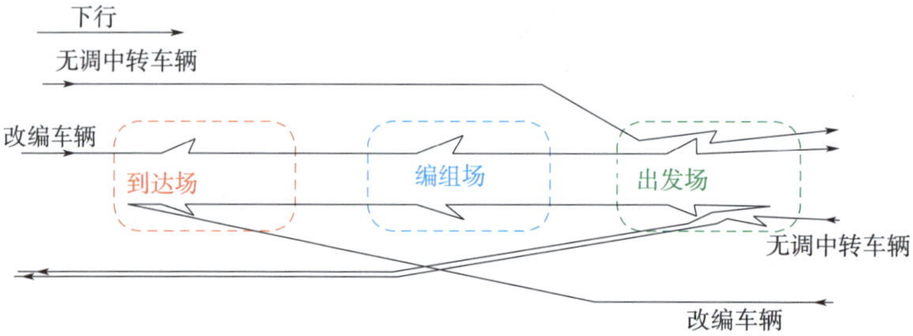

图 2-6-51　单向纵列式（三级三场式）编组站的作业流程

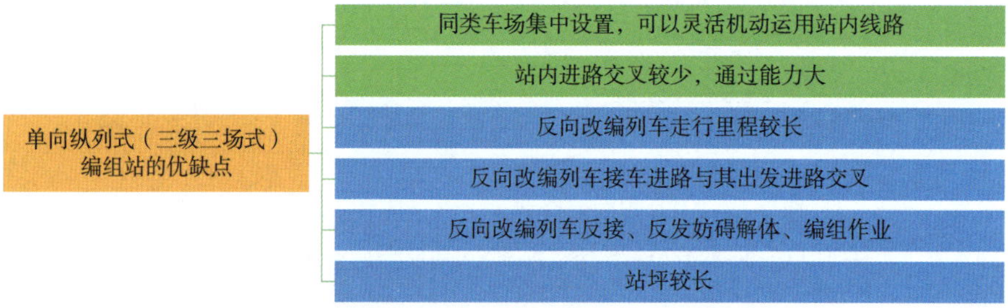

图 2-6-52　单向纵列式（三级三场式）编组站的优缺点

三 编组站的调车工作和设备

调车工作是技术站（尤其是编组站）的主要任务。调车作业的效率与安全除了与调车人员的技术水平和熟练程度有关外，主要取决于所采用的调车设备和技术设施。调车工作按使用设备的不同可以分为牵出线调车和驼峰调车，如图 2-6-53、图 2-6-54 所示。

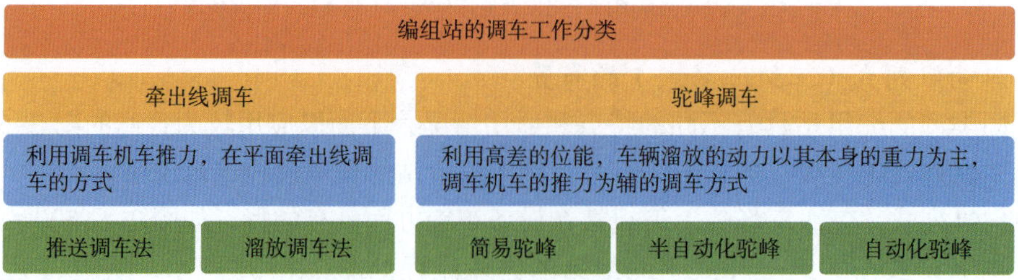

图 2-6-53　编组站的调车工作分类

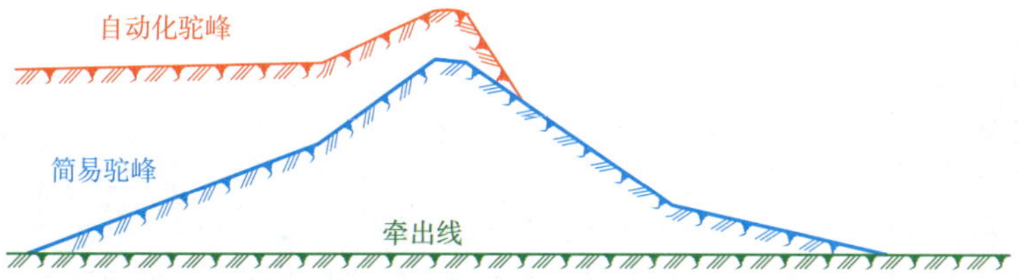

图 2-6-54　驼峰与牵出线纵断面比较图

（一）平面牵出线调车

平面牵出线是车站的基本调车设备，基本上是设于平道上，调车时车辆溜放的动力是调车机车的推力。牵出线设于调车场尾部，适合于车列的编组、转线、车辆的摘挂、取送等调车作业。

牵出线调车常用的作业方法有推送调车法和溜放调车法。使用机车将车辆由一股道调移到另一股道，在调动过程中不摘车的调车方法，称为推送调车法。使用机车推送车列达到一定速度后摘钩制动，使摘解的车组借获得的动能溜放到指定地点的调车方法，称为溜放调车法。

（二）驼峰调车

驼峰是将调车场始端道岔区前的线路抬到一定高度，利用其势能和车辆自重，使车辆自动溜行到调车线上，用以解体车列的一种调车设备。驼峰调车时车辆溜放的动力以其本身的重力为主，调车机车的推力为辅。驼峰主要由推送部分（主要包括到达场、推送线）、峰顶平台和溜放部分（主要包括溜放线、调车场）组成，如图 2-6-55 所示。驼峰实景如图 2-6-56 所示。

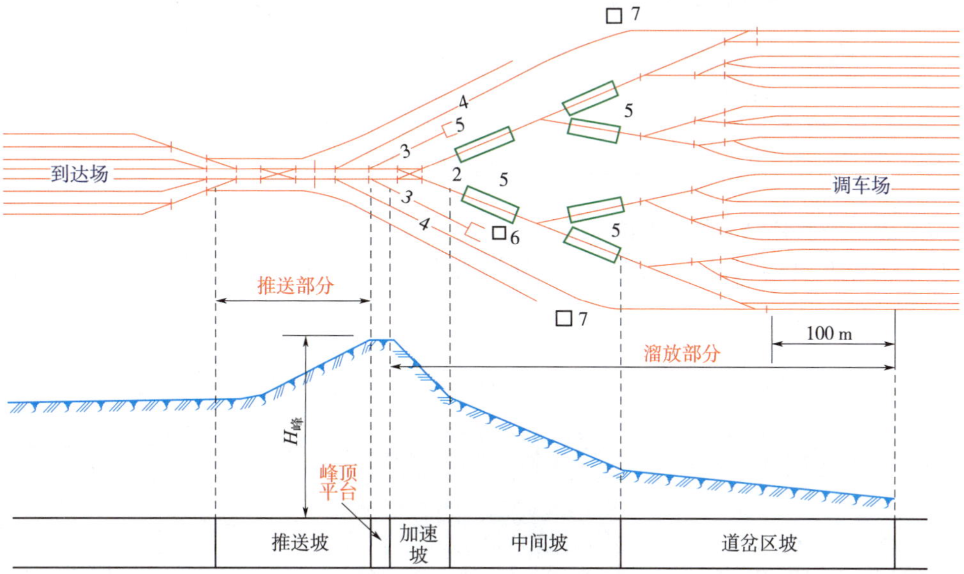

图 2-6-55　驼峰各组成部分示意图

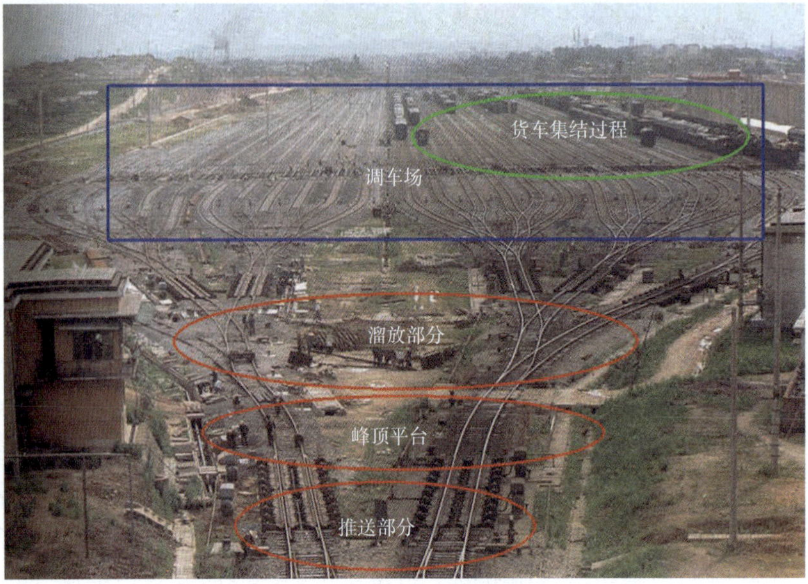

图 2-6-56　驼峰实景

1. 驼峰的分类

（1）按技术装备的分类

驼峰按照其技术装备可以分为简易驼峰、半自动化驼峰和自动化驼峰，如图 2-6-57 所示。

简易驼峰

• 利用原有调车场牵出线头部平地起峰修建而成的驼峰

半自动化驼峰

• 装有自动集中控制溜放进路、减速器出口速度人工预定、采用半自动控制的驼峰

自动化驼峰

• 实现调机推峰速度、车辆溜放进路、车辆溜放速度自动控制的驼峰

图 2-6-57　驼峰按技术装备的分类

（2）按日均解体作业能力的分类

驼峰按照其日均解体作业能力可以分为大能力驼峰、中能力驼峰和小能力驼峰，如图 2-6-58 所示。

大能力驼峰	中能力驼峰	小能力驼峰
日均解体能力 4000 辆 以上	日均解体能力 2 000 ~ 4 000 辆	日均解体车能力 2 000 辆 以下
调车线不少于 30 条	调车线 17~29 条	调车线 16 条 及以下
溜放线 2 条	溜放线 2 条	溜放线 1 条

图 2-6-58　驼峰按日均解体作业能力的分类

2. 驼峰调速工具

驼峰调速工具是指安装在铁路编组站驼峰调车场溜放线路的某些特定地点或区段，用于调整溜放车辆速度的机具。我国铁路上常用的主要调速工具有减速器、减速顶、加速顶、加减速小车、铁鞋及人力制动机等，其中部分常用驼峰调速工具如图 2-6-59 所示。

图 2-6-59　典型驼峰调速工具

四　编组站综合自动化

1. 编组站综合自动化

编组站综合自动化系统主要包括货车信息处理和作业过程控制两部分。编组站作业综合自动化系统是以信息处理为核心的编组站的调度指挥、计划编制、统计分析及作业控制系统，实现了实时管理和实时控制，使编组站的工作条件、作业效率、作业安全和工作质量得到很大的改善。

2. 驼峰自动化

驼峰自动化是强化铁路编组站最有效的措施之一，也是编组站现代化的主要内容和重要标志，其主要内容如图 2-6-60 所示。驼峰调车作业的自动化，可显著提高驼峰作业效率和编组站的改编能力，保证作业安全并改善劳动条件和减轻劳动强度。

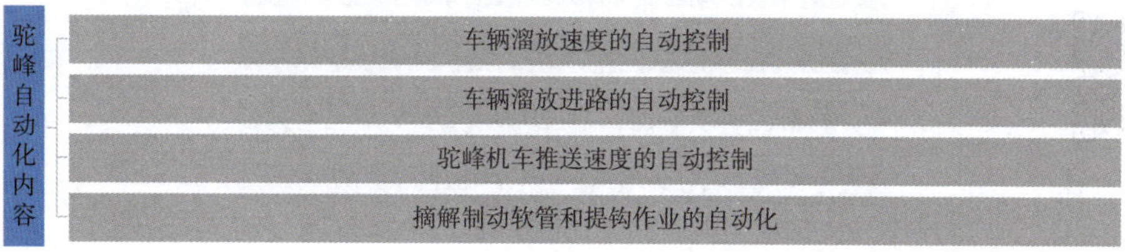

图 2-6-60　驼峰自动化内容

五　编组站与区段站、中间站的比较

编组站和区段站统称为技术站。从技术作业上看，编组站和区段站都要办理列车的接发、解编、机车供应或换挂、列车的技术检查及车辆检修等作业。但二者又有区别，区段站主要办理中转列车的作业，解体和编组的列车数量少，而且大多是区段列车或摘挂列车；而编组站以办理改编列车为主，主要作业是大量办理列车的解体和编组，而且其中大多数是直达列车和直通列车。所以编组站又被称为“货物列车制造工厂”。

从设备种类上看，编组站的设备与区段站基本一样，都有运转设备、客货运业务及机车、车辆等设备，但位于大城市郊区的编组站，可能不设客货运设备。在货物运转设备方面，编组站的核心设备是调车设备，调车场和调车设备的规模和能力比区段站要大得多。

与区段站、编组站相比，中间站主要办理客货运业务，一般没有解编等技术作业。

编组站与区段站、中间站的比较如图 2-6-61 所示。

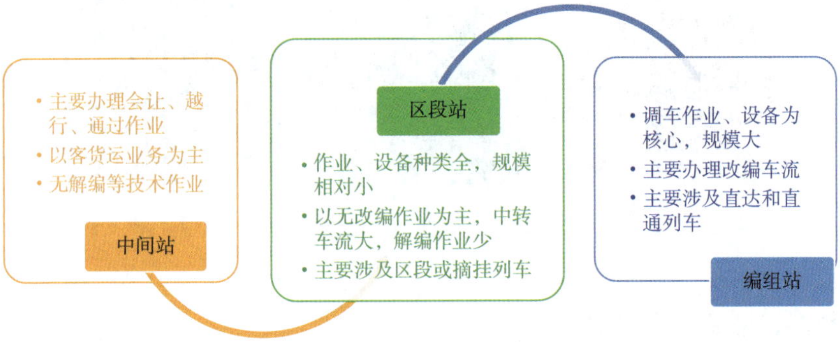

图 2-6-61 编组站与区段站、中间站的比较

第五节 客运站

本节 PPT

客运站是专门为旅客办理客运业务的车站。客运站是铁路旅客运输的基本生产单位，其主要任务如图 2-6-62 所示。

高铁车站视频

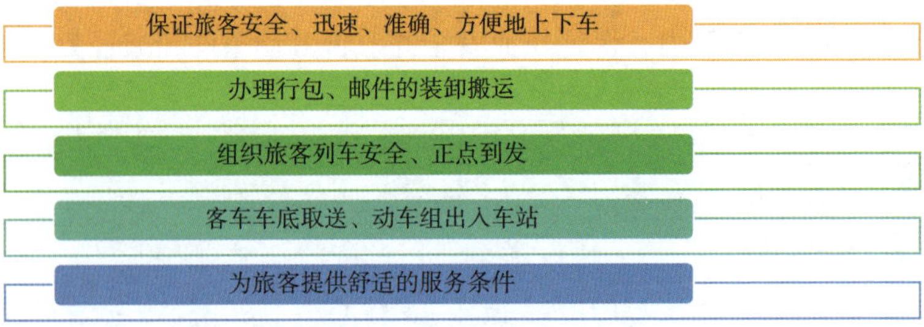

图 2-6-62 客运站的主要任务

一 客运站的作业和设备

（一）客运站的作业

客运站的作业，主要包括客运服务、客运、技术作业等三部分。

1. 客运服务作业

客运服务作业包括旅客上下车、候车、问询、小件寄存以及对旅客文化、饮食、住宿、购物和卫生方面的服务等。

2. 客运业务

客运业务包括客票发售，行包承运、装卸、保管和交付，邮件装卸和搬运等。

3. 技术作业

按列车种类不同，客运站办理如下技术作业：

（1）始发、终到列车作业，包括列车接发、机车摘挂、列车技术检查、车底取送、个别客车甩挂以及餐车整备等。

（2）通过列车作业，包括列车接发、机车换挂或整备、列车技术检查、客车上水等。

（3）市郊（通勤）列车作业，包括列车接发、机车摘挂、列车技术检查及车底取送等。

（4）在某些客运站还办理少量货物列车的到发和通过作业。

（二）客运站的设备

客运站的主要设备包括旅客站房、站场和车站广场，其功能如图 2-6-63 所示。

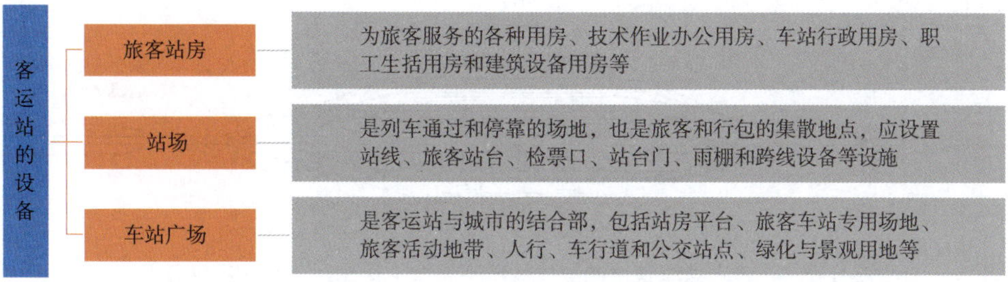

图 2-6-63　客运站的设备及其功能

二　客运站的布置

客运站的布置方式按线路配置的不同可以分为通过式、尽端式和混合式 3 种，如图 2-6-64 所示，不同布置方式的优缺点如图 2-6-64 所示（绿色标示优点，蓝色标示缺点）。

在各种布置方式中，通过式既能适应以始发、终到为主兼办通过作业的客运站，又能适应办理全部始发、终到作业的客运站，优势比较明显，所以一般优先采用。不同类型铁路通过式客运站布置如图 2-6-66~ 图 2-6-68 所示。

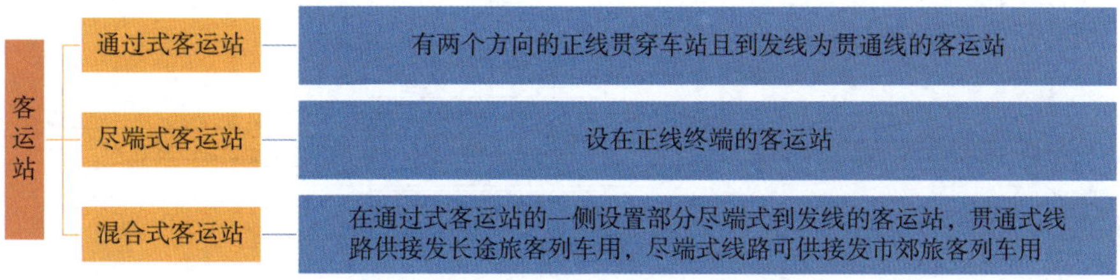

图 2-6-64　客运站布置方式分类

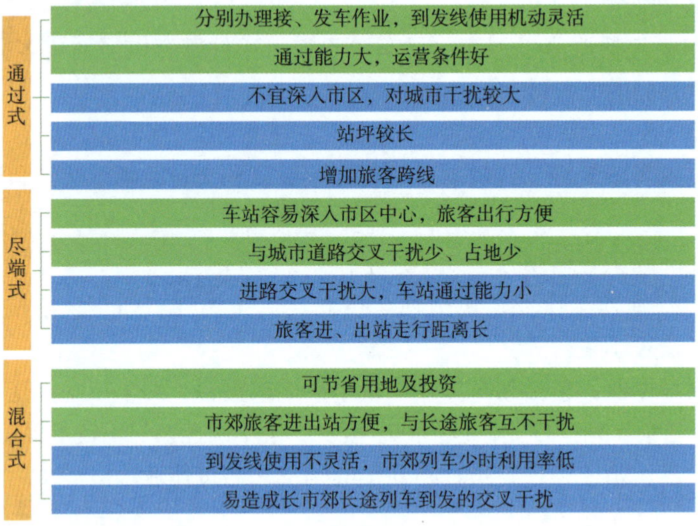

图 2-6-65　通过式、尽端式和混合式客运站的优缺点

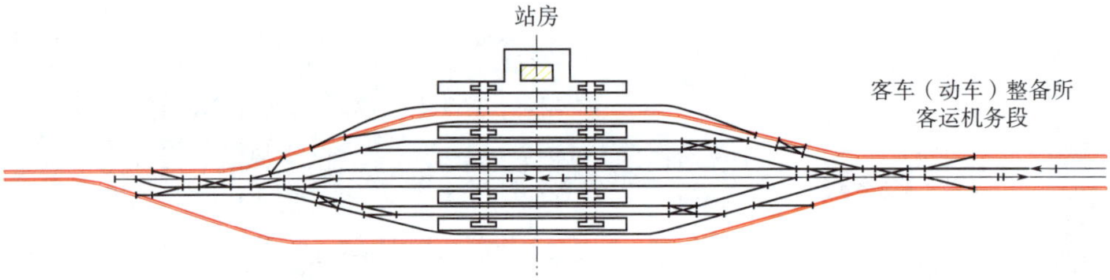

图 2-6-66　客货共线铁路通过式客运站图型（客车段（所）在两正线间）

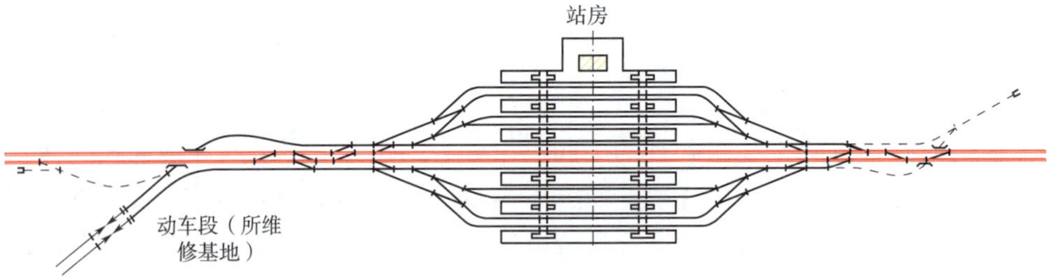

图 2-6-67　高速铁路通过式始发站图型

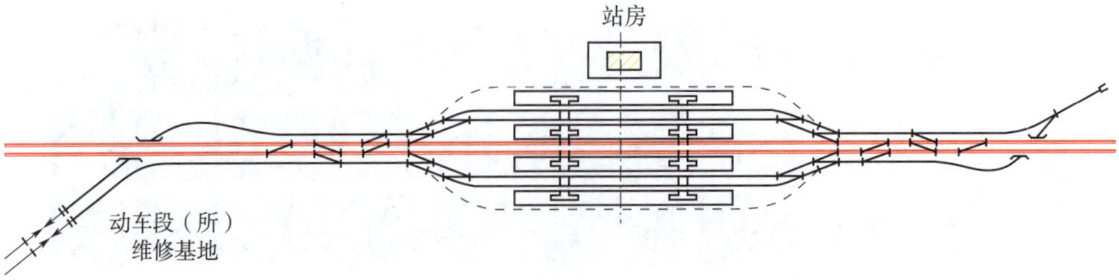

图 2-6-68　城际铁路通过式始发站图型

三 客车整备所

在始发、终到旅客列车的客运站上，一般都在客运站的一端设有客车整备所，以便对客车进行技术整备和客运整备作业。

1. 客车整备所的布置

客车整备所的布置形式主要有客车整备所与客运机务设备横列布置图型、客车整备所与客运机务设备纵列布置图型、客车整备所存车场与客运机务设备横列布置图型等三种，如图 2-6-69 所示。

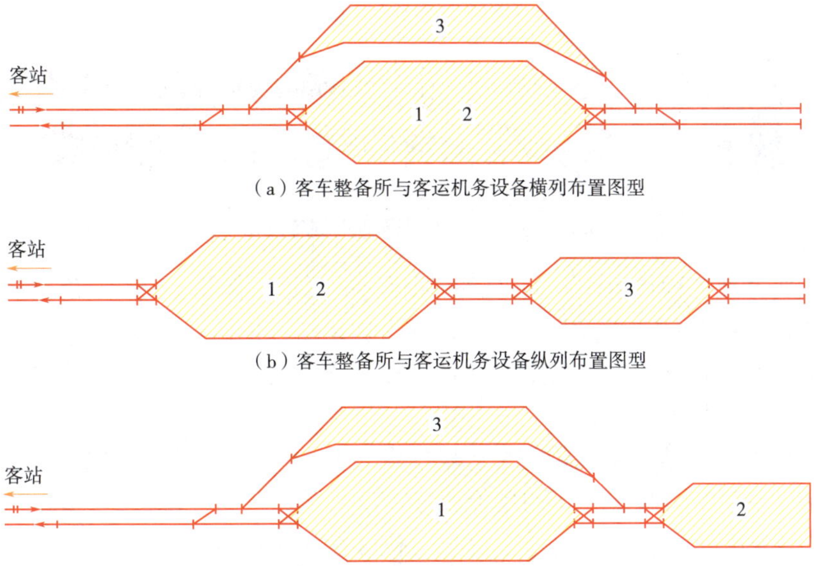

（a）客车整备所与客运机务设备横列布置图型

（b）客车整备所与客运机务设备纵列布置图型

（c）客车整备所存车场与客运机务设备横列布置图型

图 2-6-69　客车整备所布置图

1—存车场；2—整备场；3—机务段

2. 客车整备所的作业

客车整备所的作业主要包括技术整备和客车整备。

（1）技术整备

技术整备作业内容主要包括客车车底取送（或到发）、改编、停留待发，备用车停留以及个别客车转向；客车车底技术检查、日常维修和摘车维修，防寒、防暑的整备，以及外段车辆故障处理等；办理厂、段修客车的回送；客车暖气管道预热、排汽、排水以及充电等。

（2）客运整备

客运整备作业内容主要包括客车车底内外部清扫、洗刷和排污，客车上燃料、上水、上餐料和换卧具等。

3. 客车整备所的设备

（1）线路设备

客车整备所的线路设备主要包括到达线、出发线、整备线、备用车停留线、洗车机线、临修线、消毒库线、机车走行线和牵出线等。

（2）其他设备

客车整备所的其他设备主要包括客车外部清洗设备、消毒设备、排污设备、车底转向设备、洗烫卧具的洗衣房、供应餐车的餐料库以及技术办公房屋等。

第六节　货运场站

本节 PPT

货运场站主要包括传统的货运站和随着现代物流发展出现的铁路物流中心等，如图 2-6-70 所示。

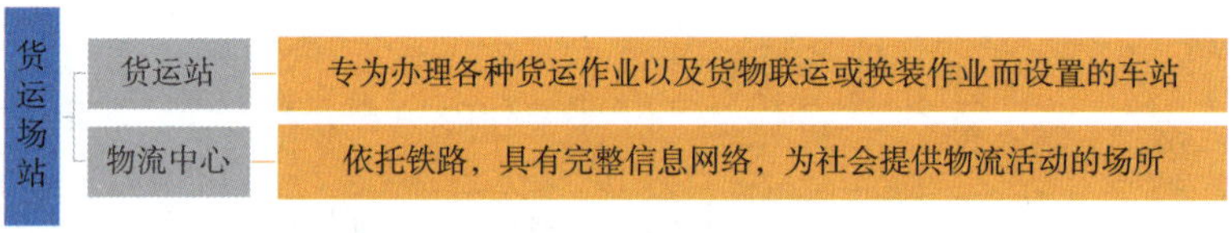

图 2-6-70　货运场站的概念及特点

凡为主要办理各种货运作业（包括办理货物的承运、保管、交付、货物装卸作业等）以及货物联运或换装作业而设置的车站，称为货运站。货运站多设在大城市、工业区以及河海港湾或与不同轨距铁路的衔接地点。货运作业是货运站工作组织的核心，货场是货运站办理货运作业的主要场所。

我国铁路货运场站长期以传统货运场站发展为主，随着我国铁路物流的发展，对货物进行包装、加工、分拨、转运的延伸服务需求日益增加，传统铁路货运站的功能和设备已经无法适应，因此，部分铁路货运站正在向铁路物流中心转变。铁路物流中心是依托铁路，具有完整信息网络，为社会提供物流活动的场所。铁路物流中心应包括运转车场、物流功能区和其他物流配套服务设施，与传统铁路场站相比，铁路物流中心一般在集疏运条件、服务、设施设备、信息化及自动化等方面具有典型特征，具体如图 2-6-71 所示。

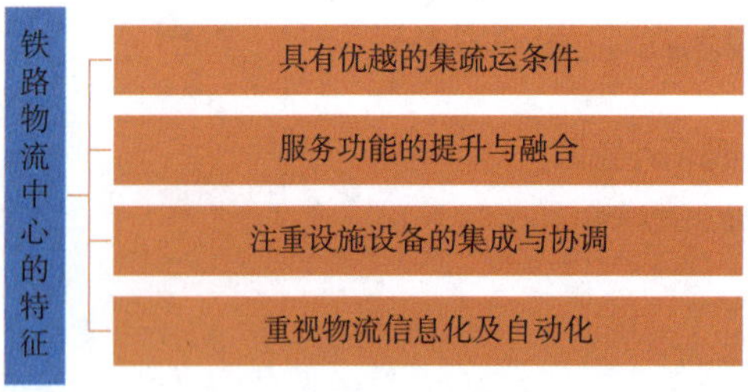

图 2-6-71　铁路物流中心具有的特征

一　货运站

（一）货运站的分类

货运站的主要分类如图 2-6-72 所示。

1. 按工作性质的分类

货运站按工作性质，主要可分为集运站、疏运站。集运站是主要办理大宗货物装车和车列集结作业的车站，需接入大量空车，发出大量重车；疏运站是主要办理大宗货物卸车和车列分解作业的车站，需接入大量重车，排出大量空车。

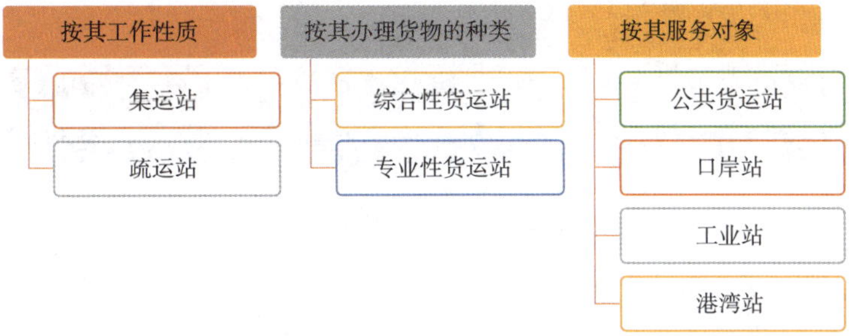

图 2-6-72　货运站的分类

2. 按办理货物种类的分类

货运站按办理货物种类，可分为综合性货运站和专业性货运站。凡办理多种不同品类货物作业的车站称为综合性货运站；而办理单一品类（如集装箱、粮食、木材、煤炭、矿建材料、石油及其制品等）大宗货物、危险货物、集装箱作业的车站称为专业性货运站。

3. 按服务对象的分类

货运站按服务对象，可分为公共货运站、口岸站、工业站和港湾站。公共货运站是为城市企业、居民和仓库区服务的车站；口岸站是在国家指定对外往来的门户地点设置的特殊国际客货运输结点车站，口岸站按衔接的铁路轨距可分为相同轨距的口岸站及不同轨距的口岸站两类，货物换装服务是不同轨距的口岸站的重要业务；工业站是主要为有大量装卸作业的工矿企业外部铁路运输服务的车站；港湾站是主要为有大量装卸作业的港口外部铁路运输服务的车站。

（二）货运站作业及设备

1. 货运站作业

对于综合性货运站而言，其主要作业包括运转作业、货运作业、兼办作业等，如图 2-6-73 所示。其中，货运作业是货运站工作组织的核心。

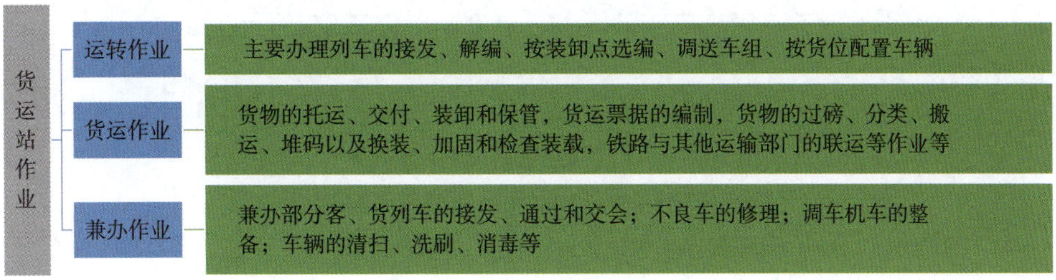

图 2-6-73　货运站作业

2. 货运站设备

货运站设备主要分为货运设备、运转设备、其他设备等，如图 2-6-74 所示。办理货运的车站，应设有办理托运、检斤、制票、收款、问询、交付等必要设备，并应根据需要设有货物站台、仓库及货位、堆场、集装箱装卸场地、雨棚、排水、消防、照明、通路及围墙、货运安全检测及防护、视频集中监控、信息化系统等设备。

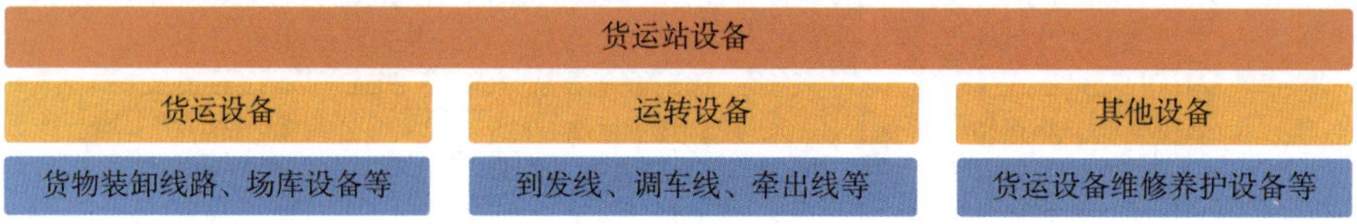

图 2-6-74　货运站设备

（三）货运站的布置

货运站按其与枢纽内铁路线衔接方式的不同，可分为尽端式货运站和通过式货运站。这两种货运站按车场与货场的布置均可分为横列式和纵列式两种，如图 2-6-75 所示。

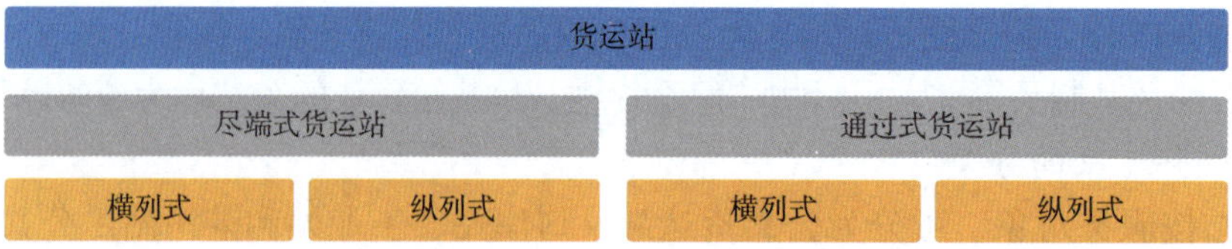

图 2-6-75　货运站布置方式

尽端式货运站（横列布置）、尽端式货运站（纵列布置）、通过式货运站（横列布置）等典型货运站的布置方式如图 2-6-76~ 图 2-6-78 所示，其优缺点如图 2-6-79 所示（绿色标示优点，蓝色标示缺点）。

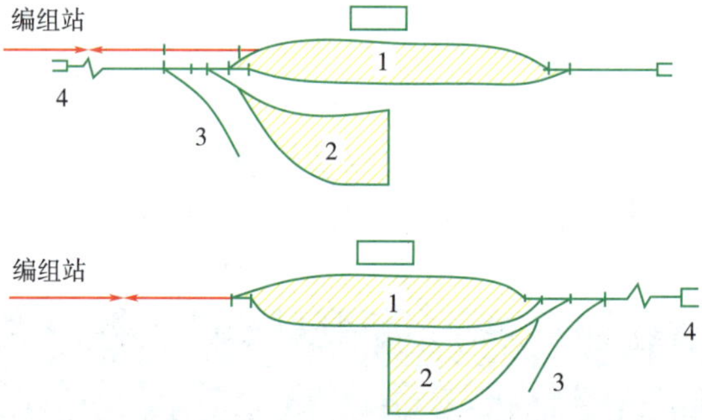

图 2-6-76　尽端式货运站（横列布置）

1—到发及调车场；2—货场；3—专用线；4—牵出线

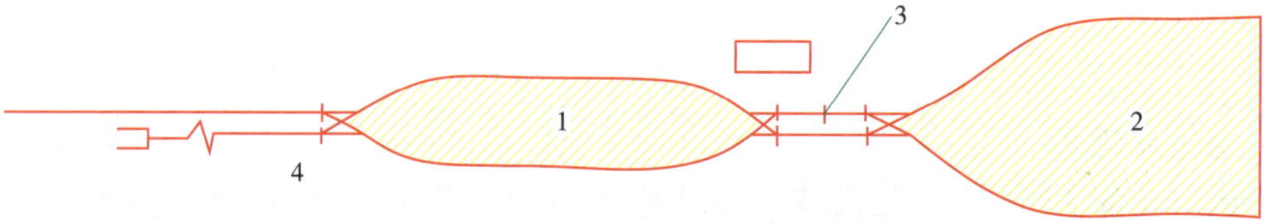

图 2-6-77　尽端式货运站（纵列布置）

1—到发及调车场；2—货场；3—专用线；4—牵出线

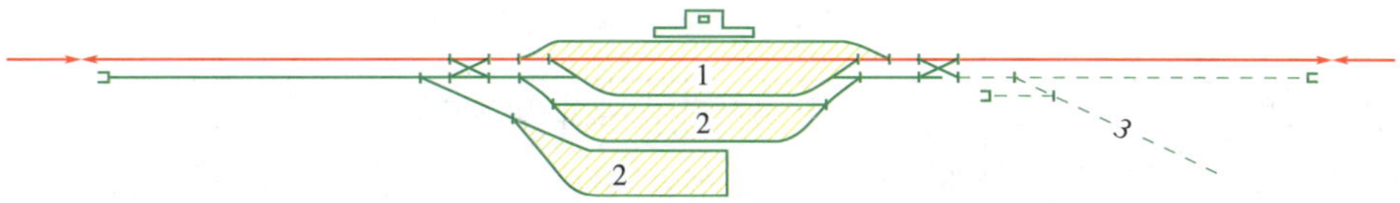

图 2-6-78　通过式货运站（横列布置）

1—到发场及调车场；2—货场；3—专用线

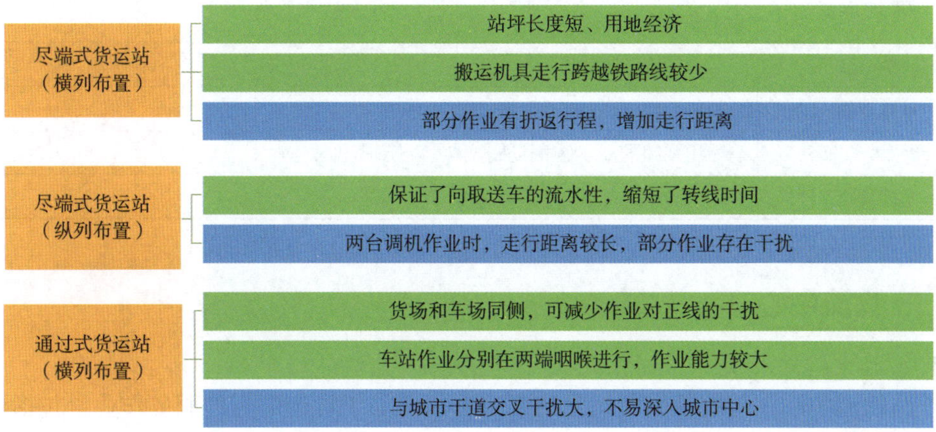

图 2-6-79　典型货运站布置方式的优缺点

（四）货场

货场是货运站货运工作组织的核心场所，在货场内必须配备足够的设备，以保证安全、迅速、便利地办理货物的承运、保管、装卸和交付作业。

货场的主要设备包括线路、场库设备、装卸机械（具体见表 2-6-4）及其检修设备、检斤设备和量载设备、货场用具等，如图 2-6-80 所示。

货物装卸作业量较大的车站，应分设综合性货场和专业性货场。

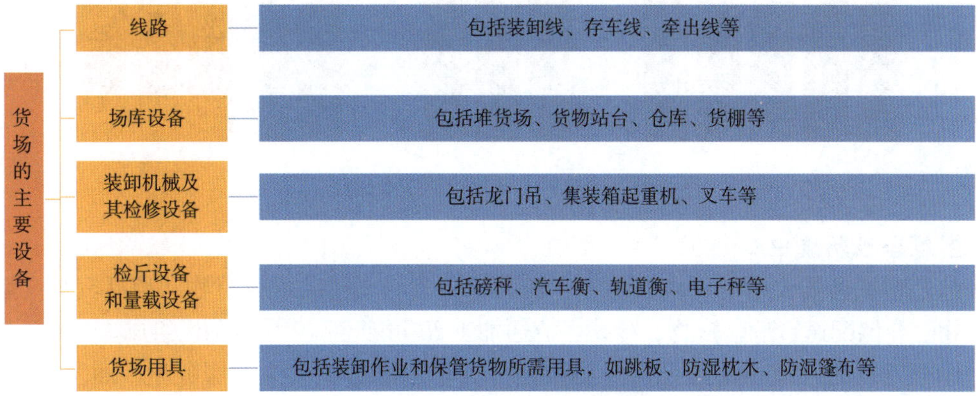

图 2-6-80　货场的主要设备

表 2-6-4　各类货物配备装卸机械类型表

货物品类	装卸机械类型
包装成件货物	叉车（配托盘）、输送机、桥式起重机
集装箱	轨道式集装箱门式起重机、轮胎式集装箱门式起重机、集装箱正面吊运起重机、集装箱空箱堆垛机、集装箱叉车、小型低门架叉车
长大笨重货物	轨道式门式起重机、桥式起重机、汽车起重机、吊运机（配专用索具）
散堆装货物	翻车机、抓斗门式起重机、螺旋卸车机、坑道输送机（配底开门车）、装载机、快速定量装车系统（筒仓）、皮带输送机
粉末颗粒状货物	气力管道输送系统
液体货物	栈桥、鹤管、上卸及下卸装置
特货（小汽车）	专用装卸平台、专用移动式小汽车装卸车机械
危险货物	防火防爆型叉车

二 物流中心

1. 物流中心的分类

铁路物流中心在传统铁路货运站的基础上，增加了货运的延伸服务作业，包括包装、加工、分拨配送、快速分拣、金融物流等。铁路物流中心按照办理货物品类和性质可分为综合型和专业型铁路物流中心，如图 2-6-81 所示。

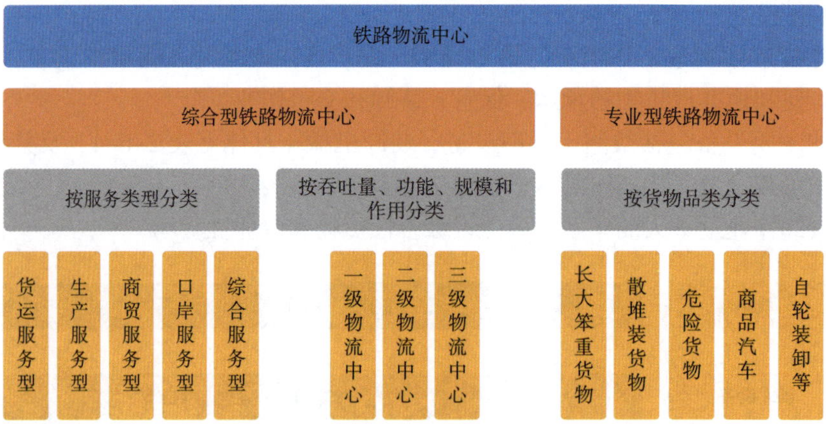

图 2-6-81　铁路物流中心分类

2. 综合性物流中心

综合型铁路物流中心可由集装箱、长大笨重货物、包装成件货物、商品汽车、散堆装货物、仓储配送、危险货物、冷藏、流通加工等功能区和交易展示区组成。

综合性铁路物流中心按照服务类型可分为货运服务型、生产服务型、商贸服务型、口岸服务型和综合服务型。

综合性铁路物流中心按照承担的吞吐量、服务功能、建设规模和在路网中的作用等因素可分为一级、二级和三级铁路物流中心。一级铁路物流中心在铁路物流节点空间结构体系中处于最高层，是实现物流设施集约化和物流运作一体化的骨干节点。二级铁路物流中心在铁路物流节点空间结构体系中处于中间层，是铁路物流中心骨干体系在一定区域范围内的重要支撑和有益补充，弥补一级铁路物流中心在区域内辐射范围的空缺。三级铁路物流中心在铁路物流节点空间结构体系中处于基层，主要发挥铁路物流中心衔接终端物流市场的作用。

第七节 重载铁路车站

本节PPT

一、重载铁路车站的类型和作业

根据重载列车的组织形式不同，车站作业性质和内容的不同，重载铁路车站按技术作业性质可分为会让站、越行站、中间站及区段站、编组站、组合分解站，按业务性质可分为装车站、卸车站，如图 2-6-82 所示。

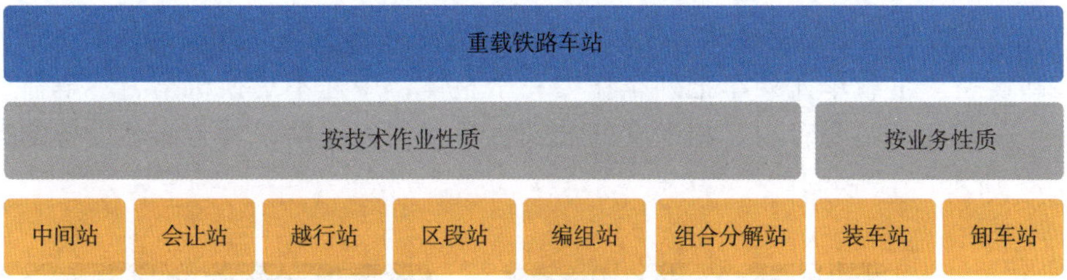

图 2-6-82 重载铁路车站的分类

1. 重载铁路装车站和卸车站

重载铁路装车站和卸车站为办理重载列车装、卸作业的车站，主要办理的作业如图 2-6-82 所示。

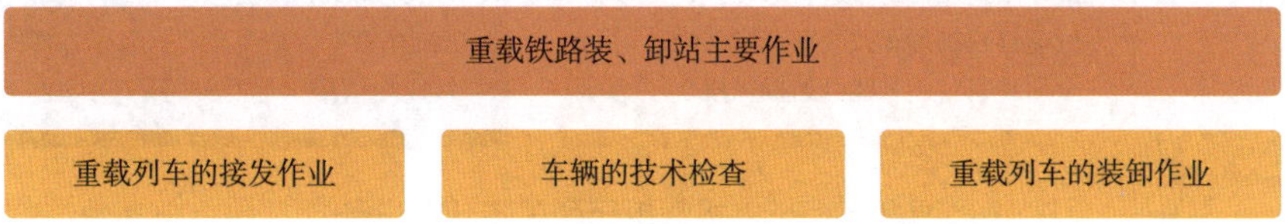

图 2-6-83 重载铁路装卸站的主要作业

2. 重载铁路中间站、会让站和越行站

重载铁路中间站办理的主要作业如图 2-6-84 所示。此外，会让站主要办理列车会让、越行业务，越行站主要办理列车越行业务。

3. 重载列车途中技术作业站

重载列车途中技术作业站包括区段站、编组站及组合分解站，其主要办理的作业如图 2-6-85 所示。

重载铁路中间站办理的作业
- 重载列车的接发、会让、越行作业，以满足行车及通过能力的需要
- 途中技术检查、乘务人员换乘、故障车检修等作业
- 客货混运的重载铁路中间站还办理有关的客货运业务

图 2-6-84　重载铁路中间站办理的作业

重载列车途中技术作业站办理的作业
- 列车途中的机车换挂、机车乘务组换班
- 列车的技术作业检查
- 少量解编作业，包括组合分解作业

图 2-6-85　重载列车途中技术作业站主要作业

二 重载铁路车站的装卸设备

由于重载整列列车采用的是普通货物列车的组织方法，可以在技术站之间组织开行，装卸依然采用传统货运站的模式，所以，下面以重载单元列车装卸为例说明重载铁路车站的装卸设备。重载单元列车把列车作为一个整体，中途不更换机车、不解体，到站后卸货，在装卸车站要有与之相配套的装卸机具和站内线路，其装卸车设备的特点如图 2-6-86 所示。

铁路煤炭自动卸车过程视频

装车设备：
设有高速定量装车系统；
由控制室遥控列车进行移动；
恒速器控制列车按规定速度移动；
全列装完后，方能开始操纵机车

卸车设备：
部分设有环线线路；
设有拨车机（牵引车列并将一辆重车推进翻车机）、翻车机和解冻库（将冻结在车辆中的洗精煤加热解冻）等设备

图 2-6-86　重载单元列车装卸车设备

三 组合分解站

组合分解站是为满足重载铁路列车组合、分解作业需要而设置的车站。受装车条件、站线条件等的影响，我国开行的重载组合列车一般都是由普通货物列车组合而成，而重载组合列车的组合作业和分解作业一般都是在专业的重载列车组合分解站的到发线上完成。

1. 组合分解站的布置

重载列车组合分解站站型布置与编组站相比，车站作业过程相对简单，没有大量的

解编作业，主要负责重载列车的组合分解作业，因而到发线有效长较长。

组合分解站股道布置宜采用在两条组合或分解到发线中间夹一条机走线的布置形式，机走线具备两种作用：一是满足机车走行需要，二是作为后续列车接入时的隔开进路。按组合分解列车的长度，在到发线与机走线之间设置腰岔（股道中部设置的连接邻线的道岔）。组合分解站一般应采用横列式图型，可按图 2-6-87 或图 2-6-88 布置。

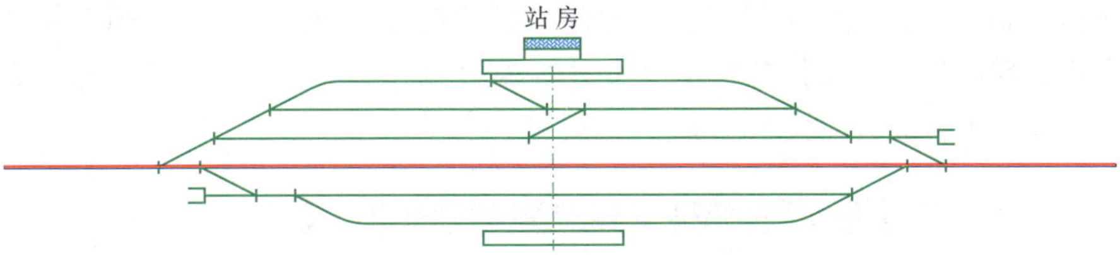

图 2-6-87　单线铁路组合分解站图型

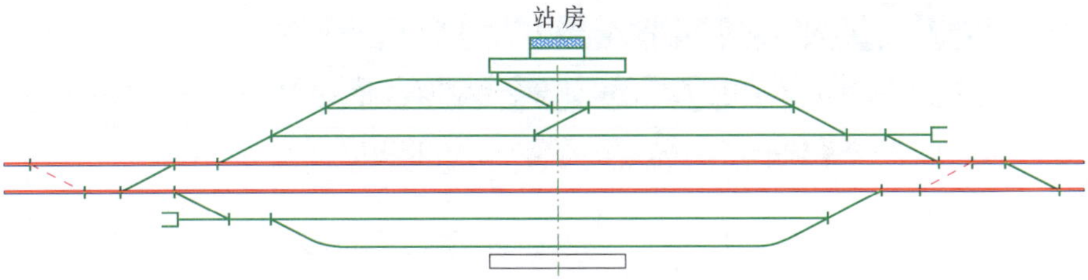

图 2-6-88　双线铁路组合分解站图型

2. 重载组合列车作业方法

根据作业设备、作业地点的不同，重载列车的组合方法分为直接组合法和转线组合法两种，如图 2-6-89 所示。

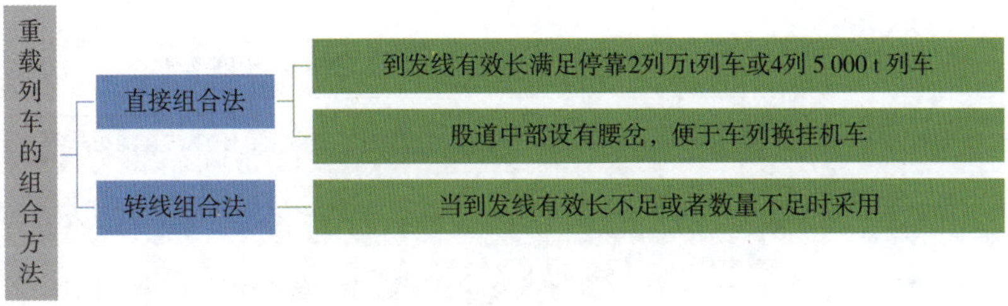

图 2-6-89　重载列车的组合方法

3. 列车在站作业特点

重载列车组合站接发的列车主要有单元列车和组合列车，其各自作业特点如图 2-6-90 所示。

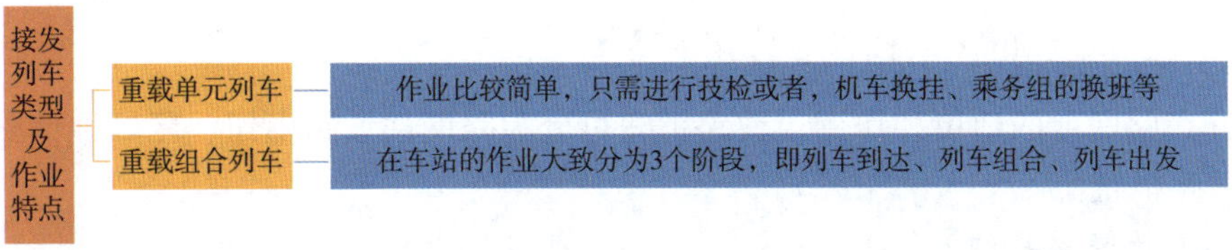

图 2-6-90　重载列车组合站接发列车类型及作业特点

第八节　铁路枢纽

本节 PPT

在铁路网点或网端，由两条及以上干线、若干个车站、各种为运输服务的设施及其联络线等所组成的整体称为铁路枢纽。铁路枢纽是连接铁路干、支线的中枢，是为城市、工业区或港埠区服务以及与国民经济各部门联系的重要纽带，也是交通运输枢纽的主要组成部分。铁路枢纽的主要任务和作业如图 2-6-91 所示，为了完成以上复杂而繁重的任务，枢纽内需要配备成套的技术设备。

图 2-6-91　铁路枢纽的主要任务和作业

一　铁路枢纽内的设备

铁路枢纽内的设备主要包括铁路线路、专业车站、疏解设备、其他设备等，如图 2-6-92 所示。各类设备应在分析枢纽内容、货流的基础上，配合城市规划、地形条件以及既有铁路设备的状况，进行总体规划与建设。

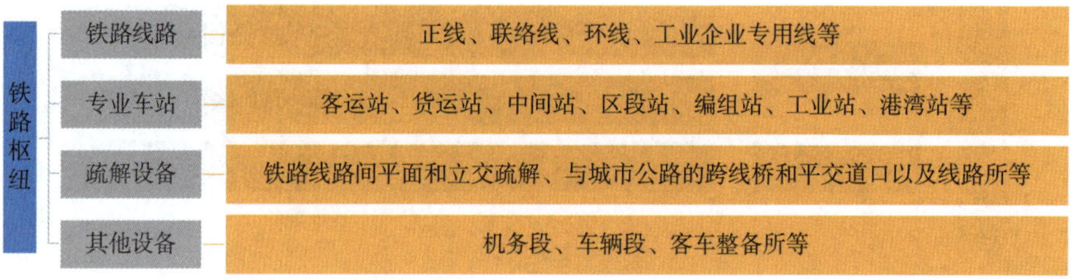

图 2-6-92　铁路枢纽设备

二　铁路枢纽的类型

（一）按其在路网上的地位和作用的分类

按其在路网上的地位和作用，铁路枢纽可分为路网性铁路枢纽、区域性铁路枢纽和地方性铁路枢纽。

1. 路网性铁路枢纽

凡承担的客货运量和车流组织任务涉及整个铁路网的枢纽，属于路网性铁路枢纽。

这种枢纽一般都位于有几条铁路干线交叉或衔接的具有重要政治和经济地位的大、中工业城市，主要办理大量的跨局通过车流和地方车流，设有较多的专业车站，它的设备规模和能力都很大，如北京、沈阳、郑州、武汉、上海等枢纽。图 2-6-93 为北京枢纽的铁路客运规划布局图。

图 2-6-93　北京枢纽铁路客运规划布局图

2. 区域性铁路枢纽

凡承担的客货运量和车流组织主要为一定区域范围服务的枢纽，属于区域性铁路枢纽。这种枢纽一般都位于铁路干线和支线交叉或衔接的大、中型城市，主要办理管内的通过车流和地方车流，它的设备规模和能力仅次于路网性铁路枢纽，如太原、蚌埠、柳州等枢纽。

3. 地方性铁路枢纽

凡承担的运量和车流组织主要为某一工业区或港湾等地方作业服务的枢纽，属于地方性铁路枢纽。这种枢纽一般都位于铁路网端或大工业企业和水陆联运地区，主要办理大量的货物装卸和小运转作业，它的设备规模和能力较小，如秦皇岛属港湾铁路枢纽、大同属工业铁路枢纽等。

（二）根据枢纽内设备的相互位置的分类

根据枢纽范围内专业车站、联络线、进站线路等设备的相互位置不同，并结合一定的车流条件，可形成各种不同形式的铁路枢纽，一般分为一站枢纽、三角形枢纽、十字形枢纽、顺列式枢纽、并列式枢纽、环形枢纽、尽端式枢纽和混合式铁路枢纽等，如图 2–6–94 所示。

图 2–6–94　铁路枢纽按设备相互位置的分类

三 典型铁路枢纽的布置

不同的布置方式的铁路枢纽具有不同的特点，下面结合十字型枢纽、顺列式枢纽、环形枢纽、组合式枢纽等典型铁路枢纽进行分析。

1. 十字型枢纽

两条铁路线交叉，各自具有大量的通过车流而相互间车流交流少的枢纽，无需修建单独的编组站，两线可作十字交叉布置，使无作业列车能顺直地通过枢纽，以缩短运程、减少干扰和节省投资。如，当新建高速或城际铁路（客运专线）与既有客货共线铁路呈十字交叉引入等情况时，为充分利用既有站区位优势、客运及整备存车等设施开行始发终到列车，以及满足主要车流的跨线运行需求，可规划相关联络线，形成如图 2–6–95 所示十字型枢纽。

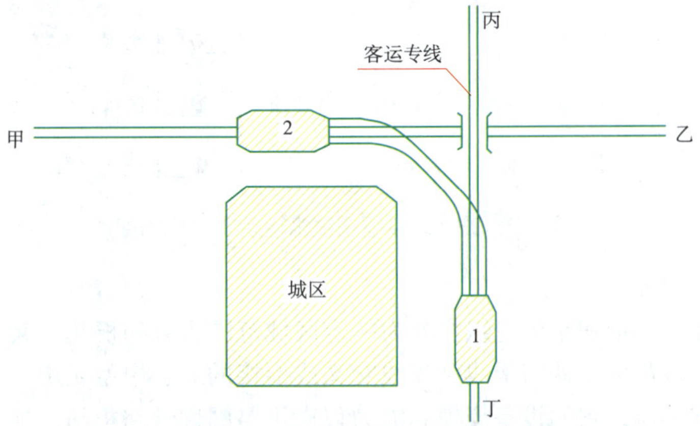

图 2–6–95　十字形枢纽布置示意图

1—客运站；2—客、货共用站

2. 顺列式或并列式枢纽

如客运站与编组站顺列布置，即构成客、货列车运行于同一经路的顺列式或伸长式枢纽，如图 2-6-96 所示。其优点是进出站线路疏解布置简易，客运站、铁路物流中心和编组站布置方便、灵活性大、便于发展。缺点是客、货列车运行于同一主轴线上，随着行车量的增长，可能出现区间通过能力不足的问题，因此，在繁忙的干线上应预留改扩建条件。

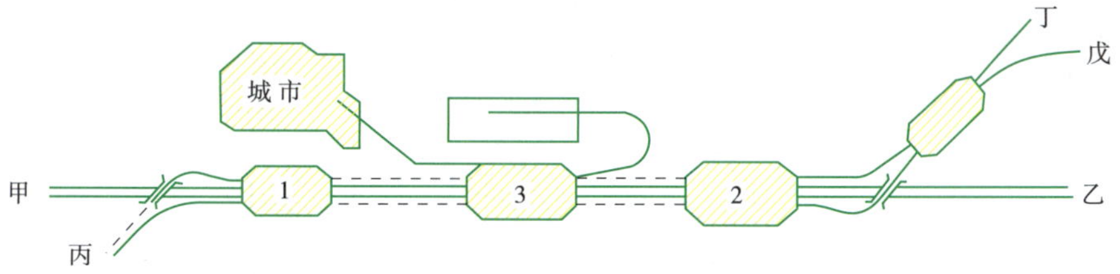

图 2-6-96　客运站与编组站顺列的枢纽布置示意图

1—客运站；2—编组站；3—铁路物流中心

3. 环形枢纽

引入线路方向多时，为便于各方向间的客、货运输交流，避免各引入线路集中于少数汇合点，并为地区客、货运业务提供良好的服务条件，可采用环线和联络线连接各方向引入线形成环形枢纽，如图 2-6-97 所示。在运营上环形枢纽通路灵活，环线对运行通路能起平衡和调节作用，缺点主要是经路迂回。大城市的枢纽范围大，工业区分散、服务城市和工业区的铁路线、联络线较多。在改建既有枢纽时，可结合上述线路的分布，考虑发展为环形枢纽布局的可能性。

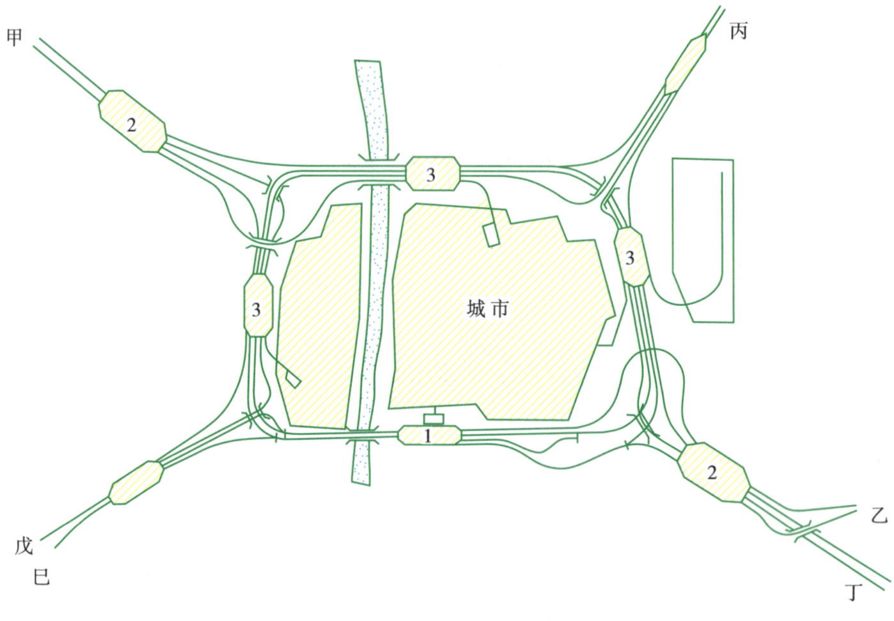

图 2-6-97　环形枢纽布置示意图

1—客运站；2—编组站；3—铁路物流中心

4. 组合式枢纽

特大城市铁路枢纽的特点是城市庞大，人口众多，工业企业布局分散，客、货运量大，引入线路多，地方和中转运输繁重，往往需要设置一处及以上的客运站、编组站和众多的工业站、铁路物流中心。由于影响枢纽布局的因素和条件多种多样，如按前述某一类型枢纽布置修建各项设备，不能满足运营需要时，可设计成与枢纽所担负的作业量和作业性质相适应的由几种类型枢纽组合而成的组合式枢纽。组合式枢纽可能表现为 H 形、Π 形、环线放射形等典型形状或其它特别的形状，如图 2-6-98 系由顺列式、三角形和环形等图型所组成。

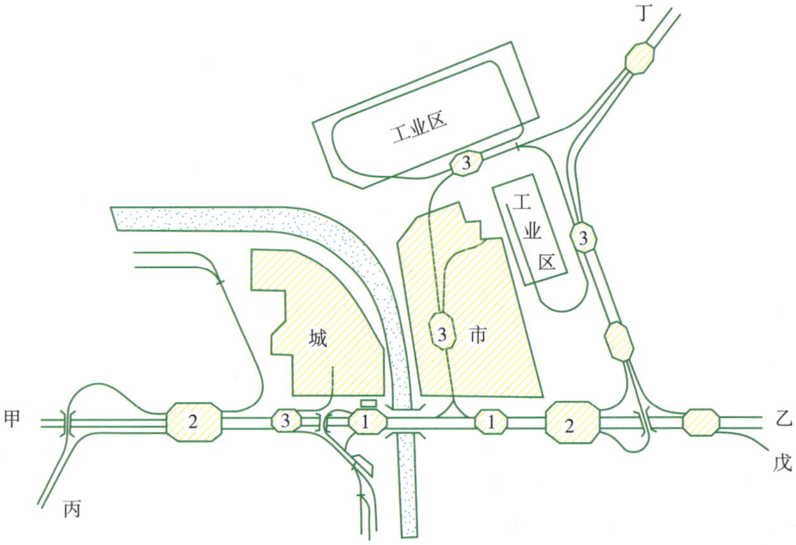

图 2-6-98　组合式枢纽布置示意图

1—客运站；2—编组站；3—铁路物流中心

复习思考题

1. 什么是铁路车站？铁路车站的作用是什么？
2. 什么是铁路区间？什么是铁路区段？
3. 车站线路有哪些种类？
4. 什么是线间距？
5. 什么是中间站？中间站的主要作业和设备是什么？
6. 什么是会让站？什么是越行站？
7. 车站线路应如何进行编号？车站道岔应如何进行编号？
8. 什么是车站线路的有效长？确定线路有效长的主要因素有哪些？
9. 什么是区段站？区段站的主要任务是什么？
10. 区段站办理的主要作业和设置的主要设备有哪些？
11. 区段站布置图的常见类型有哪些？各有何特点？

12. 什么是编组站？编组站的主要任务是什么？
13. 编组站在作业和设备上有何特点？
14. 编组站布置图的基本类型有哪些？
15. 调车驼峰由哪几部分组成？各部分的线路范围是什么？
16. 根据作业量，调车驼峰分为几类？各有何特征？
17. 我国铁路调车驼峰常用的调速工具有哪些？
18. 驼峰自动化主要包括哪些内容？
19. 驼峰自动化调速系统分为哪几类？
20. 什么是客运站？客运站办理的主要作业和设置的主要设备有哪些？
21. 客运站布置图分为哪几类？
22. 什么是客车整备所？客车整备所有哪些作业？
23. 什么是货运站？综合性货运站一般有哪些主要作业和设备？
24. 铁路货运中心的主要功能有哪些？
25. 货场的主要功能是什么？有哪些主要设备？
26. 什么是铁路枢纽？铁路枢纽有哪些主要设备？

第七章 信号与通信设备

铁路信号是行车和调车命令，是向有关行车和调车人员发出的指示和命令。铁路信号与通信设备是铁路基本信号设备、信号基础设备、联锁设备、区间闭塞设备、列车运行控制系统（列控系统）以及相应通信设备等的总称，如图 2–7–1 所示。铁路信号与通信设备是组织指挥列车运行、保证行车安全、提高运输效率、传递信息、改善行车人员劳动条件的关键设施，是铁路主要技术装备之一，其装备水平和技术水准是铁路现代化的重要标志。

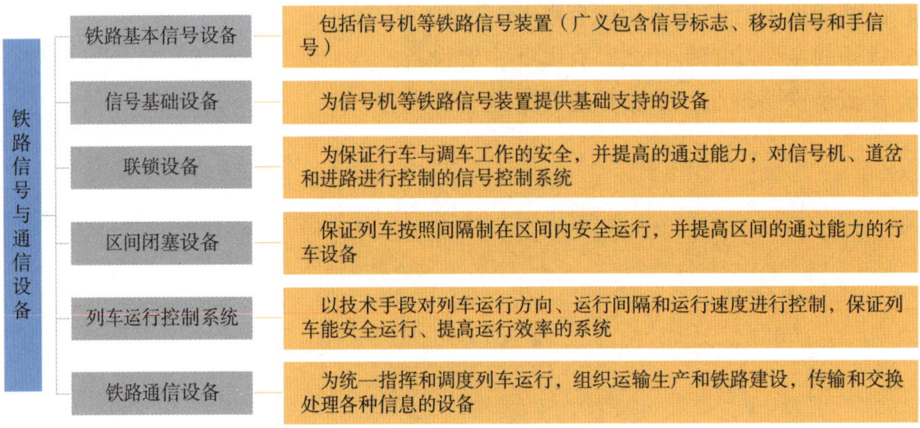

图 2–7–1　铁路信号与通信设备及其功能

第一节　铁路基本信号设备

本节 PPT

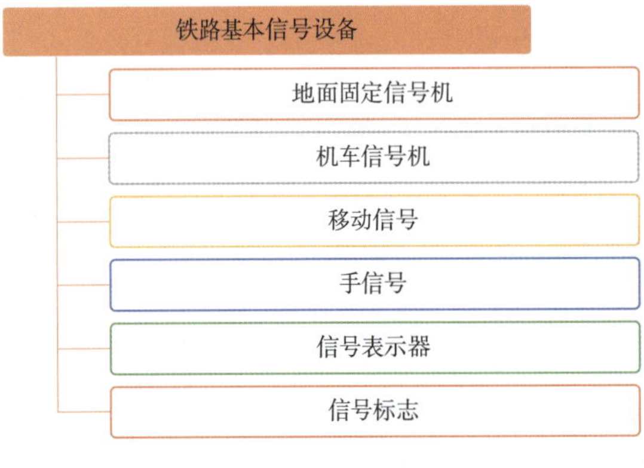

图2–7–2　铁路基本信号设备分类

铁路基本信号设备主要包括铁路信号装置等，如图 2–7–2 所示。铁路信号装置主要分为信号机和信号表示器两类，此外信号标志、移动信号和手信号在广义上也属于其范畴。信号机又可以分为地面固定信号机和机车信号机，是铁路信号的主要形式。

一　铁路信号的分类

铁路信号的分类及特点如图 2–7–3 所示。

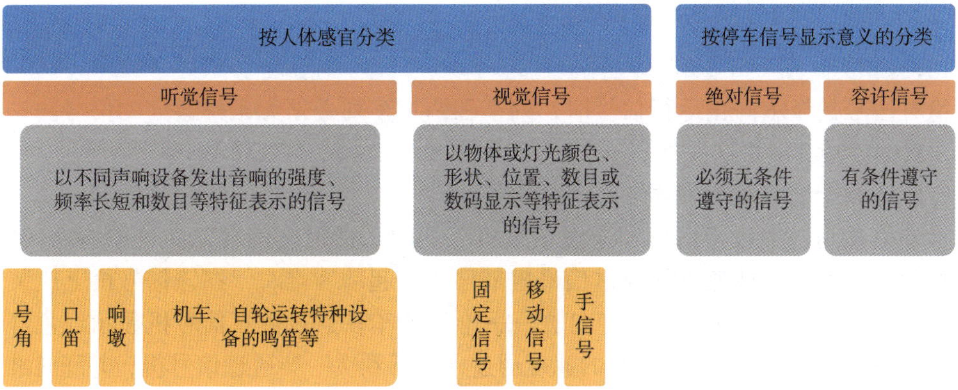

图 2-7-3　铁路信号分类及特点

（一）按人体感官的分类

1. 听觉信号

听觉信号是以不同声响设备发出音响的强度、频率长短和数目等特征表示的信号。如用号角、口笛、响墩发出的音响及机车、自轮运转特种设备的鸣笛等信号。

2. 视觉信号

视觉信号是以物体或灯光的颜色、形状、位置、数目或数码显示等特征表示的信号。如用地面固定信号机、机车信号、信号旗、信号牌、信号灯、信号表示器、信号标志及火炬等表示的信号。

视觉信号又分为固定信号、移动信号和手信号。在固定地点安装的铁路信号叫固定信号。它是铁路的主要信号，是用不同颜色的灯光或标志等显示的信号。临时设置在铁路线路旁边的信号牌、信号灯等叫移动信号。用手拿信号灯、信号旗或用手势表示的信号叫手信号。

铁路的视觉信号通常用不同的颜色来显示其意义。我国规定有红、黄、绿三种基本颜色，蓝、月白、紫色（道岔表示器用）三种辅助色。在广义上其代表意义如图 2-7-4 所示，具体到某一信号机上时，上述灯光颜色有特定显示意义。

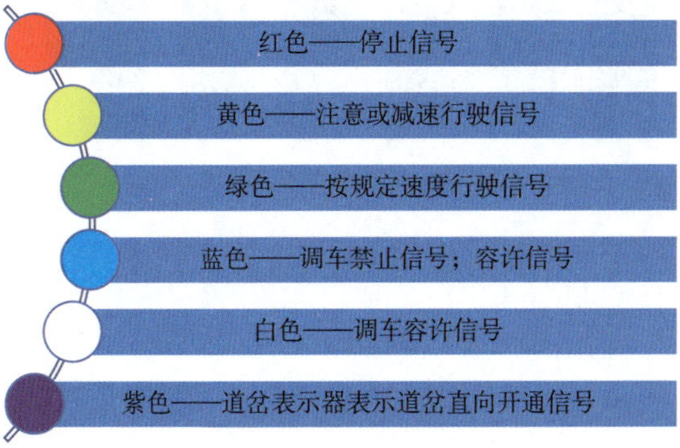

图 2-7-4　不同铁路信号颜色代表的意义

图 2-7-5　容许信号

（二）按停车信号显示意义的分类

1. 绝对信号

绝对信号是显示停止运行信号时，列车和调车车列必须无条件遵守的信号。一般信号机发出的信号都属于这一类。

2. 容许信号（非绝对信号）

容许信号是一般设于区间“通过信号机”上的一种附属信号，在自动闭塞区段内，当货物列车在设于上坡道上的通过信号机前停车后起动困难时，在该信号机上应装设容许信号。当容许信号显示一个蓝色灯光——准许列车在通过色灯信号机显示红色灯光的情况下不停车，以不超过 20 km/h 的速度通过，运行到次一架通过信号机，并随时准备停车，如图 2–7–5 所示。

二 地面固定信号机

信号机是一种具有严格的防护意义的信号设备，一般可以分为地面固定信号机和机车信号机。其中，地面固定信号机是铁路信号设备的主体。地面固定信号机按制式可分为臂板（大多不再采用）、色灯信号机，按用途分为进站、出站、通过、进路、预告、接近、遮断、驼峰、驼峰辅助、复示、调车信号机。其分类及特点如图 2–7–6 所示。

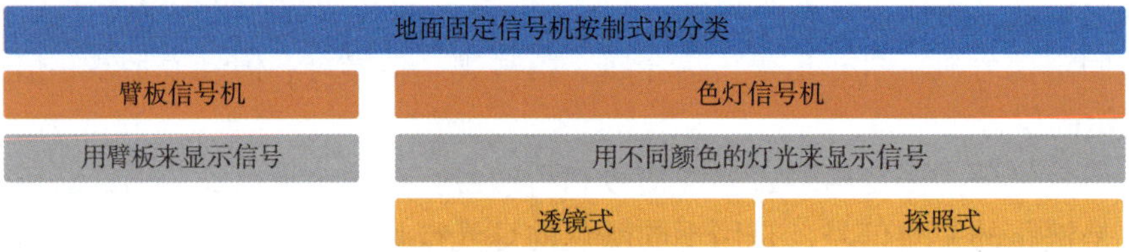

（a）地面固定信号机按制式的分类

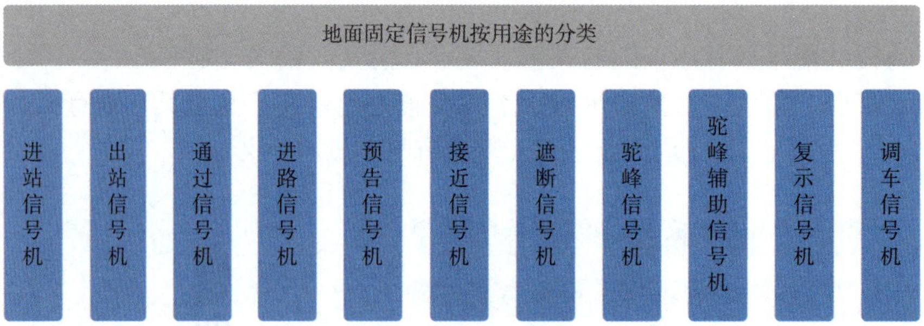

（b）地面固定信号机按用途的分类

图 2–7–6　地面固定信号机的分类

（一）臂板信号机和色灯信号机

1. 臂板信号机

臂板信号机多采用导线传动，一般白天用臂板的不同位置，夜间用不同颜色的灯光显示信号，如图 2–7–7 所示为通过臂板信号机的显示方式。这种信号机操纵繁琐、效率低、可靠性差，也不利于实现自动化，因此，当今各国铁路大多不再采用。

（a）表示准许列车按规定速度运行信号　（b）表示不准列车越过该信号机信号

图 2-7-7　通过臂板信号机

2. 色灯信号机

当今各国铁路普遍采用的是色灯信号机。色灯信号机不管白天还是夜间都是用不同颜色的灯光来显示信号。按照制作结构的不同，色灯信号机可以分为透镜式和探照式两种。

探照式色灯信号机是一组透镜能显示出多个颜色灯光，所以又称它为单灯式。探照式色灯信号机存在结构复杂、制造工艺要求严格，维修困难等缺点，因此现在我国铁路已较少采用。

透镜式色灯信号机是一组透镜给出一个颜色的灯光，如果要显示多种颜色信号灯光时就要有多组透镜，所以又称它为多灯式，如图 2-7-8 所示。透镜式色灯信号机的基本构造如图 2-7-9 所示。透镜式色灯信号机虽然光源利用率和显示距离不够理想，但结构简单、安装方便、便于维修、控制电路所需电缆芯线少、比较安全可靠，所以得到广泛采用。

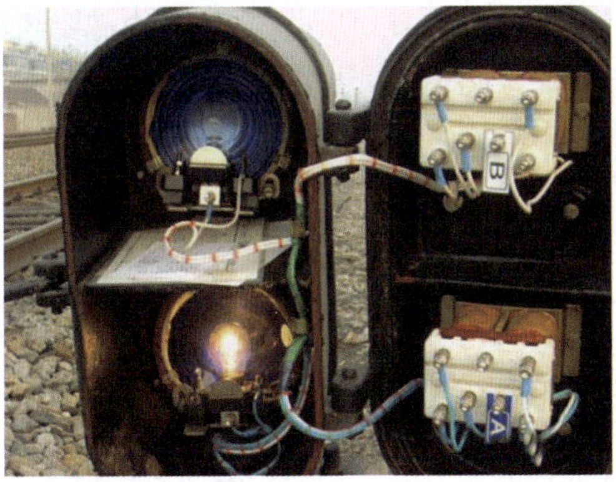

图 2-7-8　透镜式色灯信号机内部

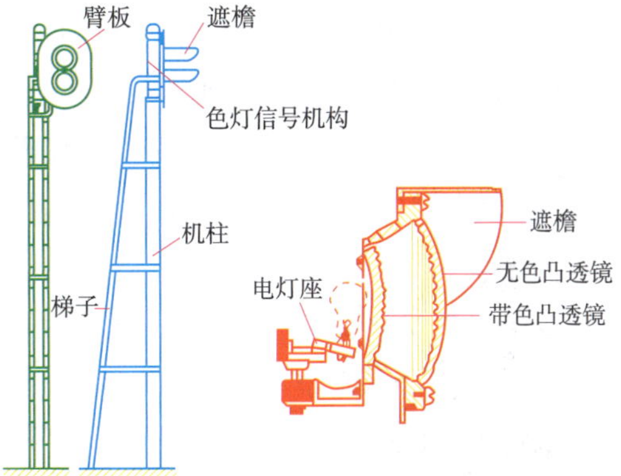

图 2-7-9　透镜式色灯信号机构造

（二）地面固定信号机的用途及设置

地面固定信号机的设置要求如图 2-7-10 所示。几种主要地面固定信号机的用途如图 2-7-11 所示。

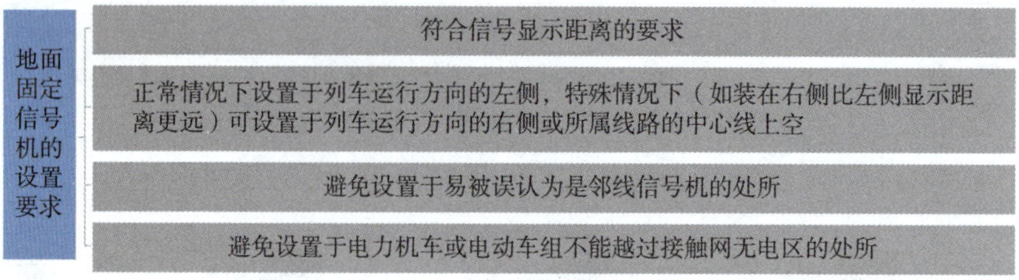

图 2-7-10　地面固定信号机的设置要求

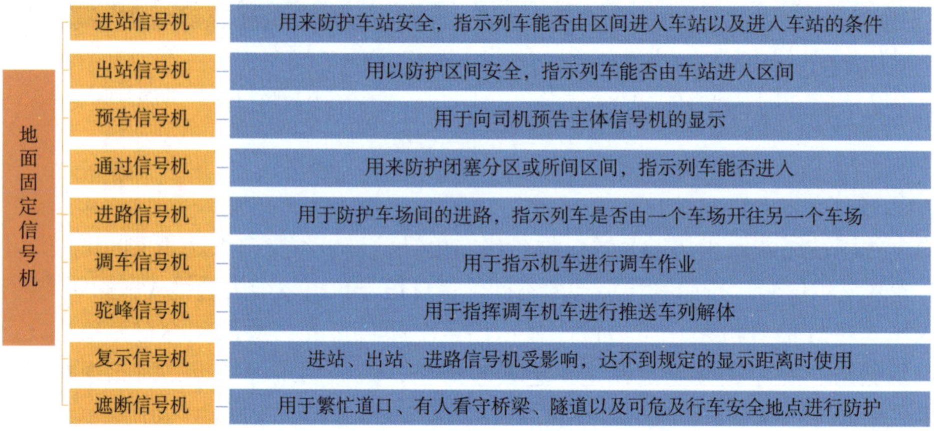

图 2-7-11　几种主要地面固定信号机的用途

1. 进站信号机

进站信号机用来防护车站的安全，指示列车能否由区间进入车站以及进入车站的有关条件，如图 2-7-12 所示。有列车接车作业的车站必须设置进站信号机，动车段、动车运用所宜设置进站信号机。进站信号机应设在距车站最外方进站道岔尖轨尖端（逆向道岔）或警冲标（顺向道岔）不少于 50 m 的地点，如图 2-7-13 所示。如因站内需要经常利用正线进行调车作业，或因地形等其他条件使信号显示距离达不到规定要求时，可以将信号机适当外移，但一般不应超过 400 m。双线自动闭塞区段，车站反方向进站信号机可设置于列车运行方向右侧。

图 2-7-12　进站信号机

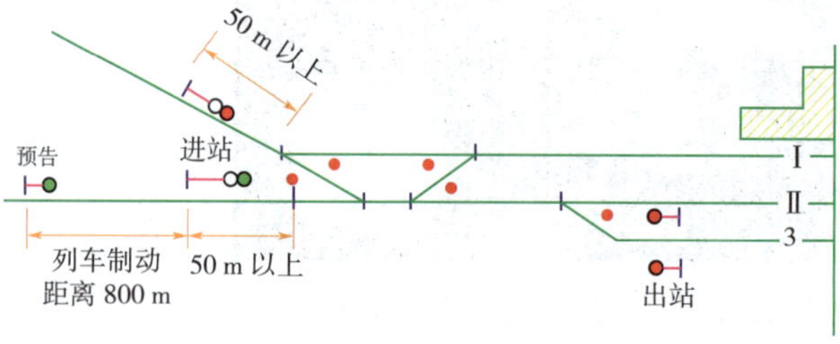

图 2-7-13　进站、出站、预告信号机设置位置示意图

2. 出站信号机

出站信号机，如图 2-7-14 所示，是用来防护区间的安全，指示列车能否由车站进入

区间的，应设置在车站正线和到发线警冲标内方（逆向道岔为尖轨尖端外方）的适当地点，如图 2-7-13 所示。设有进站信号机的动车段、动车运用所需设置出站信号机。

3. 预告信号机

为了向司机预报主体信号机（如进站、线路所通过信号机）的显示，必要时（如非自动闭塞区段未安装机车信号等情况下）应设置预告信号机，如图 2-7-15 所示。预告信号机应设在距主体信号机不少于 800 m 的地点，如图 2-7-13 所示。

图 2-7-14　出站信号机

图 2-7-15　预告信号机

4. 通过信号机

通过信号机用来防护自动闭塞区段的闭塞分区或非自动闭塞区段所间区间，指示列车能否进入其所防护的分区或区间，如图 2-7-16 所示。通过信号机一般设于闭塞分区或所间区间的分界处，如图 2-7-17 所示。

图 2-7-16　通过信号机

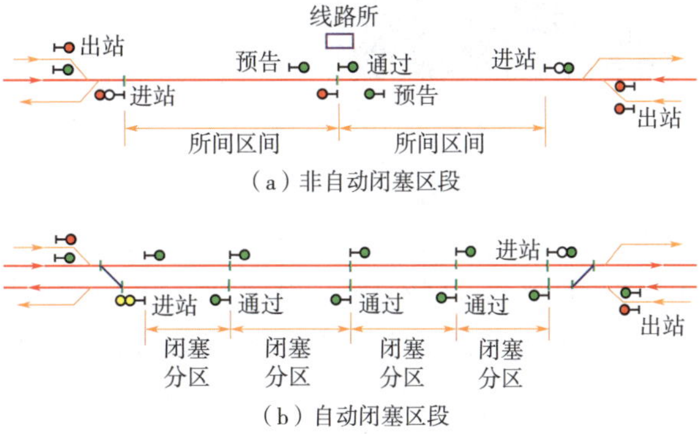

图 2-7-17　通过信号机的设置位置

5. 进路信号机

进路信号机用来指示列车能否在站内从一个车场到另一个车场运行，如图 2-7-18 所示。进路信号机按照在列车进路上设置的位置和所起作用，可分为接车进路信号机、发车进路信号机和接发车进路信号机三种。进路信号机只有在几个车场纵列布置的大型编组站和区段站上才有条件设置，靠进路信号机的显示，向列车指示运行条件，使列车安全快捷地由一个车场驶向另一车场，从而缩短列车占用进路的时间并提高运输效率。

在图 2–7–19 中，下行旅客列车进站后，要经过下行到发场旁的正线，因此在下行到发场旁的正线设置接车进路信号机（XL_1）；下行货物列车从到发场旁发车时，出站信号机设在旅客列车到发场旁的正线上，因此在下行到发场的到发线上应当设置发车进路信号机（X_{I3}）。

图 2–7–18　进路信号机

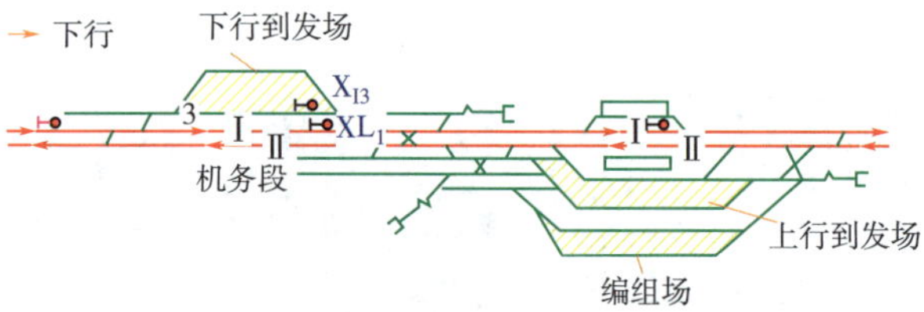

图 2–7–19　进路信号机的设置位置

6. 调车信号机

调车信号机，如图 2–7–20 所示，用来指示机车进行调车作业，应设在电气集中联锁的车站经常进行调车作业的线路上（如到发线、咽喉道岔区等），如图 2–7–21 所示。

图 2–7–20　调车信号机

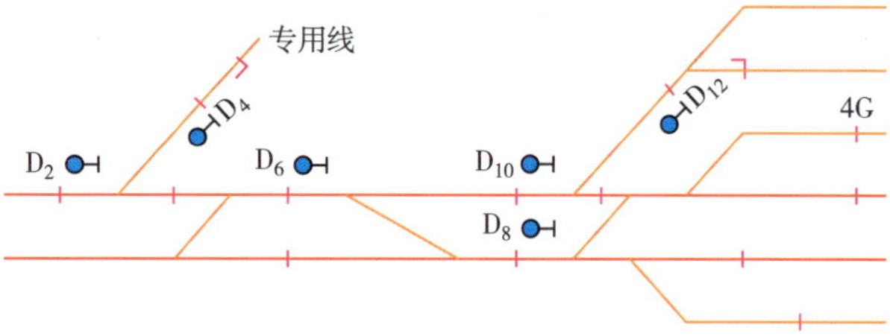

图 2–7–21　调车信号机的设置位置

为避免调车信号的显示影响列车运行，调车信号灯光与列车信号的灯光颜色应有所区别，因红、黄、绿三种颜色已做为列车信号灯光使用，所以调车信号机的显示采用月白和蓝色灯光，以区别列车信号灯光。

在到发线上，调车信号机可以和出站信号机合并使用，在出站信号机柱上添设一个容许调车作业的月白灯，成为出站兼调车信号机。对于出站兼调车信号机或进路兼调车信号机，用红灯代替蓝灯作为禁止信号。

7. 驼峰信号机及驼峰辅助信号机

驼峰信号机又称“驼峰主体信号机”或“峰顶信号机”，是铁路编组站驼峰调车场用于指挥调车机车进行推送车列解体的色灯信号机，设于驼峰调车场最高点（驼峰峰顶），如图 2–7–22 所示。当调车场与到达场纵列布置时，到达场的到发线上应装设驼峰辅助信号机，驼峰辅助信号机可兼作出站或发车进路信号机。驼峰信号机及驼峰辅助信号机的设置如图 2–7–23 所示。

8. 复示信号机

进站、出站、进路、驼峰及调车信号机，因受地形、地物影响，达不到规定的显示距离时，应装设复示信号机。如图 2-7-24、图 2-7-25 所示为出站、发车进路信号机的色灯复示信号机（一个绿色灯光——表示主体信号机在开放状态；无显示——表示主体信号机在关闭状态）及其设置位置。

图 2-7-22　驼峰信号机

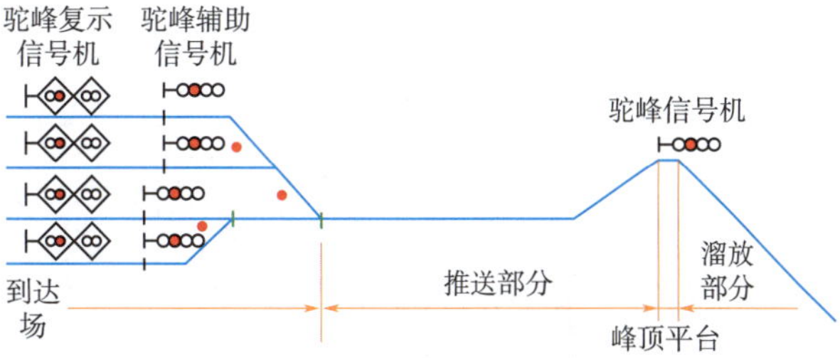

图 2-7-23　驼峰信号机和辅助信号机的设置位置

图 2-7-24　复示信号机

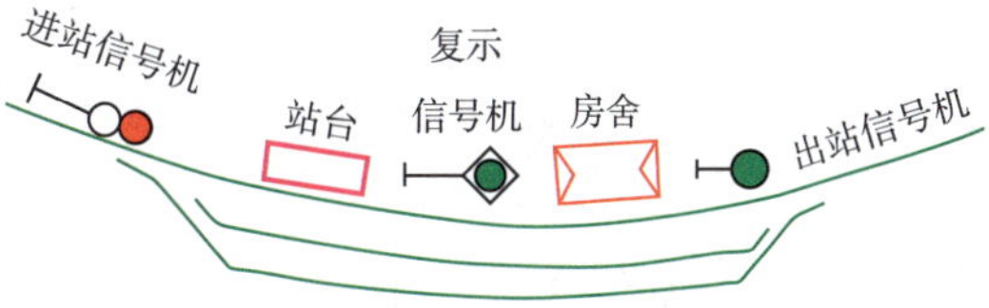

图 2-7-25　复示信号机的设置位置

9. 遮断信号机

遮断信号机用于在繁忙道口、有人看守的桥梁、隧道以及可能危及行车安全的塌方落石地点进行防护，一般设置于距离防护地点大于 50 m 处。遮断信号机采用高柱、单机构，只有一个红灯及方形背板，并在机柱涂黑白相间的斜线，红灯表示不准列车通过，不着灯时不起作用。遮断信号机及其设置如图 2-7-26、图 2-7-27 所示。

图 2-7-26　遮断信号机

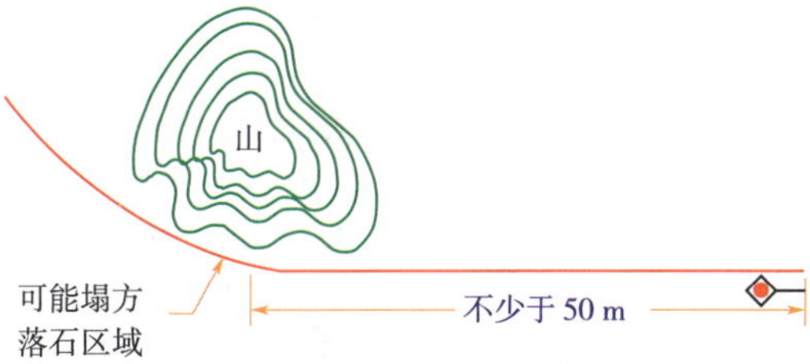

图 2-7-27　遮断信号机的设置

（三）地面固定信号机的显示

上述几种主要信号机的信号显示方式和意义见表 2-7-1。

表 2-7-1　铁路主要信号机的显示意义

信号名称		色灯信号机	显　示	信号显示意义
进站信号机	半自动闭塞、三显示自动闭塞			准许列车按规定速度经正线通过车站，表示出站及进路信号机在开放状态，进路上的道岔均开通直向位置
				准许列车经道岔直向位置，进入站内正线准备停车
			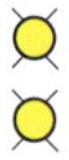	准许列车经道岔侧向位置，进入站内准备停车
			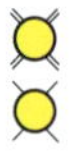	准许列车经过 18 号及其以上道岔侧向位置，进入站内越过次一架已经开放的信号机且该信号机所防护的进路经道岔的直向位置或 18 号及其以上道岔的侧向位置
				不准列车越过该信号机
				准许列车经道岔直向位置，进入站内越过次一架已经开放的接车进路信号机准备停车
				准许列车在该信号机前方不停车，以不超过 20 km/h 进站或通过接车进路，并须准备随时停车
	四显示自动闭塞			准许列车按规定速度经道岔直向位置进入或通过车站，表示运行前方至少有三个闭塞分区空闲
				准许列车按限速要求越过该信号机，经道岔直向位置进入站内正线准备停车
			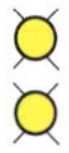	准许列车按限速要求越过该信号机，经道岔侧向位置进入站内准备停车
			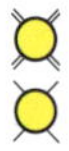	准许列车经过 18 号及其以上道岔侧向位置，进入站内越过次一架已经开放的信号机且该信号机所防护的进路经道岔的直向位置或 18 号及其以上道岔的侧向位置
				不准列车越过该信号机
				准许列车按规定速度越过该信号机，经道岔直向位置进入站内，表示次一架已经开放一个黄灯
				准许列车在该信号机前方不停车，以不超过 20 km/h 进站或通过接车进路，并须准备随时停车
出站信号机	三显示自动闭塞			准许列车由车站出发，表示运行前方至少有两个闭塞分区空闲
				准许列车由车站出发，表示运行前方至少有一个闭塞分区空闲
				不准列车越过该信号机
				准许列车由车站出发，开往半自动闭塞区间或自动站间闭塞区间
				兼作调车信号机时，准许越过该信号机调车

续上表

信号名称		色灯信号机	显　示	信号显示意义
出站信号机	四显示自动闭塞			准许列车由车站出发，表示运行前方至少有三个闭塞分区空闲
				准许列车由车站出发，表示运行前方有两个闭塞分区空闲
				准许列车由车站出发，表示运行前方有一个闭塞分区空闲
				不准列车越过该信号机
			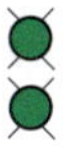	准许列车由车站出发，开往半自动闭塞区间或自动站间闭塞区间
				兼作调车信号机时，准许越过该信号机调车
	半自动闭塞			准许列车由车站出发
				不准列车越过该信号机
				准许列车由车站出发，开往次要线路
				兼作调车信号机时，准许越过该信号机调车
进路信号机	接车进路信号机			显示与进站信号机相同； 兼作调车信号机时，点亮一个月白色灯光，准许越过该信号机调车
	发车进路信号机			准许列车由车站经正线出发，表示出站和进路信号机均在开放状态
				准许列车运行到次一架信号机之前准备停车
				表示该信号机列车运行前方至少有一架进路信号机在开放状态
				不准列车越过该信号机
				兼作调车信号机时，准许越过该信号机调车
通过信号机	三显示自动闭塞			准许列车按规定速度运行，表示运行前方至少有两个闭塞分区空闲
				要求列车注意运行，表示运行前方有一个闭塞分区空闲
				列车应在该信号机前停车
				容许信号显示一个蓝灯，准许列车在通过信号机显示红灯的情况下不停车，以不超过 20 km/h 的速度通过，运行到次一架通过信号机，并随时准备停车

续上表

信号名称		色灯信号机	显示	信号显示意义
通过信号机	四显示自动闭塞			准许列车按规定速度运行，表示运行前方至少有三个闭塞分区空闲
				准许列车按规定速度运行，要求注意准备减速，表示运行前方有两个闭塞分区空闲
				要求列车减速运行，按规定限速要求越过该信号机，表示运行前方有一个闭塞分区空闲
				列车应在该信号机前停车
				容许信号显示一个蓝灯，准许列车在通过信号机显示红灯的情况下不停车，以不超过 20 km/h 的速度通过，运行到次一架通过信号机，并随时准备停车
	半自动闭塞	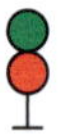		准许列车按规定速度运行
				不准列车越过该信号机
遮断信号				不准列车越过该信号机
			无	不着灯时，不起信号作用
预告信号				表示主体信号机在开放状态
				表示主体信号机在关闭状态
				表示遮断信号机显示红色灯光
			无	不着灯时，不起信号作用
调车信号机				准许越过该信号机调车
				装有平面溜放调车区集中联锁设备时，准许溜放调车
				不准越过信号机调车
驼峰信号机				准许机车车辆按规定速度向驼峰推进
				指示机车车辆加速向驼峰推进
				指示机车车辆减速向驼峰推进
				不准机车车辆越过该信号机或指示机车车辆停止作业
				指示机车车辆自驼峰退回
				指示机车到峰下
				指示机车车辆去禁溜线或迂回线

注：

黄灯　绿灯　红灯　白灯　蓝灯　着灯　闪光

（四）地面固定信号机的显示距离

各种信号机的显示距离应满足表 2-7-2 的规定。

表 2-7-2　各种信号机的显示距离

情　景	信号机及表示器类型	最小显示距离（m）
正常情况下	进站（高柱）、通过（高柱）、接近（高柱）、遮断信号机	1 000
	出站（高柱）、进路（高柱）信号机	800
	预告、接近（矮型）、驼峰、驼峰辅助信号机	400
	调车、进站（矮型）、出站（矮型）、进路（矮型）、通过（矮型）、复示信号机，容许、引导信号	200
视线受影响之处，最坏条件下	进站、通过、接近、预告、遮断信号机	200

（五）地面固定信号机的编号规则

部分主要地面固定信号机的编号规则见表 2-7-3。

表 2-7-3　部分主要地面固定信号机的编号规则

信号机类型	编号规则	范　例
进站信号机	按列车运行方向	X（下行）、S（上行）、X_F（双线区间反向接车）
出站信号机	按列车运行方向，右下角加股道号，多车场加入车场号及股道号	X_1、S_{I4}
调车信号机	从列车到达方向顺序编号，上行咽喉用双数，下行咽喉用单数，多车场以百位表示车场	D_2、D_9
接车进路信号机	按列车运行方向，当有并置或有连续布置的接车进路信号机则在其右下脚加序号	XL、SL、XL_1
发车进路信号机	按列车运行方向，右下角加车场号再加股道号	S_{I3}
预告信号机	第一字母为 Y，后面缀主体信号机编号	YS
通过信号机	该信号机所在地点坐标公里数和百米数（最后一位数字为百米数），上行为偶数下行为奇数	4053/5046

（六）地面固定信号机的定位状态

信号机有关闭和开放两种状态，通常将信号机经常保持的显示状态作为信号机的定位。信号机定位的确定，一般要考虑保证行车安全、提高运输效率或信号显示自动化等因素，具体如图 2-7-28 所示。

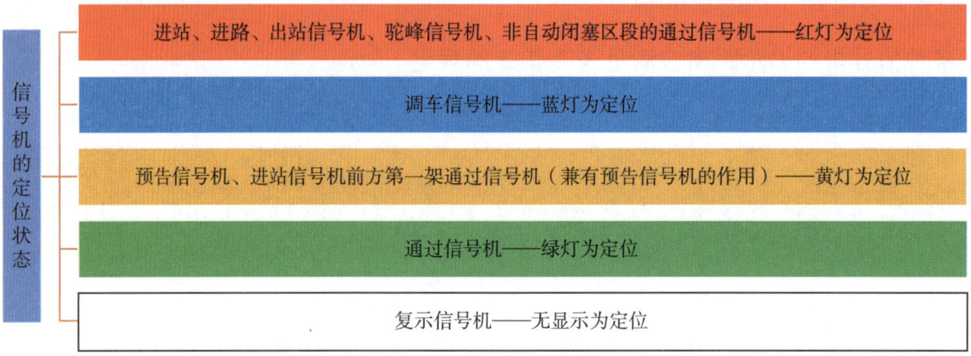

图 2-7-28　信号机的定位状态

三 机车信号

机车信号是由地面传递给机车并在机车上显示的信号。

1. 机车信号分类

机车信号分为连续式和接近连续式。自动闭塞区段应装设连续式机车信号，半自动闭塞和自动站间闭塞区段应装设接近连续式机车信号。

2. 机车信号机的设置

机车信号机也是一种固定信号机，它安装在司机室中，如图 2-7-29 所示。

图 2-7-29　机车信号

机车信号设备的控制命令是由地面传递给机车的，如图 2-7-30 所示。

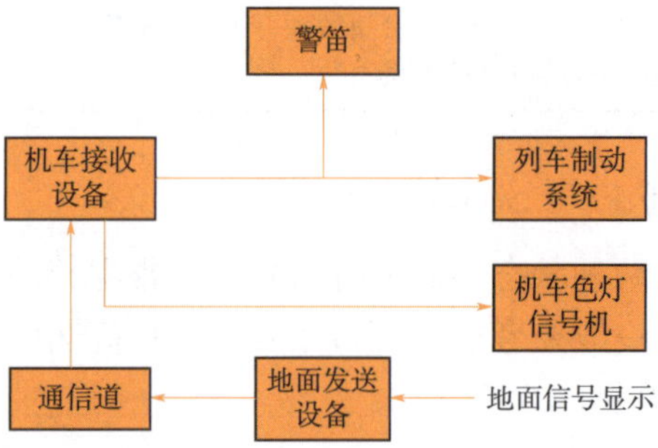

图 2-7-30　机车信号控制命令传递过程

3. 机车信号机的显示

机车信号与地面信号的显示，如表 2-7-4 所示。

表 2-7-4　机车信号的显示方式

连续式（三显示）		连续式（四显示）		接近连续式	
机车信号	地面信号机	机车信号	地面信号机	机车信号	地面信号机
或 注1	或			或 注2	或
	已越过红灯信号机				已越过红灯信号机
	不复示地面信号机的显示		已越过红灯信号机		不复示地面信号机的显示
			不复示地面信号机的显示		

注：1. 在交流计数制的自动闭塞区段为一个黄灯；2. 采用交流计数制式的轨道电路时为一个黄灯。

图例：绿灯　黄灯　双半黄灯　半黄半红灯　红灯　白灯　半绿半黄灯

四 移动信号及手信号

当线路上出现临时性障碍或进行施工，要求列车停车或减速时，应按照规定在线路上设置移动信号，安放响墩、火炬或用手信号进行防护，以保证行车安全。

1. 移动信号

移动信号是相对于固定信号而言，可以根据需要移动、临时设置的信号。移动信号分停车信号（红色）、减速信号（黄色）和减速防护地段终端信号（绿色），如图 2-7-31 所示。

昼间——表面有反光材料的红色方牌；
夜间——柱上红色灯光

（a）停车信号

表面有反光材料的黄底黑字圆牌，
标明列车限制速度

（b）减速信号

表面有反光材料的绿色圆牌

（c）减速防护地段终端信号

图 2-7-31　移动信号的主要类型

2. 手信号

铁路手信号也是一种移动信号，是有关行车人员用手持信号旗或信号灯作出各种规定动作来下达停车、减速、发车、通过、引导信号等各种命令。手信号的种类很多，常见的有指示列车运行手信号（停车、减速、发车信号）、调车手信号、联系用手信号。手信号的信号旗有绿、黄、红三种基本颜色，信号灯有绿、黄、红、白四种基本灯光。如图 2-7-32 所示为列车运行手信号中的停车指示手信号的表示方法。

昼间——展开的红色信号旗

夜间——红色灯光

（a）正常情况下的停车手信号

昼间——两臂高举头上向
两侧急剧摇动

夜间——用白色灯光上下
急剧摇动

（b）无红色信号旗或红色灯光时的停车手信号

图 2-7-32　停车手信号

3. 响墩及火炬信号

响墩及火炬是用于紧急停车的两种设备，响墩爆炸声及火炬信号的火光，均为紧急停车指令。停车后，如无防护人员，机车乘务人员应立即检查前方线路，如无异状，列车可以在瞭望距离内能随时停车的速度继续运行至规定位置，但最高不得超过 20 km/h。

响墩是能发出爆炸声的一种听觉信号设备，其外壳是扁圆形薄铁皮（如图 2-7-33 所示），其内装有炸药，防护时，将其放在轨面上卡住，当车轮压上后会发出爆炸声要求司机立即停车。火炬是一种在风雨天气都能点燃并发出火光的信号设备，如图 2-7-34 所示。

图 2-7-33　响墩及其放置方式

图 2-7-34　火炬及其放置

五 信号表示器

信号表示器也是一种信号装置，但它不像信号机具有防护意义，而是用来表示与行车有关设备的位置和状态，或表示信号显示的某种附加含义。

信号表示器一般可以分为道岔、进路、脱轨、发车、发车线路、调车及车挡表示器。下面以道岔、进路、车挡表示器为例进行说明。

图2-7-35　道岔表示器

1. 道岔表示器

道岔表示器仅表示道岔的位置，不作为指示列车或调车机车运行条件的依据，如图 2-7-35 所示。道岔表示器的显示方式如图 2-7-36 所示。

昼间无显示　夜间为紫色灯光　昼间为黄色鱼尾形牌　夜间为黄色灯光

（a）表示道岔位置开通直向　（b）表示道岔位置开通侧向

图 2-7-36　道岔表示器的显示方式

在调车区为集中联锁时，进行连续溜放作业的分歧道岔应有道岔表示器，平时无显示，当进行溜放作业时，其显示方式如图 2-7-37 所示。

（a）紫色灯光——表示道岔开通直向　（b）黄色灯光——表示道岔开通侧向

图 2-7-37　集中联锁调车区连续溜放作业的分歧道岔的表示器

2. 进路表示器

进路表示器仅在其主体信号机开放后，才能着灯，用于区别进路开通方向或用于双线区段反方向发车，不能独立构成信号显示。进路开通方向可能有多个，以三个发车方向为例，其显示方式如图 2-7-38 所示，信号机在开放状态及机柱左方（中间、右方）显示一个白色灯光——表示进路开通，准许列车向左侧（中间、右侧）线路发车。

（a）表示准许列车向左侧发车

（b）表示准许列车向中间发车

（c）表示准许列车向右侧发车

图 2-7-38　开通三个方向的进路显示器

（a）昼间一个红色方牌

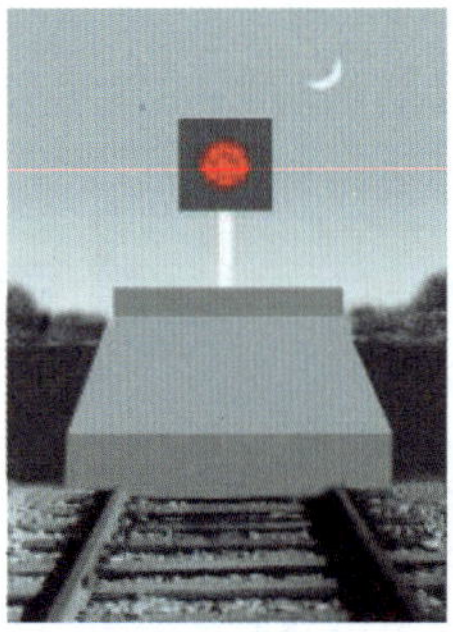

（b）夜间显示一个红色灯光

图2-7-39　车挡表示器及其表示方法

3. 车挡表示器

车挡表示器设置在线路终端的车挡（或挡车器）上，用于标示车挡（或挡车器），其表示方法如图 2-7-39 所示。安全线及避难线可不设置车挡表示器。

六 信号标志

信号标志用来表明线路所在地点的某种情况或状态，以便司机和其他有关行车人员能够及时、正确地进行作业。信号标志应设置于线路的列车运行方向的左侧（双线区段轨道电路调谐区标应设置于线路外侧）。图 2-7-40 所示为常用的信号标志。

图 2-7-40　常用信号标志

1. 警冲标

警冲标用来指示机车车辆的停留位置，防止机车车辆的侧面冲撞，详见铁路车站部分。

2. 预告标

预告标以三块为一组，设在进站信号机外方 900 m、1 000 m 和 1 100 m 处，用来提前预告司机列车已接近进站信号机，以便注意瞭望，如图 2-7-40 所示。但若设有预告或接近信号机，或在自动闭塞区段，不设预告标。

3. 司机鸣笛标

司机鸣笛标设在道口、大桥、隧道或视线不良地点前方 500~1 000 m 处，如图 2-7-42 所示。在非限鸣区域，司机见此标志须长声鸣笛，在限鸣区域内，司机见此标志应开启灯显示警设备，除遇危及行车安全等情况外，限制鸣笛。

4. 站界标

站界标设在列车运行方向左侧最外方顺向道岔（对向出站道岔的警冲标）外不少于 50 m 处，或邻线进站信号机相对处，如图 2-7-43 所示。

图 2-7-41　预告标（单位：m）

图 2-7-42　司机鸣笛标

图 2-7-43　站界标

5. 作业标

在区间线路上进行不影响行车的作业，不需要以停车信号或移动减速信号防护，应在作业地点两端 500 ~ 1 000 m 处列车运行方向左侧（双线在线路外侧）的路肩上设置作业标，作业标如图 2-7-44 所示，设立位置如图 2-7-45 所示。列车接近该作业标时，司机须长声鸣笛，注意瞭望。

图 2-7-44　作业标

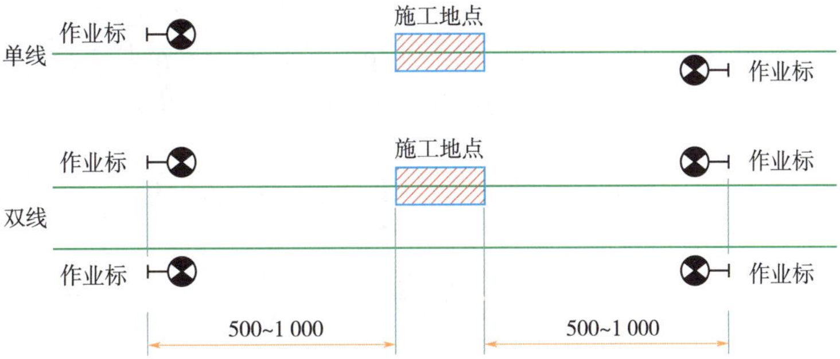

图 2-7-45　作业标的设置位置（单位：m）

6. 电力机车禁停标

为避免电力机车、动车组在绝缘锚段关节处停车时，受电弓短接绝缘关节、烧断接

图2-7-46　电力机车禁停标

触网等情况的发生，在站场、区间接触网不同供电臂间的电分段两端应设置电力机车禁停标，电力机车在该标志提示的禁停区域内不得停留，如图 2-7-46 所示。

7. 调谐区标

调谐区标是用于标示调谐区（详见轨道电路部分，可简单的理解为轨道电路的无电区段，机车车辆在此停留时，不能有效的短路轨道电路）的信号标志。调谐区标分为三种型号，具体如图 2-7-47 所示。

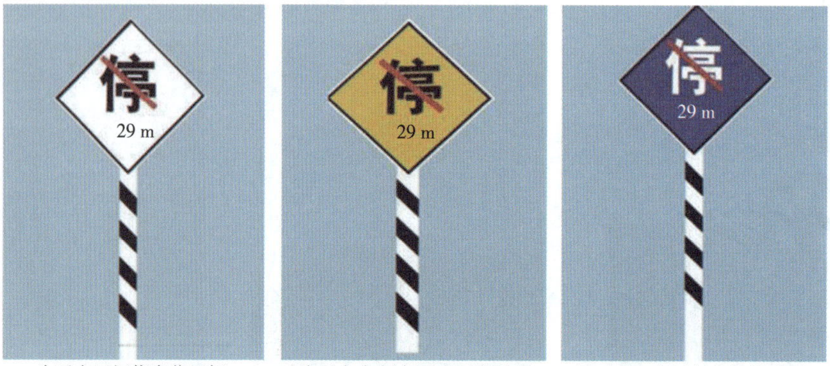

为反向区间停车位置标

（a）Ⅰ型调谐区标

为反方向行车困难区段的容许信号标

（b）Ⅱ型调谐区标

用于反方向运行合并轨道区段之间的调谐区或因轨道电路超过允许长度而设立分隔点调谐区标志

（c）Ⅲ型调谐区标

图 2-7-47　调谐区标

第二节　信号基础设备

本节 PPT

信号基础设备是为信号机等铁路信号装置提供基础支持的设备，主要包括继电器、应答器、道岔转换设备、轨道电路和计轴轨道检查装置等，如图 2-7-48 所示。

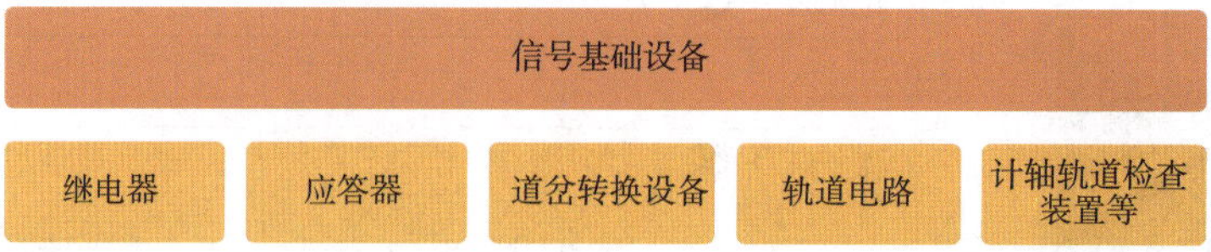

图 2-7-48　铁路信号基础设备分类

一　继电器

继电器是一种电磁开关，可以接通和断开电路，是联锁设备中的主要元件。继电器一般由铁芯、线圈、衔铁、触点簧片等组成，如图 2–7–49 所示。只要线圈中流过一定的电流，就会产生电磁效应，衔铁就会在电磁力吸引的作用下克服弹簧的拉力（或重力）吸向铁芯，从而带动衔铁的动触点与静触点（常开触点）吸合。当线圈断电后，电磁的吸力也随之消失，衔铁就会在弹簧的反作用力（或重力）作用下返回原来的位置，使动触点与原来的静触点（常闭触点）释放。这样吸合、释放，就达到了在电路中的导通、切断的目的。通过继电器电路可以控制道岔的转换、信号机的开放和关闭以及进路的锁闭与解锁等。

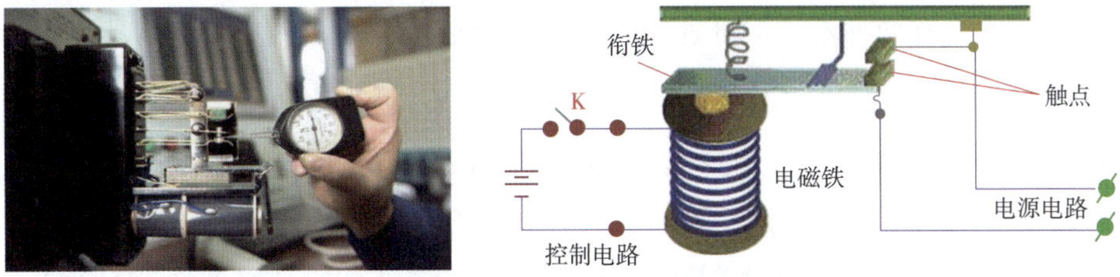

（a）继电器实物　　（b）继电器电路及工作原理

图 2–7–49　继电器及其工作原理

二 应答器

应答器是一种能向车载设备发送报文信息的传输设备，外观似黄色匣子，安装在铁路线路的两条钢轨之间，如图 2–7–50 所示。应答器包括可以传送固定信息的无源应答器及通过轨旁单元传送可变信息的有源应答器，其特点如表 2–7–5 所示。应答器传送的具体信息如图 2–7–51 所示。

图2–7–50　应答器

表 2–7–5　应答器类型及特点

应答器类型	设置位置	传送的信息类型	传送的主要信息
无源应答器	闭塞分区入口	固定信息	坡度、轨道区段长度等
有源应答器	车站进、出站端及中继站	可变信息	线路参数（线路最大允许速度）、进路信息（接发车进路、速度）和临时限速等

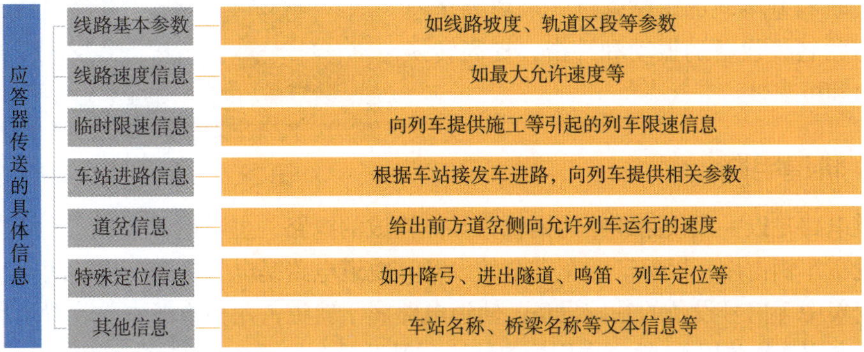

图 2–7–51　应答器传送的具体信息

三 道岔转换与锁闭设备

道岔转换与锁闭设备主要包括转辙机及道岔外锁闭装置等。

1. 转辙机

转辙机是指用以可靠地转换道岔位置，改变道岔开通方向，锁闭道岔尖轨，反映道岔位置的信号基础设备。按动力来源和传动方式来分，转辙机主要有电动转辙机和电液（电动液压）转辙机，其特点如图 2-7-52 所示。转辙机可以实现道岔尖轨位置正转或反转，从而使道岔具有两种不同的开通位置（开通直股或侧股）。图 2-7-53 所示为电动转辙机。

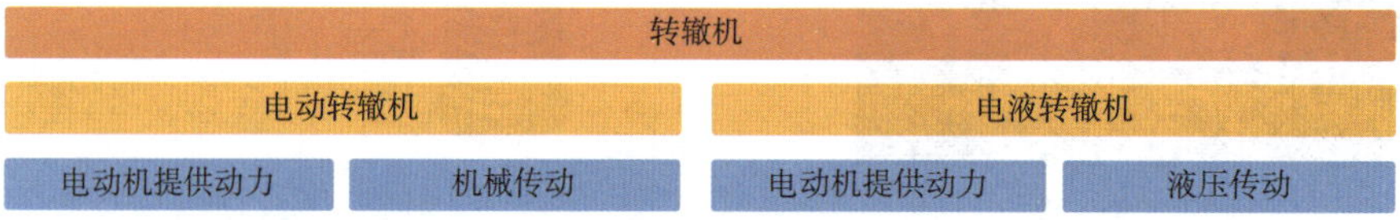

图 2-7-52　电动转辙机与电液转辙机

（a）道岔转辙机与道岔　　（b）电动转辙机内部

图 2-7-53　电动转辙机

2. 道岔外锁闭装置

道岔外锁闭装置是将密贴的道岔尖轨与基本轨直接进行锁闭的器件，一般设置在列车速度大于 120 km/h 的线路上，如图 2-7-54 所示。它的作用是改变了单纯依靠转辙机的锁闭方式，提高了尖轨与基本轨的密贴强度，隔离列车通过时对道岔转换设备的振动和冲击，提高转换设备寿命和可靠性。

图 2-7-54　道岔外锁闭装置

四 轨道电路

轨道电路是以一段铁路线路的钢轨为导体构成的电路，主要用于自动、连续检测线路是否被机车车辆占用，以保证行车安全的设备。轨道电路是电气集中、自动闭塞，机车信号和调度集中等信号设备的基础设备。轨道电路属于轨道占用检查的主要装置（也可采用计轴轨道占用检查装置）。轨道占用检查装置一般设置在如图 2-7-55 所示的区段。

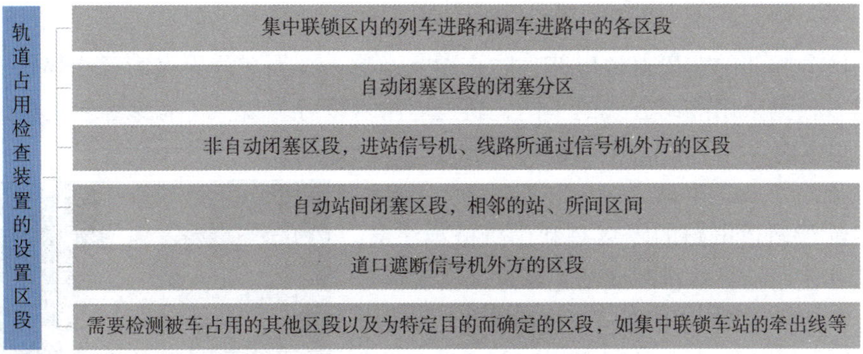

图 2-7-55　轨道占用检查装置的设置区段

（一）轨道电路的原理和功能

采用直流电源的轨道电路叫作直流轨道电路，直流轨道电路主要由轨道电源、限流电阻、轨道继电器等组成。下面以直流轨道电路为例说明轨道电路的原理。

1. 轨道电路的基本原理

如图 2-7-56 所示，当轨道电路区段空闲时，电流从轨道电路电源正极经过钢轨进入轨道继电器，再经另一股钢轨回到电源负极。这时因电流通过使电磁铁产生吸引力，轨道继电器衔铁被吸起，使其后接点断开前接点闭合。信号机的电路就通过前接点闭合绿灯电路，使信号机点亮绿灯。如图 2-7-57 所示，当轨道电路区段有车占用时，由于轮对的电阻很低，轨道电路被短路使电磁铁不能产生吸引力，轨道继电器衔铁被释放。信号机的电路就通过后接点闭合红灯电路，使信号机点亮红灯，表示轨道有车占用。钢轨折断时的情况与有车占用时相同。可以看出，采用这种轨道电路，当轨道电路的任一部分发生故障时，均能导致轨道继电器失磁落下，使信号机点亮红灯，从而保证了安全。

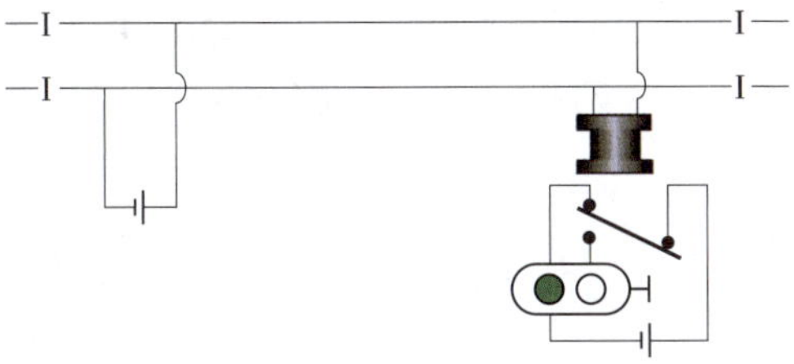

图 2-7-56　直流轨道电路（显示绿灯）示意图

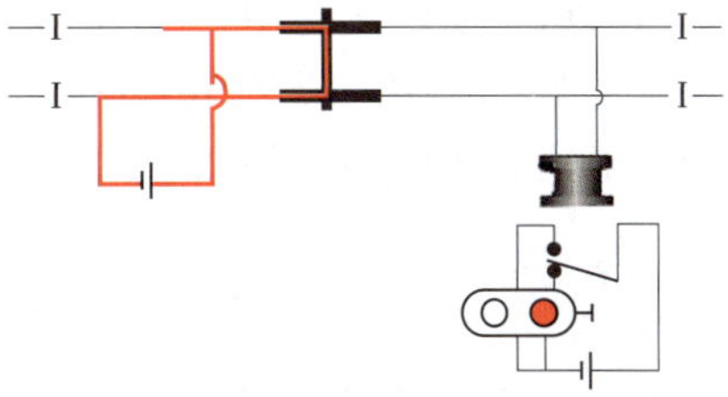

图 2-7-57　直流轨道电路（显示红灯）示意图

目前铁路现场主要采用交流轨道电路，其工作原理和直流轨道电路相同，只是送电端的轨道继电器可采用交流继电器或带整流器的直流无极继电器。

2. 轨道电路的功能

轨道电路能够完成轨道的占用和完整性检查及信号传输等功能，如图 2-7-58 所示。

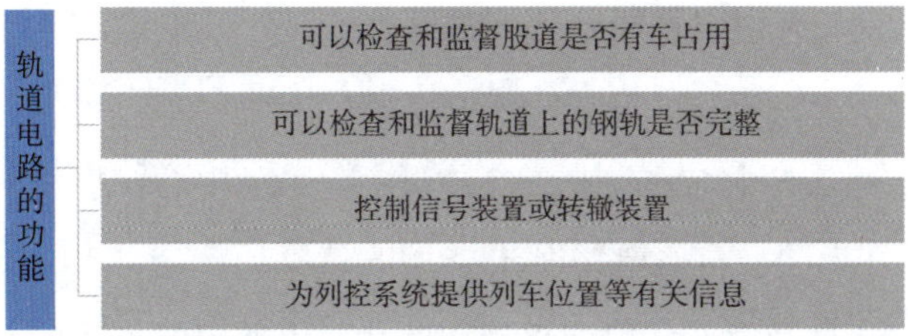

图2-7-58　轨道电路的功能

（二）机械绝缘轨道电路与电气绝缘轨道电路

为了区分相邻的两段轨道电路，防止相互影响，必须在分界点实现相邻轨道电路的信号隔离。根据采用隔离方式的不同，轨道电路可以分为机械（有绝缘轨道电路）和电气绝缘轨道电路（无绝缘轨道电路）。

1. 机械绝缘轨道电路

机械绝缘轨道电路的隔离是利用机械绝缘节，即在轨缝处使用绝缘材料制成的绝缘片来实现信号隔离。对于机械绝缘轨道电路，机械绝缘节要承受车辆行走时的、剪切力，所以很容易破损，这样电气隔离性能就会消失。此外，对于长轨无缝线路，在轨道电路的分割处，为了安装机械绝缘节要将长轨锯断，从而降低了轨道强度，使线路维护工作复杂化，给长轨无缝线路的应用带来了麻烦。图 2-7-59 所示轨缝中间所夹物体即为机械绝缘节。

图2-7-59 机械绝缘节

2. 电气绝缘轨道电路

电气绝缘轨道电路的隔离是利用电气绝缘节，即用电气元器件组成的电路替代机械绝缘节，用电气绝缘的方式实现信号隔离，由于不存在实体绝缘节，故也称无绝缘轨道电路。电气绝缘节所在的区域称为调谐区。

3. ZPW-2000 系列电气绝缘轨道电路

ZPW-2000 系列轨道电路是我国铁路应用最为广泛的电气绝缘轨道电路，其是在法国 UM71 电气绝缘轨道电路技术的基础上，结合中国铁路实际提高系统安全性、传输性能及可靠性形成的。该轨道电路是实现机车信号成为主体信号和列车超速防护系统的重要安全基础设备，适用于电气化牵引区段、非电气化牵引区段的区间及车站轨道电路区段等。

ZPW-2000 系列轨道电路主要包含 ZPW-2000A、ZPW-2000G、ZPW-2000R、ZPW-2000S 等类型，其中，以 ZPW-2000A、ZPW-2000S 应用最为广泛。图 2-7-60 所示为区间 ZPW-2000A 轨道电路的构成图。

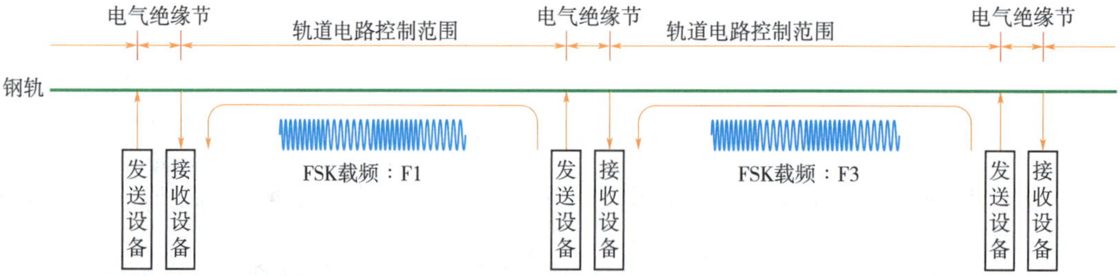

图 2-7-60 区间 ZPW-2000A 轨道电路的构成

注：FSK（Frequency-shift keying，频移键控）是利用数字基带信号控制载频（载波频率）来传输消息的一种调制方式。

（三）轨道电路制式类型的选择

轨道电路一般应采用闭路式（电路平时处于闭合通电状态的轨道电路制式），开路式轨道电路不宜单独使用（特殊情况下使用时应有防护措施）。站内和区间不同场景宜选用的轨道电路类型如表 2-7-6 所示。

表 2-7-6　不同场景宜选用的轨道电路类型

场　　景	宜采用的轨道电路类型
一般车站	机械绝缘轨道电路
无岔站	ZPW-2000 系列轨道电路
CTCS-2、CTCS-3 级区段，简单车站、线路所	ZPW-2000 系列轨道电路
CTCS-2、CTCS-3 级区段的复杂车站（正线及到发线的股道部分）	ZPW-2000 系列轨道电路
CTCS-2、CTCS-3 级区段的复杂车站（其他区段）	25Hz 相敏轨道电路[注 1] 或 不对称高压脉冲轨道电路[注 2] 及其他
其他车站、线路所以及动车段、动车运用所、存车场	25Hz 相敏轨道电路或 不对称高压脉冲轨道电路
半自动、自动站间闭塞区段，进站信号机、线路所通过信号机外方	采用与站内同制式的轨道电路或 ZPW-2000 系列轨道电路
自动闭塞区间	ZPW-2000 系列轨道电路

注 1：该类型轨道电路采用低频，传输性好，其继电器具有可靠的频率选择性和相位选择性，因此不需要加设滤波器，避免了因滤波器故障而产生安全问题。

注 2：该类型轨道电路通过在轨面上产生“不对称”的正脉冲波形与负脉冲波形，以此击穿轨面中度生锈锈层及半绝缘粉尘污染，解决轨道电路分路不良的问题。

（四）轨道电路的优势和不足

1. 优势

轨道电路作为一种在我国铁路普遍应用的设备，其具有多方面优势，主要包括：能够完成多种功能，技术比较成熟，成本相对低廉，易于维护，作为信息传输的载体较为安全可靠，传输信息不易受到外界的电磁干扰，故障恢复相对容易等。

2. 不足

轨道电路也存在易受影响、传输距离有限等不足之处。轨道电路受潮湿、绝缘损坏、雷电冲击等因素可能造成无车路段的轨道被短接，显示出异常“红光带”（或“闪红”）；由于轨面生锈等原因，轨道电路可能失去对轨道区段占用状态检查的功能，造成轨道电路分路不良，俗称“白光带”。此外，轨道电路的传输长度有限制，一般闭塞分区长度约 1.5 km 左右。

五 计轴轨道（占用）检查装置

计轴轨道检查装置（计轴设备）是除轨道电路外的另一种轨道占用检查设备，其通过计入、计出轴数的算术运算，输出控制条件，实现对轨道区段空闲、占用检查。

（一）计轴轨道检查装置的组成和原理

计轴轨道检查装置主要包括磁头、室外电子盒、室内主机三部分。室外钢轨上安装

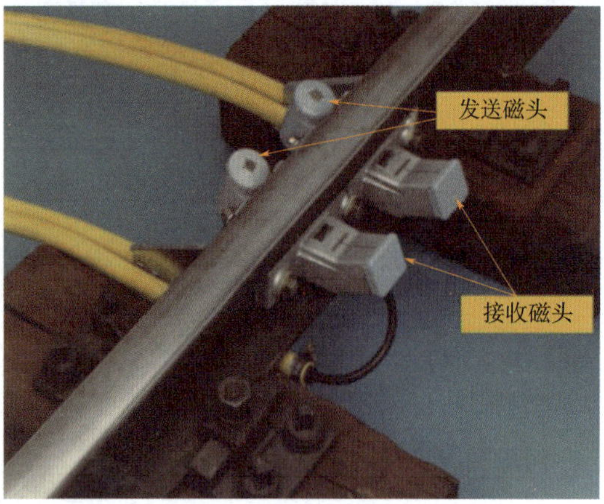

图 2-7-61　计轴轨道检查装置的磁头

两个磁头，起到有效计轴，检查轨道占用状态及鉴别列车运行方向的作用，如图 2-7-61 所示。磁头包括两个发送磁头（TX）和两个接收磁头（RX），发送磁头安装在轨道外侧，而接收磁头安装在轨道内侧，并与相应的发送磁头一一对应。发送磁头内部为绕制在铁芯上的线圈，两组发送线圈中的电流的频率各不相同，它们产生的交变磁场使接收线圈产生感应电压。只要把发送 / 接收线圈调整在适当的位置，当有车轮轮缘压在钢轨上时，接收线圈产生的感应电压的相位将反转 180°，可根据其相位变化检测到一个轴。

（二）计轴轨道检查装置的优势和不足

1. 优势

计轴轨道检查装置功能更加单纯，减少了对钢轨的依赖性，适用于道床状态差、道床（泄露）电阻（1 km 范围内道床对信号泄漏的等效电阻）过低的轨道区段。此外，计轴轨道检查装置也不需要绝缘节。

2. 不足

采用计轴轨道检查装置作为列车空闲占用检测设备，无法检测钢轨断轨，如出现计数错误，则需要进行人工恢复，必要时还可能需要采用列车进行恢复。此外，若电源中断可能出现信息丢失，若有其他铁器在磁头上动作，也可能造成错误计轴。

第三节　联锁设备

本节 PPT

车站、线路所、动车段、动车运用所等场所是铁路网络中的节点，连接多条线路，是列车交汇场所，可能有诸多车辆，存在诸多作业，且作业具有复杂性、并发性、动态性、进路多、关联设备多等特点，如图 2-7-62 所示。

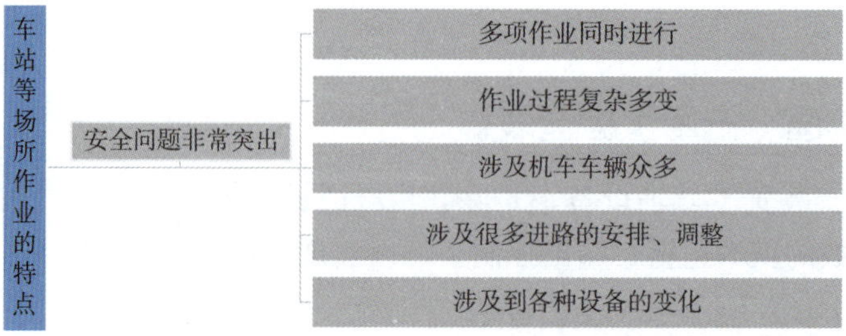

图 2-7-62　车站等场所作业的特点

例如，列车进入车站时，需经车站通过、在站内停车上下旅客后再发车、在站内更换机车等，作业多且过程复杂。车站内还可能有多列车同时作业，列车作业和调车作业也可能同时并发进行，作业过程还可能随情况变化而发生动态变化。此外，在车站上有许多线路和设备，线路间用道岔连接，按各道岔的不同开通方向可以构成不同的进路（列车和调车车列在站内运行所经过的径路），车站作业时，涉及很多进路的安排、调整和设备的变化（如道岔转换、信号机开放 / 关闭等），安全问题非常突出。

为了保证各种作业的安全性、有序性和高效性，作业应按运输作业计划安全有序地执行，进路应合理编排、互相不产生干扰，信号机、道岔等设备应根据控制有序动作，作业计划应可及时调整以适应变化。为了实现这些目标，就需要联锁设备。

所谓联锁，是指在有关信号机、进路和道岔之间建立的互相制约的关系，为完成这种联锁关系而安装的技术设备叫联锁设备。通过联锁设备，使信号机、进路和道岔相互制约，保证所有敌对进路（相互矛盾冲突、不能被同时建立的进路，一般应设计为敌对进路的进路，如图 2–7–63 所示）不能被同时建立，每条进路必须由相应的信号机来防护，列车和调车车列必须依据信号的开放而通过进路，从而保证了车站内列车和调车作业的安全，提高了车站通过能力。

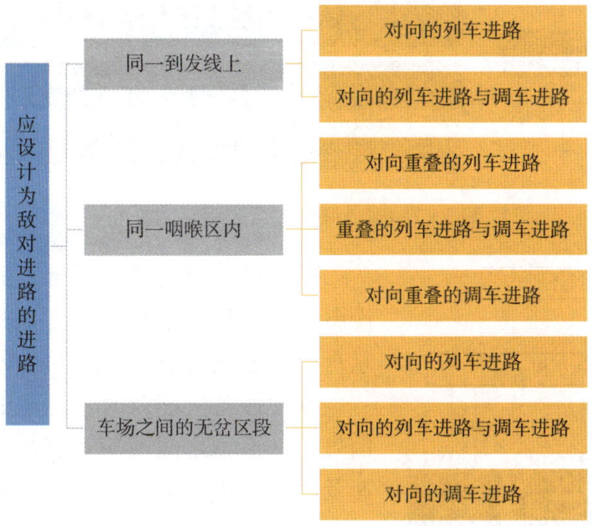

图 2–7–63　应设计为敌对进路的进路

一　概述

1. 联锁关系应满足的条件

纳入集中联锁的道岔、进路、信号机的联系一般应满足的条件如图 2–7–64 所示。

2. 联锁设备的组成及作业过程

联锁设备的组成框图如图 2–7–65 所示。

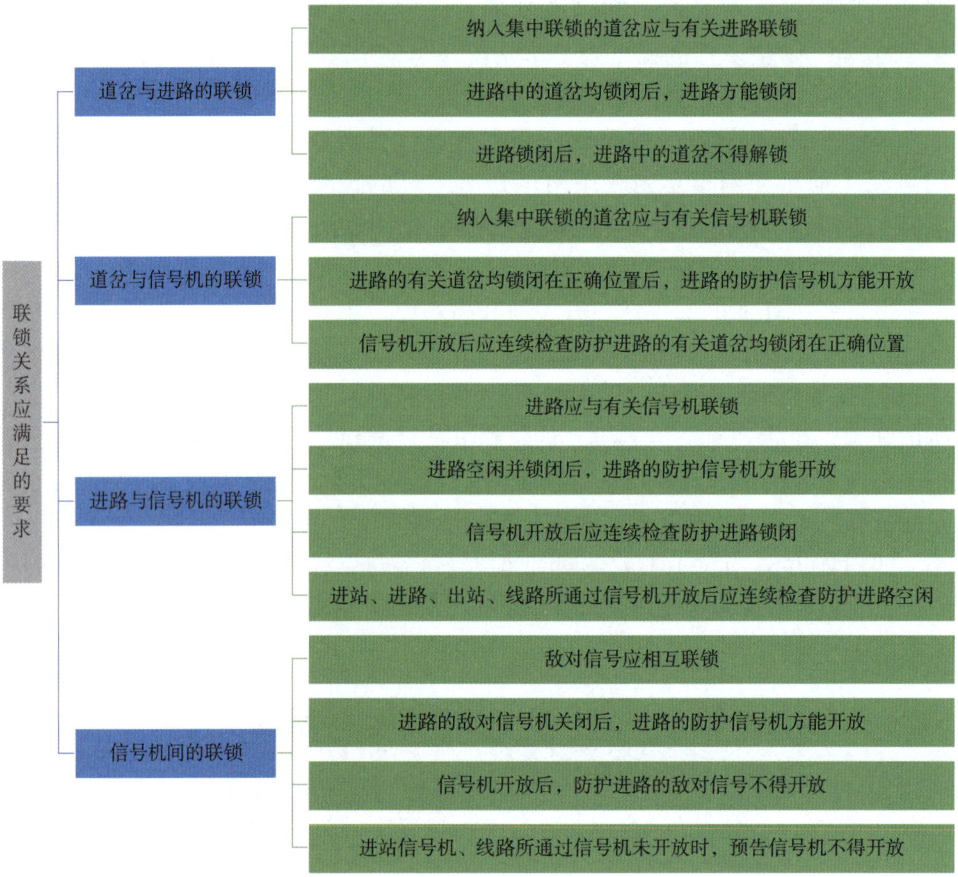

图 2-7-64　联锁关系应满足的条件

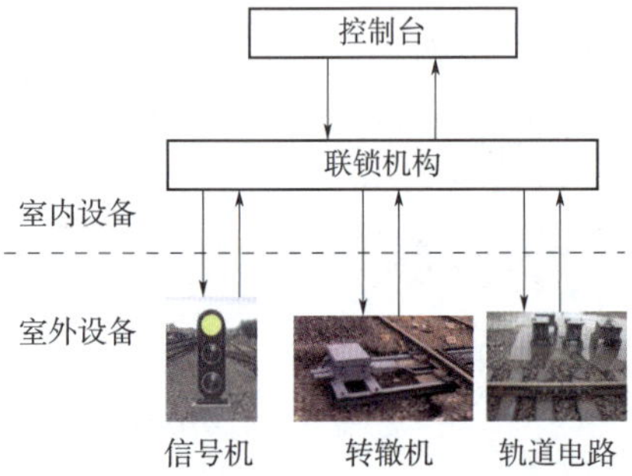

图2-7-65　车站联锁设备组成框图

值班员可以通过控制台上的各种按钮控制现场设备（信号机、道岔等），并通过控制台上的站场表示盘，来监视现场设备的工作状态。

联锁设备应能及时、迅速地排列进路，并实现信号机和道岔之间的相互制约关系，同时还应能迅速及时地使进路解锁。只有加速建立和解锁进路的过程才能提高通过能力。正常办理进路，进路的防护信号开放之前应检查确认符合如图 2-7-66 所示的条件。

通过下面一个例子，说明联锁的原理，如图 2-7-67 所示。

某一会让站，若有一下行旅客列车从车站正线通过，根据联锁作业要求，应按下列过程有序进行：

（1）预先制订作业计划：** 时间，** 列车通过 ** 股道；

（2）在该时间到达前，通过车站联锁系统构建一条列车进入站内通过该股道的进路〔构建过程涉及严格的逻辑条件检查以避免冲突、设备动作（如道岔转换）〕并锁闭；

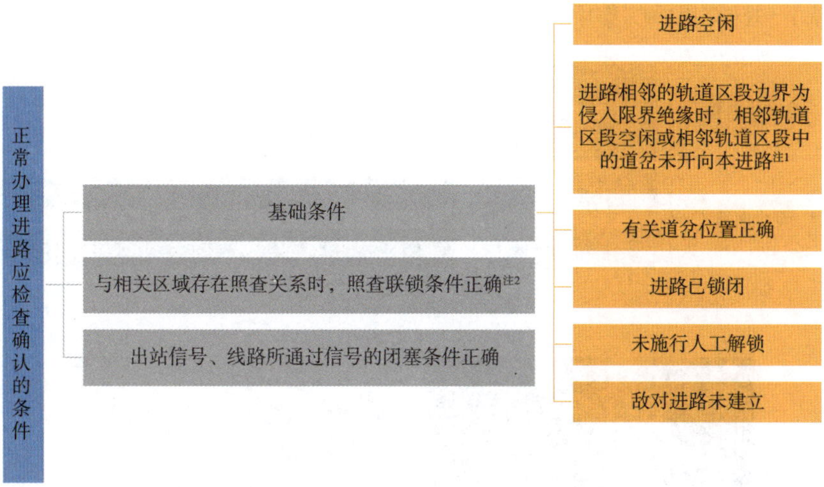

图 2-7-66　正常办理进路应检查确认的条件

注 1：为了防止侧线冲突，轨道绝缘节应设在距离警冲标后 3.5 ~ 4 m 处，但由于条件限制，装设的绝缘节距离警冲标小于 3.5 m 时，称为侵入限界绝缘。

注 2：向某一股道办理列车进路（或调车进路）时，必须检查该股道另一端未办理列车及调车进路的条件，即进行照查（敌对照查）。如另一端已办理有关进路，则所办理进路不应锁闭。

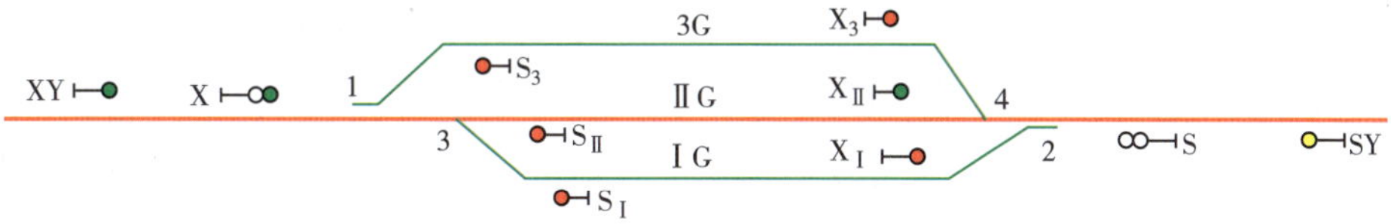

图 2-7-67　联锁原理说明图

（3）进路建立完成后，通 / 告知列车和司机（信号开放）；

（4）列车进站通过；

（5）对进路上设备解除锁闭，以便其他作业的进行。

相应的，站内设备应做如下安排：

（1）在开放进站信号机之前，必须先使进路上的所有道岔 1、3、4、2 都开通到 II 道的位置；

（2）在道岔开通后，出站信号机 X_{II}、进站信号机 X、预告信号机 XY 依次开放，显示正线通过信号；

（3）当进站信号机 X 开放以后，这一进路上的所有道岔都将被锁闭，不能扳动；

（4）当进站信号机开放以后，敌对进路信号机 S_1、S_{II}、S_3、S 和 X_1，X_3 都被锁闭，不能再开放。

只有实施上述联锁过程，才能保证这一旅客列车安全通过车站。

3. 联锁设备的分类

联锁设备分为集中联锁和非集中联锁（臂板电锁器联锁和色灯电锁器联锁），如图 2-7-68 所示。用电气的方法（逻辑电路）集中控制和监督全站的道岔、进路和信号机，并实现它们之间联锁的关系称为集中联锁。集中联锁包括的继电式电气集中联锁（简称继电联锁）和计算机电气集中联锁（简称计算机联锁），其部分设备如图 2–7–69 所示。

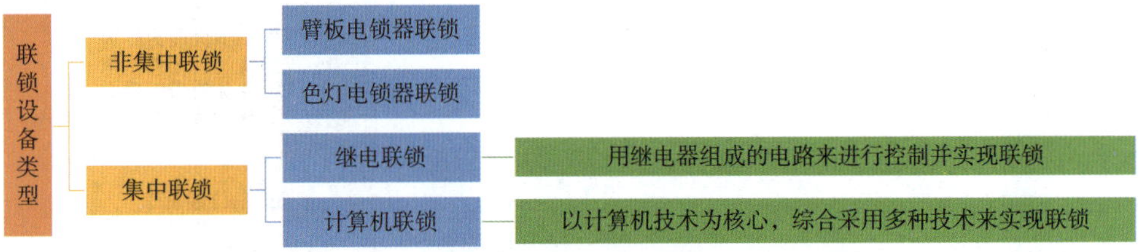

图 2–7–68　联锁分类

（a）继电联锁设备　　（b）计算机联锁设备

图 2–7–69　继电联锁设备与计算机联锁设备

非集中联锁一般信号机由值班员控制，道岔和道岔表示器由扳道员在现场操纵，现在仅在一些行车作业很少的支线上还有保留，因此本书主要介绍我国铁路主要应用的集中联锁所包括的继电联锁和计算机联锁。

二 继电联锁

继电联锁是集中联锁中最常用的一种，它是用继电器组成的电路来进行控制并实现联锁的。继电联锁采用色灯信号机显示信号，道岔由转辙机转换，进路上所有区段均设有轨道电路，在信号楼或值班员室集中控制、监督信号机和道岔。继电联锁能准确及时地反映现场行车情况，操作人员只需在控制台上自按压按钮就能办理或解锁进路，从而缩短了进路建立和解锁时间，提高了通过能力。

（一）继电联锁的主要设备

继电联锁设备由室内设备和室外设备两部分组成，如图 2–7–70 所示。

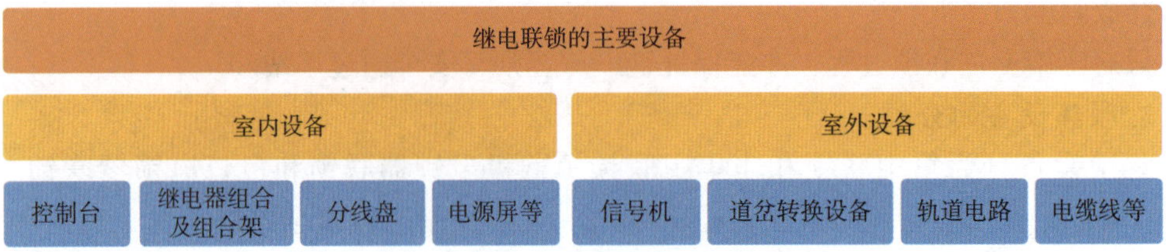

图 2–7–70　继电联锁的主要设备

1. 继电器

继电联锁通过继电器电路控制道岔的转换、信号机的开放和关闭以及进路的锁闭与解锁等。在采用继电集中联锁场所，一般都将继电器组合起来，集中地安装在专门的继电器室中，如图 2–7–69（a）所示。继电集中联锁需要的电源设备，在中小车站上可附设在继电器室中，在大编组站上则可另设专门的电源室。

2. 道岔转换设备

道岔尖轨转换位置是由道岔转换设备（转辙机）控制的，在道岔转换完成以后，表示部分则将表示接点接通，在控制台上反映道岔所处的状态，以便与进路信号机进行联锁。

3. 控制台

控制台设于信号楼或值班员室内，是值班员指挥列车和调车作业的控制中心，用来控制道岔的转换和信号的开放，并对进路、信号、道岔进行监督，如图 2–7–71 所示。控制台的正面装有站场股道平面图及各种进路按钮、道岔按钮和其他按钮等。需要办理进路时，按压控制台上进路的始端按钮和终端按钮，就能将进路中有关道岔转换到规定位置，且防护该进路的信号机也自动开放。

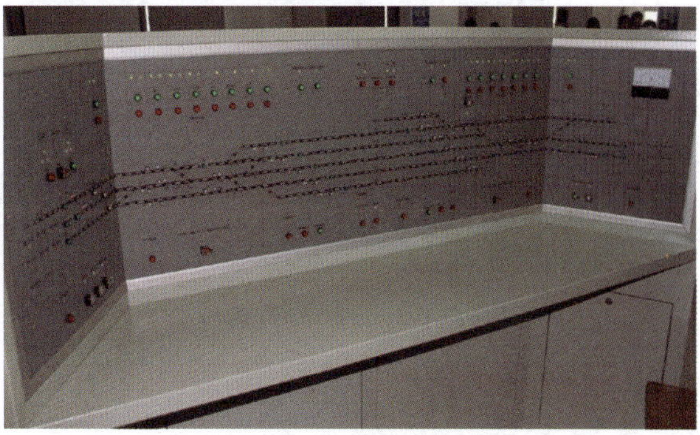

图 2–7–71　控制台

控制台上的主要表示器是光带和表示灯。它们的用途是正确反映室外监控对象的状态及线路运用情况，表示操作手续是否完成，并反映继电器电路的工作状态，若发生故障可及时发现故障发生地点。

（二）继电联锁的办理手续

继电联锁的办理手续主要包括办理进路和解锁进路两类。

1. 办理进路

当办理接、发车进路或调车进路时，通过先按压该进路上的始端按钮，后按压终端按钮，将与进路有关的道岔转换到符合进路要求的位置；当办理通过进路时，可以采用先办理正线发车进路再办理正线接车进路的分段办理方式，也可以采用按压通过按钮和该方向的终端按钮的一次办理方式。

2. 解锁进路

当列车或调车车列驶过进路中的道岔区段时，进路中的道岔和经由该道岔的敌对进路应自动解锁，称正常解锁，该过程中无需进行任何操作。解锁过程必须保证安全，不能提前解锁、错误解锁、该解锁时不解锁。

（三）继电联锁的主要优缺点

继电联锁的主要优缺点如图 2–7–72 所示。

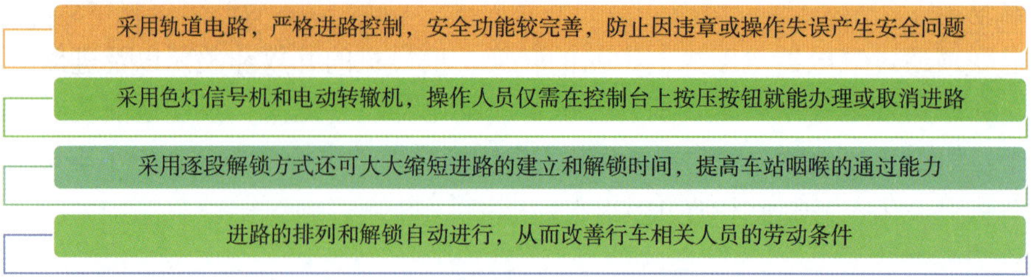

（a）继电联锁的优点

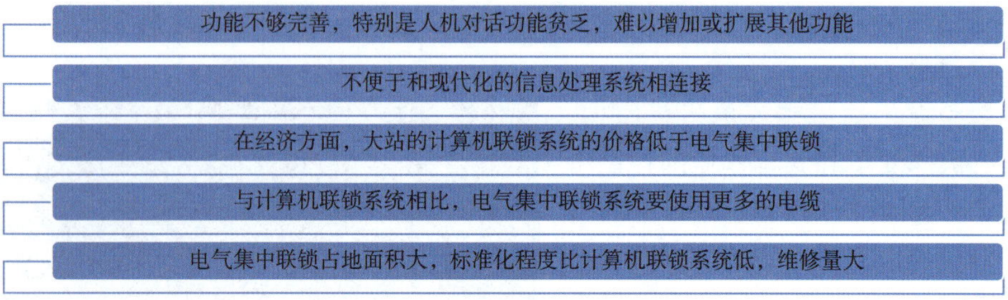

（b）继电联锁的缺点

图 2-7-72　继电联锁的优缺点

三 计算机联锁

计算机联锁（Computer Based Interlocking，CBI）是以计算机技术为核心，综合采用通信、控制、容错、故障–安全等技术来实现联锁逻辑控制功能的，具有较高可靠性和故障–安全性要求的实时控制系统。计算机联锁利用计算机对操作命令和现场设备的表示信息进行逻辑运算，完成对信号机、道岔及进路的联锁和控制。计算机联锁用彩色监视器代替继电集中联锁控制台的表示盘，还可根据需要多台并机使用。与继电集中联锁相比，计算机联锁具有的优点如图 2–7–73 所示。

高速、城际、重载和客货共线铁路 I、II 级线路的集中联锁应采用计算机联锁，其他铁路的集中联锁也宜采用计算机联锁。

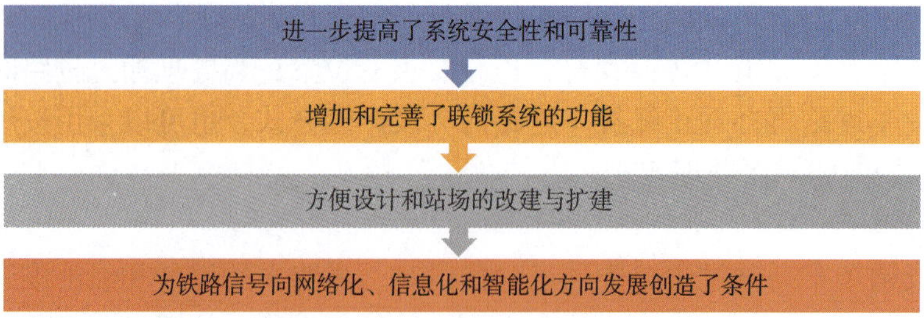

图 2-7-73　计算机联锁的优点

1. 计算机联锁的系统结构

计算机联锁的硬件部分可分为人机对话层、联锁层和监控层，相应地由人机对话计算机、联锁计算机和控制器来承担各层的任务。计算机联锁系统结构如图 2–7–74 所示。

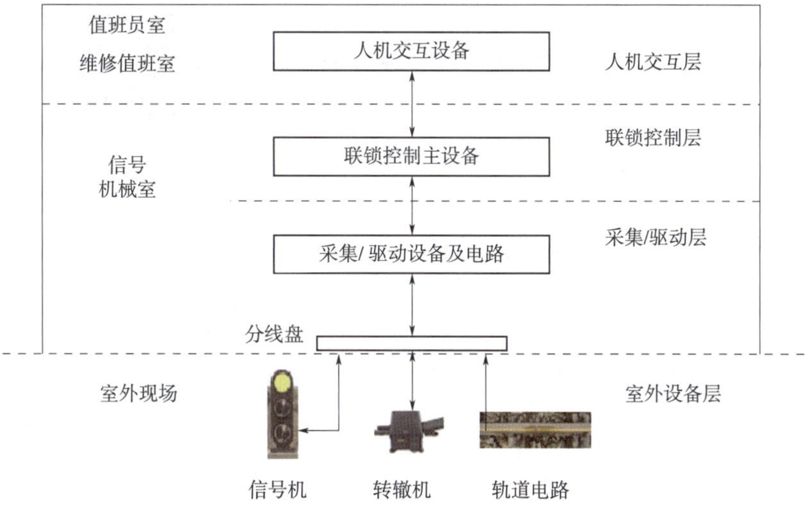

图 2-7-74　计算机联锁系统结构框图

计算机联锁系统的设备如图 2-7-75 所示。

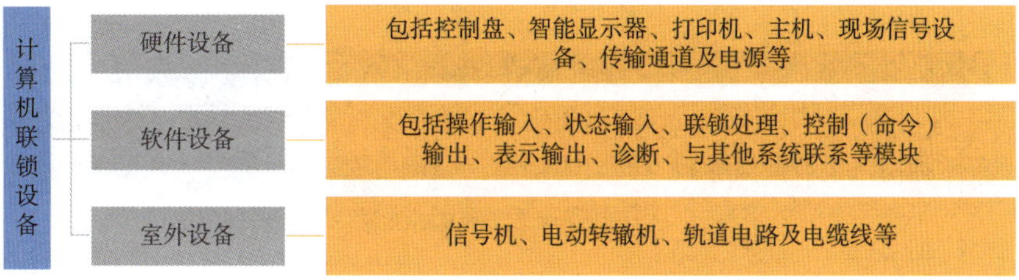

图 2-7-75　计算机联锁系统的主要设备

2. 计算机联锁的特点

计算机联锁的特点如图 2-7-76 所示。计算机联锁是信号设备的发展方向，实现了执行器件电子化，系统各组成部分标准化，可使行车和调车、操作和维修进一步自动化、网络化、信息化和智能化，使系统的可靠性和安全性进一步提高。

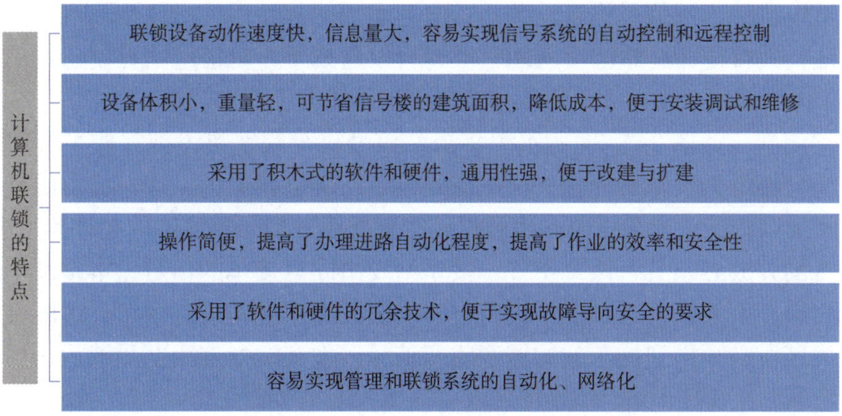

图 2-7-76　计算机联锁的特点

第四节　区间闭塞设备

本节 PPT

为防止一个单线铁路区间内同时进入两列对向运行的列车而发生正面冲突，以及避免单线及双线铁路区间两列同向运行的列车发生追尾事故，保证在一个区间内，在同一时间里只能允许一个列车占用的手段叫作闭塞。用于闭塞的信号设备叫闭塞设备，闭塞设备可以保证列车在区间内运行安全，并提高区间通过能力。

一　闭塞的分类与选择

我国铁路采用的行车基本闭塞法主要为三种：半自动闭塞、自动站间闭塞和自动闭塞。自动闭塞是我国的主要闭塞方式，又可以根据追踪目标点和制动起始点的不同分为固定（自动）闭塞（以地面信号为主或带有列车运行控制系统）、准移动（自动）闭塞（带有列车运行控制系统）、移动（自动）闭塞（带有列车运行控制系统）等三种方式。电话闭塞法是当基本闭塞法不能使用时，仅凭联系制度来保证实现列车运行空间间隔的代用闭塞法，如图 2–7–77 所示。

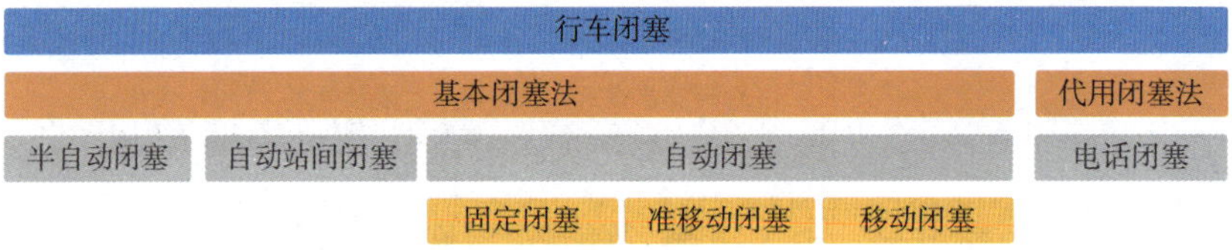

图 2–7–77　行车闭塞的分类

铁路历史上曾经采用路签闭塞和路牌闭塞等人工闭塞方法，由于其效率较低，现已淘汰，故本书对此不再赘述。

二　半自动闭塞

半自动闭塞就是人工办理闭塞、开放出站信号，列车凭信号显示发车，当列车进入区间，轨道电路使出站信号机自动关闭，当列车到达邻站后，出站信号机才能再次开放的闭塞方法。其特征为：站间或所间只准运行一趟列车，轨道电路控制出站信号机自动关闭，人工办理闭塞手续，人工确认列车完整到达和人工恢复闭塞。

半自动闭塞（如图 2–7–78 所示）将出站信号机与闭塞机（把完成半自动闭塞系统功能的安全型继电器及阻容元件，根据需要组装在继电器箱内，这一设备的整体称为闭塞机）之间加以联锁，列车凭出站信号机或线路所通过信号机显示的允许信号进入区间。出站信号机的开放必须具备两个条件：接车站发出同意接车的信号；本站发车进路准备妥当。开放出站信号机或通过信号机前，双线区段必须得到前次列车到达前方站的到达信号，单线区段必须得到接车站的同意闭塞信号。发车站办理闭塞手续后，列车不能出发时，应将事由通知接车站，取消闭塞。

半自动闭塞利用车站来隔离列车，即两站间的区间同时只允许一列列车运行。而且由于区间没有空闲检查设备，须由人工确认列车的整列到达，所以行车安全程度不高，并影响运输效率，因此铁路越来越多地采用自动闭塞。

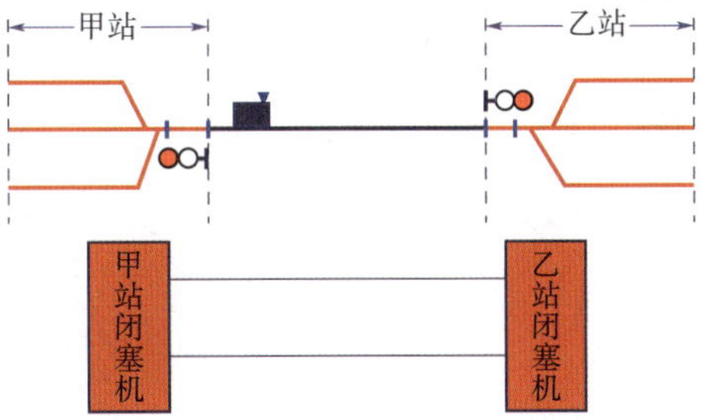

图 2-7-78　半自动闭塞示意图

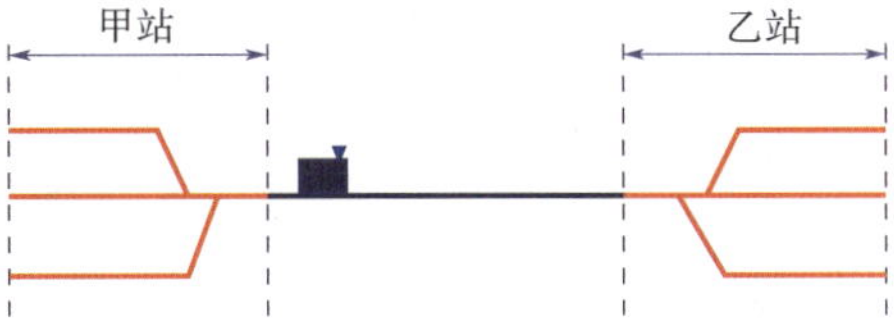

图 2-7-79　自动站间闭塞示意图

三 自动站间闭塞

站间闭塞就是两站间只能运行一列车，其列车的空间间隔为一个站间的闭塞方法，如上面介绍的半自动闭塞。自动站间闭塞也是以站间区间作为闭塞分区，在有区间占用检查的条件下，自动办理闭塞手续，列车凭信号显示发车后，出站信号机自动关闭的闭塞方法，如图 2-7-79 所示。其特征为：有区间占用检查设备，站间或所间区间只准运行一趟列车，办理发车进路时自动办理闭塞手续，自动确认列车到达和自动恢复闭塞。

使用自动站间闭塞法行车时，列车凭出站信号机或线路所通过信号机显示的允许运行的信号进入区间。自动站间闭塞须与集中联锁设备结合使用，自动检查区间空闲，发车站办理发车进路后即自动开始执行站间闭塞。列车到达接车站或返回发车站并出清区间后，自动解除闭塞。发车站在办理发车进路前，须确认区间空闲、接车站未办理同一区间的发车进路，并向接车站预告。发车站已向接车站预告，但列车不能出发时，在取消发车进路后，须通知接车站。

四 固定（自动）闭塞

固定（自动）闭塞是最早采用的自动闭塞方式，部分情景下也称之为自动闭塞。

1. 固定（自动）闭塞的分类及特点

固定（自动）闭塞（如图 2-7-80 所示）就是根据列车运行及有关固定空间间隔的闭塞分区状态自动变换信号显示，而司机凭信号行车的闭塞方法。根据技术特点的不同固定（自动）闭塞可以分为以地面信号为主的固定（自动）闭塞及带有列车运行控制系统的固定（自动）闭塞两种形式。

固定（自动）闭塞一般设地面通过信号机，装备机车信号，用信号或凭证来保证列车按照空间间隔制运行。其特征为：把站间划分为若干闭塞分区，有分区占用检查设备，可以凭通过信号机的显示行车，也可凭机车信号或列车运行控制的车载信号行车；站间能实现列车追踪；办理发车进路时自动办理闭塞手续，自动变换信号显示。

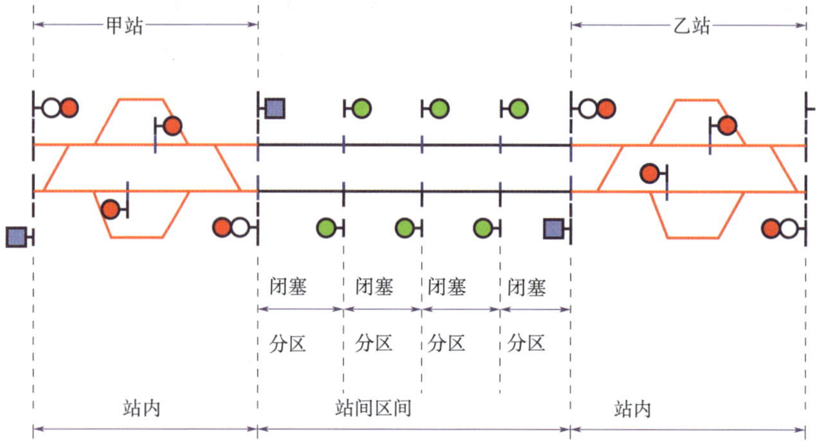

图 2-7-80 固定（自动）闭塞示意图

（1）以地面信号为主的固定（自动）闭塞

以地面信号显示为主的铁路信号系统只是向司机提供视觉信号，由司机解释信号显示意义并驾驶列车。信号显示仅仅指明安全运行条件，而列车的安危在很大程度上由司机控制。由于地面信号显示系统有时受到自然环境(如雾、风沙、大雨等)的影响以及地形的限制，司机可能不能在规定的距离上及时瞭望前方的信号显示。为将列车运行前方所接近信号机的显示情况及时通告司机，发明了机车信号设备。

（2）带有列车运行控制系统的固定（自动）闭塞

机车信号是将地面的视觉信号通过技术手段引入司机室的信号显示方式。但在司机疲劳或疏忽大意以及出现操作不当等人为因素时，仍会使机车信号失去作用。为避免发生机车冒进信号的事故，在机车上加装自动停车装置，以辅助司机确认信号，逐渐形成了带有列车运行控制系统的固定（自动）闭塞。

带有列车运行控制系统的固定（自动）闭塞实现当司机疏忽大意时，自动停车装置立即发出音响报警，以提醒司机，并在司机未采取有效措施时，强迫列车停车，以防止列车冒进信号事故的发生。因此，带有列车运行控制系统的固定（自动）闭塞在以地面信号为主的自动闭塞中，加入机车信号和自动停车装置，有效的提高了列车运行的效率和安全程度。从列车运行的角度来看，带有列车运行控制系统的固定（自动）闭塞的追踪目标点为前行列车所占用闭塞分区的始端，后行列车从最高速开始制动的计算点为要求开始减速的闭塞分区的始端，这两个点都是固定的，空间间隔的长度也是固定的，所以称为固定（自动）闭塞。对于固定（自动）闭塞采用的列控技术通常是分级速度控制模式，即以一个闭塞分区为单位，根据列车运行的速度分级，对列车运行进行速度控制。分级速度控制又可分为阶梯式（台阶式）（给定每个闭塞分区入口（进入）速度或出口（驶离）速度并据此控制列车速度）和分段曲线式（根据每个闭塞分区入口速度和出口速度确定制动速度曲线并据此控制列车速度）两种，如图 2-7-81 所示。

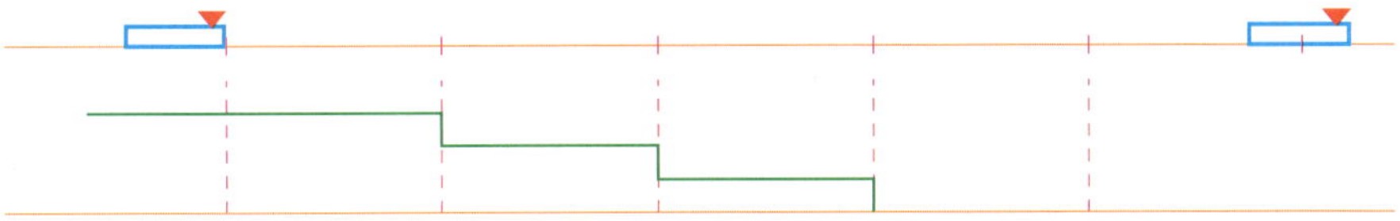
（a）阶梯式

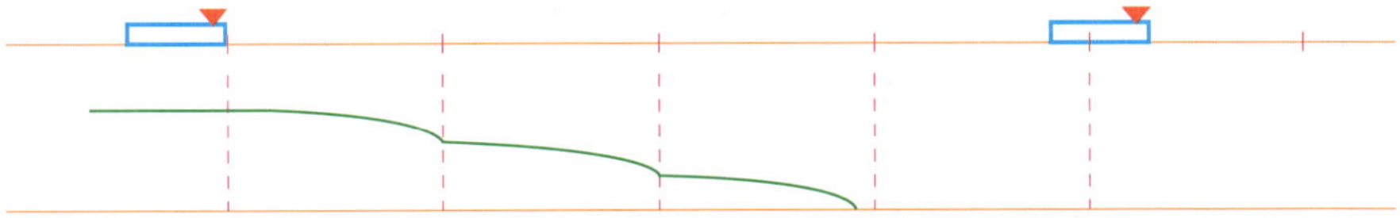
（b）分段曲线式

图 2-7-81　分级速度控制模式

2. 固定（自动）闭塞的显示方式

固定（自动）闭塞一般分为三显示、四显示自动闭塞两种显示方式。

三显示自动闭塞（如图 2-7-82 所示）就是通过信号机具有三种显示，能预告列车前方两个闭塞分区状态的自动闭塞。其特征为：通过信号机具有三种显示；能预告列车前方两个闭塞分区状态；分两个速度等级，一个闭塞分区的长度满足从规定速度到零的制动距离。

四显示自动闭塞（如图 2-7-83 所示）就是通过信号机具有四种显示，能预告列车前方三个闭塞分区状态的自动闭塞。其特征为：通过信号机具有四种显示；能预告列车前方三个闭塞分区状态；分三个速度等级，两个闭塞分区的长度满足从规定速度到零的制动距离。

图 2-7-82　三显示自动闭塞

图 2-7-83　四显示自动闭塞

3. 固定（自动）闭塞的显示原理

下面以三显示自动闭塞为例，说明固定（自动）闭塞的基本原理。

如图 2-7-84 所示，当列车运行前方区间无车占用时，由于轨道继电器有电，所有开关均被吸起，图中所有信号灯均显示绿灯。

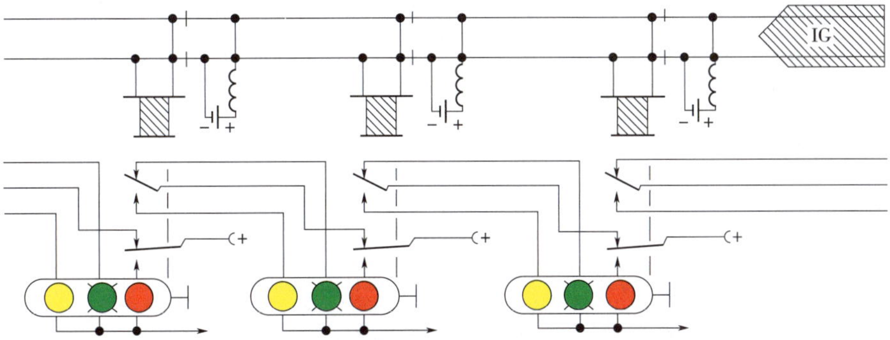

图 2-7-84　三显示自动闭塞原理（前方区间无车）

如图 2-7-85 所示，当列车占用图示区间时，由于列车所在区间轨道继电器（左一）被列车短路，该轨道继电器无电，该轨道继电器吸引的开关均落下，其他轨道继电器状态保持不变，使左一红灯电路接通，左二黄灯电路接通，左三仍保持绿灯，故图中信号灯依次（自左向右）显示为红灯、黄灯、绿灯。

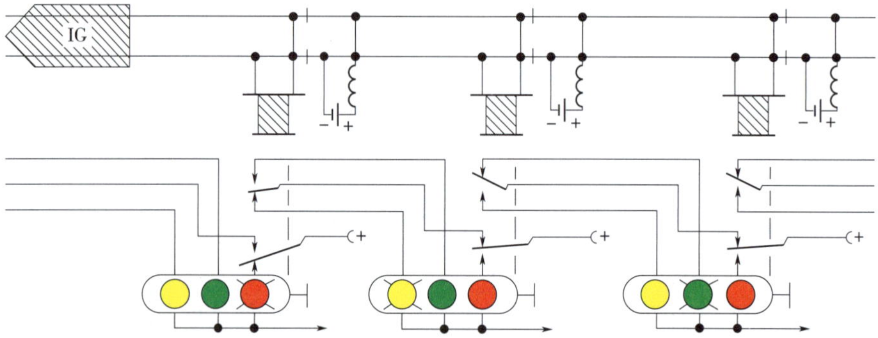

图 2-7-85　三显示自动闭塞原理（前方区间有车）

五 准移动（自动）闭塞

随着数字化、无线传输、卫星定位技术及高速铁路的发展，列车运行自动控制设备的水平也在不断提高，以列车超速防护为基础，逐步实现了列车自动限速和列车自动运行。我国铁路依靠先进技术实现了列车和地面控制中心、列车和列车之间的信息传输，就不需要将区间划分为固定的若干分区来调整列车之间的追踪间隔，而是通过数据传输，自动计算出实时的列车追踪的安全间隔，使两列车之间的间隔最小，从而提高了行车密度和区间通过能力，这就形成了准移动闭塞和移动闭塞。

准移动闭塞是追踪目标点为前行列车所占用闭塞分区的始端，目标点相对固定，而制动的起始点是随线路参数和列车本身性能不同而变化的闭塞方式。准移动闭塞是我国高速铁路、城际铁路运行控制系统现阶段采用的主要闭塞方式。

与固定（自动）闭塞通常采用分级速度控制模式不同，准移动闭塞方式的列车运行控制系统采取目标距离（又称连续式一次速度控制）控制模式，即根据目标距离、目标速度及列车本身的性能确定列车制动曲线，不设定每个闭塞分区速度等级，采用一次制动方式，对列车运行进行速度控制，如图 2-7-86 所示。准移动闭塞的追踪目标点是前行列车所占用闭塞分区的始端（预留一定的安全距离），而后行列车从最高速开始制动的计算点是根据目标距离、目标速度及列车本身的性能计算决定的。

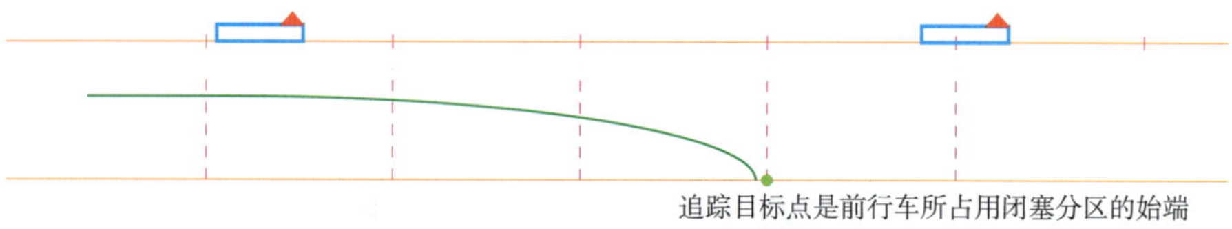

图 2-7-86　目标距离控制模式

六 移动（自动）闭塞

移动闭塞（如图 2–7–87 所示）是区间不固定的划分为若干个闭塞分区，目标点和制动的起始点均不固定，利用先进的通信技术和自动控制技术，使前后列车自动保持一定的（合适）间隔的闭塞方式。

移动闭塞方式的列车运行控制系统也采取目标距离控制模式。移动闭塞的追踪目标点是前行列车的尾部（预留有一定的安全距离），后行列车从最高速开始制动的计算点是根据目标距离、目标速度及列车本身的性能计算决定的。移动闭塞一般采用无线通信和无线定位技术来实现，其追踪运行间隔要比准移动闭塞更小一些。

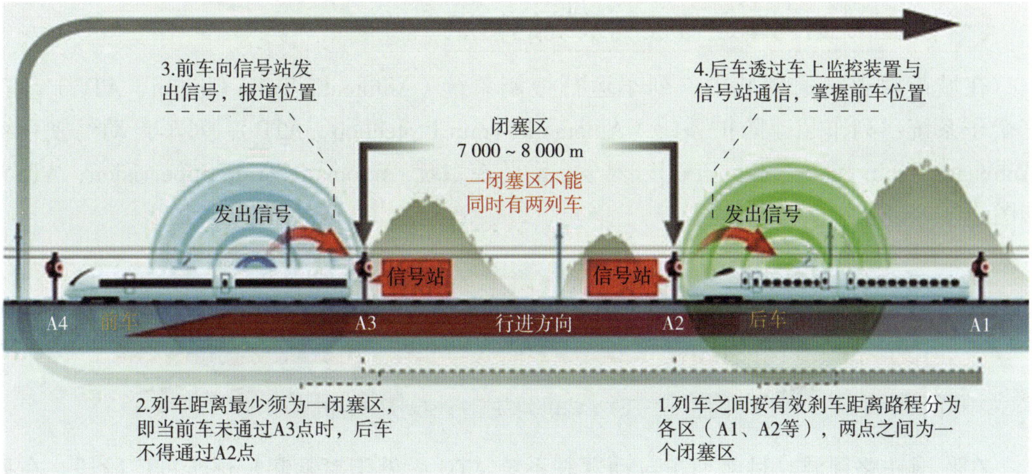

图 2–7–87　移动闭塞示意图

和固定闭塞、准移动闭塞相比，移动闭塞突破了轨道电路和固定闭塞分区的局限性，具有自己特点，如图 2–7–88 所示。

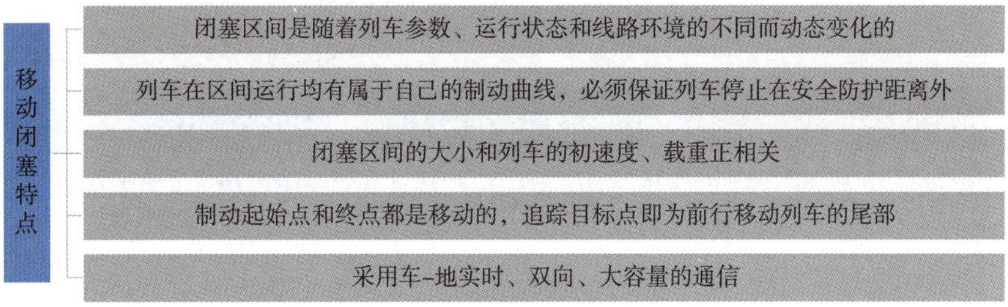

图 2–7–88　移动闭塞特点

目前，我国高速铁路列车运行控制系统涉及的闭塞方式主要为准移动闭塞，移动闭塞尚未在我国高铁线路上应用。主要原因为：我国地形气候复杂多样，导致铁路线路纵横交错、路况复杂；人口分布和区域经济发展极不平衡，导致客、货流时空分布不均等。因此我国铁路不能像城市轨道交通那样固定编组、每趟列车载重大致相同，也不可能把铁路运输网络分割成若干封闭路线或运输环线，实现公交化运行。2021 年 6 月，移动闭塞在国家能源集团朔黄铁路得到应用，使该铁路成为我国第一条采用移动闭塞系统的重载铁路。

第五节　列车运行控制系统

本节 PPT

随着技术的发展，在自动闭塞基础上逐渐出现了列车运行控制系统，其也是保证列车按照空间间隔制运行的一种技术方法，部分铁路（高速、城际铁路等）实现了闭塞和列控的一体化，取消了传统的独立闭塞。

列车运行控制系统以技术手段对列车运行方向、运行间隔和运行速度进行自动控制，保证列车能够按照空间间隔制安全运行、提高运行效率。

一　我国铁路列车运行控制系统的特点

在城市轨道交通领域中，列车运行控制系统（Automatic Train Control，ATC）包括三个子系统：列车超速防护系统（Automatic Train Protection，ATP）、列车自动驾驶系统(Automatic Train Operation，ATO)、列车自动监控系统(Automatic Train Supervision，ATS)，如图 2-7-89 所示。

图 2-7-89　城轨列车运行控制系统组成

在我国铁路领域，目前列车自动驾驶系统 ATO 尚处于探索起步逐步推广阶段。在列车监控方面，由于铁路列车调度作业远比城市轨道交通复杂，铁路具有专门的列车调度指挥系统，目前该部分功能尚未归入列车运行控制系统。所以，一般而言，列车超速防护系统 ATP 是现行铁路列车运行控制系统的核心组成部分，如图 2-7-90 所示。

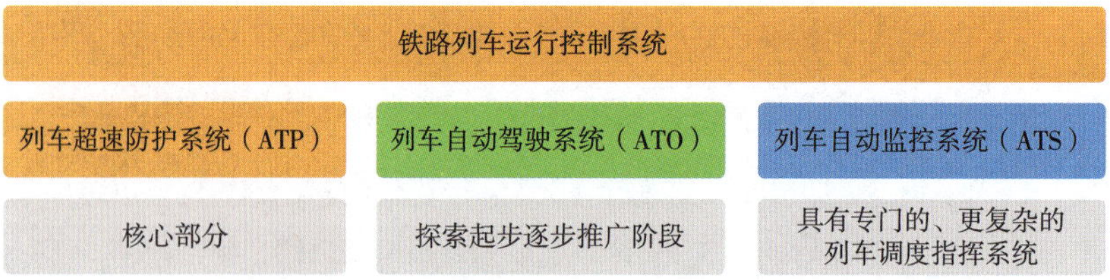

图 2-7-90　铁路列车运行控制系统的特点

我国铁路列车运行控制系统的发展经历了地面信号为主、机车信号为辅（人工控车为主）到机车信号主体化的过程。“机车三大件”（机车信号、列车自动停车装置、列车无线调度电话）是我国列车控制技术的起点。在发展早期，我国铁路利用地面联锁和闭塞设备，配合车载机车信号和列车运行监控装置（LKJ），形成了以人工控车为主的列车控制模式。到 2003 年，结合我国铁路运输特点，遵循全路统一规划的原则，中国铁路提出了中国列车运行控制系统（Chinese Train Control System，CTCS）的技术体系。经过多年的发展，CTCS 不断发展完善。

二 列车运行控制系统的基本原理与功能

1. 列车运行控制系统的基本原理

列车运行控制系统设备包括地面设备和车载设备两部分。如图 2–7–91 所示，地面设备根据前方行车条件，包括轨道占用情况、进路状态、线路状况以及调度命令生成行车许可，通过车地通信技术传给车载设备，结合列车数据，车载设备自动计算生成超速防护曲线（蓝线），并实时与列车实际运行速度（红线）进行比较，超速后及时进行控制，防止列车超速脱轨或与前行列车追尾。

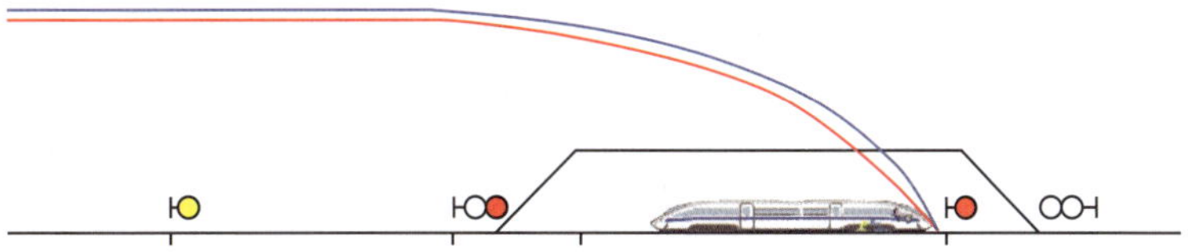

图 2–7–91　列车运行控制系统的基本原理

2. 列车运行控制系统的基本功能

目前列车运行控制系统主要包括线路空闲 / 占用及列车完整性检测、列车移动授权计算、指示列车安全运行速度、监控列车安全运行四个功能，如图 2–7–92 所示。

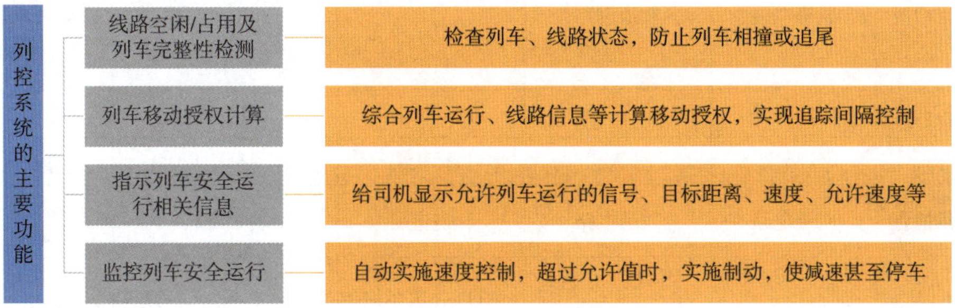

图 2–7–92　列车运行控制系统的功能

三 中国列车运行控制系统（CTCS）的分类及应用

1 .CTCS 的分类

CTCS 根据功能要求和设备配置划分应用等级，分为 0 ～ 4 级 5 个等级，即 CTCS–0 级（简称 C0 级）、CTCS–1 级（简称 C1 级）、CTCS–2 级（简称 C2 级）、CTCS–3 级（简称 C3 级）、CTCS–4 级（简称 C4 级）列车运行控制系统。

此外，在 0 ～ 4 级列车运行控制系统的基础上衍生列车运行控制系统共三种：CTCS–0+（简称 C0+ 级）（试验阶段）、CTCS–2+ATO（简称 C2+ATO 级）（应用阶段）、CTCS–3+ATO（简称 C3+ATO 级）（初步应用）。

CTCS 分类如图 2–7–93 所示，CTCS0 ～ 4 级特点如图 2–7–94 所示，具体对照情况如表 2–7–7 所示。

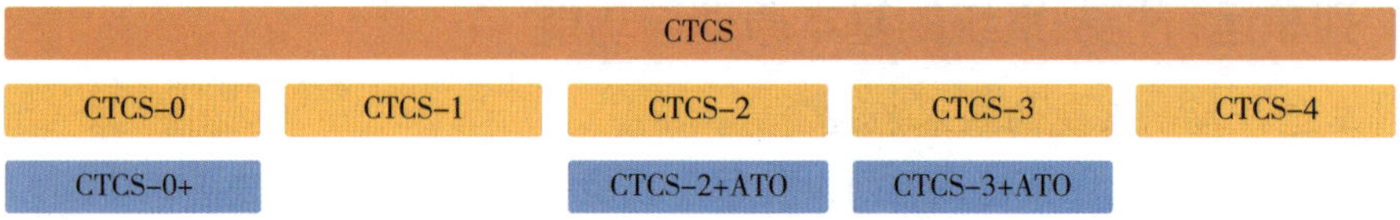

图 2-7-93　中国列车运行控制系统分类

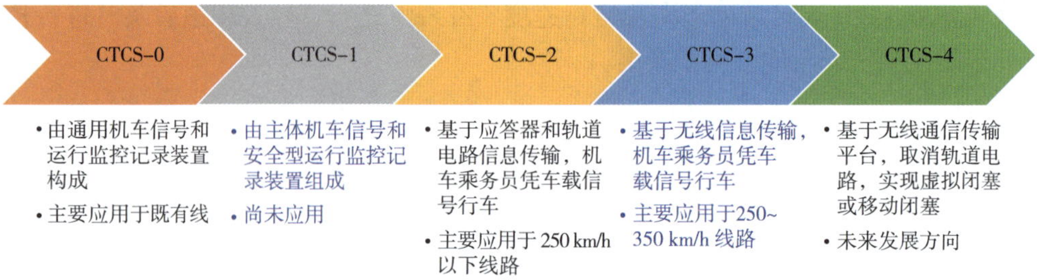

图 2-7-94　CTCS-0 ~ CTCS-4 级的主要特点

表 2-7-7　CTCS-0 ~ CTCS-4 级对照表

CTCS 等级	CTCS-0 级	CTCS-1 级	CTCS-2 级	CTCS-3 级	CTCS-4 级
地面设备组成	轨道电路	轨道电路	列控中心、轨道电路、应答器及地面电子单元(LEU)	列控中心、GSM-R 地面设备、轨道电路、应答器、无线闭塞中心	列控中心、GSM-R 地面设备、无线闭塞中心
闭塞方式	固定闭塞	固定闭塞	准移动闭塞	准移动闭塞	移动闭塞
制动方式	分级式	分级式	目标距离	目标距离	目标距离
轨道占用检查	轨道电路	轨道电路	轨道电路	轨道电路	无线定位，应答器校正
车载设备组成	通用机车信号、LKJ	主体机车信号、应答器信息接收模块、安全型运行监控记录装置	ATP(含机车信号、应答器信息接收功能)、LKJ	GSM-R 接收模块、ATP	GSM-R 接收模块、ATP
地对车信息传输	多信息轨道电路	多信息轨道电路 + 应答器	多信息轨道电路 + 应答器；或数字轨道电路	无线通信双向信息传输	无线通信双向信息传输

2. CTCS 的应用

列车运行控制系统等级根据线路允许速度选用，具体见表 2-7-8。目前，不同类型铁路列车运行控制应用情况如图 2-7-95 所示。

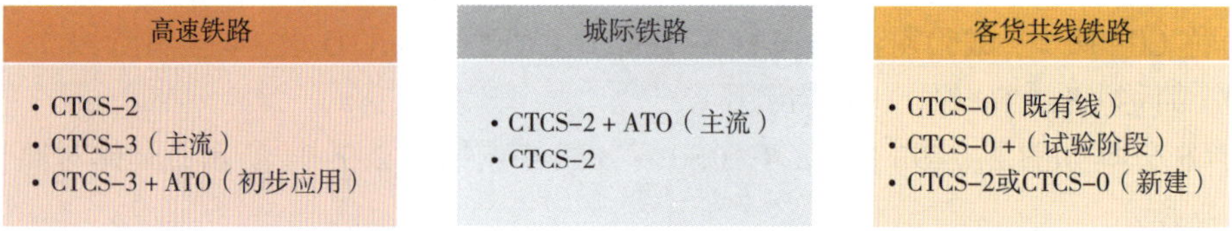

图 2-7-95　不同类型铁路列车运行控制系统应用情况

表 2-7-8　铁路列车运行控制系统选用要求

设计速度 v（km/h）	线路条件	宜选用的 CTCS 等级
$v \leqslant 160$	仅运行动车组列车线路	CTCS-2（宜）或 CTCS-0
	其他线路	CTCS-0
$160 < v < 250$	-	CTCS-2
v=250	-	CTCS-3（宜）或 CTCS-2
$v > 250$	-	CTCS-3

四 CTCS-0 及 CTCS-0+ 级与 CTCS-1 级列车运行控制系统

CTCS-0 级列车运行控制系统由通用机车信号 + 列车运行监控装置（LKJ）组成，为目前客货共线铁路（非新建线路）主要采用的列车运行控制系统，其中，LKJ 是其关键组成部分。

1. 列车运行监控装置（LKJ）

列车运行监控装置（LKJ）（LKJ 是“列车”“控制”“监视”首字母组成的简称），是适应铁路运输生产数字化、网络化、智能化发展要求，借鉴国内外 ATP 及 ATC 等相关技术，研究开发的新一代列车超速防护设备，主要用于防止列车冒进信号、运行超速事故和辅助机车司机（含动车组司机）提高操纵列车运行安全能力。

随着 LKJ 和通用式机车信号的推广，列车最高运行速度可达到 160 km/h，实现了全路范围的机车信号低频信息统一。LKJ 促进了机车信号主体化技术发展，使得机车可在全路范围跨交路运行，对提高运输效率、保证列车运行安全发挥了重要作用。

（1）主要功能

列车运行监控装置（LKJ）主要功能如图 2-7-96 所示。

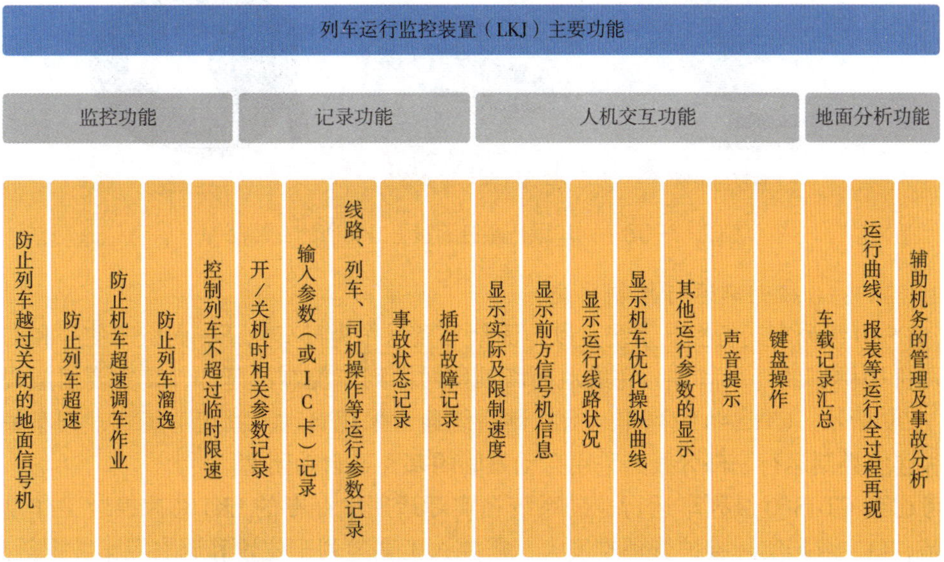

图 2-7-96　列车运行监控装置（LKJ）主要功能

(2）基本组成

列车运行监控装置（LKJ）主要由主机箱、显示器、事故状态记录器（选件)、速度传感器、压力传感器以及连接线缆等部件组成，如图 2-7-97 所示，其主要组成部件如图 2-7-98 所示。

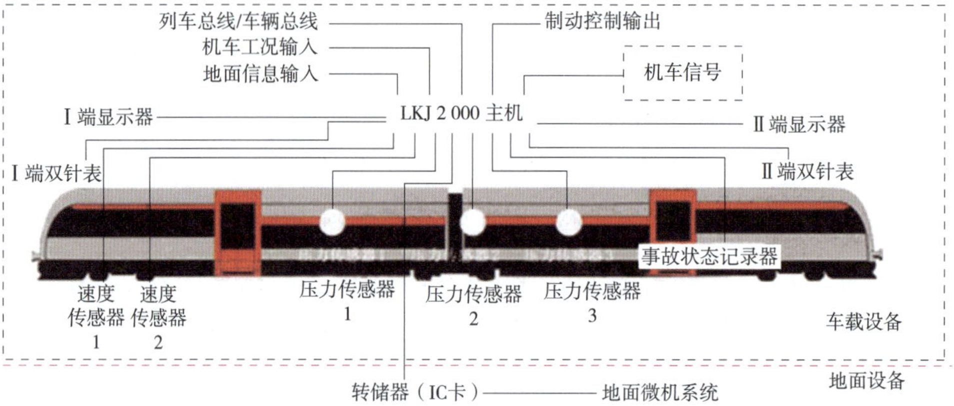

图 2-7-97　列车运行监控装置（LKJ）基本组成

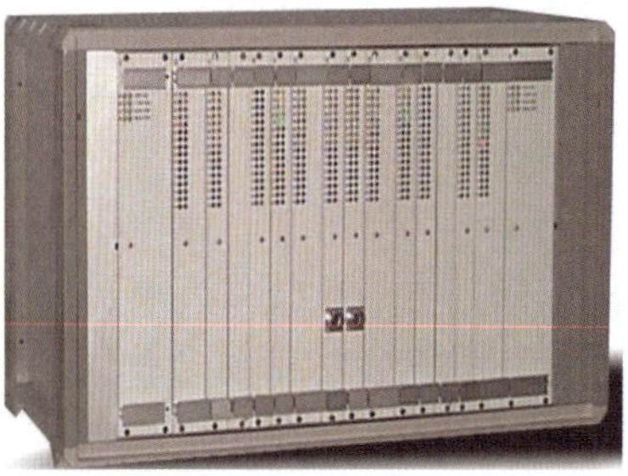

(a）LKJ 2 000 主机箱

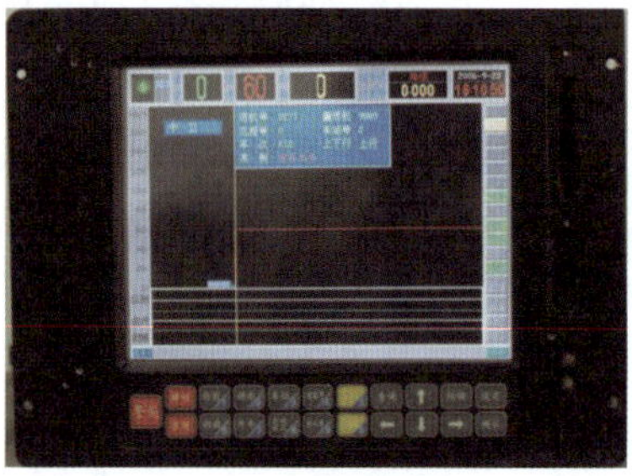

(b）屏幕显示器

(c）速度传感器

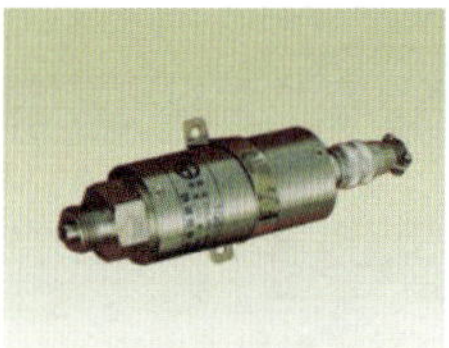

(d）压力传感器

(e）连接线缆

图 2-7-98　列车运行监控装置（LKJ）的主要部件

2. CTCS−0 级列车运行控制系统

CTCS-0 级列车运行控制系统是以地面信号显示作为行车凭证，而机车信号和 LKJ 设备为司机提供辅助行车信号，完成地面联锁信号向列车控制的延伸，其主要组成设备如图 2-7-99 所示。CTCS-0 级列车运行控制系统通常采用自动（固定）闭塞，列车一般采用分级速度控制运行，部分线路采用自动站间闭塞和半自动闭塞。

考虑到 CTCS-0 级列车运行控制系统在实际运用中存在的 LKJ 芯片换装工作量大且易出错、LKJ 数据实际维护管理难度大、需要人工调整列车位置和调取控车数据等问题，我国铁路以其为基础研究开发了 CTCS-0+ 级列车运行控制系统。

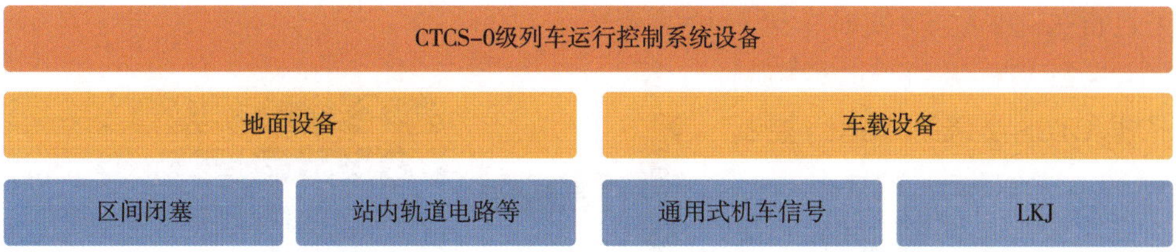

图 2-7-99　CTCS-0 级列车运行控制系统主要设备

3. CTCS-0+ 级列车运行控制系统

CTCS-0+ 级列车运行控制系统具有特点如图 2-7-100 所示。CTCS-0+ 级列车运行控制系统实现了 LKJ 基础数据存储到地面应答器，无需经常更新车载数据，还实现了通过应答器位置信息和发送给车载的数据自动进行列车定位校对，且无需人工选取控车数据，基本解决了 CTCS-0 系统存在的主要问题。

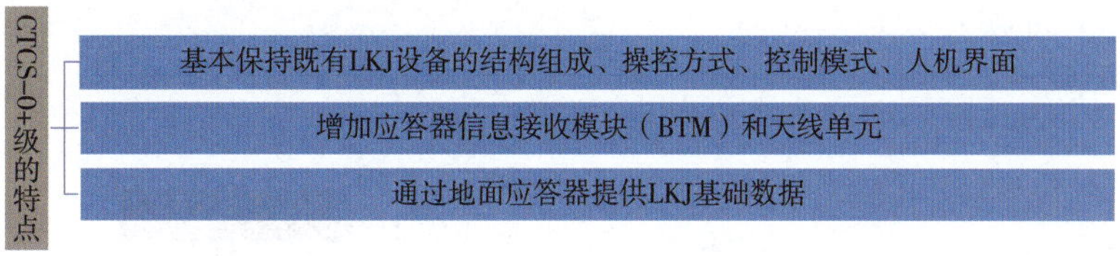

图 2-7-100　CTCS-0+ 级列车运行控制系统特点

4. CTCS-1 级列车运行控制系统

CTCS-1 级列车运行控制系统由主体机车信号 + 安全型运行监控记录装置组成，可实现点式信息作为连续信息的补充，提供点连式（连续信息与点式信息相结合的信息传输方式）超速防护功能，适用于列车最高运行速度为 160 km/h 以下的区段。目前系统总体方案和技术原则尚待完善，暂未实施应用。

五 CTCS-2 级与 CTCS-2+ATO 级列车运行控制系统

1. CTCS-2 级列车运行控制系统

CTCS-2 级列车运行控制系统主要装备时速 250 km 以下等级的铁路。经过多年的研究开发与工程实施，CTCS-2 级系统大量装备我国铁路，技术体系较为成熟。CTCS-2 级列车运行控制系统基于轨道电路和点式应答器传输行车许可信息，采用目标距离连续速度控制模式监控列车运行，地面可不设通过信号机，适用于多种线路速度区段。

CTCS-2 级列车运行控制系统由车载设备和地面设备组成如图 2-7-101 所示。如图 2-7-102 所示，CTCS-2 级是基于地面列控中心、ZPW-2000 系列轨道电路与应答器的列车运行控制系统。在 CTCS-2 级区段，通过“地面—车载”一体化设计，能为运营速度 200~250 km/h 的列车提供完整的列车超速防护（ATP）功能，保证列车运行安全。ATP 车载设备可提供 CTCS 全部功能，LKJ 仅作为记录器使用。CTCS-2 级列控车载设备结合自身定位及测速、测距，根据接收到的地面应答器数据计算并监控列车运行。CTCS-2 级设置与 LKJ 接口，在 CTCS-0 级区段采用 LKJ 控车。

2. CTCS-2+ATO 级列车运行控制系统

CTCS-2+ATO 级列车运行控制系统依据 CTCS-2 级列车运行控制系统标准，吸收地铁 ATO 系统功能，结合高密度、较短站间距、公交化灵活组织特点，构建适用于 160 km/h 以上速度、低至 3 min 追踪间隔、高自动化、智能化的先进城际铁路列车运行控制系统。其技术主要特点如图 2-7-103 所示。

2016 年 3 月 30 日，珠三角地区佛肇城际在世界范围内首次实现时速 200 km 自动驾驶运行，如图 2-7-105 所示。

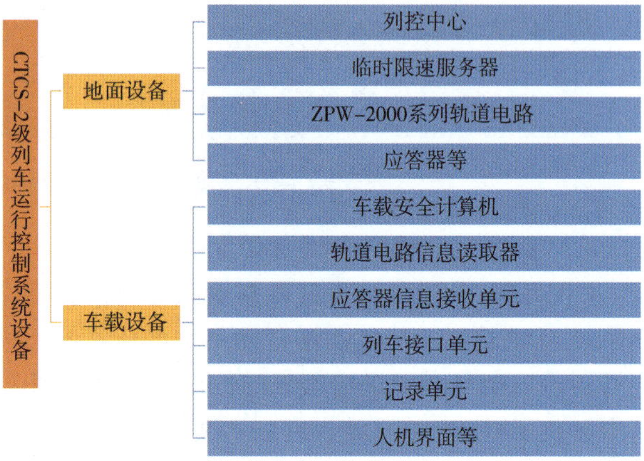

图 2-7-101　CTCS-2 级列车运行控制系统设备

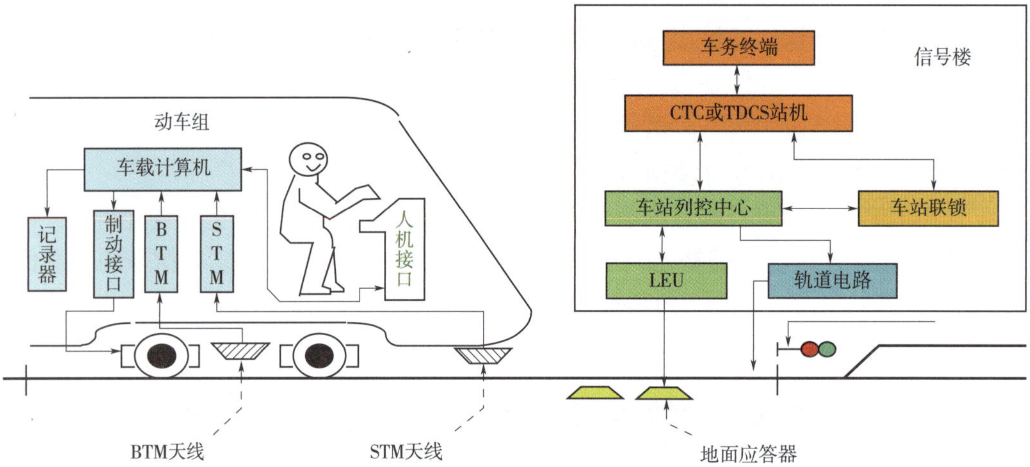

图 2-7-102　CTCS-2 级列车运行控制系统构成及相互关系

注：BTM—应答器传输单元；STM—轨道信息接收单元；LEU—应答器及电子编码单元。

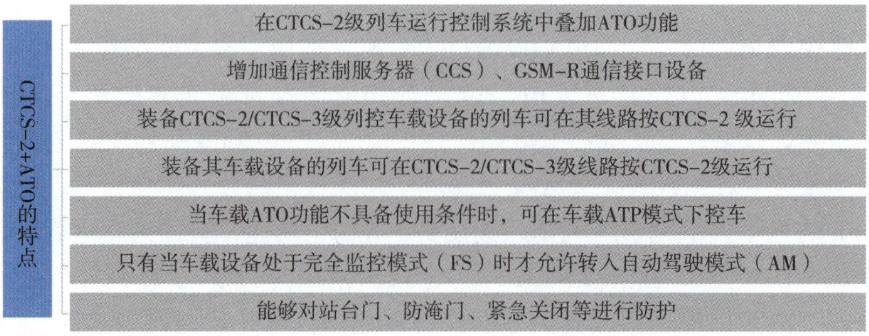

图 2-7-103　CTCS-2+ATO 级列车运行控制系统技术特点

图 2-7-104　装备 CTCS-2+ATO 级列车运行控制系统的佛肇城际

六 CTCS-3 级与 CTCS-3+ATO 级列车运行控制系统

1. CTCS-3 级列车运行控制系统

CTCS-3 级列车运行控制系统是基于无线传输信息，采用轨道电路等方式检查列车占用，采用点式设备传送定位信息的列车运行控制系统。CTCS-3 级列车运行控制系统是在 CTCS-2 级列车运行控制系统的基础上升级完善的，主要变化是采用无线传输信息代替了 CTCS-2 级基于应答器和轨道电路信息传输模式。CTCS-3 级是通过 GSM-R 实现连续式、双向数据传输，CTCS-2 级是通过轨道电路和应答器，实现点式、单向传输。数据传输方式的不同也决定了数据传输内容的不同，引起两者在数据传输的安全性和实时性上的区别。此外，两者在数据精度、设备配置方式、维护手段等方面也存在差异。

CTCS-3 级列车运行控制系统由列控车载设备和地面设备组成，如图 2-7-105 所示。如图 2-7-106 所示，CTCS-3 级是基于无线通信 GSM-R 方式，实现车—地信息双向传输、无线闭塞中心生成行车许可的列控系统。它以目标—距离连续速度控制模式、设备制动优先的方式，对列车进行监控。CTCS-3 级用于速度为 300 km/h 以上，且最小追踪间隔为 3 min 的高速铁路。CTCS-3 级列控车载设备结合自身定位及测速、测距，根据接收到的地面无线消息行车许可及线路数据监控列车运行。CTCS-3 级列控车载设备主要由安全计算机及系统应用软件、应答器信息接收单元（BTM）、轨道电路读取器（TCR）、人机交互单元（DMI）、GSM-R 无线电台及天线、继

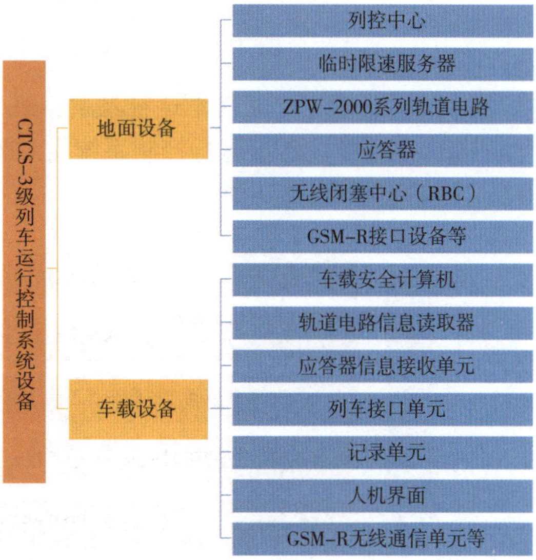

图 2-7-105　CTCS-3 级列车运行控制系统主要设备

电器单元、速度传感器、司法记录单元（JRU）及组合开关单元等组成。系统设计符合中国铁路及欧洲相关标准规范，具备 CTCS-3/CTCS-2 级列控车载设备功能；各单元采用冗余结构，单系设备故障后，可自动切换到另一系；满足与多种型号动车组列车接口（继电器接口和 MVB 接口）的适配要求；车载设备外部接口可与列车、动态监测设备连接。

CTCS-3 级列控系统的后备模式为 CTCS-2 等级（不设列车运行监控装置 LKJ），主要用于在 CTCS-2 等级线路上运行时控车，以及 CTCS-3 级线路无线故障后的控车模式。正常运行时，CTCS-3 级与 CTCS-2 级系统是同时工作、独立运行的，即在 CTCS-3 级列控系统控车时，C2 级仍能正常接收轨道电路信息与应答器信息，并绘制出数据，但不传送 DMI 进行显示，也没有获取控制权限；当 CTCS-3 级系统出现故障时，CTCS-2 级立即从后台工作状态转至前台，接替 CTCS-3 级系统进行降级工作，并将接收到的数据传送至 DMI。

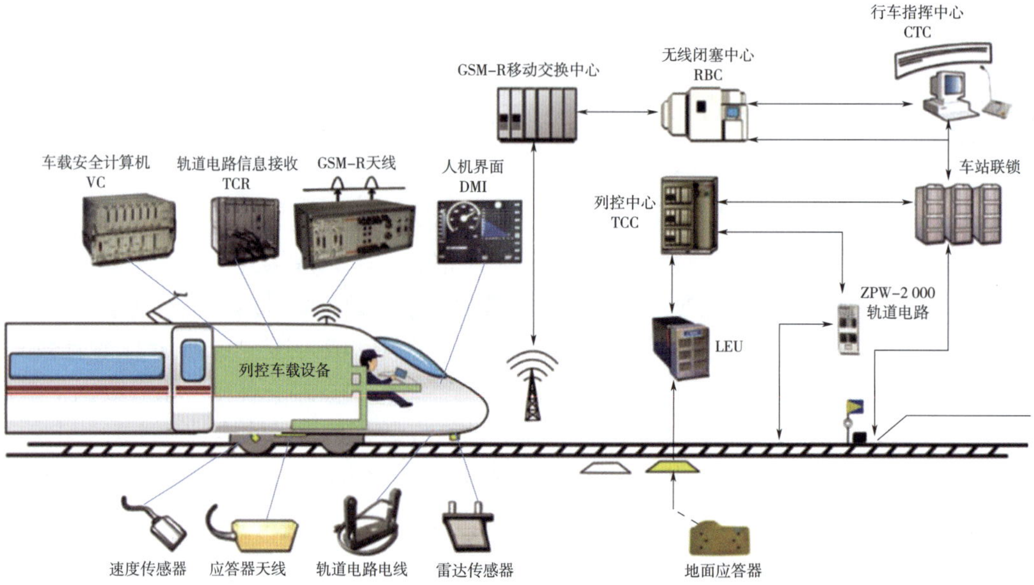

图 2-7-106　CTCS-3 级列车运行控制系统构成

2. CTCS-3+ATO 级列车运行控制系统

CTCS-3+ATO 级列车运行控制系统在 CTCS-3 级列车运行控制系统基础上增加 ATO 功能，主要特点如图 2-7-107 所示。

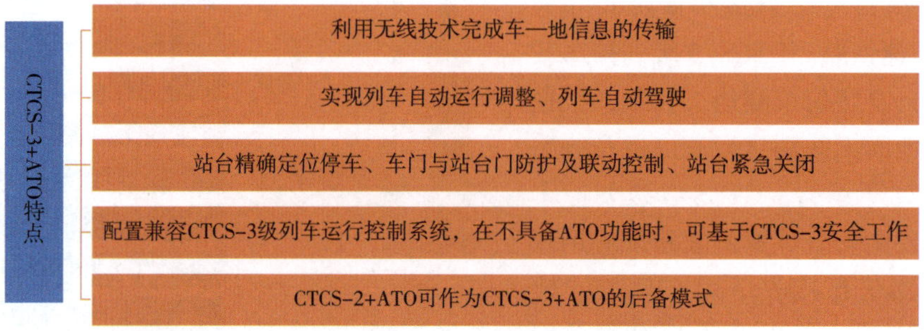

图 2-7-107　CTCS-3+ATO 级列车运行控制系统技术特点

CTCS-3+ATO 级列车运行控制系统已投入实用并逐步推广。2019 年 12 月 30 日，装备了 CTCS-3+ATO 的京张智能高铁正式开通运营，在世界范围内首次实现时速 350 km 自动驾驶运行，如图 2-7-108 所示。

图 2-7-108　配备 CTCS-3+ATO 级列车运行控制系统的京张智能高铁

七 CTCS-4 级列车运行控制系统

CTCS-4 级列车运行控制系统是完全基于无线传输信息的列车运行控制系统，其技术特点如图 2-7-109 所示。

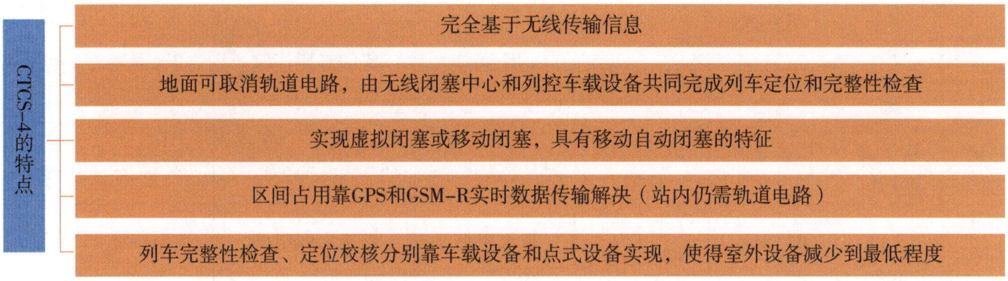

图 2-7-109　CTCS-4 级列车运行控制系统的特点

注：虚拟闭塞可以理解为准移动闭塞的一种特殊形式，即把前车占用的闭塞分区再分成若干逻辑分区，后车的移动授权终点为前车尾部占用的逻辑分区终点。

第六节　铁路通信设备

本节 PPT

铁路通信是为组织铁路运输、指挥列车运行和铁路业务联络而传输各种信息的专用通信系统的总称。铁路通信的分类如图 2-7-110 所示。

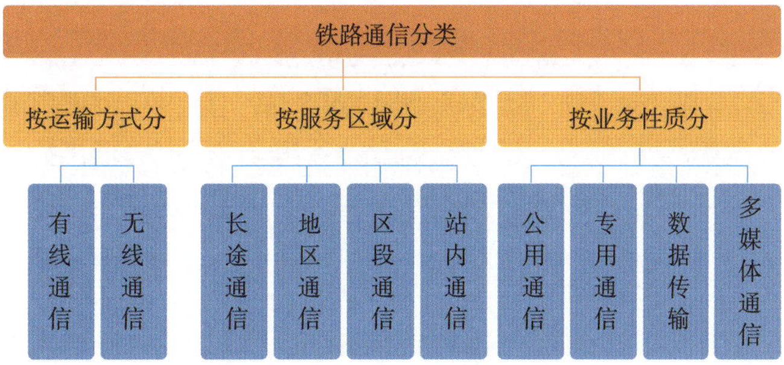

图 2-7-110　铁路通信分类

铁路通信具有点多线长、布局成网、多层次、多种类的特点。随着铁路运输发展和技术进步，通信技术迅速发展，光纤通信、无线通信的应用，数字化和程控化已成为普遍趋势，铁路通信已从简单的报话通信发展到包含各种业务网的数据综合通信系统。

一 铁路专用通信的主要内容

铁路专用通信业务如图 2–7–112、表 2–7–9 所示。

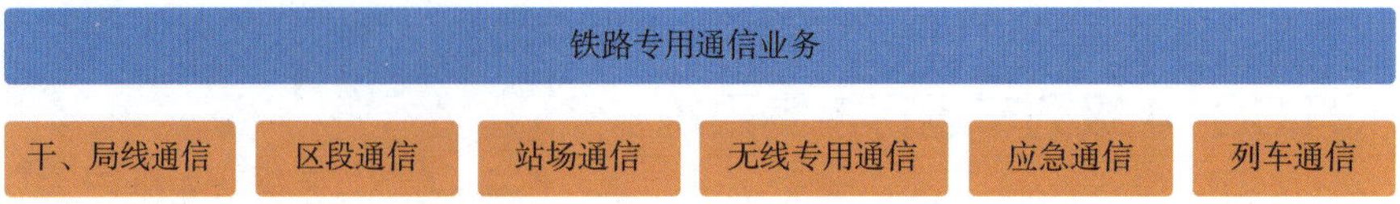

图 2–7–111　铁路专用通信业务分类

表 2–7–9　铁路专用通信业务

干、局线通信	区段通信			站场通信	无线专用通信	应急通信	列车通信
	区段调度通信	区段专用电话	区段数据通信				
局线各种调度通信	货运调度通信	桥隧守护电话	电力远动通道	站场内部电话	列车无线防护报警	图像传输	列车电话
干、局线会议电话	电力调度通信	道口电话	红外线轴温检测通道	扳道电话	站场无线电话	数据传输	闭路电视
干、局线会议电视	其他调度通信	区间电话	信号控制信息通道	客运广播	铁路数字移动通讯系统		旅客电话
			其他控制信息通道	客运信息系统	公安、工务对讲		列车安全告警系统
				站场扩音对讲	道口无线报警		

二 铁路调度通信网络

铁路调度通信是铁路通信中最重要的组成部分。铁路调度通信网的网络结构根据铁路运输调度体制，分为干线、局线、区段三个层级，各层网络自成系统，独立组网，如图 2–7–112 所示。

图 2–7–112　铁路调度通信网的网络结构

1. 干线调度通信（国铁集团）

干线调度通信是国铁集团为统一指挥各铁路局集团公司，协调地完成全国铁路运输计划，在国铁集团与铁路局集团公司之间设立的各种调度通信。

国铁集团运输指挥中心设数字交换机，用数字中继通道与各铁路局集团公司运输指挥中心的数字调度交换机相连，相邻铁路局集团公司的数字调度交换机之间也相连，从而组成一个复合星形网络结构的干线调度通信网。

2. 局线调通信（铁路局集团公司）

局线调度通信是铁路局集团公司为统一指挥所属调度区段及主要站段，协调地完成全局运输计划，在铁路局集团公司与编组站、区段站、主要大站之间设立的各种调度通信。

铁路局集团公司的干调数字交换机用数字中继通道与各调度区段数字调度交换机（也可利用区段数字调度设备）相连，构成星形网络结构的局调调度通信网。不在调度区段指挥中心所在地的局调分机，利用区段数字调度通信或专线延伸至区段站、编组站、中间站。

3. 区段调度通信（调度区段）

区段调度通信是各调度区段为指挥运输生产，在调度员与所辖区段的铁路各中间站按专业、部门设置的调度通信系统，统称区段调度。

铁路局集团公司下属的调度区段运输指挥中心设区段数字调度机（俗称主系统），与所辖区段沿线各站车站数字调度机（俗称分系统），用同轴电缆以串联形式逐站相连，并由末端车站环回，组成一个自愈环（组成环形网实现自愈的一种保护方式）。区段内所有调度业务（行调、货调、电调、无线列调）纳入环形网内。

三 铁路综合数字移动通信系统（GSM-R）

在传统的调度通信系统中，主要是以下达话音指令为主的调度形式来实现对行车各关联环节的运行指挥，存在功能单一、频率利用低、多用户争抢信道、制式不统一等缺陷，不能适应技术发展和运输生产的需要。随着高速铁路的发展，各关联环节的运行指挥也越来越复杂，单纯以话音指令为主的调度形式已经远远不能适应铁路发展的需要，以传输指令数据和计算机管理为主要手段的行车指挥调度方式逐渐广泛使用。与之相对应，铁路综合数字移动通信系统 (GSM-R，Global System for Mobile Communication for Railways) 得到发展。

GSM-R 是专门为铁路通信设计的专用通信系统，它是在全球移动通信系统 (GSM，Global System for Mobile Communication) 的基础上增加了铁路特殊业务所需要的调度通信功能和适合高速环境下使用的要素发展而成的。

GSM-R 推动了有线调度通信系统与移动通信系统互相融合，形成调度通信、公务移动、信息传输、列车控制一体化的通信系统。GSM-R 也可作为列车自动控制的信息通道，车、地之间的信息通过无线通道传输，不需要轨道电路作为信息通道，因此，不仅节省大量投资，减少维修工作量，而且使移动闭塞得以实现。

1.GSM-R 的组成和网络结构

GSM-R 系统主要由网络子系统（NSS，Network Switching System）、基站子系统（BSS，Base Station System）、运行与维护子系统（OSS，Operation and Maintenance System）、终端设备（MS，Mobile Station）等四部分组成，各部分的组成和主要功能如图 2-7-113 所示，GSM-R 系统结构如图 2-7-114 所示。

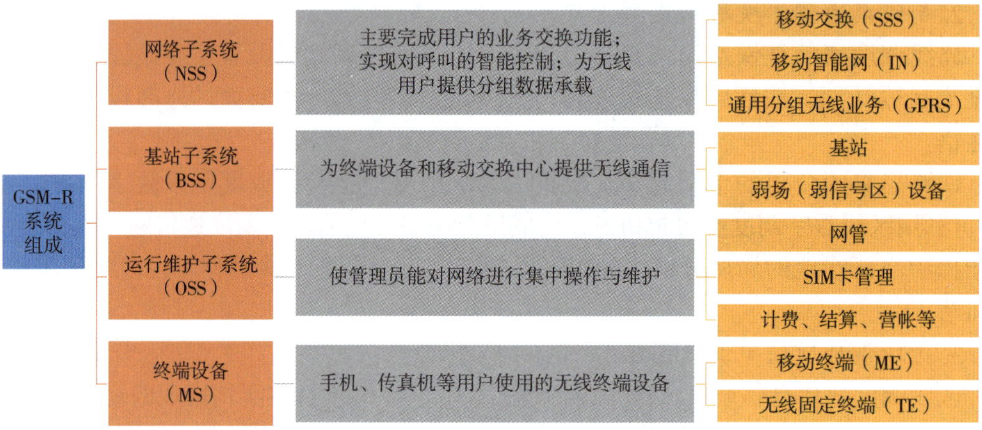

图 2-7-113　GSM-R 系统组成及主要功能

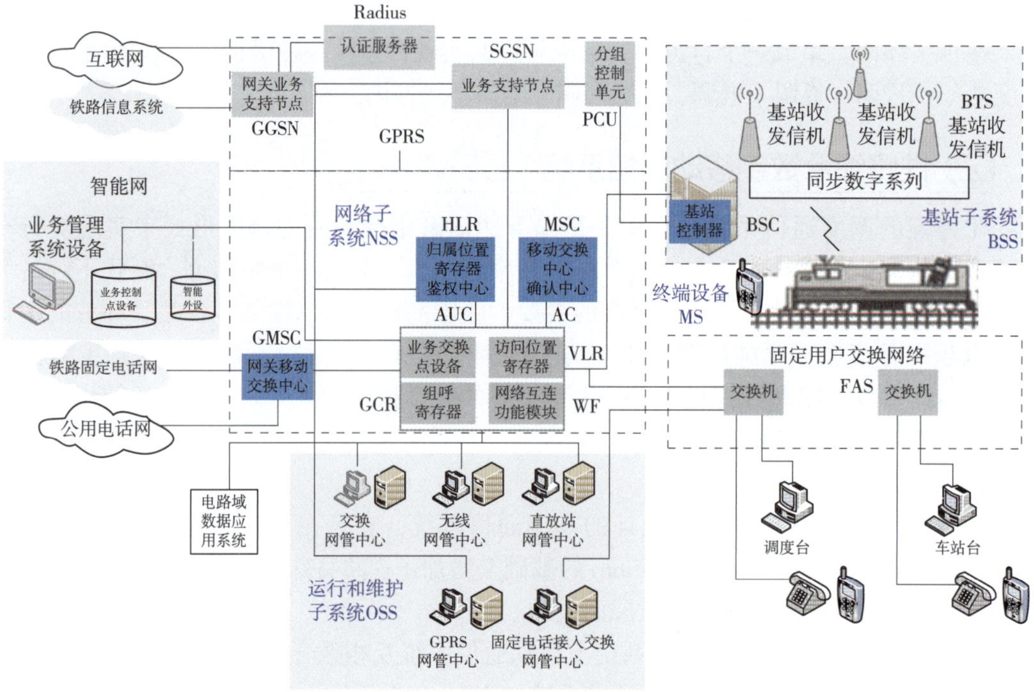

图 2-7-114　GSM-R 系统结构示意图

2.GSM-R 主要业务及功能

GSM-R 业务分为 GMS 业务和铁路特殊业务，包括语音业务和数据业务，如图 2-7-115 所示。

（1）GSM-R 语音业务

通过 GSM-R，铁路调度通信业务实现了传统的有线调度与无线调度的统一。GSM-R 语音业务主要包括点对点呼叫、组呼叫、紧急呼叫、广播呼叫、多方通信（会议）。以铁路调度通信为例，语音业务包括列车、货运、牵引变电等调度通信，也包括站场、应急、施工养护等专用通信。

（2）GSM-R 数据业务

GSM-R 数据业务主要包括：短消息；电路交换数据传输，用于铁路安全型数据传输，如列控信息、调车监控信息、机车同步操作控制信息等；分组交换数据传输，用于通用型数据传输，如调度命令、车次号、列尾信息传送、进站停稳信息及接车近路信息的传送。根据需要还可用于其他信息传输，如旅客列车移动售票和旅客列车移动互联网服务、车站 / 编组场综合移动信息、接车工况信息、牵引工况信息、线路监测状态信息和 GSM-R 场强监视数据信息传输等数据通信业务。

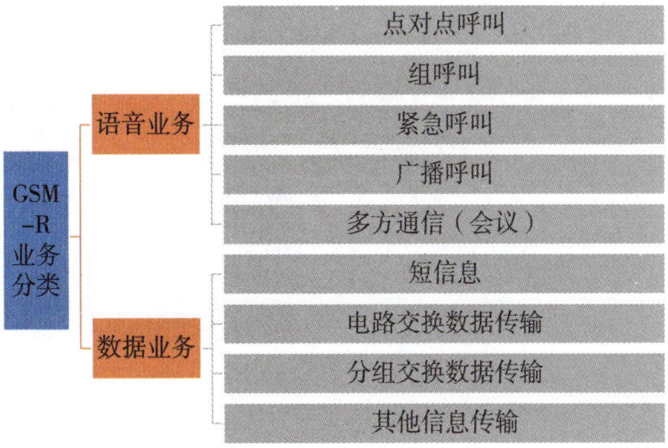

图 2-7-115　GSM-R 业务分类

3.GSM-R 应用情况

中国铁路 GSM-R 应用需求主要包括列车运行控制、列车调度指挥、列车运行安全监控及其他业务四个方面，如图 2-7-116 所示，目前列车运行控制、列车调度指挥方面的应用需求已基本实现，列车运行安全监控和其他业务方面的应用需求部分实现。

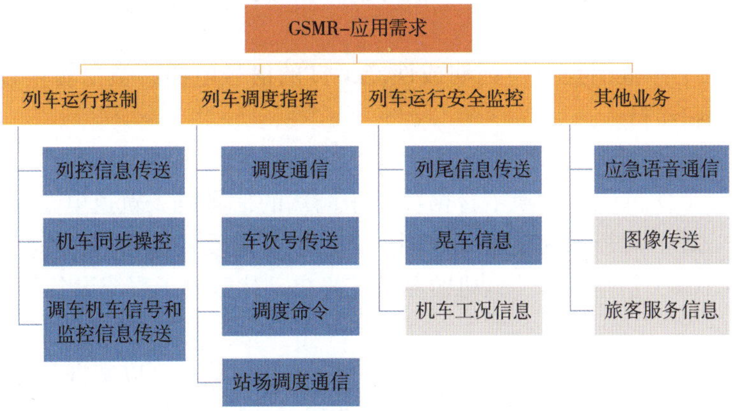

图 2-7-116　GSM-R 的应用需求

注：蓝色背景标示已实现需求部分；灰色背景标示有待实现的部分。

第七节　信号设备维护工作

本节 PPT

1. 维护工作组织

铁路信号通信设备（电务设备）技术密集、科技含量高，具有点多线长、设置分散、布局成网、不间断运用、结合部多、易受外界影响等特点，其维护工作技术要求高，既相对独立，又紧密联系。

电务段是电务设备维护工作实施的基层部门，实行段、车间、工区三级管理，组织完成对电务设备的维修、中修、大修及测试等工作，如图 2-7-117 所示。

对于铁路通信设备的维护，可专门设置通信段组织完成。

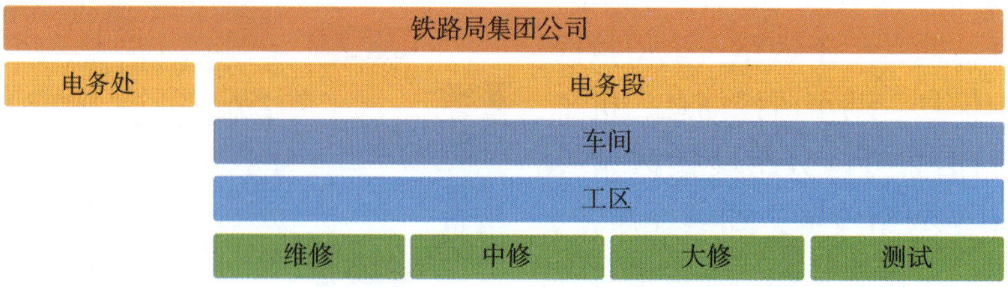

图 2-7-117　信号维修工作组织

2. 主要维护工作

铁路信号设备维护工作主要由维修、中修、大修三个主要部分组成，此外测试工作也是信号设备维护工作的重要内容之一。

（1）维修

现场维修实行计划性维修和状态修两种模式。计划性维修是根据规定的维修周期和内容有计划地实行日常养护、集中检修和入所修。状态修是根据设备特性变化状态有针对性地进行维修。实行状态修的基本条件是该设备具备有效的自检、监测、报警、冗余等功能和手段，能够随时掌握该设备工作状态及变化趋势，预防可能出现的故障。

（2）中修

中修的主要工作范围是更换到期或性能不良的信号电缆、道岔转换设备、信号机、轨道电路等设备和器材。

（3）大修

大修的主要工作范围是更换不合格或属于淘汰的信号机、轨道电路、信号设备电源等设备、器材。对于信号系统设备大修周期，一般信号设备通常为 15 年，计算机联锁、TDCS、CTC、CTCS、机车信号、微机监测、驼峰自动化等电子系统设备通常为 10 年。

（4）测试

测试是信号设备维护工作的重要内容之一，通过测试，可以掌握和分析设备运用状态，指导维护工作，预防设备故障，保证设备正常运用。

复习思考题

1. 什么是铁路信号设备？包括哪些内容？
2. 铁路地面固定信号有哪些？
3. 简述联锁的概念。
4. 分析轨道电路的工作原理，它有哪些作用？
5. 继电联锁的优点有哪些？与计算机联锁有何异同？
6. 何谓半自动闭塞、自动站间闭塞、自动闭塞（固定、准移动、移动闭塞）？
7. 简述中国列车运行控制系统及其分类
8. 铁路专用通信设备有哪些？
9.GSM-R 网络具体由哪几部分组成？它的主要优势是什么。

第三篇

铁路运输组织及安全管理

铁路运输系统的基本任务是合理地运用铁路运输的技术设备与科学的组织管理方法，安全、准确、迅速、经济、便利地运送旅客和货物，高质量地满足市场对铁路运输的需求。旅客和货物的运送过程，就是铁路运输的生产过程。铁路运输系统的各个部门都应围绕运输生产来开展工作，加强企业管理，保证运输安全、挖掘潜力、提高劳动生产率，以取得最好的社会经济效益，全面完成运输生产任务。

铁路运输生产过程每一个环节的工作以及整个生产过程的计划、组织与指挥，都属于铁路运输组织和安全管理工作的范围。铁路运输组织和安全管理主要包括：旅客运输组织、货物运输组织、铁路行车组织、铁路运营安全管理等。

一般地说，凡是处理有关旅客、行李和包裹等方面的工作，属于旅客运输工作范围；凡是处理有关货物以及铁路和托运人、收货人关系方面的工作，属于货物运输工作范围；而处理运输过程中有关机车、车辆和列车的工作，则属于行车组织工作范围。无论哪一部分工作都必须贯彻安全生产的方针，坚持高度集中、统一领导的原则，发扬协作精神，高质量高效率地完成客货运输任务。

运营安全是运输生产效率和效益的前提和保证，有了安全，运输生产才能有序进行，才会带来效率和效益。当安全与生产发生矛盾时，生产要服从安全，更要树立“安全第一，预防为主，综合治理”的思想，用科学的态度和方法正确处理安全与效率、效益的关系，保证铁路运输适应国民经济和人民生活日益增长的需要。

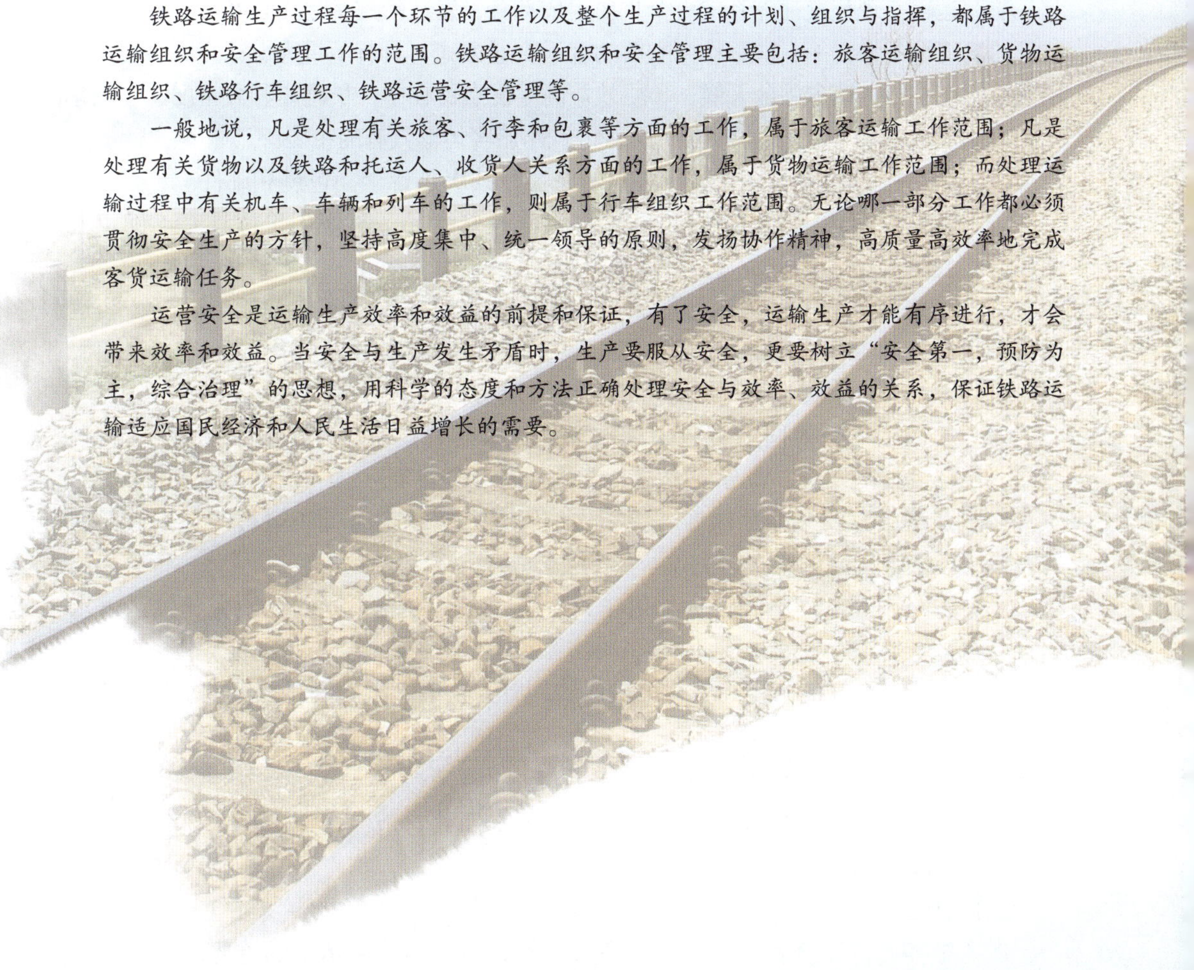

第一章 铁路旅客运输组织

旅客运输是铁路运输的一个重要组成部分。旅客运输的基本任务是最大限度地满足广大人民群众在旅行过程中的需要，安全、迅速、准确、便利地运送旅客、行李、包裹和邮件，保证旅客在旅行途中舒适愉快并得到文化生活上的优质服务。

第一节 绪 论

本节PPT

一、铁路旅客运输的特点

旅客运输是现代交通体系的一个重要组成部分，发达的旅客运输是经济、社会发展不可缺少的基础性条件之一。铁路作为主要的客运交通方式，具有运量大、速度高、安全好、费用低、能耗小、占地少、全天候、环境效益高等优点，在中、长距离和大密度、高频率的城际和市郊旅客运输中具有比较明显的优势。铁路旅客运输具有的主要特点如下：

（1）铁路旅客运输的主要服务对象是旅客，其次是行李、包裹和邮件。

（2）铁路旅客运输提供的是空间位移这一特殊产品，其使用价值具有不确定性，其创造的社会经济效益往往远大于自身的经济效益。

（3）铁路客运服务包括一切能满足旅客合理需求的有形实体和无形部分，客运服务质量的控制主要在于过程控制，它不同于工业产品主要侧重最终产品质量，客运服务必须对售票、候车、乘降、列车服务等的全过程进行控制。

（4）旅客运输在时间上有较大的波动性，具有春运、暑运、黄金周等客流高峰期，因此，对客运技术设备、服务能力等要求留有一定的储备。

（5）铁路旅客列车都是根据需要事先编组好并按固定时刻表运行的，旅客根据自己的需要选择乘车日期、车次、到站、座别。

（6）铁路旅客运输不同于货物运输，旅客在旅行中有不同的物质文化生活需求，如饮食、盥洗、休息、适宜的通风、照明、温度等，旅客运输企业不仅应满足这些要求，而且应积极营造良好的旅行环境并提供优质的服务，最大限度满足旅客的合理需求。

二、铁路旅客运输的工作原则

铁路旅客运输为了保证质量良好地、高效率高效益地完成旅客运输任务，必须遵循的主要工作原则如下：

1. 保证运输安全

保证旅客旅行安全和行李、包裹完整无损，是铁路旅客运输的首要原则。铁路旅客运输企业在进行运输活动时，必须切实遵守各项安全制度，维护运输秩序，定期检修、维护客运设施设备，以确保旅客运输的安全。

2. 提高旅客列车运行速度

速度是当今旅客选择客运交通方式的重要指标，它是决定不同客运交通方式竞争成败的关键，也是有效地加速客运机车车辆周转、提高运输能力和降低运输成本的重要手段。同时，客运高速化还是当今世界铁路客运发展的主要趋势。为此，铁路运输企业应积极采用新技术、新装备，合理确定旅客列车运行方案，不断提高旅客列车运行速度，以不断增强铁路客运在运输市场中的竞争力，持续保持中国铁路客运的世界领先地位。

3. 加强计划运输

有计划的组织旅客运输，是保证既能良好的完成旅客运输任务，又能经济合理地使用机车车辆等技术设备以及保证旅客运输安全正点的重要措施。所以，必须在旅客运输市场调查及客流资料积累的基础上，正确预测运输市场，合理制定铁路发展规划及编制旅客运输计划，为科学配置运能及组织日常旅客运输工作提供依据。

4. 提高服务质量

服务质量的优劣直接影响着铁路运输企业的生命力，所以铁路客运要本着旅客至上的原则，坚持人民铁路为人民的服务宗旨，周到热情为旅客服务，实现安全正点、方便快捷、设备良好、站容车容整洁、饮食卫生、文明服务的服务质量目标。

第二节　铁路旅客运输计划

本节 PPT

一　旅客运输计划及其编制依据

（一）编制旅客运输计划的意义

铁路旅客运输计划是指为满足人们旅行需要，合理利用铁路旅客运输设备而制订的用以组织旅客运输工作的计划。旅客运输计划是铁路运输计划的主要内容之一，为了充分满足广大人民群众在生产和生活上旅行的需要，不断提高客运服务质量，并保证经济合理地使用技术设备和运输能力，充分挖掘运输潜力，组织旅客均衡运输，就必须编制旅客运输计划。

旅客运输计划内容主要有旅客运输量（客运量）、旅客发送量、旅客周转量和旅客平均运程等。据此可以确定旅客列车的行驶区段、编组内容和开行数量，为编制旅客列车运行图、发挥客运设备能力、更好组织旅客运输提供依据。

（二）旅客运输计划的编制依据——客流

铁路旅客运输是一个系统工程，离不开科学的计划和管理。旅客运输计划的主要编制依据是客流调查以及在调查基础上的客流预测，其中，客流调查是最具基础性的工作。

1. 客流调查的形式

通过对国家或地区社会政治、经济、文化发展情况的全面的了解，掌握一定时期内的客流数量及其变化的规律，称为客流调查。客流调查的基础是人们的出行需求，而人们的出行活动一般可以分为两大类，如图 3-1-1 所示。客流调查以影响客流发展与变化的主要因素为对象，收集计划和实际两种资料，来确定未来可能客流状况。

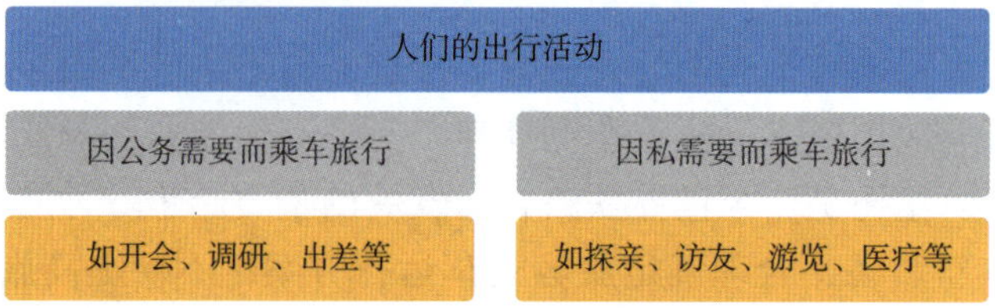

图 3-1-1　人们的出行活动

客流调查主要分为综合调查、节假日调查、日常调查三种形式，一般以日常调查为主，如图 3-1-2 所示。

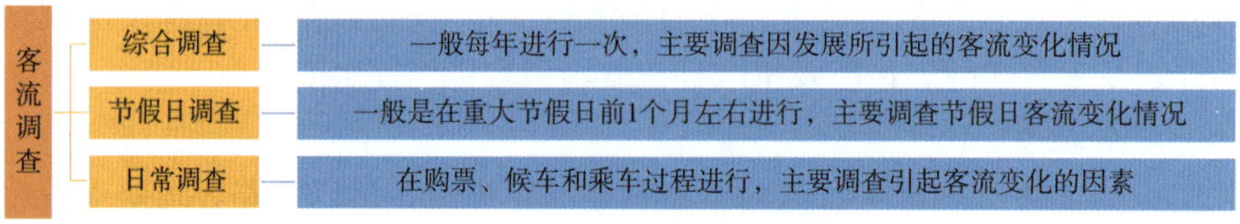

图 3-1-2　客流调查分类及特点

（1）综合调查

一般每年进行一次，主要调查吸引地区由于政治、经济、文化发展所引起的客流变化情况，主要包括吸引地区的一般情况、直接影响客流的各项因素、各种交通运输方式的竞争及分工合作、铁路旅客运输相关资料等。

（2）节假日调查调查工作

一般在重大节假日运输前 1 个月左右（客流较小的城市在节假日前半个月左右）进行，调查内容主要包括重点厂矿企业、机关、学校放假日期，社会活动及外地流动人口乘坐火车的流量、流向，其他运输方式节假日运输安排等。

（3）日常调查

通过与旅客在购票、候车和乘车过程的接触和观察，对引起客流变化的因素进行的调查和了解，包括市郊、周末、农村人口流动情况调查等，调查目的主要为了解重大社会活动、基本建设等情况，分析客流增减数量、变化原因和延续时间等。

2. 影响客流变化的主要因素

影响客流变化的主要因素如图 3-1-3 所示。

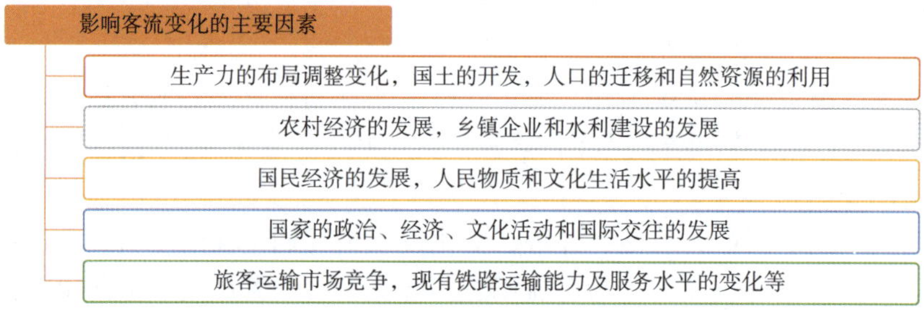

图 3-1-3　影响客流变化的主要因素

二 旅客运输计划的分类

旅客运输计划分为长远运输计划、年度运输计划和日常运输计划三种。长远运输计划一般为5年或更长时期的规划，根据国民经济计划期间进行编制，主要是规定旅客运输的发展方向、技术政策、速度、重量及有关的主要指标。年度运输计划是根据长远运输计划的要求，结合当年的具体情况编制的执行计划，是旅客运输的任务计划。日常运输计划是在年度计划的指导下，进行旅客运输作业的月、旬、日、班计划，是旅客运输的作业计划，是指导日常旅客运输的工作计划。

三 旅客运输计划的内容

旅客运输计划的主要内容包括客流计划、技术计划、列车票额分配计划和日常计划。

1. 客流计划

客流计划是依据各线的客流调查和预测，在推算出计划期客流量的基础上编制的，是确定旅客列车开行方案的基本依据，其主要包括以下内容如图3–1–4所示。

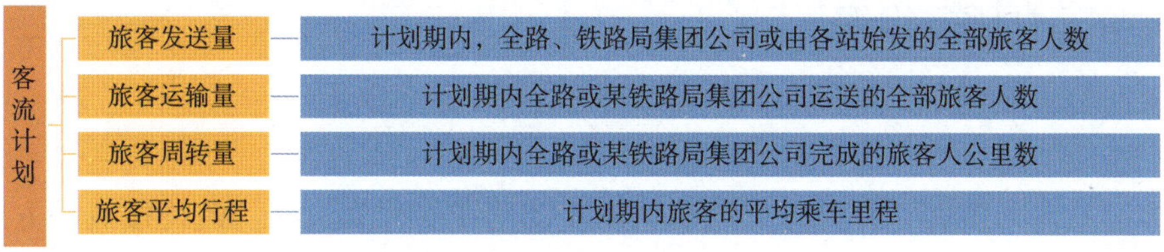

图3–1–4　旅客运输客流计划内容

2. 技术计划

旅客运输技术计划是保证质量良好地完成旅客运输任务，合理使用机车车辆和其他各种技术设备的具体生产计划。旅客运输技术计划应以客流计划为依据，其涉及的重点内容如图3–1–5所示。旅客运输技术计划的编制，是一项细致而复杂的工作。为此，要求客运和其他各部门密切配合，共同努力编制出质量较高的旅客运输技术计划。

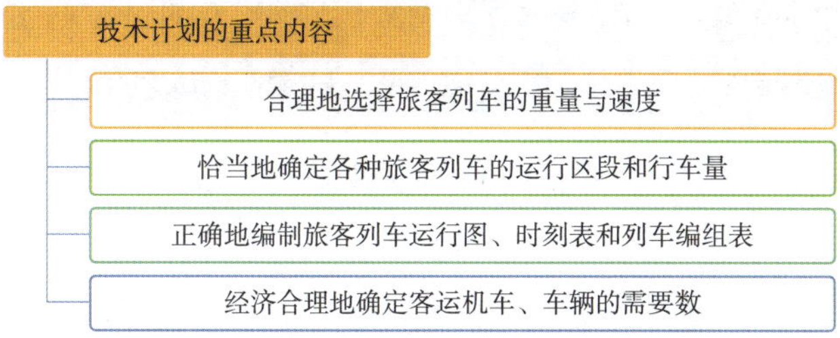

图3–1–5　旅客运输技术计划的重点内容

3. 列车票额分配计划

旅客列车票额分配计划是旅客运输能力的运用计划，也是客流分配计划。票额分配遵循“先中转，后始发，保证重点，综合平衡”的原则，实行长短途合理分工。

4. 日常计划

旅客运输日常计划是旅客运输计划的组成部分，它是为保证计划年度任务的完成而编制的。由于旅客运输在节假日、季节及日常时有波动，为指导日常运输工作、保证合理运用技术设备和及时输送旅客，必须编制旅客运输日常计划。同时，就铁路旅客列车本身而言，个别列车可能始发、运行晚点，临时加挂车辆或加开列车，车底中车辆定期检修或临时故障等等，都会影响到发线的使用、机车交路及旅客乘车组织工作的变更。所有这些，也需要通过日常计划由客运调度进行组织调整，使站车互相配合，组织好均衡运输以提高客运服务质量。

旅客输送日计划的编制，实行固定票额与日计划相结合的方法，在客流正常情况下，以分配的固定票额为基础，在客流发生变化时，提出调整票额、增减车辆的计划并报客运调度，由客运调度调整后执行。同时，为质量良好地完成旅客输送日计划，防止列车超员或运力浪费，车站和列车间还应实行站、车预报工作。

第三节　铁路客运服务组织

本节 PPT

一　客运站服务组织

1. 客运站流线管理

（1）流线的分类

在客运站内，旅客、行包、交通车辆的流动路线简称为流线。流线按流动方向不同，可分为进站、出站和换乘流线；按性质不同可分为旅客流线、行包流线、车辆流线。由于车站类型、等级不同，其流线形式亦有所不同。

（2）流线疏解的基本方式

流线疏解的基本方式主要分为在平面上错开、在空间上错开及同时错开等三类，如图 3–1–6 所示。

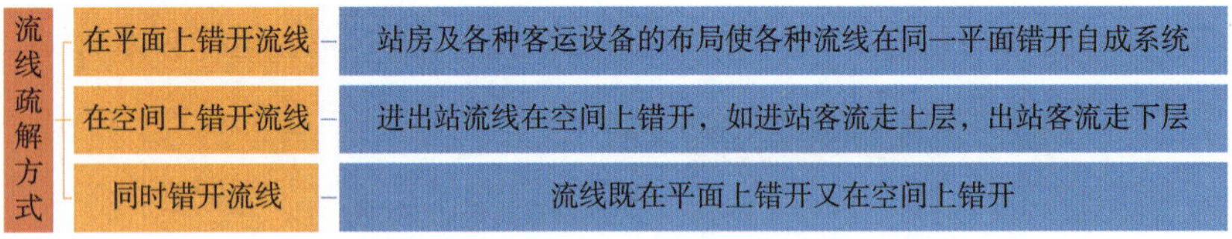

图 3–1–6　流线疏解方式

（3）旅客流线

旅客流线根据流向可以分为进站、出站和换乘流线。旅客进站流线一般包括购票、实名制验票、安检、候车、进站检票等作业环节，如图 3–1–7 所示。旅客出站流线上应设置出站检票设施，旅客中转换乘流线一般宜按站内换乘设计。

图 3–1–7　旅客进站流线

旅客流线设计应短捷，中型及以上客运站进站、出站和换乘流线一般相对独立设置，小型站可合并设置，旅客流线与车辆、行包和邮件流线宜相对独立，避免交叉。

2. 客运服务工作

客运站客运服务主要工作包括售票处工作、旅客乘降工作、相关服务工作等。

（1）售票处工作是指通过客票发售和预订，将众多的旅客按车次、方向有计划地组织起来，纳入车站旅客运送计划。

（2）旅客乘降工作是指有秩序地组织旅客在站内通行、检票进站，走向列车停靠站台上车，以及到达车站下车旅客在出站口交票出站。

（3）相关服务工作主要包括问询服务工作、随身携带品暂存工作及旅客候车服务工作。

二 旅客列车乘务组织

1. 旅客列车乘务工作的特点及任务

旅客的旅行生活大部分时间是在列车运行中度过的，因此做好列车乘务工作，对保障旅客安全、便利、舒适的旅行具有十分重要的意义。旅客列车乘务主要由乘务组完成，乘务组乘务工作的主要任务如图 3-1-8 所示。

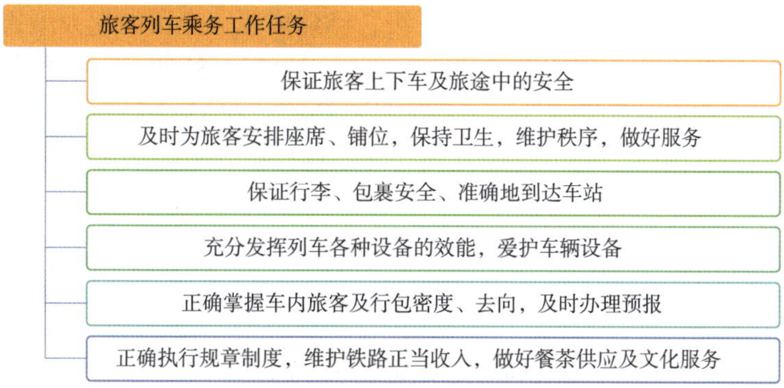

图 3-1-8　旅客列车乘务工作任务

2. 乘务组的构成和分工

旅客列车乘务组主要由客运、车辆和公安乘务人员构成，如图 3-1-9 所示。

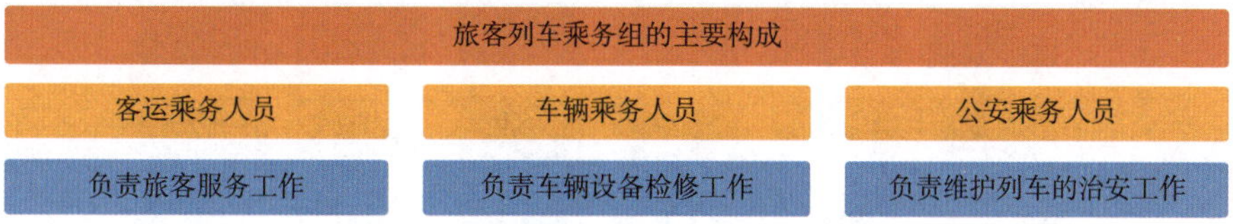

图 3-1-9　旅客列车乘务组的主要构成

（1）客运乘务人员包括列车长、列车值班员、列车行李员、广播员、列车员及餐茶供应人员，主要负责旅客列车的服务工作，一般由铁路部门的客运段领导。

（2）车辆乘务人员包括检车长、检车员等，负责列车车辆设备检修工作，由铁路部门的车辆段领导。

（3）公安乘务人员，包括乘警长和乘警，负责维护列车的治安工作，公安乘务人员原由铁路部门管理，现已改为由公安部门铁路公安局管理。

3. 旅客列车的乘务形式

旅客列车乘务组的乘务形式，按照有利保养车辆、合理使用劳力的原则，根据列车种类和运行距离，可以采用包乘制或轮乘制。

旅客列车包乘制是指由固定的几个旅客列车乘务班组成乘务组，轮流值乘某一列车的乘务制度。

旅客列车轮乘制是指没有固定的旅客列车乘务组，列车由若干乘务班组轮流值乘，各乘务班组可以在任一列车上值乘的乘务制度。

第四节　铁路客运票务系统

本节 PPT

为了满足旅客运输的需求，不断提高服务质量和管理水平，铁路先后研制开发了一系列的现代化设备和管理手段，在客运方面得到广泛的应用。其中，铁路客运票务系统（中国铁路 12306）最为典型，功能也最为复杂。

铁路客运票务系统是为旅客提供相关票务服务的信息系统，自 1996 年开始建设，经过 20 余年的发展，先后完成多次大规模升级，已建成覆盖全国的超大型售票网络，包括统一的国铁集团客票中心（完成席位集中管理、交易实时处理、基础数据维护、销售策略实施、统计、收入和清算管理等票务系统核心功能）和 18 个铁路局地区客票中心。铁路客运票务系统拥有网络、窗口、代售点、自动售票机、电话等多个售票渠道，包含车站服务、互联网 / 手机售票、电话订票、电子支付、列车服务、票务管理、客户关系管理、监控子系统、订餐服务以及交易服务集成平台和数据共享集成平台，为旅客出行提供了方便服务。面向海量数据存储和超大规模并发交易的应用需求，新一代铁路客票系

图 3-1-10　铁路票务系统的核心功能

统广泛地采用了移动互联网、云计算平台、内存数据库及弹性计算架构等新技术，并在车票实名制、电子支付、票额预分、席位选择、通退通签等领域不断改进。为有效解决高峰期访问难的问题，铁路售票系统基于“双活数据中心”系统架构，创新采用分布式内存的余票计算技术，异步交易排队技术，“售取分离、读写分离”技术，实现了系统核心处理能力、效率的大幅提升，使旅客购票体验越来越好。铁路票务系统的核心功能和系统架构如图 3–1–10 和图 3–1–11 所示。

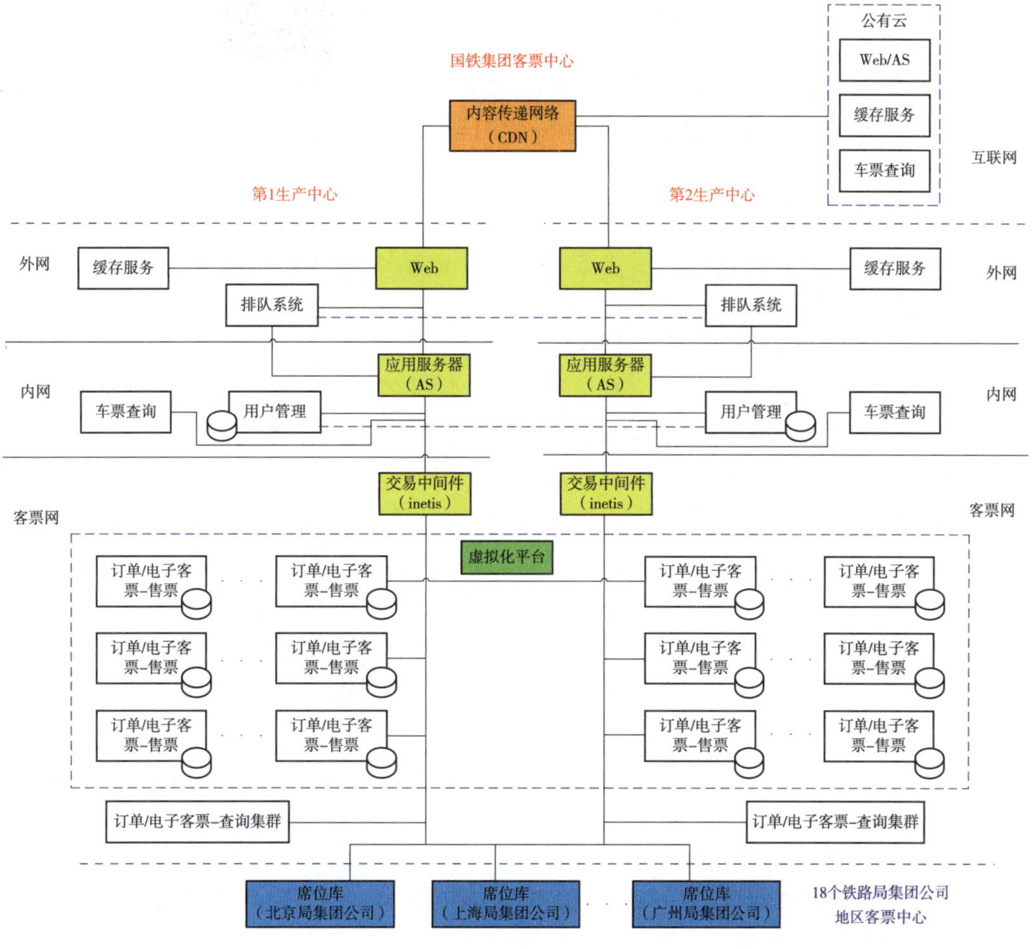

图 3–1–11　铁路票务系统架构

复习思考题

1. 什么叫客流调查？影响客流变化的主要因素是什么？
2. 客流调查有哪些不同的方法？调查内容有何区别？
3. 旅客运输计划分为哪几种？
4. 铁路车站客运服务具体包括哪些内容？
5. 旅客列车乘务组织涉及哪些方面？
6. 简述铁路票务系统的核心功能。

第二章 铁路货物运输组织

第一节 概　　述

本节 PPT

与铁路旅客运输不同，铁路货物运输的对象无法自身移动且品类多、运输车辆的车种车型多、装卸机具杂，因而铁路货物运输组织与旅客运输组织方式相比更加复杂。

一 货物运输的特点

货物运输具有对象广泛性、运输方向性、运输需求在时间上的不均衡性、运输集中性、运输组织复杂性等特点。

1. 对象的广泛性

货物运输的对象包括工、矿、农、林、渔、牧等各种产品和商品，种类繁多，且随着新产品的不断问世和旧产品的不断淘汰，其类别和品名也在不断地变化。

2. 运输的方向性

货物运输具有方向性，即往返程货运量可能不相等。这是由于资源分布和生产力配置所致。我国的自然资源主要分布在西部和北部内陆地区，而工业基地则主要分布在东部和南部沿海。自然资源和工业布局的错位态势，决定了我国地区经济发展的不平衡，决定了货运结构以能源、原材料和初级产品为主，也决定了物资由北向南和由西向东的基本流向。

3. 运输需求在时间上的不均衡性

受工农业生产和消费的季节性等因素影响，货物运输需求往往在年内各季、季内各月以及月内各旬、日之间不均衡。

4. 运输的集中性

货物运输虽然运输对象差异很大，但市场相对集中，大多具有一定的批量。

5. 运输组织的复杂性

和旅客运输相比，货物运输增加了货物的集散、装卸、中转组织，为了提高货物运输的效率，还要合理选择运输方式、运输径路以及运输工具。因此，货物运输过程不仅仅是货物运送的过程，往往要延伸到货源组织、中转组织、货物配送以及工农业生产过程。因此，货物运输组织要复杂得多，涉及的机构也较多。

二 货物运输组织的基本要求

货物运输总的要求是安全、迅速、准时、经济、便利地运送货物。

1. 安全

安全是货物运输组织的最基本要求。货物运输安全与许多因素有关，主要有货物的质量和包装方法、货物运输设备、货物运输条件和运输过程中的作业方法等。

2. 迅速

货物运输的迅速与否，一般应以运到期限为衡量标准，此外，也可以采用送达速度作为比较指标。

3. 准时

准时是用户在货物送达期限和送达时间方面的基本要求，对于高附加值货物有着更为严格的时间限制。运输企业应对用户的送达时间要求做出明确的承诺。

4. 方便

方便是用户的共同要求，一般包括办理运输手续、费用结算的简便，以及提供不受时间或数量限制的运输服务和延伸服务。

5. 经济

经济对用户而言是支付较低的运输费用，对运输企业而言则是指耗费较低的运输成本。这两方面的要求有时是一致的，有时则是矛盾的。

三 铁路货物运输组织的基本原则

1. 负责运输

负责运输，在运输企业与用户之间是建立和健全运输合同制度，在运输企业内部则是以责任制为中心，规范和完善与货物运输有关的各个部分和环节的各项负责制，以保证货物运输的安全、完整和及时送达。在发生各种违约情况下，及时、正确地实行理赔，严肃认真地进行货物损失处理和违章分析。明确责任，是负责运输的主要标志。

2. 计划运输

随着经济的发展，运输市场也日益呈现需求多元化的发展态势，运输产品的开发和运输资源的配置已经转向以运输市场为主体，但计划仍然是组织现代化运输大生产的重要手段。运输计划在综合平衡运量需求和运能供给、组织日常运输生产上仍然发挥着整合、协调和优化的重要作用。

3. 均衡运输

均衡运输是指货物运输的数量和时间安排上尽可能地均衡，货物的流量和流向尽可能稳定，以保证良好的运输工作秩序，充分利用运输能力。组织均衡运输，必须加强经济调查，做好货源货流组织，认真搞好日常运输流调整。根据货源货流的变化规律，在计划安排上预先考虑季节性物资运输要求，可减少季节性物资运输对运输均衡的不利影响。

4. 合理运输

运输合理化是指在实现社会产品生产、流通、供应和销售的运输过程中，以社会劳动耗费和物流总成本的最小化为依据，力求使货物的运量、运程、流向和中转环节合理，保证充分有效地使用运输能力，以最少的运输资源耗费，及时、准确、迅速、均衡、质量良好地满足运输需求。

四 铁路货物运输计划

1. 铁路货物运输计划的定义及作用

铁路货物运输计划，是指以客户“实货”（客户提出并经核实确认，符合铁路运输安全基本条件和相关办理规定的货物运输需求）为依据，以保证日常“实货”装车为目的，根据铁路运输特性，为满足客户运输需求和提高运输生产组织效率而编制的内部运输生产组织计划。铁路货物运输计划不面向客户，对外由客户自由提报运输需求。

铁路货物运输计划的基本任务是根据国家经济政策和运输政策，密切产供运销关系，正确安排各地区、各部门、各种物资的发送量和流向，积极组织合理运输、均衡运输、直达运输，充分发挥运输工具效能。铁路货物运输计划是铁路制定和实施各项计划（如机车车辆运用计划、列车编组计划、运输方案、列车运行图、运输日常工作计划等）、实行计划管理的重要依据，其作用如图 3-2-1 所示。

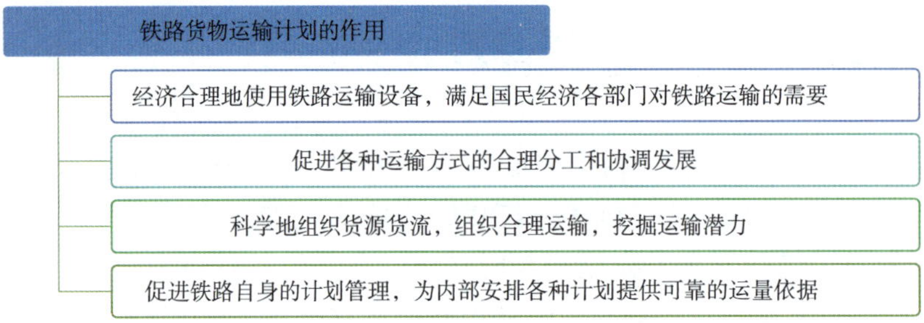

图 3-2-1 铁路货物运输计划的作用

2. 铁路货物运输计划的分类

铁路货物运输计划，按其实施期限的长短，划分为长远货物运输计划、年度货物运输计划和月度货物运输计划。

长远货物运输计划、年度货物运输计划一般由计划部门负责编制。月度货物运输计划由运输、货运部门共同编制。

（1）长远货物运输计划

长远货物运输计划是较长期间的远景规划。它根据国民经济和社会发展的远景规划进行编制，是制定铁路网发展规划和技术装备发展计划的依据。长远货物运输计划通常是五年计划或十年规划。

（2）年度货物运输计划

年度货物运输计划是国铁集团和各铁路局集团公司根据年度经济调查、协议客户需求和铁路运输能力变化，统筹平衡确定的年度目标。

（3）月度货物运输计划

月度货物运输计划是为保证年度货物运输计划而在计划月份的具体安排。月度货物运输计划主要有装车计划、卸车计划、静载重计划以及国际铁路联运进出口计划、水陆联运计划等。

3. 铁路货物运输计划的主要指标

铁路货物运输计划中的指标通常有货运量、区段货运密度、货运周转量、平均货物运程等。

第二节　铁路货物运输种类和运输条件

本节 PPT

一 铁路货物运输的种类

经由铁路运输的货物品类繁杂、品名繁多。根据托运人托运货物的数量、性质、状态等条件，铁路货物运输按其组织方法可分为整车、零担和集装箱运输三种。

1. 整车运输

整车运输是指一批货物的重量、体积、形状或性质需要一辆最低标记载重量及其以上货车运输的货物运输方式。符合整车运输条件时应采用整车运输方式。整车货物运输运输费用较低，运送速度较快，安全性能好，承担的运量也较大，是铁路的主要运输方式。

2. 零担运输

零担运输是指在需要运送的货物不足一车的情况下，承运部门将不同货主的货物按同一到站凑整一车后再发运的货物运输方式。按零担托运的货物，一件体积最小不得小于 0.02 m^3（一件重量在 10 kg 以上的除外），每批不得超过 300 件。

3. 集装箱运输

集装箱运输是指以集装箱这种大型容器为载体，将货物集合组装成集装单元，以便在现代流通领域内运用大型装卸机械和大型载运车辆进行装卸、搬运作业和完成运输任务，从而更好地实现货物“门到门”运输的一种新型、高效率和高效益的货物运输方式。托运人托运的货物，符合集装箱运输条件的，可使用铁路集装箱或自备集装箱装载，按集装箱托运。集装箱运输只能在铁路开办集装箱业务的车站办理。一般贵重、怕湿、易碎货物适于采用集装箱运输，危险性较高的危险货物、鲜活货物及易损坏或污染箱体的货物，通常不能使用铁路通用集装箱装运。

二 铁路货物的运输方式

铁路货物的运输方式主要有直通运输、联合运输、快速运输等三种。

1. 直通运输

为了方便托运人或收货人，按整车托运的货物，免去在途中换装作业站或者不同产权归属的交接站办理运输手续，而使用一份运输票据完成货物的全程运输，这种货物运输方式称为直通运输。

2. 联合运输

铁路与其他运输工具或我国铁路与国外铁路共同参加，并以一份运输票据完成货物全程运输服务的运输方式称为联合运输。其形式主要有铁路与公路的联合运输、国际铁路货物联运。

3. 快速运输

铁路上开办的依托多种类型快速列车（包括特快班列、快速班列，货物快运列车等）的货物运输方式称为快速运输，快速列车可采用“五固定”（固定车次、固定始发时刻、固定运行区段、固定编组内容、固定作业地点）的客车化模式开行。

三 货物托运的条件

铁路货物运输中的“一批”，是指使用一张货物运单，按照同一运输条件运送的货物，它是承运货物、计算运费和交付货物的基本单位。按“一批”托运的货物，托运人、收货人、发站、到站和装卸地点（整车分卸货物除外）相同。

铁路负责运输的货物，都是按“批”办理相应的受理、承运、交付以及运输变更等作业。因此，按“批”办理是铁路货物运输的基本条件，按“批”办理的货物托运条件如图 3-2-2 所示。

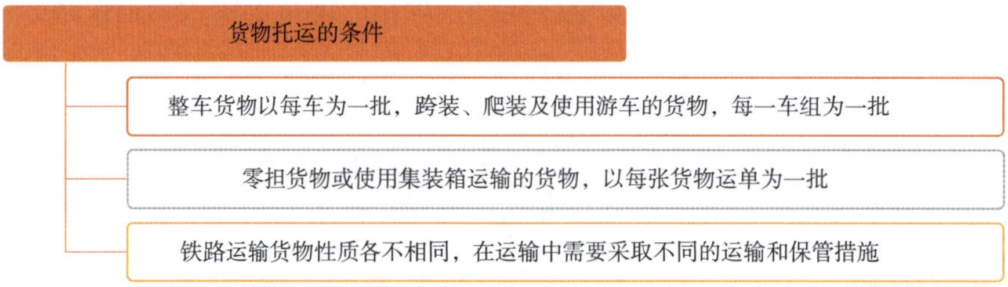

图 3-2-2 货物托运的条件

四 铁路货物运输合同

托运人利用铁路运输货物时，应与铁路（承运人）签订货物运输合同。铁路货物运输合同是承运人与托运人、收货人之间为明确铁路货物运输中的权利、责任、义务而签订的协议，即承运人根据托运人的要求，按约定将托运人的货物运至目的地，完好无损地交予收货人的合同。铁路货物运输合同的形式有如下两种，如图 3-2-3 所示：

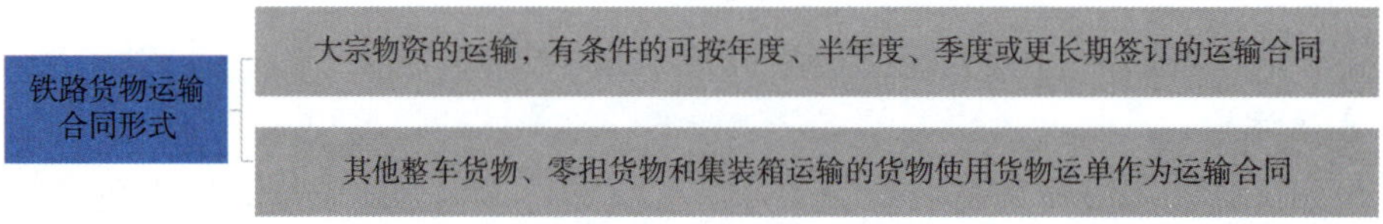

图 3-2-3 铁路货物运输合同的形式

除大宗物资运输外，其他整车货物、零担货物和集装箱运输的货物使用货物运单作为运输合同，货物运单如图 3-2-4 所示。铁路货物运单是铁路货物运输合同或运输合同的组成部分，也是铁路收取货物运输费用的结算单据之一，系一整套票据，由带编号的 6

联（发站存查联、收款人报告联、托运人存查联、到站存查联、收货人存查联、领货凭证联）和不带编号的需求联组成，可以按照需求分别打印各联。现铁路仍使用纸质运单，待铁路货运票据电子化进一步深化后，将全部实行电子运单代替纸质运单。

附件1：货物运单格式

铁路货运 CHINA RAILWAY FREIGHT

安卓手机客户端

× × 铁路局

货 物 运 单

BKHZA0123456

（整车、集装箱、批量、零散）

需求号：201708HY6666660001

托运人	发站(局)		专用线				货区	
	名称			经办人			货位	
				手机号码			车种车号	
				联系电话			取货里程(km)	
	□上门取货	取货地址						
收货人	到站(局)		专用线				运到期限	标重
	名称			经办人			施封号	
				手机号码			篷布号	
	□上门送货	送货地址		联系电话			送货里程(km)	
付费方式	□现金□支票□银行卡□预付款□汇总支付			领货方式	□电子领货 □纸质领货		装车方	施封方

货物名称	件数	包装	货物价格(元)	重量(kg)	箱型箱类	箱号	集装箱施封号	承运人确定重量(kg)	体积(m^3)	运价号	计费重量(kg)
合计											

		费目	金额（元）	税额（元）	费目	金额（元）	税额（元）
选择服务	□上门装车 □上门卸车 □保价运输 □装载加固材料 □仓储 □冷藏(保温) 其他服务						
增值税发票类型 □普通票 □专用票	受票方名称： 纳税人识别号： 地址、电话： 开户行及账号：	费用合计	大写：				

托运人记事： 签章	承运人记事： 卸货时间 月 日 时 到站收费票据号码 通知时间 月 日 时 领货人身份证号码 车站日期戳 货运员

第X联 XXX联

收货人签章 车站接（交）货人签章 制单人 制单日期

（a）主体部分

背 书

托运人须知

1. 托运人在铁路托运货物，在本单签字或盖章，即证明愿意遵守《中华人民共和国合同法》《中华人民共和国铁路法》《铁路安全管理条例》等法律法规，以及《铁路货物运输规程》等铁路规章的有关规定。

2. 托运人应签署《货物托运安全承诺书》，不得匿报、谎报货物品名，不得托运或在所托运货物中夹带国家禁止运输的物品，不得在普通货物中夹带危险货物，不得在危险货物中夹带禁止配装的货物。

3. **托运人在本单所记载的货物名称、件数、包装、价格、重量、等事项应与货物的实际完全相符，并对其真实性负责。**

4. 货物的内容、品质和价格是托运人提供的，承运人在接收和承运货物时并未全部核对。

5. **托运人应妥善保管电子领货密码或领货凭证**，并及时将电子领货密码告知或将领货凭证寄交收货人，收货人凭电子领货密码或领货凭证经到站验证后，在到站领取货物。

6. 托运人选择电子领货方式时，应在电子运单中正确填记收货人的经办人姓名、身份证号码、手机号码和电子领货密码。

7. 托运人选择保价运输时，应填写货物的实际价格，作为计算"保价金额"的依据。当货物在运输过程中发生损失时，承运人对保价货物按照货物的保价金额和损失比例赔偿，对非保价货物，按规定的限额赔偿。

8. 托运人应凭本单于**次月底**前换开增值税发票。

9. 本单于托运人和承运人双方签字或盖章之时起生效。

收货人须知

1. **收货人应妥善保管电子领货密码或领货凭证**，接到货物到达通知后，及时领取货物。

2. 收货人凭电子领货密码领取货物时，应同时出示身份证原件；委托他人领取货物时，收货人应登录铁路货运网上营业厅，正确填记被委托人姓名、身份证号码、手机号码等委托信息，被委托人凭电子领货密码和本人身份证原件领取货物。

收货人凭领货凭证领取货物时，应同时出示身份证原件；委托他人领取货物时应同时提供领货凭证、收货人身份证复印件、被委托人身份证原件和委托书。收货人为法人单位时，除提供经办人身份证原件外，还需提供加盖单位公章的委托书。

3. 收货人应按规定支付相关费用。

4. 收货人接收货物时，**发现货物损失应立即向承运人提出。**

5. **货物交付完毕，双方之间合同关系即为履行完毕；此后发生问题，承运人不承担责任。**

货物托运安全承诺书

根据《中华人民共和国铁路法》《铁路安全管理条例》，托运货物必须遵守国家关于禁止或者限制运输物品的规定；托运人托运货物，不得匿报、谎报货物品名、性质、重量，不得在普通货物中夹带危险货物。

依据《铁路安全管理条例》第九十六条规定，托运人托运货物时，将危险货物谎报或者匿报为普通货物托运的，或在普通货物中夹带危险货物，由铁路监督管理机构依法处置。依据《中华人民共和国铁路法》第六十条规定，以非危险品品名托运危险品，导致发生重大事故的，依照刑法有关规定追究刑事责任。

本公司（本人）已阅知上述法律法规规定。承诺申报的货物运单和物品清单所填记事项真实，与实际货物相符，没有匿报、错报货物品名。托运的货物没有危险货物，没有国家法律法规及铁路部门禁止托运或混装的货物。违反此承诺造成的一切法律责任及后果由本公司（本人）承担。

托运人（盖章/签字）： 年 月 日

（b）背书部分

图3-2-4 铁路货物运单（合同）

五 铁路货物运到期限

货物运到期限是铁路在现有技术设备条件和运输组织水平的条件下，将货物运送一定距离所需要的时间。货物运到期限是指从发站承运货物的次日起，至到站卸车完了时止或货车调到卸车地点、货车交接地点时止的时间。

我国铁路货物运到期限是由货物发送期间（规定为 1 d）、货物运输期间、特殊作业时间（如整车分卸货物）三部分组成，如图 3–2–5 所示。

货物运到期限既是对承运人的要求和约束，也是对托运人或收货人合法权益的保护，它有利于托运人和收货人据以安排经济活动。

图 3–2–5　我国铁路货物运到期限

六 铁路货物运输费用

（一）铁路货物运价的分类

铁路货物运价可分别按适用范围和货物运输种类进行分类，如图 3–2–6 所示。

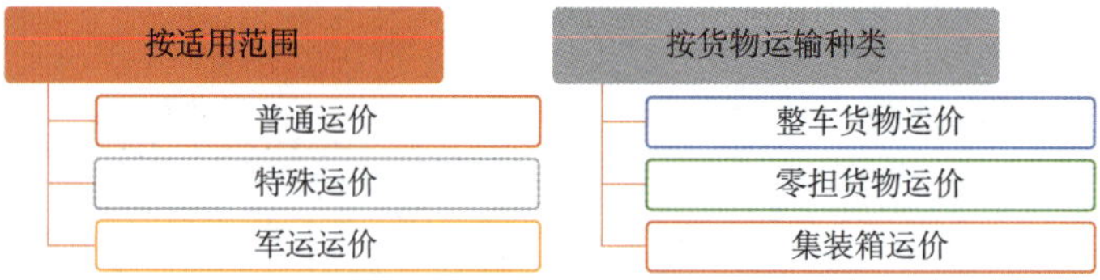

图 3–2–6　铁路货物运价的分类

1. 按适用范围分类

铁路货物运价按其适用范围可以分为普通运价、特殊运价、军运运价等。

（1）普通运价

普通运价是货物运价的基本形式，是全国正式营业铁路适用的统一运价，也是各种货物计算运费的基本依据。特殊条件运送的货物，在某些情况下对相应的普通运价做出了一些特殊规定。我国现行的整车、零担、集装箱运价均属于普通运价。

（2）特定运价

特定运价是指地方铁路、合资铁路和特殊线路的运价，如集通线（合资铁路）、唐曹线（地方铁路）、广九线（特殊线路）的运价等。

（3）军运运价

军运运价是对军用物资运输所规定的运价。按军运办理时必须提出“铁路军运费后付凭证”或“军运现付证明”。《铁路军事运输计费付费办法》是计算军运运费的重要依据，未在其中规定的应按《铁路货物运价规则》办理。

2. 按货物运输种类分类

（1）整车货物运价

整车货物运价是按整车（含冷藏车等）运送的货物的运价。

（2）零担货物运价

零担货物运价是铁路对按零担运送的货物所规定的运价。

（3）集装箱运价

集装箱运价是铁路对按集装箱运送的货物所规定的运价。

（二）铁路货物运输费用的构成

铁路货物运输费用是对铁路运输企业所提供的各项生产服务消耗的补偿，这些消耗包括运行费用、车站费用、服务费用和额外占用铁路设备费用等，如图 3-2-7 所示。

图 3-2-7　铁路货物运输生产消耗的构成

铁路货物运输费用具体构成如图 3-2-8 所示。

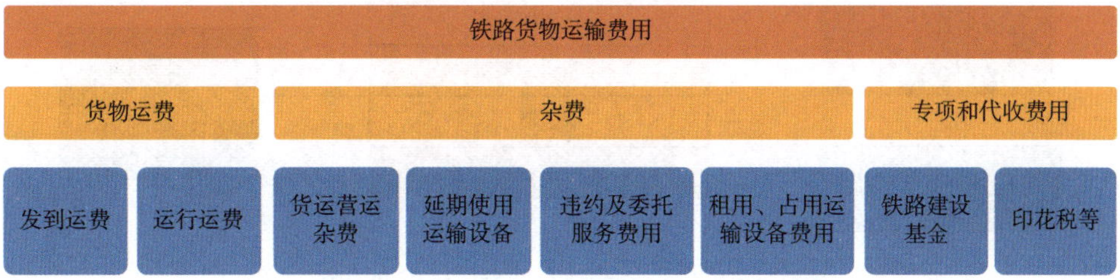

图 3-2-8　铁路货物运输费用的构成

第三节　铁路货物运输的基本作业

铁路货物运输的基本作业包括发送作业、途中作业和到达作业。无论是整车运输、零担运输、集装箱运输，其运输过程的开始和终了都是在车站上办理的。因此，做好车站货运工作，对加速货物的送达和车辆的周转，都具有十分重要的意义。

一　货物的发送作业

货物在发站所进行的各项货运作业，统称为货物的发送作业。整车运输主要作业内容如图 3-2-9 所示。

图 3-2-9　货物的发送作业内容

铁路整车货物发送作业流程如图 3-2-10 所示，零担和集装箱货物的发送作业流程基本与整车相同。

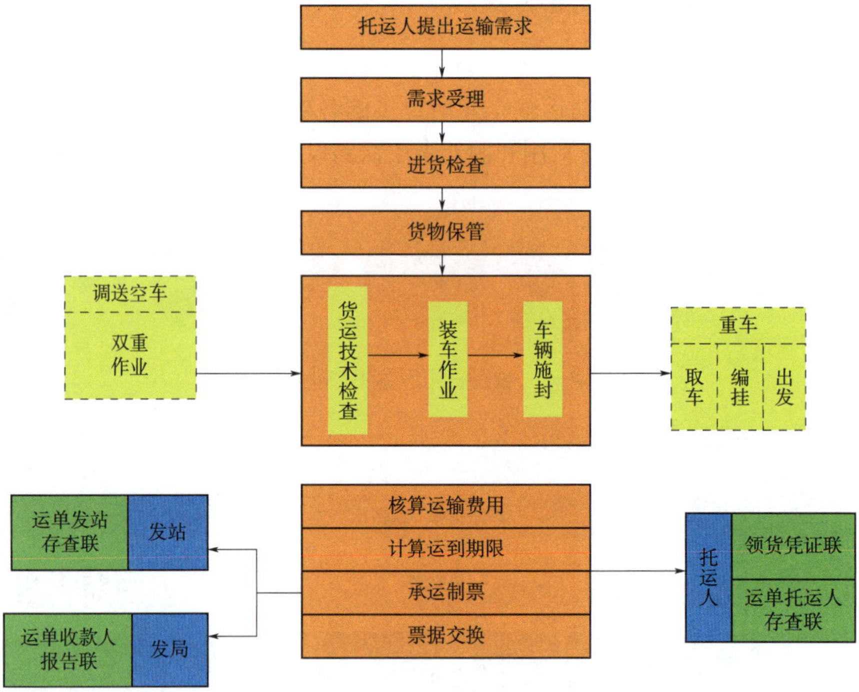

图 3-2-10　铁路整车货物发送作业流程

1. 托运

托运人可通过网络、电话、到车站营业厅等多种渠道提报运输需求，运输需求分为阶段运输需求和日运输需求。对大宗货物、不确定装车日期的可提前提出三个月内的阶段需求，对确定装车日期的零散白货（根据铁路运输货物的分类，一般将煤、石油、焦炭、金属矿石等称之为“黑货”，除“黑货”以外的各类货物，包括集装箱运输的货物统称为“白货”）可随时提报日运输需求。提报运输需求后，铁路货运电子商务系统生成货物运单需求联。

2. 受理

车站对客户提报的需求进行实货核实，在铁路货运电子商务系统确认受理。

3. 进货和验收

托运人凭进货通知、运单需求联或需求号，将货物搬入货场指定的货位，完好地交给承运人的作业，称为进货。

车站在接收托运人搬入车站的货物时，按运单需求信息对货物品名、件数、运输包装、重量等进行检查，确认符合运输要求并同意货物进入场、库指定货位的作业，称为验收。

4. 货物的装车作业

装车是货物发送作业中十分重要的一个环节，货物运输的质量在很大程度上取决于装车作业组织的好坏。货物装载方法不当、使用的货车状态不良，往往是造成货物损失的直接原因。装车工作还直接影响货车载重能力的利用效率。因此，应认真做好装车作业，为途中作业和到达作业打下良好的基础。

货车施封是指为保证货物安全与完整，并便于交接和划分运输责任，可使用施封锁对装车后的棚车和冷藏车的车门及罐车的注、排油口采取的加封措施。

5. 计费承运

车站在电子货运票据管理系统中核对“已装车”的整车运单、“已检斤验货”的集装箱运单信息，计算运输费用并打印货物运单。

打印运单后，车站应向托运人核收运输费用，在运单上加盖发站承运日期戳，并将领货凭证联及托运人存查联交给托运人。

零担和集装箱货物在发站验收完毕，整车货物在装车完毕，并核收运输费用后，发站在货物运单上加盖承运日期戳记的作业，称为承运。货物承运意味着托运人和承运人的运输合同签订完毕，开始生效。承运是铁路负责运输的开始，也是承运人对托运人履行运输合同的一个重要标志，它表示铁路开始对托运人托运的货物承担运输义务，并担负运输上的一切责任。

二 货物的途中作业

货物在运输途中发生的各项运输作业，均称为途中作业，主要包括货物的交接、检查，货物的整理换装，运输变更，整车分卸及运输阻碍处理等，如图 3-2-11 所示。

图 3-2-11　货物的途中作业

1. 途中货物的交接、检查

为了保证货物运输的安全、完整，分清运输责任，在运输过程中，车站人员与列车乘务员之间或列车乘务员相互之间，应在铁路局集团公司指定的地点和时间办理货车或货物的交接、检查工作。

在技术站，区段货物列车应由车站指定人员与列车乘务员交接并检查，直通货物列车由列车乘务员之间办理交接。在中间站，对本站作业的车辆由车站与列车乘务员办理交接并检查。

2. 货物的换装整理

重车在运输过程中，发现可能危及行车安全或货物完整时，所进行的更换货车或对货物的整理作业，称为货物的换装整理。其中，换装是指将不宜继续运行的货车中的货物卸下，装入适宜安全运输的货车内的作业；整理是指对原车货物的装载位置、高度进行整理，或卸下超载部分的货物及捡拾撒漏货物，以便货车能继续安全运行的作业。

进行换装时，车站必须根据电子票据信息检查货物的现状，如发现货物损坏或件数不足，应编制货运记录。对因换装整理而卸下的部分货物，处理站应编制货运记录并予以及时补送。对车辆技术状态不良不能继续运行或货车装载状态有异状时，应及时处理。

3. 货物运输变更

货物运输合同的变更或解除，也称货物运输变更。托运人由于特殊原因，在发送前托运人向承运人提出取消托运，或托运人提出变更到站、变更收货人的书面要求，即为货物运输合同变更。

4. 整车分卸作业

按整车分卸办理的货物，在途中分卸站要进行货物的分卸作业。

5. 运输障碍的处理

由于不可抗力的原因致使行车中断、货物运输发生阻碍时，铁路局集团公司对已承运的货物，可指示绕路运输；或者在必要时先将货物卸下，妥为保管，待恢复运输时再装车继续运输。

三 货物的到达作业

货物在到站所进行的各项货运作业，统称为货物的到达作业，主要包括重车的交接，货物的卸车、保管、交付以及运杂费的最后结算等，如图 3–2–12 所示。

图 3–2–12 货物的到达作业

货物的到达作业流程如图 3–2–13 所示。

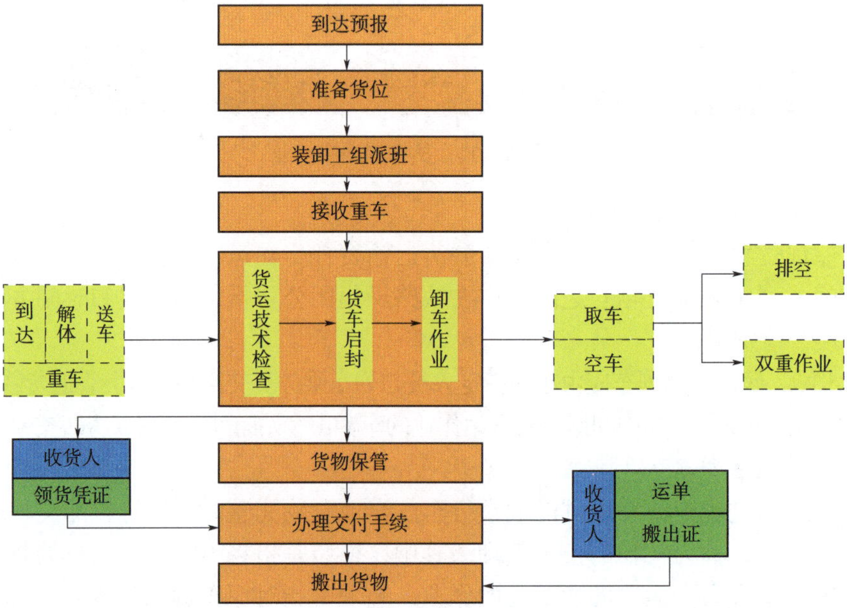

图 3–2–13 货物的到达作业流程

1. 重车交接

列车到达到站后，车站应及时核对现车，并进行货运检查，检查无误后，与列车乘务员办理重车的交接签证。货运室根据到达的现车接收票据信息，并核算在途中和到站发生的各项费用，以便交付时向收货人结算。

2. 货物的卸车

卸车是排空车和装车的基础，是到站工作组织的关键。正确、迅速、及时地组织卸车作业，对于保证货物运输质量、确保装车车源、完成排空任务以及加速货车周转、提高货车使用效率都具有重要的意义。

3. 货物的交付和搬出

货物的交付和搬出是指承运人在规定的地点与收货人进行货物（车）交接后，并在货物运单上加盖货物交付日期戳记，即表示货物的运输过程终止的作业程序。交付完毕，货物运输合同即告结束。同时，做好货物的领货通知、货物的查询和交付工作，以提高场库使用效率，加速货物流转。

第四节　铁路货物集装化和集装箱运输

本节 PPT

集装化和集装箱运输统称集装运输，两者不同之处是集装化运输具有更大的灵活性，能组织不同形式和类型的货物集装件进行运输。但从广义上讲，可以认为集装箱是集装化的一种特殊形式。

一　集装化运输

1. 集装化运输的定义

铁路货物集装化运输，国外铁路称之为货捆运输、单元运输或束装运输。凡使用集装器具或捆扎方法，把裸装货物、散粒状货物、具有商业包装的货物、体积较小的成件包装货物等适运货物，组成具有一定规格的集装货件进行运输，统称为集装化运输。

铁路货物集装化运输是当今世界近十几年发展起来的一种较为先进的运输方式。它是提高货物运输效率，保证货物运输安全与货物质量，加速车辆周转和货物送达的重要措施，也是实现铁路货物运输现代化的途径之一。

2. 铁路货物集装化运输应满足的要求

铁路货物集装化运输应满足的要求如图 3–2–14 所示。

3. 铁路货运常用的集装器具类型

集装器具是指货物集装化运输所使用的集装容器和用具的总称。集装器具类型的选择主要取决于货物的性质和状态。集装器具主要包括类型如图 3–2–15 所示，部分铁路货运集装器具如图 3–2–16 所示。

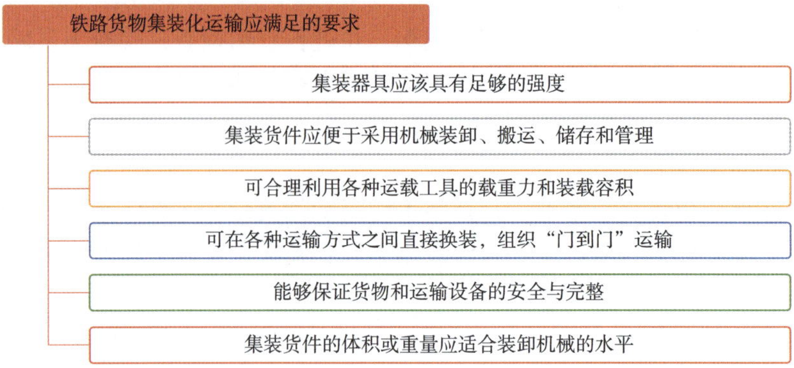

图 3-2-14　铁路货物集装化运输应满足的要求

图 3-2-15　铁路货运常用的集装器具类型

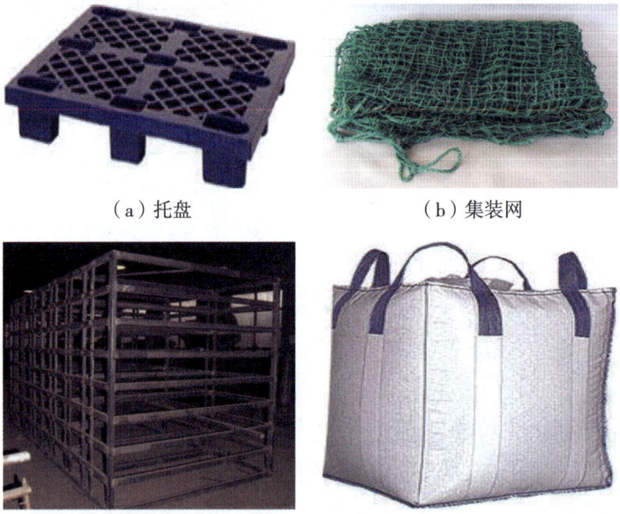

（a）托盘　（b）集装网

（c）集装笼　（d）集装袋

图 3-2-16　部分铁路货运集装器具

铁路双层集装箱运输视频

二 集装箱运输

（一）集装箱运输的优越性

集装箱运输的优越性如图 3-2-17 所示。

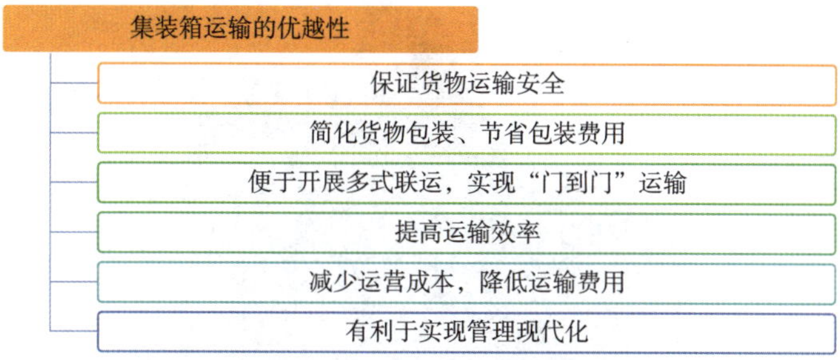

图 3-2-17　集装箱运输的优越性

1. 保证货物运输安全

集装箱箱体结构坚固，箱门具有防雨装置，对货物有很好的保护作用。此外，途中换装时可以不动箱内货物，减少了装卸、搬运的次数，从而可避免人为和自然因素造成的货物破损、湿损、丢失等货物损失。

2. 简化货物包装、节省包装费用

集装箱本身具有保护商品的作用，所以集装箱运输为简化货物包装、降低商品成本创造了条件。

3. 便于开展多式联运，实现“门到门”运输

集装箱作为运输单元，由一种运输方式转换到另一种运输方式进行联合运输时，需要换装的是集装箱，箱内的货物并不需要搬动，这就大大简化和加快了换装作业。采用集装箱可以实现“门到门”运输，极大地促进了铁路、公路、水路等单一运输方式向“一次托运、一次收费、一票到底、全程负责”的高级联运方式的发展。

4. 提高运输效率

采用集装箱运输便于铁路装卸和搬运作业全面实现机械化，从而提高作业效率，缩短集装箱装卸和中转作业时间，加速车辆的周转和货物的送达。

5. 减少运营成本，降低运输费用

由于集装箱运输采用机械装卸，可比人力装卸节省大量的装卸成本。同时，由于装卸效率提高、载运工具周转加快，使集装箱运输成本大幅降低。

采用集装箱方式可使货损、货差大为减少，货损赔偿也随之下降。此外，若实现“门到门”运输，还可大量节约仓库的建造和仓储作业费用等。

6. 有利于实现管理现代化

集装箱运输简化了货运手续，使装卸、搬运、交接等过程更简单方便。集装箱的标准化和单元化特点，使集装箱运输非常适合使用现代科学方法加以管理，有利于实现自动化。

（二）集装箱的类型

集装箱是集装箱运输的运输设备，是具有标准规格尺寸和便于装卸、拴固的特殊容器，如图 3-2-18 所示。

图 3-2-18　集装箱

集装箱可按所装货物种类和箱体结构、规格尺寸、是否符合国家或行业标准、箱主等不同进行分类，如图 3-2-19 所示。

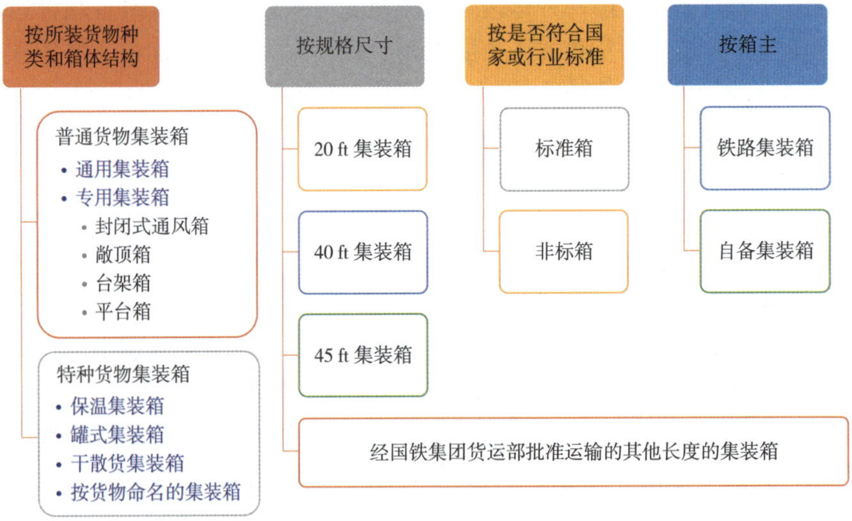

图 3-2-19　集装箱的类型

1. 按所装货物种类和箱体结构的分类

（1）普通货物集装箱

普通货物集装箱又可分为通用集装箱和专用集装箱。

通用集装箱用以装运可以棚车运送的成件货物，适应多种普通货物的运输，在国际上称为干货集装箱。专用集装箱专门用以装运某一类别或某一品种的货物，如通风集装箱、敞顶集装箱、台架式集装箱和平台集装箱。

（2）特种货物集装箱

特种货物集装箱是指用于装运需控温货物、液体和气体货物、散货、汽车和活动物等特种货物的集装箱，包括保温集装箱、罐式集装箱、干散货集装箱、按货物命名的集装箱。

保温集装箱用于装运需要控制温度的货物，如冻鱼、冻肉、鲜蛋、鲜奶、水果、蔬菜等。罐式集装箱用于装运各类酒类、油类、液体食品、化学药品等液体货物。干散货集装箱用于装运无包装的固体颗粒状或粉状货物，如各种散装粮食、饲料、水泥及某些化学制品等。按货物命名的集装箱专门用于装运某种具体货物的集装箱，如汽车集装箱、动物集装箱、原皮集装箱、服装集装箱等。

图 3-2-20　20 ft 的国际标准集装箱

2. 按规格尺寸的分类

目前，国际上通常使用的集装箱有 20 ft 集装箱（外尺寸为 20 ft × 8 ft × 8.5 ft）（国际标准集装箱，图 3-2-20）、40 ft 集装箱（外尺寸为 40 ft × 8 ft × 9.5 ft）和 45 ft 超高集装箱（外尺寸为 45 ft × 8 ft × 9.5 ft）（1 ft=0.3 048 m）。

TEU（国际标准箱单位）

TEU 是英文 Twenty-foot Equivalent Unit 的缩写，是以 1 个长度为 20 ft 的国际标准集装箱为计量单位，也称国际标准箱单位。为了有利于国际流通，便于对集装箱的管理和信息传输，国际标准化组织规定国际集装箱的换算单位为 TEU，通常用来表示装载集装箱的能力，也是铁路集装箱运输和港口吞吐量的重要统计、换算单位。

3. 按是否符合国家或行业标准的分类

分为标准箱和非标箱。标准箱（国际标准集装箱）是指根据国际标准化组织（ISO）制定的国际标准来建造和使用的国际通用的标准集装箱（20 ft 集装箱）。非标箱为标准箱范围之外的集装箱。

4. 按箱主的分类

在铁路运输中分为铁路集装箱和自备集装箱。在海路运输中分为船公司的集装箱、租箱公司的集装箱和企业自备集装箱。

（三）铁路集装箱运输条件

铁路集装箱运输应符合国铁集团《铁路集装箱运输规则》等相关规定，运输条件须满足集装箱基础条件、集装箱运输基本条件、办理站办理条件等方面要求。

1. 铁路集装箱应具备的基础条件

根据我国铁路的相关规定，铁路集装箱应具备以下条件，如图 3-2-21 所示。

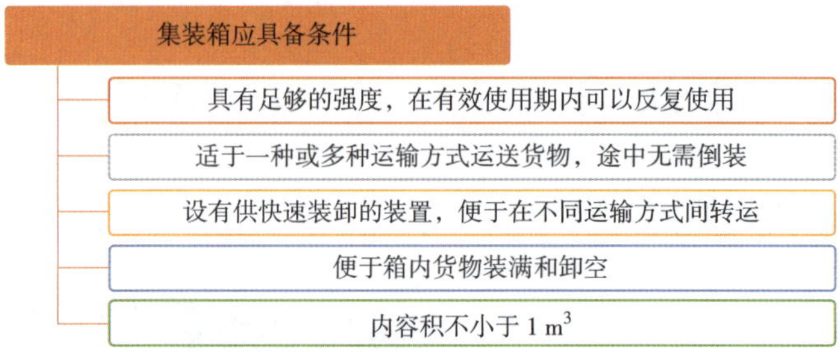

图 3-2-21　铁路集装箱应具备的条件

2. 集装箱运输的基本条件

集装箱运输应满足所装货物适合集装箱运输、可按一批办理及应在集装箱办理站之间运输等基本条件，如图 3-2-22 所示。

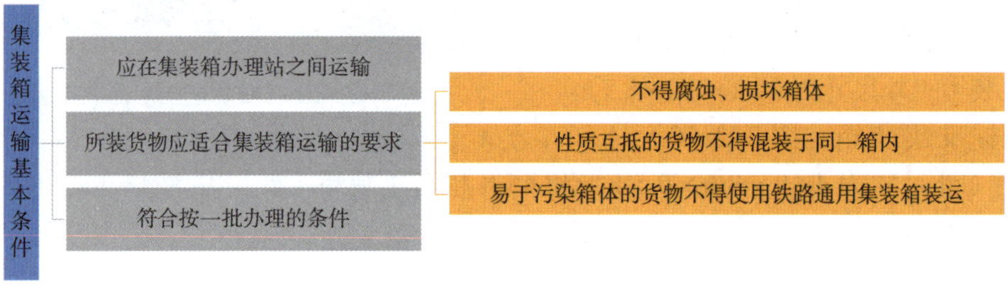

图 3-2-22　集装箱运输的基本条件

3. 集装箱办理站须具备的条件

集装箱办理站（包括铁路专用线、专用铁路）是办理集装箱运输业务的场所，集装箱应在办理站之间运输。办理站应具有满足相应集装箱运输要求的装卸场地、装卸线、装卸机具等条件，如图 3-2-23 所示。办理站开办集装箱运输业务，须由铁路局集团公司确认满足相关运输条件后，将车站名称、铁路专用线或专用铁路名称、起重能力、办理箱型、危险货物运输办理情况等信息报国铁集团货运部审核，审核后在中国铁路 95306 网站公布。

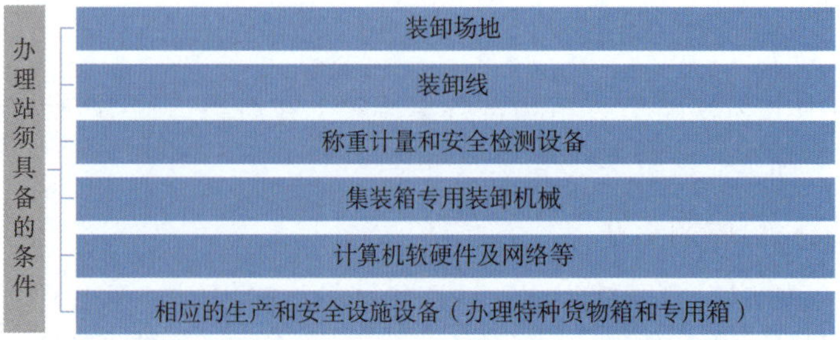

图 3-2-23　集装箱办理站须具备的条件

（四）铁路集装箱运输典型案例：中欧班列

中欧班列是指按照固定车次、线路、班期和全程运行时刻开行，往来于中国与欧洲以及“一带一路”沿线各国的集装箱等国际铁路联运班列，如图 3-2-24 所示。近年来，在“一带一路”倡议推动下，中欧班列充分发挥其在时效、价格、运能、安全性等方面的比较优势，逐渐被中欧广大客户所接受，成为中欧间除海运、空运外的第三种物流方式。中欧班列早期运输品类主要包括汽车、笔记本电脑等高附加值产品等，近年来，运输品类范围逐渐扩展。当前，中欧间已形成西、中、东三大铁路运输通道。近年来，中欧班列开行数量和质量持续稳步提升，开行范围已拓展到欧洲 21 个国家，正成为中国与“一带一路”相关国家政策沟通、设施联通、贸易畅通、资金融通、民心相通的重要桥梁。

图 3-2-24　中欧班列

第五节　铁路特殊条件货物运输

本节 PPT

经由铁路运输的货物种类繁多，性质各异、形状各有不同，一般按货物的性质和运输条件可分为普通货物和特殊条件货物（特种货物）。普通货物是指在运输过程中，按一般运送条件办理的货物，如煤、矿石、粮食等。特殊条件货物是指由于货物本身的性质，在运输过程中，需要采取特殊的运送措施才能保证货物完整和行车安全的货物，主要包括阔大货物、危险货物、鲜活货物。

一　阔大货物运输

阔大货物主要包括超长货物、超重货物、超限货物等。运输阔大货物时，要注意保证重车运行安全和避免损伤车辆。

（一）超长货物运输

1. 超长货物的定义

超长货物是指一件货物的长度超过所装平车的长度，需要使用游车或跨装运输的货物。

2. 超长货物的运输

超长货物的装载方法主要有一车负重加挂游车、两车负重跨装运送两种。超长货物运输应符合国铁集团《铁路货物装载加固规则》等相关规定。

（1）一车负重加挂游车

采用一车负重，在负重车的一端或两端加挂游车装运的方法。图 3-2-25 所示为负重车一端加挂游车示意图，游车上装载的货物，与货物突出端间距不小于 350 mm，货物突出部分的两侧不得装载货物。

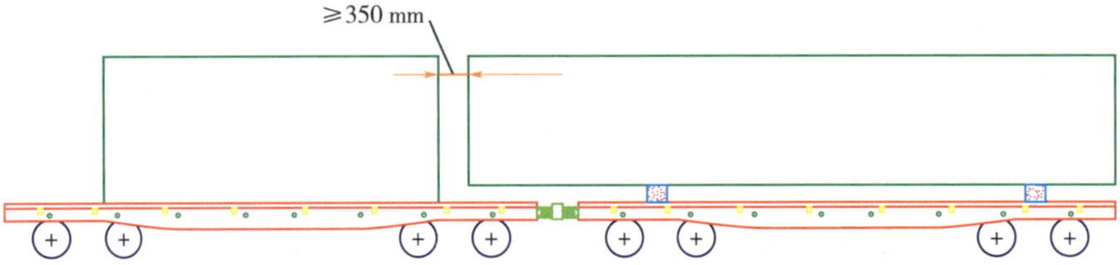

图 3-2-25　一车负重加挂游车方法示意图

（2）两车负重跨装运送

采用两车负重跨装运送方法，可加挂中间游车，或在跨装负重车的一端、两端加挂游车。图 3-2-26 为两负重车共用游车示意图，共用游车时，两货物突出端间距不小于 500 mm。

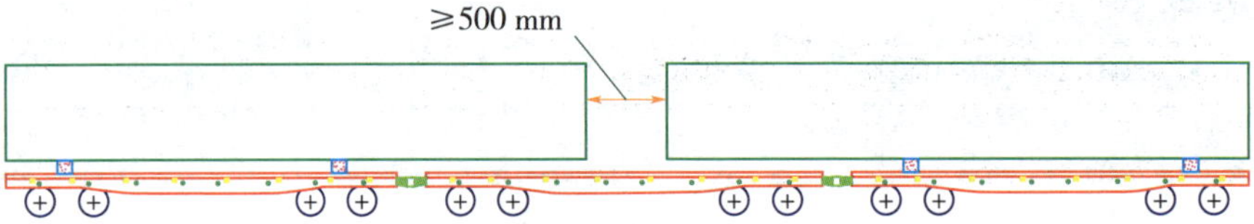

图 3-2-26　两车负重跨装运送方法示意图

（二）超限、超重货物运输

1. 超限货物的定义和分类

货物装车后，车辆停留在水平直线上，货物的任何部位超出机车车辆限界基本轮廓者或车辆行经半径为 300 m 的曲线时，货物的计算宽度超出机车车辆限界基本轮廓者，均为超限货物。

在运输超限货物之前首先要确定超限货物的等级，主要是根据货物计算点所在检定断面的实测宽度或计算宽度来确定。

（1）超限货物以装车站列车运行方向为准，由线路中心线起可分为左侧、右侧和两侧超限。

（2）根据货物的超限程度，主要依据一级、二级超限限界（详见铁路线路的超限限界部分），超限货物分为一级超限、二级超限和超级超限，如图 3-2-27 所示。

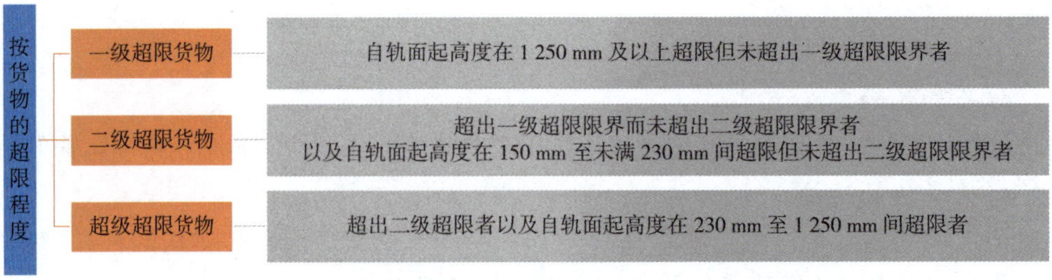

图 3-2-27　一级、二级、超级超限货物（按货物的超限程度）

（3）根据货物超限部位（任何部位）所在的高度（自轨面起），超限货物分为三种类型：上部超限、中部超限和下部超限，如图 3-2-28 所示。

按货物超限部位所在的高度		
上部超限	中部超限	下部超限
$h > 3\ 600$ mm	$1\ 250\ \text{mm} < h \leqslant 3\ 600\ \text{mm}$	$150\ \text{mm} < h \leqslant 1\ 250\ \text{mm}$

图 3-2-28　上、中、下部超限货物（按货物超限部位所在的高度）

注：h 表示货物超限部位自轨面起高度。

2. 超重货物的定义和分类

装车后，重车总重活载（也称可变荷载，施加在桥梁结构上的由列车占用等引起荷载）效应超过客货共线铁路桥涵设计标准活载（中－活载）的货物，称为超重货物。

根据货物的超重程度，依照活载系数（运行列车的荷载相当于标准活载的倍数），超重货物分为三个等级：一级超重、二级超重和超级超重，如图 3-2-29 所示。

根据活载系数确定的超重等级		
一级超重	二级超重	超级超重
$1.00 < Q \leqslant 1.05$	$1.05 < Q \leqslant 1.09$	$Q > 1.09$

图 3-2-29　一级、二级、超级超重（按活载系数）

注：Q 表示活载系数。

3. 超限、超重货物的运输

（1）总体要求

超限、超重货物运输应符合国铁集团《铁路超限超重货物运输规则》《铁路货物装载加固规则》等相关要求。

线路办理超限、超重货物运输，应经国铁集团货运部审核公布。车站（含与车站接轨的专用线、专用铁路）办理超限、超重货物运输，由铁路局集团公司自行规定审批办法，并将批准的车站报国铁集团货运部备案，备案后在中国铁路 95306 网站公布。

线路、车站办理超限、超重货物运输需满足已开办普通货物、线路、专业人员、管理制度等方面要求，如图 3-2-30 所示。

线路、车站办理超限、超重货物运输的主要要求			
已开办普通货物运输	线路建筑限界和桥涵承载能力适合	具有合格专业人员	具备健全的制度等

图 3-2-30　线路、车站办理超限、超重货物运输的主要要求

（2）超限、超重车运行要求

发站挂运超限、超重车前，应向铁路局集团公司调度所拍发超限、超重车辆挂运申请电报，涉及跨局运输时需向邻局预报并征得同意。运行有限制条件的超限、超重车，

除有特殊要求外，禁止编入直达、直通列车。挂有超限车的列车运行在双线、多线或并行单线的直线地段与邻线列车会车时，应按照表 3-2-1 所示的要求运行，在运行过程中，如超限货物的任何部位接近建筑物或设备时，应根据限界距离（超限货物的任何超限部位与建筑物或设备之间的距离），遵守表 3-2-2 所示运行要求。

表 3-2-1　挂有超限车的列车会车要求

邻线列车运行速度 v（km/h）	两运行列车之间的最小距离 d（mm）	有超限车的列车运行速度（km/h）
$v \leqslant 120$	$d > 350$	不限速
	$300 \leqslant d \leqslant 350$	$\leqslant 30$
	$d < 300$	禁止
$120 < v \leqslant 160$	$d > 450$	不限速
	$400 \leqslant d \leqslant 450$	$\leqslant 30$
	$d < 400$	禁止
$160 < v$	—	禁止

表 3-2-2　超限车接近建筑物或设备运行要求

限界距离 d（mm）	超限车运行速度（km/h）
$150 < d \leqslant 200$	$\leqslant 25$
$100 \leqslant d \leqslant 150$	$\leqslant 15$
$d < 100$	由铁路局集团公司根据实际情况制定办法

二　危险货物运输

1. 危险货物的定义

铁路危险货物，是指具有爆炸、易燃、毒害、感染、腐蚀、放射性等危险特性，在铁路运输、装卸和储存保管过程中，容易造成人身伤亡、财产毁损或者环境污染而需要特别防护的物质和物品。

2. 危险货物的分类

危险货物按其主要危险性和运输要求，共分为 9 类，如图 3-2-31 所示。

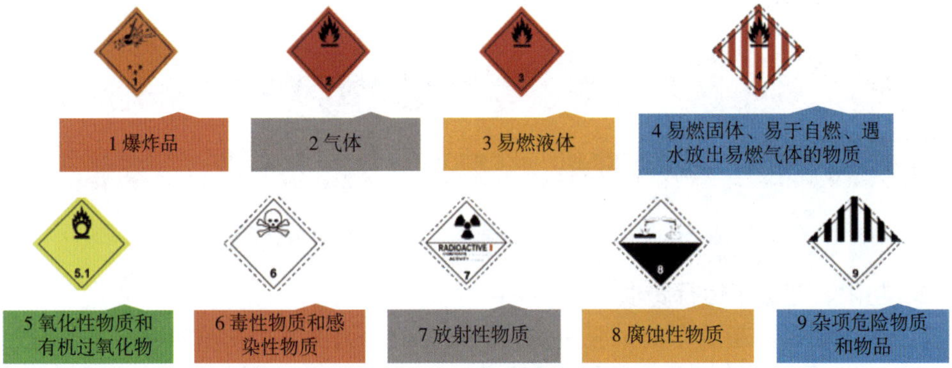

图 3-2-31　危险货物的分类

3. 危险货物的运输

危险货物运输应符合国铁集团《铁路危险货物运输管理规则》等相关要求。与国铁接轨的危险货物专用线新建、改扩建时，还应符合《铁路专用线接轨管理办法》等有关规定。铁路危险货物需通过办理站、专用线（含专用铁路）办理运输并实施办理限制。办理站、专用线办理危险货物运输需具备如图 3-2-32 所示条件。

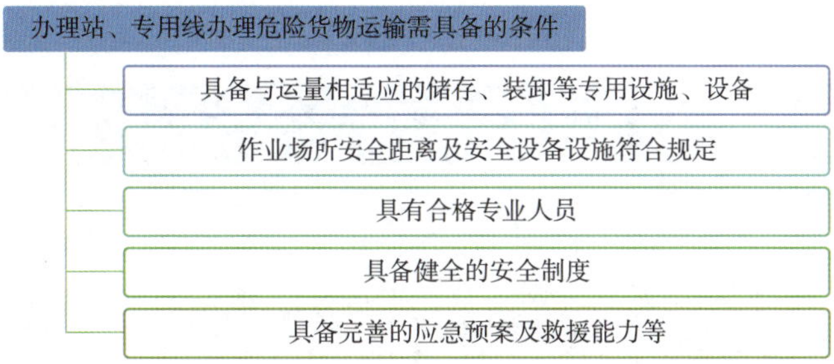

图 3-2-32　办理站、专用线办理危险货物运输需具备的条件

办理站、专用线增加或修改办理限制内容（包括新增危险货物专用线或办理站、增加到达或发送危险货物运输品名及相应的装运方式、新增共用单位等）时需经安全评估、评价，报铁路局集团公司或国铁集团货运部批准。铁路局集团公司根据相关规定和要求确认批准管内危险货物运输办理限制内容，并报国铁集团货运部备案，若增加或修改爆炸品、剧毒品、放射性物质（物品）、气体类或涉及跨局运输的危险货物办理限制时，须由铁路局集团公司确认后将安全评估报告等相关材料报国铁集团货运部批准公布。备案或批准后在中国铁路 95306 网站公布。危险货物的主要运输要求如图 3-2-33 所示。

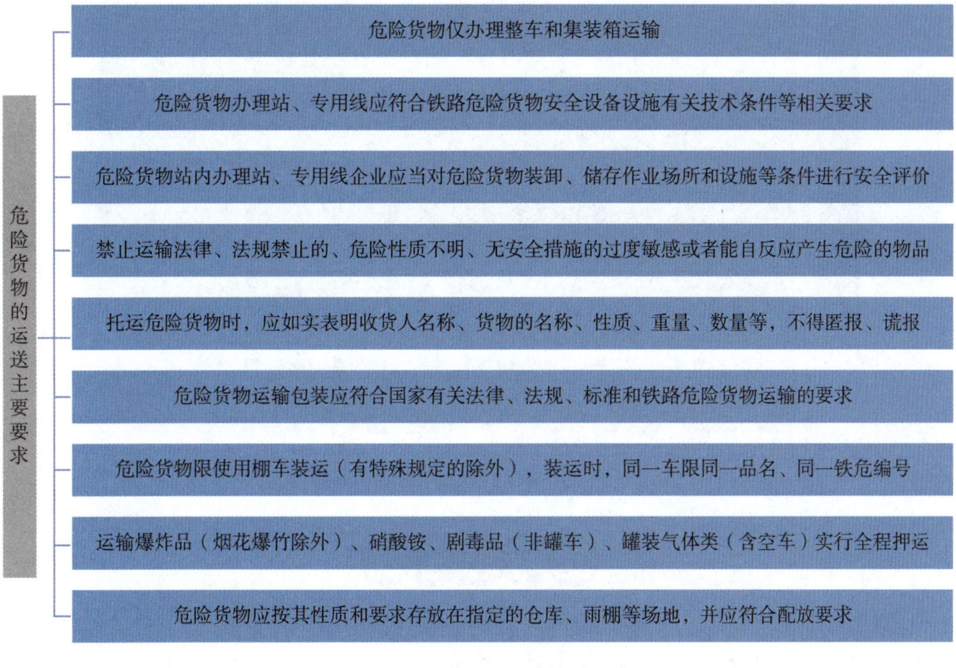

图 3-2-33　危险货物运输主要要求

三 鲜活货物运输

1. 鲜活货物的定义

鲜活货物是指在铁路运输过程中需要采取制冷、加温、保温、通风、上水等特殊措施，以防止腐烂、变质、冻损、生理病害、病残死亡等问题的货物。

2. 鲜活货物的分类

鲜活货物包括易腐货物和活动物两大类，如图 3–2–34 所示。

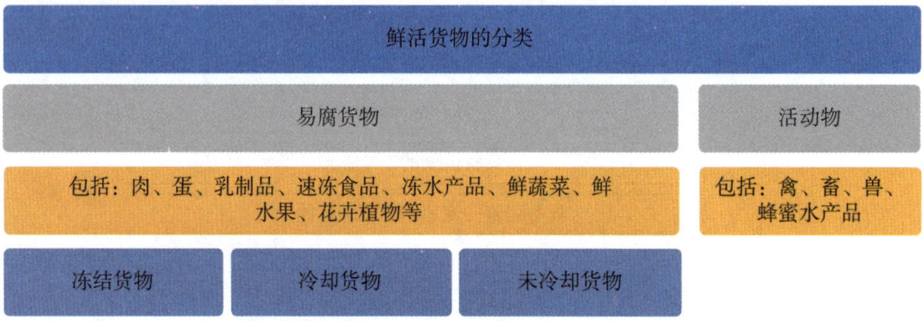

图 3–2–34　鲜活货物的分类

3. 鲜活货物的运输

铁路鲜活货物的运输应符合国铁集团《铁路鲜活货物运输规则》等相关规定，主要运输要求如图 3–2–35 所示。

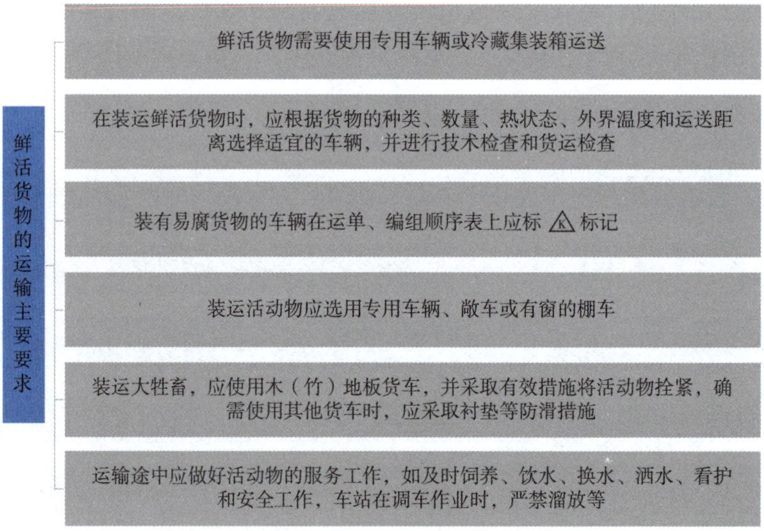

图 3–2–35　鲜活货物的主要运输要求

复习思考题

1. 铁路货物运输种类划分为哪几种？各有何限制条件？

2. 按一批托运的货物应具备什么条件？各种货物按一批托运有何规定？

3. 货物运到期限应如何计算？
4. 货物发送作业的程序有哪些？
5. 何为承运和交付完毕？
6. 集装箱运输的基本条件有哪些？
7. 何谓超长、超限、超重货物？
8. 简述铁路危险货物的概念、种类及主要运输要求。
9. 简述铁路鲜活货物的概念和种类。

第三章 铁路行车工作组织

铁路行车工作组织是铁路运输工作组织的重要组成部分，必须贯彻安全生产的方针，坚持高度集中、统一领导的原则，发扬协作精神，综合运用铁路各种技术设备，高质量、高效率地完成客货运输任务。铁路行车工作主要包括列车整备、列车开行、列车运行、车站行车、调度指挥等方面。

第一节 列　　车

本节 PPT

一 列车的定义、分类及车次

1. 列车的定义

按照规定的条件编成并挂有机车等动力车及规定列车标志的车列或动车组称为列车，其中动车组列车为自走行固定编组列车。列车是铁路完成运输任务的主要形式，铁路旅客及货物运输均按列车办理。为提高运输效率，保证列车运行的安全，列车必须在重量、长度、车辆编成上符合一定条件。单机、自轮运转特种设备虽未完全具备列车的条件，在发往区间时亦应按列车办理。

2. 列车的分类

列车按运输性质和用途可以分为旅客列车、特快货物列车、军用列车、（普通）货物列车、路用列车等类型，如图 3-3-1 所示。

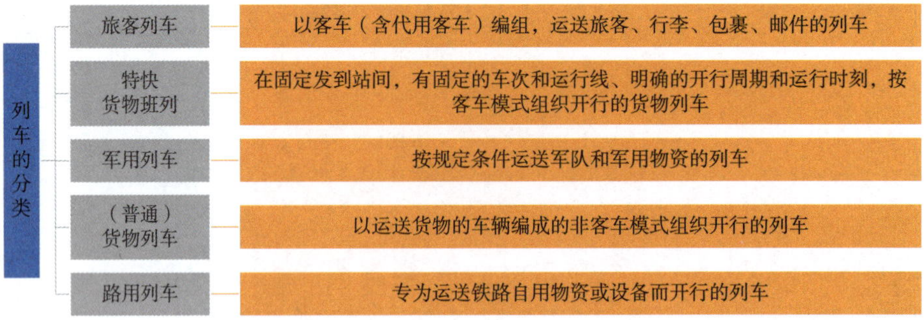

图 3-3-1　列车的分类

3. 列车的车次

为判明列车的性质和等级，便于列车运行组织和管理，每类列车都给予一定的编号，称为车次。原则上以开往北京方向的列车为上行列车，编为双号车次；反之为下行列车，编为单号车次。

一趟列车在一次运行过程中可能会使用两个或更多的车次。例如，Z156/Z157 次列车是由泰州经北京发往哈尔滨西的列车，在泰州至北京之间使用 Z156 的车次，到达北京站后车次改为为 Z157。

二 旅客、货物列车的分类及编定车次

1. 旅客列车的分类及编定车次

目前，我国旅客列车根据其列车编组、旅行速度、运行范围、设备配置及作业特征等基本条件的不同，分为动车组列车、直达特快旅客列车、特快旅客列车、快速旅客列车、普通旅客列车、通勤列车、旅游列车、临时旅客列车等类别，如图 3–3–2 所示。

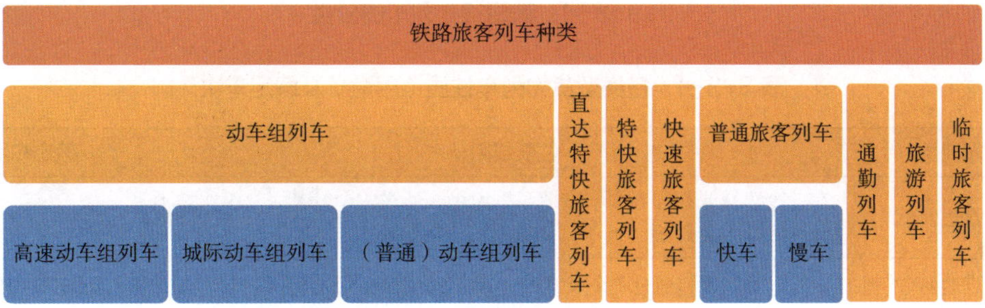

图 3–3–2　铁路旅客列车的分类

主要旅客列车的编定车次范围如图 3–3–3 所示。

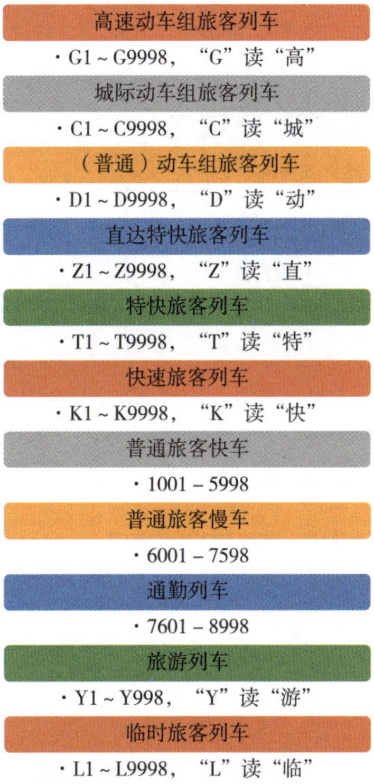

图 3–3–3　铁路旅客列车的车次

2. 货物列车的分类及编定车次

货物列车是为运输货物（包括排空）而编组的列车，我国铁路货物列车主要分为始发直达列车、技术直达列车、直通列车、区段列车、摘挂列车、小运转列车、重载货物列车、普快货物列车等类型，如图 3–3–4 所示。各类型货物列车性质（用途）及编定车次如表 3–3–1 所示，部分类型列车运行范围特征如图 3–3–5 所示。

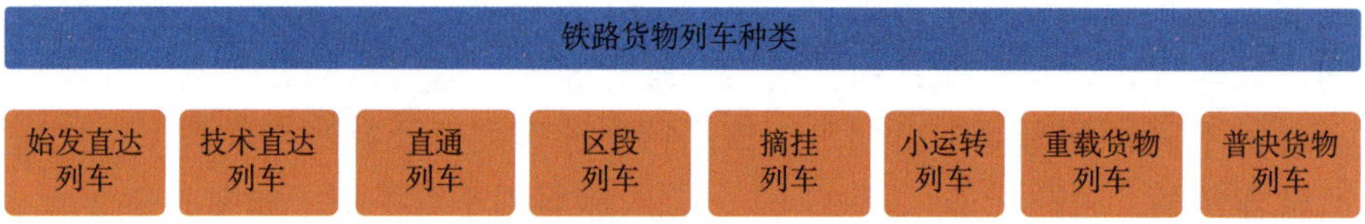

图 3–3–4　铁路货物列车的分类

表 3–3–1　各类型货物列车性质（用途）及编定车次

列车种类	性质或用途	编定车次
始发直达列车	在一个车站或相邻几个车站装车后编组，通过一个及其以上编组站不进行改编作业的列车	82001 ~ 85998
技术直达列车	在技术站编组，通过一个及其以上编组站不进行改编作业的列车	10001 ~ 19998
直通列车	在技术站编组，通过一个及其以上区段站不进行改编作业的列车	20001 ~ 29998
区段列车	在技术站编组，到达相邻技术站，区段站内不进行摘挂作业的列车	30001 ~ 39998
摘挂列车	在技术站编组，并在邻接区段内各中间站进行车辆摘挂作业的列车	40001 ~ 44998
小运转列车	在管内各站间开行的列车	45001 ~ 49998
重载货物列车	牵引总重达到 5 000 t 及其以上的列车	71001 ~ 72998
普快货物列车	快速运送鲜活易腐及其他急运货物的列车	80001 ~ 81998

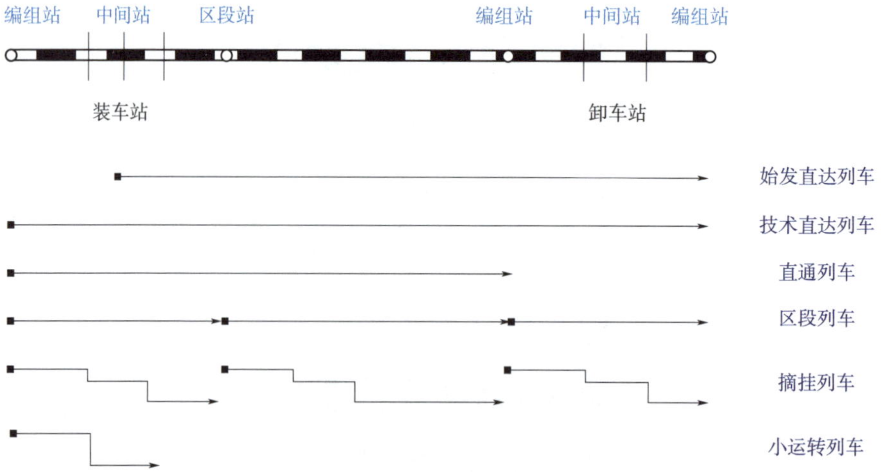

图 3–3–5　部分类型货物列车的运行范围特征

三 列车牵引重量及换算长度

1. 列车牵引重量

一定的机车类型和数量在某一区段所能牵引的列车质量标准，叫作列车牵引定数或牵引重量。

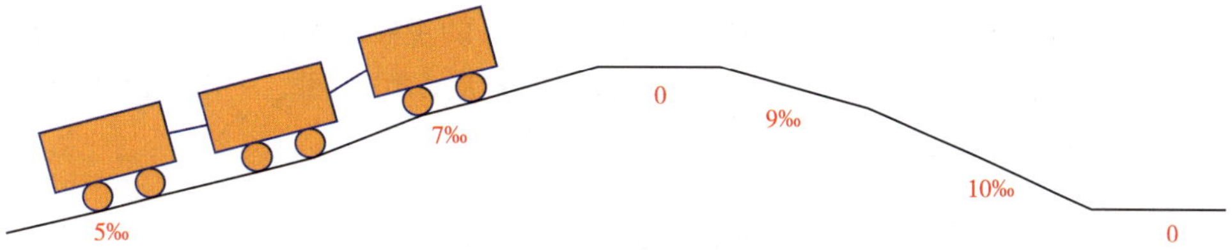

图 3-3-6　限制坡度与牵引重量

一般情况下是按列车在限制坡道上，以机车的计算速度作等速运行为条件来确定牵引重量，如图 3-3-6 所示，机车牵引式列车在牵引区段内的限制坡道上以持续速度运行时（机车牵引力等于列车阻力）的牵引重量，可根据下列公式计算（重力加速度 g 可取近似值 10 m/s^2）：

$$M_g=\frac{F_c\cdot\lambda_y-M_p\left(w_0'+i_x\right)\cdot g\cdot 10^{-3}}{\left(w_0''+i_x\right)\cdot g\cdot 10^{-3}}\quad(\mathrm{t})$$

式中　M_g——列车牵引重量（取 10 t 整倍数，舍去不足 10 t 余数），t；

F_c——机车的计算牵引力，kN；

M_p——每台机车计算质量，t；

i_x——限制坡度，‰；

w_0'——机车单位基本阻力，N/kN；

w_0''——车辆单位基本阻力，N/kN；

λ_y——机车牵引力使用系数，取 0.9。

例如，某区段限制坡度 i_x=7‰，机车牵引力为 30.2 kN，该机车的计算质量 M_p=138 t，若 w_0'=1.6 N/kN，w_0''=1.2 N/kN，则该区段货物列车的牵引重量应为：

$$M_g=\frac{0.9\times 30.2-138\times(1.6+7)\times 10^{-3}}{(1.2+7)\times 10^{-3}}\approx 3\,169.9\ (\mathrm{t})$$

根据计算结果，初步确定该列车牵引重量为 3 160 t（不足 10 t 的已舍去），假定最后经过多方面的检验最终确定了该值，若货车的平均总重 $q_{总}$为 70 t 时，可求得该区段的货物列车编成数为：

$$M_{均}=\frac{G}{q_{总}}=\frac{3\,160}{70}=45\ (辆)$$

2. 列车换算长度

确定列车的牵引重量标准的同时，还需根据车站到发线有效长度确定列车的长度标准，一般以换算长度来表示。列车所编挂的机车车辆换算长度的总和，称为列车换算长度。上例中，取车辆的平均换长为 1.3，则列车的换算长度为 45 × 1.3=58.5。

四 列车编组顺序表

列车编组顺序表（运统 1）是记载列车组成情况的文件，是车站与司机间及铁路局集团公司间交接车辆的依据，也是运输统计和财务清算的主要原始资料。历史上，我国铁路列车编组顺序表以纸质的形式传递，随着技术的发展，2021 年，中国铁路实现了列车编组顺序表的电子化传递。

1. 货物列车编组顺序表

车站对编组始发的列车，应按车辆在列车中的编挂顺序将车辆的资料填入列车编组顺序表，并将汇总信息填至列车编组通知单，如图 3–3–7、图 3–3–8 所示。

货物列车编组顺序表是列车中车辆的清单，也是站车之间、铁路局集团公司之间进行车辆及有关单据交接的依据，同时还是车站与铁路局集团公司调度所间传递列车确报、进行运输统计的主要原始资料。此外，借助列车编组顺序表还可以检查列车的重量和长度、机车车辆的编挂及装载危险、易燃货物车辆的隔离等情况是否符合有关规定。

× × 站编组　　× × × 站终到　　经由站 × × × ×　　2020年02月20日　14时56分

自首　　股道：× ×　　制表者：× × ×

顺位	车种	罐车油种	车号	自重	换长	载重	到站	方向号	到局	货物品名	发站	蓬布和小型箱栏	票据号	收货人或卸线	车辆使用属性	记事
1	C70		× × × × × × ×	23.8	1.3	49	× × ×	东沿途	×	卷钢	× × ×		× × × × × ×	× × × ×		
2	C70E		× × × × × × ×	24.1	1.3	49	× × ×	东沿途	×	卷钢	× × ×		× × × × × ×	× × × ×		
3	C64K		× × × × × × ×	21.6	1.2	49	× × ×	东沿途	×	卷钢	× × ×		× × × × × ×	× × × ×		
4	C70E		× × × × × × ×	23.7	1.3	49	× × ×	东沿途	×	卷钢	× × ×		× × × × × ×	× × × ×		
5	C64K		× × × × × × ×	22.3	1.2	49	× × ×	东沿途	×	卷钢	× × ×		× × × × × ×	× × × ×		
…	…		…	…	…	…	…	…	…	…	…	…	…	…	…	…
43	C70E		× × × × × × ×	23.9	1.3	49	× × ×	东沿途	×	卷钢	× × ×		× × × × × ×	× × × ×		

图 3–3–7　列车编组顺序表

No：× × × 200220001

× × 车站　　2020年2月20日　14时56分　　× × × × × 次列车　　× × 机车

车站制表者：　× × ×　车站值班员：　× × ×　　司机所在段：　× × ×　　司机：　× × ×

站名	牵引重量（吨）		客车辆数		货车辆数				其他车辆	合计辆数	换长	记事
	总重	载重	合计	其中 行李车	重车	空车	非运用车	其中 代客				
合计	3 255.0	2 254.0			43					43	55.1	
集												
特												
行												

图 3–3–8　列车编组通知单

2. 旅客列车编组顺序表

旅客列车中各种车辆的构成（如一等座车、二等座车、商务座车、硬座车、硬卧车、软卧车、餐车、行李车、发电车等）、数量及其编挂顺序都有一定的规范，称为旅客列车编组。旅客列车的编组通常是固定的，一般以编组顺序表的形式表现，图 3–3–9 所示为其范例。

编制旅客列车编组表可以具体确定每对旅客列车的编组情况，其主要内容如图 3–3–10 所示。

广州南—桂林北	车辆 乘务 昆明	项目									计	
		顺序 广开	8	7	6	5	4	3	2	1		
		顺序 桂开	1	2	3	4	5	6	7	8		
		车厢编号	1	2	3	4	5	6	7	8	8	16
		车种	ZY	ZE	ZE	ZE	ZEC	ZE	ZE	ZE		
		定员	48	90	90	77	63	90	90	65	613	
		吨数									0	
		附注				残	餐					
D2984 D2985 次	车辆段 担当 / 客运段 担当											

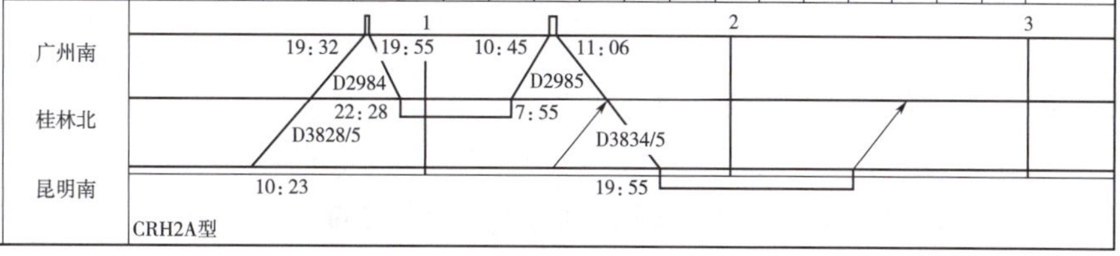

图 3-3-9 旅客列车编组顺序表

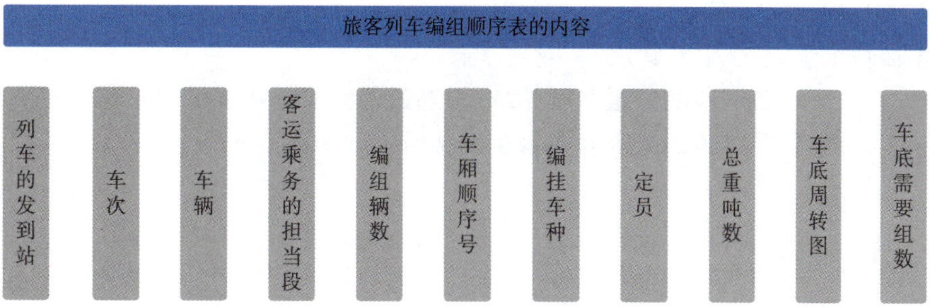

图 3-3-10 旅客列车编组顺序表的内容

第二节 列车开行工作组织

本节 PPT

一 货物列车车流组织

（一）车流组织概述

车流是指在一定时期内，在某一方向、某一区段或某一车站上，车辆的去向或到站（流向）和数量（流量）的总称。装车站装出的重车向卸车地点输送就形成重车流，卸车站把卸后的富余空车向装车地点排送，又形成空车流。重、空车流有目的的移动和相互转化过程，也就是铁路完成货物运输的主要过程。

在铁路上，货车通常是以编成合乎一定规格的列车进行长距离运送的。在流向有同有异、流量有大有小、流程有远有近，各站设备条件不尽相同、作业性质与能力互有差异等错综复杂的条件下，如何将发、到站各不相同的重车流及不同车种的空车流合理地组织起来，在适当的地点编组各种不同去向和种类的列车，并使之互相配合、互相衔接，保证各站产生的车流都能迅速而经济地运送到目的地，这就是车流组织所要解决的问题。

（二）车流组织的基础——货流

在一定时期内，货物由发送地点向到达地点输送就形成了货流。货流包含四个主要因素，即流量、流向、运距和构成。货流的构成与分布取决于各地区之间各种产品的生产、供应和销售关系。为了有效地规划和组织铁路货物运输工作，应通过深入细致的经济调查，分析研究货源货流的变化规律，进行货流预测，为编制铁路货物运输计划提供依据。

铁路货物运输计划中所规定的发到站别、品类别、货物发送吨数，称为计划货流，其简单的示例如图 3-3-11 所示。

根据图 3-3-11 中所给资料，可以计算出货运计划中的货运量、区段货运密度、货运周转量、平均货物运程等主要指标。

1. 货运量（N）

货运量（N）= 各站货物发送吨数的总和 = 各支货流量的总和

在图 3-3-11 中，年货运量：

N=(550+280+120+220+70+50+75+150+70+75)+(270+190+90+60+150+550+80+20+150)

=1 660+1 560=3 220（万 t）

2. 各区段的货运密度（D）

各区段的货运密度（D）= 通过各区段的货流量的总和

图 3-3-11 中各区段的货运密度如表 3-3-2 所示。

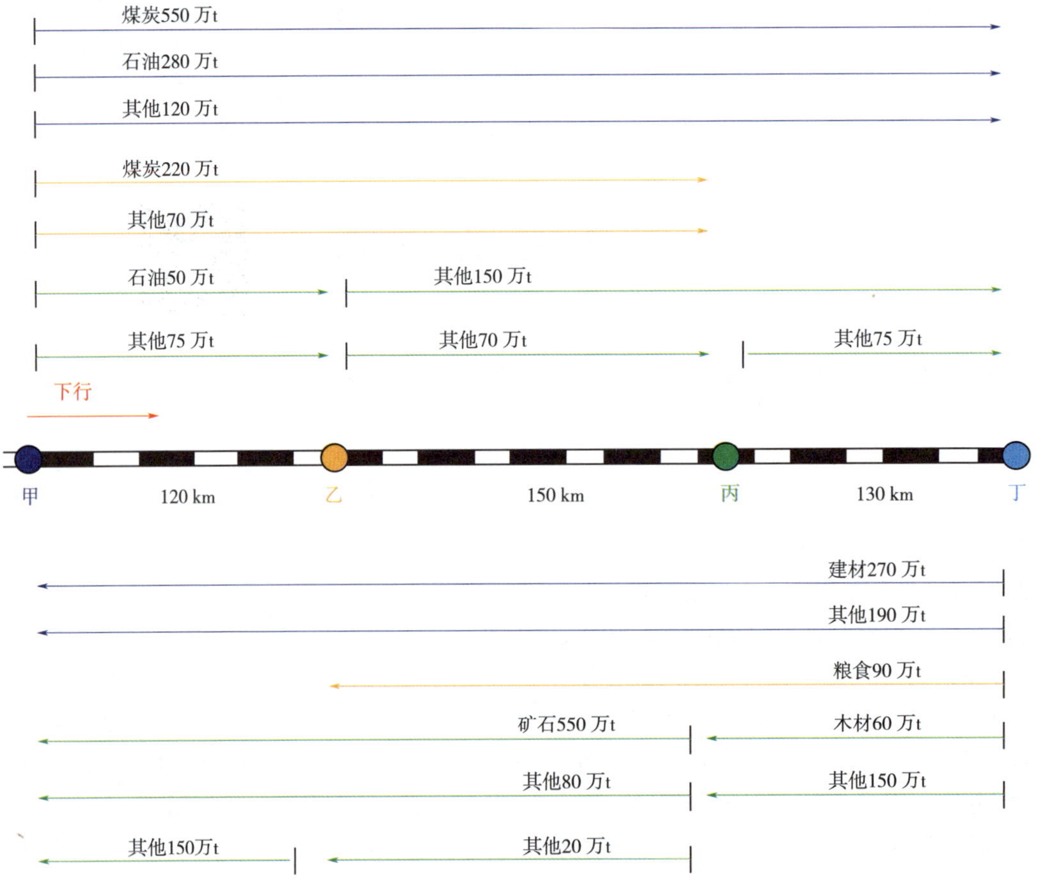

图 3-3-11　甲—丁方向铁路计划货流示例图

表 3-3-2 甲—丁区段货运密度

	甲—乙	乙—丙	丙—丁
下行方向	1 365 万 t	1 460 万 t	1 175 万 t
上行方向	1 240 万 t	1 200 万 t	760 万 t
总和	2 605 万 t	2 660 万 t	1 935 万 t

3. 货物周转量（T）

货物周转量（T）=（各区段的货流密度 × 该区段的长度）的总和

图 3-3-11 中，货物周转量：

$$T=2\ 605\times120+2\ 660\times150+1\ 935\times130=312\ 600+399\ 000+251\ 550=963\ 150\ (\text{万 t}\cdot\text{km})$$

4. 货物平均运程（S）

货物平均运程（S）＝货物周转量与货运量的比值

$$S=\frac{963\ 150}{3\ 220}=299.11\ (\text{km})$$

（三）货流转化为车流

货物需要装入适当类型的货车进行输送。根据历年统计资料可求得各车种装运各种货物时的一车平均装载吨数，即货车的静载重。因此，可用下式确定各支货流的日均装车数，从而将年度计划货流转化为日均计划重车流（装车数）：

$$\text{日均装车数}=\frac{\text{全年计划货流量}}{365\times\text{货车平均静载重}}\ (\text{车})$$

以图 3-3-11 所示甲—丁铁路下行方向的日均计划重车流为例，可以作成如表 3-3-3 所示的全年发送量及日均计划重车流表。

表 3-3-3 甲—丁铁路全年发送量及日均计划重车流表

序号	至 从	全年发送量（万 t）				日均装车数（车）				货物品类	使用车种	平均静载重（t）
		甲	乙	丙	丁	甲	乙	丙	丁			
1	甲				550				274	煤炭	C	55
2	甲				280				153	石油	G	50
3	甲				120				82	其他	P 或 C	40
4	甲			220				110		煤炭	C	55
5	甲			70				48		其他	P 或 C	40
6	甲		50				27			石油	G	50
7	甲		75				51			其他	P 或 C	40

续上表

序号	至/从	全年发送量（万t）				日均装车数（车）				货物品类	使用车种	平均静载重（t）
		甲	乙	丙	丁	甲	乙	丙	丁			
8	乙				150				103	其他	P或C	40
9	乙			70				48		其他	P或C	40
10	乙	150				103				其他	P或C	40
11	丙				75				51	其他	P或C	40
12	丙	550				274				矿石	C	55
13	丙	80				55				其他	P或C	40
14	丙		20				14			其他	P或C	40
15	丁	270				132				建材	C	56
16	丁	190				130				其他	P或C	40
17	丁		90				49			粮食	P	50
18	丁			60				32		木材	N或C	51
19	丁			150				103		其他	C或P	40

由于计划的车种别日均装车数就是该站计划的日均需要的车种别空车数，而该站的计划日均到达车数就是计划的日均卸车数，也就是该站计划的可以自行产生的日均空车数。两相对比，就可以得出各站的空车日均有余或不足的车数。其中空车有余的部分即可指定排往就近空车不足的车站，从而形成了空车流。综上，可以得出如表3-3-4所示的车种别重车流及空车调配表。

表3-3-4　甲—丁铁路车种别重车流及空车调配表

至/从	车种	甲	乙	丙	丁	计	空车		
							不足	有余	排空方向
甲	P	—	26	24	41	91	—	54	乙$_{46}$丁$_{8}$
	C	—	25	134	315	474	—	75	乙$_{75}$
	N	—	—	—	—	—	—	—	
	G	—	27	—	153	180	180	—	
	计	—	78	158	509	745	180	129	-51
乙	P	52	—	24	52	128	46	—	
	C	51	—	24	51	126	94	—	
	N	—	—	—	—	—	—	—	
	G	—	—	—	—	—	—	27	甲$_{27}$
	计	51	—	48	103	254	140	27	-113

续上表

从＼至	车种	甲	乙	丙	丁	计	空车		
							不足	有余	排空方向
丙	P	28	7	—	26	61	—	38	丁$_{38}$
	C	301	7	—	25	333	107	—	
	N	—	—	—	—	—	—	16	丁$_{16}$
	G	—	—	—	—	—	—	—	
	计	329	7	—	51	380	107	54	-53
丁	P	65	49	51	—	165	46	—	
	C	197	—	68	—	265	—	126	丙$_{107}$乙$_{19}$
	N	—	—	16	—	16	—	—	
	G	—	—	—	—	—	—	153	甲$_{153}$
	计	197	49	83	51	446	46	279	233
各站诸车种到达合计	P	145	82	99	119	445	92	92	
	C	549	32	226	391	1 198	201	201	
	N	—	—	16	—	16	16	16	
	G	—	27	—	153	180	180	180	
	总计	694	141	341	663	1 839	489	489	

根据表 3-3-4 中所列数据可绘制出该铁路上、下行方向的重空车流图。以甲—丁铁路的下行方向为例，其重空车流如图 3-3-12 所示。

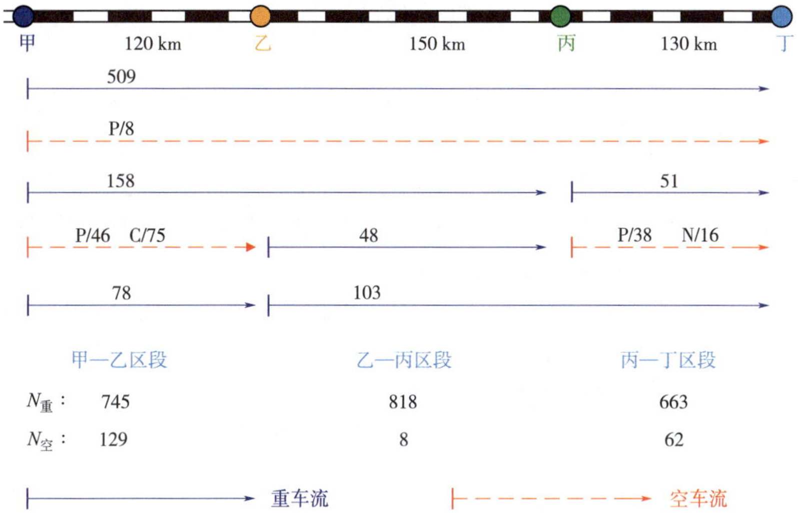

图 3-3-12　甲—丁铁路下行方向重空车流图

（四）车流转化为列车流

根据方向上各区段上下行重空车流及重空列车编成车数标准，即可按下式确定各区段应开行的货物列车列数 n。

$$n=\frac{N_{重}}{m_{重}}+\frac{N_{空}}{m_{空}}$$

式中 $N_{重}$、$N_{空}$——对应各区段下行（或上行）的通过重车流和空车流；

$m_{重}$、$m_{空}$——各区段的重、空货物列车编成车数。

现以图 3-3-12 所示甲—丁铁路下行车流为例，若已知：$m_{重}=50$ 辆，$m_{空}=54$ 辆，则该方向甲乙区段应开行的货物列车数为：

$$N_{重}=\frac{745}{50}\approx 15（列）；N_{空}=\frac{129}{54}\approx 3（列）$$

其余区段可以类推。一般情况下，区段内的列车均采用上下行方向成对运行方式，因此所求得的结果也就是各区段日均运行的货物列车对数。

上述从货流到车流、从车流到列车流的转化过程，只是原则性地说明了它们之间的关系，还没有解决如何经济合理地将车流组成各种列车这一复杂的问题。这一问题是通过列车编组计划解决的。

（五）货物列车编组计划

列车编组计划是全路车流组织的规划，由装车地直达列车编组方案和技术站列车编组方案两大部分组成。它根据全路车流结构、各站设备能力和作业条件，统一安排各种货物列车的编解作业任务，具体规定各货运站、编组站和区段站编组列车的种类、到站及车组编挂办法。

列车编组计划是铁路行车组织工作较长时期的基础性计划，它的正确编制与严格执行可以充分发挥各站技术设备的潜力、提高运输效率。

1. 装车地直达列车编组计划

在装车地利用自装车流编组，通过一个或以上编组站（或规定有作业的区段站）不进行改编作业的列车，称为装车地直达列车。

装车地直达列车能最大限度地减少中间作业环节，从而降低运输成本，减轻运行途中有关技术站的改编作业负担，加速机车车辆周转和货物送达。因此，各国铁路都十分重视，并将其作为铁路首要的车流组织形式。

在制定装车地直达列车编组计划时，应认真考虑以下条件，如图 3-3-13 所示。

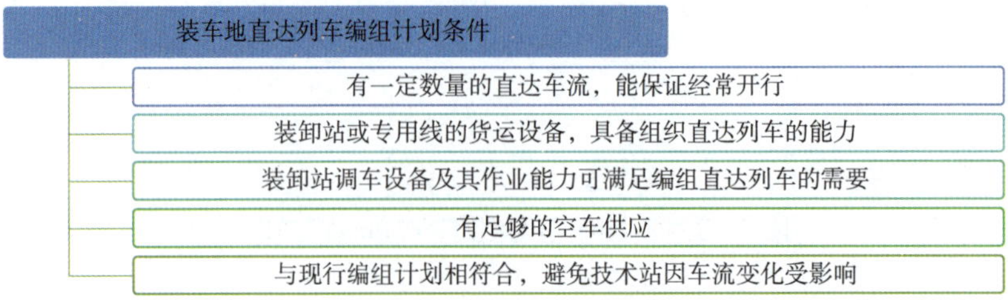

图 3-3-13　装车地直达直达列车编组计划条件

2. 技术站列车编组计划

每个车站每天所装的车辆，不可能全部都用来组织始发直达列车。凡是没有被装车地直达列车吸收的车流，都应该用摘挂列车或区段小运转列车送到邻近的技术站集中，按车流的去向和性质加以分类，以便和技术站自装车流合在一起，分别编组不同种类和到站的列车。在一般情况下，每个区段都要开行摘挂列车和区段列车，因而编制技术站列车编组计划主要是确定技术直达列车和直通列车的编组问题。

在技术站编组列车时，每一去向的车流都是陆续到达的，同一去向的车流必须集结成列，然后才能进行编组。技术站每编组开行一个去向的直达或直通列车，一昼夜要消耗固定的集结车小时，但这些列车通过沿途各技术站可获得无改编通过的车小时节省。合理的车流组织，不仅要考虑某个车站某支车流的集结消耗和无改编通过节省，而且必须就整个方向综合研究各种车流组合方案并结合各站的设备和工作条件，从中选出既经济有利又切实可行的技术站列车编组计划方案。比如，将各衔接方向陆续挂来的有调中转车流和本站的车流，按照规定重量或长度的车列进行编组。由于集组成列时，先到的车组要等待后到的车组，这就产生了车辆集结过程。一个去向一昼夜的集结车小时消耗总数通常以 cm 表示（c 称为集结参数，按 8~11 取值，m 为列车编成辆数）。这是技术站编组直达列车不利的一面。但是，在技术站所编的直达或直通列车又减少了沿途各技术站的改编过程。从而一昼夜又可得到 $N_{直}\sum t_{节}$ 的车小时节省（$N_{直}$ 为该去向的日均车流量，$\sum t_{节}$ 为货车无改编通过沿途技术站节省的车小时总数）。显然，当 $N_{直}\sum t_{节} \geqslant cm$ 时，组织该去向的直达或直通列车就是有利的。然而这一判别式只是就某一个编组去向而言的，在方向上车流可分可合，无改编运行距离可远可近，单就某一车站某支车流进行检查是远远不够的，还必须就整个方向综合研究各种车流组合方案，并应从中选择既经济又切实可行的技术站列车编组方案。图 3–3–14 所示甲—丁铁路下行方向重空车流图中，减除编入装车地直达列车的车流之后（甲丁间开行 8 列计 400 车，甲丙间开行 3 列计 150 车），整理而成的技术站间车流如图 3–3–14 上半部分（绿色）所示。图 3–3–14 的下半部分（蓝色）列出了参加评选的 3 个直达列车开行方案。

把图 3–3–14 所示的车流组成不同的列车，一个最简单的方案是将每支车流单独组织列车，如方案 I 所示。其优点是列车的到站就是车辆的到站，节省了车辆在沿途技术站的改编作业停留时间。但是，在技术站的集结车辆小时的消耗因而大大增加，这是方案 I 的缺点。

另一个简单的编组方案是将各支车流不分远近地加以合并，一律开行区段列车，如图 3–3–14 中方案Ⅱ所示。这一方案的优缺点正好与方案 I 相反。

从上面的分析可以看出，这两种极端方案均有较大的片面性，它们的车辆小时消耗通常不是最小，因而一般不是最有利的方案。

因而，可经综合比较计算（过程略），得出图 3–3–14 中所示的最优方案Ⅲ。

在编定编组方案时，除了考虑车辆小时的消耗以外，还应考虑各技术站的设备条件和作业能力。如果某些技术站的设备条件和作业能力不足，也可能要放弃最优方案，而采用另一个较为有利的方案，以免造成作业上的困难。

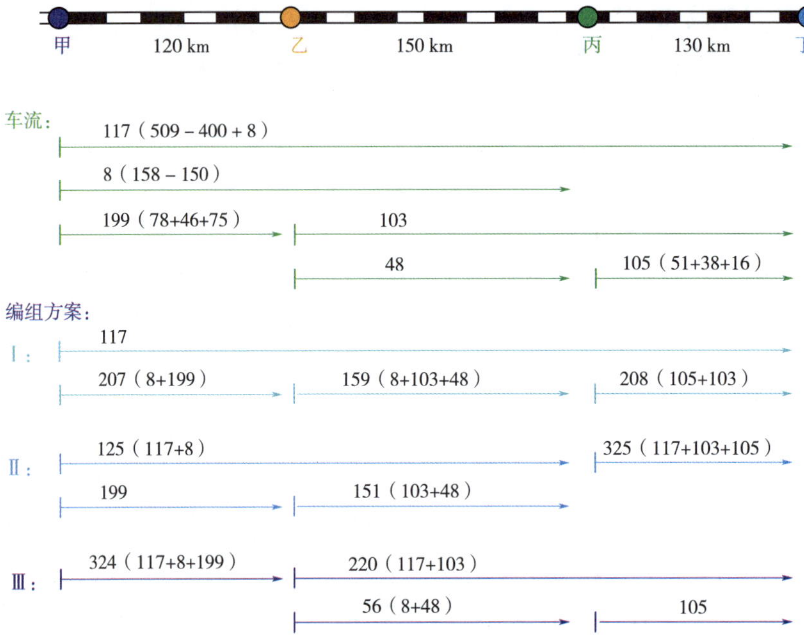

图 3-3-14　甲—丁方向技术站间车流及其编组计划方案

列车编组计划是科学地组织车流、综合运用全路站场设备的部署，它把车流组织成为列车流，规定了铁路应开行的货物列车的种类、数量及发到站，至于这些列车如何在各区段内运行的问题，则须通过正确编制与严格执行列车运行图来解决。

二 旅客列车重量速度及开行方案

1. 旅客列车重量和速度

旅客列车的重量和速度是编制开行方案的基础，决定着旅客列车编挂客车数的多少和旅客在途时间的长短，直接影响到铁路的客运能力、服务质量和客运设备的使用效率。选择旅客列车最佳重量和速度的方法有别于货物列车，要考虑的因素是多方面的，但主要应针对提高旅客列车直通速度这一要求进行考虑。在机车类型和线路条件已定的情况下，提高直通速度可采取加速列车运行、压缩停站次数、缩短停站时间等措施来实现。

在旅客列车的重量标准和编组辆数确定之后，根据各种旅客列车的编组结构，可以计算出它们的定员，在已编制和客流计划的基础上，可着手拟定旅客列车开行方案。

2. 旅客列车开行方案

铁路旅客列车开行方案是以客运量为基础，以客流性质、特点和规律为依据，科学合理地安排旅客列车开行相关内容，体现从客流到列流的组织方案，是铁路旅客运输工作的核心之一。一方面，对不同的客流和不同的线路设备条件需开行不同种类的铁路旅客列车。另一方面，为满足旅客的旅行要求、方便旅客出行，铁路客运部门需要制定好旅客列车开行方案，包括确定适当的旅客列车开行数量、种类、运行区段，合适的列车始发、终到和通过沿途各主要站的时间，并考虑列车合理的停车站和较快的直通速度。

高速铁路旅客列车开行方案应遵循下列原则：

（1）列车开行方案应以大站间 OD 客流为依据，按流、车对应原则进行设计；客流量较大的车站应提高旅客列车停站的服务频率；高峰时段应加大列车开行密度；主要车站间开行的始发终到列车较多时，列车的发车时刻宜规格化。

（2）客运需求较大的站间应组织开行不停站直达和交错停站方式的旅客列车。

（3）列年开行方案应兼顾动车组运用效率和基础设施的养护维修。

旅客列车开行方案涉及的主要内容如图 3-3-15 所示，编制流程如图 3-3-16 所示。

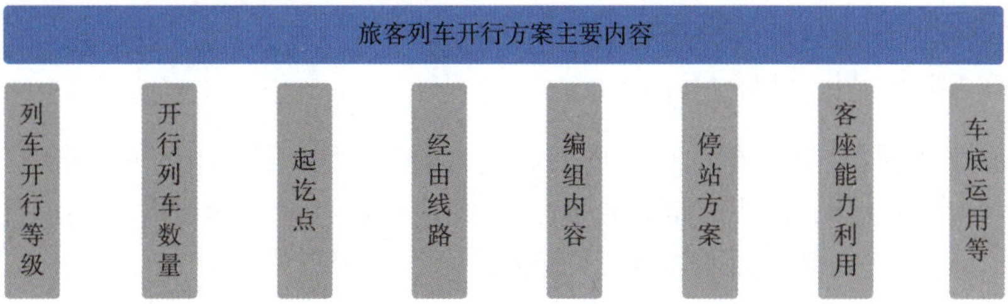

图 3-3-15　旅客列车开行方案主要内容

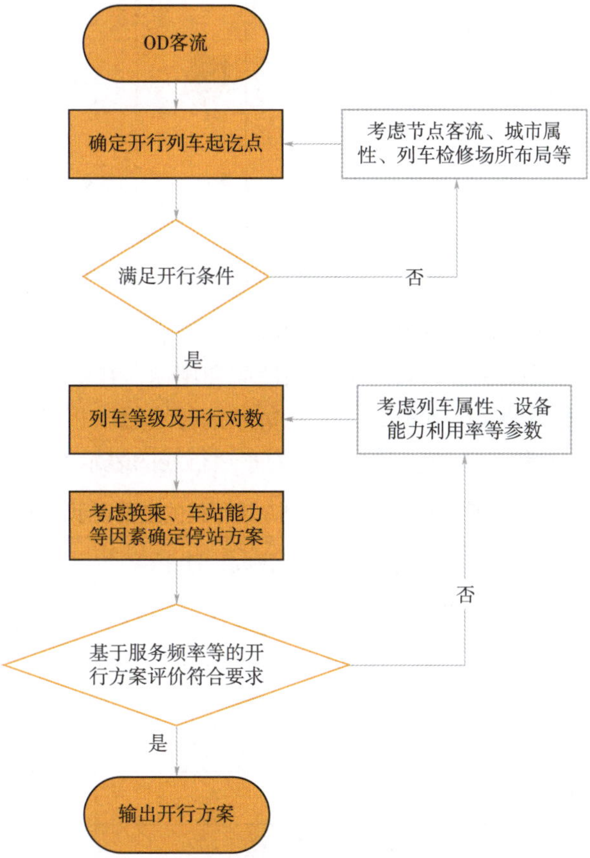

图 3-3-16　旅客列车开行方案编制流程

第三节　列车运行工作组织

本节 PPT

一 列车运行图

列车运行图是用以表示列车在铁路区间运行及在车站到发或通过时刻的技术文件，它规定各次列车占用区间的程序，列车在每个车站的到达和出发（或通过）时刻，列车在区间的运行时间，列车在车站的停站时间以及机车交路、列车重量和长度等，是全路组织列车运行的基础，是铁路运输生产的一个综合性计划。

（一）列车运行图的性质与作用

列车运行图实质上是列车运行的图解，它以横轴表示时间，并用垂直线等分横轴代表一昼夜的小时和分钟；以纵轴表示距离，并按列车在各区间运行时分的比例画水平线，代表各车站中心线的位置，如图 3–3–17 所示。

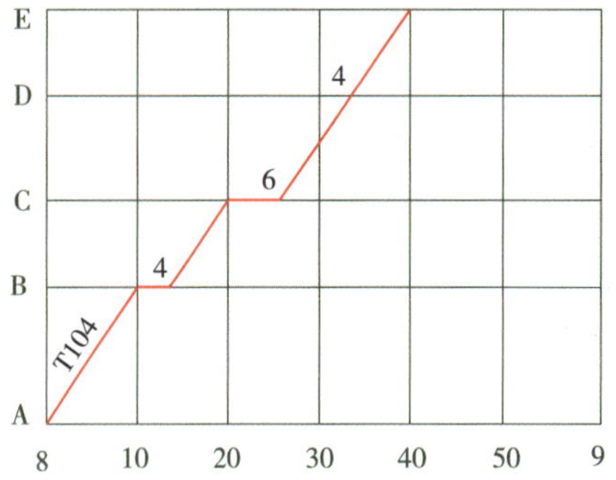

车站	到点	发点
A	–	8：00
B	8：10	8：14
C	8：20	8：26
D	8：34	8：34
E	8：40	–

图 3–3–17　铁路列车运行图与时刻表

图上的斜线称为列车运行线，其与车站中心线的交点就是该列车在区段内有关车站的到、发或通过时刻。为了区别每一列车的不同性质和用途，在运行图中可以用不同颜色和符号的运行线来表示不同种类的列车，同时对每条运行线冠以相应的车次，标在区段的首末两端区间相应列车运行线的上方。运行图上列车运行线的表示方法，见表 3–3–5。

表 3–3–5　列车运行图上列车运行线的主要表示方法

列车种类	列车运行线	说　明
旅客列车、动车组检测列车、动车组确认列车、回送动车组列车、试运转动车组列车	———	红单线（以车次区分）
临时旅客列车	–‖–‖–	红单线加红双杠
回送客车底	—□—□—	红单线加红方块
160 km/h 特需货物列车	—○—○—	橙单线加橙圈
120 km/h 特需货物列车	—□—□—	橙单线加橙方框

续上表

列车种类	列车运行线	说　明
80 km/h 特需货物列车	————	橙单线
特快货物列车	—○—○—	蓝单线加红圈
快运货物列车（普快货物班列除外）	—○—○—	蓝单线加蓝圈
远程技术直达列车	—□—□—	蓝单线加蓝方框
“点到点”快速货物列车	————	蓝单线
直达列车、普快货物班列	—○—○—	黑单线加黑圈
直通货物列车、自备车、区段货物列车及小运转列车	————	黑单线（以车次区分）
摘挂列车	—+—I—	黑单线“+”、“I”
重载货物列车	— — — — —	蓝色断线（以车次区分（铁路局集团公司可根据具体情况补充规定））
冷藏列车	—○—○—	黑单线加红圈
军用列车	— — — — —	红色断线
回送军用列车	- -□- -□- -	红色断线加红方块
超限超重货物列车	—□—□—	黑单线加黑方框
路用列车、试运转列车（不含动车组）	—○—○—	黑单线加蓝圈（以车次区分）
单机	—▷—▷—	黑单线加黑三角
高级专列及先驱列车	——→——→—	红单线加红箭头（以车次区分）
救援和除雪列车	—×—×—	红单线加红“×”（以车次区分）
重型轨道车	-‖-‖-	黑单线加黑双杠

注：特需货物列车是指根据客户特殊运输需求，在基本运输方案不能满足时，铁路临时组织开行的跨局或管内点对点货物列车。

此外，在列车运行图上还应标明区段名称、各站站名、区间公里、延长公里、闭塞方式、机车类型、列车重量和换长等必要的资料。

铁路庞大复杂，涉及多部门、多工种，在实现运输过程中要利用多种技术设备，各个环节各个部门必须相互配合、紧密联系、协同动作，才能保证行车安全、提高运输效率。列车运行图在各部门之间相互配合协作方面起着极其重要的作用，如图 3-3-18 所示，通过列车运行图可以把整个铁路网的活动联系成为一个统一的整体，把所有与行车有关的各单位组织起来，严格按照一定的程序有条不紊地进行工作。因此，列车运行图是铁路运输工作的一个综合性计划，是铁路行车组织工作的基础。

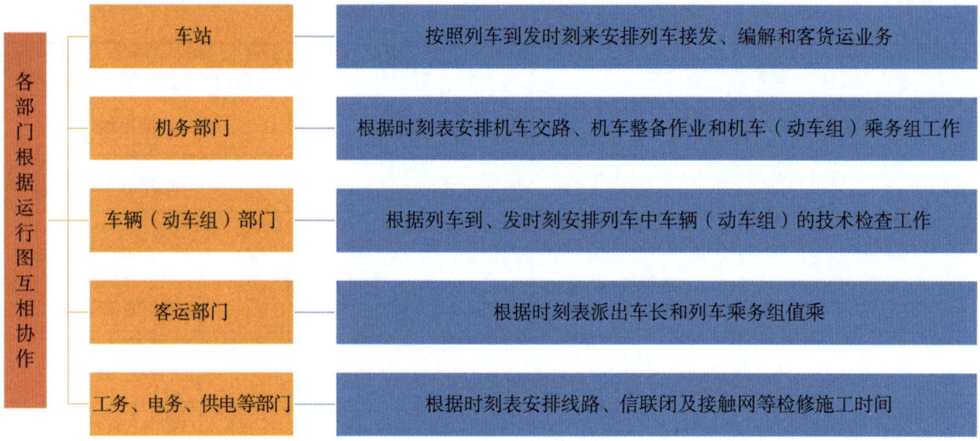

图 3-3-18　列车运行图的作用

列车运行图不仅是日常指挥列车运行的重要依据，而且也是保证行车安全、改善铁路技术设备运用、加速机车车辆周转、提高铁路通过能力和运营工作水平的强有力的工具。正确编制与严格执行列车运行图直接关系着整个铁路运输工作的质量，具有极其重要的意义。

（二）列车运行图的分类

由于区间正线数目和闭塞设备的不同，对各种列车的运行具有不同的要求，铁路上采用不同类型的运行图，其分类如图 3-3-19 所示。

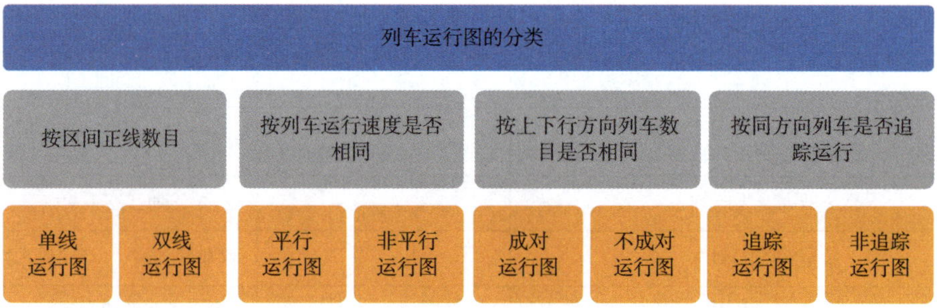

图 3-3-19　列车运行图的分类

1. 按区间正线数目分类

按区间正线数目的不同有单线运行图和双线运行图。单线运行图的特点是上下行列车均只能在同一条正线上运行，因而列车的会让、越行必须在车站上进行。双线运行图的特点在于上下行列车分别在各自的正线上运行，互不干扰，因而对向列车可以在区间内或车站上交会，但同方向列车的越行仍须在车站上进行。

2. 按列车运行速度是否相同分类

按各种列车运行速度是否相同可以分为平行运行图和非平行运行图。凡同一方向列车在同一区间内的运行速度都相同，且列车在区间两端站的到、发或通过的运行方式也相同，其运行线互相平行，称为平行运行图；凡具有不同种类和运行速度的列车运行图，且列车在区间两端站的到、发或通过的运行方式不同，列车的运行线不相平行，称为非平行运行图。非平行运行图是铁路普遍采用的运行图。

3. 按上下行方向列车数目是否相同分类

按上下行方向列车数目是否相同分为成对运行图和不成对运行图。在一般情况下多采用成对运行图。

4. 按同方向列车是否追踪运行分类

按同方向列车是否追踪运行分为追踪运行图和非追踪运行图。在自动闭塞区段同方向列车允许以闭塞分区为间隔追踪运行，即采用追踪运行图；在非自动闭塞区段，同方向列车只允许以站间区间或所间区间为间隔连发运行，只能采用非追踪运行图（或称连发运行图）。

以上各种运行图分类方法，都是单就其某一特点而加以区分的，实际上每张运行图都具有几个方面的特征。例如，图 3-3-20 为单线成对非追踪平行运行图，而图 3-3-21 则为双线成对追踪非平行运行图。

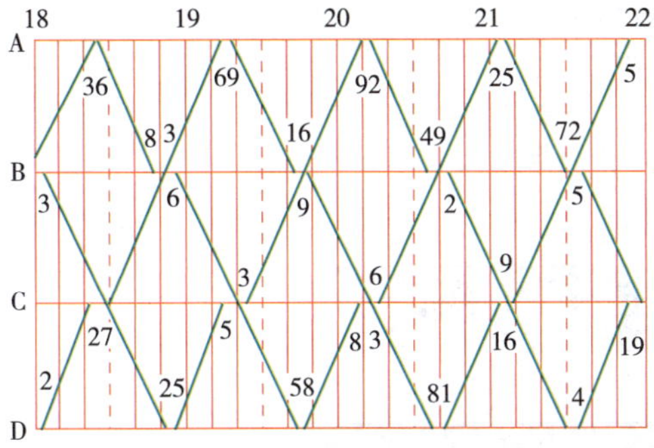

图 3-3-20　单线成对非追踪平行运行图

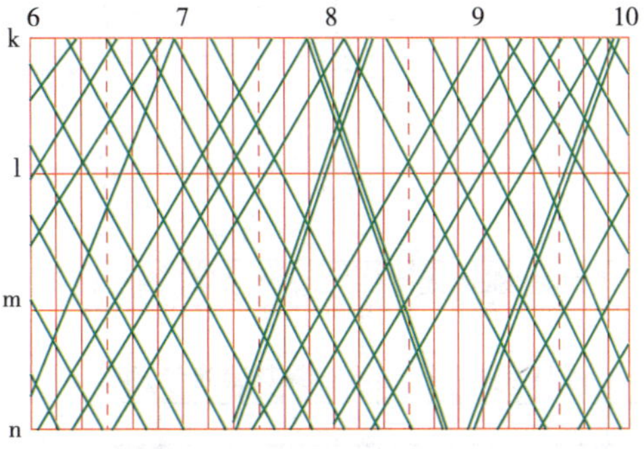

图 3-3-21　双线成对追踪非平行运行图

（三）列车运行图的编制

1. 列车运行图编制的基本要求

列车运行图的编制工作是一个复杂的过程，我国铁路已经实现用计算机编制列车运行图。我国铁路一般每两年在全路定期编制一次运行图，在执行中允许根据需要进行局部调整。同时，为适应季节性旅客运输需要（如春运和暑运等），尚需按一定周期调整运行图。高速、城际铁路还可根据旅客运输需求的不同分别编制平日、周末和节假日等不同时间的运行图。

列车运行图的编制，必须符合多方面要求，如图 3-3-22 所示为其基本要求。

列车运行图在很大程度上反映着整个铁路行车组织工作的水平，提高运行图编制质量，就可以改善对旅客的服务、加速货物送达，扩大铁路在运输市场竞争中的优势，同时，在改进机车车辆运用和更好地利用区段通过能力诸方面获得显著的技术经济效果。

2. 列车运行图的编制流程

列车运行图的编制过程是在收集审核列车运行图技术资料和进行客货流预测的基

础上，按照先客车后货车、先直通后管内的顺序分步骤进行的。同时，应对每一步的结果进行评价分析，并根据反馈信息不断调整，直至完成整个列车运行图的编制工作。图3–3–23所示为其编制的主要流程。

3. 机车车辆周转图

为了保证客、货列车按运行图运行和经济合理地运用机车车辆（含动车组），应在编制列车运行图的同时绘制机车（含动车组）、客车车底周转图，其编制流程如图3–3–24所示。

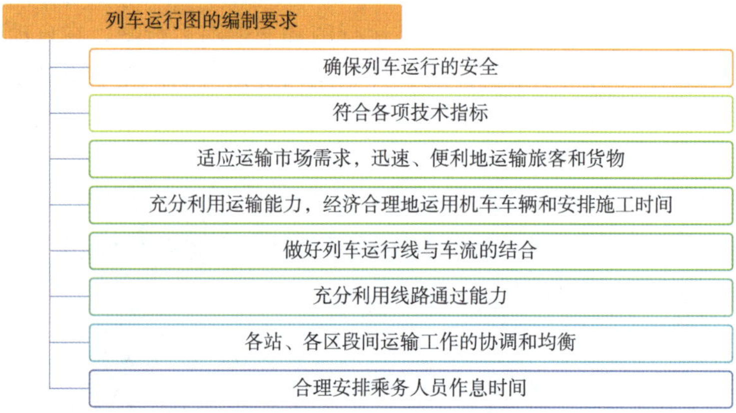

图 3–3–22　列车运行图的编制要求

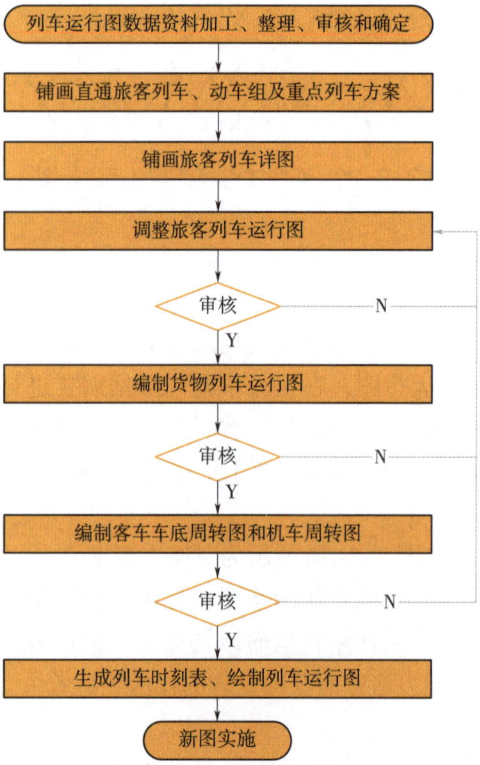

图 3–3–23　列车运行图的编制流程

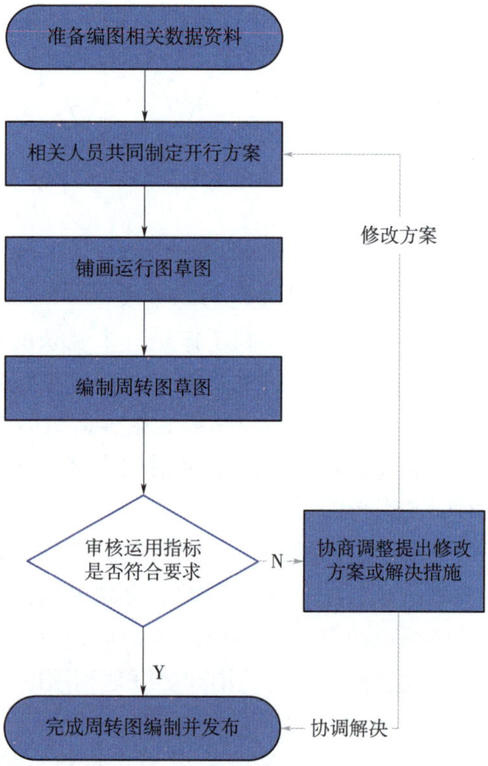

图 3–3–24　机车车辆周转图的编制流程

机车（含动车组）周转图是根据该区段所采用的机车运转制、乘务制度和列车运行方案编制的机车运用工作计划，详见机车、动车组运用部分。

旅客列车编组的客车车种、辆数和编挂顺序一般是固定的，并以旅客列车编组表加以规定。这种固定连挂在一起的车列，叫客车固定车底，它在固定的运行区段内来回行驶，平时不进行改编。在编制旅客列车运行方案图的同时，应绘制客车车底周转图，以确定各次列车车底的需要数。车底周转图表示列车的始发，终到时刻和需用车底组数，并由此计算车底在配属站和折返站的停留时间，如图 3-3-25 所示。

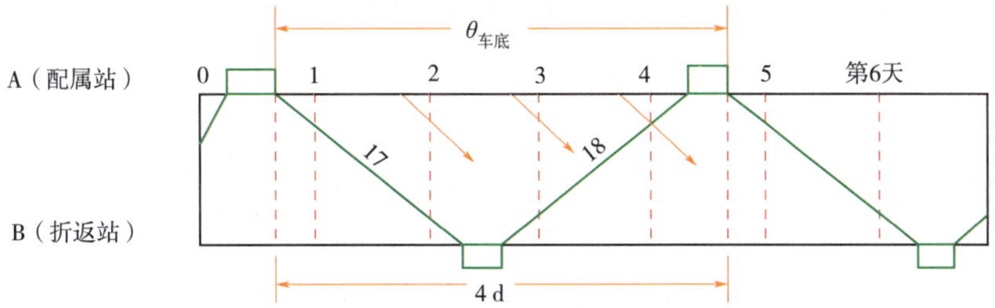

图 3-3-25　客车车底周转图

（四）列车运行图的主要质量指标

列车运行图编完后，各铁路局集团公司应对运行图编制质量进行全面检查，并在确认完全符合规定要求后计算运行图质量指标。其主要质量指标有：

1. 列车旅行速度 $v_{旅}$

列车旅行速度即机车牵引列车在区段内的平均速度。

$$v_{旅}=\frac{L_{区段}}{\sum t+\sum t_{停}}\quad(\text{km/h})$$

式中　$L_{区段}$——区段长度，km；

$\sum t$——列车在区段内纯运转时间的总和，h；

$\sum t_{停}$——列车在区段内各中间站停留时间的总和，h。

2. 列车技术速度 $v_{技}$

列车技术速度即机车牵引列车（或动车组列车）在区段内的各区间内，每小时平均走行公里数（只计算列车在区段内纯运转时间而不考虑停站时间）。

$$v_{技}=\frac{L_{区段}}{\sum t}\quad(\text{km/h})$$

3. 机车（动车组）全周转时间 $T_{全}$

机车全周转时间即机车在一个牵引区段内往返一次平均消耗的时间。

机车交路采用肩回运转制时，机车在一个牵引区段内往返一次，需要经过 4 个过程，如表 3-3-6 所示。

表 3-3-6　肩回运转制机车往返的四个过程指标

指标	说　明
$T_{折}$	从机务段所在车站牵引列车到折返段所在车站所花费的时间
$t_{标}$	从折返段所在车站停留后进入折返段，在折返段停留，进行整备作业、日常检查后，再出段开到车站并等待出发所花费的时间
$T_{旅}$	从折返段所在车站牵引列车返回机务段所在车站所花费的时间
$t_{机}$	从机务段所在车站停留后进入机务段，在机务段停留，机车乘务人员进行交接班，为下一次运行进行整备作业、日常检查后，再出段开到车站并等待出发所花费的时间

机车全周转时间 $T_{全}$就是以上四部分时间的总和：

$$T_{全}=T_{折}+t_{标}+T_{旅}+t_{机}\quad (h)$$

4. 机车日车公里 $S_{日}$

机车日车公里即平均每台机车在一昼夜内完成的走行公里数。

$$S_{日}=\frac{24}{T_{全}}\times 2L_{区段}\quad [km/(台\cdot 日)]$$

5. 客车车底周转时间

车底一般在配属段所在站和折返所在站之间往返一次所经过的全部时间，称为车底周转时间，周转时间的长短是决定某一对列车所需车底数目的依据，如图 3-3-25 所示。

（五）高速铁路运行图

和客货共线铁路运行图编制相比，高速铁路运行图编制具有如图 3-3-26 所示的特点。

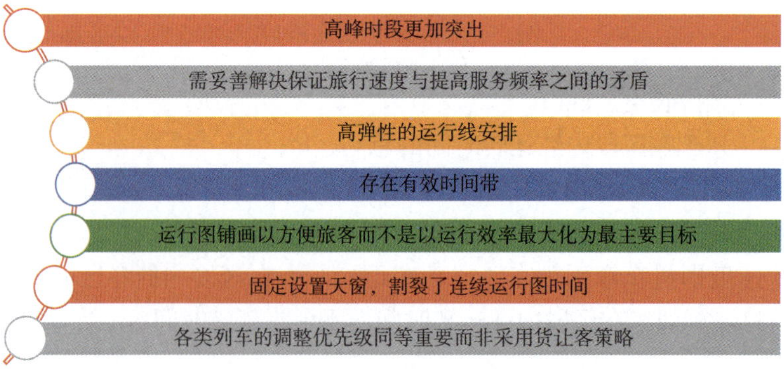

图 3-3-26　高速铁路运行图的特点

1. 高峰时段更加突出

我国大部分旅客的出行距离在 400 km 以内，这部分旅客的出行规律大体上是早出晚归，这样早（约 6：30 ~ 9：30）晚（约 17：00 ~ 20：00）将形成列车密集发车及到达的高峰时间带。在高峰时段大量列车密集到发，造成运力资源利用极不均衡，即，高峰时段全部投入运用，非高峰时段大量闲置。

2. 需妥善解决保证旅行速度与提高服务频率之间的矛盾

在一定技术条件下，为了提高旅行速度，则要求减少停站次数和压缩停站时间，尽可能减少高速列车越行中速列车的次数，且尽可能使客运停站与越行相结合。为提高服务频率，缩短旅客候车时间，中间站要求有较多的列车停站，此外，为使旅客有充裕的时间上、下车，停站时间还应长一点。高速铁路列车运行图的编制要妥善解决保证一定的旅行速度与提高服务频率之间的矛盾，并在两者之间保持平衡。

3. 高弹性的运行线安排

为保证列车的高正点率，列车运行图必须要有足够的应变能力，即具有高度的弹性，当列车运行紊乱时，要能尽快恢复正常，以保证能经常处于按图行车的状态。为此，列车运行线间一般要预留一定的冗裕时间，以减少个别列车晚点的影响。

4. 存在有效时间带

高速铁路一般选择 0：00 ～ 6：00 作为“天窗”时间，供线路及相关设备的养护维修用。由于“天窗”多采用矩形，列车又只能在 6：00 及其以后出发，0：00 及其以前到达，因此，对不同运行距离的列车就形成了有效时间带。如图 3-3-27 所示，设列车运行在 A—B 间，平均旅行时间为 4h，图中三角区对 A—B 列车是无效的，只能用于铺画运行时间较短的列车。

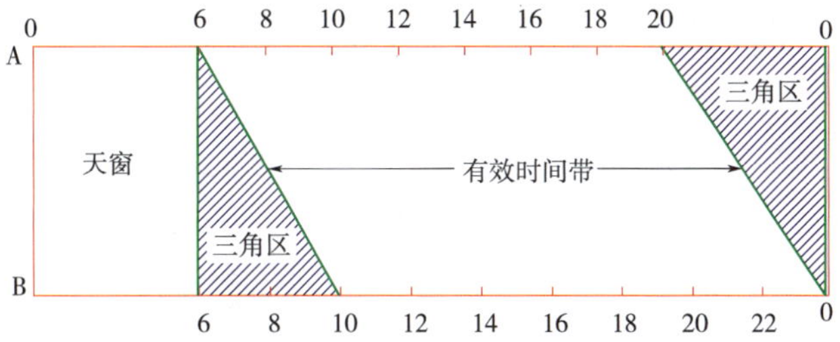

图 3-3-27　天窗、三角区及有效时间带

5. 运行图铺画以方便旅客而不是以运行效率最大化为最主要目标

高速铁路运行图铺画以方便旅客为最主要目标，包括列车旅行时间最小、始发和终到时间合理、非旅客乘降作业的停站次数最少和停站时间最短、动车组数量最少等。而客货共线铁路一般以运行效率最大化为最主要目标，包括缩小列车运行间隔时间、充分利用线路通过能力、提高列车开行对数、列车旅行时间最小、机车使用台数最少等。

6. 固定设置天窗，割裂了连续运行图时间

高速铁路天窗时间内一般不安排列车运行，割裂了可循环使用的连续运行图时间，运行图不是非闭合的，列车分布不均衡。客货共线铁路维修天窗的设置相对比较灵活，天窗时间较短，保证列车运行线分布比较均匀。

7. 各类列车的调整优先级同等重要而非采用“货让客”策略

高速铁路运行图优化调整中各类速度列车的调整优先级同等重要，对于中速列车的调整还要照顾到中速列车在普速铁路途经主要客运站的到达和出发时刻。而客货共线铁路一般采用在保证货物列车运行线大致均衡分布前提下，可以优先调整旅客列车运行线，货物列车待避旅客列车。

二 机车、动车组运用

（一）机车运用

机车交路（机车牵引区段），是指机车担当运输任务的固定周转区段，即机车从机务段所在站到折返段所在站之间往返运行的线路区段。机车交路按用途分为客运机车交路和货运机车交路；按区段距离分为一般机车交路和长交路（一般客运机车交路区段距离800 km以上、货运机车交路距离500 km以上的为长交路）。

机车在交路上进行列车作业的组织方式称为机车运转制。机车运转制和机车交路是组织机车运用工作，确定机务段的设施和配置、机车类型分配、机车运用指标的重要依据。

铁路机车运转制主要有肩回运转制、半循环运转制、循环运转制、环形运转制四种。

1. 肩回运转制

机车担当与机务本段（即机务段本段，也称基本段，是机车所隶属的机务段）相邻区段的列车牵引任务，除需进机务折返段（简称折返段，是机务本段的派出行车单位，设在机车交路折返点，一般没有配属机车，也不做检修工作，只供机车进行整备作业和折返前乘务人员临时休息之用）整备外，机车每次返回机务本段所在站时，也需入段作业的机车运转制称为肩回运转制，图3-3-28所示为其交路图，图3-3-29所示为其机车周转图。

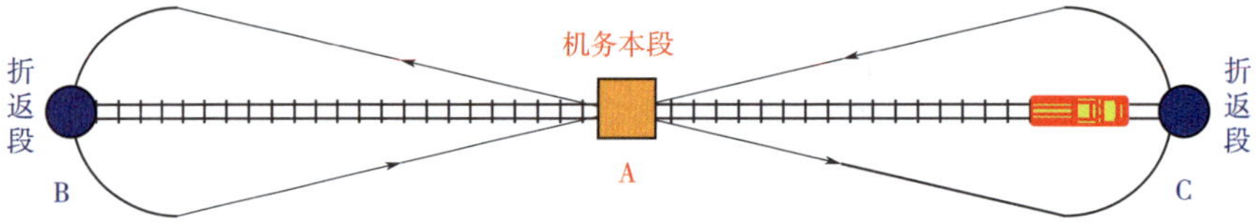

图3-3-28 肩回运转制交路

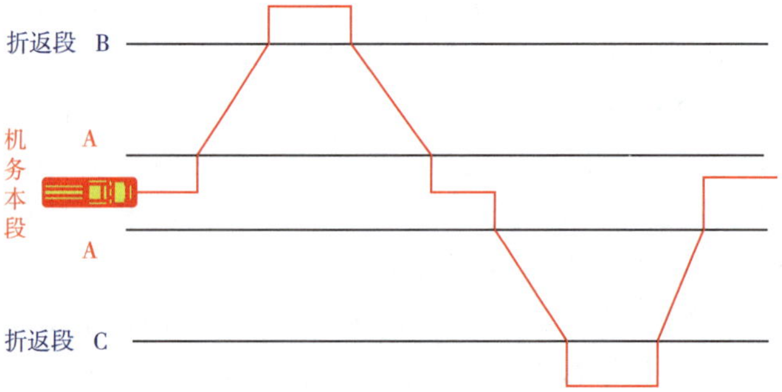

图3-3-29 肩回运转制机车周转图

2. 循环运转制

机车担当与机务本段相邻两个区段的列车牵引任务，除需进折返段整备及因中间技术检查需入机务本段外，每次返回机务本段所在站，都在车站上进行整备作业的机车运转制称为循环运转制，图3-3-30所示为其交路图，图3-3-31所示为其机车周转图。

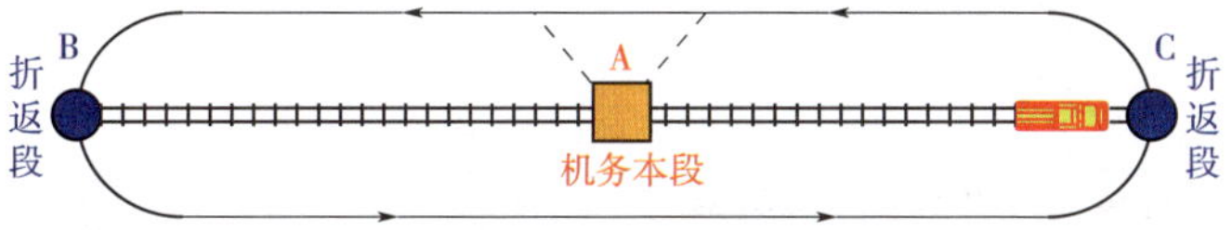

图 3-3-30 循环运转制交路

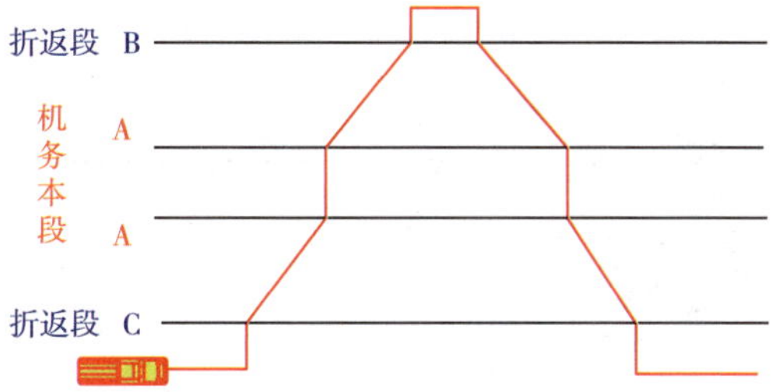

图 3-3-31 循环运转制机车周转图

3. 半循环运转制

机车担当与机务本段相邻两个区段的列车牵引任务，除需进折返段整备外，机车第一次返回机务本段所在站时不入段，继续牵引列车向前方区段运行，到第二次返回机务本段所在站时，才入段进行整备作业的机车运转制称为半循环运转制。图 3-3-32 所示为其交路图，图 3-3-33 所示为其机车周转图。

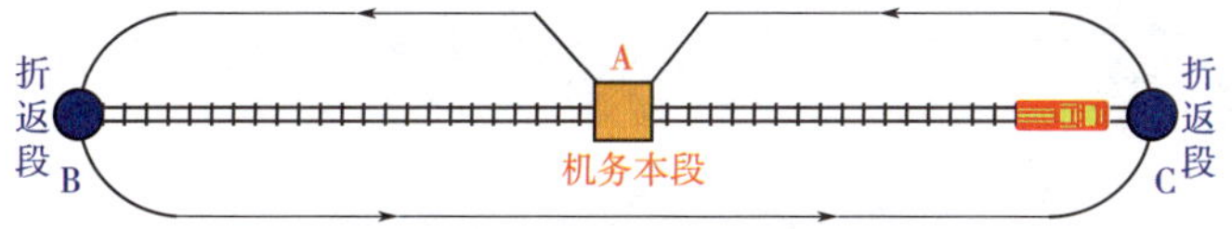

图 3-3-32 半循环运转制交路

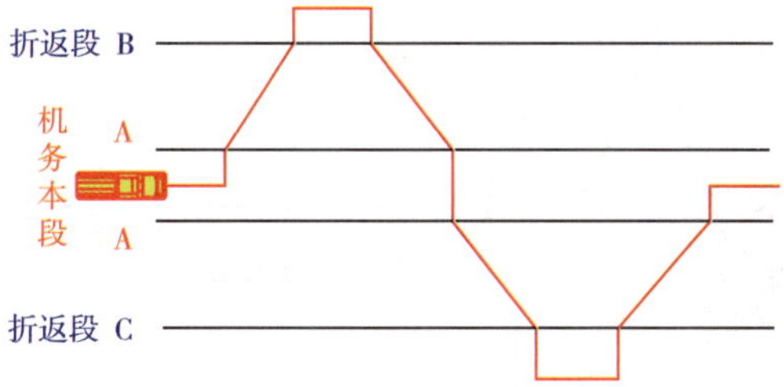

图 3-3-33 半循环运转制机车周转图

4. 环形运转制

机车在一个区段或枢纽内担当两个及以上往返的列车牵引任务之后，才入段进行整备作业，在完成整个牵引任务过程中，机车不需要转向的机车运转制称为环形运转制，图 3-3-34 所示为其交路图，图 3-3-35 所示为其机车周转图。这种运转制适用于担当市郊列车和小运转列车的牵引任务。

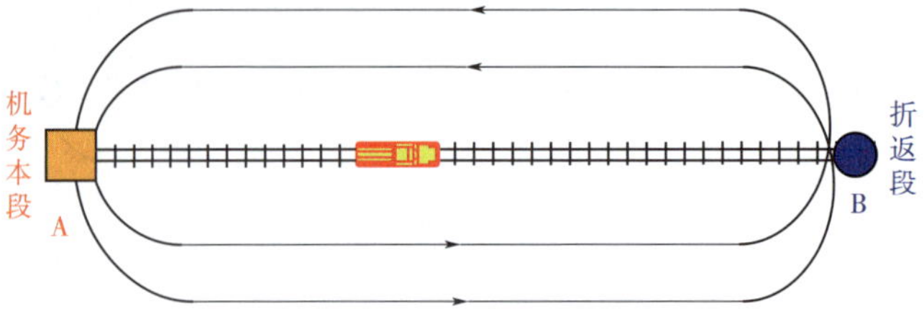

图 3-3-34　环形运转制交路

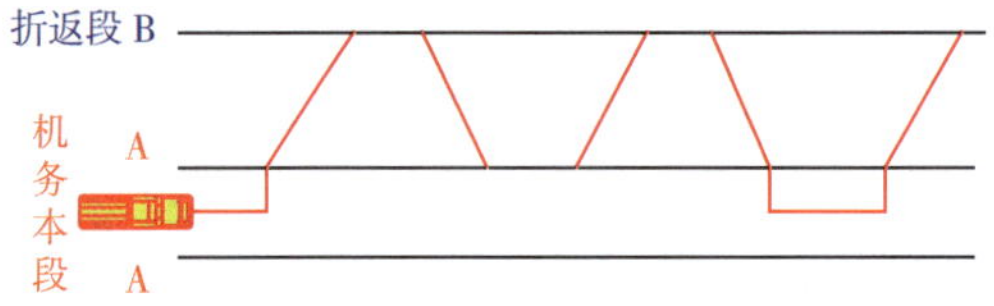

图 3-3-35　环形运转机车周转图

（二）动车组运用

根据铁路动车组运用与整备、维修一体化的思想，动车组的运用方案主要有固定、不固定、半固定运行区段等三种，如图 3-3-36 所示。

图 3-3-36　动车组运用方案

1. 固定运行区段的使用方案（简称固定使用方案）

固定使用方案与既有铁路客车车底的运用方案一致，动车组只在固定的区段内往返运行。固定使用方案又分为固定周转方式和两区段套跑周转方式，如图 3-3-37 和图 3-3-38 所示。

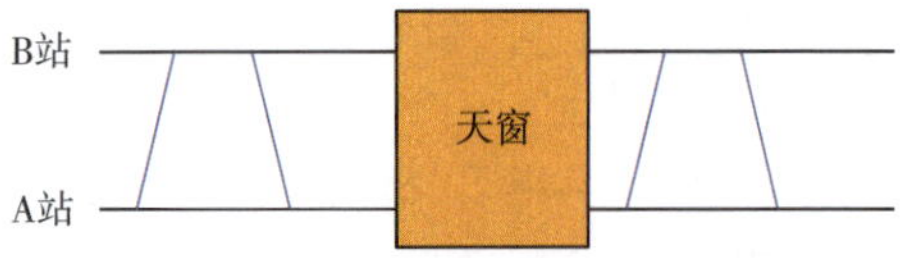

图 3-3-37　动车组固定使用方案（固定周转方式）

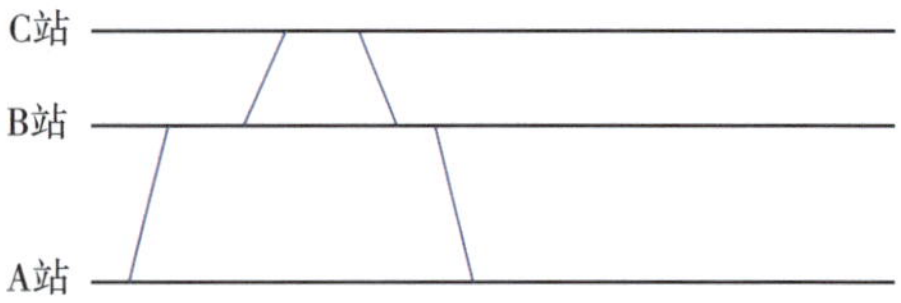

图 3-3-38　动车组固定使用方案（两区段套跑周转方式）

2. 不固定运行区段的使用方案（简称不固定使用方案）

不固定使用方案全线，统筹考虑使用与维修来安排动车组的运用。在假定各动车组无差别的前提下，不固定各动车组的运行区段，而是根据需要和可能，可以在任何区段之间运行。如图 3-3-39 所示，动车组 1 经运行线 24 到达 B 站后可以有执行运行线 38–35–53–42 或 50–37–40 两种运行方案。

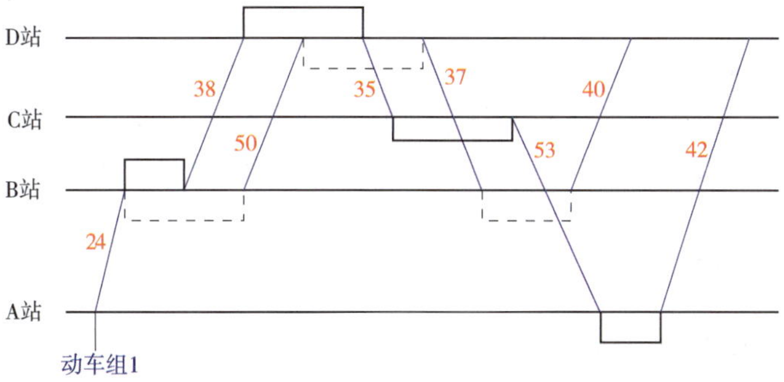

图 3-3-39　动车组不固定使用方案

3. 半固定运行区段的使用方案（简称半固定使用方案）

半固定使用方案是有些动车组采用固定使用方案，而其余动车组采用不固定使用方案。

（三）机车、动车组乘务制度及换班方式

1. 乘务制度

机车（或动车组）乘务制度是机车（或动车组）乘务员使用机车（或动车组）的制度，机车及动车组乘务员均由机务段管理，其我国现行乘务制度主要有轮乘制、包乘制。

（1）包乘制

包乘制指由三至四个乘务组共同使用一台固定的机车，轮流值乘，并且负责机车的保养和自检自修工作。包乘制机车乘务员可随时掌握机车状态，对机车的操纵、维修养护都非常有利。包乘制的缺点是乘务员只能值乘固定的机车，因此运用组织工作会比较复杂，可能因排班问题或乘务员个人问题影响机车的正常运转。

（2）轮乘制

轮乘制指乘务组出勤时可不固定使用某台机车，多个乘务组轮流值乘任意一台机车，采用此种乘务制度可有效使用机车，乘务员也可合理安排休息时间。轮乘制的机车不需要等待固定的乘务组，乘务组的休息时间不会影响机车运转，机车在站的等待时间会相对减少，轮乘制的机车运用效率和乘务员的劳动生产率明显高于包乘制，此种制度对乘务员的技术水平和机车的保养都有较高要求。

此外，乘务制度还可以按值乘方式分为标准班、单班单司机、双班单司机。

2. 换班方式

当采用三班包乘时，立即折返制、外段驻班制、中间换班制是较常用的三种换班方式。

（1）立即折返制

立即折返制指乘务组从机务本段出发到达折返段后不休息立即返回本段交由另一班乘务组值乘，这就要求乘务员出乘往返时间不得超过一次连续工作时间标准，一般在短交路情况下使用。

（2）外段驻班制

外段驻班制是指三个乘务组一组在本段休息，一组在折返段休息，一组则担当值乘作业，当列车到达时，值乘的乘务组退勤休息，驻班点的乘务组出勤值乘，返回后再退

勤进行换班，如此反复。

（3）中间换班制

中间换班制是指由第一班乘务组值乘机车牵引列车从机务段出发，行驶至中间站后，与中间站的驻班乘务组进行换班，驻班乘务组出勤后继续值乘机车牵引列车至折返段后，立即返回中间站再与第一班乘务组进行换班，由第一班乘务组接班返回机务段，换第二班乘务组接班继续出乘。

三 铁路线路通过能力

1. 基本概念

铁路线路通过能力是指某一铁路线、方向或区段，根据现有的固定技术设备（如区间、车站、机务设备及电气化铁路线的供电设备等），在一定类型的机车车辆和行车组织方法（如运行图类型及车站技术作业过程等）条件下，在单位时间（通常为一昼夜）内所能通过的规定重量的最大列车对数或列数。货运通过能力除用列数表示外，也可用车数或货物吨数表示。

按各种固定设备分别计算出来的通过能力，其中最小的一种能力就限制了整个线路、方向或区段的通过能力，该能力即为该线路、方向或区段的最终通过能力。

2. 区间通过能力

在保证行车安全条件下，每昼夜可能通过区间的列车对数（或每一方向的列车数），称为区间通过能力。

区间通过能力，主要取决于该区段的技术设备和所采用的行车组织方法，例如，区间正线数量、区间长度、线路纵断面、机车车辆类型及信号、联锁、闭塞方式，以及列车运行图的类型等。列车运行图类型对区间通过能力影响很大，在同样的技术装备条件下，采取不同的运行图类型，通过能力就有较大不同。计算区间通过能力，一般是首先计算平行运行图的区间通过能力，然后，在此基础上再计算非平行运行图的区间通过能力。

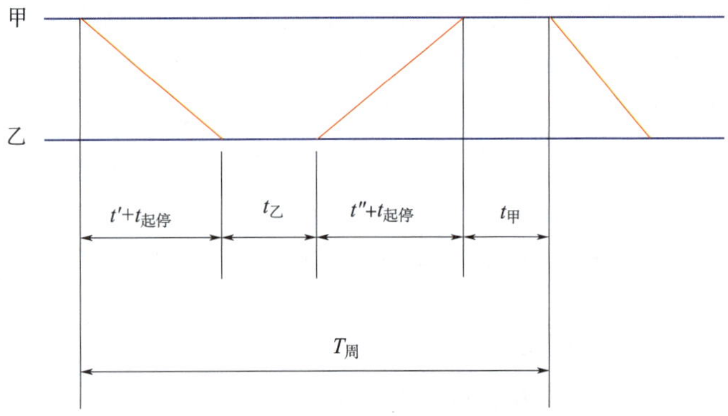

图 3-3-40　运行图周期示意图

平行运行图区间通过能力应分别对区段内每一区间计算。运行图周期最大的区间称为该区段的限制区间，其通过能力，即为该区段的通过能力。所谓运行图周期 $T_{周}$ 是指单线非自动闭塞区段，一定类型运行图中反复出现的一组列车占用区间的总时间，如图 3-3-40 所示，$T_{周}$ 包括列车区间运行时分 $\sum t_{运}$（即 $t'+t''$）、起停车附加时分 $\sum t_{起停}$ 和列车在车站的停留时间 $\sum t_{停}$（即 $t_{甲}+t_{乙}$）。在双线自动闭塞区段，$T_{周}$ 为追踪列车间隔时间 $T_{追}$。

基于此，平行运行图区间通过能力计算的基本公式可用下式表示：

$$N_{平行}=\frac{1\,440-t_{空隙}}{\dfrac{T_{周}}{K_{周}}}$$

式中 $N_{平行}$——平行运行图区间通过能力，列数或对数；

1 440——一昼夜的分钟数，min；

$t_{空隙}$——其他固定作业占用时间，min，如检修天窗影响时间、线路进行大中修等施工时每日在运行图上规定的施工封锁时间等；

$K_{周}$——运行图周期中铺画的列车列数或对数。

在单线铁路区段上，$K_{周}$通常是 1 对，因而平行运行图通过能力为：

$$N_{平行}=\frac{1\,440-t_{空隙}}{T_{周}}=\frac{1\,440-t_{空隙}}{\sum t_{运}+\sum t_{起停}+\sum t_{站}}\quad（对）$$

从上式可以看出，$T_{周}$越大，通过能力越小，反之则越大。加强铁路区段通过能力的途径，不外是提高列车重量标准及其载重系数和增加列车密度，或者两方面综合起来运用，实现列车重量、速度、密度的优化组合。

3. 车站通过能力

根据车站现有技术设备，在采用合理的技术作业过程条件下，车站一昼夜所能接发各方向的最大货物列车数和运行图规定的旅客列车数，称为车站通过能力。车站通过能力取决于咽喉区通过能力和到发线通过能力中的较小者。前者是指车站咽喉区各进路咽喉道岔组通过能力之和；后者是指车站到达场、出发场、到发场及通过车场中办理货物列车到发作业的线路的通过能力之和。

采用合理的作业组织方法，减少进路交叉干扰和缩短各项作业占用设备的时间标准，促进车站各作业环节之间能力的协调，以及组织各方向列车均衡到发以减少各种作业间的等待时间，可有助于提高车站的通过能力和改编能力，为保持车站的正常作业秩序创造条件。

第四节 车站行车工作组织

本节 PPT

车站是铁路运输企业的基层生产单位，是客货运输的起始、中转和终到地点，铁路运输生产过程中的绝大部分作业环节都是在车站上进行的，车站工作的质量直接影响着铁路区段方向，乃至整个路网运输工作的安全性、准确性、连续性和节奏性，决定着全路运输工作任务完成的数量和质量。因此，正确组织车站工作，特别是车站的行车组织工作，对于保证实现安全、正点、畅通、优质、高效等运输生产管理的基本要求有着十分重要的意义。

车站技术管理和作业组织应在《车站行车工作细则》中具体规定，其主要内容包括：车站技术设备的使用和管理，接发列车和调车工作的组织，列车和车辆的技术作业程序，车站作业计划与调度以及车站通过能力和改编能力的计算等。

一 车站的技术作业

（一）接发列车作业

接发列车作业是铁路运输生产活动的一项重要内容，直接关系到安全正点和运输效率。保证不间断地接发列车、严格按列车运行图行车是对车站接发列车工作组织的基本要求。车站的接发列车工作由车站值班员统一指挥。在接发列车时，需办理的作业流程如图 3–3–41 所示。

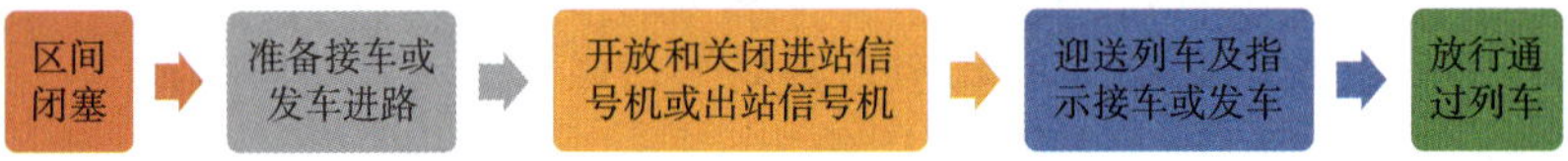

图 3–3–41　车站接发列车作业流程

1. 区间闭塞

采用半自动闭塞时，列车进入区间前，发车站必须确认区间空闲，此时，两站间办理闭塞手续，是车站接发列车工作的首要作业程序。

2. 准备接车或发车进路

列车到达、出发或通过所需占用的一段站内线路称为列车进路。为保证列车运行的安全，列车到达或出发之前，车站值班员应正确发布准备列车进路的命令，及时停止影响列车进路的调车工作。

3. 开放和关闭进站信号机或出站信号机

只有在列车进路确已准备妥当以后，才能开放进站或出站信号机，在列车进入或开出车站之后，应及时关闭信号。

4. 迎送列车及指示接车或发车

列车进出车站时，接发列车工作人员应在规定地点接送列车，注视列车运行情况和货物装载状态，发现有危及人身、货物或行车安全的情况，应采取有效措施妥善处理。

车站发车人员只有在确认列车取得占用区间许可，发车进路准备妥当，影响进路的调车工作已经停止，列车技术作业已经办理完毕以后，方可按规定时刻显示发车指示信号，准许列车由车站出发。

5. 放行通过列车

当所接发的列车在本站不停车通过时，其作业内容及办理手续相当于同时办理接车和发车两项工作。布置进路时应同时准备接车和发车进路，应先开放出站信号，后开放进站信号。

在采用调度集中（CTC）设备的区段以及高速铁路上，在自律条件下，车站接发列车作业与列车运行监督调整作为一个整体，由列车调度员集中办理，此时，各车站的接发列车进路由列车调度员通过程序控制集中办理，行车闭塞、列车进路、信号开闭以及填写行车日志、报点等工作均可根据列车运行计划自动完成。

（二）技术站和货运站技术作业

铁路技术站和货运站的主要生产活动是办理各种货物列车及货车的技术作业。

1. 技术站办理的货物列车种类

（1）无改编中转列车是指在该技术站不进行解体改编作业，只作技术检查和机车换挂等作业，然后继续运行的列车。

（2）部分改编中转列车是指在该技术站需要变更列车重量、变更运行方向和换挂车组的列车。

（3）到达解体列车是指在该技术站进行解体的列车。

（4）自编始发列车是指由该技术站编成的列车。

2. 技术站办理的货车种类

（1）无调中转车是指随无改编中转列车或部分改编中转列车到达，在该站进行到发技术作业后，又随原列车继续运行的货车。

（2）有调中转车是指随到达解体列车或部分改编中转列车到达，在该技术站经过一系列改编作业后，再随自编始发列车或另一列部分改编中转列车继续运行的货车。

（3）货物作业车（或称本站作业车）是指随无改编中转列车或部分改编中转列车到达，需在车站进行货物作业（卸车或装车）的货车。它包括一次货物作业车和双重货物作业车，一次货物作业车是指在车站只进行一次装车或卸车作业的货物作业车，双重货物作业车是指在本站卸空后，再进行装车的货物作业车。

3. 货物列车及货车技术作业

（1）货物列车的技术作业

货物列车到达技术站或列车编组完了后，需在技术站的到达场、出发场或到发场对列车办理相关的技术作业。虽然各种列车所需办理的作业内容和要求不完全相同，但下列一些技术作业都是必须办理的，如图 3–3–42 所示。

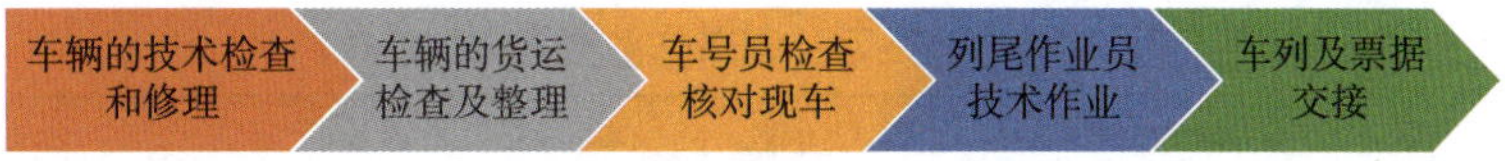

图 3–3–42　货物列车技术作业

此外，到达解体列车还应进行准备解体作业，自编始发列车、无改编中转列车还应进行准备发车及发车作业，部分改编中转列车还应进行摘挂车辆的调车作业和准备发车及发车作业等。

（2）货车的技术作业

货车的技术作业内容，如图 3–3–43 所示。

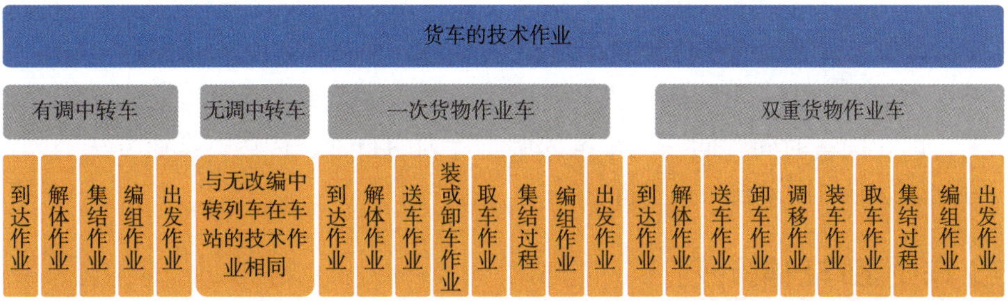

图 3–3–43　货车的技术作业

（三）车站的调车作业

除了列车在车站到、发、通过及在区间内的运行之外，凡是机车车辆在站线或其他线路上进行的一切有目的的移动，统称为调车。调车工作是车站运转工作的重要组成部分，对编组站来说，调车工作更是它的主要生产活动。

1. 调车分类

（1）解体调车，是将到达解体的车列或车组，按其车辆的去向或其他需要分解到调车场各固定线路上去的调车。

（2）编组调车，是按列车编组计划、列车运行图，以及有关规章的规定和要求，将车辆选编成车列或车组的调车。

（3）摘挂调车，是对部分改编中转列车进行补轴（列车的编成不足铁路某一区段的牵引重量和长度时，按规定的条件向列车加挂其他车辆）、减轴（列车的编成超过铁路某一区段的牵引重量和长度时，按规定的条件减少列车加挂车辆）、车组换挂，以及摘挂列车在中间站进行摘挂车辆的调车。

（4）取送调车，是将待装、待卸、待修的车辆由调车场送至装卸作业、检修作业地点，以及从上述地点将作业完了的车辆取回调车场的调车。

（5）其他调车，是因工作需要对车列或车组进行转场、转线，对调车场内的停留车辆进行整理，以及机车出入段等调车作业。

2. 调车作业计划与指挥

调车作业计划是规定车列解体、编组和车辆取送、甩挂等作业如何操作的具体行动计划。按照车站技术作业过程及安全作业有关规定，对每台调车机车分别进行编制，并以调车作业通知单的书面形式（见表 3-3-7），由调车区长及时下达给有关调车作业人员依照执行。

表 3-3-7　调车作业通知单

月　日　第　号　编组解　次　第　调车机							
计划起讫时分：自　至							
实际起讫时分：自　至							
顺序	场别	股道	挂车数	摘车数	作业方法	记事	残存
1							
2							

为了提高调车作业效率，确保调车作业安全，调车工作要固定作业区域、线路使用、调车机车、人员、班次、交接班时间、交接班地点等。

在调车作业中，保持参加调车人员行动的一致至关重要，为此，必须实行“单一指挥”原则，即在同一时间、同一调车区的调车计划的布置、传达、作业方法的确定、调车机车的行动只能由调车长一人指挥。

二　车站工作日常计划

路网上每日装车数量、去向和车流分布情况不同，车站的工作条件也经常发生变化，为使车站在每天不同的具体情况下都能保证各项工作顺利进行，必须有一个统一的调度指挥系统和周密而切合实际的日常作业计划。

车站工作日常计划包括班计划、阶段计划和调车作业计划三部分。

1. 班计划

班计划是车站作业计划中最基本的计划，是车站完成一个班运输生产任务的作业组织计划。它体现铁路局集团公司调度部门对车站规定的任务和要求。班计划由站长或主管运输的副站长按照铁路局集团公司调度的要求编制。其内容如图 3-3-44 所示。

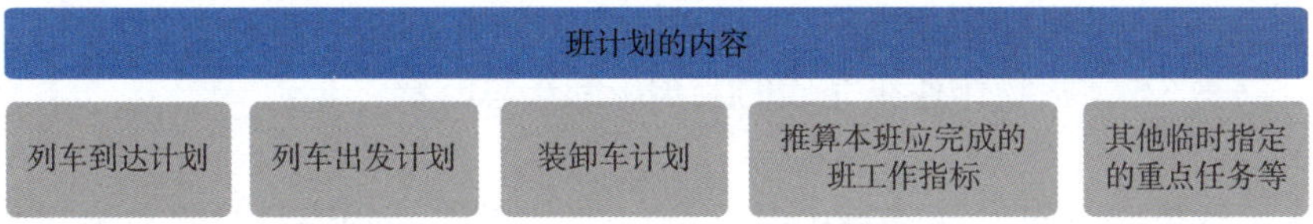

图 3-3-44　班计划的内容

2. 阶段计划

阶段计划是一个班各阶段工作的具体安排，是完成班计划的保证，由车站调度员根据阶段计划工作开始前的具体情况，利用车站技术作业图表进行编制。阶段计划主要解决车站车流推算、调车机车运用及到发线运用等问题，如图 3-3-45 所示。

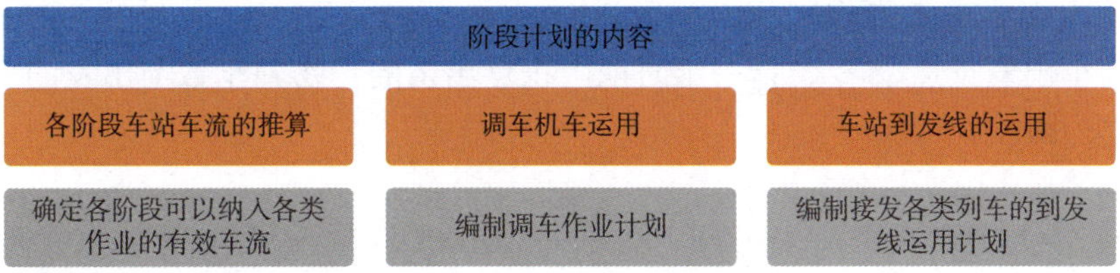

图 3-3-45　阶段计划的内容

3. 调车作业计划

调车作业计划是列车解体、编组和车辆取送作业的具体行动计划，由调车区长编制。

三 车站工作主要指标

为了评价车站工作成绩，应规定各项数量指标和质量指标，如图 3-3-46 所示，并对其完成实绩进行系统的统计分析。

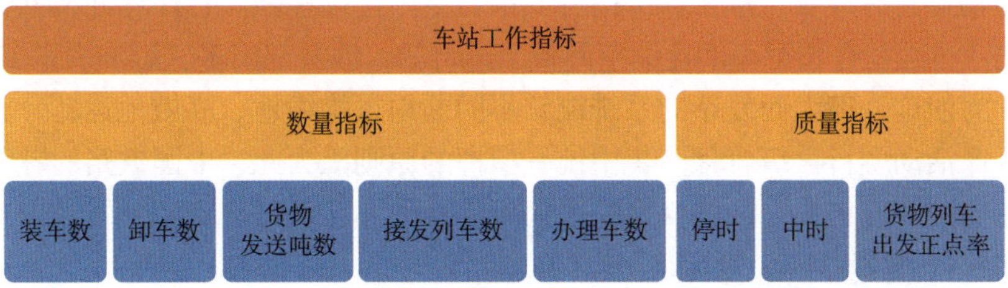

图 3-3-46　车站工作指标

车站工作数量指标主要有装车数和卸车数、货物发送吨数、接发列车数、办理车数等。

车站工作质量指标主要有以下几方面。

1. 停时

货车一次货物作业平均停留时间 $t_{停}$（简称停时），是指货物作业车在本站每完成装或卸一次作业平均停留的时间，即

$$t_{停}=\frac{\sum Nt_{货}}{U_{装}+U_{卸}} \quad (\mathrm{h})$$

式中 $\sum Nt_{货}$——本站货物作业车的总停留时间，车·h；

$U_{装}$、$U_{卸}$——本站货物作业车完成的装车、卸车总车数，车。

2. 中时

中转车平均停留时间 $t_{中}$（简称中时），为有调中转车平均停留时间和无调中转车平均停留时间的加权平均值，即

$$t_{中}=\frac{\sum Nt_{有}+\sum Nt_{无}}{\sum N_{有}+\sum N_{无}} \quad (\mathrm{h})$$

式中 $\sum Nt_{有}$、$\sum Nt_{无}$——本站有调和无调中转车的总停留时间，车·h；

$\sum N_{有}$、$\sum N_{无}$——本站有调和无调中转车的总数，车。

3. 货物列车出发正点率

货物列车出发正点率 γ，指一定时期内正点出发的货物列车数与出发的货物列车总数之百分比，即

$$\gamma_{发}=\frac{n_{发}^{正点}}{n_{发}}\times 100\%$$

式中 $n_{发}^{正点}$——货物列车出发正点的总数，列；

$n_{发}$——货物列车出发的总数，列。

第五节　铁路运输调度指挥工作

本节 PPT

一　铁路运输调度指挥工作组织

铁路运输业具有线长、点多、部门分工细、生产连续性强、各作业环节紧密联系等特点。运输生产过程是在长距离的连续空间带上进行的，涉及部门多，影响因素多、变化大、时间性强。为使这一庞大而复杂的系统能够不间断地、均衡地、高效地运转，就必须对铁路的日常生产活动实行分级管理、集中统一指挥的原则。为此，中国铁路的各级运输部门都建立了相应的调度机构，即国铁集团设调度指挥中心，铁路局集团公司设调度所，车站（主要是编组站、区段站、大货运站）设调度室。

在各级调度机构中按照业务分工设有若干不同职名的调度员，如计划调度员、列车调度员、货运调度员、客运调度员、机车调度员等，分别代表各级领导掌管一定范围内

的日常运输指挥工作。为协调、综合和统一各工种调度员工作，设有值班主任，负责指挥全班运输生产活动，正确实现运输工作日班计划，全面完成各项工作任务。

铁路运输调度指挥系统的主要任务是制定和执行运输工作日常计划，进行实时的生产调度指挥工作，提高运输效率和效益，努力完成各项运输任务等，具体如图 3-3-47 所示。为此，各级调度人员必须树立全局观念，严肃调度纪律，不断提高运输组织指挥水平。

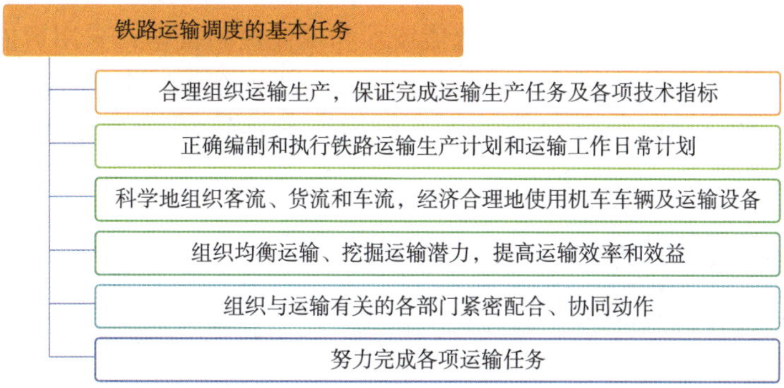

图 3-3-47　铁路调度的基本任务

列车运行是运输生产活动的重要环节。在日常运输生产活动中，为了保证列车运行安全，完成列车运行图和日班计划，在调度机构中设有列车调度员。列车调度员负责指挥一个区段内与列车运行有关的生产活动，对列车运行进行调整，为了实现这一任务，列车调度员必须熟悉与行车有关的生产人员和技术设备，熟悉列车运行图、列车编组计划、车站行车工作细则等技术文件和有关的规章制度，掌握气候变化对列车运行影响的一般规律，善于针对不同的条件和列车运行情况，灵活运用各种列车运行调整方法，充分调动有关员工的积极性，组织他们按照列车运行图的要求进行工作。

二　铁路运输调度指挥系统的主要组成

铁路运输调度指挥系统主要包括列车调度指挥系统（TDCS，Train Dispatching Command System）和分散自律调度集中（Centralized Traffic Control, CTC），其内容与特点如图 3-3-48 所示。

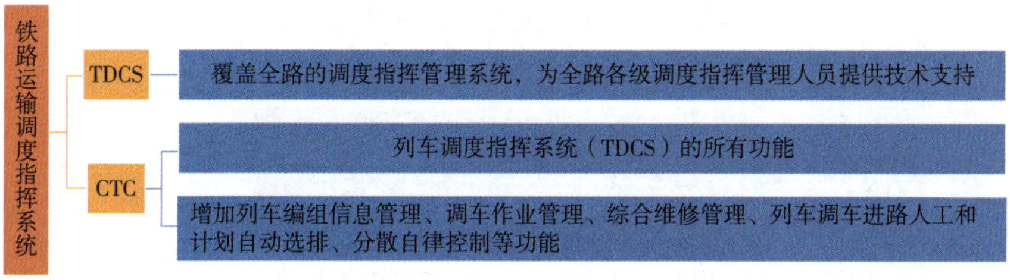

高速铁路调度指挥系统视频

图 3-3-48　铁路运输调度指挥系统

列车调度指挥系统（TDCS）是覆盖全路的调度指挥管理系统，其是在铁路调度指挥管理信息系统（Dispatch Management Information System，DMIS）基础上逐步发展形成的。

DMIS 是我国最早大规模使用的铁路调度指挥系统，其将之前以车站为单位的分散式信号系统改造成为全路统一的信号系统，从而形成覆盖整个铁路运输系统的大规模计算机网络，其应用大大提高了铁路运输生产效率。TDCS 系统可实时显示轨道电路占用与空闲、区间占用与空闲、信号开放与关闭、道岔位置的状态等信息，能及时、准确地为全路各级调度指挥管理人员提供技术支持。

分散自律调度集中（CTC）系统在考虑到我国铁路客货混跑多、调车作业多等背景的基础上，综合运用计算机技术、网络通信技术和现代控制技术，采用智能化分散自律设计原则，以列车运行调整计划控制为中心，协调完成列车与调车作业的高度自动化的调度指挥系统。分散自律调度集中（CTC）系统包含了列车调度指挥系统（TDCS）的所有功能，并结合需要增加了部分功能。

三 列车调度指挥系统（TDCS）

列车调度指挥系统（TDCS）将计算机技术、网络技术、通信技术、多媒体技术及数据库技术等与铁路信号技术相互融合，从根本上改变了我国铁路信号在调度指挥手段、列车控制技术等方面的面貌，它实现了以列车调度为核心的铁路运输指挥，对全路运输调度进行集中管理、透明指挥、实时监督、自动调整，是增强各级运输调度指挥手段、提高运输效率和效益的重要技术基础，也提高了铁路信号技术的整体水平。

TDCS 的结构如图 3-3-49 所示，主要功能如图 3-3-50 所示。

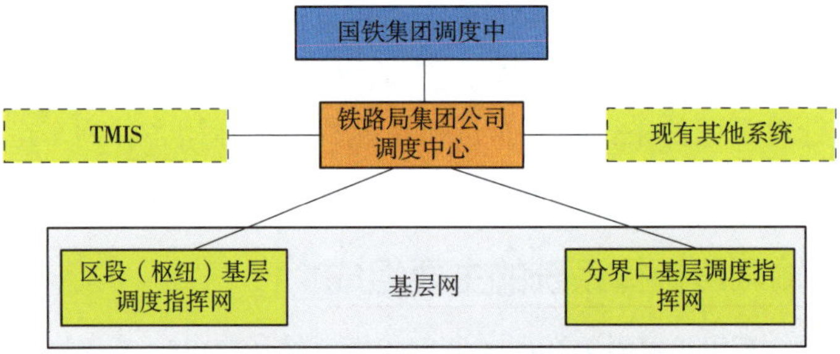

图 3-3-49　TDCS 系统结构图

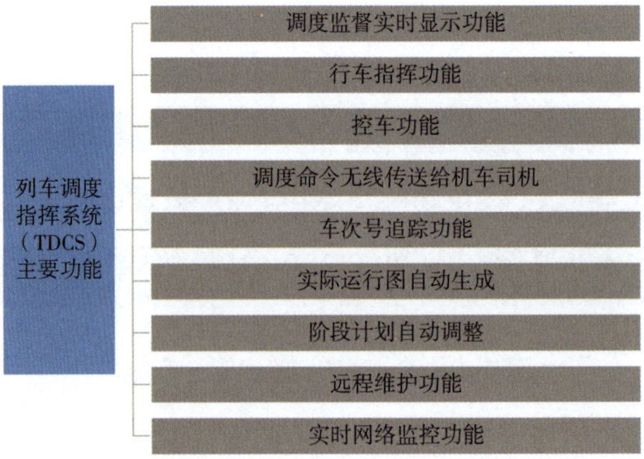

图 3-3-50　TDCS 的主要功能

四 分散自律调度集中（CTC）

TDCS 解决了行车指挥自动化的问题，使行车指挥脱离了传统的人工模式，实现了运行阶段计划的自动生成和辅助自动调整，是全面实现调度集中系统的重要基础。但是，如何有效解决行车调车干扰，避免控制权频繁下放，实现部分车站无人化仍是需要面对的关键问题，在此背景下，逐步形成了分散自律调度集中（CTC）系统。

1. 传统的调度集中

调度集中是调度中心（调度员）对管辖区段范围内的信号设备进行集中控制，对列车运行直接指挥、管理的技术手段，其特点如图 3-3-51 所示。

传统的调度集中是将 PRC 模块（由计算机处理生成进路操纵命令的智能模块）放在调度中心的计算机里实现，其列车进路操作命令经由通信网下达到各车站的分机，再由联锁机执行排列进路。但这种方式很难发挥控制功能，主要原因是调度中心集中办理列车进路和频繁下放车站控制调车作业经常发生矛盾，而不能协调工作。另外，调度人员不能及时获取股道使用信息，不能直接指挥列车，更无法自动生成列车进路操作命令。传统调度集中系统存在不适应调车作业，智能化、自动化程度不高，车次车号技术不完善，无线列调大三角通信功能欠缺，设备可靠性低等问题。

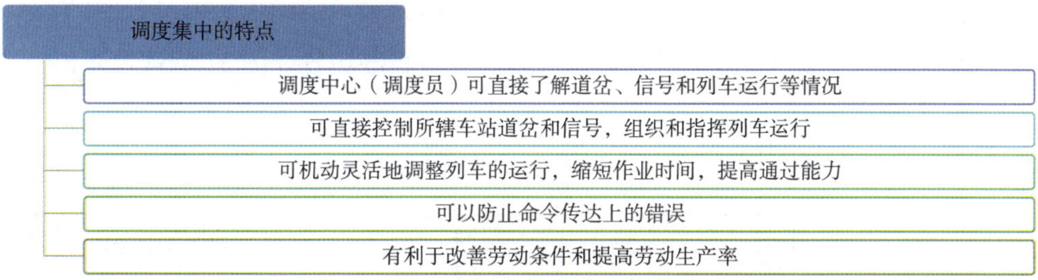

图 3-3-51　调度集中的特点

2. 分散自律调度集中（CTC）的特点与功能

（1）分散自律调度集中（CTC）的特点

分散自律 CTC 是将过去由调度中心集中控制所有车站的列车作业方式改为由各个车站设备独立控制各自的列车和调车作业，将调度中心的相当权限下放给了车站和现场作业人员，并依据各站的特点，自动协调列车作业和调车作业的矛盾，自动控制列车进路和调车进路，如图 3-3-52 所示。这样即可由车站计算机统筹调车进路与列车进路，较好地解决了列车作业与调车作业的矛盾。车站计算机既受调度中心控制又按各自作业情况自行处理进路，所以称作分散自律型。

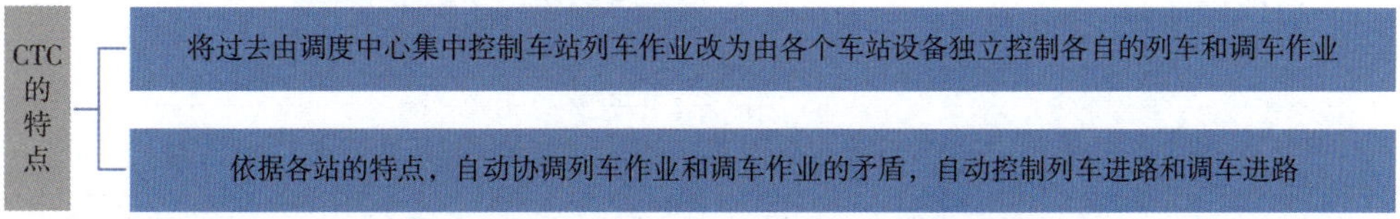

图 3-3-52　分散自律调度集中（CTC）的特点

（2）分散自律调度集中（CTC）的功能

分散自律调度集中（CTC）系统的主要功能如图 3-3-53 所示。

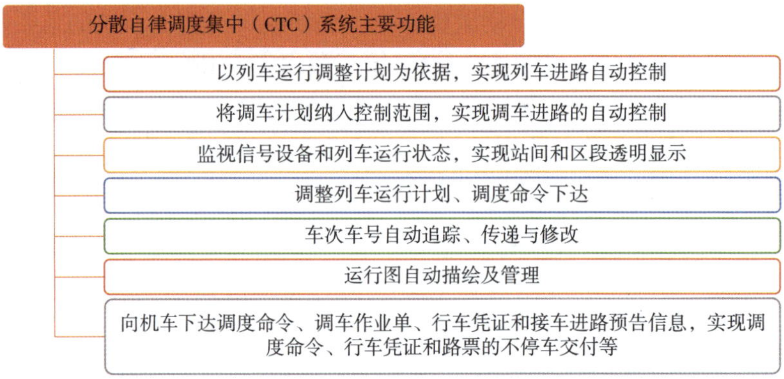

图 3-3-53　分散自律调度集中（CTC）系统主要功能

（3）分散自律调度集中（CTC）与列车调度指挥系统（TDCS）

分散自律调度集中（CTC）本着“以 TDCS 为平台，以 CTC 为核心”的原则来进行开发。分散自律调度集中（CTC）系统包含了列车调度指挥系统（TDCS）的所有功能并结合需要增加了列车编组信息管理、调车作业管理、综合维修管理、列车调车进路人工和计划自动选排、分散自律控制等功能。两者作业过程的比较如图 3-3-54 所示。

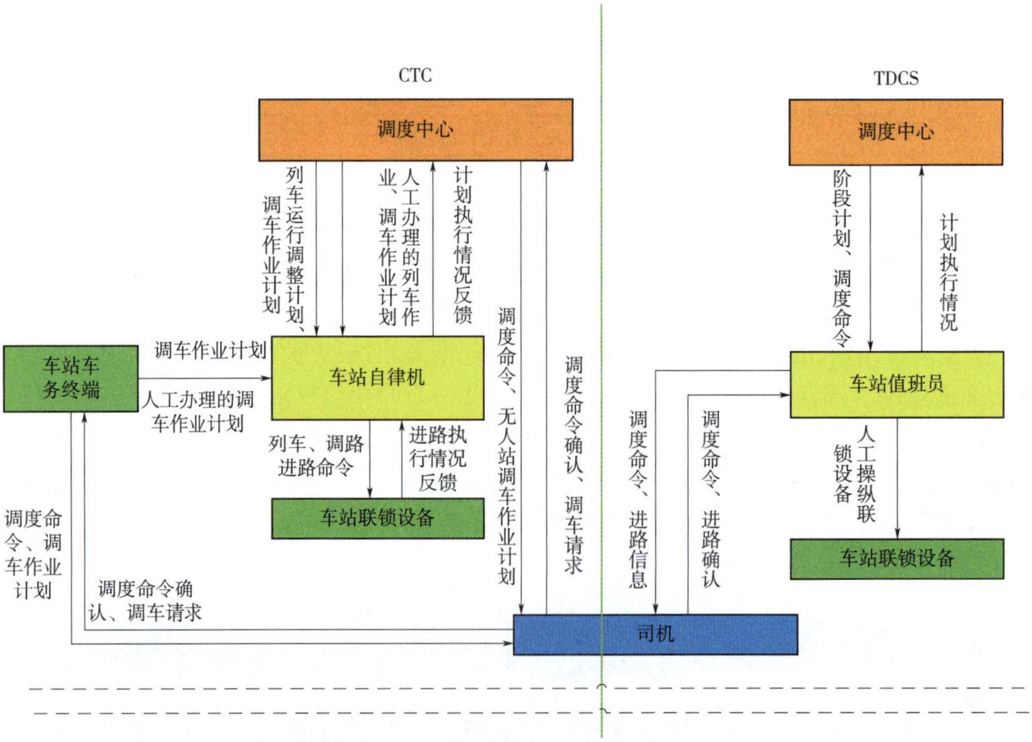

图 3-3-54　分散自律调度集中（CTC）与列车调度指挥系统（TDCS）的作业过程

3. 分散自律调度集中（CTC）的工作模式

分散自律调度集中（CTC）主要有两种工作模式，分别是分散自律模式（基本模式）和非常站控模式，其分类与特点如图 3–3–55 所示。

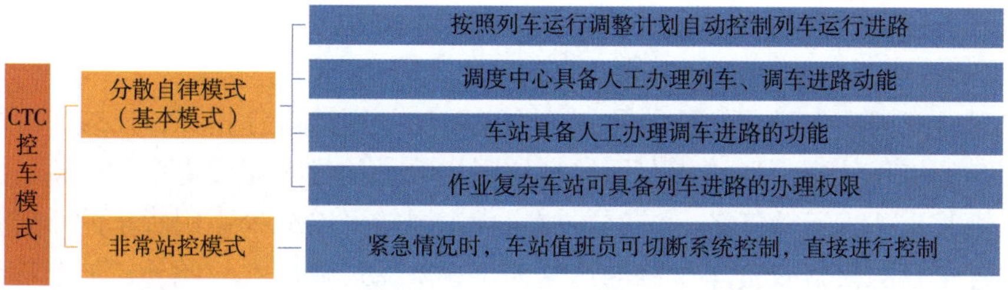

图 3–3–55　分散自律调度集中（CTC）控制模式的分类和特点

（1）分散自律模式（基本模式）

分散自律控制的基本模式是按照列车运行调整计划自动控制列车运行进路，同时在分散自律条件下，调度中心具备人工办理列车、调车进路，车站具备人工办理调车进路的功能。对于区段站和编组站等作业量大且复杂的车站，将列车进路的办理及操作权限也设置在车站。

（2）非常站控模式

当分散自律调度集中系统故障或其他紧急情况时，车站值班员可以按下控制台上的非常站控按钮，切断分散自律调度集中系统控制，直接通过控制台按钮的方式进行控制。进入非常站控模式后，计算机联锁系统（或继电联锁）不再执行 CTC 的任何控制指令，由车站值班员操作按钮进行控制。

第六节　铁路运输工作主要综合性指标

1. 铁路运输密度（$\varepsilon_{换算}$）

铁路运输密度以在一定时期内全路、铁路局集团公司或铁路营业线路某一区段平均每一公里线路所负担的换算吨公里数表示，即

$$\varepsilon_{换算}=\frac{\sum Hl+\sum Kl}{L_{营业}}\quad（换算吨公里/公里）$$

式中　$\sum Hl$——货物周转量，t·km；

$\sum Kl$——旅客周转量，人·km（1 人·km=1 t·km=1 换算吨公里）；

$L_{营业}$——铁路营业里程，km。

2. 货车周转时间（θ）

货车周转时间是指运用货车在一次周转中（即在完成一个工作量的全过程中）平均所消耗的时间（天数），包括三个组成部分。

（1）货车在区段的旅行时间 $T_{旅}$（d）；

（2）货车在各技术站进行中转作业的停留时间 $T_{技}$（d）；

（3）货车在货物装卸站的作业停留时间 $T_{货}$（d）。

$$\theta=\frac{1}{24}\left(T_{旅}+T_{技}+T_{货}\right) \quad (\mathrm{d})$$

货车周转时间是衡量铁路运输组织工作质量的一项综合性指标，反映所有与运输有关的各部门的工作效率。加速货车周转可使同样数量的货车完成更多的运输任务，增加铁路的运输收入；当运输任务一定时，加速货车周转可以减少运用货车的需要量，从而可减少购置车辆的投资及货车检修的运营支出，降低运输成本。此外，加速货车周转在一定程度上也就加速了货物的送达，从而可加速国民经济流动资金的周转，有利于国家的经济建设和社会发展。

3. 货运机车日产量（$\bar{W}_{机}$）

货运机车日产量是指在一定时期内全路、铁路局集团公司或机务段平均每台货运机车一昼夜内所生产的总重吨公里数，即

$$\bar{W}_{机}=\frac{\sum QS_{总}}{M} \quad [\text{总重吨公里}/(\text{台}\cdot\mathrm{d})]$$

式中 $\sum QS_{总}$——货运机车每日所完成的总重吨公里总和，为机车牵引列车重量（包括车辆自重，但不包括机车本身的重量）与列车实际走行距离的乘积，总重吨公里 /d；

M——所用货运机车台数，台。

机车日产量是考核机车运用质量的一个综合性指标。为提高机车日产量必须提高机车平均牵引总重及机车日车公里，同时降低机车辅助走行率。采用大型机车、大型货车、电力牵引及实行重载运输是铁路货物运输发展的主要方向。

4. 换算吨公里成本（$C_{换算}$）

换算吨公里成本是反映铁路运输成本一般平均水平的综合性指标，即

$$C_{换算}=\frac{E_{年}}{\sum Hl+\sum Kl} \quad (\text{元}/\text{换算吨公里})$$

式中 $E_{年}$——年度运输支出总额，元，包括用于工资、材料、燃料、电能、机车车辆中修费用，以及固定资产基本折旧和大修折旧提成等年度运营支出的总和；

$\sum Hl$——货物周转量，t · km；

$\sum Kl$——旅客周转量，人 · km。

不断降低运输成本是铁路运输企业的一项重要任务，对于增加企业盈利、提高经济效益、加速铁路建设与发展有着重要意义。

复习思考题

1. 简述铁路列车、旅客列车、货物列车的定义和分类。
2. 什么是货物列车牵引定数和换算长度？
3. 什么是铁路车流组织？
4. 什么是货流、车流和列车流？如何实现从货流到车流再到列车流的转换？
5. 铁路货物列车编组计划由哪两大部分组成？
6. 什么是列车运行图？有什么作用？
7. 什么是铁路通过能力？什么是限制区间？
8. 简述车站接发列车的工作程序。
9. 简述货物列车在技术站的技术作业过程。
10. 简述货车在技术站（或货运站）的技术作业过程。
11. 什么是调车？调车工作分为哪些类型？调车作业有哪些主要方法？
12. 车站日常工作计划包括哪些内容？
13. 铁路运输调度的基本任务是什么？
14. 简述 TDCS 和 CTC 的概念，比较两者的差异。
15. 铁路运输工作有哪些综合性指标？

第四章 铁路运营安全管理

铁路运营安全管理是以铁路安全管理为中枢，以铁路运营参与者为核心，以铁路设备设施为基础，以铁路内外部环境为条件组成的体系（简称“人—机—环—管”）。铁路运营安全管理一方面要保证铁路运营系统内人员和设备的安全，另一方面要保证外部环境不会对其构成威胁，是在铁路运营过程中，维护铁路正常的运行秩序，保证旅客及铁路员工生命财产安全、运输设备和货物完整性的所有方法和手段的综合。

第一节 概　　述

本节 PPT

一 铁路安全的全生命周期管理

中国铁路根据多年来科研、试验及运营管理经验，形成了系统全面的规章制度标准并实施贯穿全生命周期的铁路安全管理。所谓全生命周期的铁路安全管理是指中国铁路除了以铁路运营全过程安全管理为核心外，还涵盖了运营前期的安全管理，如图 3–4–1 所示。

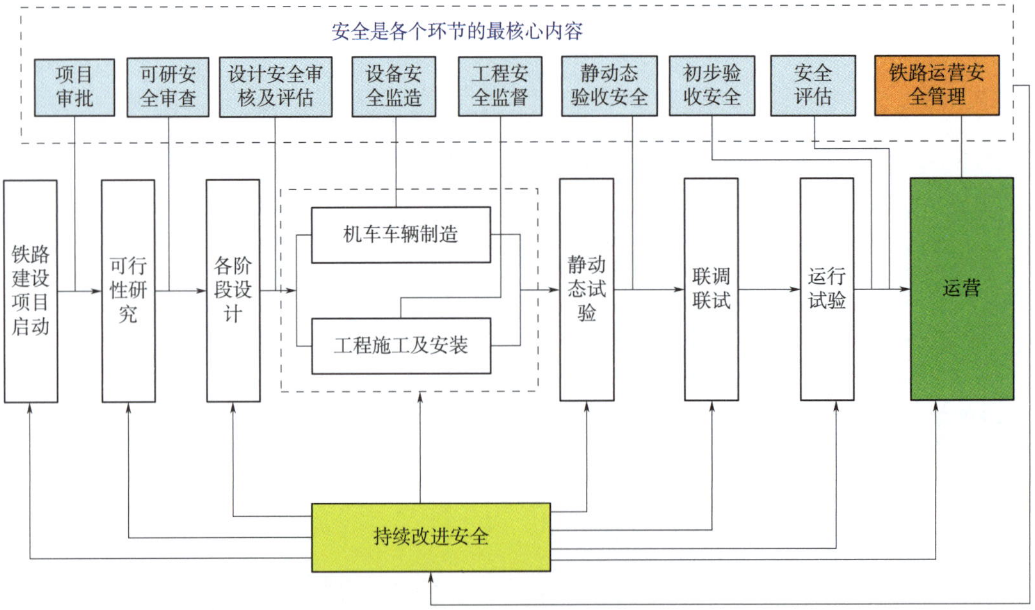

图 3–4–1　全生命周期的铁路安全管理

中国铁路在运营前期阶段，即从源头质量上保障铁路安全。一方面，在设计、审批、建设阶段，通过各种手段对设计、工程设备质量进行严格监管。另一方面，在开通前，开展联调联试、运行试验、安全评估等一系列措施消除安全隐患。

1. 设计安全、工程建设和设备质量

（1）在设计审批阶段，通过项目审批、可研审查、设计审核等严格规范的审批环节确保项目在设计层面的安全。

（2）在工程建设质量管理方面，遵循科学的制度标准，在原材料采购、工艺工法选择、建造过程中检测检验、验收开通等关键环节严格管理，加强工程建设质量问题的检查和整治。

（3）在设备质量管理方面，强化物资采购审核和产品质量检验检测，实施行政许可、产品认证、上道审查等准入制度，规范机车车辆（含动车组）及其重要配件、信号通信设备的监造管理，加强设备质量源头控制。

2. 联调联试、运行试验及安全评估

（1）对新建铁路项目实施系统性能测试及优化等联调联试工作，对列车安全运行状况和线路基础设施安全状态进行检测。

（2）通过运行试验，检验设备设施及行车组织方式能否满足安全运营要求，检验各种非正常情况下保障安全的能力。

（3）在新建铁路开通运营前，组织行业内的管理和技术专家，分专业对运营维护单位在安全管理、规章制度、员工素质、设备管理等方面的开通运营准备情况实施安全评估。

二 铁路运营安全管理的特点

铁路运营安全管理是铁路安全管理的最核心内容，具有系统性与复杂性、协调性与联动性、全过程与全天候性、环境的复杂多变性、客观性与相对性、效果的滞后性、风险的可控性、科技应用的高效性等特点，如图 3-4-2 所示。

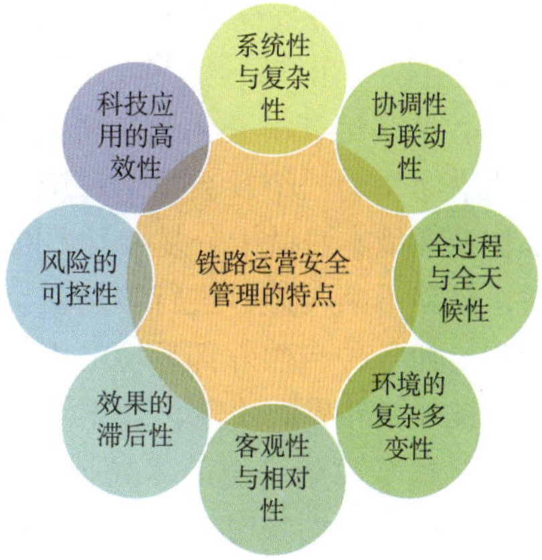

图3-4-2　铁路运营安全管理的特点

1. 铁路运营安全的系统性与复杂性

铁路运营系统规模宏大、层次众多、环节繁杂，涉及线路轨道（桥梁隧道）、牵引供电、机车车辆（动车组）、信号通信、运营调度、运输组织、设备设施养护维修监测检测、环境监测等方面，涉及车务、机务、工务、电务、车辆、供电、客运、货运等诸多专业，涉及国铁集团、铁路局集团公司、站段、车间班组等不同层级，涉及人机环管等各个层面。铁路运营系统作为一个由复杂技术装备组成、在复杂网络和复杂环境中运行、完成具有复杂时空分布特征的位移服务的系统，广泛存在人机环管因素的动态变化、时间与空间的实时改变、多因素在不同时空的交互作用，具有复杂巨系统的典型特性。可以认为铁路运营安全系统是一个开放的、复杂的、动态的、网络化的，以现代化高新科技为依托的复杂巨系统。铁路运营系统的复杂巨系统特征决定了铁路运营安全问题非常繁琐和复杂，具体表现如图 3-4-3 所示。

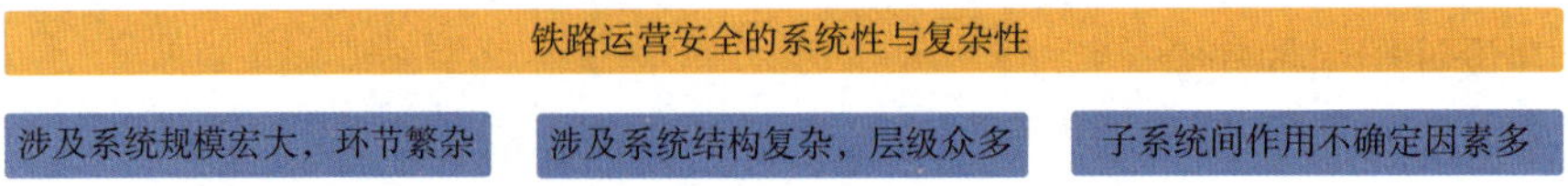

图 3-4-3　铁路运营安全的系统性与复杂性

铁路运营安全是多系统、多层次、多环节共同工作的结果，决不能就安全抓安全，要善于用系统方法，处理好系统与系统、整体与层次、层次与层次之间的关系，使安全链条始终处于良性状态，使安全工作具有牢固可靠的基础。

2. 铁路运营安全的协调性与联动性

铁路犹如一台大联动机，是人—机—环动态系统，运营过程是由多工种（车、机、工、电、辆、供电、客货运）联合的多环节（如旅客运输的售票、候车、检票、运送过程中的服务与途中有关作业、下车、出站等）作业过程，涉及设备数量庞大、种类繁多。铁路各业务部门之间必须协调联动才能完成运输生产工作，而设备布局的网络状态和作业岗位独立分散的特点，使各工种和各环节的协同配合都离不开严格有效的管理。铁路企业必须在运营过程中实行高度集中，统一领导，服从上级的调度与指挥，而运营安全是其中最核心的内容，与每一个人、每一部门，乃至整个铁路运输企业均息息相关，具有典型的协调联动的特性。

3. 铁路运营安全的全过程与全天候性

铁路运营一般不易受天气、气候、季节等自然条件的影响，能保证运行的经常性和持续性，可以不分昼夜地进行定期的、有规律的、准确的运转，具有全天候的特性。铁路运营安全伴随整个铁路运营全过程，无处不在，无时不有，因而具有全过程、全天候的特性。

4. 铁路运营安全内外部环境的复杂多变性

铁路作为一个社会技术系统，承担着运营、生产的责任，员工进行生产活动时的内部作业环境本身就十分复杂且不断变化（如新技术、新装备、新理念的运用等）。与此同时，铁路不断与外界进行着物质、能量交换，外界环境对铁路安全也可能产生非常大的影响，如各种自然外部环境的强风、雨雪、地震、异物侵限等，都对铁路运营有重要影响。此外，外界的社会、经济、人文环境也与铁路运营安全息息相关。

5. 铁路运营安全的客观性与相对性

过去，人们普遍把出不出事故作为衡量安全与否的绝对标准。实际上，更科学的认识应该是将安全定义为“一种状态，即通过持续的危险识别和风险管理过程，把人员伤害或财产损失的风险降至并保持在可接受的水平或其以下”。因此，零事故是愿望，是奋斗目标，但在现阶段还达不到。既然安全不是绝对的，我们就要全面辩证地看待安全工作。没有事故并不等于没有问题，而出了事故也不能对安全工作全盘否定。安全工作所有的努力，就是要使安全状态始终保持总体平稳，让安全始终保持在可接受水平。

6. 铁路运营安全工作效果的滞后性

安全工作措施特别是基础性工作，其效果往往不是立竿见影的，很可能经过一段时间才会显现。为安全所做的一切工作，外人可能是不知道的。安全工作效果的滞后性，容易使人思想麻痹、心存侥幸。认识这种滞后性，才能保持警觉，知道隐患在哪里，在消除隐患上下功夫，特别是防止多个隐患连接成“事故链”。

7. 铁路运营安全风险的可控性

铁路是高风险行业，但只要通过努力，认真汲取事故、隐患的教训，紧紧抓住安全工作重点及薄弱环节，在一定条件下，通过一系列措施，对风险进行事前识别、预测，并通过一定的手段来防范、化解风险，以减少遭受损失的可能性，增强风险防控能力，安全运行风险是可控的，事故也是可以预防的。

8. 铁路运营安全科技应用的高效性

科技应用对提高铁路安全作用非常明显。如列车超速防护技术的应用，避免了人为操作可能产生的错误，从根本上预防了追尾等事故的发生。近年来，我国铁路安全水平大幅度提高，铁路运输成为最安全的交通运输方式之一，一个重要原因就是广泛地应用了高新科技和先进的设施设备。

三 铁路运营安全管理的对象

铁路安全管理的对象主要包括人（指管理者、操作者及使用者，包括旅客及员工等）、机（泛指人操作或使用的物，包括设备设施、货物等）和环（指人、机所处的周围环境，包括作业环境及外部环境）等方面。

1. 人员安全管理

在人—机—环—管系统中，人是其中的第一要素，人是设备的操作者，环境的调节者，管理的执行者。由于人生理、心理、社会、精神等特性的不同，既存在各异的内在弱点，又有不同程度的可塑性和难以控制性。此外，尽管铁路运营系统的自动化程度提高了，但归根到底还要由人来策划、设计、制造、控制操作、组织、管理、维修、训练和决策，因而人是安全系统中最重要的因素，人员安全管理是铁路运营安全管理的核心。

铁路运营系统中的人员主要包括铁路作业及管理人员、旅客以及进入铁路运营系统的其他人员。人员安全管理涉及安全人性学、人机匹配学、安全生理学、安全心理学、人群聚集安全等方面。

（1）安全人性学。重点研究安全人性对安全行为的影响，人的性格特征与安全状态的相互作用反馈机理，铁路生产环境、制度环境和社会环境的发展演化对人的行为的影响等。

（2）人机匹配学。重点研究人机匹配问题，即人的体型、行为等特征与铁路设备和工作环境的相互匹配参数等。

（3）安全生理学。主要研究人体的劳动负荷极限，以及工作环境因素、职业能力等对其影响等。

（4）安全心理学。主要研究人的不安全行为产生的心理基础和物质基础，极端工作环境对人的心理波动的影响规律。

（5）人群聚集安全。主要针对铁路车站等区域的人群高度聚集、人流量巨大，人群组成多样性的特点，研究群体聚集效应及相关安全问题。

2. 机（设备设施、货物等）安全管理

大量技术先进、质量优异的运输设备设施的应用为提高铁路运输质量，保障铁路运输稳定、安全、有序，促进铁路的发展，发挥了重要而积极的作用。可以说，铁路运输设备设施的技术状态良好与否直接影响铁路运营安全，是铁路运营安全最重要的基础保障，也是铁路运营安全管理的重要内容。同时，货物的安全也是铁路安全管理的重要方面。机的安全管理主要包括以下内容：

（1）机安全设计、制造和选用。从源头设计（包括人机工程设计、可靠性、可维修性、先进性设计等）保证安全，对制造过程进行安全控制，选用具有较高安全性的设备设施。

（2）机的养护、维修及更换。保障设备始终处于良好运行状态，对于超过服役期的设备要及时更换。

（3）机状态的检测和监控管理。及时有效获得各种设备设施及货物安全性能的实时动态信息，及时发现并解决问题。

（4）机的故障或问题的安全对策。保证设备设施发生故障或问题后能够导向安全或采取措施保证故障或问题得到及时处置，不致产生非安全的连锁反应，使故障或问题造成影响尽可能缩小。

3. 环境安全管理

影响铁路运营安全的环境条件主要包括内部作业环境、铁路路外环境两个方面。

（1）作业环境管理。为保障运营安全，必须保持操作者的作业环境处于良好状态，包括作业空间布置，温度、湿度调节，采光、照明设置，噪声与振动的控制，以及有毒有害气体、粉尘、蒸汽的排除等方面。

（2）外部环境管理。涉及针对影响铁路运营安全的外部环境条件所采取的一系列防范措施。外部环境管理基于对影响铁路运营安全的自然地质灾害（强降雨、暴雪、强风、雾霾、低温冰冻、地震等）、异物侵限（动物、落石、彩钢瓦、防尘网等）等各种风险事件的孕育、发生、发展、后果的分析，建立路内外安全联动及应急管理机制，综合运用各种监测预警技术，使外部环境对运输安全的影响降到最低限度。

第二节　中国铁路运营安全管理的模式、内容与核心机制

本节 PPT

一　中国铁路运营安全管理模式

1. 安全管理模式的发展

如图 3-4-4 所示，安全管理模式主要经历了事后管理型、规章管理型、体系化管理型三个主要阶段。

与体系化管理模式相比，传统安全生产管理模式存在诸多方面的不足，主要包括安全管理工作的系统性不足，缺乏针对自身风险的系统性管理；安全管理侧重以事故为核心的管理模式，缺乏对事故成因有效的监控和管理；安全监管考核侧重结果，缺乏对安全过程的监管考核；无法脱离“救火式”“运动式”管理模式，没有形成安全生产管理长效机制；缺乏对安全管理绩效（安全水平）进行科学衡量的手段与方法，缺乏安全管理工作标准；全员参与不足，缺乏形成良性安全文化的氛围等。针对这些问题，基于安全系统管理理论，一些组织和行业积极开展了体系化安全管理的建设实践，积累了丰富的经验。

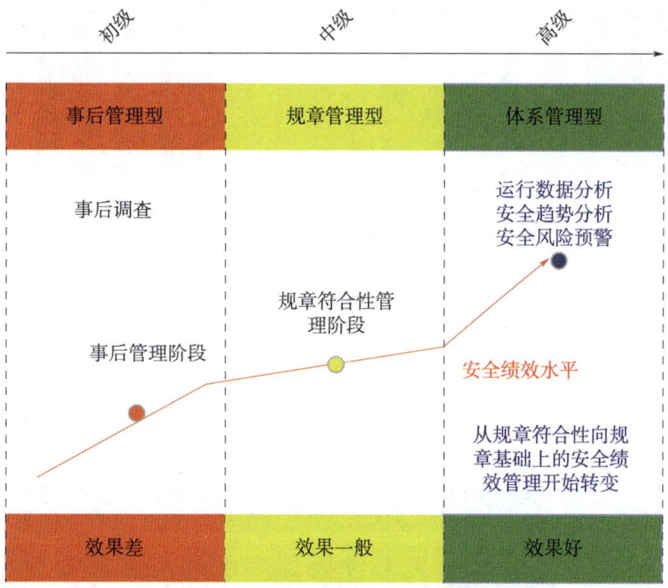

图 3-4-4　安全管理模式的发展

2. 中国铁路运营安全的体系化管理模式

铁路运营安全问题的特点决定了对铁路运营安全问题的管理是非常复杂的，必须针对复杂巨系统的特征，综合运用安全系统管理理论加以分析。应从铁路运营系统的整体出发，检查、监测、识别、评价并控制可能出现的事故隐患，把管理重点放在整体效应上，实行全员、全过程、全方位、全天候的安全管理，即通过安全体系将安全管理活动融为一个相互联系的整体，同时，通过科学方法验证安全管理措施的适用性和有效性。

中国铁路运营安全管理是一种基于体系化的管理模式，该管理模式可概况为：基于铁路运营安全管理长期形成的行之有效的方式方法，积极采用先进技术手段加强安全，运用系统的方法管理安全，通过科学地制定政策、目标，明晰安全责任，鼓励全员参与，加强安全文化，增进安全培训教育，实施风险分级管控与隐患排查治理，开展安全信息收集分析，强化监督管理，以安全绩效管理为重点，有效地配置资源，形成自我管理、自我改进的机制，实现闭环管理，在继承吸收的基础上，不断提高铁路运营安全水平，实现铁路运营安全治理能力现代化。

二 中国铁路运营安全管理的架构及主要内容

体系化的中国铁路运营安全管理架构可概括为基础管理、防范管控、应急管理、监督管理、综合保障、绩效管理等方面，如图 3–4–5 所示。

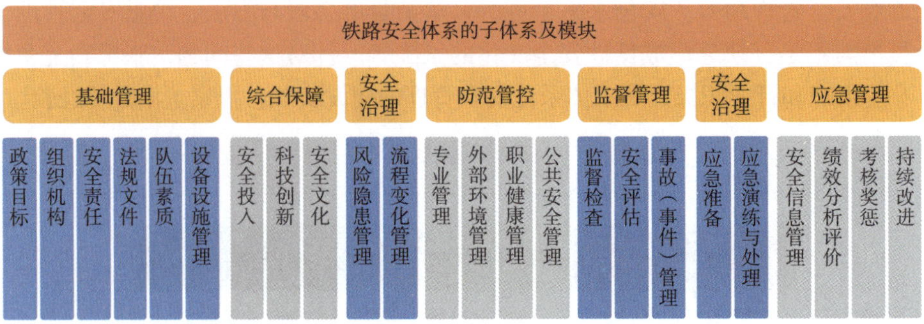

图 3–4–5　中国铁路运营安全管理的架构

三 中国铁路运营安全管理的核心机制

中国铁路运营安全管理的核心机制涉及技术、管理两个层面，具体如图 3–4–6 所示。

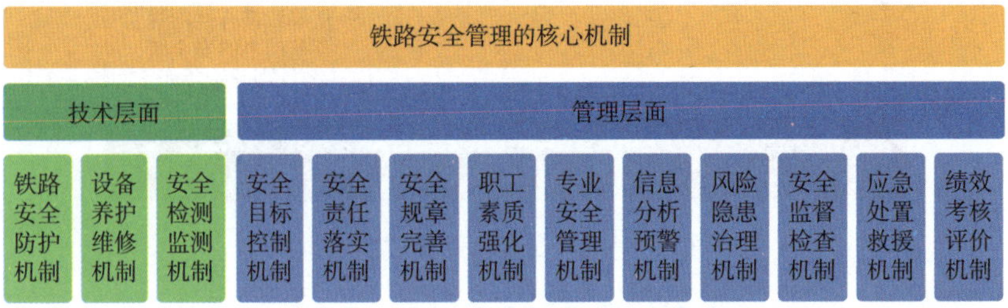

图 3–4–6　铁路安全管理的核心机制

（一）技术层面的核心机制

铁路投入运用后，为了从根本上保障铁路运营安全，应在技术层面建立主要包括铁路安全防护、设备养护维修、安全检测监测等内容的核心机制，如图 3–4–7 所示。

（a）全封闭、全立交运行　（b）天窗修等设备养护维修机制

图　3–4–7

（c）动检车等检测监测系统　　（d）铁路调度指挥系统

图 3-4-7　铁路运营安全技术层面核心机制的主要内容

1. 铁路安全防护机制

该机制要求建立全面规范的铁路安全防护机制，如要求列车运行速度 120 km/h 及以上铁路线路采用全封闭、全立交设计，线路两侧设置防护栅栏封闭及在铁路线路两侧设立安全保护区；高铁线路安装风速、雨量、雪深、地震等自然环境及异物侵限监测系统，实现灾害安全防护；推进车站、列车及其他重点部位的监控系统建设等。

2. 设备养护维修机制

该机制要求建立科学合理的设备养护维修机制，如实行采取周期修和状态修相结合的设备养护维修模式，高铁基础设施实行“天窗修”制度，保证设备运用状态良好；建立主要设备电子档案，加强设备技术状态、养修履历过程管理，定期评估设备安全状态，科学制定设备维护周期、范围和维修技术条件，推进设备精准养护维修等。

3. 安全检测监测机制

该机制要求建立覆盖行车安全、载运工具、基础设施等各方面的检测、监测系统，如铁路线路采用动态检查为主，动、静态检查相结合的全方位检查模式，高铁定期开行综合检测列车，正班列车前开行确认列车，检查确认线路状况；开发并应用铁路工务管理信息系统（PWMIS）、铁路供电安全检测监测系统（6C）、车辆运行安全监控系统（5T）、机车车载安全防护系统（6A）、铁路调度指挥系统（TDCS/CTC）等系统，实现铁路行车设备的不间断检测监测，及时发现和消除安全隐患等。

高铁线路安全检测技术视频

（二）管理层面的核心机制

除技术层面的核心机制外，为了持续提升铁路安全水平，还应建立主要包括安全目标控制、安全责任落实、安全规章完善、职工素质强化、专业安全管理、信息分析预警、风险隐患治理、安全监督检查、应急处置救援、绩效考核评价等管理层面的核心机制。

1. 安全目标控制机制

目标控制机制的建立包含两方面的内容，一是目标的制定与分解，二是对目标进行管理。

（1）目标的制定与分解

一般来讲，安全目标须依据国家安全目标、公司的安全政策以及公司整体战略规划制定。其基本要求应满足不低于国家的标准、符合公司的相关定位、基于 SMART 原则等方面。安全目标可分为安全生产发展规划目标、年度安全工作目标，并应逐级分解为具体的安全生产指标。

（2）目标的管理

对目标的管理，包括两方面内容，一方面应针对安全目标制定落实措施和考核办法。另一方面，由于外界环境和内部环境都在不停的发生变化，目标应进行相应的合理调整。

SMART 原则：

安全目标和考核指标制定的重要原则，SMART 是由 Specific、Measurable、Attainable、Relevant、Time-bound 的首个字母构成的。（1）安全指标必须是具体的（Specific）；（2）安全指标必须是可以衡量的（Measurable）；（3）安全指标必须是可以达到的（Attainable）；（4）安全指标要与其他目标具有一定的相关性（Relevant）；（5）安全指标必须具有明确的截止期限（Time-bound）。

2. 安全责任落实机制

该机制主要包括安全生产责任制的制定与安全责任追溯两个方面。

（1）安全生产责任制

依据相关法律法规，建立健全完善覆盖各层级各岗位的具体、明确、细化的全员安全生产责任制。

（2）责任追溯

明确责任内容、范围和考核标准，并对安全生产履职情况进行评价考核，确保安全生产责任有效落实。同时，对事故责任人员和负有管理责任的人员严肃追究安全生产责任。

3. 安全规章完善机制

该机制主要包括技术标准、技术规章、作业标准、其他安全文件等方面的完善工作。

（1）技术标准

建立先进、科学、适用、系统的铁路企业技术标准体系。同时，深化基础理论研究，加强对大量复杂场景分析，积极探索规律，进一步健全相关安全技术标准。

（2）技术规章

建立技术规章管理制度，严格技术规章的审核、会签、发布、修改、废止等程序。同时，积极开展技术规章的修、建、补、废、释工作，定期组织审查清理，公布有效规章目录，保证技术规章的严肃性、合规性和权威性。

（3）作业标准

建立健全各操作技能岗位作业标准，规范作业行为和非正常情况下的处置流程。同时，积极推行主要行车工种岗位作业手册，建立作业标准验证机制，实施前预留培训时间。

（4）其他安全文件

建立健全安全文件管理制度，规范各类安全文件审核、公布、清理、存档等工作，定期公布有效安全治理文件。同时，明确各类安全生产协议、记录、数据等文件资料的管理要求和保存时间。

4. 职工素质强化机制

该机制要求强化职工素质，完善安全教育培训制度，创新教育培训手段，持续保持人才队伍质量，深化安全教育培训，不断提高职工的安全意识和安全技能。

（1）职工素质

制定完善的人才培养引进制度，吸收引进高学历、高技能、高素质人才。严格执行主要行车工种和关键专业技术岗位资格准入制度，按标准配齐配足调度员、司机、随车机械师等专业技术、管理人员，实现关键安全岗位的梯次配备和动态优化。建立培训、考核、任用相统一的机制，持续优化人力资源配置。

（2）培训制度

建立健全全员教育培训制度，每年组织领导干部和专业管理干部安全教育培训。同时，落实以主要工种为重点的在岗技能人员脱产轮训制度。

（3）培训手段

持续改进和创新岗位实作技能培训模式和手段，建立与岗位技能培训需要相匹配的实训基地，深化校企合作、厂段合作培训模式；积极发挥技能大师工作室和师带徒的技能传承作用，加强技师、高级技师研修，大力培养铁路工匠和高技能人才。

5. 专业安全管理机制

该机制主要包括安全生产标准化、专业评价、专业监督管理等方面。

（1）安全生产标准化

建立铁路标准化规范化建设标准，以综合管理和专业管理为重点，覆盖管理、技术和作业全过程，建立以安全质量等为核心的指标体系及考核评价体系。

（2）专业评价

定期组织分析评价标准化规范化建设的运行质量，实现站段安全生产各方面工作成效显性化、可衡量。

（3）专业监督管理

建立健全管安全、管生产、管技术、管规章、管设备的一体化工作机制，切实履行专业管理职责。

6. 信息分析预警机制

安全信息主要指运输生产过程发生的有关信息，包括事故、行车设备故障、安全检查、检测监测报警、自然灾害、生产经营场所火情火警、铁路外部安全环境等影响运输生产安全的相关信息，以及防止事故、发现隐患的安全信息。安全信息分析预警机制主要包括信息收集分析与预警两个方面。

（1）信息的收集分析

各级业务部门、安全监督管理部门和生产经营单位应建立安全信息管理制度，及时收集分析安全信息；建立安全信息分析工作制度和高铁、客车安全专项分析制度，加强日常安全信息的调查分析；开展安全生产规律性、倾向性、关联性分析，掌握安全生产变化趋势和发展规律，及时发现潜在的问题和风险，做好源头管控。

（2）基于信息的预警

建立健全安全风险预警工作机制，加强安全风险的动态监测和实时分析诊断，严格风险预警范围、条件和程序；达到预警条件时及时启动相应预警程序，提出加强安全风险管控的要求和时限，并组织对落实情况进行指导帮助、跟踪督办。

7. 风险隐患治理机制（双重预防机制）

为进一步加强安全生产管理，国务院安委会下发了《关于实施遏制重特大事故工作指南构建双重预防机制的意见》，要求建立风险分级管控（风险管理）与隐患排查治理双重预防机制。双重预防工作是铁路安全监督管理的核心内容。双重预防机制涉及的主要概念包括风险、隐患、危险源，其解释如表 3–4–1 所示。风险、隐患、危险源之间，事故隐患一定是危险源，危险源不一定是事故隐患，若危险源缺少触发条件（偶然性），则危险源转化不了事故隐患，安全后果就不会产生。风险点就是危险源，风险等级要同时考虑危险源触发事故的可能性和严重性。危险源是客观存在的危险，虽有危险但有管用有效的措施，则风险可控受控，风险就不会转化成隐患，也就不会导致事故发生。

表 3–4–1　双重预防机制涉及的主要概念

概念名称	概念解释
风险（安全风险）	指生产安全事故或健康损害事件发生的可能性和后果的组合 风险有两个主要特性，即可能性和严重性。可能性，指事故（事件）发生的概率 严重性，指事故（事件）一旦发生后，将造成人员伤害和经济损失的严重程度
隐患（事故隐患）	是指生产经营单位违反安全生产法律、法规、规章、标准、规程和安全生产管理制度的规定，或者因其他因素在生产经营活动中存在一可能导致事故发生的人的不安全行为、物的危险状态、场所的不安全因素和管理上的缺陷 事故隐患分为一般事故隐患和重大事故隐患。一般事故隐患，是指危害和整改难度较小，发现后能够立即整改消除的隐患。重大事故隐患，是指危害和整改难度较大，需要全部或者局部停产停业，并经过一定时间整改治理方能消除的隐患，或者因外部因素影响致使生产经营单位自身难以消除的隐患
危险源	可能导致人身伤害和（或）健康损害和（或）财产损失的根源、状态或行为，或它们的组合 其中，根源指具有能量或产生、释放能量的物理实体，如起重设备、电气设备、压力容器等；行为指决策人员、管理人员以及从业人员的决策行为、管理行为以及作业行为；状态指物的状态和环境的状态等 在分析生产过程中对人造成伤亡、影响人的身体健康甚至导致疾病的因素时，危险源可称为危险有害因素，分人的因素、物的因素、环境因素和管理因素四类

（1）风险分级管控（风险管理）

风险分级管控就是要通过危害因素辨识，找出存在的危害因素，然后通过风险评估筛选出需要防控的危害因素，最后通过制订并落实风险分级防控措施，达到防止事故发生的目的。风险分级管控是一个系统化的管理工具，是当今最为先进、科学的一种安全生产管理模式，它遵循“PDCA”循环（图 3–4–8）的理念，按照“危害因素识别—风险分析—控制措施制订—控制措施实施—控制措施跟踪与效果评估”的程序进行。简单而言，风险分级管控既管了危险源（源头类危害因素），也管了隐患（衍生类危害因素）。

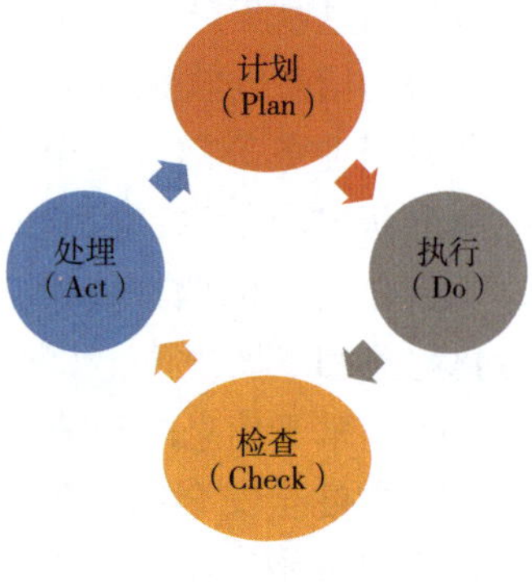

图 3–4–8　PDCA 循环

风险分级管控要求包括：

健全和规范铁路安全风险管控机制，组织全员全过程辨识研判安全风险，分层分类建立安全风险库，健全安全风险管控措施；在作业岗位明示存在的主要安全风险，在重点部位设置明显的警示标志或安全风险公告栏；定期对重大安全风险、较大安全风险管控效果进行诊断评价，不断提升安全风险全过程管控的针对性和有效性。

（2）隐患排查治理

隐患排查治理是指针对各种危险源的防控屏障的完好性开展工作，以发现其上的漏洞、缺陷，在此基础上，进行隐患专项治理，以堵塞其上的漏洞，筑牢防控屏障，真正使防控屏障有效发挥作用，从而达到事前预防的目的。

隐患排查治理要求包括：

建立安全隐患排查治理制度，加强隐患库管理；逐级建立并落实从主要负责人到每位从业人员的隐患排查治理和防控责任制；按照有关规定组织开展隐患排查治理工作，及时发现并消除隐患，实行隐患闭环管理。

险分级管控与隐患排查治理的关系如图 3–4–9 所示，可见，两者是相互呼应，一脉相承的。风险分级管控与隐患排查治理是安全管理的最核心内容，在其基础上可以进一步与安全责任追溯、绩效考核评价相结合，如表 3–4–2 所示，某铁路局集团公司将风险、隐患、管控、职责结合在一起，实现了对安全的全链条管理。

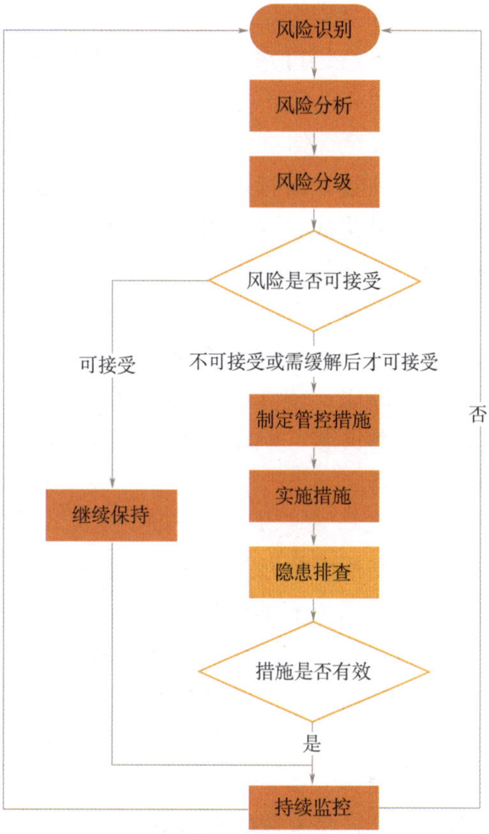

图 3–4–9　风险分级管控与隐患排查治理的关系

表 3–4–2　某铁路局集团公司实现安全全链条管理的基础表格

专业	风险类别	安全风险	风险项点（对应发牌标准）	风险等级	管控措施	管控岗位	安全隐患	隐患等级	隐患类别	责任单位	考核奖惩	治理措施/隐患未消除前控制措施	完成时限	治理结果

8. 安全监督检查机制

该机制主要包括建立完善安全监督检查机制，定期开展安全监督检查、安全管理评估及事故隐患治理。

（1）监督检查

建立安全生产巡查制度，明确巡查工作的程序、形式和主要内容，以检查、诊断、剖析、评估为主要手段，指导和推动问题整改；建立安全生产检查制度，明确安全检查要求，对恶劣天气、防洪防汛、春运、暑运、节假日等季节性安全重点及设备检修、应急处置、人身安全、消防安全等安全重点关键项点进行常态化检查，对重大活动期间的安全生产工作进行检查督促；开展铁路安全生产专项整治，严格安全准入标准，严格铁路治安管理和外部环境隐患治理。

（2）安全评估

建立新建铁路特别是高铁项目开通运营安全评估制度，明确新线开通运营检查评估条件、人员构成、评估程序、评估标准，严格评估检查问题整改；建立健全新技术新设备安全论证与评估制度。

（3）事故管理

建立事故内部调查和处理制度，明确各类事故内部调查组成员、工作职责、工作要求及完成时限；建立事故报告程序，明确事故报告的责任人、时限、内容等；建立事故暴露问题整改督办制度，对事故暴露问题逐项制定整改推进方案，并将整改情况纳入安全督办项目。

9. 应急处置救援机制

铁路交通事故以及其他铁路突发事件（相关说明见本章第四节）的发生具有偶然性，一旦发生会给人们的生命财产以及铁路运输系统的正常运营造成巨大影响，甚至会导致二次事故的发生。因此，如何实施有效的管理，尽量预防和减少事故和突发事件的负面影响，是铁路应急管理的主要内容。

铁路运输突发事件从发生、发展到造成灾害作用直至采取应急措施的全过程，主要涉及三个主体：其一是灾害事故本身，即突发事件；其二是突发事件作用的对象，即承灾载体；其三是采取应对措施的过程，即应急管理。

突发事件具有突发性、紧迫性、复杂性、不确定性、危害性等特点。突发事件发生得突然，其发展也非常迅速，随着突发事件的发展、演变，它所造成的损失可能会越来越大。因此，需要通过建立和发展应急管理体系，提高应急管理能力，实现快速应对突发事件。通过对突发事件的分析，可以了解其孕育、发生、发展和突变的演化规律，认识突发事件作用类型、强度和时空分布特性，进而为预防突发事件的发生、阻断突发事件多极突变成灾的过程、减弱突发事件作用，提供科学支撑。

承灾载体是突发事件的作用对象，一般包括人、物、系统（人与物及其功能共同组成的社会经济运行系统）三方面。承灾载体是人类社会与自然环境和谐发展的功能载体，是突发事件应急的保护对象。

应急管理是针对灾害和危机等突发事件进行预防监测、应急处置和恢复重建的全过程管理。应急管理是指对即将出现或者已经出现的灾害而采取的一系列必要救援措施，包括灾害发生前的各种备灾措施、灾害期间的具体行动、灾害发生后的救灾工作，防止避免和减少可能由于自然灾害和社会相互作用而导致灾害出现的减灾措施等。其目的是尽最大可能通过科学有效的组织协调，来保护人民生命及财产安全，将经济财产损失降到最低程度。应急管理可以针对突发事件实施，从而减少事件的发生或降低突发事件作用的时空强度；也可以针对承灾载体实施，从而增强承灾载体的抗御能力。对应急管理的研究重点在于掌握对突发事件和承灾载体施加人为干预的适当方式、力度和时机，从而最大限度地阻止或控制突发事件的发生、发展，减弱突发事件的作用以及减少承灾载体的破坏。

突发事件、承灾载体、应急管理三者构成了一个三角形的闭环框架，即安全应急三角形理论模型，如图 3–4–10 所示。在突发事件及其应对的三角形框架中还存在物质、能量、信息三个关键因素，即灾害要素。灾害要素作为一种客观存在，是无法也不能被消灭的。我们所能做和需要做的，是采取各种有效的技术和方法避免或减少灾害要素引发突发事件。

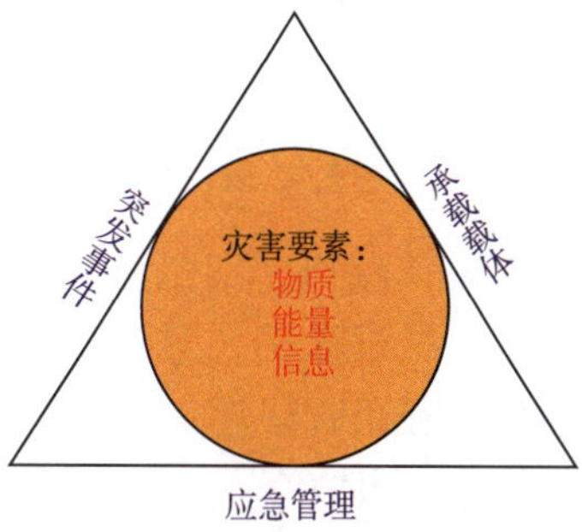

图 3–4–10　安全应急三角形理论模型

突发事件虽然表现为自然灾害、事故灾害、公共卫生事件、社会安全事件等多种多样的类型，但从本质上各种突发事件的作用都可以归纳为物质、能量或信息的作用或者其耦合作用。承灾载体本质上也同样是由物质、能量和信息三者组合构成的，在形式上表现为丰富的客观世界；应急管理的对象正是来自突发事件和承灾载体的各种灾害要素，从而避免或降低其对人类社会和自然环境造成的危害。

该机制主要包括建立“国铁集团—铁路局集团公司—站段”三级应急救援网络，编制完善的应急预案、应急处置流程和非正常情况应急处置办法，建立专职和兼职应急救援队伍，定期组织应急演练，确保应急处置导向安全、有力有效。

（1）应急管理体系

建立有效应对突发事件、覆盖突发事件应对全过程的铁路应急管理体系，形成完备的应急管理组织领导体系、应急管理机构、办事机构、指挥机构；建立与铁路安全生产相适应的专（兼）职应急救援队伍；构建与地方政府及沿线企业单位联动的应急救援网络；建立事故救援快速反应机制，及时启动应急响应和应急预案，迅速组织开展应急救援工作。

（2）应急预案

建立分级应急预案体系，修订完善应急处置规章，进一步提高应急预案的针对性、实用性和可操作性。

（3）应急资源

根据可能发生的事故种类特点，按照有关规定设置应急设施，配备应急装备，储备应急物资。

10. 绩效考核评价机制

该机制主要包括对职工的安全绩效考核与对单位的管理效果评价两个方面内容。

（1）安全绩效考核

建立安全生产正向激励制度，加大正向引导和正向激励力度。同时，建立运输安全生产指标考核制度，合理设置考核权重，定期组织考核。

（2）管理效果评价

通过检查、分析、评价等方式，全面掌握铁路运输生产单位情况，对各单位风险管控和隐患排查治理的效果进行综合分析，总结推广典型经验做法，对安全工作作出客观评价，针对安全突出问题，提出改进意见或建议。

第三节　铁路安全法规及运营安全监督管理

本节 PPT

一 主要安全法规

中国铁路以《安全生产法》《铁路法》《铁路安全管理条例》《铁路交通事故应急救援和调查处理条例》等法律法规为依据，制定实施了《铁路交通事故应急救援规则》等一系列的安全管理规章制度。在《铁路技术管理规程》的基础上，建立了涵盖线路基础、牵引供电、通信信号、机车车辆、运输组织等各方面的铁路技术标准、技术规章体系。建立健全了覆盖所有管理和作业岗位的安全生产责任制，以及履职检查、考核、责任追究等制度，特别是以超前防范风险、治理隐患为重点，完善了铁路安全生产过程控制机制，形成了健全的铁路安全规章制度体系。

中国铁路安全法规按层级主要分为国家法律、党和国家的政策性文件、行政法规、铁路行政管理规章制度、铁路运营管理规章制度等五个方面，如图 3-4-11 所示。

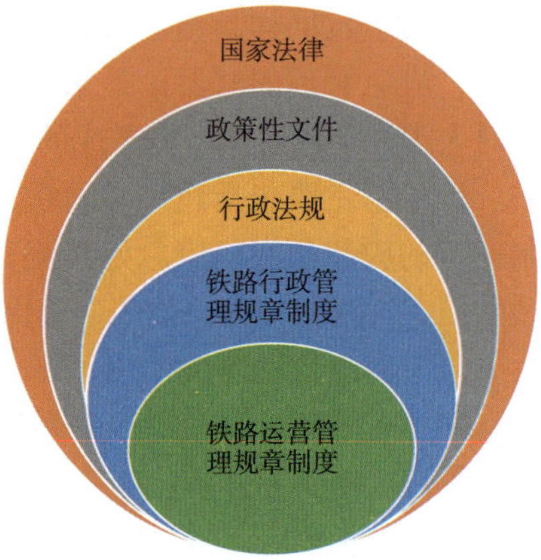

图 3-4-11　铁路安全法规

1. 法律

与铁路安全相关的国家法律主要有《铁路法》《安全生产法》和《突发事件应对法》《消防法》《职业病防治法》等，具体如表 3-4-3 所示。《铁路法》的适用范围是国家铁路、地方铁路、专用铁路和铁路专用线。可以理解为，在规范安全生产活动、应对突发事件、进行消防管理及职业病防治中，《安全生产法》《突发事件应对法》《消防法》《职业病防治法》是一般法，《铁路法》是特殊法。本着特殊法优于一般法的原则，《铁路法》在铁路安全方面的相关规定有优先适用权。

表 3-4-3　与铁路安全相关的国家法律

序号	主要法律	说明
1	《铁路法》	《铁路法》是调整铁路运输法律关系的基本法，在铁路运输管理、铁路建设管理、客货运营管理等方面确立了一系列基本法律制度。现行《铁路法》第四章对于铁路安全与保护进行了专门的说明，包括铁路线路及运输设施的安全保护、道口的安全管理、公民对保护铁路运输安全的义务等
2	《安全生产法》	《安全生产法》是安全生产的专门法律，它确立了我国安全生产的基本法律制度，适用于中国境内所有从事生产经营活动的单位，包括所有矿山、建筑、铁路、民航、交通等行业
3	《突发事件应对法》	《突发事件应对法》是用于预防和减少突发事件的发生，控制、减轻和消除突发事件引起的严重社会危害，规范突发事件应对活动的法律
4	《消防法》	《消防法》是为了预防火灾和减少火灾危害，加强消防应急救援工作，保护人身、财产安全，维护消防安全，制定的法律。《消防法》要求消防工作贯彻预防为主、防消结合的方针，按照政府统一领导、部门依法监管、单位全面负责、公民积极参与的原则，实行消防安全责任制，建立健全社会化的消防工作网络

续上表

序号	主要法律	说明
5	《职业病防治法》	《职业病防治法》是为了预防、控制和消除职业病危害，防治职业病，保护劳动者健康及其相关权益，促进经济社会发展，根据宪法，制定的法律

2. 政策性文件

与安全相关的国家政策文件，主要为《中共中央国务院关于推进安全生产领域改革发展的意见》，其主要内容如图 3-4-12 所示。该意见是新中国成立以来第一个以党中央、国务院名义出台的安全生产工作的纲领性文件，对推动我国安全生产工作具有里程碑式的重大意义。

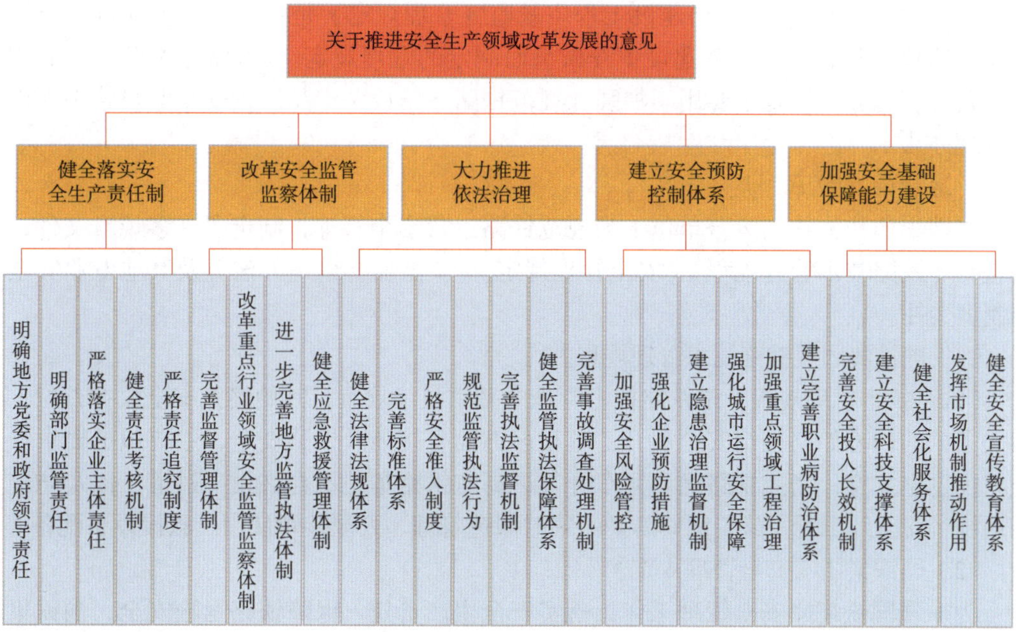

图 3-4-12 《中共中央国务院关于推进安全生产领域改革发展的意见》的主要内容

3. 行政法规

铁路安全行政法规是指国务院发布或经国务院批准由其他部门发布施行的各种关于铁路安全的规定，主要有《铁路安全管理条例》《铁路交通事故应急救援和调查处理条例》《生产安全事故报告和调查处理条例》《生产安全事故应急条例》等。

《铁路安全管理条例》是主要用于加强铁路安全管理，保障铁路运输安全和畅通的条例。《铁路交通事故应急救援和调查处理条例》是主要用于加强铁路交通事故的应急救援工作，规范铁路交通事故调查处理，保障铁路运输安全和畅通而制定的条例。《生产安全事故报告和调查处理条例》是主要用于规范生产安全事故的报告和调查处理，落实生产安全事故责任追究制度，防止和减少生产安全事故的条例。《生产安全事故应急条例》是主要用于解决生产安全事故应急工作中存在的突出问题，提高生产安全事故应急工作的科学化、规范化和法治化水平的条例。

4. 行政管理规章制度

铁路安全相关的部门行政规章主要为根据铁路行业管理的职权所作出有关铁路安全管理方面的行政性规定，包括规则、办法、规定等。铁路运营安全相关的部门规章主要有《铁路交通事故调查处理规则》《铁路交通事故应急救援规则》《铁路危险货物运输安全监督管理规定》《铁路建设工程质量监督管理规定》《铁路专用设备产品质量安全监督管理办法》等规章。

《铁路交通事故调查处理规则》主要用于调查处理铁路交通事故及追究事故责任，《铁路交通事故应急救援规则》主要用于规范加强铁路交通事故的应急救援工作，两规则都是根据《铁路交通事故应急救援和调查处理条例》制定的实施细则。《铁路危险货物运输安全监督管理规定》是主要用于规范铁路危险货物运输安全管理，保障危险货物运输安全制定的条例。《铁路建设工程质量监督管理规定》是主要用于加强铁路建设工程质量监督管理，保证铁路建设工程质量而制定的管理规定。《铁路专用设备产品质量安全监督管理办法》是主要用于加强和规范铁路专用设备产品质量安全监督管理而制定的管理办法。

5. 运营管理规章制度

国铁集团作为铁路运营单位，为规范铁路运营安全管理，制定了许多规章文件，主要包括《铁路技术管理规程》《安全管理规定》《安全监督管理办法》及其他专业安全规则制度文件。

（1）国铁集团《铁路技术管理规程》

《铁路技术管理规程》是铁路技术管理的基本技术规章，其始终把安全放在首位，各相关条款的内容始终围绕安全展开，其很多方面直接涉及铁路安全，主要包括要求铁路全封闭、全立交，高速铁路确认列车开行，高速铁路车站不允许设平过道，以及防灾监控系统、安全线设置、施工维修防护、临时限速管理、列尾装置使用、救援设备配备等。

（2）国铁集团《安全管理规定》

为加强国铁集团安全管理工作，落实安全生产责任，保障铁路运输安全，国铁集团根据相关法律法规制定了《安全管理规定》。该规定主要适用于国铁集团及所属单位，涉及铁路运输安全、设备质量安全、建设工程质量安全、劳动安全、运营食品安全等。

（3）国铁集团《安全监督管理办法》

为了规范铁路安全监督管理工作，提高安全监督管理水平，国铁集团制定了《安全监督管理办法》。该办法规定了国铁集团及所属单位安全监督管理部门是维护安全规章制度的监督部门和实施综合安全管理的牵头部门，按有关法律法规、规章制度和职责标准开展安全监督管理工作。同时，对安全监督管理部门的主要职责、安全分析预警的方法、监督检查的方式、安全评估评价的要求、安全监督管理机构设置及队伍建设、履责职权、工作准则等方面进行了具体明确的规定。

（4）国铁集团的其他安全规则制度文件

国铁集团及其安全监督管理部门和专业部门、各铁路局集团公司、基层站段等在铁路运营管理过程中还制定了许多其他以铁路运营安全为核心的规则制度文件，部分有代表性的如表 3-4-4 所示。

表 3-4-4　国铁集团安全管理有关部分规章制度文件

序号	文件名称	文号
1	铁路货运安全管理规则	铁总运〔2015〕189 号
2	车务安全管理规则（试行）	铁总运〔2016〕159 号
3	铁路车辆安全管理规则	铁总运〔2015〕304 号
4	新建铁路项目运营安全评估办法（试行）	铁总安监〔2015〕361 号
5	劳动安全监督管理办法	铁总安监〔2016〕61 号
6	关于构建铁路安全风险管控和安全隐患排查治理双重预防机制的指导意见	铁总安监〔2017〕68 号
7	关于开展高铁外部安全环境隐患排查治理工作的指导意见	铁总安监〔2017〕96 号
8	劳动防护用品监督管理办法	铁总安监〔2017〕291 号
9	铁路危险货物运输管理规则	铁运〔2008〕174 号

二　铁路安全监督管理架构及主要监管内容

1. 铁路行政安全监督管理

在铁路行政安全监督管理层面，国家铁路局设有安全监察司，负责行政层面的铁路安全生产监督管理，具体监管内容包括：制定铁路运输安全、工程质量安全和设备质量安全监督管理办法并组织实施，组织实施依法设定的行政许可，组织或参与铁路生产安全事故调查处理等。此外，国家铁路局还设有运输、工程、设备监督管理司，负责分管领域的监督管理，安全监督管理也是其重要内容。同时，国家铁路局下设沈阳、上海、广州、成都、武汉、西安、兰州铁路监督管理局和北京铁路督察室，主要负责监督各自管界内的铁路运输和铁路工程、设备产品质量安全。

2. 铁路运营安全监督管理

在铁路运营安全监督管理层面，铁路运营单位作为安全责任主体，承担安全监督管理的重要工作。下面以国家铁路的运营安全监督管理为例加以说明。

负责我国国家铁路运营管理的国铁集团，除了各专业部门的安全管理外，主要以国铁集团安全监督管理局及安全监督管理特派员办事处，铁路局集团公司安监室，站段安全科、车间和班组安全员为主线的安全监督管理架构来履行安全监管职责。在国铁集团、铁路局集团公司及站段均设有安全生产委员会，统筹协调安全监督管理工作。具体监管流程如图 3-4-13 所示。

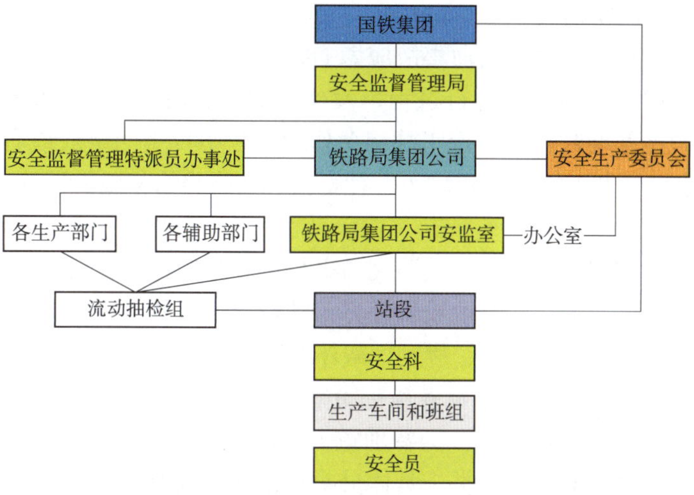

图 3-4-13　国铁集团铁路运营安全监督管理架构

铁路运营安全监督管理部门主要围绕安全风险管理、安全监督检查、超前防范、过程控制和考评考核等方面开展安全监督管理工作。具体职责如图 3-4-14 所示。

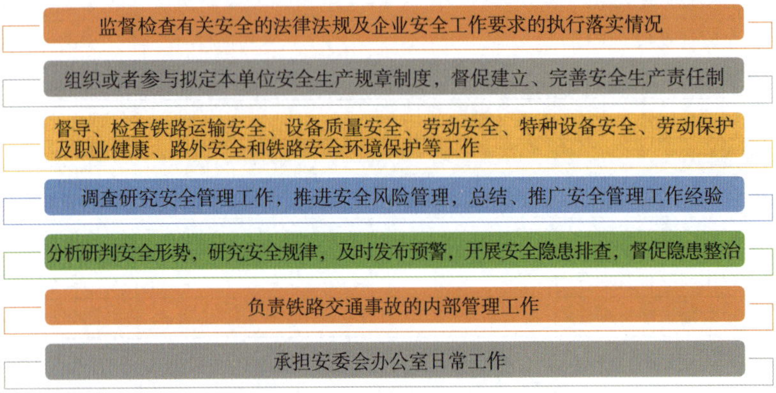

图 3-4-14　国铁集团铁路运营安全监督管理部门主要职责

第四节　铁路交通事故（事件）及主要安全指标

本节 PPT

一　铁路交通事故

铁路交通事故属于生产安全事故（指生产经营单位在生产经营活动及其相关活动中突然发生的，伤害人身安全和健康，或者损坏设备设施，或者造成经济损失的，导致原生产经营活动及其相关活动暂时中止或永远终止的意外事件）的一种类型。除了铁路交通事故外，铁路运营还可能涉及其他生产安全事故，如铁路交通事故范围之外的火灾、车辆伤害、食品安全事故、特种设备事故、触电事故、坠落事故等。

1. 铁路交通事故的定义及分类

（1）定义

根据《铁路交通事故应急救援和调查处理条例》和《铁路交通事故调查处理规则》，铁路机车车辆在运行过程中发生冲突、脱轨、火灾、爆炸等影响铁路正常行车的事故，包括影响铁路正常行车的相关作业过程中发生的事故或者铁路机车车辆在运行过程中与行人、机动车、非机动车、牲畜及其他障碍物相撞的事故，均为铁路交通事故。

（2）分类

按照事故形态，铁路交通事故可以分为冲突、脱轨、火灾、爆炸、相撞等多种类型；按照涉及的运输专业或责任方，铁路交通事故可以分为车务、机务、工务、电务、车辆、供电、房建、客运、货运、路外事故等类型。

2. 铁路交通事故等级划分标准

铁路交通事故分为特别重大、重大、较大和一般事故四个等级。其中，一般事故又分为 A、B、C、D 类。具体分类标准主要考虑死亡、重伤、直接经济损失、铁路设备设施及行车时间损失等方面，如表 3-4-5（a）、表 3-4-5（b）所示。

表 3-4-5（a）　铁路交通事故的分类标准［特别重大、重大、较大、一般（A 类、B 类）事故］（时间单位：h）

事故等级	事故类别	死亡人数	重伤人数	经济损失（百万元）	客运列车				货运列车				客车脱轨辆数	货车脱轨辆数	中断繁忙干线时间	中断其他线路时间	冲突、脱轨、火灾、爆炸、相撞										
					繁忙干线		其他干线		繁忙干线		其他干线						繁忙干线		其他线路		客车耽误本列时间	客车脱轨辆数	客车摘车辆数	客车报废辆数	机车大破辆数	动车组中破辆数	货车脱轨辆数
					脱轨辆数	中断时间	脱轨辆数	中断时间	脱轨辆数	中断时间	脱轨辆数	中断时间					双线之一单线中断时间	双线中断时间	双线之一单线中断时间	双线中断时间							
特别重大		≥ 30	≥ 100	≥ 100	18/48				60/48																		
重大		10~29	50~99	50~100 以下	2~17/24		2~17/48		6~59/24		6~59/48		18	60													
较大		3~9	10~49	10~50 以下									2~17	6~59	6	10											
一般事故	A 类	2	5~9	5~10 以下													3~6 以下	2~6 以下	6~10 以下	3~10 以下	4	1	2	2	1	1	4~5
		A1	A2	A3													A4.1	A4.1	A4.2	A4.2	A4.3	A4.4	A4.5	A4.6	A4.7	A4.8	A4.9
	B 类	1	1~4	1~5 以下														1		2	1		1	1 大破	1 中破		2~3
		B1	B2	B3														B4.1		B4.2	B4.3		B4.4	B4.5	B4.6		B4.7

表 3-4-5（b） 铁路交通事故的分类标准［一般事故（C 类、D 类）］

一般 C 类事故				一般 D 类事故			
C1	列车冲突	C12	列车中机车车辆断轴，车轮崩裂、制动梁、下拉杆、交叉杆等部件脱落	D1	调车冲突	D12	擅自发车、开车、停车、错办通过或在区间乘降所错误通过
C2	货运列车脱轨	C13	列车运行中碰撞轻型车辆、小车、施工机械、机具、防护栅栏等设备设施或路料、坍体、落石	D2	调车脱轨	D13	列车拉铁鞋开车
C3	列车火灾	C14	接触网接触线断线、倒杆或塌网	D3	挤道岔	D14	漏发、错发、漏传、错传调度命令耽误列车
C4	列车爆炸	C15	关闭折角塞门发出列车或运行中关闭折角塞门	D4	调车相撞	D15	错误操纵、使用行车设备耽误列车
C5	列车相撞	C16	列车运行中刮坏行车设备设施	D5	错办或未及时办理信号致使列车停车	D16	使用轻型车辆、小车及施工机械耽误列车
C6	向占用区间发出列车	C17	列车中设备设施、装载货物、装载加固材料超限或坠落	D6	错办行车凭证发车或耽误列车	D17	应安装列尾装置而未安装发出列车
C7	向占用区间接入列车	C18	装载超限货物的车辆按装载普通货物的车辆编入列车	D7	调车作业碰轧脱轨器、防护信号、或未撤防护旗动车	D18	行包、邮件装卸作业耽误列车
C8	未准备好进路接、发列车	C19	电力机车、动车组带电进入停电区	D8	货运列车分离	D19	电力机车、动车组错误进入无接触网线路
C9	未办或错办闭塞发出列车	C20	错误向停电区段的接触网供电	D9	施工、检修、清扫设备耽误列车	D20	列车上工作人员往外抛掷物体造成人员伤害或设备损坏
C10	列车冒进信号或越过警冲标			D10	作业人员违反劳动纪律、作业纪律耽误列车	D21	行车设备故障耽误本列客运列车 1 h 以上，或耽误本列货运列车 2 h 以上；固定设备故障延时影响正常行车 2 h 以上（仅指正线）
C11	机车车辆溜入区间或站内			D11	滥用紧急制动阀耽误列车		

3. 事故报告及调查处理

（1）事故报告的主要内容

应报告的内容包括事故时间、地点、区间（线名、公里、米）、线路条件、事故相关单位和人员；列车种类、车次、机车型号、部位、牵引辆数、吨数、计长及速度；旅客人数，伤亡人数、性别、年龄以及救助情况，是否涉及境外人员伤亡；货物品名、装载情况，易燃、易爆等危险货物情况；机车车辆脱轨辆数、线路设备损坏程度等；对行车的影响情况；原因的初步判断，事故发生后采取的措施及事故控制情况；应当报告的其他情况。

（2）事故调查处理

特别重大事故应由国务院或国务院授权的部门组织事故调查组进行调查，重大事故由铁路主管部门组织事故调查组进行调查，较大事故和一般事故一般由事故发生地铁路安全监管部门组织事故调查组进行调查。

二 铁路突发事件

铁路运营突发事件是指在铁路运营过程中，突然发生，造成或者可能造成危害，需要采取应急处置措施予以应对的事件。主要根据事件本身发生过程、性质和机理可将铁路突发事件分为事故灾难、设备故障事件、严重晚点事件、自然灾害事件、异常天气事件、公共卫生事件、社会安全事件等。

（1）事故灾难

主要包括冲突、脱轨、火灾、爆炸等铁路交通事故，危险化学物品或放射性物质泄漏 / 污染及其他生产安全事故等。

（2）设备故障事件

设备故障是指因违反作业标准、操作规程及养护维修不当或设计制造质量缺陷、自然灾害等原因，造成铁路机车车辆（包括动车组、自轮运转特种设备）、铁路轮渡、线路、桥隧、通信、信号、供电、信息、监测监控、给水、防护设施、水害塌方落石倒树等行车设备损坏，影响正常行车，危及行车安全的事件。

（3）严重晚点事件

主要包括遇到各类突发事件与环境因素使列车晚点，导致旅客滞留等。

（4）自然灾害事件

主要包括水灾、泥石流、山体滑坡、地震、台风、海啸等。

（5）异常天气事件

主要包括暴风、暴雨、暴雪、雨雪冰冻等。

（6）公共安全事件

主要包括铁路运输生产遇非法干扰、针对铁路运输设备设施的恐怖袭击等。

（7）公共卫生事件

主要包括传染病、旅客或职工突发疾病、（食物）中毒等。

三 铁路运营安全的主要指标

铁路安全的主要指标包括铁路交通事故死亡人数、铁路交通事故十亿吨公里死亡率、铁路从业人员万人生产安全事故死亡率等，具体如表 3–4–6 所示。

表 3–4–6　铁路运营安全的主要指标

主要指标	说明
铁路交通（责任）事故数量、伤亡人数及十亿吨公里死亡率	铁路交通事故十亿吨公里死亡率 = 铁路交通事故死亡人数 / 换算周转量（十亿吨公里）
铁路从业人员（责任）事故数量、伤亡人数及万人生产安全事故死亡率	铁路从业人员万人生产安全事故死亡率 = 铁路从业人员生产安全事故死亡人数 / 铁路从业人员总数（万人）
铁路旅客（责任）事故数量、伤亡人数及十亿人公里死亡率	铁路旅客十亿人公里死亡率 = 铁路旅客死亡人数 / 旅客周转量（十亿人公里）
各等级、类别的铁路交通（责任）事故数量及伤亡人数	主要包括分等级的铁路交通事故 [一般事故（A、B、C、D）、较大事故、重大事故、特别重大事故] 数量、伤亡人数及分类别（冲突、脱轨、火灾、爆炸等）的铁路交通事故数量、伤亡人数
其他生产安全（责任）事故数量及伤亡人数	主要包括不属于铁路交通事故的火灾、车辆伤害、食品安全事故、特种设备事故、触电事故、坠落事故等事故数量及伤亡人数
设备故障率	某类型设备故障率 = 某类型故障设备数量 / 某类型设备总数

第五节　铁路安全综合检测监测技术

本节 PPT

铁路安全技术涵盖安监、调度、客运、货运、机辆、工务、电务、供电、综合等各个领域，涉及各类事故故障、风险、隐患等信息，包括多个安全系统。这些系统的部分内容在前面章节已介绍，本部分主要介绍铁路安全综合检测监测技术，主要包括高铁安全综合检测技术、铁路环境与灾害监测预警技术。

一 高铁安全综合检测技术

铁路智慧安全技术视频

1. 概述

高铁普遍采用综合检测列车进行固定设施的安全检测。综合检测列车应用当今先进检测技术，实现多项目、高速度、高精度的综合检测，可定期对高铁线路固定设施实施检测。

高铁综合检测系统建立了综合检测数据分析处理平台，实现数据集中存储管理，通过综合分析研究，评价基础设施的运用状态，预测基础设施状态变化趋势和演变规律，提出养护维修建议。

高铁综合检测视频

2. 检测功能模块构成

综合检测列车的主要检测模块如图 3–4–15 所示。

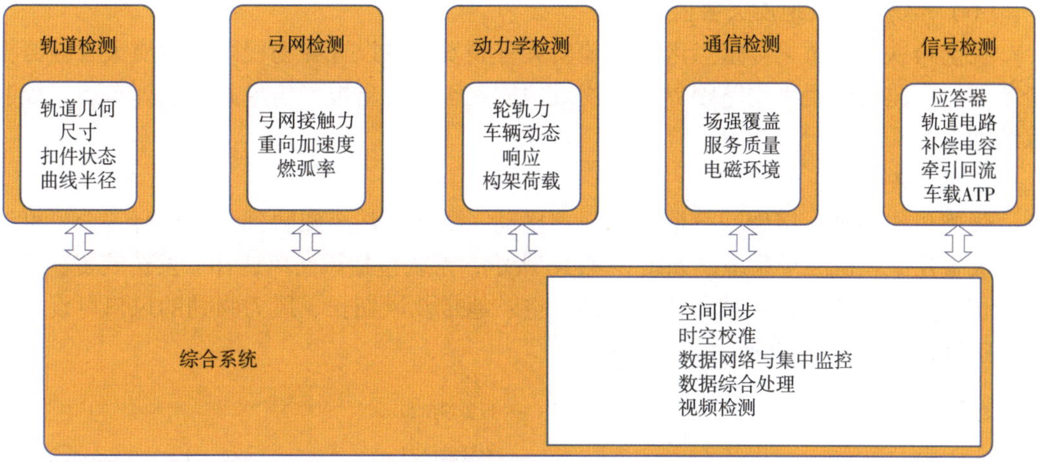

图 3-4-15 高铁综合检测列车的检测模块

注：燃弧是指通过受电弓滑板和接触线之间空气间隙的电流流动，通常伴有强光产生。

二 铁路环境与灾害监测预警技术

1. 概述

铁路环境与灾害监测预警主要负责监视全线环境、灾害以及危及行车安全的情况，对可能发生的自然灾害（风、雨、地震）、异物侵入限界进行监测报警和防护，经智能分析，提供预警、限速、停运等信息，为运行计划调整、实施行车管制、抢险救援、维修提供依据。

2. 主要监测内容

铁路环境与灾害监测预警主要监测以下内容：

（1）综合视频监视

对重点监视目标和重点治安防范区域进行实时监视，可以实现实时监视、存储、回放及视频分发、转发等功能。

（2）大风监测报警

在风速超限的桥梁、高路堤、山区垭口、河谷等区段按相应间距设置风速风向监测点，根据对实时监测风速的分析处理，为列车运行提供大风报警信息。

（3）雨量监测报警

根据沿线地形、地貌及地质条件在沿线设置雨量监测点，对高路堤、深路堑、隧道口等特殊地段应进行重点监测。艰险山区铁路易发生滑坡、泥石流及危岩落石的地段配套设置地面雨量监测系统，提供降水量实时监测及报警信息。

（4）雪量监测报警

在降雪频繁，积雪深度较大的地段设置雪深监测点，提供积雪深度实时监测信息，对深路堑、风吹雪地段实施重点监测。

（5）地震监测报警

在地震频发地区，对地震情况进行监测，提高防震、预警和减灾技术水平。

（6）异物侵限及地质灾害监测报警

在上跨铁路的桥梁等重点区域及地质灾害频发路段设置异物侵限及地质灾害监测报警装置，当监测到侵入铁路限界的异物或地质灾害时发出报警信息并触发列车运行控制系统动作。

3. 风监测技术

强横风作用下，接触网可能引起强烈摆动、翻转，甚至威胁到列车运行安全，可针对风灾害建立风监测子系统，如图 3-4-16 所示，系统包括风向风速计、发送装置、接收分析记录显示装置等，在长大桥、车站、空旷地带及风期长、风力强劲的风口可设置风向风速计，如图 3-4-17 所示。

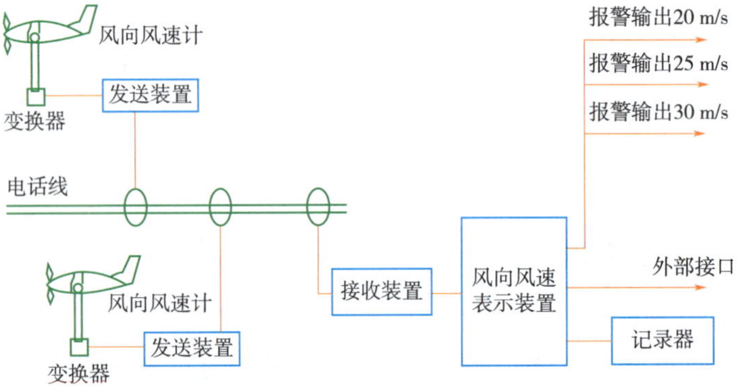

图 3-4-16　风监测子系统

图 3-4-17　风向风速监测设备

4. 雨量及洪水监测技术

为了防止洪水对铁路带来的灾害，可建立雨量及洪水监测子系统。系统可根据铁路沿线气象、水文、灾害历史以及线路的路基、桥梁等设计状况，有针对性地设置监测终端（图 3-4-18 所示为雨量监测设备），有效地制订运营及防洪措施。

图 3-4-18　雨量监测设备

如图 3-4-19 所示，系统由水文气象数据采集终端（风速、风向、气温、气压、雨量、水位、冲刷探测、洪水测量及防撞监视等）、数据处理与预报（中央装置）、数据传输与控制三大部分组成。

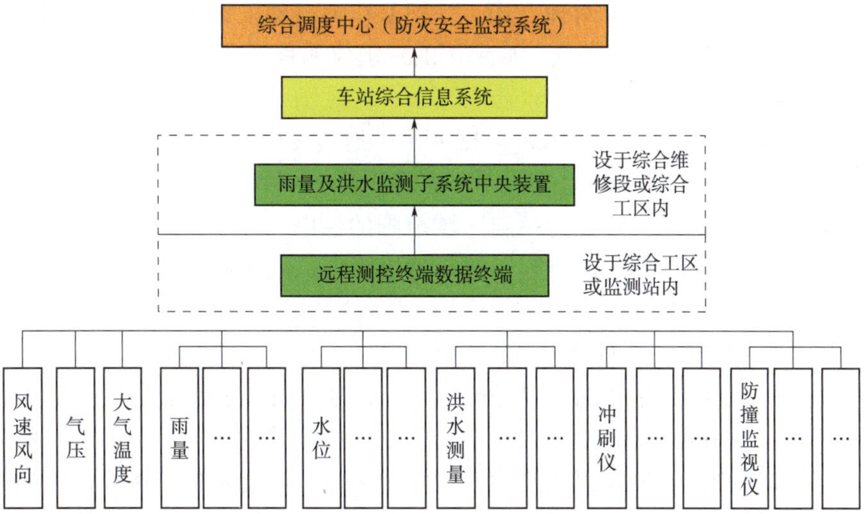

图 3-4-19　雨量及洪水监测子系统

5. 雪害监测技术

大量积雪对铁路的主要危害如图 3-4-20 所示，为预防与避免积雪危害，应采用降雪计、积雪深度计等雪害监测设备，并采用预防雪害的相关措施（如图 3-4-21 所示）。

6. 地震监测技术

地震虽发生概率小，但对铁路行车安全危害性极大，我国铁路建设在做好抗震设计的同时，也在构建先进可靠的地震安全监测预警系统，进一步提高防震、预警和减灾技术水平。

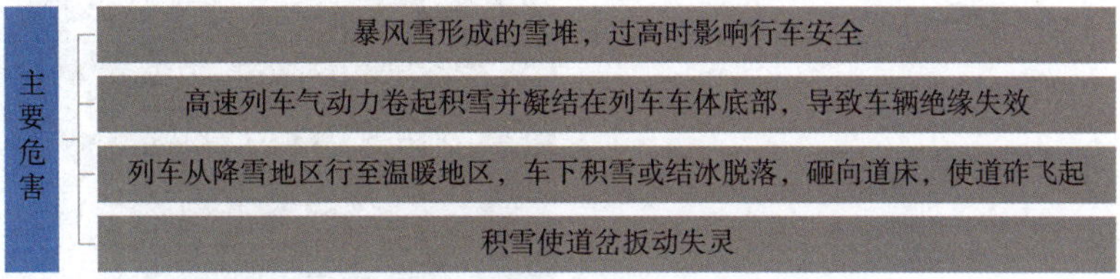

图 3-4-20　积雪对高速铁路的主要危害

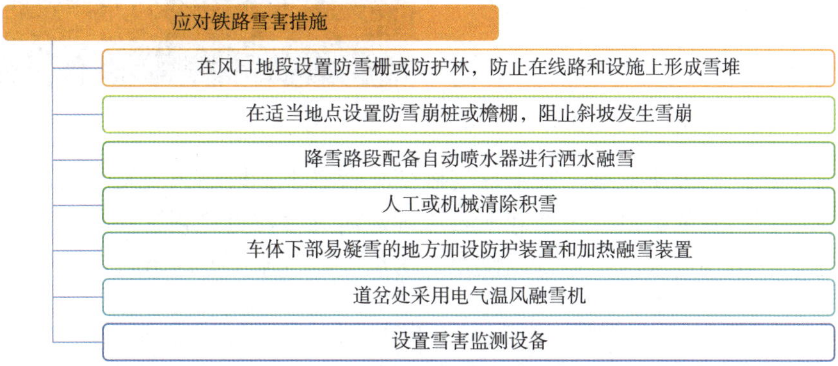

图 3-4-21　应对高速铁路雪害的措施

用于地震监测预警主要有两种方式，一种是在地震烈度大于一定范围的区段设置地震监测设备（主要有加速度报警仪、显示用的地震仪两种形式），另一种是建立监测预警系统。

监测预警系统的工作原理如图 3-4-22 所示，地震发生时，由设置在检测点的 P 波检测仪检测 P 波，在 4 s 内推断地震的震级、位置及震源深度，并对可能受害的线路区段发出警报，感震器就会启动，停止对一定区域范围的供电，列车紧急制动，停止运行，从而保证危害较大的 S 波传到之前将列车运行速度降低，减小有可能产生的损失或事故发生的概率。

7. 铁路防异物侵限及地质灾害检测技术

铁路异物侵限是指铁路线路限界外部达到一定质量和体积的物体，因为外力作用侵入铁路建筑限界范围内，对线路和列车运行安全造成威胁的情况。高速行驶的列车具有极大的惯性力和动能，若与入侵线路的异物发生碰撞，将会对列车造成极大的毁灭性破坏，为此可采用异物侵限监测设备。异物侵限监测设备应设置在铁路沿线，包括监控单元及现场采集设备。常见的现场采集设备主要为电网传感器。图 3-4-23 所示为安装在上跨铁路的桥梁上的电网传感器。现场监测点的布设应根据铁路沿线气象、地形地貌、地质等自然条件，并结合工程特点及现场实际情况综合确定。

异物侵限监测设备可以实时监测各电网传感器的状态，发生异物侵限时，立即通过监控单元向列车运行控制系统发送控制命令使列车自动停车，并向列车调度员发出异物侵限报警信息。

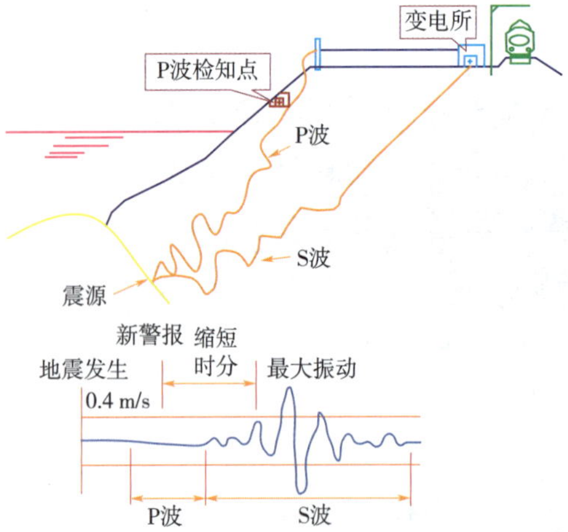

图 3-4-22　地震监测预警系统

图 3-4-23　异物侵限监测采集设备

此外，山区铁路地质复杂，在全球气候变化背景下，极端天气发生的几率进一步增大，局部强降雨引发的山洪、滑坡和泥石流等地质灾害将更趋频繁。为提高铁路地质灾害的防治水平，可构建艰险山区铁路洪水、滑坡、泥石流、崩塌落石等地质灾害监测报警系统。

复习思考题

1. 简要分析铁路运营安全管理的概念。
2. 简要分析铁路运营安全管理的特点。
3. 简述铁路交通事故及其分类。
4. 中国铁路安全管理体系主要包括哪些内容?
5. 简述我国安全管理的法规体系。
6. 简述我国国家铁路运营安全监督管理架构及管理的主要内容。
7. 简述双重预防机制及其主要内容。
8. 简述高铁安全综合检测技术主要包括哪些内容?
9. 简述铁路环境与灾害监测预警技术主要包括哪些内容?

参考文献

[1] 中华人民共和国国务院. 铁路安全管理条例：国务院令第639号［S］. 北京：中国铁道出版社，2013.

[2] 国家铁路局. 铁路线路设计规范：TB 10098—2017［S］. 北京：中国铁道出版社，2017.

[3] 国家铁路局. 高速铁路设计规范：CTB 10621—2014［S］. 北京：中国铁道出版社，2014.

[4] 国家铁路局. 城际铁路设计规范：TB10623—2014［S］. 北京：中国铁道出版社，2014.

[5] 国家铁路局. 重载铁路设计规范：TB 10625—2017［S］. 北京：中国铁道出版社，2017.

[6] 国家铁路局. 铁路车站及枢纽设计规范：TB 50091—2017［S］. 北京：中国铁道出版社，2017.

[7] 国家铁路局. 市域(郊)铁路设计规范:TB 10624—2020［S］. 北京：中国铁道出版社有限公司，2020.

[8] 国家铁路局. 铁路旅客车站设计规范：TB 10100—2018［S］. 北京：中国铁道出版社，2018.

[9] 国家铁路局. 铁路桥涵设计规范：TB 10002—2017［S］. 北京：中国铁道出版社，2017.

[10] 国家铁路局. 铁路隧道设计规范：TB 10003—2016［S］. 北京：中国铁道出版社，2016.

[11] 国家铁路局. 铁路轨道设计规范：TB 10082—2017［S］. 北京：中国铁道出版社，2017.

[12] 国家铁路局. 铁路路基设计规范：TB 10001—2016［S］. 北京：中国铁道出版社，2016.

[13] 国家铁路局. 铁路无缝线路设计规范：TB 10015—2012［S］. 北京：中国铁道出版社，2012.

[14] 国家铁路局. 铁路信号设计规范：TB 10007—2017［S］. 北京：中国铁道出版社，2017.

[15] 国家铁路局. 列车牵引计算 第1部分：机车牵引式列车：TB/T 1407.1—2018［S］. 北京：中国铁道出版社，2018.

[16] 国家铁路局. 铁路轨道工程施工质量验收标准：TB 10413—2018［S］. 北京：中国铁道出版社，2018.

[17] 国家铁路局. 机车车辆密接式车钩缓冲装置：TB/T 3143—2018［S］. 北京：中国铁道出版社，2018.

[18] 国家铁路局. 磁浮铁路技术标准（试行）：TB 10630—2019［S］. 北京：中国铁道出版社，2019.

[19] 中国铁路总公司. 铁路动车组运用维修规则：铁总运〔2017〕238号［S］. 北京：中国铁道出版社，2017.

[20] 中国铁路总公司. 铁路货车轮轴组装检修及管理规则：铁总运〔2016〕191号［S］. 北京：中国铁道出版社，2016.

[21] 中国铁路总公司. 铁路客车运用维修规程：铁总运〔2015〕22号［S］. 北京：中国铁道出版社，2015.

[22] 中国铁路总公司. 铁路货车厂修规程：铁运〔2011〕207号［S］. 北京：中国铁道出版社，2011.

[23] 中国铁路总公司. 铁路货车段修规程：铁运〔2012〕202号［S］. 北京：中国铁道出版社，2012.

[24] 中国铁路总公司. 铁路技术管理规程（普速铁路部分、高速铁路部分）：TG/01—2014［S］. 北京：中国铁道出版社，2014.

[25] 中国铁路总公司. 普速铁路接触网运行维修规则：TB/GDZ116—2017［S］. 北京：中国铁道出版社，2017.

[26] 中国铁路总公司. 铁路集装箱运输规则：TG/HY110—2018［S］. 北京：中国铁道出版社，2018.

[27] 中国铁路总公司. 铁路货物装载加固规则：铁总运〔2015〕296号［S］. 北京：中国铁道出版社，2015.

[28] 中国铁路总公司. 铁路超限超重货物运输规则：TG/HY106—2016 [S]. 北京：中国铁道出版社，2016.
[29] 中国铁路总公司. 铁路鲜活货物运输规则：TG/HY104—2018 [S]. 北京：中国铁道出版社，2018.
[30] 中国铁路总公司. 铁路危险货物运输管理规则：TG/HY105—2017 [S]. 北京：中国铁道出版社，2017.
[31] 中国铁路总公司. 铁路货物损伤处理规则：铁总货〔2018〕182号 [S]. 北京：中国铁道出版社，2018.
[32] 中国铁路总公司. 铁路运输调度规则（普速铁路部分）：铁总运〔2017〕128号 [S]. 北京：中国铁道出版社，2017.
[33] 中国国家铁路集团有限公司.普速铁路线路修理规则：TG/GW102—2019 [S]. 北京：中国铁道出版社，2019.
[34] 中国铁路总公司. 铁路建设管理办法：铁总建设〔2015〕78号 [S]. 北京：中国铁道出版社，2015.
[35] 中国铁路总公司. 普速铁路信号维护规则：铁总运〔2015〕238号 [S]. 北京：中国铁道出版社，2015.
[36] 中国铁路总公司. 高速铁路信号维护规则：铁总运〔2015〕332号 [S]. 北京：中国铁道出版社，2015.
[37] 佟立本. 铁道概论 [M]. 7版.北京：中国铁道出版社. 2016.
[38] 宋瑞. 交通运输设备 [M]. 北京：中国铁道出版社. 2003.
[39] 韩宝明，李学伟. 高速铁路概论 [M]. 北京：中国铁道出版社， 2008.
[40] 杨浩. 铁路运输组织学 [M]. 北京：中国铁道出版社， 2011.
[41] 赵德生. 中国铁路列控系统技术及发展趋势 [J]. 高速铁路技术，2018，9(1)：10-14.
[42] 胡亚东. 我国铁路重载运输技术体系的现状与发展 [J]. 中国铁道科学，2015，36(2)：1-10.
[43] 赵崧淞，孙洪涛. 国内外轨道交通对我国发展城际铁路的启示 [J]. 铁道经济研究，2015，2015(04)：11-15.
[44] 申瑞源. 我国机车车辆技术的发展与展望 [J]. 铁道学报，2015，41(01)：36-42.
[45] 中国铁路北京局集团有限公司.中国铁路北京局集团有限公司操作技能岗位人员安全生产责任制 [M]. 北京：中国铁道出版社，2018.